신탁통치 3
한국 정치세력의 인식과 대응

AKS 사회총서 30

신탁통치 3
한국 정치세력의 인식과 대응

지은이 이완범

제1판 1쇄 발행일 2023년 12월 30일

발행인 임치균
발행처 한국학중앙연구원 출판부

출판등록 제1979-000002호(1979년 3월 31일)
주소 경기도 성남시 분당구 하오개로 323
전화 031-730-8773
팩스 031-730-8775
전자우편 akspress@aks.ac.kr
홈페이지 www.aks.ac.kr

ⓒ 한국학중앙연구원 2023

ISBN 979-11-5866-753-5 94340
       978-89-7105-771-1 (세트)

• 이 책의 출판권 및 저작권은 한국학중앙연구원에 있습니다.
  이 책 내용의 전부 또는 일부를 재사용하려면 반드시 서면 동의를 받아야 합니다.
• 값은 뒤표지에 있습니다. 잘못된 책은 바꿔드립니다.
• 이 책은 2017년 한국학중앙연구원 연구사업 모노그래프과제로 수행된 연구임(AKSR2017-M01).

AKS
사회총서
30

신탁통치 3
한국 정치세력의 인식과 대응

이완범 지음

한국학중앙연구원출판부

책머리에

그간 한반도 신탁통치 문제를 다뤄온 기존연구는 시간적 범위 면에서 1943년경부터 찬·반탁 논쟁이 극에 달한 1946년 초까지를 주된 연구 대상으로 삼았고, 신탁통치안이 폐기되는 1947년 말은 개괄적으로 언급하는 수준이었다. 그런데 1946년 초에 시작된 좌·우익의 신탁통치 논쟁은 같은 해 미·소공동위원회 참가 논쟁, 1947년 단독정부 논쟁까지 연결되었다. 따라서 이 책에서는 신탁통치 문제를 1948년 대한민국 정부 수립 문제로까지 연결시켜 연구의 시간적 범위를 확장하고자 했다.

이 책은 한국의 국내 정치세력이 신탁통치에 대해 가졌던 반응을 중점적으로 다루었다. 먼저 그 당시 한국 민족 구성원들이 확실한 정보원도 없는 상황에서 인식했던 신탁통치와 선구적 반대운동에 주목했다. 이어 반탁으로 통일되었던 초기 상황에 주목하여 김구 등이 '즉시독립'이라는 전 민족적 요구를 반탁운동으로 엮어낸 과정을 기술했다. 다음으로 공산주의자들이 반탁에서 모스크바결정 지지노선으로 전환하여 신탁통치 논쟁이 발생한 양상을 새로운 시각에서 기술해 사실을 발굴하고자 했다. 이러한 찬·반탁 대립 과정에서 제3의 길은 과연 없었는지, 만약 있었다면 훗날 골육상쟁(骨肉相爭)까지 결과했던 좌·우익 찬반 대립의 조정이 가능했을지 유추하고자 했다.

이 책은 당시 상황을 기술해 사실을 규명하는 데 주안점을 두고 있다. 이러한 작업을 통해 진실에 더 다가갈 수 있다면 한국현대사의 불필요한 소모적인 논쟁을 지양하고 균형 잡힌 사관을 정립하는 데 미력이나마 기여할 수 있지 않을까 하는 소망을 피력해본다.

이 책은 2017~2018년 진행했던 한국학중앙연구원의 단독저술형 과제로 2018년 말 연구 결과를 제출한 것이 발단이 되었다. 이후 2023년까지 수정·보완하면서 본래 원고의 3배로 늘어났고, 『신탁통치 1: 이론과 글로벌 사례』, 『신탁통치 2: 미국의 한반도 신탁통치안』에 이어 이 책 『신탁통치 3: 한국 정치세력의 인식과 대응』까지 3종으로 펴내는 데 이르렀다. 이는 신탁통치라는 주제 아래 기획한 책들로, 순서대로 읽어도 좋고 관심 세부주제에 따라 순서와 관계없이 읽어도 좋다. 한국현대사의 핵심 주제인 신탁통치에 천착한 이 세 권의 책이 대중의 관심을 불러일으킨다면, 필자로서는 더할 나위 없는 영광이다. 학계는 물론 일반 독자들의 지적 욕구도 충족시킬 수 있기를 기대한다.

    이 연구는 필자 혼자만의 것은 아니기에 여러 분들께 감사를 드린다. 우선 필자를 오늘 이 자리에 있게 해주신 은사님들께 한없는 존경심을 표한다. 곁에서 지켜봐주신 동료 선생님들께도 분에 넘치는 신세를 졌다는 사실을 고백한다. 주위 벗들, 선후배 동학들의 많은 격려도 큰 힘이 되었다. 또 한국학중앙연구원의 물심양면 지원에 고마움을 표한다. 필자의 지속적인 수정을 감내해야 했던 한국학중앙연구원 출판부 직원분들의 노고에도 감사드린다. 마지막으로, 필자의 게으름을 가까이서 인내해준 가족에게 무한한 고마움을 전한다. 이렇듯 이 책은 필자를 둘러싼 환경의 산물이지만, 넘치는 오류와 잘못된 부분은 오로지 천학비재(淺學非才)인 필자의 몫이다.

2023년 12월 태봉산 우거에서

이 완 범

차례

책머리에 | 4

서론 · 11

1장 이데올로기와 해방정국

  1 이데올로기의 개념 · 35
  2 해방정국 한국정치의 스펙트럼 · 42
  3 해방 후 각 정치세력의 이데올로기와 조직 · 46

2장 모스크바결정 보도 이전 국내 정치세력의 신탁통치 인식

  1 국내 정치세력의 신탁통치 인식, 1945년 9월 · 65
  2 최초의 신탁통치 보도와 반탁, 1945년 10월 · 67
  3 한국민 반발과 미군정의 반응 · 79
  4 김구의 환국과 반탁 · 83
  5 모스크바3상회의의 한국 문제 오보, 1945년 12월 27일 · 84
  6 모스크바3상회의 결정서의 왜곡보도, 1945년 12월 28일 · 96
  7 임시정부의 반탁운동 주도와 미군정의 대응 · 112
  8 김구의 반탁정국 주도에 대한 평가 · 123

3장 모스크바결정 한국 조항 전문(全文) 보도 직후의 정국

    1 신탁통치에서 한발 뺀 미국 · 135

    2 임시정부 주도 반탁운동에 대한 좌익의 반응 · 141

4장 공산주의자 노선 전환과 찬 · 반탁 대립의 시작

    1 조선공산당 북조선분국의 전폭 지지노선의 선제적 표명, 1946년 1월 2일 · 161

    2 조선공산당 방향 전환 과정, 1946년 1월 2~3일 · 167

    3 좌익이 노선을 전환한 이유 · 186

5장 신탁통치노선의 통일 모색

    1 4당코뮤니케의 성립과 와해 · 233

    2 중도파의 4당코뮤니케 집착 · 238

6장 반탁노선과 지지노선의 대립 구도 확정

    1 모스크바결정 성안 과정을 공개한 소련 · 245

    2 미 · 소예비회담의 개최 · 257

    3 재남조선대한국민대표민주의원과 민주주의민족전선의 결성 · 264

    4 지방의 신탁통치 논쟁 · 270

7장　신탁통치 문제에 대한 각 정파의 입장 · 273

8장　신탁통치 문제에 대응한 국내 정치세력의 인식논리

　　1　좌익의 모스크바결정 지지논리와 그 평가 · 292
　　2　중도파의 '공위 참여 후 자주적 해결'논리와 그 평가 · 302
　　3　우익의 반탁논리와 그 평가 · 310
　　4　종합적 평가 · 318

9장　탁치논쟁에서 공위논쟁으로 · 323

10장　좌우합작위원회를 통한 제3의 노선 추구와 좌절

　　1　용어의 문제: 좌우합작에 의해 생성된 중간파 · 349
　　2　좌우합작의 배경과 전개 · 355
　　3　좌우합작 실패의 국제적 제약 요인 1: 미국의 공산화 방지 전략 · 376
　　4　좌우합작 실패의 국제적 제약 요인 2: 미국의 의도를 간파한
　　　　소련의 견제 · 403
　　5　좌우합작운동의 평가: 좌절로 드러난 한계 · 422

11장　공위논쟁에서 단정논쟁으로

　　1　이승만의 단독정부수립운동, 1946년 4~6월 · 433

2　다시 제기된 단정수립안, 1946년 10월~1947년 1월 · 440
　　3　또다시 양극화된 신탁통치 대응 논리, 1947년 1월 · 453
　　4　단정 수립으로 전환될 조짐을 보이는 미국의 대한정책, 1947년 전반기 · 457
　　5　공위 재개를 위한 마지막 시도 · 468

12장　미국의 신탁통치안 폐기와 한국 문제의 유엔 이관

　　1　제2차 미·소공동위원회: 결렬을 목적으로 한 협상 · 473
　　2　미국의 일방적인 신탁통치안 폐기 · 485
　　3　미국의 유엔 이관안과 소련의 양군 철퇴안 · 493
　　4　유엔의 한국 총선 관리 · 504
　　5　남북협상과 대한민국 · 514
　　6　유엔의 대한민국 승인, 1948년 12월 · 609
　　7　미·소의 단독정부 수립 구상과 이승만·김일성의 승리:
　　　　외인과 내인의 결합 · 621

결론 · 627

에필로그 · 643
탁치논쟁 · 공위논쟁 · 단정논쟁의 연결

참고문헌　| 656
찾아보기　| 677

서론

1. 문제 제기와 연구 목적

한국인의 지상 과제인 통일을 달성하기 위해서는 한반도 분단 연구가 필수적이다. 상식적이라 다소 진부하게 들리지만 분단은 곧 통일의 부정이기 때문에 그러하다. 그런데 한국 분단은 한반도를 둘러싼 대내외적 차원이 얽혀서 형성되었다.

분단 과정을 민족 내부의 차원에서 조망할 때 해방 직후 8년의 정치사[1]에서 좌·우익 이데올로기 대립[2] 과정을 해명해야 할 필요성이 있다.

---

[1] 한국현대사 연구 경향은 1980년대 해방 후 3년사(1945~1948)나 해방전후사에 집중되다가 1990년대 들어서 해방 후 5년사(1945~1950)나 해방 후 8년사(1945~1953)까지 확장되었다. 한반도 분단의 기본구조가 해방 후 3년 동안 형성되어 1953년 6·25전쟁이 종료될 때 고착화되었으므로 1945년부터 1953년까지를 하나의 시기로 연결시키는 시각은 일견 타당하다. 또한 해방후사를 해방전사와 연결시켜 1940년대를 하나의 독립된 시기로 보는 시각도 유용하다. 즉 '1931년 만주사변 → 1937년 중·일전쟁 → 1941년 태평양전쟁 → 1945년 해방 → 1948년 분난 → 1950년 6·25전쟁 → 1953년 정전' 등 일련의 역사적 사실을 해방과 분단의 문제로 귀착시켜 1940년대의 의미를 되새길 수 있을 것이다.

[2] 서울대학교 인문대학 한국현대사연구회 편, 『해방정국과 민족통일전선』(世界, 1987),

해방 전후 시기가 중요한 것은 한반도 분단의 대내외적 구조의 원형이 1940년대에 거의 결정되었다고 해도 과언은 아니기 때문이다. 제2차 세계대전 발발 이후부터 80여 년이 지났고, 20세기 후반의 냉전시대가 종언을 고해 이데올로기적 제약도 현저히 줄어들었으므로 현 시점에서는 객관적인 연구가 가능한 시간적 거리가 확보되었다고 할 수 있다.

그런데 국내 정치세력의 이데올로기적 대립이 최초로 명백하게 표출된 것이 신탁통치(약칭 탁치, 혹은 신탁) 문제를 둘러싼 논쟁이었다. 따라서 이 논쟁은 분단의 내적 구조와 직접적으로 연관된다.[3] 또한 국제정치 차원에서 탁치 문제는 한반도에서의 미·소 관계에 한 획을 긋는 이슈였다.[4] 신탁통치를 둘러싼 민족 내부의 논란은 냉전체제가 형성되던 중인 1946년 초에 미·소 합의로 이루어진 모스크바3상회의 의정서(1945년 12월 말 발표) 중의 한국 문제 결정을 파기하는 데 중요한 역할을 했다. 따라서 탁치논쟁은 미·소대립을 격화시켰고 분단의 외적 구조인 냉전 형성을 재촉했다. 또한 탁치논쟁이 등장한 이후 미국과 소련

10쪽에서는 좌우의 극한적인 대립을 강조하는 시각을 '몰가치론적인 해방정국의 묘사'라고 비판하면서 건준-인공-민전으로 이어지는 좌익 중심의 합의를 통일전선운동으로 평가했다. 이는 1980년대식의 '진보적' 연구 경향을 반영한 평가이다.

[3] 박태균은 모스크바3상회의에 대한 성급한 대응이 분단이라는 결과를 낳았다고 평가했다(박태균, 「한·일협정 문서 추가 공개해야」, 『중앙일보』, 2005년 1월 19일자). 이는 당시 한국인들이 모스크바결정을 정확히 인식하지 못한 상태에서 주로 언론기관에 의해 주입된 선입견에 따라 반탁운동을 벌였기 때문에 통일의 길이었던 모스크바결정을 실천하지 못했다는 인식이 깔려 있는 판단이다. 그런데 모스크바결정을 받아들였다면 과연 통일이 되었을까? 통일의 가능성은 더 커졌겠지만 그렇다고 각기 좌·우익을 기반으로 했던 미·소가 과연 좌우를 이간시키지 않고 순순히 물러갔을까 하는 의문이 남는다. 따라서 우선 미·소의 분할점령에 분단의 근본적 책임이 있으며 이러한 조건하에서 민족 내의 좌우가 한목소리를 내지 못했던 것은 분단의 부차적인 책임이다.

[4] Bruce Cumings, *The Origins of the Korean War: Liberation and the Emergence of Separate Regimes, 1945~1947*, vol. 1 (Princeton, N.J.: Princeton University Press, 1981), p. 225; 브루스 커밍스 저, 김주환 역, 『한국전쟁의 기원』 下(靑史, 1986), 36-37쪽.

은 각각 주둔지에 단독정부를 수립할 계획을 본격적으로 구체화했다. 따라서 탁치논쟁은 남북분단의 국제적·국내적 단초를 형성한 것이라 할 수 있다. 단연코 신탁통치 논쟁은 국내적·국제적 갈등관계의 분수령[5]을 이루고 분단으로 치닫게 한 결정적인 이슈였던 것이다. 이렇듯 탁치안이 한반도 분단의 대내외적 측면에 모두 작용했으므로 분단을 연구하기 위해서는 탁치를 살펴볼 필요가 있다. 해방 직후 신탁통치(약칭 탁치) 문제는 한국인의 '목구멍에 걸린 가시'였으며 동시에 1946~1947년 진행된 미·소공동위원회(약칭 미·소공위, 혹은 공위)에 임했던 미국 대표단에 고통을 더하는 이슈였다.[6]

그런데 한반도 분단 과정의 국내적(domestic; 민족 내부의) 차원과 국제정치적 차원이 실제로는 서로 유기적으로 얽혀 있어서 이를 엄격하게 분리하는 것은 현실적으로 어렵다. 이 글의 논제인 한국 신탁통치 문제는 국내외 양쪽에 중첩되어 있는 대표적인 이슈 중 하나이다. 국내 정치세력의 갈등 구조와 국제정세가 종합적·유기적·복합적으로 결부된 것이다. 이렇게 양 차원이 매우 복잡하게 얽혀 있어 객관적으로 기술·평가하는 것은 어렵다. 이 책에서는 한반도 탁치 문제를 편의상 국제적 차원(국제정치적 형성 과정)과 국내적 차원(국내 정치세력의 탁치에 대한 반응 과정)으로 분리하여 기술한 후 양자의 유기적 결합을 시도하고자 한다. 이 책만으로 탁치 문제가 누구나 만족할 정도로 해명될 수 있다고는 기대하지 않는다. 단지 이를 정리하여 토론의 장으로 이끌어내려는 것이 이 책을 집필한 의도임을 밝혀둔다.

---

[5] 오코노기 마사오 저, 류상영 외 역, 『한반도 분단의 기원』(나남, 2019)의 제6장 "냉전의 시작과 분단으로 가는 길: 단독행동과 새로운 정치통합"의 2절 523쪽에서는 모스크바 외상회의를 분단으로 가는 분수령으로 파악했다.

[6] Charles W. Thayer, *Hands across Caviar* (Philadelphia: J. B. Lippincott, 1952), p. 237.

2. 양극화된 신탁통치 논쟁

    1946년 1월 초부터 본격 점화된 우리 민족 내부의 찬·반탁 논쟁은 한반도의 정치 지형을 좌우대립 구도로 재편하여 인위적으로 증폭된 채 1948년 남·북한 정부 수립과 연결되었다.[7] 이렇듯 이 논쟁은 민족분단과 직결되었으며 골육상쟁인 1950년 6·25전쟁과도 무관하지 않다. 결국 신탁통치 논쟁은 남북분단의 내적 구조 형성에는 물론 그 고착화에도 중요한 역할을 했다고 할 수 있다. 따라서 탁치논쟁은 한국현대사가 분단으로 향하는 계기가 된 최대 사건이며 주로 남한 지역에서 1945년 8·15광복 직후 표면화된 대한민국임시정부(약칭 임정)와 조선인민공화국(약칭 인공) 사이의 지지 경쟁을 보다 양극화시키고 좌우대립을 심화시킨 첨예한 대립 이슈였다.

    1946년 1월 3일, 해방된 조국에서 처음으로 맞이한 신년 벽두, 조선공산당(약칭 조공)은 반탁에서 찬탁으로 노선을 전환했다고 평가된다. 이렇게 시작된 좌·우익대립은 여러 우여곡절과 변형을 거쳐 지금까지도 지속되었으며 역사는 물론 현실정치적 이념논쟁에도 영향을 미치고 있다. 탁치 문제가 매개되면서 좌우대립이 상승작용을 일으켰던 것이

---

[7] 정용욱,「신탁통치 파동과 하지: 하지와 김구, 박헌영」,『존 하지와 미군 점령통치 3년』(중심, 2003b), 95-96쪽에 의하면 신탁통치 문제로 한국인 정치세력 사이의 대립이 좌우대립 구도로 변하자, 1946년 봄부터 미군정은 자신을 반대하는 모든 움직임을 좌익과 외부(소련)의 사주와 선동에 의한 것으로 간주했다고 한다. 따라서 정용욱은 탁치 문제에 미국의 공작이 개재되었을 가능성에 대해 추정했다. "Historical Journal of Korea," 2 Jan 1946, 鄭容郁 編,『解放直後 政治 社會史 資料集』I(다락방, 1994), 174쪽에는 "반탁소동으로 빨갱이와 백파가 균형을 이루게 되었고 양쪽이 다 우리에게 도와달라고 우는 소리를 하게 되었다"라는 하지의 말이 인용되어 있다. 반탁운동으로 우익은 좌익과 세력 균형을 일시적으로 만회할 수 있었다고 평가했다. 하지의 지적처럼 이러한 사태는 미군정으로서는 바람직했다는 것이다. 정용욱,「1945년 말 1946년 초 신탁통치 파동과 미군정」,『역사비평』62(2003b), 314쪽.

다. 한국현대사를 '분단시대사'라는 관점에서 조망한다면, 분단의 내적 구조를 형성한 탁치 문제를 한국현대사의 중요한 연구과제 중 하나로 간주하는 것은 당연하다.

1946년 벽두부터 시작된 탁치논쟁은 그 후 미·소공동위원회 참가논쟁과 남·북한 단독정부 수립 찬반논쟁으로 변형되어 1948년의 남·북한 단독정부 수립으로 종결되었다. 논쟁의 전개 양상은 상황에 따라 변했지만 탁치논쟁에서 단정수립 찬반논쟁에 이르는 과정은 좌우대립이라는 면에서 거의 일관된 진영 갈등을 보였다. 따라서 탁치논쟁에 대한 평가는 이후 단정 수립 결과와 관련하여 서로 대립적인 해석을 낳았다.

먼저 해방 직후 정치세력들이 제기한 신탁통치에 대한 논리를 살펴보면, 우익세력은 자신들이 반탁운동을 주도했다는 점을 부각시키면서 반탁은 자주독립의 길이요, 민족통일의 길인 데 반하여 좌익의 찬탁은 매국의 길이요, 민족분열의 길이라고 평가했다. 우익의 이 논리에 따르면 탁치안이 처음 보도되었을 때 좌우는 일치하여 반탁을 외쳤으나(따라서 김구는 1947년의 시점에서도 "조선 민족 전부가 다 신탁통치에 반대하고 있습니다"라고 평가했다8) 이후 좌익이 소련의 지령 등에 따라 매국적이며 반민족적인 찬탁으로 표변했기 때문에 민족통일의 가능성이 말살되었다고 평가된다. 이에 반하여 좌익세력은 반탁이야말로 단정의 길이요, '모스크바결정 지지' 노선이야말로 국제정세에 비추어볼 때 실질적이며 합리적인 통일의 길이었다고 주장했다.9 흔히 '모스크바결정 지지'는 '찬탁'이라고 표현된다. 그런데 좌익은 찬탁이라는 표현이 대중의 감정에

---

8 김구, 「미소공위기구를 확대하라 조선대표도 참가토록」, 1947년 2월 16일자.
9 「三相결정의 일주년 회고(上): '반탁'은 단정으로 변신」, 『독립신보』, 1946년 12월 28일자; 김일성, 「북조선민전중앙위원회 제25차 회의에서 한 연설」, 1948년 3월 9일, 중앙정보부 編, 『統韓關係資料總集』1(서울, 1973), 51-52쪽.

거슬리므로 대신 '모스크바결정 지지'라고 대외적으로 표방하면서 자신들은 탁치를 지지하는 것이 아니라 모스크바결정을 지지한다고 주장했다. 그런데 모스크바결정의 중심이 탁치에 있다는 견해를 우익뿐만 아니라 일부 좌익도 인정했다.[10] 이와 같은 시각에 입각한다면 찬탁과 모스크바결정 지지에 차이가 없는 것이다. 이에 찬탁이라는 용어로 통일한 범진보진영 연구자들도 있다.[11] 그런데 대부분의 좌익은 탁치가 아닌 '후견'으로 규정하면서 모스크바결정의 중심은 탁치가 아니라(물론 후견도 아닌) '독립의 방법·임정 수립'에 있다는 인식을 피력하여 '찬탁'과 '모스크바결정 지지'는 다르다고 역설했다. 좌익은 모스크바3상회의의 결정을 지지했지 신탁통치를 찬성하지는 않았다는 것이다. 따라서 '찬탁'이라는 용어 자체가 잘못된 것이고, 그렇다면 찬·반탁 논쟁이라고 부르는 것 자체가 성립될 수 없었다는 주장이다.[12] 그렇지만 학계에서는 찬탁이나 지지가 형식적·상징적 차이를 지닐 뿐 실제적인 내용 면에서는 큰 차이가 없다고 보고 대체로 찬탁이라는 용어로 좌익의 노선을 통칭하는 경향이 있다. 그런데 이렇게 구호(운동의 차원)를 논리의 차원과 동일시하는 찬탁 규정에 대해 두 가지 문제를 제기하고자 한다. 첫째, 찬탁 규정은 모스크바결정 지지라는 개념과 혼동함으로써 좌익의 숨은 의도를 간파하지 못하게 한다. 둘째, 이데올로기적 편견의 문제이다.

---

10 宋完淳, 「共委有感」, 『신조선』 6월(1947), 40-43쪽; 『동아일보』, 1947년 1월 21일자에는 이러한 좌익의 입장이 나와 있다.

11 김종규, 『한국근현대사의 이데올로기』(논장, 1987), 124쪽; 심지연, 「신탁통치 문제와 해방정국: 반탁과 찬탁의 논리를 중심으로」, 『한국정치학회보』 19(1985), 147-161쪽; 심지연, 「반탁에서 찬탁으로: 남한 좌익진영의 탁치관 변화에 관한 연구」, 『한국정치학회보』 22-2(1988), 225-242쪽.

12 이러한 입장은 다음에 나와 있다. 해방3년사연구회, 『해방정국과 조선혁명론』(대야출판사, 1988), 61쪽; 박태균, 「(광복 70주년 특별기획)김호기·박태균의 논쟁으로 읽는 70년(2): 찬탁과 반탁」, 『경향신문』, 2015년 4월 8일자.

이데올로기적 편견을 가지고 역사를 평가하는 경우 이는 객관적 역사가 아닌 자파중심적인 왜곡된 역사일 뿐이다. 한 연구자는 좌익이 탁치를 지지한 것이 아니라 후견제를 지지했다고 말하는 것은 좌익의 말장난을 그대로 수용하는 것에 지나지 않는다고 주장한다.[13] 또한 한 진보진영 연구자도 스탈린주의의 오류를 감싸주려는 눈물겨운 노력이거나 '찬탁' 결정의 오류에 대한 억지 변명에 불과하다고 주장하여 지지노선을 찬탁과 등식화한다.[14]

그런데 이러한 견해들은 특정한 이데올로기적 입장에서 좌익의 논리를 해석하는 편향적 태도이다. 필자는 탁치와 후견이 차이점보다는 공통점이 더 많다고 생각한다. 또한 좌익이 1945년에는 탁치를 반대했다가 1946년 1월 초 뒤늦게 이에 찬성하면서 자신들이 찬성하는 것은 탁치가 아니라 후견이라고 하는 이면적 이유에 주목한다.

그러나 사후적으로 면밀하게 연구하면 탁치와 후견이 가지는 차이점을 무시할 수 없다는 견해를 외면할 수만은 없는 노릇이다. 따라서 어느 일방의 입장에서 이를 두둔하기보다는 좌·우익 각 정파가 내건 '아 다르고 어 다른' 정치적 반대-찬성의 구호를 당시 용어 그대로 '모스크바결정 지지'라고 기술하여 정확성과 객관성을 기하고자 한다. 만약 '말장난'이 있다면 그 뒤에 숨은 의도를 캐내려고 노력하고자 한다. 한편 이 책에서 '모스크바결정'이라는 용어가 지칭하는 것은 1945년 12월 결정된 모스크바3상회의 공동성명 중 제3항 한국에 관한 부분이다.

당시 정치세력 행태에 대한 후일의 평가에서도 양극화된 양상이 존재한다. 반탁긍정론자 중 과격한 반탁운동을 이끌었던 인사들은 반탁운

---

13 양동안, 「해방3년사 왜곡 기술을 통박한다」, 『현대공론』(1988년 6월), 183쪽.
14 최인범, 『민족통일과 민중권력: 국제주의의 관점』(신평론, 1989), 57쪽.

동이 한반도의 적화를 방지하고[15] 반쪽이나마 반공정부를 수립할 수 있었던 것을 공로로 내세웠다. 그러나 찬탁긍정론자는 반탁운동으로 인하여 한반도 문제 해결을 위한 미·소공위가 결렬되었고 그 결과 분단으로 치달았기 때문에 반탁론은 결국 영구분단론이었다고 평가했다.[16] 한편 반탁긍정론자 중 통일에 집착하는 인사들은 "만약 반탁으로 좌우가 통일되었더라면, 탁치안은 해소되었을 것이고 통일민족국가는 수립될 수 있었을 것"이라는 가정 위에 선다.[17] 반면 찬탁론자는 "만약 반탁운동자가 반탁운동을 해소하고 모스크바결정을 지지했더라면 미·소공동위원회에 의한 임시정부가 수립되어 통일민족국가가 수립될 수 있었을 것"[18]이라는 상반되는 가정에 서서 상대 진영에 분단의 책임을 전가하

---

[15] 이와 같은 입장에서 당시 경북 지방의 반탁·반공운동에 투신했던 사람들의 생생한 기록으로 다음이 있다. 석정길, 『새벽을 달린 동지들: 대구지방 反託·反共學生運動 小考』(갑인출판사, 1983). 또한 다음의 자료집도 특기할 만하다. 한국반탁반공학생운동기념사업회, 『한국학생건국운동사』(동회, 1986).

[16] 김봉현, 『濟州道血の歷史』(東京: 國書刊行會, 1978), 41-42쪽; 高峻石, 『南朝鮮政治史』(東京: 拓植書房, 1980), 97쪽; 「아메리카, 그리고 통일」, 서울대학교 통일문제 심포지움자료집(1987), 7쪽; 李昊宰, 「찬탁이냐 … 반탁이냐: 해방정국의 쟁점」 5, 『중앙일보』, 1985년 9월 17일자; 송건호, 「반탁운동의 실상과 허상」, 『연세춘추』, 1984년 9월 24일자; 송건호, 「탁치안의 제의와 찬반탁 논쟁」, 변형윤 외, 『분단시대와 한국사회』(까치, 1985), 39-64쪽. 이호재는 '찬탁지지론자의 통일지향적인 논리'에 대한 새로운 검토가 학계에서 일고 있다고 말하면서 탁치가 분단안이 아닌 통한안(統韓案)이었다고 주장한다. 송건호는 반탁에 대한 비판적 평가와 찬탁에 대한 긍정적인 평가를 신중하게 하고 있다. 그런데 유영준은 찬탁지지론을 '신탁사관'이라고 명명한다. 유영준, 「8·15후 정치집단의 동향과 정부수립」, 『신동아』 11월(1986), 530쪽. 한편 박태균은 "만약 3상 결정에 대해 국내 정치세력들이 모두 동의했다면 분단에 이르지 않았을 것"이라고 주장했다. 박태균, 「(광복 70주년 특별기획)김호기·박태균의 논쟁으로 읽는 70년(2): 찬탁과 반탁」, 『경향신문』, 2015년 4월 8일자.

[17] 이완범, 「한반도 신탁통치문제 1943~46」, 박현채 외, 『해방전후사의 인식』 3(한길사, 1987), 268쪽.

[18] 이러한 가정에 대해 분단외인론자 신용하는 "열강의 한반도 지배에 대한 욕구와 정책이 소멸되지 않는 한" 이러한 "추정은 너무 순진하고 단선적인 생각"이라고 평가했다. 신용하, 「8·15해방전후 한국인의 역사의식」, 동아일보사 편, 『현대사를 어떻게 볼 것인가』 I(동아일보사, 1987), 33쪽.

고 있다.[19]

위에서 살펴본 바와 같이 탁치에 대한 당시의 논리와 현재의 주장에는 이데올로기적 입장[20]이 개재되어 있고, 찬탁·반탁의 대립에 대해 양

독립할 능력이 없는 나라에 대해 강대국이 일정 기간 통치하는 것이 신탁통치이다. 당시 한국은 자주독립국가를 수립할 수 있는 능력을 가졌다고 스스로 평가했다. 따라서 좌익이 "후견제는 식민지화를 의미하는 위임통치와는 다르다"라고 홍보했어도 일반 민중들은 식민지 상태로 돌아가는 것으로 받아들였을 것이다. 따라서 국민들이 모스크바 결정 지지로 뭉친다는 것은 당시의 국민감정에 비추어보면 거의 불가능했던 가정이다. 물론 반탁으로 뭉친 후 미·소 동의를 얻어 탁치를 폐기할 수 있었을지도 의문이며, 탁치 폐기 후 미·소가 그들의 우호적인 정부 수립을 포기한 채 철군할 수 있었을지도 모를 일이지만 만약 한목소리를 냈다면 통일정부 수립의 가능성은 한층 더 높았을 것이다. 따라서 좌익의 노선 전환은 좌우 분열의 단초를 제공한 중요한 사건이었다.

[19] '반탁통일론'과 '지지통일론' 두 가정은 모두 분단 내인론을 전제하면서 외인으로서의 미·소대립은 경시하고 있다. 한편 구대열은 탁치가 분단을 막을 수 있는 유일한 안이었다는 반사실적 주장에 대해, 오히려 분단의 'cause(원인; 한국어 초판에서는 '시발')'라고 평가했다. 한편 "신탁통치가 한반도 분단으로 직접 연결되는 것은 아니"라면서 냉전이 출범하면서 분단이 현실화되었다고 주장하기는 했다. 그러나 미국이 구상한 탁치안은 관련국들의 협조를 절대로 필요로 한다는 점에서 분단의 개연성을 충분히 함축하고 있다면서 탁치가 분단의 시발이라고 주장했다. Ku Daeyeol, *Korea 1905~1945: From Japanese Colonialism to Liberation and Independence* (Kent, UK: Renaissance Books, 2021), p. 413; 구대열, 『한국 국제관계사 연구 2: 해방과 분단』(역사비평사, 1995), 286쪽.
이에 필자는 '38선 분할 결정'이 분단의 단초를 연 사건이자 분단의 큰 요인이라 주장하고자 한다. 분단 구조가 확정된 때는 냉전체제가 확립된 이후이다. 냉전이 발생하지 않았다면 미·소협조 아래 한반도 탁치가 시행되고 분단이 되지 않았을 가능성이 있다(물론 반탁론자들이 격렬히 반대해 탁치가 시행되지 않았을 가능성도 있다). 따라서 한반도 분단의 원인은 냉전이라고 할 수 있다(글로벌 냉전이 와해된 1991년 이후에는 한반도 분단 극복의 분위기가 팽배했으나 북한이 중국의 후원, 핵개발 등으로 생존에 성공해 한반도 냉전은 유지되었고, 급기야 제2의 냉전인 미·중대립기에는 냉전 해체에 의한 분단체제 극복이 더 어려워진 상황이다). 38선 획정은 분단의 직접적인 요인이었다. 탁치는 통일로 갈 수도 있고 분단으로 갈 수도 있는 양가적인 것으로 분단체제 형성의 한 배경이라고 할 수 있다.

[20] 지지와 반탁이 결코 반대되는 것이 아니라는 주장이 특기할 만하다. 또한 미국이 찬탁, 반탁의 소모적 대결 양상을 조성해 한국민을 분열시켰다는 것이다. 청년역사연구회, 『정의의 전쟁』(새세대, 1988), 13쪽.
지지와 반탁 양 논리에 자주적인 요소가 있으므로 어느 쪽도 총체적으로 지지 못하는 지성계 일단의 경향을 대변해주고 있다. 다른 측면에서 보면 지지와 반탁은 하나의 명

분법적이며 그 결과를 통일·단정이라는 이후의 사건과 단선론적으로 연결하고 있다. 그런데 이러한 양분법적 견해가 주류인 상황에서 반탁도 모스크바결정 지지도 아닌 제3의 논리를 부각시키는 비주류적이고 중도적인 소수 견해가 있는 것도 사실이다.[21]

그렇다면 과연 어느 노선이 옳은 노선이요,[22] 통일을 가져올 수 있는 노선이었을까? 위 문제의 해답을 얻기 위하여 현 시점에서는 무엇보다도 객관적인 자료에 기초한 해석과 면밀한 토론이 필요하다. 이 책에서는 이러한 점을 염두에 두면서 특정 논리를 일방적으로 부각시키기보다 여러 노선을 그 형성 과정을 중심으로 최대한 객관화해 고찰하면서 상반된 주장을 토론의 장으로 이끌어 들이고자 한다. 그러나 비판적 인식을 가지고 있다 하더라도 실제로 완벽하게 객관성을 유지하기란 어려울 것이며 이데올로기적 편향성이 어느 정도 개재되어 있다는 점이 이 책을 포함한 모든 연구가 갖는 어쩔 수 없는 한계 가운데 하나일 것이다.

분론적인 논리가 아니라 권력투쟁을 위한 한 수단적 구호에 불과하다는 해석이 가능하다.

21 이호재, 『한국외교정책의 이상과 현실: 해방8년 민족갈등기의 반성』 제5판(법문사, 1986), 176-177쪽; 임헌영, 「해방 직후 지식인의 민족현실 인식」, 강만길 외, 『해방전후사의 인식』 2(한길사, 1985), 407쪽. 이호재는 중도파의 외세에 대한 평형정책을 오래전부터 소개했고, 임헌영은 양분법적 견해를 '도식적 분류'라고 비판하면서 좌경지식인 중에서도 반탁자가 많았고 우익 중에서도 반탁에 맹종하지 않은 지식인이 있었던 사실을 지적하고 있다.

22 한편 문승익·김홍명은 찬·반탁 모두가 반민족적이고 비자주적이었다고 주장하고 있다. 문승익·김홍명, 「해방직후 우리나라의 자주사상 연구: 1945~1948」, 『한국정치학회보』 15(1981), 348-351쪽.

3. 선행연구와 다른 점

신탁통치 문제에 대한 한국을 비롯한 세계의 다양한 연구를 점검하면 세계적이며 보편적 차원의 신탁통치에 대한 종합적인 연구가 아직 없으며 한국 내 연구는 주로 한반도에 국한하는 국지적인 차원에 머물러 있는 경향이 있다는 점이 눈에 띈다. 보편적이고 세계적인 차원에 대한 신탁통치 연구 공백은 『신탁통치』 1권과 2권에서 다루고자 한다. 그런데 물론 한반도 특수 상황에 대한 연구도 충분하지는 않은 편이다. 따라서 우선 한반도 탁치에 대한 선행연구를 살필 필요가 있다.

1945년 12월 모스크바3상회의에서 미국 주도와 소련 동의에 의하여 한반도 신탁통치 실시가 결정되었지만 복잡한 국내외 상황 때문에 실시되지 못했다.

미국은 제2차 세계대전 당시 신탁통치 방식을 전후 한국에 적용하려 하는 데 주도적인 역할을 담당했다. 그 중심에는 루스벨트 대통령이 있다. 현재 미국의 한반도 탁치 구상만을 집중적으로 연구한 단일 주제 논문(monograph)은 거의 없다. 기존 연구는 미국의 전시 대한구상(對韓構想)과 전후 대한정책(對韓政策)을 함께 다루었기 때문에 구상의 다양성과 독창성을 경시하고 정책에 대한 기원론적이고 근본적인 해석을 불가능하게 한다. 이들 연구의 대부분은 전후에 시행된 정책의 맥락에서 대한구상을 결과론적으로 재단하여 구상의 근원적인 중요성을 희석시키고 있는 것이다. 복잡한 정책의 경우 다양한 구상 단계를 거치지 않고는 산출이 불가능하다. 실행된 정책 자체만을 분석하는 것보다 이전부터 논의된 정책 구상을 심층적으로 분석하는 것이 정책에 대한 본질적 이해를 더욱 심화할 수 있다. 따라서 내부 기획문서까지도 고려하여 정책의 입안 과정을 연구해야 미국의 한국 인식을 원초적인 것까지 있는 그대로 파악할 수 있을 것이다.

1945년 12월 모스크바3상회의에서 미·소 조정에 의하여 결정된 한국 탁치정책에는 소련 측 구상이 보다 더 많이 반영되었다. 따라서 미국의 대한(對韓) 탁치안은 구상 단계에 그쳤고 권위 있는 정책으로 산출되지 못했다. 또한 미·소 간 합의된 탁치정책도 실제로 시행되지 못했으므로 이 문제는 구상의 차원에서 접근해야 한다.

위와 같은 문제의식을 견지하면서 미국과 소련의 대한(對韓) 구상의 동태성을 분할점령과 탁치의 문제를 중심으로 역사적으로 해명하는 것이 본 연구의 중요한 목적 중 하나이다. 『신탁통치 2』는 한반도 신탁통치안을 사실적으로 규명하려는 시도인 것이다.

한반도 신탁통치에 대한 기존 연구를 보다 구체적으로 살펴보면 탁치 문제는 국제적 차원과 국내적 차원이 복잡하게 얽혀 있어 객관적으로 기술하고 평가하는 데 어려움이 있는 것이 사실이다. 그럼에도 불구하고 이 문제의 중요성이 심대하므로 1970년대 이후 수준 높은 관련 업적이 양산되었다.

선구적 국내 연구로는 최상룡,[23] 이호재,[24] 송건호,[25] 심지연,[26] 김학준[27]의

---

23 최상룡, 「미군정의 초기점령정책: 신탁통치안과 분할점령의 현실」, 『서울평론』 40(1974), 14-26쪽; 최상룡, 「미군정기 한국: 아시아 냉전의 초점」, 『한국사회연구』 1(1983), 351-367쪽; 최상룡, 「분할점령과 신탁통치: 해방한국의 두 가지 외압」, 한국정치학회 편, 『현대한국정치론』(법문사, 1986), 107-132쪽; 최상룡, 『미군정과 한국민족주의』(나남, 1988), 167-281쪽. 마지막 저서는 1971년 일본 동경대학교에 제출한 박사학위논문을 기초로 했다.

24 이호재, 『한국외교정책의 이상과 현실(1943~1953): 이승만 외교와 미국』(법문사, 1969); 이호재(1986), 앞의 책, 138-202쪽.

25 송건호, 「탁치안의 제의와 찬반탁 논쟁」, 변형윤 외, 『분단시대와 한국사회』(까치, 1985), 39-64쪽.

26 심지연(1985), 앞의 글, 147-161쪽; 심지연(1988), 앞의 글, 225-242쪽.

27 김학준, 「한국신탁통치안과 그것을 둘러싼 초기의 논쟁」, 『한국문제와 국제정치(全訂版)』(박영사, 1987), 369-385쪽.

저작이 있다. 후속연구로 주목할 만한 것은 이동현의 국내 대학 학위논문을 기초로 한 저서[28]와 이우진의 미국 대학 정치학 박사학위논문을 기초로 한 논문,[29] 이원설[30]·차상철[31]의 미국 대학 사학 박사학위논문을 기초로 한 저서 등을 들 수 있다.[32] 이재도,[33] 이형철,[34] 이강수,[35] 이주천,[36] 이수인,[37]

---

[28] 이동현, 『한국신탁통치연구』(평민사, 1990). 1989년 같은 제목의 건국대학교 박사학위논문을 수정·보완한 연구이다. 후속연구로는 李東炫, 「미·소 공동위원회의 쟁점과 결말」, 『韓國史市民講座』 38(2006)이 있다.

[29] U-Gene Lee, "American Policy Toward Korea, 1942~1947: Formulation and Execution," Ph.D. dissertation, Georgetown University (1973). 후속연구로 李愚振, 「獨立運動에 대한 美國의 態度: 루스벨트의 信託統治構想을 中心으로」, 韓國政治外交史學會 編, 『獨立運動과 列强關係』(평민사, 1985); 李愚振, 「韓國의 國際信託統治: 그 構想 및 挫折의 記錄」, 『解放5年史의 再照明: 韓國現代史의 政治社會史的 認識』(國土統一院, 1987) 등이 있다.

[30] 이원설, 『미국과 한반도 분단』(한남대학교 출판부, 1989); Won Sul Lee, *The United States and the Division of Korea, 1945* (KyungHee University Press, 1982). 이는 저자의 1961년 미국 웨스턴리저브대학교 사학 박사학위논문 "The Impact of the United States Occupation Policy on the Socio-Political Structure of South Korea"를 기초로 한 연구이다.

[31] 차상철, 『해방전후 미국의 한반도 정책』(지식산업사, 1991). 저자의 미국 마이애미대학교 1986년도 사학 박사학위논문인 "The Search for a 'Graceful Exit': General John Reed Hodge and American Occupation Policy in Korea, 1945~1948"을 수정·보완한 연구이다. 이 책에 기반해 차상철, 『미군정시대 이야기』(살림출판사, 2014)를 출간했다.

[32] 또한 김구의 반탁운동에 대한 기존 연구로 특기할 만한 것은 신용하, 「열강의 한국남북분단 및 신탁통치 정책과 백범 김구의 노선」, 백범기념관 개관 2주년기념 학술회의: 광복직후의 건국운동과 백범 김구, 2004년 10월 1일; 신용하, 「열강의 한국남북분단 및 신탁통치 정책과 백범 김구의 노선(1943~45)」, 『백범과 민족운동 연구』 3(2005) 등이 있다.

[33] 李在都, 「모스크바信託統治協定과 韓半島政治變化에 관한 硏究」, 동국대학교 박사학위논문(1988).

[34] 이형철, 「미국국무성의 한국신탁통치계획(1942~45)」, 『한국정치학회보』 21-2(1987), 275-289쪽.

[35] 李剛秀, 「三相會議決定案에 대한 左派政黨의 대응」, 국민대학교 서사학위논문(1994); 李剛秀, 「三相會議決定案에 대한 左派3黨의 대응」, 『한국근현대사연구』 3(1995).

[36] 이주천, 「루즈벨트 행정부의 신탁통치 구상과 對韓政策」, 『미국사연구』 8(1998).

[37] 이수인, 「한국 신탁통치안의 세계사적 배경구조」, 『사회과학연구』 8-1(1998).

유병용[38]의 저작도 있다. 최영호[39]의 논문은 세부적인 주제를 천착한 각론적 연구이다.

21세기의 새로운 연구인 하지은과 강성현[40]의 논문은 한반도라는 일국적·국지적 차원에서 민족주의적으로 조망된 기존 신탁통치 연구를 비판하면서 세계사적 보편적 차원과 현재적 맥락이라는 대안적 접근을 제시한 역작으로, 미국의 국제신탁통치 구상을 미국의 세계전략과 연결해 심층적으로 천착한 심화 연구이다.[41] 특히 하지은은 국제적 신탁통치 구상을 설명하는 분석의 층위를 ① 전 지구적 차원의 구조변동, ② 미국의 구 식민지 처리 관련 정책, ③ 소련·영국 등 연합국과의 협조체제, ④ 미국의 한반도 신탁통치 정책과 ⑤ 남한 현지 상황으로 구분했다. 결론적으로 신탁통치 기획의 형성과 변형, 그리고 실천에 이르는 일련의 과정은 다양한 수준의 상호작용에 의해 '중층결정'된 결과라고 주장했

---

[38] 俞炳勇, 「二次大戰中 韓國信託統治問題에 대한 英國의 外交政策 硏究」, 『歷史學報』 134·135(1992).
[39] 최영호, 「한반도 신탁통치 문제의 로컬리티: 해방 직후 재일조선인 사회를 중심으로」, 『한국민족운동사연구』 70(2012).
[40] 강성현, 「한국 사상통제기제의 역사적 형성과 '보도연맹 사건', 1925~50」, 서울대학교 박사학위논문(2012).
[41] 하지은, 「국제적 신탁통치구상과 냉전적 변형: 한국 사례를 중심으로」, 서울대학교 석사학위논문(2015); 강성현·하지은, 「미국의 점령형 신탁통치에 관한 비교역사사회학: 한국, 오스트리아, 오키나와를 중심으로」, Comparative Research on Cold War in Europe and Asia, 서울대학교 아시아연구소 국제학술회의, 2014년 12월 12~13일; 강성현·하지은, "Comparative Historical Sociology of the United States 'Occupational Trusteeship': Focusing on Korea, Austria and Okinawa," Continuous Wars in East Asia, Post colonial state formation and the Cold War, Seoul National University Asia Center (2015); 강성현, 「전후 미국의 '점령형 신탁통치'의 성립과 냉전적 변형: 조선, 미크로네시아, 류큐제도를 중심으로」, 『사회와역사』 112(2016), 49-99쪽; 강성현, 「태극기 포위한 '신탁' 깃발들: 1947년 중앙청에 내걸린 미·소·영·중 국기: 사진 속 역사, 역사 속 사진」, 『한겨레21』 1210(2018), 72-74쪽; 강성현, 「미국의 '점령형 신탁통치'와 냉전적 변형: 조선, 미크로네시아, 류큐제도를 중심으로」, 강성현·백원담 편, 성공회대학교 동아시아연구소 기획, 『종전에서 냉전으로: 미국 삼부조정위원회와 전후 동아시아의 '신질서'』(진인진, 2017), 65-110쪽.

다.⁴² 필자는 역사적 사실에 대해 단선적·일원적이 아니라, 복합적으로 해석해야 한다는 입장을 견지하고자 한다. 필자의 복합적 해석은 '중층적 시각'이라는 용어로 변용될 수 있다.

이 외에 정용욱⁴³의 학위논문과 저술도 주목해야 한다. 또한 광범위한 1차 자료를 활용한 신복룡⁴⁴의 역작이 있다. 개괄적이면서도 심층적인 연구의 모범을 보여주는 구대열⁴⁵의 저서도 참고해야 한다.

일본의 선구적 연구로는 오누마 히사오(大沼久夫)⁴⁶와 오노다 모토무(小野田求)⁴⁷의 논문이 있으며 후속연구로서 재일교포 교수 오충근⁴⁸의 논문은 소련 측 자료를 광범위하게 활용했으므로 주목할 가치가 있으나 학계에 큰 반향을 일으키지는 못했다. 미국의 비밀해제문서를 참조하지

---

42 하지은(2015), 앞의 글, 22쪽.
43 鄭容郁, 「1942~47년 美國의 對韓政策과 過渡政府形態 構想」, 서울대학교 박사학위논문(1996); 정용욱(2003b), 앞의 글; 정용욱, 「모호한 출발, 저당 잡힌 미래, 발목 잡힌 역사: 21세기에 되돌아본 해방 전후사의 역사인식」, 이병천 외 편, 『다시 대한민국을 묻는다: 역사와 좌표』(한울, 2007), 60-95쪽; 정용욱(2003a), 앞의 글; 정용욱, 『해방 전후 미국의 대한정책』(서울대학교 출판부, 2003); 정용욱, 「미·소 군정의 對 한국정책, 1945~48」, 『백범과민족운동연구』 3(2005).
44 신복룡, 「한국 신탁통치의 연구: 미국의 구도와 변질을 중심으로」, 『한국정치학회보』 27-2, 상(1993); 신복룡, 『한국분단사연구 1943~1953』(한울, 2001).
45 구대열, 『한국 국제관계사 연구』 전2권(역사비평사, 1995).
46 大沼久夫, 「朝鮮信託統治構想: アメリカ外交文書に基づいて」, 『法政大學院紀要』 第1號(1978), 165-179쪽; 大沼久夫, 「朝鮮の解放·分斷と國內勢力: 信託統治問題を中心としこ」, 『朝鮮史硏究會論文集』 第2輯(1984), 107-129쪽; 大沼久夫, 「한국의 해방·분단과 국내세력: 신탁통치 문제를 중심으로」, 김동춘 편역, 『한국현대사연구』 I(이성과현실사, 1988).
47 小野田求, 「第2次世界大戰中における朝鮮獨立政策: 國際的信託統治政策の本質」, 『朝鮮歷史論集』下卷(東京: 龍溪書舍, 1979), 519-532쪽.
48 吳忠根, 「朝鮮半島をめぐる米ソ關係」, 『共産主義と國際政治』 第7卷 2號(1982); 「한반도를 둘러싼 미·소관계: 소련의 대일전 참전을 중심으로」, 김동춘 편역, 『한국현대사연구』 I(이성과현실, 1988)의 290-323쪽에 방역; 「戰時米ソ交涉における朝鮮問題: ポツダム會談を中心に」, 『法學硏究』, 第56卷 6號(1984), 36-64쪽.

못했다는 것이 한계로 지적될 수 있다. 히라야마 타쯔미(平山龍水)[49]의 논문은 노터파일(Notter Files) 등을 비롯한 미국 자료들을 광범위하게 활용한 모범적 연구이다. 2014년에 출간된 이케가미 다이스케(池上大祐)[50]의 저서는 태평양 도서지역에 신탁통치를 적용하려 한 미국의 구상을 면밀하게 검토한 수작이다.

미국의 선구적 연구로는 모리스(W. G. Morris)[51]와 커밍스(Bruce Cumings)[52]의 것을 들 수 있으며 후속연구로는 샌더스키(Michael C. Sandusky)[53]의 저서에 주목할 필요가 있다. 다소 저널리스틱하므로 연구의 엄밀성 면에서는 한계가 있다는 평가를 받기도 하지만 방대한 1차 자료 활용은 풍부한 자료적 준거를 제공하고 있다. 미국의 돕스,[54] 매트레이,[55] 스브레가,[56] 김승영[57]의 저작 등도 좋은 참고자료를 제공하고 있다.

네덜란드의 반 리(Erik Van Ree)[58]의 저서는 상당히 수준 높은 소련 연구서로 학계의 집중적인 주목을 받지는 못했지만 '소련에서 간행된 자

---

49 平山龍水, 「第二次大戰中のアメリカの對朝鮮政策: 信託統治制度適用の經緯について」, 『筑波法政』 第13號(1990), 181-205쪽; 히라야마 타쯔미 저, 이성환 역, 『한반도 냉전의 기원: 미국의 대한국 정책, 1942~1946년』(중문, 1999).
50 池上大祐, 『アメリカの太平洋戰略と國際信託統治: 米國務省の戰後構想 1942~1947』(京都: 法律文化社, 2014).
51 William George Morris, "The Korean Trusteeship, 1941~47: The United States, Russia, and the Cold War," Ph.D. dissertation, Department of History, The University of Texas at Austin (1974).
52 Bruce Cumings(1981), 앞의 책; 브루스 커밍스(1986), 앞의 책.
53 Michael C. Sandusky, *America's Parallel* (Alexandria, Virginia: Old Dominion, 1983).
54 Charles M. Dobbs, *The Unwanted Symbol: American Foreign Policy, the Cold War, and Korea, 1945~1950* (Kent, Ohio: The Kent State University Press, 1981). 1978년 미국 인디애나대학교 박사학위논문을 출판한 것이다.
55 James Irving Matray, *The Reluctant Crusade: American Foreign Policy in Korea, 1941~1950* (Honolulu, Hawaii: University of Hawaii Press, 1985). 1977년도 미국 버지니아대학교 박사학위논문을 출판한 것이다.

료는 볼 것이 없다'는 기존 인식이 수정될 수 있는 유용한 연구라고 할 수 있다.

비교적 시기적으로 앞선 연구에서는 주로 국제정치적 영역에서만 연구가 이루어졌으나(모리스, 1974년의 최상룡, 1978년의 오노다), 최근의 저작에서는 국제정치적 형성과 국내 정치적 반응 양자를 모두 고려하는 경향이 있다(1983·1986년의 최상룡, 1986년의 이호재·송건호, 1985년의 심지연·김학준).

4. 연구 범위와 방법

한국 정치세력의 신탁통치 인식과 대응을 다루는 이 책에서는 1945년 8월 광복 이후부터 탁치안이 폐기되어 한반도에 2개의 정부가 수립되는 1948년 9월까지를 연구의 주된 시간적 범위로 한정하고자 한다. 또한 공간적 연구 범위는 남한의 국내 정치와 미국의 대한정책에 주로 한정하고자 한다. 그런데 소련 정치와 북한 정치는 자료 제약 등의 문제

---

56 John Joseph Sbrega, "Anglo-American Relations and the Politics of Coalition Diplomacy in the Far East during the Second World War," Ph.D. dissertation, Georgetown University (1974). 후속연구로는 "The Anticolonial Policies of Franklin D. Roosevelt: A Reappraisal," *Political Science Quarterly*, vol. 101, no. 1 (1986), pp. 65-84; "Determination versus Drift: The Anglo-American Debate over the Trusteeship Issue, 1941~1945," *Pacific Historical Review*, vol. 55 (1986), pp. 256-280 등이 있다.

57 Seung-Young Kim, "The Rise and Fall of the United States Trusteeship Plan for Korea as a Peace-maintenance Scheme," *Diplomacy & Statecraft*, vol. 24, no. 2 (2013), pp. 227-252.

58 Erik Van Ree, *Socialism in One Zone: Stalin's Policy in Korea, 1945~1947* (Oxford: Berg, 1989)은 네덜란드 암스테르담대학교에 제출했던 박사학위논문을 출간한 것이다.

가 있지만 도외시할 수만은 없다. 따라서 문제를 보다 객관화하고 연구를 엄밀히 하기 위해서 소련 외교정책과 북한의 국내 정치도 보완적으로 살필 것이다.

기존 연구가 가지고 있는 가치지향 면에서의 편향성을 극복하기 위하여 가급적 편향되지 않은 관점을 세워 연구를 진행하고자 한다. 이런 맥락에서 전통주의·수정주의 양자의 편향성을 극복하고자 했던 후기 수정주의적(post-revisionistic) 관점에 주목했다. 최대한 균형 있는 시각을 견지하고자 노력하겠지만 불편부당한 객관적 시각은 처음부터 달성 불가능한 이상(理想)일 것이다.

문헌자료에 주로 의존하고 역사적 방법을 동원하여 이 문제에 관련된 당시의 역사적 사실을 최대한 규명하고자 한다. 한국 탁치 문제를 최대한 객관적·가치중립적으로 기술(記述; description; 서술)하려고 시도할 것이다. 이 연구에서는 역사적 접근법(historical approach)을 채용해 이 시기의 국제관계사와 정치사를 재조명할 것이므로 사료의 분석을 통한 실증 이외에 다른 방법론의 적용은 시도하지 않을 것이다. 다만 국제관계사적 방법론에서 발견할 수 있는 중요한 시사점을 원용할 뿐이다.[59]

---

[59] 국제관계사 방법론의 입문서라고 할 수 있는 Pierre Renouvin et Baptiste Duroselle, *Introduction à l'Histoire des Relations Internationales* (Paris: Libraire Armand Colin, 1964); 李基鐸 譯, 『國際政治史理論』(博英社, 1987), v쪽에 의하면 외교사는 정부 간의 관계에 치중하는 데 비해 국제관계사적 방법은 외교에 심층적으로 작용하는 영향력, 즉 심층동인[Les forces profondes; 직역하면 '심오한 세력'이지만 르누뱅의 의도에 충실하게 '국가의 저력'이라고 의역할 수 있다. 洪淳鎬, 「國際關係史硏究의 方法論」, 『韓國國際關係史理論: 時代狀況의 力學構造』(大旺社, 1993), 56쪽]을 중시한다. 르누뱅이 저술한 『국제관계사개설』 전반부에서는 지리적 요인, 인구의 제 조건, 경제적 요인, 국민과 국가의 집단적인 특성들과 여론 등의 요인으로 구성된 구조적 저력을 분석하고 있다. 위 요인들을 분석해야만 역사적인 국제관계를 전체적이며 체계적·거시적으로 파악할 수 있다는 것이다.
또한 뒤로젤이 저술한 후반부에서는 정치인['정치인'은 정치가뿐만 아니라 정부의 고위 관직자 또는 외교관 등을 포함하는 포괄적 개념이다. 洪淳鎬(1993), 앞의 책, 37쪽 참

사료들을 연대기적으로 조직화하여 기술(description)⁶⁰한 뒤 이를 비판적으로 분석하는 역사적 접근 방법(historical approach)을 채용하여 문제에 접근할 것이다.

조]의 역할이 강조되고 있다. 또한 국제관계 연구의 기본적 틀을 불가분의 관계인 저력과 정치인으로 정립하여 정치인은 주도권 행사에 있어 국가의 저력에 광범위하게 영향받는다고 주장한다. 洪淳鎬(1993), 앞의 책, 37쪽, 57쪽 참조.

그런데 프랑스 학파는 역사를 통해 이론화만을 추구하는 미국식 국제정치학을 비판한다. 그들은 역사를 그 자체로서 중시하며 국제관계사를 국제정치학의 한 분과라기보다는 오히려 이를 포괄하는 독자적 학문 영역으로 탐구하고 있다. 이런 맥락에서 국제관계사는 외교사·국제관계학·국제정치학을 포괄·접목하는 것이다.

60 이러한 기술에 의한 방법을 고전적인 '이야기체식[narrative; 서사(敍事)적] 서술(敍述)' 방법이라고 한다. 이에 대비되는 접근으로 '(사회)구조적(structural) 접근'이 있다. Lawrence Stone, "The Revival of Narrative: Reflection on a New Old History," *Past and Present*, no. 85 (1979), p. 3; E. J. Hobsbawm, "The Revival of Narrative: Some Comment," *Past and Present*, no. 86 (1980), pp. 3-8.

이데올로기와 해방정국

1 장

1. 이데올로기의 개념

오늘날 우리가 흔히 쓰는 '이데올로기'라는 말은 시대적 상황에 따라 다른 뉘앙스로 사용되었다. 고전적으로는 고대 그리스 플라톤(Platon; B.C. 429?~B.C. 347)이 '이데아(Idea)'라는 말을 사용하여 이데올로기 용어의 연원을 이루었다. 프랑스의 트라시(Antoine Destutt de Tracy; 1754~1836)가 1796년 '관념학(science of ideas; idea-logy)' 혹은 '이념들의 과학'이라는 뜻으로 처음 사용했다.[1] 이 당시에 이데올로기는 형이상학과 심리학의 대립적 개념으로 '사고력에 대한 과학적 분석'을 뜻했다. 이데올로기를 '다른 모든 과학의 지평이 되는 새로운 관념들에 관한 유익한 과학'[2]으로 개념화했기에 이를 매우 호의적으로 보았다.[3] 이념과

---

1 Antonio Gramsci, edited & translated by Quintin Hoare and Geoffrey Nowell Smith, *Selections from the Prison Notebooks* (New York: International Publishers, 1971), p. 375; J. 플라메나쯔 저, 진덕규 역, 『이데올로기란 무엇인가』(까치, 1982), 31쪽.
2 David McLellan, *Ideology: Concepts in the Social Science* (London: Open

학을 통해 국가와 나아가서는 전 인류를 구원할 수 있을 것이라고 예측하여 이를 찬미했던 것이다.[4]

나폴레옹(Napoleon Bonaparte; 1769~1821)은 드 트라시와 그 동료들에게 호의적이었지만 모순적이게도 1812년 러시아 원정 실패 이후 주관적이고 난해하며 이상적인 주장을 펼치는 교조주의자들을 '이데올로그(ideologue; 이데올로기 신봉자, 당시로서는 나폴레옹 '제국'에 반대했던[5] 자유주의자와 공화주의자)'로 지칭했다.[6] 나폴레옹이 이데올로기를 '안개 속의 형이상학'이라며 경멸하자,[7] 지성계의 주류는 이데올로기에 대한 찬미론에서 비난론으로 변화되었던 것이다.[8] 이후 이데올로기는 '아무런 객관적 근거도 없으면서 기존 질서를 위협하는 비현실적인 당파주의'를 뜻하는 말이 되었다.

이에 마르크스(Karl Marx; 1818~1883)와 엥겔스(Friedrich Engels; 1820~1895)는 '사람을 속이는 지식(illusory knowledge)', 내지는 '허위의식(false consciousness)'으로 이데올로기를 정의했다.[9] 마르크스의 사

    University Press, 1995); 데이비드 맥렐런 저, 구승회 역, 『이데올로기』(이후, 2002), 21쪽.
3 Maurice Cranston, ed., *Ideology and Politics* (Brussel and Florence: European University Institute, 1980); 모리스 크랜스턴 저, 이재석 역, 『이데올로기의 이해』(민족문화사, 1985), 7-8쪽.
4 데이비드 맥렐런 저, 구승회 역(2002), 앞의 책, 28쪽.
5 모리스 크랜스턴 저, 이재석 역(1985), 앞의 책, 17쪽.
6 Karl Mannheim, *Ideologie und Utopie* (Bonn: Cohen, 1929); 칼 만하임 저, 임석진 역, 『이데올로기와 유토피아』(지학사, 1975), 115-116쪽.
7 데이비드 맥렐런 저, 구승회 역(2002), 앞의 책, 22쪽.
8 모리스 크랜스턴 저, 이재석 역(1985), 앞의 책, 8쪽 서문에 의하면 이데올로기라는 말은 역사적으로 중립적 색채로는 거의 사용되지 않았으며 찬양되거나 경멸시되었다고 주장된다. 그렇지만 같은 책의 로베르 드라뻬, "이데올로기라는 말과 그 개념", 15쪽에는 이데올로기를 '세계관(Weltanschauung)'과 동일시하는 중립적 정의가 나온다.
9 마르크스와 엥겔스의 『독일 이데올로기』에는 이데올로기라는 말이 최소한의 개념 정의도 없이 약 50번 나온다고 한다. 모리스 크랜스턴 저, 이재석 역(1985), 앞의 책, 19쪽.

회구성체론에 의하면 '하부구조(Unterbau)-토대(물질; 존재; 경제)'에 구속되는 상부구조(Überbau)는 의식의 차원으로서 '법-정치-종교-예술-도덕-윤리'로 구성되어 있다. 1859년 1월 마르크스가 쓴 『정치경제학 비판을 위하여(*Zur Kritik der Politischen Ökonomie; A Contribution to the Critique of Political Economy*)』(Vorwort; Preface) 서문에서는 이데올로기적 제 형태(den juristischen, politischen, religiösen, künstlerischen oder philosophischen, kurz, ideologischen Formen; 법률적, 정치적, 종교적, 예술적 혹은 철학적, 간단히 말해 이데올로기적인 형태)[10]라고 규정했다.[11] 또한 후일 마르크스-엥겔스 저작집 편집자(소련공산당 중앙위원회 마르크스주의-레닌주의연구소)도 상부구조를 '정치 및 이데올로기적 상부구조(der politische und der ideologische Überbau)'[12]라고 규정했으므로 상부구조의 양대 축은 정치와 이데올로기라 볼 수도 있다.

그런데 마르크스는 하부구조를 정확하게 반영하는 의식과 반영하지 않는 '잘못된 의식'이 있으며 자계급 중심의 의식·사상과 자파 이익 위주의 편협된 생각이 바로 이데올로기라고 정의하면서 대표적으로 부르주아 이데올로기를 들었다. 『독일 이데올로기』 서설에서 마르크스는 망상, 이성과 도그마를 말하면서 사상의 지배에 대해 반란을 일으킬 것을 제안했다. 이러한 환상들을 인간의 본질에 상응하는 관념으로 바꾸도록

---

10 Karl Marx and Friedrich Engels, *Werke*, 13 (Berlin: Dietz Verlag, 1961), S. 9; 칼 맑스·프리드리히 엥겔스 저, 최인호 외 역, 『저작선집』 2(박종철출판사, 1992), 478쪽.
11 칼 마르크스 저, 김호균 역, 『정치경제학 비판을 위하여』(중원문화, 1988), 7쪽.
12 Institut für Marxismus-Leninismus beim ZK der KPdSU, "Vorwort," Karl Marx and Friedrich Engels, *Werke*, 3 (Berlin: Dietz Verlag, 1978), S. VII; 「MEW 제3권 서문」, 칼 마르크스·프리드리히 엥겔스 저, 김대웅 역, 『독일 이데올로기』(두레, 1989), 28쪽.

가르치면 존재하는 현실은 무너질 것이라고 예언했다.[13] 이데올로기를 경멸한 마르크스는 이데올로기를 관념론(독일 이상주의)과 연관 지으며 그것이 유물론적 세계관에 의해 교정될 수 있다고 판단했다.

이렇게 마르크스는 이데올로기가 "사회적 계급에 의해 생산된 정치적 환상"이라고 부정적으로 인식했다.[14] 엥겔스도 "소위 사상가들에 의해 만들어진 허위의식"이라고 규정했다.[15]

그런데 마르크스가 사망한 후부터는 이데올로기가 '사회적 의식의 총체적 양식'과 동일시되기 시작했다. 즉 '이데올로기=사회적 의식'으로 보기 시작했던 것이다. 그람시(Antonio Gramsci; 1891~1937)는 1929년부터 1935년까지 저작에서 이데올로기를 '사회관계에 대한 의식을 획득하는 포괄적인 상부구조(superstructure)의 영역'으로 바라보았다.[16] 이데올로기가 지배계급의 것이며 그 외의 것들은 '허위의식'이라고 본 마르크스와는 달리, 그람시는 이데올로기의 복수성을 제시했다. 이데올로기란 그것이 속한 집단의 의식이나 가치관이며, 따라서 '허위의식'이 아니라는 것이다.

알튀세르(Louis Althusser; 1918~1990)는 이데올로기가 단순히 계급

---

[13] 「서설」, 칼 마르크스·프리드리히 엥겔스 저, 김대웅 역(1989), 위의 책, 47쪽.
[14] 현존질서(자본주의)와 그 질서 속에서 자기들의 특권적 지위를 합리화하기 위하여 추구하는 지배(자본가)계급의 이념이 바로 이데올로기라는 것이다. 만하임(Karl Mannheim; 1893~1947)도 이데올로기 용어를 유토피아 개념과 대비시켜 사회 속에서 현존질서를 옹호하는 우월계급의 보수적이고 이기적인 편협된 이념이라고 정의했다. 그렇지만 어떤 사상, 어떤 관념체계도 이데올로기가 아닌 것이 없다고 주장했다. 이데올로기는 어떤 역사 단계에 있는 사회적 현실에 의해서 규정된 것, 따라서 사회적 현실에 조화되고 지지하는 것이다(사상의 존재에 의한 구속성, 존재에 구속된 사유). 이에 반해 유토피아는 사회적 현실에 반대되는 관념의 체계, 즉 새로운 사회질서를 지향하는 것이다. 기존의 존재구조(존재질서)를 파괴하는 현실초월적 방향 설정을 유토피아라고 규정했던 것이다. 칼 만하임 저, 임석진 역(1975), 앞의 책, 122쪽, 125쪽, 257쪽.
[15] F. 야쿠보프스키 저, 윤도현 역, 『이데올로기와 상부구조』(한마당, 1987), 129쪽.
[16] Antonio Gramsci(1971), 앞의 책, p. 138, p. 164, pp. 376-377.

에서 직접적으로 비롯되는 것이 아니라 사회적 '존재'에 의해 형성된다고 주장했다. 따라서 이데올로기란 허위의식이 아니라 인간들 자신의 존재 조건에 대한 생생한 관계의 가상적 표현(상징체계)[17]이라고 보았다. 이러한 맥락에서 볼 때, 이데올로기는 사회의 기존 질서를 유지하기 위해 존재하는 지배적 의식이다.[18]

현대 사회과학에서 사용하는 이데올로기에 관한 정의를 살펴보면, 첫째, "행동을 지향하는 정치적 신념(belief)이나 가치(value), 관념(idea)"이라는 가치중립적 정의가 있다. 둘째, "계급-당파의 이해를 반영하는 일정한 관념이나 견해, 이론적인 체계"[19]라는 다소 부정적 정의이다.

17　Louis Althusser, *Pour Marx* (Paris: Editions François Maspero, 1965), p. 238; 모리스 크랜스턴 저, 이재석 역(1985), 앞의 책, 13쪽.

18　알튀세르는 유명한 논문 「이데올로기와 이데올로기적 국가기구」에서 "생산의 결정적인 조건은 생산조건의 재생산"이며, "노동력 재생산은 노동력의 기술 재생산을 필요로 할 뿐만 아니라, 그와 동시에 기존 질서의 규칙들에 대한 노동력의 복종심 재생산도 필요로 한다"라고 주장했다. 그리고 이러한 역할을 '이데올로기적 국가기구(Ideological State Apparatus: ISA)'가 수행한다고 보았다. 국가기구는 두 가지 종류인데 하나는 "폭력으로서 기능"하는 억압적 국가기구이며, 다른 하나는 "이데올로기로서 기능"하는 이데올로기적 국가기구이다. Louis Althusser, *Lenin and Philosophy* (New York: Monthly Review Press, 1971), pp. 136-151; 루이 알튀세르 저, 이진수 역, 『레닌과 철학』(백의, 1991).
　　알튀세르의 마르크스주의에 대해서는 서규환, 「마르크스 독해에 대한 비판적 독해: 알튀세르의 마르크스 독해에 대하여」, 『현대비평과이론』 19(한신문화사, 2000), 185-212쪽 참조.

19　데이비드 맥렐런 저, 구승회 역(2002), 앞의 책, 13쪽의 옮긴이 서문에 의하면, 하버마스(Jürgen Habermas)는 이데올로기를 '왜곡된 의사소통(verzerrte Kommunikation)'의 맥락에서 인식했다. 원래 하버마스는 '허위의식', '부르주아적인 이데올로기', '환상(프로이트적 용어)'이라는 용어를 사용하는 등 마르크스 이론에 따라 이데올로기를 비판하는 '해방적 관심'을 추구했다. 위르겐 하버마스 저, 『이성적인 사회를 향하여』(종로서적, 1980), 19쪽, 31쪽; 위르겐 하버마스 저, 한승완 역, 『공론장의 구조변동: 부르주아 사회의 한 범주에 관한 연구』(나남, 2001), 223쪽. 그러나 하버마스 사상의 후기라 할 수 있는 1980년대에 들어와서는 '의식철학'에서 '의사소통행위의 철학'으로 전환했다. 김재현, 「하버마스 사상의 형성과 발전」, 장춘익 외, 『하버마스의 사상: 주요 주제와 쟁점들』(나남, 1996), 34쪽. 하버마스는 의사소통(Kommunikation)을 '의사소통

두 정의는 각각 주류적 입장(orthodox paradigm)과 급진적 입장(radical paradigm)을 대변하고 있다. 고전이론가들이 경멸적 입장과 찬미적 입장의 양극단을 걸었던 사례를 현대에서도 반복하고 있는 듯한 느낌이다. 이에 필자는 두 정의를 종합하여 이데올로기란 '특정 집단(group)의 이익(interest)을 대변하는 정치적 신념체계(political belief system)'라고 정의하고자 한다.

한국에서는 대개 좌우로 이데올로기(사상 진영)를 구분한다. '우익-중도-좌익'이라는 용어는 프랑스에서 연원했다. 프랑스 대혁명[20] 전인 1789년 절대왕정체제하에서 제1차 3부회의가 소집되었는데 제1신분인 성직자 대표, 제2신분인 귀족 대표, 제3신분인 평민 대표가 모였다. 국왕을 중심으로 오른쪽에는 성직자와 귀족 등 보수세력이 앉고 왼쪽에는 진보세력인 평민세력이 앉았다.[21] 이때부터 제3신분인 평민세력을

행위(kommunikatives Handeln)'와 '담론(Diskurs)'의 두 가지 형식으로 구분하고 있다. 전자에서는 진술의 타당성이 소박하게 전제되는 가운데 단순하게 정보나 경험의 교류만이 이루어지는 반면, 후자의 경우에는 정보의 교류 대신 의사소통 행위에서 도달하지 못한 합의를 설득력 있는 논거를 제시함으로써 다시 달성하려는 시도가 이루어진다. Jürgen Habermas, *Vorlesungen zu einer sprachtheoretischen Grundlegung der Soziologie, In: ders.: Vorstudien und Ergänzungen zur Theorie des kommunikativen Handelns* (Frankfurt a.M., Germany: Suhrkamp Taschenbuch, 1995), S. 122; 위르겐 하버마스 저, 서규환 외 역, 『소통행위이론』 I (의암출판문화사, 1995). 사회행위의 도식적 분류는 위르겐 하버마스 저, 심연수 역, 『커뮤니케이션과 사회진화』(청하, 1987), 33-34쪽의 각주 2에 나와 있다.

20 1789년 7월 14일 바스티유감옥 습격사건부터 1794년 7월 27일 테르미도르의 반동, 1799년 나폴레옹 쿠데타로 통령정부 수립으로 가는 일련의 과정을 프랑스 대혁명이라고 한다.

21 그런데 진보란 기존의 법이나 틀에서 벗어나 새로운 개혁과 변화를 추구하는 것이므로 보수란 말이 수구적이며 과거 회귀적인 뉘앙스를 가지고 있는 것에 비하면 가치부여적 측면이 있다. 따라서 우익을 일괄적으로 보수, 좌익을 진보로 규정하는 것은 시대적 상황을 무시한 양분법적이며 고정적인 인식이므로 유동적 시각에 의해 교정되어야 한다는 지적도 타당한 면이 있다. 그렇지만 현재 상황에서 일반적으로 우익을 보수, 좌익을 진보로 보는 것이 통용되는 것도 사실이므로 고정관념을 넘어서기는 어렵기도 하다. 또한 식민지시대 이래로 민족주의를 우익, 사회주의를 좌익으로 보는 것도 역시 통설이며

좌익이라고 단순하게 부르기 시작했다. 이렇듯 처음 좌익이라고 규정한 것에 큰 의미는 없었다.

1789년 프랑스혁명이 일어난 후 1792년 혁명전쟁이 발발했다. 그해 9월 20일 프랑스군이 프로이센군을 물리치자 1791년 10월에 성립된 입법의회(1789년 제3신분을 중심으로 구성된 국민의회를 1791년 국왕이 인정하지 않자 구성됨)가 해산되고 국민공회가 소집되었는데, 국민공회가 공화정을 선포하고(제1공화정) 1793년 1월 루이 16세를 단두대에서 처형해 절대왕정체제가 붕괴되었다. 당시 국민공회에서 입헌군주제를 주장한 지롱드당이 의장석 오른쪽 자리에, 중도 성향의 마레당이 가운데, 급진 개혁을 주장하는 자코뱅당이 왼쪽에 앉은 것에서 '좌익-중도-우익'이 유래했다. 이 당시 좌파, 좌익이란 현실 타파의 개혁적 강도가 강함을 뜻했다. 공산주의 사상이 세상에 나오기 전에도 좌파, 좌익은 있었던 것이다. 그런데 19세기 중반 이후 공산주의가 출현하면서 좌파는

고정관념인데, 사회주의자 중에서 계급보다 민족을 강조하는 경우가 있고 민족주의자 중에도 사회주의에 공감하는 경우[민족주의가 사회주의화하여 융합적 민족운동을 하는 경우가 제2차 세계대전에 의해 크게 더 촉진되었다; 데이빗 톰슨 저, 盧明植 역, 『現代世界史: 1914~1968』(探求堂, 1976), 193쪽] 등 복합적인 사례가 있으므로 양분법적으로 보는 것은 지양되어야 한다. '진보-좌익-사회주의' vs '보수-우익-민족주의'라는 동일화가 하나의 이념형으로 보다 일반적이기는 하지만 현실에서는 다양한 변종·층위가 가능하다. 즉 윤해동의 주장처럼 '진보적 민족주의'라는 말도 가능하다(윤해동, 「한반도 민족주의, 폐기처분 아직 이른가」, 『조선일보』, 2007년 2월 3일자). '수구꼴통'이라는 말로 우익을 매도하고 자신들은 진보라고 주장하는 좌익의 입장에서는 진보가 좌익의 전유물처럼 간주될 수 있지만 '수구좌파(좌익)'라는 말처럼 이 시대의 진짜 진보는 우익이라는 주장도 있다(권순활, 「우리 시대의 '진짜 진보'」, 『동아일보』, 2009년 5월 14일자). 즉 좌익은 진보좌익-보수우익(수구꼴통)의 기존 양분법을 고수하려는 데 비해 우익은 자신들이 진보적이라며 진보우익, 수구좌익의 또 다른 양분법적 논리로 대응하여 대립하고 있다. 송상훈, 「"성공한 사람들은 평생 뭔가를 공부한 사람들", 한나라당 조전혁 의원이 말하는 교육의 힘」, 『중앙SUNDAY』, 2010년 4월 25일. 진보·보수 논쟁에 대해서는 강정인, 「한국정치의 진보와 보수: 남북통합과 역사적 화해를 위한 시론」, 한국정치사상학회 2009년 5월 세미나: 진보와 한국사회: 정치철학적 접근, 2009년 5월 16일 참조.

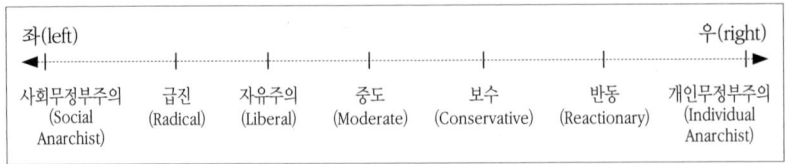

그림 1 레온 바라다트의 이데올로기 스펙트럼

사회주의·공산주의와 동일시되기 시작했다.

바라다트(Leon P. Baradat)는 영·미 사회에 출현했던 정치적 이데올로기를 8가지 스펙트럼으로 구분했다.[22] 여기에서 3대 주요 이데올로기는 리버럴[liberal; 자유주의자; 미국식 진보(progressive)와는 거리가 있으나 한국 사회에서는 리버럴을 진보와 동일시하는 경우도 있음], 중도(moderate), 보수(conservative)라고 할 수 있다.

2. 해방정국 한국정치의 스펙트럼

위와 같은 '진보-중도-보수' 3분법은 오늘날 한국정치에도 적용이 가능하다. 이를 해방 직후 한국의 상이한 현실에 변용한다면 '좌파-중도파(중간파)-우파' 3분법이 가능하다. 그런데 현실적 힘 면에서는 미미하지만 존재하기는 했던 중도파의 입장에서 보면 좌우 양익은 극단적이다. 따라서 '극좌파-중도파-극우파' 3분법도 가능하다. 모든 구분법에는 엄밀한 경계선 설정이 어려우므로 다소간의 무리가 있지만 한국현대사를 이해하기 위해 구분하는 무리수를 자행하지 않을 수 없다.

보다 구체적으로 해방 직후 한국정치의 이데올로기 스펙트럼은 어떻

---

[22] Leon P. Baradat, *Political Ideologies: Their Origins and Impact* (Englewood Cliffs, NJ: Prentice-Hall, 1979), p. 28.

표 1 해방정국 이데올로기 편향성의 정의

구분		좌		우	
구별	구별 기준	자본주의-사유재산 혐오		자본주의-사유재산 인정	
	극·중도의 구별	극	중도		극
	극·중도 구별 기준	과격함	온건함		과격함
	정치세력의 규정	극좌파	중도좌파	중도우파	극우파
	보수·진보의 정도	급진	진보		보수
성격	정치적 신념을 실현시키기 위한 수단 (혁명·개혁의 정도)	혁명적		개혁적	현상 유지적
		계급혁명	부르주아혁명	의회를 통한 개혁	현상 유지
		사회주의		자본주의	
	경제체제	공산주의	사회주의	수정자본주의	자본주의

게 세분화할 수 있을까? 이에 대해서는 〈표 1〉을 참조할 수 있다.

해방정국의 이데올로기는 우선 좌우로 크게 구분할 수 있다. 좌파는 경제체제 면에서 자본주의와 사유재산을 혐오해 이를 사회주의와 공유제로 바꾸어야 한다고 주장한다. 반면 우파는 자본주의를 사회주의보다 선호한다. 극과 중도의 구별이 또 다른 변수이다. 이 구별은 정치적 행동 표출 방식이 상대적으로 적극적인가(과격한가) 아니면 소극적인가(온건한가)인데 좌와 우에 각각 극단과 중도가 있을 수 있다. 이렇게 하면 정치세력의 이념형은 '극좌파-중도좌파-중도우파-극우파'로 구별할 수 있다.[23] 이들 정치세력의 성격을 진보, 보수와 연결시키면, 도식화한

---

23 이렇게 중도파를 중도좌파와 중도우파로 구분하는 것에 대해 중도파의 존재를 너무 과장되게 본다는 비판도 있을 수 있다. 그렇지만 중도파 중에서 좌파적 성향과 우파적 성향의 인물들이 있었다. 일제시대와 연결한다면 극좌파는 조선공산당 계열 인사이며, 중도좌파는 사회주의적인 인사이고, 중도우파는 비타협적 민족주의 좌파, 극우파는 비타협적 민족주의 우파에다가 타협적 민족주의 세력, 자치론자 등을 합한 세력이다. 따라서 이론적으로나 현실에서나 중도좌파와 중도우파는 구별이 가능했다. 식민지시대 민

앞의 〈표 1〉에서 보는 바와 같이 극좌파는 급진적이고, 중도좌파와 중도우파는 진보적이다. 반면 극우파는 보수적이다. 사회변동 면에서 좌파는 대체로 혁명을 선호하고 중도우파는 개혁을 선호하며 극우파는 현상 유지를 원한다.

그런데 이와 같은 구별에 문제도 있다. 첫째, '극좌-중도좌-중도우-극우'라는 개념은 연구의 편의를 위한 하나의 이념형(Idealtypus)일 뿐이라는 점이다. 예를 들면, 위 성격에 완전히 부합되는 극좌파는 현실에 존재하지 않고 단지 그러한 경향을 가질 뿐이다.[24] 둘째, 이 구별이 절대적인 기준에 의한 것이 아니라 상대적인 것이라는 점이다. 예를 들어 극좌파는 중도좌파에 비해 상대적으로 급진적이다. 만약 중도우파와 극우파 사이에 상대적으로 우파적인 새로운 정치세력이 출현한다면 중도극우파라고 칭할 수 있을 정도로 사상진영의 구분은 상대적이다. 셋째, 각 파별 간에는 현격한 차이도 존재하지만 연결되는 지점도 존재하는

족주의 좌파 중 해방 후 중도좌파로 나아간 인사도 있었다. '민족주의'라 할 때 우파와 연결시키기도 하지만 이는 단선론적인 견해이다. 식민지시대에 민족주의 좌파와 민족주의 우파로 분화되는 등 좌파적 민족주의자가 있었으며 김일성 세력도 후일 자신들의 정치 이념을 '우리민족제일주의'로 규정하는 등 민족 문제에 적극적이었다. 도진순(1997)은 김구-임정계열의 우파민족주의, 김규식-민족자주연맹의 중간파 민족주의, 여운형-인민당 계열의 좌파민족주의로 구별하고 있다. 도진순, 『한국민족주의와 남북관계』(서울대학교 출판부, 1997). 한편 21세기 한국사회의 이념지도의 경우 평등과 자유를 두 축으로 하는 좌우 구분보다 자주와 근대를 기준으로 민족주의좌파와 민족주의 우파로 나누는 구분법이 더 설득력이 있다는 견해도 있다. 사회주의(좌)와 자본주의(우) 차원에 민족과 세계의 차원을 덧붙여야 한다는 김호기의 양차원적 견해와 여기에다가 북한에 대한 태도까지 첨가하여 3차원적으로 논구해야 한다는 신기욱의 견해도 있다. 이완범, 조선일보 이선민 기자와의 인터뷰, 2005년 9월 28일.

24 진보와 보수라는 용어도 마찬가지로 각각 하나의 순수한 이상형(Idealtypus)이다. 현실에는 두 이상형이 교직되어 공존하고 있는 '혼합형'만이 존재하고 있다. 자유와 평등 중 어느 하나, 혹은 성장과 복지 중 어느 하나를 버리는 정책을 구현하는 경우는 보기 힘들다. 진보정부라고 시민의 자유를 도외시할 수 없고 보수정부라고 해서 평등을 내팽개칠 수는 없다.

바, 각 정파 간의 이데올로기를 단절적·대립적으로 볼 수도 있지만 경우에 따라서는 연속적인 것으로 봐야 할 때도 있다. 예를 들면 중도좌파와 중도우파 사이에는 단절점도 있지만 연속성도 있으므로 중도파라는 이념규정 아래 하나로 묶일 수도 있다. 마지막으로 넷째, 이와 같은 이데올로기를 유동적인 것으로 파악해야 한다. 각 개인이나 정파는 상황에 따라서 전향이 가능하므로 특히 한 개인을 어느 한 정파로만 고정적으로 규정하는 것은 무리가 있다.[25] 예를 들면 김구는 해방 직후 극우파에서 1947년 말 중도우파로 그 이념적 지향이 변화한 셈이다. 김구

---

25 사상 전향을 일관성 상실, 지조 없는 처신, 배신자, 주류와 양지(陽地)만을 지향하는 철새정치, 기회주의 등 부정적으로 보는 것이 일반적이지만 변화된 질서에 순응하려는 유연한 자세로 긍정 평가할 수도 있다. 이런 맥락에서 '지식인의 자유부동성(自由浮動性)'이라는 개념을 동원할 수 있다. 자유부동성은 (물적 조건에 따라 어쩔 수 없이 겪은) 체험이 아닌 의식적 학습을 통해 사상을 습득한 지식인의 특성이기도 하다. 상황은 변화했는데, 옛 이념에 집착한다면 도그마적인 경직성을 가지고 있다고 비판받을 수도 있는 것이다. 사회주의권이 몰락했는데 현실 적용과 실험에서 패배한 마르크스주의를 비판하지 않고 아직도 무조건 신봉한다면 그것이야말로 이념의 노예가 되었다고 부정 평가될 수 있다. 독일의 지식사회학자 만하임은 '자유부동적 지식인'이라는 말을 사용했다. 이 용어는 영어로 'the free-floating intelligentsia'이며 독일어 원어는 'freischwebende Intelligenz'이다 [Karl Mannheim, *Ideology and Utopia, An Introduction to the Sociology of Knowledge*, translated by Louis Wirth and Edward Shils, edited by Bryan S. Turner (London: Routledge, 1991), pp. 137-138; Karl Mannheim, Ideology and Utopia, An Introduction to the Sociology of Knowledge, translated by Louis Wirth and Edward Shils (New York: Harcourt, Brace and Company, 1936), pp. 154-155]. 막스 베버(Max Weber)의 남동생 알프레드 베버(Alfred Weber)가 'the socially unattached intelligentsia'라는 용어를 처음 사용했다. 유물론자들이 주장하는 의식의 (물적)존재피구속성(경제가 이념을 결정한다는 결정론)에 맞서 만하임은 지식인들의 의식이 존재로부터 상대적으로 자유롭게 떠다닐[浮動] 수 있다고 주장했던 것이다. 지식인 출신의 혁명가 레닌도 존재에 구속받지 않은 자유로운 의식에 따라[주의주의(主意主義) 혁명을 추진한 자유부동적 지식인(인텔리겐차; 실천적 지식인을 뜻하는 intelligensia)의 대표적인 경우라고 할 것이다. 자유부동적 지식인은 마르크스주의 이론가 그람시의 '유기적 지식인'이라는 말과 사상적으로 대비된다. 상아탑의 학자가 아니라 '조직자이자 지도자'인 '유기적 지식인'들은 노동계급 대중의 조직과 기구를 건설할 수 있다. 그람시는 그런 조직과 기구가 사회주의적 '대항 헤게모니'를 만들어내기 시작한다고 주장했다.

는 1947년 말 이후 단독선거에 참여하는 대신 중도우파 김규식과 함께 남북협상 참여 노선에 기울었던 것이다.

3. 해방 후 각 정치세력의 이데올로기와 조직

일본제국주의의 억압적 지배가 종언을 고하고 해방이 찾아오자, 한국인은 제각기 성향에 따라 여러 정치단체를 조직하여 정치에 적극적으로 참여했다. 새로운 국가를 건설한다는 민족적 여망과 정치적 포부를 실현한다는 개인적 야망 속에서 많은 사람이 정치의 장으로 뛰어들어 치열한 정치활동을 전개했던 것이다. 심지어는 '1인 1당'이라는 표현도 있었으며 좌·우익 각 단체가 미·소공위에 제출했던 당원, 조직원 인원수를 합치면 당시 남·북한 전체 인구보다 많았다는 설도 있었다. 민조사라는 출판사가 8·15 직후 전국에 족출(簇出)한 정치·경제·문화 등의 단체를 조사해 210여 개를 수록했는데, "방금 조사 중에 있는 것이 130여 개 있으니 후일 첨가하기로" 했다고 부기하기까지 했다.²⁶ 이렇듯 해방정국은 여러 이데올로기와 구호가 난무했던 '참여의 시대'였다.

---

26 民潮社出版部 編,『新語辭典:附 全國政治, 經濟, 文化, 其他 二百餘團體內容槪說』(民潮社, 1946), 157-190쪽.
또한 해방 직후인 1945년 10월 발행된 한 책자에는 정당 21개, 단체 15개가 소개됐다. 輿論社出版部 編,『朝鮮의 將來를 決定하는 各政黨團體解說』(輿論社, 1945).
주요 정당, 단체가 이렇게 난립했으므로 결코 적은 수가 아닌 단체가 단기간에 출현했다고 할 수 있다.

1) 미군 점령하 남한

　미군 점령하 남한 내 각 정파의 이데올로기와 조직은 〈표 2〉와 같이 도식화할 수 있다. 해방 직후 남한 내 각 정파의 대표적인 인물로는 극좌파에서 박헌영, 중도좌파에서는 백남운·여운형, 중도우파에서는 김규식·안재홍, 극우파에서는 김구·송진우·이승만을 들 수 있다. 여기에서 특기할 만한 것은 김구와 이승만의 이데올로기적 차이다. 김구는 1948년 4월 남북협상에 참여하면서 중도우파 김규식과 손을 잡았다. 따라서 김구는 1947년 말 남북협상기에 극우파에서 중도우파로 전환했다고 볼 수 있다.[27] 김구는 좌우의 특정 이념보다는 '민족'을 중시하는 인사로 평가할 수 있으나 확고한 이념이 없는 정치가로서 어느 노선과도 연합할 여지가 있는 신축적인 인물로 평가할 수도 있다.

　위 인물들을 중심으로 형성된 정당 및 사회단체 중 주요한 것만 열거하면 다음과 같다. 극좌적 정당으로 조선공산당과 이를 계승한 남조선로동당이 있으며, 중도좌파적인 정당으로서 남조선신민당, 조선인민당과 이들을 계승한 근로인민당을 들 수 있다. 중도우파는 조직적으로 확고한 정당이 눈에 띄지 않는데, 1947년에 형성된 민족자주연맹과 해방 직후 있었던 국민당 등이 대표적이다. 극우파는 충칭에서 귀환한 대한민국임시정부, 한국민주당(약칭 한민당), 독립촉성중앙협의회(약칭 독촉중협) 등을 들 수 있다.

　각 정파의 조직을 살펴보면, 공산당계열은 노동자·농민을 지지기반

---

[27] 김구의 노선 전환은 이승만과의 패권쟁탈 차원에서 이루어진 것으로 볼 수 있다. 이승만의 극우파적인 노선에 반발하여 다소 상대화한 것이다. 김구는 공산주의자와 진정한 타협을 원했다기보다는 이승만과의 경쟁을 위하여 통일지향적인 자세를 보인 측면도 있다. 김구가 만약 단선을 통하여 정권을 잡을 수 있다는 확신이 있었다면 과연 단정에 반대했을까 의문시된다.

표 2 남한 내 각 정파의 이데올로기와 조직

구분	좌익		우익	
	극좌파	중도좌파	중도우파	극우파
대표 인물	박헌영	백남운 / 여운형	김규식 / 안재홍	김구(1947년 말 이전) / 송진우(김성수), 이승만[28]
정당·단체	조선공산당, 남조선로동당	남조선신민당 / 조선인민당, 근로인민당	민족자주연맹 / 국민당	대한민국임시정부 / 한국민주당, 독립촉성중앙협의회
지지 기반	노동자·농민	진보적 지식인 / 진보적 지식인(노동자·농민)	진보적 지식인	지주·자본가, 관료
지방 조직	확고	없음 / 미미[29]	거의 없음 / 조직은 크게 없지만 심정적 동조세력(미조직 대중)은 있음	1946년부터 생김
대중 동원 수단	지방인민위원회, 농민조합(전농), 노동조합(전평), 사설군사단체, 좌익청년단체, 좌익학생단체	없음 / 별로 없음	거의 없음	관료, 경찰, 국방경비대, 우익청년단체, 우익학생단체, 지방유지

으로 삼고 있으며, 중도좌파와 중도우파는 지식인을 지지기반으로 삼았다.[30] 극우파는 지주와 자본가, 관료 등을 지지기반으로 삼았다.[31]

조직화의 가장 중요한 척도라고 할 수 있는 지방조직 면에서는 단연 극좌파가 앞섰다. 조선건국준비위원회(약칭 건준) 시절 여운형의 지방조

---

28 이승만의 반공에 대해 양동안[「이승만과 대한민국 건국」, 『정신문화연구』 31-3(2008), 42-43쪽]은 다음과 같이 평가했다. 이승만은 민족통합을 위해 공산당에 대해서도 포용적인 태도를 표명했다. 그는 조선독립촉성중앙협의회 준비모임에서 "공산주의든지 민주주의든지 서로서로 악수할 점이 있으면 지금은 무조건 악수하고 나갑시다"라고 말했고(『매일신보』, 1945년 10월 25일자), 한 방송연설에서 "나는 공산당에 대하여 호감을 가지고 있는 사람입니다. 그 주의에 대하여도 찬성하므로 우리나라의 경제대책을 세울 때 공산주의를 채용할 점이 많이 있습니다"라고도 말했다. 우남실록편찬회, 『우남실록』(열화당, 1976), 314쪽. 이승만은 조속한 자주독립 실현에 의한 정치세력 통합 노력이 공산당의 방해로 실패한 후 강력한 반공 입장을 표명했다. 이승만의 반공은 조속한 건국을 위해 필요한 정치세력의 단합을 파괴하는 '분열지향적 반공'이 아니라, 공산당이 정치세력의 단합을 파괴한 데 대한 반발로서 취해진 '통합지향적 반공'이었다." 즉 이승만의 뜻에 따라 1945년 10월 23일 한민당과 공산당을 포함하여 당시 남한에서 활동하던 좌우진영의 모든 정당과 단체가 참여하여 독립촉성중앙협의회(약칭 독촉중협)를 결성하고 그 회장에 이승만을 추대했다. 그러나 "독촉중협은 공산당이 제기한 친일파배제론 때문에 발족과 동시에 활동이 마비되었다. 공산당은 건국 추진을 위한 정치세력 통합조직에서 친일파를 배제하지 않으면 안 된다고 주장하면서, 자기들의 그러한 주장이 수용되지 않으면 독촉중협 결성에서 탈퇴하겠다고 협박했다. 공산당의 이러한 주장을 수용하건 반대하건 독촉중협은 마비 혹은 분열될 수밖에 없었다. 공산당의 주장을 수용하게 되면, 누가 친일파인지를 가려내는 문제로 정치세력 간에 끝없는 논쟁이 계속되면서 갈등이 심화되어 독촉중협이 마비되거나 분열될 것이다. 반대로 공산당의 주장을 수용하지 않게 되면 당시 가장 유력한 정당이었던 공산당이 불참하게 되고 그러면 좌익 전체가 뒤이어 불참하게 되어 독촉중협이 마비될 수밖에 없을 것이다. 이승만은 공산당의 주장을 수용하지 않기로 결정했으며, 그 결과 공산당을 필두로 좌익진영 전체가 독촉중협에서 (12월 23일-인용자) 탈퇴했다. 귀국 직후 모든 세력의 단합을 위해 공산당에 대해 호감을 표시했던 이승만이 공산당에 대한 강한 반대 입장을 취하게 된 데는 이 사건이 계기가 되었다." 양동안(2008), 위의 글, 47-48쪽.

29 조선건국준비위원회 시대 여운형의 지방조직이 인공 선포 이후 좌경화하여 조공·남로당 계열로 흡수되었다.

30 중도좌파인 인민당은 노동자, 농민, 양심적 자본가·지주, 진보적 인텔리를 포괄하는 대중정당이라고 표방했다. 김오성, 「조선인민당의 성격」, 『개벽』 8-1(1946), 46쪽. 그러나 사실상 지식인 이외에는 대부분의 지지기반을 공산당과 한국민주당에게 빼앗겼다.

31 조선통신사 편, 『조선연감』 1947년판(조선통신사, 1946), 55쪽; 이기하, 『한국정당발달사』(의회정치사, 1961), 58-64쪽, 127-130쪽.

직은 인민공화국이 수립되면서 좌경화했으므로 중도좌파는 지방조직을 거의 상실했다. 그나마 1946년 초 인민공화국의 완전 몰락과 더불어[32] 그 조직은 공산당에 의해 잠식당했다. 중도우파는 지방조직이 거의 없는 중앙만의 지식인 중심 조직이었다. 특히 김규식 같은 인물은 지방조직에 거의 신경 쓰지 않았다.[33] 그런데 김규식의 경우에는 정치적 지지기반은 없었지만 한때 그를 지지한다는 중간노선계열의 정당이 많아서 제각기 그를 추대하려는 암약이 계속되었다고 한다.[34]

극우파는 초기에 극좌파의 지방조직에 밀렸다가, 1946년 3월에 들어와서 이승만 등이 지방조직에 착수하여[35] 1948년 선거 국면에는 극좌파를 눌렀다. 반면 김구의 경우는 그 지지세력이 미(未)조직 대중이었으므로 조직화가 상대적으로 덜한 편이었다. 반좌익 캠페인과 공포 분위기 속에서 대중들이 강제로 동원되었다는 보이콧 진영의 비판을 받지만 5·10선거가 역대 최고인 95.5%의 기록적인 투표율을 달성했으므로 김구의 5·10단선 반대운동은 실패했다. 이 사례에서 당시에는 김구 지지자들의 조직화가 이승만·한민당 지지자들의 조직화에 밀렸다는 사실이 확인된다.

대중동원 수단 면에서 중도좌파는 중도우파와 함께 미미한 편이며,

---

32 United States Armed Forces in Korea, "History of United States Armed Forces in Korea," Manuscript in Office of the Chief of Military History, Washington, D.C. (Seoul and Tokyo, 1947, 1948)(약칭 HUSAFIK) part Ⅱ, chapter Ⅱ, p. 39.
33 이정식, 『김규식의 생애』(신구문화사, 1974), 174쪽.
34 「김규식: 가두인물론」, 『개벽』 75(1947), 79쪽.
35 "Langdon to the Secretary of State," 10 April 1946, FRUS, 1946, vol. Ⅷ, p. 658; 미 국무성 저, 김국태 역, 『해방 3년과 미국』 1(돌베개, 1984), 252쪽에 의하면 1946년 3월 좌우 모두 지방에서 조직 확장에 노력했다고 한다. 또한 "Langdon to the Secretary of State," April 30, 1946, FRUS, 1946, vol. Ⅷ, p. 662; 김국태 역(1984), 위의 책, 257쪽에도 좌·우익 지도자들이 영향력 확대를 위해 지방순회 연설에 돌입했다고 분석했다.

극좌파는 농민조합과 노동조합을 중심으로 농민·노동자를 동원했고, 군사단체, 청년단체, 학생단체를 이용했다. 또한 지방인민위원회도 극좌파의 대중동원 수단이었다.[36] 극우파는 경찰, 관료 등을 대중동원을 엄호하는 수단으로 사용했으며 청년단체, 학생단체를 중심으로 대중을 동원했다.

　해방 직후 위와 같이 조직과 대중동원 수단은 극좌와 극우 외에는 미미한 편이었다. 이러한 대중동원의 양극화는 분단을 출현하게 한 하나의 요인일 수도 있지만 미·소에 의한 분단구조 창출 때문에 인위적으로 조성된 것으로 보는 것이 더 타당하다. 즉 외세에 의해 주어진 분단구조가 조직을 인위적으로 양극화했다고 할 것이다. 그렇다면 민족 내부의 요인이 외세에 의해 주어진 분단구조에 종속된 것으로 볼 수 있다.

2) 소련군 점령하 북한

　한편 북한 내 각 정파의 이데올로기와 조직을 도식화하면 〈표 3〉과 같다.

　북한 정치세력들은 남한과 달리 뚜렷한 이데올로기적 분화를 가진 것은 아니었다. 단지 김일성 세력은 김두봉과 현준혁에 비해 상대적으로

---

[36] 지방인민위원회를 극좌파만의 대중동원 수단으로 보는 데는 이견이 있을 수 있다. 커밍스는 지방인민위원회를 극좌만이 아닌 여러 정파의 연합체로 보았다. Bruce G. Cumings, *The Origins of the Korean War: Liberation and the Emergence of Separate Regimes, 1945~1947*, vol. 1 (Princeton N.J.: Princeton University Press, 1981), p. 271.
그러나 미군정이 인민공화국을 1945년 10월 10일 부인하고 그 기간조직인 지방인민위원회가 견제당하면서 이러한 연합체적 성격은 깨지고 극좌파가 주로 미군정에 저항했기에, 이 조직은 극좌파의 대중동원 수단으로 그 성격을 명확히 했다고 할 수 있다.

표 3 북한 내 각 정파의 이데올로기와 조직

구분	좌익				우익	
	공산주의(좌)				민족주의(우)	
	극좌파		중도좌파		중도우파	극우파
대표 인물	김일성	허가이	무정	김두봉	현준혁	조만식	
정당 · 단체	조선공산당 북조선분국, 북조선노동당		북조선신민당, 북조선노동당		(서울 중앙의) 조선공산당	조선민주당	
지지 기반	(노동자 · 농민)	소련 귀환 동포	진보적 지식인, 중소상공인, 중국 귀환 동포		노동자 · 농민	노동자 · 농민, 지식인, 기독교인, 소부르주아	
지방 조직	초기에는 없었으나 소련의 후원을 받아 점차 확고해짐	없음	거의 없음		확고했으나 현준혁 암살 이후 점차 김일성에게 흡수됨	평안도를 중심으로 확고했으나 월남함	
대중 동원 수단	인민위원회, 농민조합, 노동조합, 군사단체, 청년단체		무장해제되어 힘이 없어진 조선의용군			거의 없음	

극단적이었다. 김두봉과 현준혁을 중도좌파로 규정할 수도 있으나 이들은 모두 공산주의자들이므로 남한의 사회주의적 중도좌파보다 급진적이었다. 따라서 남한의 중도좌파와는 그 결이 다소 다르다. 북의 좌익들은 이데올로기적 차별성보다는 정파적 파벌성이 부각된다. 현준혁과 김용범 등 국내파 토착공산주의자들은 공산주의자이지만 조만식과의 합작에 비교적 비중을 두는 등 다소 유연한 노선을 취했다.[37] 다른 공산

주의자 세력들은 해외에서 환국했는데 소련에서 들어온 김일성, 허가이 와 중국 연안에서 들어온 김두봉과 무정 등이 특기할 만하다.

조만식의 이념적 입장을 확실하게 규정하기에는 다소 무리가 있지만 우파에 속한다는 데는 이견이 없다. 남한 기준에서 보면 중도우파적 범주에 속한다. 미군정은 그가 중도파이고 중도좌파에 둘러싸여 있다고 보았다.[38] 실제로 조만식은 1947년 7월 1일 방북한 미소공위 미국측 수석대표(소장) 브라운(Albert E. Brown)과의 회견에서 속내를 드러냈다. 조만식은 김규식이 새로 건설될 임시정부의 지도자가 될 수 있는 사람이고 이승만과 김구는 극우라며 비판적으로 평가했다.[39] 따라서 조만식을 중도우파로 보는 것이 타당한 것으로 여겨진다. 북한에는 극우파가 없는 것이 특징이다. 북에서 이러한 이익을 대변하는 세력들은 사회주의 국가 소련과 친화력이 없었으며 일찍이 중앙무대로 진출해서 서울에서 활동했다.

각 정파의 지지기반을 살펴보면 우선 국내파 공산주의자들은 노동자·농민의 지지를 받고 있었고, 신민당계열은 초기에는 진보적 지식인과 중소상공인의 비조직적 지지를 얻었으나 그 조직적 기반은 거의 없

---

37 와다 하루끼, 「소련의 대북한정책, 1945~1946」, 『분단전후의 현대사』(일월서각, 1983), 257쪽; 오영진, 『하나의 증언』(중앙문화사, 1952), 120-121쪽.

38 "HUSAFIK," part Ⅱ, chapter Ⅱ, p. 2. 기독교도 조만식이 사회주의에 포용적인 면모를 보였던 것이 이렇게 본 원인이 아닌가 한다. 김일성의 빨치산 동료 최용건은 오산학교 중퇴자라면서 조만식의 제자라는 연분을 동원해 조선민주당(당시 당수 조만식)에 파견되었다. 최용건은 조만식 연금 이후 김일성의 외삼종조부인 목사 강량욱(김일성의 외할아버지인 강돈욱의 육촌동생)에 이어[와다 하루끼 저, 남기정 역, 『와다 하루끼의 북한 현대사』(창비, 2014), 58쪽] 조민당 중앙위원장이 되어 결국 조민당을 공산당의 위성정당으로 만들었다.

39 Albert E. Brown, "Memorandum to General Hodge: Interview with Cho, Man Sik, 1 July 1947, at Pyongyang," 2 July, 1947, p. 2, US National Archives Ⅱ, College Park, MD.

었다.⁴⁰ 이에 비해 김일성의 갑산파는 국내 지지기반이 미약했으나, 소련의 후광에 힘입어 국내파와 연안파의 지지기반을 잠식했다. 국내파 공산주의자들은 서울을 중앙으로 하는 조선공산당 지부를 조직했고, 갑산파는 서울과는 별개의 조선공산당 북조선분국을 조직했으며, 연안 독립동맹 계열은 마오쩌둥(毛澤東)의 신민주주의를 신봉하여 조선신민당을 조직했으나 소련의 절대적인 지지를 받은 김일성 조직에 잠식당해 북조선노동당으로 통합되었던 것이다.

조만식 중심의 기독교적인 조선민주당은 해방 직후 거의 모든 계층에서 비교적 고른 지지를 받았다(물론 무산계급은 조선공산당 지지자가 다수였지만 조선민주당 지지자도 있기는 했다).

해방 직후에 국한해서 지방조직을 조망하면 국내파 공산주의자들과 조만식 계열만이 확고한 조직을 가지고 있었음을 알 수 있다. 그렇지만 조만식의 서북지역 기독교의 조직적 지지기반은 1946년 1월 5일 조만식이 반탁을 고집하여 연금당하면서 대거 월남하거나 소련을 등에 업은 김일성에 의해 점차 와해되었다. 이는 양극화의 한 원인이 되었으며 분단의 한 배경이 되었다고도 할 수 있다.

3) 국내 정치세력에 대한 미군정의 평가

이번에 소개할 국내 정치세력에 대한 미군정의 평가는 중도파를 좌·우익에 대비시켜 독자적 정치세력으로 파악하는 자유주의적(liberal; 한국에서는 좌우합작지지파로 구체화됨) 평가이다.⁴¹ 미군정은 좌우 구별의

---

40 Robert A. Scalapino and Chong-sik Lee, *Communism in Korea*, I (Berkeley: University of California Press, 1972), pp. 352-353; 김학준, 「역사는 흐른다 3)국내공산주의자도 평양단독정권 반대: 해방3년의 북한」, 『조선일보』, 1985년 1월 18일자.
41 이 자료의 작성자인 로빈슨(Richard D. Robinson)은 미국 워싱턴대학교를 나와 제

표 4 미군정이 파악한 국내 정치세력의 이데올로기적 구분

구분		정치세력의 규정과 주요 인물 · 정파		
		극좌(extreme left)	중도좌 (moderate left) + 중도우 (moderate right)	극우 (extreme right)
		공산당	여운형, 김규식	이승만 · 김구, 한민당 · 임정
주요 구분법	동기부여 (motivation)	소련과 북한에서 권위의 원천을 부여받음		보다 민족주의적
	토지분배 방법	무상몰수 · 무상분배	몰수, 유조건몰수, 체감매상 · 무상분여	유상매상 · 유상분배
	산업 국유화	원함		원함
	무역과 투자	개방 원하지 않음		개방 원함
	전통과 개혁에 대한 태도	봉건제적 전통타파 요구, 개혁 원함		유교적 전통 집착, 개혁 원하지 않음
	개혁달성 방법	계급투쟁과 혁명	진정한 민주적 진화의 과정	경찰, 관료 장악
부차적 표현	미국에 대한 태도	비판적		친미
	소련에 대한 태도	친소		반소
	중국에 대한 태도	친중공		친국민당
	신탁에 대한 태도	찬탁	연합국의 '우호적 원조' 희망함	반탁
	친일파 숙청 요구 정도	강		

※ 출처: US Army Forces in Korea XXIV Corps, "HUSAFIK," manuscript of OCMH, Seoul, 1947~48, part Ⅱ, chapter Ⅱ, pp. 11-14에 의거하여 정리

2차 세계대전 종전 직후 한국에 배속되어 군사정보 업무를 담당했다. 그는 주한미군사령부 공보부 여론국 차장을 역임한 뒤 대위로 제대하여 민간인으로서 군사실 군사관

표 5 남한의 국내 정치세력과 미국의 대외정책 간 관계

		〈미군진주〉 1945.9.	〈이승만 귀국〉 10.	〈김구 귀국〉 11.	〈반탁운동 가열〉 12.31.	〈김구,하지 위협에 굴복〉 1946.1.1.	〈공위 결렬〉 5.	〈유엔 이관〉 1947.10.	〈단정 수립〉 1948.8.
미국이 국내 정치세력에 취한 정책 (미 → 국내)	좌익	중립						탄압	
	중간	(미형성)						지지	배제
	김구	(귀국 전)		기대			배제		
	우익 한민당	지원				배제		지지	
	이승만	(귀국 전)	기대			배제		지지	
국내 정치세력이 미국에 대응한 전략 (국내 → 미)	좌익	비판						정면도전	
	중간	(미형성)						지지	비판
	김구	(귀국 전)		비판		정면도전		비판	
	우익 한민당	지지				비판		지지	
	이승만	(귀국 전)			비판			지지	
한반도 국내 정치세력에 대한 미국의 정책(개관)		명목상: 중립기						중간파 지지기	우익 지지기
		실제상: 우익지원기 → (우익의 반탁에 직면하여 새로운 방안 모색한) 중립기							

을 역임했다. 그는 남한 우익들이 남한에 대한 북한의 선제공격을 유발하려 한다는 음모를 1947년 3월 미국의 진보적 잡지 *Nation*에 익명으로 폭로했다. 미국이 우익 지배 하의 통일 공작에 개입하게 될 것이라는 음모이기도 했다. 이승만이 쿠데타를 계획해서 미·소 간 전쟁을 유발해 통일을 이룩하려 한다는 것이었다. 로빈슨의 경고는 별다른 주의를 끌지 못했으나 미군정은 그를 조사했고 결국 미군정에 비판적인 그는 사임당해 한국을 떠났다. 그는 전형적인 리버럴이었다. 정용욱, 「리차드 로빈슨의 한국현대사 이해」, 한국정신문화연구원 편, 『해외학자 한국현대사연구분석 2』(백산서당, 1999), 16쪽, 26쪽. 로빈슨은 1947년 튀르키예로 이주해 튀르키예 전문가가 되기도 했고 이후 하버드대학교에서 석사학위를 받았다. 박사학위를 받은 MIT에서 26년간 교수직을 역임했으며 국제경영학 연구의 개척자가 되었다. "AIB Fellow: Richard D. Robinson," Home-page of Academy of International Business (aib.msu.edu/Fellow/47/Richard-D-Robinson, 검색일: 2020년 10월 21일). 이렇듯 로빈슨은 이데올로기 전문 연구자는 아니었지만 미간행 "HUSAFIK(주한미군사)"에서 한국정치의 이념적 스펙트럼을 극우-중도우-중도좌-극좌로 구분해 평가했다(〈표 4〉 참조). 따라서 이 구분에는 리버럴(liberal은 중간우파에 가깝다는 평가가 있다)의 편견이 개재되어 있다. 정

근거를 ① 외부에 의한 배후조종 유무, ② 토지개혁, ③ 산업 국유화, ④ 무역과 투자, ⑤ 봉건적 전통과 개혁, ⑥ 개혁달성 방법 등의 1차적 이슈와 ⑦ 미·소·중 등 외세에 대한 태도, ⑧ 신탁통치, ⑨ 친일파 등의 2차적 이슈 등으로 나누어서 살펴보고 있는데 〈표 4〉와 같이 정리할 수 있다.

이처럼 미국은 좌익을 소련과 북한의 통제를 받는 집단으로 파악했다. 또한 좌우 양익에 비하여 온건하다는 점 이외에 별다른 차이점을 찾아낼 수 없는 중도좌·중도우를 하나로 묶어 상당히 호의적으로 평가 내리는 부분은 특이하다. 그러나 현실은 갈수록 양극화의 길을 걸어 중도파의 존재는 미미해져갔다. 이러한 '좌-중도-우'의 3분법은 소련도 채용했다.[42]

한국 정치세력에 대한 미국의 정책은 대체적인 특징을 중심으로 다음 세 국면으로 나누어 살펴볼 수 있다. 초기는 1945년으로 보수주의자들을 일방적으로 지원한 시기이다. 중기는 1946년 중반 좌우합작을 추진했던 중도파와 밀월관계를 형성한 시기이다. 마지막으로 후기는 미국이 우익을 선택할 수밖에 없었던 국면으로 1947년 10월 이후의 시기이다.[43] 미국과 국내 정치세력의 관계를 국내 정치세력에 대한 미국의 정

용욱, 『해방 전후 미국의 대한정책』(서울대학교 출판부, 2003), 246쪽. 그런데 미군정에 비판적이었던 로빈슨은 미간행 저서 *Betrayal of a nation* 에서 미군정이 본국에 보고한 문서와 미 행정부 외교관계 문서의 진실성 여부는 극히 회의적이라고 평가했다. 리차드 D. 로빈슨 저, 정미옥 역, 『미국의 배반: 미군정과 남조선』(과학과사상, 1988), 13쪽. *Betrayal of a nation*은 Will Hamlin이라는 가명으로 저술되었으며 영어본은 간행되지 않았지만 1950년에 만들어진 복사본이 하버드대학교 도서관 등 미국 대학 도서관에 소장되어 있다. "Betrayal of a nation," *WorldCat* (www.worldcat.org/search?q=no%3A81118473, 검색일: 2020년 10월 21일).

[42] '1947년 7월 30일', 국사편찬위원회 편집부, 『쉬띄코프 일기, 1946~1948』(국사편찬위원회, 2004), 120쪽.

[43] 이는 엄밀한 시기 구분은 아니다. 예를 들어 1947년 전반기의 상황은 중도파 지지도 우파 지지도 아닌 과도기였으므로 필자의 도식적 구분에서는 제외했다. 적극적으로 후원했던 김규식이 대중적 지지를 획득하지 못했다고 판단한 미군정은 김규식의 요청으로

책, 미국에 대한 국내 정치세력의 태도로 나누어 도식화하면 〈표 5〉와 같다.

〈표 5〉를 보면 미국의 국내 정치세력에 대한 정책이 그 지원대상 면에서 '한민당(1945.9.~12.) → 중간파(특히 김규식, 1946.5.~1947.10.) → 한민당·이승만(1947.10.~1948.8.)'으로 변화하는 것을 알 수 있다. 초기 한민당을 지원한 시기에 명목상으로는 중립을 지킨다고 했을 뿐 실제로는 우익을 지원했기 때문에 그 시기의 이름을 '명목상 중립기-실질적 우익지원기'로 명명할 수 있다.

그런데 각 시기마다 그 지원세력이 다르기 때문에 일관적이지 않은 것처럼 보이지만 미국에 우호적인 국가를 수립한다는 목표에서는 일관성이 있었다. 모든 정책은 '소련에 우호적인 세력이 집권하는 것(공산화)을 방지한다'는 목적에 복무하기 위한 수단이었다. 공산주의에 대한 방벽(bulwark)을 쌓기 위해 한국에 개입했던 것이다. 도쿄 맥아더 사령부 정책 브리핑에서 민사참모인 크리스트(William E. Christ) 준장은 한국에 있는 미군정의 주요 파견 목적 중의 하나는 '공산주의에 대한 방벽을 형성하는 것'이라는 인상을 주었다고 한다.[44]

1945년 8월 15일 급하게 한국 진주를 통보받았으므로[45] 준비가 부족했던 미 사령관 하지(John R. Hodge)도 반탁운동이 한참이던 1945년

1947년 7월 1일 서재필을 귀국시켜 하지의 미군정청 최고고문과 남조선 과도정부 특별의정관을 맡겼다. 미군정은 서재필이 김규식을 도와 이승만을 견제하면서 모스크바결정을 실현시키기를 바랐다. 이때까지도 미군정은 모스크바 도식을 버리지 못했다.

[44] E. Grant Meade, *American Military Government in Korea* (New York: King's Crown Press, 1951), p. 52; 그란트 미드 저, 안종철 역, 『주한미군정연구』(공동체, 1993), 78쪽.

[45] HUSAFIK, "Conference with General Wedemeyer," a manuscript in the American Military Government files in the U.S. National Archives, p. 2; 이원설, 『미국과 한반도 분단』(한남대학교 출판부, 1989), 44쪽에는 8월 13일인지, 15일인지 통보일자가 불확실하다고 했지만, 12일 맥아더가 스틸웰에게 하지의 임무 부여를 통보하고 이어 15일 하지의 24군단에 통보했다.

12월 31일 "만약 지금 당장 한국을 독립시킨다면 2년 이내에 소련에 병합될 것"이라는 확신을 가지고 있었다.[46] 미·소공위의 임시정부 구성에 대비하여 작성된 미국의 한 내부용 비밀문건에 의하면 현재 소련인과 공산주의 이념이 전체 한국에서 대중적 지지를 받지 못하고 있다고 평가하면서[47] "미국의 일차적 목표는 한국에서 소련의 지배권을 저지하는 것이고 한국의 독립은 부차적인 것이기 때문에 향후 몇 년 안에 한국 정부에 완전한 독립을 부여하는 것은 미국의 국익이라고 믿어지지 않는다. … 따라서 한국의 임시정부 구성은 향후 몇 년 동안 미국이 적어도 고도의 위장된 지배권을 지속적으로 행사한다는 조건 위에 기초해야 한다"라고 주장되었다.[48]

이렇게 공산화를 의미하는 독립보다 반소·반공의 대소견제가 우선했으므로 미국은 독립보다 현상유지를 선호했으며 결국 미국 지배의 장기화라는 결과를 낳았다. 통일된 공산주의 정부 수립을 절대적으로 반대해 한반도의 남부를 북부와 분리시켜 분단을 고착화할 수밖에 없었으며 결국 국제적 성격이 강한 복합형이 형성되었던 것이다. 미국은 이 과정에서 한국 정치세력에 지대한 영향력을 행사했다.

또한 광복 직후 남북의 주요 정치지도자[김일성·박헌영(이상 극좌), 김두봉·여운형(이상 중도좌), 김규식·안재홍·조만식(이상 중도우), 김구·송진

---

46 C. Leonard Hoag, "American Military Government in Korea: War Policy and the First Year of Occupation, 1941~1946," manuscript, Department of the Army, 1970, p. 345; C. L. 호그 저, 신복룡·김원덕 역, 『한국분단보고서』(풀빛, 1992), 262쪽.
47 그렇다면 미국은 왜 소련의 지배를 두려워했을까? 위 평가가 한국의 혁명적 열기를 정당하게 간주하지 않으려는 미국의 자국중심적인 편향적 평가였든가 아니면 동유럽 등의 소련 점령 지역에서 소련이 행한 행위를 "소수의 친소파가 다수의 자유민주주자들을 제압하는 기술의 구현"으로 평가했기 때문이었을 것이다.
48 "U.S. Document no. 3, Joint Commission Files: Observations on Methods of Negotiating Formation of a Korean Government," Part I, n.d., approximately 20 March 1946, unsigned, in "HUSAFIK," part Ⅱ, chapter Ⅳ, pp. 154-155.

표 6 국내 정치세력과 외국세력의 관계

		개인	김일성	박헌영	김두봉	여운형	김규식	안재홍	조만식	김구	송진우 (김성수)	이승만
		정치단체	조선공산당 북조선분국 →북로당	조선공산당 →남로당	신민당 →북로당	인민당 →근민당	민족자주연맹	국민당	조선민주당	임시정부 (한국독립당)	한국민주당	독촉 국민회
		정치적 성향	극좌	극좌	중간좌	중간좌	중간우	국민	중간우	극우	극우	극우
		해방 직전의 활동 근거지	소련	국내	중국 (공산당하)	국내	중국 (국민당하)	국내	국내	중국 (국민당하)	국내	미국
		국내 정치세력의 미국에 대한 태도	(반미)	비판적 →반미 (1946.7.~)	(반미)	중립	친미	친미	—	친미	친미	친미
국내 정치 세력과 외국 세력의 관계	미국	국내 정치세력에 대한 태도	소련의 괴뢰로 인식	중립 →탄압 (1946. 5.~)	중공의 괴뢰로 인식	중립 (1945.11.~ 1946.5.) →지원 (1946.5.~ 1947.7.)	중립 (1945.11.~ 1946.5.) →지원 (1946.5.~ 1947.10.) →배제 (1947.10.~)	중립 →지원 (1947.2.~ 1948.7.)	—	기대 (1945. 11. 1945.12.) →배제 (1946.1.~)	지원 (1945.9.~12.) →중립 (1946.1.~ 1947.10.) →지지 (1947.10.~)	기대 (1945.10.~12.) →배제 (1946.1.~ 1947.10.) →지지 (1947.10.~)
		국내 정치세력의 소련에 대한 태도	친소	친소	(친소)	중립	중립	중립	중립 →반소 (1946.1.~)	중립	반소	반소
	소련	국내 정치세력에 대한 태도	지원	지원	중립	중립	중립	반대	반대	반대	반대	반대
	중국 국민당	국내 정치세력의 중국세력에 대한 태도	—	—	—	중립	친중국	중립	—	친중국	—	—
	중공	국내 정치세력의 중공에 대한 태도	—	—	친중공	중립	지원	중립	—	지원	—	—
	공산당	중공의 국내 정치세력에 대한 태도	—	—	지원	중립	—	—	—	—	—	—

우(김성수), 이승만(이상 극우)]를 선택해 미·소·중 외국세력과의 관계를 정리하면 〈표 6〉과 같다.

4) 광복 직후 이데올로기 대립에 대한 평가

광복 직후 이데올로기 대립 양상을 조망할 때 우리 민족의 이데올로기 대립이 생각보다 그렇게 극심한 것은 아니었다는 사실을 지적할 수 있다. 1946년 이후 양극단 세력들이 외세에 의해 견인되어서 그렇지, 광복 직후에는 중도층이 꽤 존재하고 있었다. 물론 중도파가 조직력이 부족했으며 인텔리 집단으로 그친 감도 있었지만 외세의 존재를 사상(捨象)한다면 다른 국가들과 비교했을 때 내전을 초래할 정도의 극단적인 정치투쟁은 없었을 것이라고 단정해도 큰 무리는 아니다. 우리는 3·1운동과 신간회 운동이라는 좌우통합적 전통이 있었으며 임시정부하의 좌우합작과 광복 직전 여러 정치세력의 연대와 제휴 배경이 있던 국가였다.[49] 그렇지만 미·소가 국내 정치세력을 견인하고 탁치논쟁 등으로 분열이 가중된 국내 정치세력이 미·소대립(냉전)에 영합하여 갈수록 양극화되었으며 결국 1948년 자본주의와 사회주의 체제로 분립되는 '체제분단'으로 귀결되었다.

---

[49] 선거 때 박빙구도가 형성되는 등 극단적 정쟁이 나라를 망칠 수 있다는 평가에 대해 정치세력 간의 갈등과 반목은 인간의 뿌리 깊은 본성이며 한국사회만 그런 것은 아니므로 우리의 통합력을 평가절하할 필요는 없다는 주장도 있다. 사색당파를 과장하는 일제 식민사관의 당파성론이 자연발생적인 이익집단으로 볼 수 있다는 '붕당론'으로 비판받을 수 있듯이 말이다. 또한 정치는 세계 어느 나라에서나 대개 그다지 신뢰받지 못하는 영역이기도 하다. 미국도 정치가 부유층의 정치자금에 얽매어 있고, 빈부 격차가 심화하여 '계급 전쟁'을 말하고 있으며 영국도 언론재벌 머독(Keith Rupert Murdoch)에 집권 보수당이 얼마간 휘둘리기도 했다. 따라서 망치와 최루탄이 난무하는 싸움판이라고 한탄만 하지 말고 눈높이와 기대 수준을 낮출 필요가 있다.

모스크바결정 보도 이전
국내 정치세력의 신탁통치 인식

2 장

1. 국내 정치세력의 신탁통치 인식, 1945년 9월

　국내 정치세력은 탁치안이 한반도에 보도되기 이전에 탁치에 대한 뚜렷한 인식을 갖지 못했으므로 이에 대비하지도 못했다. 카이로선언의 'in due course'라는 구절을 '즉시독립'이 아니라고 비교적 정확히 인식했던 중경 임정 요인들과는 대조적으로, 해방 당시 국내에 있던 정치세력들은 이 구절을 오역하여 즉시 독립될 것을 기대하거나, 막연히 가까운 시일 내에 독립이 달성될 것으로 기대했다. 언론기관에서도 'in due course'의 숨은 의미를 인식하지 못했던지 논쟁은커녕 언급조차 회피했다.

　당시 언론 보도는 매우 빈약한 수준이었는데, 한국 독립의 방법에 대한 주요 보도의 예로 다음 세 가지를 들 수 있다. 'in due course'가 어떻게 구체화될지 정확히 예측하거나 이에 대비하려는 사람은 당시 거의 없었다. 심지어는 정보 제공자인 미군정 요원들도 몰랐다. 그렇지만 이를 내부적으로 분석해 대비하거나 미 당국자에게 질의하지 않은 것은 한반도의 정치가나 언론이 책임을 망각한 것이라고 할 수 있다.

1945년 9월 16일 『매일신보』는 한국 문제에 대한 트루먼의 언급을 보도하면서 "조선군정에 의한 통치는 점차 조선정부로 이행될 것이다"라고 적고 있다. 구체적으로 어떤 방식에 의해 이행될지는 언급하지 않고 다만 '점차'라는 수식어구를 사용했을 뿐이다. 즉시 독립되지는 않음을 짐작할 수 있었으나 당시 국내 정치세력들은 이를 신중하게 검토하지 않았으므로 특기할 만한 반응을 보이지는 않았다.

1945년 9월 21일에도 미군정 군정장관 아널드는 카이로선언의 'in due course'에 대해 논평하면서 "조선인이 자기책임을 진다면 그만큼 독립도 빨리 올 것"이라고 말했으나[1] 국내 정치세력은 이에 대해 질의하지 않고 원론적으로 받아들였다. 한편 하지도 한국인 지도자들과의 면담에서 'in due course'에 대해 논평하면서 "약간의 시간(some time)"이 경과한 후에 독립될 것이라고 말했다고 한다.[2] 그런데 광복 이후 남한에 진주한 하지와 만난 한국인들은 in due course를 '며칠 내에' 혹은 '아주 빨리'로 이해했다고 한다.[3]

『매일신보』 1945년 9월 24일자는 『뉴욕타임스』 1945년 9월 22일자 보도를 전하면서 "조선명일(朝鮮明日)의 운명은 제대국결정(諸大國決定)에 있다"라고 적으면서도 그것이 구체적으로 무엇을 의미하는지는 분석하지 않았다.

---

1 『매일신보』, 1945년 9월 22일자.
2 "HUSAFIK," part Ⅱ, chapter I, p. 3.
3 하지가 맥아더에게 보낸 1945년 9월 13일자 메시지 및 베닝호프가 국무장관에게 보낸 1945년 9월 15일자 메시지. RG 331, SCAP, AG Section, Classified Decimal File 1945~47, Box. 785-2; RG 554 USAFIK AG, General Correspondence (Decimal Files) 1945~1949, Box. 21; 정병준, 「영국의 카이로회담 인식과 카이로선언 한국조항에 미친 영향」, 『역사비평』 145(2023).

문제의식이 결여된 이러한 보도 태도로 인해 탁치안이 보도되기 이전 국내 정치세력들은 이에 대해 사전 정보나 지식이 거의 없었던 것으로 추측된다. 단지 임시정부를 중심으로 한 해외 망명정객들만이 탁치를 즉시독립이 아닌 '국제공영'으로 인식해 1941년부터 일관되게 반대해왔으나, 이들은 아직 환국하기 전이었다. 따라서 당시 대중은 한반도가 일본의 식민지에서 해방되어 조만간 독립될 줄로 알았으며 '탁치'라는 새로운 지배 형태가 등장할 줄은 거의 예상하지 못했다.

2. 최초의 신탁통치 보도와 반탁, 1945년 10월

이렇게 탁치에 대한 정확한 인식이 결여된 상태에서 미 국무부 극동국장 빈센트(John Carter Vincent)의 1945년 10월 20일자 한반도 탁치 실시 발언이 10월 23일 외신을 통하여 전해졌다. 한반도에 신탁통치가 실시된다는 사실이 최초로 보도되자 한국민들은 통일되게 반대했다. 이 과정을 좀 더 자세히 살펴봄으로써 대중의 탁치에 대한 최초의 기본적 인식을 알 수 있다. 다음은 이 보도의 중요 부분이다.

(뉴욕 20일발 SF 동맹) 미국무성극동국장 '브인센트'(Vincent-인용자) 씨는 20일 미국외교정책협회(Foreign Policy Association-인용자) 회합(Forum-인용자)에서 미국의 극동정책에 대하여 다음과 같이 말했다. "… 조선에 대하여서는 동국에 신탁관리제를 수립함에 앞서서 우선 소련과의 사이에 허다한 정치 문제를 해결시키고 싶고 조선은 다년간 일본에 예속되었던 관계로 지금 당장 자치를 행할 준비는 되어 있지 않다. 따라서 미국은 우선 신탁관리제를 실시하야 그간 조선민중이 독립한 통치를 행할 수 있도록 준비를 진행

할 것을 제창한다. 미국은 조선을 될 수 있는 대로 속히 독립한 민주주의적인 국가로 만들 작정이다.[4]

이는 빈센트가 언론에 공개적으로 발표한 것(press release)[5]으로서 한국인들의 반응을 감지하기 위한 의도도 있던 것으로 추정된다. 당시 탁치안은 미 국무부와 삼부조정위원회에서 심의 중이었는데[6] 신탁에 대한 미·소 결정이 미처 확고해지기 전에 국내에 보도된 빈센트의 발언은 한국 정치인들에게 신탁에 대한 선입견과 고정관념을 불어넣는 데 결정적인 역할을 했다.

당시 비교적 중립적이었던 『매일신보』는 1945년 10월 25일자 해설 기사에서 '신탁통치'란 샌프란시스코회의에서 결정을 본 것으로, '협정에 의한 위임통치'라고 정의했다. 이렇듯 제1차 세계대전 직후의 제국주의적 위임통치와 탁치가 동일한 것으로 인식되고 있었다. 『매일신보』는 이러한 인식에 따라 탁치는 독립에 배치되는 것으로 탁치를 실시한

---

4   1945년 10월 20일 The Foreign Policy Association Forum에서 만든 "The Post-War Period in the Far East"라는 연설문이 기사의 기초가 되었다. 『신조선보』, 1945년 10월 23일자; 『매일신보』, 1945년 10월 23일자; 『조선인민보』, 1945년 10월 23일자. 미국에서는 *Department of State Bulletin*, Oct. 21, 1945, p. 644에서 최초 보도되었다. C. Leonard Hoag, "American Military Government in Korea: War Policy and the First Year of Occupation, 1941~1946," manuscript, Department of the Army, 1970, p. 315.

5   C. Leonard Hoag(1970), 위의 글, p. 322.

6   1945년 11월 13일에 미 국무부 극동국은 한반도 탁치를 최대 1951년 3월 1일까지 실시하자고 건의했다. "Joint Declaration of Policy Concerning Korea," November 13, 1945, RG 59, Internal Affairs of Korea, US National Archives, 『미국무성 한국관계문서』 8(아름출판사, 1995), 520-523쪽.
당시 미·소의 과도기적 점령 상황에 있던 한반도에 일정한 탁치 준비 절차를 거쳐 1946년 3월 1일 탁치로 전환한다고 했을 때 대략 최대 5년 정도의 탁치 기한을 명시한 것이었다고 할 수 있다. 이것은 한 달여 지난 후인 1945년 12월 모스크바3상회의에서 결정된 '최대 5년까지'의 원안이었다.

다는 것은 곧 조선에 대한 중대모욕이므로 신탁관리제에 단연 반대하자고 호소하기까지 했다.[7] 이렇게 되어 탁치안은 처음부터 한국 정계의 거센 반발에 부딪혔다.

또한 빈센트의 발언을 접한 조선공산당(약칭 조공) 중앙위원회 기관지 『해방일보(解放日報)』도 공식적으로 반탁의 입장을 표명했다. 조공은 이 신문을 통해 "신탁관리는 현대식의 식민지"라고 규정하고 카이로선언과 포츠담선언의 조선 독립 약속을 무시한 "신탁관리란 만부당(萬不當)"하다고 주장했다. 또한 조선인은 자주독립할 준비가 되어 있으므로 탁치를 실시할 아무런 이유가 없다는 주장을 덧붙였다. 조선인이 자주독립의 능력을 가지지 못했다는 평가는 일제가 세계 민주주의 제국을 기만하기 위한 선전이라고 주장했다.[8] 또한 이들은 탁치를 독립에 대립되는 식민지화로 인식했는데 조공은 이러한 인식을 후일 수정했다.

국민당 위원장 안재홍은 빈센트 발언 보도가 허보(虛報)이기를 간절히 바란다면서 "적당한 대응책을 강구 실행하여야 할 것이다. 첫째는 내부에서 강조되고 있는 민족전선의 합동통일을 시급히 완수해서 우리 문제를 자주적으로 해결할 실력을 보여야 한다. 둘째는 완전히 합동통일된 전 민족의 총력을 모아서 엄중하고도 정중한 항의를 하여야 할 것이다"라고 제시해 민족의 통일된 의지로써 반대할 것을 호소했다.[9] 또한 조선

---

7   『매일신보』, 1945년 10월 25일자. 한편 같은 신문 10월 29일자에는 신탁통치가 위임통치와 약간 다르다고 해설했지만, 독자들에게 큰 차이점을 부각하지는 못했다. 따라서 지식인들과 일반인들의 탁치에 대한 반감을 해소시키지는 못했다.
8   『해방일보』, 1945년 10월 31일자. 그런데 최상룡(1988)은 조공의 1946년 1월 1일자 성명이 탁치 문제에 관한 최초 공식성명(이것도 사실은 성명서 발표가 아닌 기자회견이었음)이었다고 주장하여[崔相龍, 『美軍政과 韓國民族主義』(나남, 1988), 208쪽] 『해방일보』의 보도를 공식 반대 표명으로 보지 않았다. 최상룡의 논리대로라면 조공은 공식적으로는 한 번도 반탁을 결의하지 않은 셈이 된다. 그런데 기관지를 통한 '반대표명 해설기사'의 게재는 공식성명에 준하는 것으로 볼 수도 있다.
9   『매일신보』, 1945년 10월 24일자; 이완범, 「한반도 신탁통치안과 국내정치(1943~1948)」

공산당 김삼룡도 빈센트의 발언이 조선 현실에 대한 잘못된 인식에서 나온 것이라고 주장하면서, 인민의 의지를 무시한 충격적인 탁치에 반대하기 위하여 통일전선을 만들어 조선 인민의 힘을 과시하자고 제안했다.[10] 이렇듯 탁치에 대한 최초 보도는 후일의 그것과는 정반대로 한국 정계의 통일을 고무하는 이슈로서 작용했다. 국내 정치세력들이 왜곡보도 등에 놀아나 후일 분열을 노정한 것은 역사의 아이러니라고 할 것이다.

그 외에도 공산주의자들이 주도권을 잡고 있는 중앙인민위원회에서도 10월 25일 "타 국가에 정치적으로나 경제적으로나 다시금 종속적인 관계를 갖는 신탁관리제를 만일 미국이 조선에 수립시키라고 한다면 조선 민족은 전 민족의 생명을 부인당하는 일이 있다 할지라도 절대배격치 않을 수 없다"라고 말해 절대 배격의 의사를 표명했다.[11]

한국민주당도 10월 25일 간부회의를 열고 절대반대운동을 전개하기로 결의했다.[12] 이에 통일전선에 대한 열망 때문인지 10월 26일 국민당, 건국동맹, 조선공산당, 고려국민동맹, 임시정부환영준비위원회, 정당통일기성회 등 국내의 거의 모든 주요 정파가 참여한 각정당행동통일위원회에서는 조선공산당 정태식의 발의로 반탁성명서를 발표하기에 이르렀다.[13]

한편 이승만은 명백한 반대의사 표명은 보류한 채 1945년 10월 22일 다음과 같이 신중한 태도를 견지했다.

문: 20일날의 외국방송을 들으면 조선의 자주독립촉성을 위하여 조선에 이

연세대학교 석사학위논문(1985), 43쪽.
10 『매일신보』, 1945년 10월 25일자.
11 『매일신보』, 1945년 10월 26일자; 이완범(1985), 앞의 글, 43쪽.
12 『매일신보』, 1945년 10월 27일자.
13 『매일신보』, 1945년 10월 29일자.

해관계를 가진 연합국이 조선을 신탁국가로 만들기를 희망한다고 했는데 선생은 어떻게 생각하십니까?

답: 지금 나로서는 창졸간에 말하기는 어려우나 내가 상황(桑港)에 있을 때부터 신탁 문제에 대하여서는 여러 가지로 생각하여왔다. 신탁국가란 남의 나라 밑에 통치되어오던 나라가 자치 독립할 능력이 없기 때문에 다른 나라의 보호 아래 신탁통치를 받는다는 말인데 그럴수록 우리는 급속히 극력을 다하여 힘을 조직하고 나아가야 한다. 우리만 한 덩어리로 뭉쳐놓으면 아무 걱정 없는 줄 믿는다.[14]

그러나 이승만도 한국민의 통일된 반탁의사 표명에 영향을 받아 10월 29일에야 뒤늦게 신탁통치를 절대 반대한다고 선언했다.[15] 또한 그는 임정 구미위원 임병직을 통해 미 국무부에 공한(公翰)을 보내 진상 파악을 시도했다고 하는데,[16] 이는 임병직의 후일 회고담 내용으로, 문서에 의해 실증된 사실은 아니다.

그런데 이승만은 1945년 10월 23일 조선호텔에서 결성을 결의했던[17] 독립촉성중앙협의회(약칭 독촉중협)를 같은 해 11월 2일 서울 천도교대강당에서 송진우의 한국민주당, 안재홍의 조선국민당, 여운형의 조선인민당, 박헌영의 조선공산당 등 주요 정당이 거의 참여한 가운데 결성했다.[18] 김구의 한국독립당 경우, 김구가 아직 환국하지 못했기 때문에 참석하지는 못했으며 환국 후에는 당연히 같이할 것으로 예측되었다. 그러나 임정은 12월 23일경 독촉중협과는 별개로 민족통일의 최고

---

14 『매일신보』, 1945년 10월 23일자.
15 『자유신문』, 1945년 10월 30일자.
16 임병직, 『임정에서 인도까지: 임병직 외교회고록』(여원사, 1966), 286쪽.
17 『자유신문』, 1945년 10월 24일자.
18 『자유신문』, 1945년 11월 3일자.

기관을 자임하려는 특별정치위원회[11월 20일 랭던의 정무위원회를 연상시키며 찬·반탁 대립정국인 1946년 2월 13일 발족한 비상국민회의 최고정무위원회(2월 14일 민주의원으로 전환)와도 용어상으로는 연결되므로 이 일련의 조직화를 미국이 배후에서 우익 정치세력의 통합조직화를 위해 부추겼을 가능성도 있다] 설립을 도모했다.[19] 박헌영은 1945년 11월 2일 결성식에서 채택해 연합국에 보낼 결의문 중에 "우리를 해방해준 연합국에 대하여 불온한 문구 특히 38도 문제에 대하여 미·소 양국의 영토적 야심이 있는 것 같은 인상을 주는 구절이 있으니 그것을 빼자"라고 제의하기도 했다.[20] 이 결성식에서 이승만은 "세상에(서-인용자)는 자기를 친일파

---

[19] 『서울신문』, 1945년 12월 25일자; 『자유신문』, 1945년 12월 26일자.
[20] 결성식 다음 날인 11월 3일 조공은 "이승만 박사를 중심으로 모인 조선독립촉성중앙협의회"라고 독촉의 성격을 규정하면서 우익 편향적인 결성식 진행 방식에 대해 문제를 제기하는 별도의 성명을 발표하기도 했다. 이 성명에서 특히 "일본제국주의 잔존세력 구축과 친일파 민족반역자 숙청 문제를 우리가 원칙으로 내세움에도 불구하고 이것을 묵살 불응한 것"을 강조했다. 또한 "소련과 미국은 조선독립을 국제회의에서 신성하게 약속하여준 나라요. 그 국가의 군대가 조선에 내주한 것은 ① 일본제국주의 군대의 무장해제를 하기 위한 것, ② 과도기(조선인민정부가 출현할 때까지)에 있어서 치안을 유지하기 위한 것, ③조선인의 민주주의적 건국과 정권의 수립을 위한 전제조건이 되는 정치운동의 발전의 길을 열어주기 위한 것 등의 사명을 띄우고 있다"라고 주장했다. 그러면서 "연합국에 대하여 반감을 사게 될 염려가 있는 내용을 가진 결의문은 절대로 반대"한다고 했다. 결의문 대안으로 "① 연합국이 국제회의에서 조선독립을 약속함에 대하여 조선인민은 감사의 인사를 드릴 것이요, 조선독립은 민주주의연합국의 막대한 희생의 선물인 것을 자인함, ②조선은 일본제국주의의 세력과 친일파의 완전 구축으로 완전독립을 요구하며 진보적 민주주의의 국가 건립과 조선인민의 총의를 대표할 민주주의 정부를 수립하기 위하여 우리는 싸우고 있다는 점, ③조선의 신정부는 민주주의 제국과 친선을 꾀하며 평화를 위하여 앞으로 국제정국에 있어서 진보적 역할과 자기의 의무를 다하고자 한다는 점, ④조선에 주둔 중인 연합군은 자기 약속과 그 사명을 하루 속히 실천에 옮기고 즉 남조선에서도 북조선에서와 같이 일본제국주의 세력을 완전히 몰아내고 그들의 토지와 일체의 기업을 몰수하여 앞으로 조직될 조선인민정부에 넘겨줄 것. 또한 친일파와 민족반역자 숙청운동을 전개하고 있는 진보적 민주주의 제 단체를 지지하되 방해하지 말 것. 그러되 조선인의 민주주의적 정치활동에는 간섭하지 말 것이요, 조선인의 통일정부수립운동을 지지하고 이것이 강력하고 통일적이 된 동시에는 모든 권력을 그에게 넘겨주고 우리 민족의 뜨거운 전성(傳聲)과 환희와 축하 가운데 조선

라고 하나 자기는 절대로 그렇지 않다고 변명"해야 했다.[21] 이승만이 친일파라는 평가는 주로 좌익에서 제기한 것으로 조선공산당은 이승만이 '친일파 숙청'에 소극적이라는 이유 등을 들어 12월 23일 독촉중협과의 관계를 파기했다.[22] 이렇게 되자 여운형은 이승만이 자기중심적이며 '반통일적 노선'을 표출했다고 평가했다.[23]

한편 독촉중협은 11월 2일 결성식에서 보류된 '미국·소련·영국·중국 4개 연합국에 보내는 메시지'에 대해 이승만, 여운형, 안재홍, 이갑성, 박헌영[24]의 검토를 거친 후[25] 정치세력들의 분열이 아직 가시화되기 전인 1945년 11월 4일 채택했다. 이 메시지는 ① 조선을 남북의 양 점령지역으로 분할한 것은 우리가 자초한 바가 아니요, 연합국이 우리에게 강제한 '중대한 과오'라면서 ② "조선통치에 대한 공동신탁제가 제안되었다는 보도를 접하고 참으로 경악하지 아니할 수 없다. 우리는 경의와 신실한 우호의 정신으로서 이 제안이 미국의 대조선정책에 있어서 또한 중대한 과오"라고 비판했다. 이어 ③ "과거 40년 동안 미국의 극동정책은 주로 일본인 및 친일파를 통하여 얻은 정보에 기인했고 그 결과는 진주만의 참해를 초치하게 되었던 것이다. 1941년 12월 7일 이후에

을 물러가 줄 것" 등을 제안했다. 「조공, 독촉중협 비판성명」, 『매일신보』, 1945년 11월 4일자.
소련군과 미국군의 진주 이유가 일본군의 무장해제라고 평가하는 것은 세력확장을 노리고 양군이 진주했다는 국제정치의 냉혹한 현실을 망각한 순진한 인식일 수 있다. 미군이 소련군과 같이 조선인민정부에게 넘겨달라고 주장하는 것을 보면 소련군은 그렇게 할 것이지만 그렇게 하지 않을 미군에게 압력을 가하고 있는 것으로 추정된다. 당시 조공은 북한 주둔 소련군을 일방적으로 찬양했다. 박헌영이 11월 2일 회합에서 반연합국적 문구라고 제동을 건 것은 역시 소련에 대한 불온한 표현을 삭제하려는 내심이 작용한 것이었다.
21 「독립촉성중앙협의회 결성위해 각정당, 각단체대표 회합」, 『자유신문』, 1945년 11월 3일자.
22 『자유신문』, 1945년 12월 26일자.
23 『서울신문』, 1945년 12월 25일자.

있어서도 미국 국무성의 당국자는 우리의 경고를 반복 거절하여 마침내 현재의 혼돈 상태를 야기한 것이 사실이다. 그러나 그러한 당국자의 대부분과(은-인용자) 이제 정치가들과 그 자리를 교대하게 되었다. 대통령 트루먼과 국무장관 번즈를 지도자로 하는 미국은 금후 조·미 양국 간에 일층 양호한 양해의 길을 타개할 것을 확신하는 바이다"라고 주장해 루스벨트 행정부의 용공적이고 친일적인 극동정책을 비판하면서 트루먼 행정부는 그렇게 하지 않을 것에 기대했다. 이는 이승만이 일본의 침략을 예견했다고 주장하는 *Japan Inside Out: The Challenge of Today*, 1941년 6월 판(1954년 『일본내막기』로 국역)의 내용과 일맥상통하는데, 메시지 성안 과정에 이승만이 주로 관여했던 것으로 추정된다

---

24 11월 3일 이승만 숙소인 돈암장에서 열린 연합국에 보낼 결의서 수정위원 회합에 박헌영은 결석했다. 따라서 정식회합을 열지 못하고 비공식으로 토의하고 검토한 결과 결의서 중에 "일. 38도 문제에 대한 표현은 지나치게 강경한 개소(個所)가 있으니 적당히 수정할 것과 일. 미국의 대조선정책에 있어서 또 한 가지 중대한 과오라는 개소가 또한 지나치게 자극적이니 이것을 수정하자는 의견교환이 있은 다음 산회하였다"라고 한다. 「이승만 결의문 수정위원 회합(여운형, 안재홍, 이갑성, 박헌영)」, 『자유신문』, 1945년 11월 5일자.
그런데 11월 4일 발표된 메시지에는 분할점령과 공동신탁통치 등을 '중대한 과오'라고 비판한 대목 등이 여전히 포함되었으므로 수정 방향의 반영보다는 이승만의 주장이 더 많이 반영되어 이승만의 원안이 거의 불변한 것으로 추정된다. 다만 38도선과 관련해 미·소 양국이 영토적 야심이 있다고 연상될 수 있는 부분은 11월 2일 결성식에서 이루어진 박헌영의 매우 세부적이고 구체적인 비판으로 인해 삭제된 것으로 추정된다[다만 "조선인은 연합국과 싸운 일이 없고 따라서 연합국은 조선을 정복한 것이 아니라는 사실을 열의로 귀열국(貴列國)에 지적한다"라면서 "우리는 정복된 적국의 대우에는 분격한다"라는 부분이 결의서에 나올 뿐이다. 당시 한국인들은 해방군이 될 것으로 기대한 연합군이 점령군으로 행동하는 것에 불만을 가지고 있었음이 확인된다]. 그런데 박헌영의 의견은 11월 3일 그의 불참으로 11월 2일 회합의 주장 외에는 반영될 여지가 거의 없었다. 11월 3일 조공의 공식 비판 성명으로 갈음해 박헌영이 불참한 것이라고 합리화할 수 있지만 이 비판 성명은 매우 일방적인 것으로 11월 4일 신문에 보도되었으므로 11월 3일 수정위원들에게 전달되었을 가능성이 거의 없다. 이 대목에서 우익과 소통을 하지 않으려는 박헌영의 자기중심적·비타협적·비통일적·분열지향적 태도를 알 수 있다.
25 『자유신문』, 1945년 11월 7일자.

[따라서 이승만이 관심을 가지고 있는 미국의 극동정책에 대한 비판적 기술(기회 있을 때마다 이승만은 이러한 인식을 반복적으로 설파했다)이 많이 포함되어 있으며, 박헌영이 삽입할 것을 주장한 연합국 특히 소련의 대한정책에 대한 긍정적인 평가는 빠졌다]. 따라서 ④ "우리는 자주할진데 1년 이내에 국내를 안돈할 수 있을 뿐 아니라 외국의 물질적·기술적 후원으로써 비교적 단시일간에 평화로운 보통생활을 회복할 수 있다. 이 사실을 부인하는 자는 아직도 일본인의 선전술에 마취하는 자들이다"라면서 "우리 임시정부가 연합국의 승인을 받은 후 1년 이내에 국민선거를 단행할 것"이며 "우리는 단연코 공동신탁제를 거부하며 기타 여하한 종류를 물론하고 완전독립 이외의 모든 정책을 반대하는 것"이라고 결의했다.[26] 이 메시지는 이승만이 이끌던 독촉중협 등이 38선을 기정사실로 인정하지 않았으며 완전한 자주 독립을 목표로 삼고 있었음을 보여준다.

이승만이 영도했던 독촉중협은 미군정이 정계 통합을 위해 비밀리에 지원한 단체였다.[27] 위와 같은 11월 4일자 '독촉이 연합국에 보내는 메시지'를 통해 이승만은 "우리는 이제 합동했다. 조선의 전 민중을 대표하여 경성에 존재하는 각 정당은 우리의 공동한 문제를 해결하기 위하

---

[26] 『매일신보』, 1945년 11월 7일자.
[27] 이승만은 12월 27일 보도된 돈암장 기자회견에서 독촉중협에 대해 "하지 중장의 조선 독립에 대한 복안을 실천하는 길"이라고 주장했다. 「중협은 임정의 엄호체: 대외적역량을 발휘할 자유기관: 이박사 중협의 입장을 구명(究明)」, 『동아일보』, 1945년 12월 27일자. 임정과 독촉의 미묘한 갈등이 발생하자 이승만은 위 기자회견을 통해 독촉이 임정과 대립하는 단체가 아니라 엄호하는 단체라고 변명했다. 이승만은 이미 1945년 11월 7일 인공의 주석직 수락 거부 연설에서 "독촉중협이 정부가 아니며 상해 임시정부가 승인을 받고 국권을 회복할 때까지 국권 회복을 위해 각 정당이 뭉친 단체"라고 말한 적이 있었다. 그런데 하지가 임정을 불승인하면서 독촉을 후원하자 독촉의 위세가 강화되어 경쟁관계가 되었고 세간에서는 독촉이 임정을 대신할 수 있음이 점쳐지기도 했다. 그런데 위 11월 7일 이승만의 임정 봉대론은 인공을 비판하면서 인용한 논리였다. 또한 자신이 중심인물이 된 상태에서의 임정 봉대론이었지 김구의 임정을 진정성 있게 봉대한다는 입장은 아니었다.

여 중앙의회(中央議會)로 완전히 결합된 것이다"²⁸라고 주장해 독촉중협을 '중앙의회'라고 규정했다. 물론 독립촉성'중앙협의회'이므로 '독립촉성'은 생략하고 '협'자만 삭제하면 '중앙의회'라고 줄일 수도 있다. 그러나 국가가 인정한 대의기관인 의회와 그것과 상관없이 자의적으로 만들 수 있는 협의회는 다르며, 영어로 번역하면 오인될 여지가 더 커진다.

1945년 11월 이승만이 평양의 조선민주당 위원장 조만식에게 밀사를 보내, 조만식과 김일성을 서울로 초청하면서 독립 문제를 논의할 것을 제의했다는 주장이 있다. 김학준은 당시 이승만이 남한 단독정부 수립보다는 남북 통일정부 수립을 지향했다고 해석했다. 연해주 군관주 시티코프(Terenty F. Shtikov)가 소련공산당 중앙위원회 비서 말렌코프에게 보낸 보고서에 따르면, 조만식은 이 제의를 김일성에게 전달하면서 북한이 남한의 계획에 참여해 12월까지 통일된 중앙정부를 수립할 것을 제의했다. 조만식은 이 구상이 실현된다면 남북에서 미군과 소련군이 1945년 말까지 동시에 철수할 수 있을 것이라고 덧붙였다.

그러나 김일성은 거절했다. 이 시점에 김일성은 조선공산당 북조선분국에서 자신의 지도권을 확립하는 일에 전념하고 있어서 서울을 방문할 시간적 여유를 갖지 못했다. 소련점령군도 그의 서울 방문에 동의하지 않았을 것이다. 이것은 소련과 김일성이 남북 통일정부 수립에 열의가 없었음을 보여주었다고 해석된다.²⁹ 그런데 11월의 김일성은 북한을 대표하는 인물로 부각되기 전[1945년 12월 17~18일 평양에서 열린 조선공산당 북조선분국(중앙)³⁰ 제3차 확대집행위원회에서 김일성이 이른바 '민주

---

28 『매일신보』, 1945년 11월 7일자.
29 김학준, 「(김학준이 다시 쓴 현대사 결정적 장면⑤)'권력중앙' 먼저 형성한 김일성 vs 美 견제로 뒤늦게 귀국한 이승만」, 『신동아』 12월(2020).
30 1946년 8월 13일에 출간된 태성수 편, 『당의 정치노선 급 당사업총결과 결정: 당문헌집』(一)(평양: 정로출판사, 1946), 1-10쪽이 12월 17일 김일성 연설에 관한 한 현재까

기지노선'을 제창하면서 당내에서 이니셔티브를 잡기 시작하고 책임비서로 선출됨]이라 이승만이 조만식은 몰라도, 김일성을 왜 초청했는지는 의문으로 남는다. 이 내용이 실린 『쉬띄꼬프 일기, 1946~1948』(국사편찬위원회, 2004)가 일부 위작이라는 주장도 있으므로 검증이 필요한 부분이다.

이렇듯 『매일신보』, 『해방일보』 등 몇 안 되는 모든 신문이 탁치를 독

지 확인되는 가장 오리지널한 판본인데, 제목은 '북부조선당 공작의 착오와 결점에 대하여: 조공 북조선분국 중앙 제3차 확대집행위에서의 보고'이다. 이렇듯 조공 북조선분국에 중앙(분국이라면 당 중앙은 서울임)을 첨가한 모순적 표현인 '조공 북조선분국 중앙'이라는 말은 1946년부터 쓰이기 시작했다. 확대집행위원회 개최 당시에는 중앙이라고 쓰지 않았지만 1946년에 간행된 위의 책에서 중앙이라는 표현이 첨가된 것으로 추정된다. '분국의 중앙'이었지만 서울의 당 중앙에 맞서는 '또 하나의 중앙'이라는 모순적 평가도 가능하다. 그런데 이 판본에 의하면 김일성 자신은 분국이라는 말을 전혀 쓰지 않았고 북부공산당, 북조선공산당, 우리공산당이란 말을 썼다. 김학준, 『북한의 역사』 1(서울대학교 출판부, 2008), 920쪽.
이 연설은 국사편찬위원회 편, 『북조선관계사료집: 조선노동당자료』 I(국사편찬위원회, 1986), 1-9쪽에 그대로 전재되었으나 다만 '10월 11일'로 오기되어 있다. 이 문건은 『김일성선집』 1(평양: 조선로동당출판사, 1954), 1-12쪽에 수정되고 다수의 표현이 첨가되어 재수록되었으며 『북한연구자료집』 제1집(고려대학교 아세아문제연구소, 1969), 28-35쪽에도 전재되어 있다. 1954년판 선집에 실린 판본의 부제에서 '조공북조선분국'이라는 표현은 아직 사용했으나 제목은 '북조선공산당단체들의 사업에 있어서의 착오와 결점에 대하여'로 수정하여 '분국'에 비해 독립적인 명칭인 '북조선공산당'을 부각시켰다. 또한 태성수 자료집에서는 중앙이라는 표현을 사용했는데, 후일 『김일성전집』 등에서 '북조선공산당 중앙조직위원회'라는 표현으로 진전시켜 왜곡의 단초를 제공했다. 김일성, 『김일성저작집』 1(평양: 조선로동당출판사, 1979), 476-490쪽; 김일성, 『김일성전집』 2(평양: 조선로동당출판사, 1992), 407-419쪽에 태성수 판본의 부제 중 조공 북조선분국 중앙을 '북조선공산당 중앙조직위원회'로 바꾸고 재수록했던 것이다. 1967년에 간행된 『김일성저작선집』 1, 10-21쪽에는 '북조선공산당 각급 당단체들의 사업에 대하여: 조선공산당 북조선조직위원회 제3차확대집행위원회에서 한 보고'라는 제목으로 교열과 대폭 수정을 가한 후 재수록했다. 이렇듯 '북조선공산당'과 '조선공산당 북조선조직위원회'라는 표현을 혼용하다가 당 중앙에 대해 더 자율적이며 중앙의 권위를 가지는 '북조선공산당 중앙조직위원회'라는 표현으로 수정한 것이다. 1967년판 『김일성 저작선집』 1, 10쪽에는 "소련이 해방을 가져다주었다"라고 썼으나 저작집과 전집에서는 소련의 방조 밑에 해방되었다고 적고 있다. 이 보고를 듣고 '북부조선당공작의 착오와 결점에 대한 결정서'가 채택되었는데 역시 위 태성수 자료집에 실렸다. 이것이 鐸木昌之 外 編, 『資料 北朝鮮研究』 1, 政治-思想(東京: 慶應義塾大學出版會, 1998)에 수록됐다.

립에 대립되는 개념으로 받아들여 이를 비판, 홍보함에 따라 대중의 탁치에 대한 고정관념이 형성되는 데 역할을 담당했고 후일 탁치에 대해 거세게 반발하는 배경이 되었다. 신탁통치에 대한 대중의 이러한 최초 인식은 모스크바3상결정 전문(全文)이 보도된 이후까지도 변하지 않았는데, 여기에는 언론의 영향이 컸다고 할 수 있다.

언론기관에 의하여 계도된 탁치에 대한 부정적 인식은 거의 모든 정치세력들에 공유되어[31] 그들을 반탁의 입장에 서게 했다. 그런데 박헌영은 다른 인사들의 맹렬한 반대와는 다소 다른 분위기를 보였다. 신탁반대를 분명히 하면서도 신탁은 중요한 문제가 아니라고 했다. 그러면서 미군정에 우호적 자세를 표명했으며, 신탁 반대와 38선 철폐를 주장하는 이승만의 입장을 오히려 '반연합국적 태도'라고 비판했다. 이런 박헌영의 다소 모순적인 태도가 미군정의 주목을 받는 등[32] 반탁으로 통일된 정국에서 미묘한 대립이 물밑에서 표출되었다. 남한에 주둔하고 있던 미군정에 우호적인 태도를 보여 입지를 넓히려고 한 박헌영의 어쩔 수 없는 몸부림이었다. 아직 냉전이 세계적 차원에서 본격 출현하지 않았고 미·소가 한국 문제로 큰 갈등을 보여주지 않던 상황이었다. 박헌영은 소련과 연대해 전쟁을 승리로 이끈 연합국 미국을 반파시스트 연합전선의 한 축으로 보았으며, 당시 미국에 대한 소련의 공식적 규정인 '진보적 민주주의 국가'의 일원이라고 자주 언급했다. 또한 박헌영은 이승만을 경쟁자로 의식해 비판했다. 그렇지만 박헌영도 큰 틀에서는 반

---

[31] 그런데 정일준(1988)의 주장에 의하면, 반대라는 표면상의 일치를 제외하고서는 문제에 접근하는 방식이나 그 해결 방안 제시에서 모두 상이한 입장을 가지고 있다. 예를 들어 국민당의 '임정 중심 통일론'과 조공의 '인민위원회 기반 통일론'이 그것이다. 정일준, 「해방직후 분단국가 형성과정에 대한 일고찰」, 『한국사회사연구회 논문집 제13집: 해방 직후의 민족문제와 사회운동』(문학과지성사, 1988), 160쪽.

[32] "HUSAFIK," part Ⅱ, chapter I, p. 20.

탁에서 아직 벗어나지 않았으며 소련 등 연합국을 의식한 수동적인 반탁이었다고 할 수 있다. 그렇다면 공산주의자들은 우익에 비해 탁치 문제에 대해 처음부터 심각하게 반대하지는 않았던 것으로 볼 수 있다.

미 국무장관 번스는 1945년 10월 25일 기자회견을 열고, "38도선은 잠정적인 방책이며, 이를 철폐하기 위한 회담이 진행되고 있다"라고 말했다. 이것은 한국 언론의 호의적인 반응을 도출했다. 그러나 미국의 주일 정치고문 앳치슨(George Atcheson, Jr.)은 1945년 11월 12일 한국민들이 38선 철폐보다 신탁통치의 가능성에 대해서 더 큰 우려를 하고 있다고 평가했다.[33] 이 지점에 미국의 고민이 있었다. 미국은 신탁통치라는 미·소 간 약속을 통해서 38선 문제를 해결하려고 했는데, 한국인들은 38선 철폐는 찬성하고 신탁통치를 더 염려하고 있다고 평가된 것이다.[34]

3. 한국민 반발과 미군정의 반응

미군정의 고위관리들은 신탁통치설 보도로 나타난 한국민의 반발을 보고 크게 당황했다. 아널드는 1945년 10월 30일 기자회견을 갖고 자신도 신문을 보고서야 신탁통치설을 알았다고 전제한 빈센트 발언이 미국 정부 방침이 아닌 빈센트 개인의 의견이라고 말하여[35] 반탁운동을 무마하는 데 급급했다. 탁치실시를 간접 부인한 격이었다. 아널드는 빈센

---

[33] "The Acting Political Adviser in Japan (George Atcheson, Jr.) to the Secretary of State," 12 November, 1945, *FRUS, 1945*, vol. Ⅵ, pp. 1120-1121.
[34] 박명수, 「한반도의 분단과 모스크바 외상회의」, 『한국정치외교사논총』 42-1(2020), 160쪽.
[35] 『매일신보』, 1945년 10월 31일자.

트가 누구인지 혹은 그가 그러한 말을 할 자격이 있는지, 또는 그것이 공식입장인지도 모르고 있었다.[36] 아널드의 회견은 사실과는 전혀 다른 논평인데, 한국 내 미군정 관리들이 미 국무부의 탁치실시 방침을 전혀 몰랐으므로 이러한 발언을 했던 것이다.

11월 7일에야 하지가 빈센트의 메모랜덤을 받고 탁치가 미 국무부의 기본정책(공식 대외정책)임을 인지했다. 11월 16일 빈센트가 차관 앳치슨에게 메모랜덤을 보내 군부와 국무부 사이에 심각한 의견 차이가 있는 것은 아니라고 평가했다.[37] 그러나 11월 즈음부터 미국 군부[38]와 국무부의 뿌리 깊은 견제 의식이 미군정과 국무부의 구체적 대립으로 표출되었다.

미군정 소속으로 하지의 정치고문인 랭던(William Langdon)은 이미 확산된 대중적 반탁 열기에 영향을 받아 국무부에 1945년 11월 20일자로 보낸 전문(電文)에서 힘으로 유지될 수밖에 없는 탁치안은 비현실적이므로 기각해야 하며, 탁치안 대신 김구 중심의 정무위원회(Governing Commission)를 설치할 것을 건의했다.[39] 랭던은 이보다 전

---

[36] C. Leonard Hoag(1970), 앞의 글, p. 322.

[37] "Memorandum by the Director of the Office of Far Eastern Affairs (Vincent) to the Under Secretary of State," November 16, 1945, *FRUS, 1945*, vol. Ⅵ, pp. 1127-1128; C. Leonard Hoag(1970), 앞의 글, p. 324.

[38] 정무협의를 위해 1945년 11월 잠시 서울을 방문한 전쟁부 차관보 맥클로이도 신탁통치에 반대했다. 김학준, 「(김학준이 다시 쓴 현대사 결정적 장면④)美대표단, '모스크바 3상회의'서 소련 계략에 말려들다」, 『신동아』 11월(2020).

[39] "The Acting Political Adviser in Korea (Langdon) to the Secretary of State," 20 November, 1945, *FRUS, 1945*, vol. Ⅵ, pp. 1131-1133.
커밍스는 정무위원회 구상을 단독정부 수립 기도로 간주하여 이후 수립된 단독정부와 직결시켰다. Bruce Cumings, *The Origins of the Korean War*, vol. Ⅰ (Princeton: Princeton University Press, 1981), pp. 184-186.
하지만 정무위원회 구상이 인적으로나 그 체제상으로나 1948년 단독정부와 상이한 점이 많으므로 미국 단독행동의 기원 정도라면 모르겠지만 단독정부와 직결된다고 보기는 어렵다. 커밍스는 랭던의 계획이 1948년 단정으로 거의 그대로 실천되었다고 평가

인 1945년 11월 10일 보낸 전문에서도 탁치가 실시되면 폭동이 야기될 수 있으므로 탁치에 대하여 발표하지 말아야 하며 만약 필요하다면 새로운 용어로 위장해야 한다고 건의하기까지 했다.[40]

그러나 11월 29일 국무부는 대소협상을 위하여 탁치안을 폐기할 수 없다고 말하여 랭던의 건의를 거부했다.[41] 그럼에도 불구하고 랭던은 1945년 12월 11일 다시 탁치안을 재고할 것을 계속 건의했다.[42] 16일에는 주한 미군사령관 하지가 탁치안이 실시되면 폭동이 일어날 것이므로 이를 포기하여야 한다고 직접 합동참모부에 다음과 같이 건의했다.

모든 한국인들의 마음속에는 '신탁통치'가 다모클레스의 칼(a sword of Damocles)처럼 흔들리고 있습니다. 현재나 미래의 어느 시기에 신탁통치가 부과되는 경우, 한국인은 실제적으로 물리적인 폭동을 일으킬 가능성이

하면서도 김구가 아닌 이승만이 권력을 장악한 점 등 차이를 인정하기는 했다. 직결되지 않는 엉성하고 느슨한 계보라면, '1945년 10월 15일 이승만·김구·김규식을 포괄하는 일본 주재 정치고문 앳치슨의 전한국인민집행위원회안(National Korean Peoples Executive Committee) → 1945년 10월 23일 발기한 독립촉성중앙협의회 → 1945년 11월 5일 이승만·김구를 중심으로 한 하지의 통합고문회의안 → 1945년 11월 20일 김구를 중심으로 한 하지의 정치고문 랭던의 정무위원회안 → 1946년 2월 민주의원 → 1946년 5월 좌우합작위원회 → 1946년 12월 과도입법의원 → 1947년 5월 남조선과도정부 → 1948년 이승만의 단정'으로 연결 지을 수 있다. 다만 직결되지 않아, 일관성과 결집력, 단합력 그리고 무엇보다 주민들의 지지와 추동할 수 있는 힘이 소련군의 단독행동보다 부족한 것이 1947년까지 구상의 치명적 한계이다.
그런데 정용욱은 정무위원회안을 미군정의 한국인화(Koreanization) 조치로 해석했다. 정용욱, 『해방 전후 미국의 대한정책』(서울대학교 출판부, 2003), 140쪽. 위 계보의 남조선과도정부까지는 한국인화 정책이라고 볼 수 있다.

40 Radio, CG USAFIK to SCAP, 100927/I, 10 Nov 45: Loose Messages, Hist. Files; C. Leonard Hoag(1970), 앞의 글, p. 326; C. L. 호그 저, 신복룡·김원덕 역, 『한국분단보고서』(풀빛, 1992), 249쪽.
41 "The Secretary of State to the Acting Political Adviser in Korea (Langdon)," Washington, November, 29, 1945, FRUS, 1945, vol. Ⅵ, pp. 1137-1138.
42 "The Acting Political Adviser in Korea (Langdon) to the Secretary of State," Seoul, December 11, 1945, FRUS, 1945, vol. Ⅵ, p. 1140.

있다고 생각됩니다. … 특히 긴급하게 요구되는 것은 다음과 같습니다. … ②'신탁통치'를 포기한다는 명백한 성명 …[43]

이렇듯 이미 3상회담이 시작될 즈음에도 미군정은 탁치안 폐기를 건의하고 있었고 윗선에서도 인지하고 있었지만,[44] 정책 결정자인 국무부는 이를 거의 반영하지 않았다.[45] 탁치안은 미군정 당국과 워싱턴의 정책 수립가들 사이에 정책 불화를 초래한 요인이 되었으며 한국정치의 이념적 분열을 심화시키고 나아가 미·소공위의 결렬을 불가피하게 만든 중요한 요인으로 작용했다.[46]

커밍스는 국무부와 미군정의 갈등을 국무부의 주류인 국제주의자 (internationalist; 번스, 빈센트, 보튼)와 미군정의 주류인 국가주의자 [nationalist; 하지, 베닝호프, 랭던(이후 여운형-김규식 주도의 좌우합작을 기획했던 랭던의 경우 리버럴로 보수주의자인 하지와는 다소 결이 다르다-인용자)]의 대립으로 파악하고 있는데, 국제주의자는 다국적 신탁통치를 지지하는 데 반하여 국가주의자는 사실상의 대소봉쇄인 단정을 지지하는 입장이었다고 한다.[47] 탁치안의 폐기 과정은 사실상 국제주의자에 대한 국가주의자의 승리 과정으로 볼 수 있다는 평가이다.

아널드의 성명에 영향받았는지 10월 30일 이후 국내 정국은 탁치 문

---

[43] "report made by the Commanding General USAFIK[Hodge]: Conditions in Korea," in "General of the Army Douglas MacArthur to the Joint Chiefs of Staff," Tokyo, 16 December, 1945, FRUS, 1945, vol. Ⅵ, pp. 1146-1147; 이완범(1985), 앞의 글, 45쪽.

[44] "Memorandum for Chief, Strategy Section: Morning Conference, 19 December 1945," 19 December 1945, RG 165, ABC Files, 1942~1948, 014 Japan (13 Apr 44), Sec. 17, p. 2.

[45] C. Leonard Hoag(1970), 앞의 글, p. 335.

[46] 차상철, 『해방전후 미국의 한반도 정책』(지식산업사, 1991), 8쪽.

[47] Bruce Cumings(1981), 앞의 책, p. 214.

제에 관한 한 잠잠했는데,⁴⁸ 탁치에 대한 미군정의 언급은 탁치실시를 간접적으로 부인하는 효과를 거두었다고 할 수 있다. 조공을 비롯한 모든 정파는 10월 말부터 12월 하순까지 탁치안에 관한 의사 표명을 거의 하지 않았다. 10월부터 12월 말까지는 정치인들이 잠시 적극적으로 반대했을 뿐 대중적 차원까지 반탁감정이 깊게 뿌리내린 것은 12월 말 이후였다. 그런데 12월 16일부터 모스크바3상회의에서 한국 문제가 토의된다는 사실만이 주로 보도되었을 뿐, 실제로 그 구체적인 내용은 비밀에 부쳐지고 있었다.

4. 김구의 환국과 반탁

1945년 11월 23일 환국한 김구는 30일에 가진 기자회견에서 'in due course' 구절에 대하여 "상당한 시간과 어떤 수속"을 암시한 것이라고 말해 비교적 정확한 인식을 피력했고, 한국인이 "단결할 줄을 모르므로 위임통치"를 실시하자고 연합국 사이에서 논의된다고 추론했다. 따라서 임시정부를 지지하는 하나의 단체로 민족을 통일하자는 임정중심적 통일론을 개진하기에 이르렀다.⁴⁹

---

48 1945년 11월부터 12월 27일 전까지 탁치 문제에 관한 주목할 만한 언급은 다음 두 가지가 있다. 첫째, 11월 4일 독립촉성중앙협의회가 4대국에 보낸 탁치거부결의서이다. 송남헌, 『한국현대정치사』 I(성문각, 1978), 194-195쪽; "HUSAFIK," part Ⅱ, chapter Ⅱ, p. 54. 후자에는 11월 8일로 되어 있다. 둘째, "조선을 위시하여 일본으로부터 빼앗은 태평양 諸島嶼에 신탁통치기구를 적용 설정하는 데 관한 논의를 한다"라는 외국통신 인용의 잡지기사이다. 韓拓, 「현하정국의 동향」, 『선구』 1-3(1945), 12쪽.
 이렇듯 탁치 논의가 적었던 것은 미군정 당국자의 부인 성명만을 믿은 한국 지도자의 순진성 때문이다.
49 『서울신문』, 1945년 12월 1일자.

임정 요인들은 1941년부터 망명지인 중국에서 각종 보도를 통해 위임통치와 신탁통치를 모두 독립에 대립되는 것으로 인식하여 시초부터 일관되게 반대해왔고 이에 현실과 맞닥뜨릴 때를 꾸준히 대비하고 있었던 것이다.

5. 모스크바3상회의의 한국 문제 오보, 1945년 12월 27일

탁치 문제가 초미의 관심사에서 사라질 때쯤, 미국이 조선의 즉시독립을 주장하는 데 반하여 소련은 탁치를 주장한다는, 사실과 정반대되는 1945년 12월 25일 워싱턴발 합동통신 보도가 모스크바3상회의가 진행 중인 1945년 12월 27일 국내에 지급(至急)으로 인용 보도되었다. 모스크바결정 과정을 고찰하면 탁치안의 최초 제안자는 미국이며 이에 소극적이었던 소련은 국내 정치세력의 참여 등 독립과 배치되지 않는 방향에서 미국안을 대폭 수정한 안을 제출하여 이 안에 의거하여 결정되었다는 사실을 확인할 수 있다.[50] 따라서 이 보도는 완전히 왜곡된 것이다(아니면 12월 20일 제출된 소련안에 근거한 왜곡·확대 보도일 수도 있다).

[화성돈(華盛頓; Washington) 25일발 합동지급보(合同至急報)] 막사과(莫斯科; 모스크바)에서 개최된 삼국외상회의를 계기로 조선 문제가 표면화하지 않는가 하는 관측이 농후하여가고 있다. 즉 반즈 미 국무장관은 출발 당시에 소련의 신탁통치안에 반대하야 즉시독립을 주장하도록 훈령을 받았다고 하는데 3국 간에 어떠한 협정이 있었는지 없었는지 불명하나 미국의 태도는 카

---

50 이완범, 「한반도 신탁통치 문제, 1943~46」, 강만길 외, 『해방전후사의 인식』 3(한길사, 1987), 224-228쪽.

이로선언에 의하여 조선은 국민투표로써 그 정부의 형태를 결정할 것을 약속한 점에 있는데 소련은 남북 양 지역을 일괄한 일국신탁통치를 주장하야 38도선에 의한 분할이 계속되는 한 국민투표는 불가능하다고 하고 있다.[51]

보기에 따라서는 소련이 한반도 38도선 이북을 집어삼키기 위해 신탁통치를 주장한다는 식의 확대해석이 가능한 보도였다.

이전에는 『동아일보』, 1945년 12월 25일자에 "미국이 최근 소련에 대하여 조선의 통일화를 거듭 종용했다", "소련이 대일참전의 대상(代償)으로 조선과 만주-내몽골을 가질 것"이라든가 "소련은 조선의 절반을 점령하고 있는데 미 점령군이 철퇴한다면 소련은 남부조선까지도 주저 없이 점령할 것이 틀림없다" 등의 반소적으로 편향된 미 언론 기사가 게재되었다. 또한 같은 신문 12월 24일자에는 소련이 원산과 청진에 특별이권을 요구한다는, 대중들의 반소적 감정을 자극하는 기사가 실리기도 했다.

따라서 『동아일보』와 한민당이 모스크바3상회의 결과를 의도적으로 오보하여 민족이냐 반민족이냐 하던 당시 구도를 찬·반탁 국면으로 전환시키면서 분단에 결정적인 역할을 했다는 평가도 제기되었다. 그러나 신탁통치 관련 오보는 『동아일보』 외에 다른 언론에도 보도되었으므로 과장해 이슈를 부각하려는 『동아일보』의 의도가 있었을지라도 찬·반탁 국면으로 전환하려는 식의 심각한 고의성이나 의도는 없었던 것으로 보인다. 의도가 있었다면 보도의 원소스인 통신사나 미국의 정책 담당자가 가졌을 가능성은 있다. 『동아일보』는 단지 오보한 것이므로 도의적 책임을 물을 수는 있을지라도 사실을 정반대로 왜곡한 책임은 통신사나 미

51　『동아일보』, 『신조선보』, 『중앙신문』, 『조선일보』, 『서울신문』의 1945년 12월 27일자 보도.

국 관리가 져야 한다. 그런데 우익지 『동아일보』만 '소련의 신탁통치 주장'을 가장 부각하면서 오보를 적극 이용했으며, 『조선일보』, 『서울신문』은 그 정도는 아니었다. 중도지 『서울신문』은 〈그림 2〉와 같이 '아(我; 조선) 독립문제 표면화', '미, 즉시 실현 주장'이라는 제목 아래 훈령 내용이라고 전해진 것만 비교적 간단히 보도했다.[52] 좌익지 『중앙신문』도 역시 간단하게 보도했다.

〈그림 2〉의 캡션 부분에 있는 2004년 『동아일보』 기사에는 다음과 같은 주장이 있다.

반탁운동을 유도하기 위해 우익언론이 문제의 외신을 보도했다고 하는 일각의 주장은 억지라고 하겠다. 조선일보 사사(社史)[53]가 전하는 당시 상황을 간추리면 다음과 같다. '12월 25일 모스크바에서 소련 외상이 조선신탁통치안을 제출했다는 뉴스가 워싱턴발 외신으로 날아들었다. 미국 측은 즉시 국민투표를 실시해 한국을 독립시키자고 주장했으나, 소련은 38도선에 의한 분할이 계속되는 한 국민투표는 불가능하다는 점을 강조했다. 이는 실로 청천벽력이 아닐 수 없었다.' 이상으로 미뤄볼 때 자료가 남아 있지는 않지만 상당수 언론이 문제의 외신을 취급했을 것으로 추정된다. 그 기사를 『동아일보』가 최초로 보도했다고 하는 일부 학자의 주장은 중대한 오류다. 더욱이

---

52 식민지 시기 조선총독부 기관지 『매일신보』의 주식은 상당수를 총독부가 소유하고 있었다. 그런데 일본 패망 후 『매일신보』를 접수한 미군정이 자연스럽게 최대 주주가 되었다. 미군정은 『매일신보』를 개제하여 『서울신문』을 발행했다. 『서울신문』에는 중도적 성향의 임원진이 다수였기에 중도적인 논조를 일관적으로 견지했다. 좌익이 탁치에 대한 노선을 전환한 1946년 1월 2일 이후 과격한 반탁이나 전면적 지지노선을 추수하지 않고 신중한 보도 태도를 보여주었다. 김동선, 「美軍政期 『서울신문』의 政治性向 硏究」, 숭실대학교 박사학위논문(2013), 109-114쪽; 김동선, 『미군정기 서울신문의 정치성향 연구』(선인, 2014).
53 조선일보 사사편찬실 편, 『조선일보 역사: 단숨에 읽기 1920~』(조선일보사, 2004).

그림 2 「(광복 5년사 쟁점 재조명 1부-17)3상회의 보도」, 『동아일보』, 2004년 12월 12일자

이 같은 그릇된 전제 위에서 『동아일보』 보도가 반탁운동 격화의 도화선이 됐다고 몰아가는 것은 지나친 비약이다.

그런데 '소련은 신탁통치 주장'을 헤드라인으로 부각시킨 것은 『동아일보』밖에 없다. 위 기사에서 "당시 언론계는 좌익이 기선을 장악하고 있었다"[54]라는 평가를 부언했지만 『동아일보』는 한민당의 기관지로서 일찍부터 우익적이며 반소적인 입장을 가지고 있었다.[55]

---

54 정진석, 「해방공간의 좌익언론과 언론인들」, 『관훈저널』 77(2000), 263쪽, 278쪽.
55 『동아일보』의 '오보'에 대한 학계의 연구로는 김동민, 「동아일보의 신탁통치 왜곡보도 연구」, 『한국언론정보학보』 52(2010)가 있으며, 『동아일보』가 왜곡한 사실은 없다는 『동아일보』의 주장은 김진경, 「『동아일보』 신탁통치 보도 전말: 왜곡은 없었다」, 『관훈저널』

이러한 오보에 대하여 우익진영은 두 달 전인 1945년 10월의 빈센트 보도 때와 같이 반탁을 공식·비공식적으로 결의하는 일관성을 보였다. 소련의 탁치주장설에 가장 강력하게 반대한 것은 우익정당인 한민당과 그 기관지인 『동아일보』였다. 한민당은 1945년 12월 27일 "전 생명을 걸고 배격"한다는 결의를 발표했으며[56] 『동아일보』도 사설을 통하여 탁치설을 "민족적 모독"이라고 규정하고, "신탁운운에 대하여 소련에 경고"한다고 말했다.[57] 이렇듯 『동아일보』는 12월 28일자 1면 전부를 탁치에 대한 반대 여론으로 채웠다. 한민당과 『동아일보』 등은 이후 이러한 격렬한 논리로 반소·반탁운동을 본격 전개해나갔다.

다른 우익진영 중 조소앙 임정 외교부장의 반탁결의가 특기할 만하다. 그는 탁치 문제를 해외에 있을 때부터 목도해왔다고 전제한 후, 이와 투쟁하자고 주장했으며 탁치가 거론된 이유를 다음과 같이 분석했다. "조선을 일국의 독점에서 구출키 위하여, 사십 년간 일본의 압정하에 있었던 민족이므로 자주적으로 볼 수 없다는 것이"므로 탁치가 실시되어야 한다는 것인데, "전자(前者)는 조선의 대외관계를 말함이요, 후자는 대내관계를 말함이다. 이것은 조선 민족의 역사와 문화를 오인한 일부의 착각이다"라고 주장했다.[58] 그는 약소민족의 해방을 위하여 노력해온 소련을 위하여 이 보도가 허보가 되고 풍설(風說)로 사라지기를 바란다고 결론지었다.[59] 임정의 재정부장 조완구도 반탁을 명백히 했

158(2021), 185-191쪽; 김학준, 『남북한문전』 8(단국대학교 출판부, 2021), 573쪽에 있다.
56 『동아일보』, 1945년 12월 28일자.
57 『동아일보』, 1945년 12월 28일자.
58 『동아일보』, 1945년 12월 28일자; 『조선인민보』, 1945년 12월 28일자.
59 『동아일보』, 1945년 12월 28일자; 『서울신문』, 1945년 12월 28일자; 이완범(1985), 앞의 글, 47쪽.

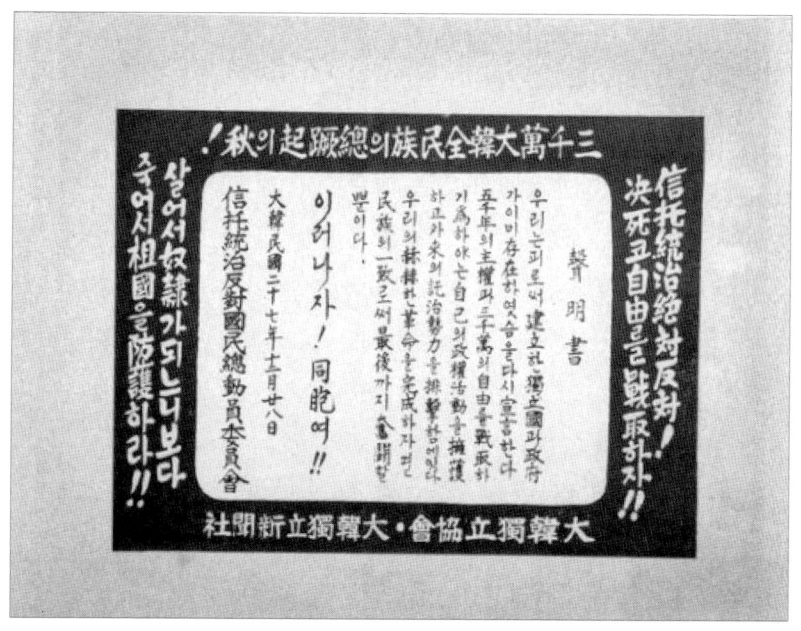

그림 3 대한독립협회·대한독립신문사, 〈신탁통치절대반대전단〉(1945.12.28.)
※ 출처: 통일부 네이버 블로그.

다.[60] 그렇다면 김구 세력도 역시 반탁을 명확히 했다고 볼 수 있다. 국민당 당수 안재홍도 반탁언명[61]과 함께 신탁통치는 국제 신의에 배치되므로 반대할 것이라고 성명해[62] 반탁전선에 동참했다.

이렇듯 우익진영이 10월의 빈센트 보도 때와 같이 일관되게 반탁을 결의했고, 좌익진영 중에서는 인민당의 이여성과 현우현, 김오성 등이 1945년 12월 27일 즉시 반탁을 표명했다. 이여성은 12월 27일 "우리로서는 처음부터 신탁통치를 반대하는 것은 더 말할 것 없다. 비단

---

60 『동아일보』, 1945년 12월 28일자.
61 『신조선보』, 1945년 12월 27일자.
62 『동아일보』, 1945년 12월 28일자; 이완범(1985), 앞의 글, 48쪽.

우리뿐이 아니라 어떠한 당파를 물론하고 반대하는 바이다. 신탁통치는 그 어느 나라임을 불구하고 조선인으로서는 원치 않는다"라며 반탁을 표명했다.[63] 12월 27일 현우현은 확실한 정보가 없어 말할 수 없다고 전제한 후, 정확한 정보가 있는 대로 당의 태도를 결정하겠다고 말하면서도 "그러나 소련으로서 그러한 주장을 했다는 것이 사실이라면 우리는 단호(히-인용자) 이에 반대하지 않으면 안 된다"라고 말했다.[64] 또한 김오성도 12월 27일 신탁을 노예화라고 규정하여 반탁을 명백히 했다.[65] 이여성은 12월 28일 반탁을 계속 표명했으며[66] 인민당은 12월 29일 반탁을 공식 표명했다.[67] 그렇지만 여운형은 즉각적인 태도 표명은 하지 않은 채 12월 28일 "확보(確報)를 기다려 말하겠다"라고만 했다.[68]

다른 좌익세력들도 반탁 의견 표명을 하지 않았던 것은 아니었다. 인민공화국은 1945년 12월 28일 긴급위원회 회의를 개최하여 신탁통치반대투쟁위원회를 조직하여 신탁통치절대반대를 결의했다. 12월 29일 조공·인민당·서울시인민위원회 등 좌익계열 단체 40여 개는 임정 주도의 신탁통치반대국민총동원위원회(약칭 반탁국민총동원위원회)에 참석하지 않고 별도의 '반파쇼공동투쟁위원회'를 결성하여 탁치반대결의를 채택했다. 12월 30일 반파쇼공동투쟁위원회는 서울시인민위원회 회의실에서 서울시인민위원회·조공 등 40여 개 단체 대표 100명이 참여한 가운데 집회를 열었으며 다음 날인 12월 31일에는 '신탁통치철폐요

---

63 『신조선보』, 1945년 12월 27일자.
64 『동아일보』, 1945년 12월 28일자.
65 『조선인민보』, 1945년 12월 28일자.
66 『서울신문』, 1945년 12월 29일자; 『동아일보』, 1945년 12월 29일자.
67 『조선인민보』, 1945년 12월 30일자; 『자유신문』, 1945년 12월 30일자; 光州府 編, 『解放前後回顧』(光州府總務課, 1946), 66쪽.
68 『大東新聞』, 1945년 12월 29일자.

구성명서'를 발표했다.⁶⁹ 그러나 좌익의 반파쇼위원회는 우익의 반탁위원회와 같이 대중을 대대적으로 동원하지 못했고 구체적인 행동지침도 마련하지 못했기 때문에 반탁정국의 주도권은 우익세력이 가지게 되었다.⁷⁰ 반파쇼라는 표현은 우익(임정)의 반탁운동을 견제하기 위한 복선이 깔려 있는 말이다. 반탁이라고 표현하면 당시 반탁정국을 주도했던 임정의 패권(헤게모니)에 묻힐까봐 이를 견제하려고 우익과는 다른 구호인 반파쇼를 내걸어서 주도권을 탈취하려고 했다. 반탁에서 반파쇼로 변한 것이 결국 '모스크바결정 지지' 구호로 변화하는 조짐의 징후였다고 해석한다면 지나친 결과론적인 확대해석일까?

12월 31일 조선공산당 서울시위원회는 탁치 철폐의 전단을 살포했다.⁷¹ 그렇지만 이들 좌익의 반탁결의는 좌익 연합체의 통일전선기구인 조선인민공화국(약칭 인공)이나 조공의 경우 서울시당이라는 지방당의 의견 표명이 주류를 이룬다. 당의 공식성명이라고 보기에는 격이 다소 낮았으며 당시의 반탁적 분위기에 휩쓸린 추수주의적(追隨主義的) 과오라고 할 수 있다.⁷² 다른 정당의 공격적이며 즉각적인 반탁 의견 표명에

---

69 『서울신문』, 1946년 1월 1일자.
70 진덕규는 임정이 이러한 헤게모니를 효과적으로 조직화하지 못했으며, 미군정의 반발감만 일으키게 되었다고 비판적으로 보았다. 진덕규, 「이승만의 단정론과 한민당」, 『신동아』 5월(1987), 659쪽. 임정의 감정적 시위 주도가 미군정의 반발을 키운 것은 맞지만 나름대로 헤게모니를 일정 수준 조직화하여 비록 단기적이었지만 정국을 주도했으며 당시까지 정국을 주도했던 공산당의 영향력을 다소나마 약화시켜 임정의 지지 세력을 확충한 것은 사실이다.
71 『중앙신문』, 1946년 1월 1일자에 실린 소개글의 제목은 "조선공산당, 탁치반대전단을 살포하다"였다. 조선공산당은 서울시위원회의 명의로 철폐 전단을 살포했지만 언론과 대중들은 조선공산당이 반탁에 나선 것처럼 보도했다. 『자료대한민국사』 1에 실린 이 기사는 이정박헌영전집편집위원회 편, 『이정 박헌영 전집』 5(역사비평사, 2004), 381-382쪽에도 수록되어 있다.
72 그렇지만 이것도 역시 반탁 입장 표명의 일종이었다. 따라서 인공 중앙인민위원회는 1월 4일자 결정서에서 반신탁의 오류를 범했음을 시인할 수밖에 없었다.

비하면 조공은 지방 당부 차원에서 다소 늦게 의견을 표명했으며 게다가 중앙당은 12월 27일부터 공식논평을 유보했다고 할 것이다.[73] 12월 28일 발표된 정태식과 조두원의 반탁 의견이 개인 차원으로 규정된 것도 같은 맥락이다. 이들의 개인 자격 반탁은 당 중앙의 공식 입장이 아직 확정되지 않았음을 반영한 것이며 당 중앙이 소련을 의식했는지 반탁에 소극적이었으며 모스크바결정 지지 견해가 이때부터 제기되고 있었기 때문이다.[74]

그런데 1945년 12월 27일부터 했던 공산주의자들의 유보가 1946년 1월 3일까지 계속되었다. 공산당은 두 달 전 미국 빈센트의 탁치 주장설 때 보인 즉각적인 반발과는 달리 12월 27일 공식논평을 유보했던 것이다. 12월 27일 정태식은 "확실한 정보가 없으니 지금 발표할 수 없다. 정식발표가 있은 후에 당으로서 태도를 표명하겠다"라고 말했다.[75] 『해방일보』는 『동아일보』와는 대조적으로 이 사실을 보도조차 하지 않았다. 한민당과 그 기관지 격이었던 『동아일보』는 가장 격렬하게 반대하여 "민족적 모독"이라고 규정한 후 "소련에 경고"한다고 결의했다. 이에 비하여 『해방일보』는 이 사실이 있은 후 1월 초까지 탁치에 관한 한 사실보도조차 하지 않았다(1월 2일자부터 1월 5일자까지 미발행). 이때부터 1월 초까지 『해방일보』는 탁치에 관한 기사를 일절 통제하면서 보도하지 않은 것이다. 따라서 이 시점에서부터 조선공산당이 반탁에서 지지 노선으로 전환한 기미를 간파할 수 있으며 그 원인(遠因) 또한 추측할

---

73 "Political Trends," no. 14 (29 Dec., 1945), p. 2; "Political Trends," no. 15 (5 Jan., 1946), p. 1, RG 319, Entry 82, G-2, "P" File, 1946-1951, Box 2737, US National Archives Ⅱ, College Park, MD.
74 李剛秀, 「三相會議決定案에 대한 左派3黨의 대응」, 『한국근현대사연구』 3(1995), 310-311쪽.
75 『동아일보』, 1945년 12월 28일자.

수 있다. 12월 27일 소련 탁치 주장 보도 사건 이후 공산당이 당의 공식 태도로서 반탁을 결의한 적은 없다.

그렇다면 조선공산당은 왜 중앙당의 책임 있는 당국자 차원의 공식 태도 표명을 보류했을까? 그 이면에는 숨겨진 뜻이 있을 것이다. 바로 소련을 의식했기 때문이 아닐까 한다. 공식 태도 표명 보류는 신중함의 발로인 측면도 있지만 보다 본질적으로는 소련을 의식해 반탁을 공식화할 수 없었을 것이다. 다소 과장해 말하자면 '소련의 눈치'를 살폈을 것이다. 1920년대 공산당 창립 이래로 조선의 공산주의자들은 소련의 정신적·물질적 지원을 받고 있었으며 당시까지도 세계근로인민의 해방자요, 사회주의자들의 조국, 약소민족의 후원자로 인식되던 소련을 정면에서 비판할 수 없었다. 특히 당시에는 조선의 반쪽을 점령한 당사자가 바로 소련이었다. 소련이 실시할 것을 주장한 안에 대하여 어떻게 쉽사리 반대할 수 있었겠는가? 역시 여기에 당시 비자주적이었던 조선공산당의 한계가 있다.

1945년 12월 27일 국내 신문을 장식했던 보도는 1946년 1월 하순에야 소련 당국의 결정 과정 공개 때문에 오보로 판명되었지만, 당시 한국민들에게 반소감정을 불러일으켜서 수일 후에 반탁운동이 전 민족적으로 일어날 때 반탁·반소운동으로 연결될 소지를 제공했다.

그런데 빈센트의 발언이 전해졌을 때 다른 정치세력들에 비해 비교적 소극적으로 행동하면서 뒤늦게 반대했던 이승만[76]이 12월 19일에는 미 국무부에 조선의 공산주의자를 지원하는 자가 있어 UP통신사를 통해 미 국무부에 유감의 뜻을 표하더니[77] 26일 밤 방송을 통해서는 조선 독

---

[76] 이완범(1987), 앞의 글, 286쪽, 각주 140, 각주 141.
[77] 『중앙신문』, 1945년 12월 25일자.

립을 무시하고 신탁관리를 강요하는 정부(워싱턴과 모스크바)가 있다고 주장했다.[78] 이것은 이승만이 모스크바3상회의에서 신탁 문제가 논의된다는 것을 알고 있었음을 증명할 수 있는 사례이다. 그렇다면 이승만은 어떻게 탁치에 관한 정보를 얻었을까? 별도의 채널을 통해 얻었을 가능성도 있지만 미군정의 왜곡된 정보를 제공받았을 가능성이 있다.

당시 미군정은 탁치실시에 회의적이었으므로 탁치 구상 자체의 변경을 요청했으며 탁치 대신 다른 용어를 사용할 것을 본국 정부에 여러 차례 표명하는 등[79] '반탁'의 입장에 기울어 있었다. 또한 이승만이 영도했던 독립촉성중앙협의회는 신탁통치를 대체하는 복안의 일환[80]으로서 미군정이 지원했던 단체였다. 독촉중협은 이승만 중심의 우파 정치 블록이었다는 결과론적 통설과는 달리, 국무회의이자 민의의 대표기관으로 미국 외교문서에 느슨하게나마 연결되는 일련의 정무위원회(Governing Commission) 구상류의 현실판이었으며, 미군정으로부터 한국 정부로 승인받아 행정권을 이양받을 주체로 추진되었던 기구였다.

---

78 『동아일보』, 1945년 12월 28일자. 그런데 이승만은 소련이 신탁통치안을 주창하고 있음을 강력히 시사하고 있다고 徐仲錫, 「반탁투쟁과 자주적 통일민주국가 건설의 좌절」, 李泳禧先生華甲記念文集編輯委員會 編, 『李泳禧先生華甲記念文集』(두레, 1989), 109쪽에서 평가되었다.
79 이완범(1987), 앞의 글, 236-237쪽.
80 이는 '이승만·김구·김규식'을 포괄하는 앳치슨의 전한국인민집행위원회안[National Korean Peoples Executive Committee; 10월 15일; "The Acting Political Adviser in Japan (Atcheson) to the Secretary of State," Tokyo, October 15, 1945, 895.01/10-1545, Telegram, 『미국무성 한국관계 문서, Internal affairs of Korea: 1945~1949』 vol. 8(아름, 1995); FRUS, 1945, vol. Ⅵ (Washington, D.C. : USGPO, 1969), pp. 1091-1092]과 이승만·김구 중심인 하지(John R. Hodge)의 통합고문회의안[11월 5일; "General of the Army Douglas MacArthur to the Chief of Staff (Marshall)," 5 November, 1945, FRUS, 1945, vol. Ⅵ, p. 1112], 김구 중심인 랭던의 정무위원회안[Governing Commission; 11월 20일; "The Acting Political Adviser in Korea (Langdon) to the Secretary of State," 20 November, 1945, FRUS, 1945, vol. Ⅵ, p. 1132] 등으로 이어졌다.

이승만과 한민당, 미군정은 1945년 10월부터 12월까지 임정 절대 지지를 슬로건으로 내건 정당통일운동으로 독촉중협 등을 추진했다. 독촉중협은 당시 미국이 구상한 전한국인민집행위원회(1945. 10. 15.)·독촉중협(1945. 10. 23. 발기)·통합고문회의(1945. 11. 5.)·정무위원회(1945. 11. 20.)라는 느슨하게나마 연결된 구상의 한 축이며, 이승만 기록 속에서는 중앙의회·국무회의·국정회의·민의 대표기관으로 언급된다. 그러나 독촉중협은 좌파, 중도좌파는 물론 핵심 연합세력으로 분류될 수 있던 임시정부 세력이 참여를 거부함으로써 성립은 되었지만 내용적으로 실패를 면할 수 없었다.[81] 그런데 하지는 독촉중협의 구성을 12월 16일까지 완료하라고 이승만에게 지시했다. 이는 모스크바3상회의 개막 시점이었는데, 하지는 이 회의에서 탁치가 논의된다는 사실을 알고 있었을 것이다. 따라서 하지가 그 이후에 국무부와 한국인에게 보였던 '자신은 탁치에 대해 별다른 지식이 없었으며 이에 대비하지도 않았다'는 태도는 탁치를 무산시키려는 노력과 반소적 보도의 유포 '공작'을 감추려는 의도적인 변명일 것이다.

이상의 논의 과정에서 모스크바3상회의 전후 미군정은 탁치 문제에 관해서 비교적 잘 알고 있었다고 추론할 수 있다. 따라서 미군정의 언론검열 당국은 소련의 탁치주장설 보도가 사실과 다르다는 것을 알고도 고의적으로 유포했든가 아니면 사실과 부합되는지는 알지 못했지만 이 보도로 인해 반소감정이 고조된다면 손해 볼 것은 없다고 판단해 방조했던 것이다. 또한 모스크바3상회의가 막바지에 이르자 미국에 돌아올 비난의 화살을 소련으로 돌리려는 의도에서 방조했을 가능성도 있다.

---

[81] 정병준은 이러한 역사를 미군정, 한민당, 이승만이 1945년 10월부터 12월까지 맹렬하게 전개한 "알려지지 않은 진정한 반탁운동"이라고 규정했다. 정병준, 『1945년 해방 직후사: 현대 한국의 원형』(돌베개, 2023), 396-409쪽.

미군정이 이러한 오보를 정치적으로 이용했다는 평가도 있다.[82]

결국 신탁통치안이 재식민화와 다를 바 없다는 식의 보도[83]가 이어져 한국민은 다시금 '탁치는 독립과 대립개념'이라는 논리를 정립했다.

6. 모스크바3상회의 결정서의 왜곡보도, 1945년 12월 28일

1945년 12월 21일 모스크바에서 한국 문제에 관한 토의를 일단락 지은 미·영·소 3국 외상들은 12월 27일 조약문서에 서명했고 12월 28일 오전 6시(모스크바 시간)에 결정서를 발표했다.[84] 다음은 모스크바 3상회의 결정서 3항의 한국 관계 전문(全文)의 필자 번역본으로 그 중요성에 비추어 수록한다.

코리아[85]

1. 코리아를 독립국가로 재건하고 민주적 원칙에 바탕을 둔 발전을 이룩할 수 있는 여건을 창출하기 위하여, 그리고 장기간의 일본 지배로 인한 참담한 결과를 가능한 한 빨리 제거하기 위하여 코리아의 산업과 운수 및 농업 그리고 코리아인의 민족문화 발전에 필요한 모든 조치를 취할 임시

---

82 정용욱, 「1945년 말 1946년 초 신탁통치 파동과 미군정」, 『역사비평』 62(2003), 290-298쪽; 정용욱, 『해방 전후 미국의 대한정책』(서울대학교 출판부, 2003c), 168쪽. 박태균, 「(광복 70주년 특별기획: 김호기·박태균의 논쟁으로 읽는 70년②)찬탁과 반탁」, 『경향신문』, 2015년 4월 8일자.
83 『서울신문』, 1945년 12월 28일자에 이러한 논리의 보도가 실렸다.
84 미국 워싱턴 시각으로 27일(목요일) 오후 10시, 런던 시각으로 28일 오전 10시였다. "The Ambassador in the Soviet Union (Harriman) to the Secretary of State," Moscow, December 27, 1945-3 a.m., *FRUS, 1945*, vol. Ⅵ, p. 1150.
85 '한국'으로 번역하면 남한만 지칭한다고 오인될 수 있으므로 영어 원문 그대로 '코리아'로 표기하고자 한다.

적인 코리아 민주정부를 수립할 것이다.

2. 임시적인 코리아 정부의 구성을 돕고 적절한 방책을 미리 만들기 위하여, 남부 코리아의 미군사령부와 북부 코리아의 소련군사령부의 대표들로 구성되는 공동위원회를 설립할 것이다. 공동위원회가 그 제안들을 준비할 때 코리아의 민주적 정당·사회단체들과 협의할 것이다. 공동위원회가 작성한 건의서는 공동위원회에 대표권을 가진 (미·소) 양국 정부가 최종 결정을 내리기에 앞서 소·중·영·미 정부의 심의를 위하여 제출되어야 한다.

3. 임시적인 코리아 민주정부와 코리아 민주적 단체들의 참여 아래, 코리아인의 정치·경제·사회적 진보와 민주적인 자치정부의 발전 및 코리아의 민족적 독립의 달성을 위하여 협력·원조(신탁통치)할 수 있는 방책을 작성하는 것이 공동위원회의 임무이다. 공동위원회의 제안은 코리아 임시정부와 협의를 거친 후에, 최고 5개년에 달하는 코리아의 4개국 신탁통치에 관한 협정 체결을 위한 미·소·영·중의 공동심의에 회부될 것이다.

4. 남부 및 북부 코리아에 모두 영향을 미칠 긴급한 문제들을 심의하고 행정적·경제적 문제에서 남북 양(미·소) 사령부[86] 사이의 영구적인 협력을 가능케 할 방책을 마련하기 위해, 코리아에 있는 미군 사령부와 소련군 사령부의 대표로 구성된 회의를 2주일 내로 소집할 것이다.[87]

---

[86] 북한 측 번역에는 '사령부'가 아니라 '관구(管區)'라고 되어 있으며 같은 문장 뒤에 나오는 사령부는 같이 사령부로 번역했다. 북조선민주주의민족통일전선중앙위원회서기국 편, 『소미공동위원회에 관한 제반자료집』(평양: 북조선중앙민전서기국, 1947), 7쪽.
영어로는 command로 같으나 러시아어로는 차이가 있거나 아니면 북한 번역자가 보다 매끄럽게 하거나 같은 말의 반복을 피해 다른 용어를 선택하는 등 의역한 것으로 추정된다.

[87] *FRUS, 1945*, vol. Ⅱ, General, Political and Economic Matters (Washington, D.C.: United States Government Printing Office, 1967), pp. 820-821.
한편 북한 측 全譯은 소련 측 원본("HUSAFIK," part Ⅱ, chapter Ⅳ, p. 76, p. 80)에 의존했던지 3항에 두 번 나오는 신탁통치를 모두 '후견(後見)'이라고 표기했다. 북조선민주주의민족통일전선중앙위원회서기국 편(1947), 위의 책, 6-7쪽; 이완범(1985), 앞의

그런데 조선에 신탁통치가 실시될 것이라는 미·소의 공식발표에 의거한 요약 보도가 1945년 12월 28일에는 방송을 통해 그리고 다음 날인 12월 29일에는 신문을 통해 전해졌다. 이 보도들은 미·소·영의 공식발표에 의거하여 모스크바결정 내용을 최초로 국내에 보도한 것인데 위의 전문이 아니라 탁치만을 부각시킨 다음과 같은 일종의 왜곡보도였다. 다음은 AP와 UP통신의 제보에 의거하여 보도된 네 가지 원문인데 먼저 AP를 인용하고자 한다.

[모스크바 27일 AP합동] 27일로써 종결을 본 3국외상회의에서 다음의 결정을 보았다고 관측되고 있다. … 1. 조선에 미·소·영·중의 4개국의 신탁통치위원회가 설치된다. 동 위원회에서는 5년 후에는 조선이 독립할 수 있다는 관측하에 5년이라는 연한을 부(附)한다. 미·소 양국은 남북조선행정의 통일을 도모하기 위하야 양 지구 군정당국의 회의를 개최한다.[88]

[워싱턴 28일발 AP합동] 모스크바 3국외상회의 협정문이 28일 3국 수도에서 동시 발표되었다. 그 요점은 다음과 같다. … 6. 조선에 주재한 미·소 양국군 사령관은 2주간 이내에 회담을 개최 양국의 공동위원회를 설치, 조선민주주의 임시정부 설립을 원조한다. 또 미·영·소·화(華) 4국에 의한 신탁통치제를 실시하는 동시에 조선임시정부를 설립케 하야 조선의 장래의 독립에 의할 터인바 신탁통치 기간은 최고 5년간으로 한다. 미·소공동위원회는 임시정부와 조선각종민주적단체와 협력하야 동국(同國)의 정치적·경제적 발

글, 203쪽에 전재되어 있다. 이러한 북측 全文에 대한 지적은 『조선인민보』, 1946년 1월 10일자에 나와 있다.

[88] 『신조선보』, 1945년 12월 29일자; 『동아일보』, 1945년 12월 29일자; 『대동신문』, 1945년 12월 29일자. 3개 신문 모두에서 1면 머리기사였던 이 보도는 미·소공동위원회를 '4개국의 신탁통치위원회'로 표기하는 등 부정확하다.

달을 촉진하고 독립에 기여하는 수단을 강구한다. 이 신탁통치제에 관한 외상이사회의 제안을 검토키 위하야 미·소·영·화(華) 각국 정부에 회부된다.[89]

이상 두 보도는 조선에 신탁통치를 실시한다는 사실만을 부각시켰고, 신탁은 독립에 대립되는 개념으로서 조선 독립이 5년이나 유보되는 것이라는 식의 헤드라인을 뽑았기 때문에 이에 대한 반대감정의 폭발을 부추기고 있다. 이 보도에서 조선의 독립을 위한 방책으로서 신탁이 입안되었다는 모스크바결정서 원래의 논리를 찾아보기는 힘들다. 후일 북한의 역사서에서는 '모스크바결정=탁치'라는 인식의 유포가 미국이 의도한 선전의 결과라고 주장한다. "미제의 은근한 유포"라는 식으로 서술하기까지 한다.[90]

한편 비교적 객관적이라고 할 수 있는 다음 두 보도도 있다.

[워싱턴 28일 UP발 조선] 어젯밤 3국 외상회담에 관한 보도에 의하면 조선임시정부를 수립하여 조선 내의 산업·교통·농업문화의 발전에 대한 필요한 대책을 강구케 할 것을 결정했다고 한다. 그 내용은 다음과 같다.

1. 조선임시정부의 수립을 원조하고 그에 적당한 준비공작을 하기 위하여 남부조선의 미군사령관 대표와 북부조선의 소군사령관 대표로서 공동위원회를 설치할 것이다.
2. 모든 제안을 작성하는 데 있어서는 동 위원회는 조선의 민주주의적 각 정당과 사회단체와 협의할 것이다. 동 위원회의 결정은 미·소 양국 정부의 최후 결정에 앞서 소·미·영·중 정부에 제출하여 검토를 받을 것이다.

---

89 『중앙신문』, 1945년 12월 29일자; 『신조선보』, 1945년 12월 29일자; 『동아일보』, 1945년 12월 29일자; 『서울신문』, 1945년 12월 29일자.
90 사회과학원 역사연구소, 『현대조선역사』(1983년판)(일송정, 1988), 216쪽.

3. 또한 공동위원회는 조선임시정부의 조선 내의 민주주의정당의 참가하에 신탁통치원조방침을 강구(講究)하고 조선 민중의 정치적·경제적·사회적 발전을 도모하고 민주주의적 자치정권의 발전과 조선의 국가적 독립을 조성할 것이다. 공동위원회의 제안은 조선임시정부와 협의하여 미·소·영·중 정부에 제출하여 최고 5개년간의 4개국의 조선 신탁통치에 관한 최후 결정을 짓는 데 자(資)할(이바지할-인용자) 것이다.

4. 조선주둔군사령관 대표는 앞으로 2주간 이내에 회합하여 남북조선 공통의 긴급한 문제와 행정경제 방면의 항구적 조절방침을 강구할 것이다.[91]

[합동통신 별보(別報)] 28일 하오 4시 30분, 멜보른 방송은 다음과 같이 방송했다. …

2. 조선에 민주주의정부 수립의 제일보로서 미·소 양국 간에 위원회를 설립할 것.[92]

위의 두 보도는 신탁이 조선임시정부 수립과 연결되는 조치라는 점이 강조되어 있다. 특히 총 4개의 보도 중 세 번째 UP발 조선통신[93] 보도는 맨 앞의 두 AP발 합동통신[94] 보도보다 상당히 객관적이다. 모스크바결

---

[91] 『신조선보』, 1945년 12월 29일자; 『대동신문』, 1945년 12월 29일자; 『동아일보』, 1945년 12월 29일자.

[92] 『동아일보』, 1945년 12월 29일자.

[93] 조선통신사는 탁치 기사를 수신한 후 내용의 중요성 때문에 좌익정당에 자문했다가 당의 압력을 받아 일반 보도 유보를 결정했으며 합동통신의 보도가 나온 이후에야 보도했다고 한다. 東洋通信社史編纂委員會 編, 『東洋通信社史』(東洋通信社, 1982), 68쪽. 조공에서 조선통신사에 보도 유보를 지시해 이에 따른 것으로 추정된다. 여기서 좌익이 탁치에 대한 결정을 하는 데 신중한 자세(태도 표명 유보)를 견지했음을 간접적으로나마 확인할 수 있다. 실제로 조선통신은 12월 27일자로 『동아일보』에 보도된 '소련 탁치 주장' 오보를 보도하지 않았다. 조선통신은 3상회의 결정을 빨리 보도하지 않았다고 해서 좌경사(左傾社)로 낙인찍혔다고 한다. 계훈모 편, 『한국언론연표 Ⅱ: 1945~1950』(관훈클럽 신영연구기금, 1987), 44쪽.

[94] 당시 양대 주요 통신사인 합동통신과 조선통신은 각각 미국의 AP, UP와 계약을 맺고

정서 본문의 2항이 보도의 1·2 부분에, 본문의 3항과 4항이 각각 보도의 3·4 부분에 전재되어 결정서 거의 전부가 수록되어 있고, 본문 1항의 일부가 보도의 도입 부분에 실려 있다. 다만 1항의 모두(冒頭)인 '독립의 보장' 부분이 생략되어 있어 아쉽다. 그런데 이렇게 비교적 객관성을 유지한 보도들은 1면 머리기사로 보도되지 못하고, 탁치실시로 인하여 독립은 5년 후에나 가능하다는 식의 보도가 거의 모든 신문의 머리기사로 보도되었다. 여기에서 역시 언론의 전반적 인식이 탁치를 독립에 대립되는 개념으로 인식하는 종래의 태도에서 벗어나지 못했음을 알 수 있다. 일본의 한국 지배가 한국민이 자치능력이 없음을 이유로 정당화된 것을 기억하는 한국민에게 신탁통치란 일본 대신에 미국과 소련이라는 두 상전이 지배하는 것으로 해석될 뿐이었다.

『중앙신문』은 탁치에 대한 해설기사에서 "신탁통치는 위임통치의 대체명사"라고 소개하면서 "연합국의 배신적 음모"를 폭로한다고 말하기까지 했다.[95] 이러한 때 이르고 부정확한 보도는 대중들에게 탁치는 곧 반독립을 의미하는 것으로 받아들이게 만들어 반탁감정을 부채질했다.

미군정은 언론의 보도 태도와 그에 따른 한국민의 반응에 대해 다음과 같이 정확하게 기술했다.

한국 국민의 반응: 모스크바3상회의의 결정에 대한 한국민들의 반응은 즉각적이고 적대적인 것이었다. 때 이르고 부정확한 신문 발표는 일반인의 혼동의 원인이 되었다. 모스크바3상회의 중에 과민한 반응을 보였던 신문들은 '신탁통치'를 수립하기 위한 결정을 비난했다. 이들은 다음과 같은 용어로 기

있었다. 합동통신은 대체로 반탁(우익), 조선통신은 지지(좌익)의 입장으로 기울었다. 결과적으로 합동통신의 보도는 사실 전달보다는 반탁의 감정을 유도하는 역할을 했다.
[95] 『중앙신문』, 1945년 12월 29일자.

술했다. '제2의 뮌헨협정', '위임지배', '조선에 대한 모욕', '국제적 노예제도', '국제법의 위반' 등이다. 위협과 경고는 노골적이었다. "우리는 피로써 조선의 독립을 얻을 것이다"라는 것이 그 예이다. '신탁통치'라는 용어는 한국인들에게 특별히 증오스러운 것이다.[96]

이러한 언론 보도를 통해 한국인들은 신탁통치를 외세의 지배 연장 수단(독립 지연)으로 인식했으며 국무장관 번스도 한국인의 인식 태도를 알게 되었다.[97]

한편 한국 내 12월 27일 방송 보도를 접한 하지는 12월 28일 즉각 성명을 내서 "아직 정식통보를 받지 못해서 잘 모르겠으며 흥분하지 말 것"[98]을 요청했다.

과연 언론의 보도대로, 모스크바3상회의결정 한국 조항의 중심은 탁치였을까? 전문이 보도된 12월 30일 이전에 세 가지 연속된 보도(1945.10.23.; 1945.12.27.; 1945.12.29.)로 인해 대중들 사이에 '모스크바결정=모욕적 탁치실시 결정'이라는 감정적 등식이 거의 고착되었다. 그런데 3상결정서 자체만 보면 그 중심 내용이 탁치에만 있는지는 의문의 여지가 있다. '한국에는 신탁통치가 실시될 것이다'라는 규정은 없고 단지 '신탁통치에 관한 협정을 (향후 수립될) 임시정부와 협의하는 절차를 거쳐 만들 것이다'(3항 요약)라는 대목이 나올 뿐이다. 총 4개항의 내용 중 제3항만 탁치에 관한 규정이며 나머지 항은 독립을 위한 임시정

---

96 Supreme Commander for the Allied Powers, "Summation of Non-Military Activities in Japan and Korea," no. 3 (December 1945), p. 189; "HUSAFIK," part Ⅱ, chapter Ⅳ, p. 78.
97 James F. Byrnes, *Speaking Frankly* (New York: Harper&Brothers, 1947), p. 222.
98 "HUSAMGIK," vol. I, part I, chapter Ⅶ, p. 228; 『중앙신문』, 1945년 12월 29일자; 『신조선보』, 1945년 12월 29일자; 『동아일보』, 1945년 12월 29일자.

부 수립(1항), 미·소공위 구성(2항), 미·소회의 개최(4항) 규정이다. 또한 탁치가 독립에 대립되는 개념(당시 언론에서 주입한 견해)[99]이 아니라, 오히려 탁치를 통하여 독립국가로 재건된다는 정신이 모두(冒頭)에 담겨 있으므로 결정서에 나타난 내용만 보면 탁치는 독립과 양립할 수 있는 개념으로 해석 가능하다. 또한 러시아어의 'опéка'라는 용어는 '후견제'로 번역되므로, 소련 점령지역인 북한에서 보도한 번역[100]에서 보는 바와 같이 탁치라는 용어가 전혀 들어가지 않을 수도 있다.[101] 따라서 보기에 따라서는 이후 좌익이 주장하는 것처럼 모스크바결정의 중심이 탁치에 있다기보다는 한국 독립의 방법(임시정부와 공동위원회의 수립)에 있다고 할 수 있다. 즉 모스크바결정의 본질은 탁치가 아니라 임시정부에 있다고 판단할 수 있다.

그러나 대중들은 언론의 일관된 보도 때문에 이미 고정적인 반감을 가지고 있었고 이러한 민족적인 반탁감정은 좌익의 해명 노력에도 불구하고 바뀌지 않았다. 한 예를 들면 미군정이 1946년 중반 남한의 글을 읽을 줄 아는 사람을 대상으로 실시한 여론조사에서 4,151명 중 92%가 불확정한 5년간의 미·소 신탁통치에 반대했다.[102] 또한 탁치 문제가

---

[99] 1947년 5월 22일 미·소공위 재개 국면에서 이승만과 김구는 미·소공위에 해명을 요구하는 성명서를 보냈다. 이 성명에서 탁치와 독립정부는 모순된다면서 탁치 조건을 전부 삭제하거나 탁치가 보통 해석과는 다른 것(예를 들면 '주권을 침해하지 않는 경제원조 정도'라면 공위에 적극협조할 것이라는 이승만의 5월 21일자 입장;「탁치와 민주해석에 대한 회답 기다려 결정: 반탁진의 참가 문제 신중」,『동아일보』, 1947년 5월 23일자)이라고 공식 성명해 독립임시정부와 모순되는 바가 없게 하라고 요청했다.「二條件釋明을 要請」,『조선일보』, 1947년 5월 23일자.
[100] 이완범(1985), 앞의 글, 203쪽에 전재;『조선인민보』, 1946년 1월 10일자.
[101]「쏘베트연맹 아메리까합중국 및 연합왕국 외상들의 모쓰크바회의에 관한 결정」, 1945년 12월 27일,『쏘련외무성 발행 쏘베트연맹과 조선문제(문헌집)』(평양: 국제문제연구회, 1949), 2-3쪽.
[102] "Political Opinion Trends," no. 19 (18 July 1946), USAMGIK, Bureau of Public Information, RG 332, Box 39, US National Archives Ⅱ, College Park, MD. 80%

비교적 국민적 관심에서 멀어진 1947년 경북 김천군 공보계에서 전 군의 2만 7343세대의 세대주에게 신탁에 대한 여론조사를 실시한 결과도 92%에 근접하는 2만 5143세대가 반탁이었다(찬탁은 519세대로 2%에 근접).[103] "때 이르고 부정확한 보도" 때문에 형성된 한국민의 반탁감정은 나날이 증폭되어만 갔다.

이러한 감정을 즉각적으로 포착하여 대중을 결집시키는 데 성공한 것은 즉시 반탁을 표명한 우익진영이었으며, 그중에서도 1941년 이래 중국에서 일관되게 신탁에 반대해왔고 이에 대비해왔던 김구가 이끄는 임정계열의 대응이 가장 적극적이었고 조직적이었다.

이에 비하여 조선공산당은 당내 일부 요인들만이 개인 자격으로 반탁을 표명했을 뿐, 공식적으로는 '전문(全文) 입수를 기다려보자'는 입장을 취하고 있었다. 왜 이렇게 공식 태도 표명을 보류했을까? 그것은 12월 27일의 '소련 탁치주장설' 때 태도 표명을 보류한 것과 같은 맥락인데, 이 보도(12월 27일)가 사실이라면 탁치안의 주창자가 소련일 텐데 '우리가 어떻게 탁치안의 실시에 반대할 수 있겠느냐'라는 내심의 의도에서 비롯된 것이다. 당시 조선공산당은 모스크바, 평양, 서울 소련영사관의 동정을 예의 주시했을 것이다.[104]

정치세력의 반응을 12월 28일의 시점에서 보다 구체적으로 살펴보면 반탁의 열기를 짐작할 수 있다. 안재홍은 12월 27일의 보도를 믿어서였는지 탁치를 소련이 주장했다고 생각해 탁치가 적화기도라고 주장하면서 12월 28일 반대했다.[105] '탁치=적화기도'라는 그의 논리는 후일

는 단기간의 신탁통치조차 반대했으며 51%는 탁치를 소련과 미국에 의한 후견제로 인식하며 반대했다.
103 『동아일보』, 1947년 3월 25일자.
104 李剛秀(1995), 앞의 글, 310쪽.
105 『동아일보』, 1945년 12월 29일자; 『대동신문』, 1945년 12월 29일자.

노선을 전환한 좌익에 의해 비판되었다.[106]

국민대회 준비위원장 송진우도 12월 28일 반탁 의사를 명백히 했다.[107] 그러나 송진우는 이후 반탁운동에 대한 신중론을 피력하다 12월 30일 암살당했다. 그의 성명은 단순히 반소적인 것(그는 잠정적인 훈정기가 필요하기 때문에 미군정에 협력한 것이라고 주장했으므로[108] 친미적이었으며 따라서 반소적일 수 있다)으로 해석될 수 있으며, 본심에서 우러나온 것이 아니라 반탁의 열기 속에서 분위기에 휩쓸린 것으로 추측된다.[109]

이승만은 탁치안이 미 국무부에서 제기되었음을 알고 이를 거부한다고 12월 26일에 이미 중앙방송 연설 '신탁통치제에 대한 우리의 결심'과 27일 외인기자단과의 회견을 통해 말했는데, 그 이유는 트루먼, 번스, 맥아더, 하지 등이 조선 독립을 찬성하기 때문이었다.[110] 오로지 국무부의 용공분자(커밍스의 표현을 빌자면 국제파)만이 탁치안을 찬성한다는 것이 그의 주장인데, 여기서 이승만의 반탁운동은 철저히 반소[111]·반공적 성격을 가진다는 사실을 알 수 있다. 그런데 당시 이승만은 이 연설에서 다음과 같이 말했다.

---

106 『해방일보』, 1946년 1월 6일자, 1946년 1월 8일자.
  탁치에 참여한 소련은 탁치를 통해 한국을 적화하려 했다는 후대의 반공주의적 평가가 있다. 이러한 안재홍의 논리가 정곡을 찌른 말이라고 평가되기도 한다. 한국반탁반공학생운동기념사업회 편, 『한국학생건국운동사』(동회, 1986), 76쪽.
107 『동아일보』, 1945년 12월 29일자.
108 고하선생전기편찬위원회 편, 『고하송진우선생전』(동아일보사, 1965), 324쪽; 심지연, 『미·소공동위원회 연구』(청계연구소, 1989), 1쪽.
109 심지연(1989), 위의 책, 27쪽.
110 「신탁제와 우리의 결심」, 『동아일보』, 1945년 12월 28일자.
111 이승만은 『동아일보』, 1945년 12월 29일자에 보도된 결의문을 통해 "우리 전국이 결심을 표명할 시에는 영·미·중 각국은 절대 동정할 줄 믿는다"라고 언급해 소련을 제외했다. 또한 '반탁'이라는 말도 사용하지 않았다. 물론 문맥을 보면 반탁 결의라고 추측할 수 있는데 같은 날짜의 신문에 보도된 김구의 담화에 '투쟁'이라는 과격한 표현이 나오는 것과는 대조된다.

워싱턴에서 오는 통신에 의하면 아직도 조선신탁통치안을 주창하는 사람이 있다 합니다. 우리는 이러한 사람들에게 우리 조선은 이 안을 거부하고 완전독립 이외에는 아무것도 용인할 수 없음을 알리고 싶습니다. 여기에는 당당한 이유가 있습니다. 즉 트루만 대통령, 반스 국무장관, 연합국사령관 맥아더 대장, 하지 중장 등은 다 조선 독립을 찬동하고 있습니다.

만일 우리의 결심을 무시하고 신탁관리를 강요하는 정부가 있다면 우리 삼천만 민족은 차라리 나라를 위하야 싸우다 죽을지언정 이를 용납할 수 없을 것입니다.

왜적(倭敵)은 교묘한 선전으로 우리 한민족은 외국세력이 강요하는 것에는 무엇이나 복종하는 민족이라는 선입관념을 타 민족에게 주었다는 것입니다.[112] 이러한 그릇된 선입감으로 말미암아 워싱턴과 모스크바에서는 민족으로서의 우리의 명예를 대단히 손상하는 정책을 시행하자는 사람들이 있다 합니다. 우리로서는 우리가 줏대 없는 국민이 아니라는 것을 밝히기 위하야 죽음을 결의하고 투쟁하려 합니다. [진주만사건 이후 과거 4년간 왜적의 선전에 영향(影響)을 받고 또한 공산주의에 공명하는 워싱턴 일부인사는 우리 임시정부에 대한 공식승인을 방해하며 우리 광복군이 공공한 지위에서 필수물자의 공급을 받아가며 참전함을 막는 데 동분서주하야 우리 독립 달성을 방해하여왔던 것입니다. 즉 한인은 국내에 분열이 있는고로 어느 당파가 한민족을 대표하는지 알 수가 없다는 것이 그들의 표면적 구실이었습니다.(『동아일보』에는 보도된 부분)] … 그렇지만 기회가 있을 때마다 신탁관리안의 말

---

112 「중협은 임정의 엄호체: 대외적역량을 발휘할 자유기관-이박사 중협의 입장을 구명」, 『동아일보』, 1945년 12월 27일자를 통해 이승만은 "가령 미국 국무성의 친일파가 신탁통치를 주장한다면"이라는 가정법을 설정했다. 이승만은 위와 같이 조선인들이 자치능력이 부족하다는 일본의 선전에 넘어간 친일적 미 국무부가 신탁통치 실시를 주장했다고 평가했다. 더불어 용공분자까지도 한국에 대한 신탁통치 적용 주장에 가세했다고 판단했다.

살과 한국의 독립을 위하야 신문지를 통하야 누차 여론을 환기한 한국을 사랑하는 사람도 많습니다.

이러한 위기를 알았기 때문에 우리가 분열해 있다고 널리 선전된 구실을 소멸(消滅)시키기 위하야 모든 정당을 최근 결성된 독립촉성중앙협의회로 통합하려고 만반의 노력을 경주하여왔습니다. [통합이 성숙할 때마다 문제를 일으키는 소수의 극단적 공산주의자만 없었다면 통합은 벌써 오래전에 성공하였을 것이다. 즉 그들이 합류하야 올 것을 고대하였기 때문에 통합은 여사히 지연된 것이다.(『동아일보』에는 보도된 부분)]

우리는 우리 전체를 위한 독립을 달성하려면 우익좌익을 망라한 전부가 합동하여야 하겠다는 것을 언제나 보여(믿어;『동아일보』)왔다. [그러나 소수의 파괴분자가 있어서 만일 합동이 달성되면 그들의 음모가 실패하게 되는 까닭에 전력을 다하야 통일을 방해하였다.(『동아일보』에는 보도된 부분)]

한인이라 자칭하는 사람들 중에 위급존망한 오늘에 있어서 조국의 목적에 반역함은 이해할 수 없는 일이다. 애국자라면 남녀노소를 막론하고 언제나 어디서나 독립을 위하야 투쟁할 준비가 있어야 된다. 최후의 일인까지 죽음으로 싸워 독립 방해를 각성케 하자. 만일 신탁관리가 실현된다면 독립 방해자뿐만 아니라 독립을 위하야 투쟁한 우리들까지도 노예가 되고 말 것이다. 만일 우리가 지금 방해자들의 파괴 목적 달성을 수수방관한다면 나중에는 아무리 싸워도 효과가 없을 것이다.

[반역자의 목적 달성을 방해함은 우리 3천만의 의무이니 이 의무를 소홀히 하는 자는 노예 되기를 원하는 사람이다. 어찌하여 우리들 한민의 피를 가진 자가 방관하고 말 것인가. 요컨대 우리가 신탁관리를 거부하기로 결의한 이상 주저치 말고 중앙협의회지부를 각 지방에 조직하고 민중을 단결시키어 대기하자. 중앙협의회의 조직이 완성되면 관계단체와의 연락도 직접 실현될 것이다. 통일과 독립에 조력하는 단체라면 어느 단체나 환영한다. 파괴를 목

적하고 방해하는 단체는 그 어느 것을 막론하고 배척할 것이다.

애국자라면 남녀를 물론하고 도시에서나 지방에서나 나라와 동포를 사랑하는 마음으로 어서 나와서 독립을 촉성시키자.(『동아일보』에는 보도된 부분)]113

『조선일보』는 『동아일보』와는 달리 국무부 용공분자에 대한 비난 부분을 생략했으며, 좌익과 우익이 뭉쳐야 한다는 것을 강조한 부분 뒤에 공산당을 비난한 부분도 삭제했다. 독촉에 가입하라는 선전도 역시 삭제했다. 조선공산당이 독촉에서 탈퇴한 시점인 12월 23일 직후의 연설이었으므로 이승만은 조선공산당을 파괴분자-극단적 공산주의자라고 비판했다. 그렇지만 이승만은 좌익과 우익의 합동을 언급하면서 초당파적인 지도자의 위상 확보를 완전히 포기하지는 않았다.

한편 이승만이 위와 같이 죽음을 불사하겠다고 말은 했지만 그의 반탁은 김구의 그것과는 대조적으로 미국의 반감을 고려해서인지114 매우 신중한 것으로 평가되기도 한다.115

이상 우익의 대표 거물들의 일치된 반탁에 비하여 12월 28일 좌익의 태도는 다소 신중한 편이었다(백남운만은 명백한 반탁이었다).116 인민당 당수 여운형은 즉각적인 태도 표명은 하지 않은 채, "확보(確報)를 기다려 말하겠다"117라고만 했는데 여운형 개인은 10월 이래로 탁치안에 대

---

113 「이승만 박사 담: 신탁통치 절대배격, 한사코 독립 전취, 신탁통치란 천만 부당」, 『조선일보』, 1945년 12월 28일자.
114 송건호, 「탁치안의 제의와 찬반탁 논쟁」, 변형윤 외, 『분단시대와 한국사회』(까치, 1985), 45-51쪽.
115 윤치영, 「반탁운동」, 조선일보사출판국 편, 『전환기의 내막』(조선일보사, 1982), 92쪽; 이위태 편, 『우남실록 1945~1948』(열화당, 1976), 362쪽.
116 高峻石, 『朝鮮 1945~1950 革命史への證言』(東京: 三一書房, 1972); 고영민, 『해방정국의 증언: 어느 혁명가의 수기』(사계절, 1987), 92-94쪽.
117 『대동신문』, 1945년 12월 29일자.

한 명백한 태도를 표명하지 않아왔다. 단지 건국동맹의 단체 명의[118]나 인민당 명의(12월 29일),[119] 다른 당원 명의로(이여성의 12월 28일 개인 자격 반탁)[120] 반탁이 표명되었을 뿐, 그 자신은 계속 신중한 태도를 보인 것이다. 여운형의 신중하며 유보적인 태도는 친소적 태도일 수도 있지만 10월의 미국 주장설 보도 시점에서도 유보적이었으므로 나름대로의 국제질서관을 가졌기 때문이라고 볼 수 있다. 연합국에 전적으로 의지하지 않는 친미·친소 평형(平衡)의 자주적인 세계관의 발로인 것으로 추측할 수도 있다.

그런데 공산주의자들은 1945년 10월의 '미국의 탁치주장설' 때 반탁을 명백히 한 것과는 달리, '소련의 탁치주장설'이 보도된 12월 27일에는 물론 다음 날인 12월 28일에도 공식 태도 표명을 보류했다. 12월 28일자 공산당의 태도는 전날 보도가 사실이라면 탁치안의 제안자가 소련일 텐데 세계의 노동혁명을 지원하는 소련에 어떻게 반대할 수 있느냐는 내심의 입장에서 비롯된 것이라는 추정은 아무리 반복해도 지나치지 않다.

또한 이 시점에서 조선공산당 지도자 박헌영이 자세한 내막을 살피고 소련의 자문을 받기 위하여 북한에 갔을 수 있으며 이렇게 장래가 불투명한 상황이었기에 조선공산당이 공식적인 태도를 결정하지 못했을 수도 있다.

그렇지만 몇몇 공산당 요인들은 단순히 개인 자격으로 신탁통치에 대하여 감정적인 반대 의견을 개진하기도 했다. 정태식(鄭泰植)[121]과 조두

---

118 『자유신문』, 1945년 10월 31일자.
119 『조선인민보』, 1945년 12월 30일자; 『자유신문』, 1945년 12월 30일자; 光州府 편 (1946), 앞의 책, 66쪽.
120 『서울신문』, 1945년 12월 29일자; 『동아일보』, 1945년 12월 29일자.
121 『서울신문』, 1945년 12월 29일자; 『대동신문』, 1945년 12월 29일자.

원(趙斗元)[122] 그리고 중앙인민위원회의 한 요인[123]은 당시 지배적이었던 우익과 마찬가지의 논리로 탁치는 독립을 저해하는 것이기에 반대한다고 12월 28일 말했다. 『조선일보』, 1945년 12월 29일자에 나오는 공산당의 입장 표명 기사에서도 "아직 구체적인 상세한 보도에 접하지 못하였음으로 당으로서는 구체적인 것을 말할 수 없다. 그러나 마침내 신탁설까지 있게 되니 조선 민족으로서는 민족적 분노와 책임을 느끼는 바이다. 8·15 해방 이후 우리당으로서는 자주독립을 절대목표로 매진하야 왔던만치 금후 이 신탁관리 절대배격을 위하야 전력을 기울여 싸울 각오이다"라고 무기명으로 인용되었다. 그러나 이들도 "3상결정을 구체적으로 모르므로 공식 태도 표명은 보류한다"라든지, "공식발표를 기다려야 한다" 하는 소극적이고 유보적인 단서와 함께 개인 자격이라는 딱지를 달았던 것이다.[124]

이상에서 살펴본 탁치안에 대한 즉각적인 반응을 종합하면 우익은 일치해서 반탁을 표명했으며, 좌익은 당의 공식 태도 표명을 보류한 채 몇몇 요인들만 개인적 입장에서 반탁을 표명했다는 사실이 드러난다. 그런데 보류된 공산당의 공식 태도가 표명되기 전까지 일반인에게는 좌·우익이 대체로 반탁노선으로 통일되어 있는 것처럼 인식되었다. 따라서 당시 한 신문은 통일을 원하는 민중의 열망을 반영하여 "반탁은 통일의 천래적(千來的) 호기"라고 1면 머리에 부각시키기까지 했다.[125] 신탁통치안이 국내에 처음 알려졌을 때 남녀노소 가릴 것 없이 한목소리로 반탁을 외쳤다. 한국인이라면 누구나 앓고 있었던 식민의 트라우

---

[122] 『동아일보』, 1945년 12월 29일자.
[123] 『서울신문』, 1945년 12월 29일자.
[124] 『서울신문』, 1945년 12월 29일자.
[125] 『중앙신문』, 1946년 1월 3일자.

마를 재생시키기에 충분했기에, 분노와 공포에 휩싸인 대중은 거리로 쏟아져 나와 반탁을 외치며 저항했던 것이다.[126]

한편 1945년 12월 29일자 조선청년총동맹(좌익계) 명의의 삐라(전단)는 '신탁통치 철폐는 진정한 민족통일전선으로'라고 제목을 달았다. 반탁의 입장을 명백히 한 이 문건에서는 한민당 송진우의 훈정 기간 역설과 이승만의 1920년대 위임통치 실시 건의 등도 거론하면서 비판했다.[127]

이러한 분위기를 고려할 때 탁치안이 처음 보도된 1945년 10월부터 같은 해 12월 28일 즉각적 반응이 나타난 기간까지는 좌우 정치세력이 반탁노선으로 통일되었던 시기로 볼 수 있다(12월 28일부터는 조공의 노선 전환 기미가 보였으며 29일부터는 조공의 개인 자격 반탁 표명이 없어졌으므로, 통일 기간을 1946년 1월 2일까지가 아닌 1945년 12월 28일까지로 잡았다).[128]

---

[126] 황수임, 「신탁통치 쟁점이 해방기 음악운동에 미친 영향」, 부산대학교 박사학위논문 (2021), 2쪽.

[127] 조선청년총동맹, 「신탁통치철폐는 진정한 민족통일전선으로」, 심지연 편, 『해방정국논쟁사』 I(한울, 1986), 288-289쪽.

[128] 『조선인민보』를 주요 자료로 활용한 심지연은 당시 좌익이 1946년 1월 2일 이전까지는 반탁의 입장에 서 있었다고 판단했다. 沈之淵, 「反託에서 贊託으로: 남한 좌익진영의 탁치관 변화에 관한 연구」, 『한국정치학회보』 22-2(1988), 234쪽.
학술원(백남운), 국군준비대, 과학자동맹, 조선문학동맹 등 외곽 단체의 반탁, 좌익의 통일전선체인 인공(12.28.)의 반탁이 주목된다. 그러나 인민당(12.29. 당 차원, 김오성·이여성의 개인 차원의 반탁)의 경우는 당수 여운형이 태도를 유보했고, 공산당의 경우 12월 27일 이래 당의 공식성명으로 반탁을 결의하지는 않았다. 따라서 1월 2일 직전 시점은 너무 늦게 잡은 감이 있다.

7. 임시정부의 반탁운동 주도와 미군정의 대응

　임시정부는 조선공산당의 태도 표명 보류와는 대조적으로 1945년 12월 28일 즉각 반탁을 표명했으며 반탁운동을 주도하기 시작했다. 그날 김구는 '전 민족이 투쟁'하자고 권유했다.[129] 오후 4시 독립운동 시절의 임시정부 긴급국무회의를 소집해 탁치에 불합작할 것을 결의했고,[130] 반탁운동을 '3·1운동의 정신을 이은 제2의 독립운동'이라고 규정했다. 이날 밤 8시부터 각 정당, 종교단체, 언론기관 대표들을 초청하여 비상대책회의를 개최했는데 이 자리에서 '신탁통치반대국민총동원위원회'를 설치할 것을 결의하고 임정 지시하에 일대 민족적 불합작운동을 전개하기로 했다. 위원회의 장정위원 9인은 '김구, 조소앙, 김원봉, 유림, 김규식, 신익희, 김붕준, 엄항섭, 최동오' 등 임정 요인 일색으로 꾸렸다. 위원회는 12월 28일 즉각 성명서를 발표해 탁치세력을 배격함에 일어나자고 역설했다.[131] 또한 임시정부 긴급국무회의는 다음과 같은 결의문을 발표했다.[132]

1. 본 정부는 각층, 각파, 교회와 전 국민으로 하여금 신탁제에 대하여 철저히 반대하고 불합작운동을 단행할 것.
2. 즉시 재경 각 정치집단을 소집하여 본 정부의 태도를 표명하고, 금후 정책에 대하여 절실히 동의합작을 요하며 각 신문기자도 열석하게 할 것.
3. 신탁제도에 대하여 중·미·소·영의 4국에 대하여 반대하는 전문(電文)을

---

[129] 『동아일보』, 1945년 12월 29일자.
[130] 『중앙신문』, 1945년 12월 29일자.
[131] 송남헌, 『해방3년사』 1(까치, 1985), 248쪽.
[132] 최서면, 「기조강연문」, 한국을 바라보는 타자의 시선: 각국 교과서와 매체에 나타나는 한국 관련 서술의 변화, 대한민국 건국60년기념 국제학술회의, 2008년 8월 13일.

지급으로 발송할 것.

4. 즉시 미·소 군정 당국에 향하여 질문하고 우리의 태도를 표명할 것.

또한 김구는 외무부장 조소앙과 함께 임정국무위원회 명의로 4국 원수에게 반탁 입장을 명백히 하는 다음과 같은 전문(電文)을 발송했다.[133]

우리가 모스크바회의에서 신탁통치제를 적용한다는 의결에 대해 반대한다.
1. 민족자결의 원칙을 고수하는 한국 민족의 총의에 절대로 위반된다.
2. 제2차 대전 중 수차 선언한 귀국의 숙약(宿約)에 위배된다.
3. 연합국 헌장에 규정한 세 가지 신탁통치의 어느 조례의 어느 항도 한국에는 부합되지 않는다.
4. 한국에 탁치를 실시함은 극동의 안전과 평화를 파괴할 것이다. 이상의 이유는(이유로-인용자) 한국의 즉시독립과 세계화평을 위하여 탁치제에 반대하는 철저한 불합작을 미리 성명하고 귀국의 신중한 고려를 촉구한다.[134]

이렇게 김구는 반탁운동을 1943년 이래 임정에서 한 반대운동(즉 민족독립운동)의 연장으로 생각했다. 1945년 12월 29일에는 반탁국민총동원위원회의 중앙위원 모임이 열렸는데, 동 위원회는 임시정부에 즉각적으로 주권행사를 할 것을 건의하여[135] 김구의 지시를 받은 임정 내무부장 신익희[136]는 12월 31일 다음과 같이 포고하면서 임정이 정부로서

---

[133] 최서면(2008)은 위 발표와 필자와의 같은 날 인터뷰에서 자신과 신현창을 포함한 3인의 학생이 1945년 12월 30일 평양에 가서 고당 조만식에게 주석 김구가 반탁 메시지를 전달했다고 회고했다. 이 부분은 당시 반탁운동에 우익학생 대표로 참가했던 이철승의 회고록인 『전국학련』(중앙일보사, 1976)에 나와 있다고 한다.
[134] 『중앙신문』, 1945년 12월 29일자; 『동아일보』, 1945년 12월 30일자.
[135] 『동아일보』, 1945년 12월 31일자.

기능하려고 시도했다. 그 제목도 '국자(國字)'라고 달아 '국가의 포고'이고자 했다. 정부 행세, 국가 행세를 하려고 했던 것이다. 『동아일보』는 "각 시정기관의 자주 운영의 일환으로서 치안급기타관계부분에 대하여 다음과 같이 방침을 결정 발표했다"라면서 아래 포고를 인용했다.

---

136 한편 해공 신익희는 1946년 8월에도 미군정에 대한 쿠데타를 계획했으나 실패했다. 해방 직후와 1946년 1월 초 추진되다가 잠시 잠잠했던 중경 임시정부 추대운동은 신익희에 의해 쿠데타 방식으로 다시 추진되었던 것이다. 좌익진영에서 미군정의 철퇴와 정권을 인민위원회에 넘길 것을 요구할 때, 우익세력은 미군정의 철퇴와 정권을 즉시 중경 임시정부에 넘기라는 요구의 유인물을 1946년 8월 29일 국치일에 뿌렸다고 한다. 신익희는 원래 8·15에 거사하도록 계획했으나, 이승만과 김구가 찬동하지 않아 8월 29일로 연기된 것이었다. 신익희는 1945년 12월 8일 중경 임정 비밀회의에서 설립이 결의된 특별정치부대를 동원해 8월 29일 국치일에 정부 건물을 접수하여 '독립정부'를 수립할 계획을 세웠다. 그러나 계획은 8월 21일, 8월 22일에 장덕수, 윤치영 등이 미군 CIC(Counter Intelligence Corps; 미 육군 소속의 방첩부대)에 정보를 제공함으로써 탄로났다. 신익희는 새 정부가 세워질 때 주요 지위를 약속하고 부유층에서 많은 돈을 거둬들인 혐의를 받았다. 좌익의 연합체인 민주주의민족전선의 간부 김광수는 1946년 8월 16일 미 CIC와의 인터뷰에서 신익희가 한국 전체의 경찰조직에 대해 상당한 통제권을 갖고 있었고, 나아가 각 지역의 우익 리더들에게 자금을 요청하기 위해 지방을 여행 중이라고 말했다. 1946년 8월 22일 윤치영은 미 CIC요원에게 신익희가 ① 8·29에 중경 임정 승인 탐색, ② 영향력 있는 새 인물을 임정에 배치, ③ 승인될 새 정부 구성 탐색, ④ 군정의 무능함을 드러내고 새 정부를 위한 요구를 주장하면서 미군정에 대한 대중시위를 갖는다는 4단계 계획을 갖고 있음을 말해주었다. 그러나 쿠데타가 좌절되자 신익희는 윤치영을 책망했고, 윤치영은 후회했다. 좌익은 신익희가 부유층들에게 돈을 거둔 것을 계속 반복하여 공격했다. 이 과정에서 신익희는 미 CIC의 출두 요청을 받았는데 8월 27일 신익희는 미 CIC 요원과의 심문에서 이승만과 김구가 이 계획을 알고 있었으며 반대하지 않았다고 말했다. 政治工作隊中央本部, 「行政研究委員會簡則」, 중앙일보 현대사연구소 편, 『미군 CIC정보보고서: RG 319 Office of the Chief of Military History』 1(중앙일보 현대사연구소, 1996), 418쪽; G-2, "Weekly Summary," no. 51, September 5, 1946, p. 4; 이강수, 「화해와 협력 시대, 해공 신익희 사상의 의미」, 2020 학술세미나: 통일의 길, 해공과 성곡에게 듣는다, 국민대학교 한반도미래연구원 주최, 2020년 9월 22일, 33쪽.
미군정은 좌익 간부에 대한 검거와 가택수색을 하면서 8월 8일 신익희와 백관수의 가택도 수색했다. 『서울신문』, 1946년 8월 10일자.
미 CIC는 신익희에게 테러는 허용되지 않음을 주지시켰으며 결국 8월 29일 퍼레이드는 평화롭게 마무리되었다. 그러나 신익희의 정권 장악 기도는 이후에도 포기되지 않았다. "HUSAFIK," part Ⅱ, chapter Ⅱ: Korean Politics and People, The First Year, pp. 128-140; 서중석, 『한국현대민족운동연구』(역사비평사, 1991), 440쪽.

「국자(國字) 제1호」

1. 현재 전국 행정청 소속의 경찰기구급 한인 직원은 전부 본 임시정부 지휘 하에 예속케 함.[137]
2. 탁치반대의 시위운동은 계통적·질서적으로 행할 것.
3. 폭력행위와 파괴행위는 절대 금지함.
4. 국민의 최저 생활에 필요한 식량, 연료, 수도, 전기, 교통, 금융, 의료기관 등의 확보 운영에 대한 방해를 금지함.
5. 불량상인의 폭리, 매점 등은 엄중 취체(取締)함.

「국자(國字) 제2호 요지(要旨)」

차운동(此運動)은 반드시 우리의 최후 승리를 취득하기까지 계속함을 요하며 일반 국민은 금후 우리 정부 지도하에 제반산업을 복흥(復興)하기를 요망한다.[138]

위의 국자 1호 1항에 미군정 직원을 임정에 예속시키겠다는 구절이 나오며, 2호에는 반탁운동을 자신들이 주도하겠다는 의지를 표명하고 있다. 즉 임정을 명실상부한 정부로 만들겠다(임정봉대)는 의도로 작성한 포고라고 할 수 있다. 당시 미군정 당국자가 남한의 유일 합법정부는 미군정뿐이라고 선언한 마당에 이러한 포고 발표는 미군정에 대한 명백한 도전이었다. 정부 행세를 하지 않겠다는 서약을 미리 받아놓고[139]

---

[137] 임정은 "경찰이 임정으로부터 명령을 받을 것"이란 성명을 보도하도록 방송국에 요구했으나 미군정 당국이 이를 통제하고 있었으므로 당연히 거절당할 수밖에 없었다. "Trusteeship, Third Draft," [June or July 1946], RG 332, Box 29, p. 11, US National Archives. [ ]는 추정 표시, 이하 동일. 실제로 경찰의 참여율이 저조했다는 주장도 있다.
[138] 「임정의 포고로 불합작을 지령」, 『동아일보』, 1946년 1월 2일자.

환국을 허용했던 미군정은 일종의 배신감을 느꼈을 것이다. 이전까지만 해도 임정에 상당히 기대했던 미군정이 이들을 이용하려 했으나 이 시점부터는 지지하지 않았다.[140] 미군정으로부터 정권을 접수하겠다는 '주권선언'을 발표한 임정(이는 식민지 시기 임정 승인운동과 임정법통론에 일관되게 부합하는 노선이기도 했다)은 포고 내용대로 일반 국민은 물론 미군정과 경찰[141]에 있는 한인 직원의 호응을 얻었다.[142] 결국 임정의 반탁운동 주도는 절정에 달할 수 있었다. 실제로 사령관 하지의 한국인 요리사까지 파업할 정도였다.

이것은 또한 대중에게 '미군정까지도 부정할 수 있다'는 탁치에 대한 강렬한 원초적 민족감정을 자극하여 임정의 광범위한 대중 지지기반을 획득하는 데 중요한 전기를 제공했다. 즉 임정은 1945년 10월 이래 가열되어온 신탁통치에 대한 민중의 감정적 민족주의를 반외세라는 단호한 의지로 표현하면서 정치적 주도권을 장악하는 쪽으로 나아갔던 것이

---

[139] "HUSAFIK," part Ⅱ, chapter Ⅰ, p. 37; "HUSAFIK," part Ⅱ, chapter Ⅱ, p. 50.
[140] "HUSAFIK," part Ⅱ, chapter Ⅱ, p. 53.
[141] 그런데 실제 경찰의 호응은 크지 않았다고 한다. 미국 하버드대학교 옌칭도서관에 있는 '버치 문서' 상자 3에 의하면 '반탁운동 세력의 쿠데타 시도는 경찰이 군정에 충성하는 쪽으로 남음으로써 신속하고 효과적으로 막을 수 있었다'고 평가된다. 따라서 미군정은 경찰만이 유일하게 믿을 수 있다고 생각했다는 것이다. 박태균, 「(박태균의 버치보고서 11)서로 이용한 미군정·경찰」, 『경향신문』, 2018년 6월 10일자.
버치(Leonard M. Bertsch; 한국명 傅義治)는 중위로 미군정에 부임했고 대위로 진급했다. 하지의 정치고문으로 수많은 한국 정치인을 만난 버치는 상부에 올린 보고서의 모든 사본과 개인 메모까지 빠짐없이 보관했다가 모교인 하버드대학교 옌칭도서관으로 넘겼다. 버치는 특히 하지의 지시로 좌우합작위원회를 구성했으며 여운형과 김규식을 지원했다.
[142] 3,000명의 군정청 직원이 12월 29일 정오에 시위를 벌였으며 법원 직원도 총파업을 결의했다. 「군정청직원시위」, 「법원에서 총파업」, 「서울驛員結束」, 『동아일보』, 1945년 12월 30일자. 또한 서울역 직원들도 12월 29일 아침 '죽음으로 싸우자'고 결의했다. 12월 31일 오전 11시 경기도청 한국인 직원들은 총사직을 결의했다. 「각 기관의 탁치항쟁」, 「도청직원 총사직」, 『조선일보』, 1946년 1월 2일자.

다. 임정의 반탁운동은 순수한 민족주의적 동기의 발로였지만 임시정부를 추대하여 정치적 주도권을 잡으려는 의도도 있었다고 할 수 있다.

임정이 이렇게 즉각 대응할 수 있었던 것은 1941년 이래 망명지에서부터 이미 '국제공영'이라는 형태의 신탁통치가 실시될지도 모른다는 의구심을 가지고 대비하고 있었기 때문이다. 그러므로 올 것이 왔다는 심정에서 반탁운동에서 쉽게 주도권을 잡을 수 있었던 것이다.

보다 구체적으로 살펴보면 1945년 12월 31일 반탁국민총동원위원회는 총파업을 지시했다.[143] 1945년 12월 28일부터 시작된 반탁운동은 임정의 주도하에 계속되었는데, 31일 오후 2시부터 반탁국민총동원위원회의 주최로 서울시민의 반탁시위대회가 열리고 31일과 다음 해 1월 1일에는 관공서와 회사의 파업이 연달아 단행되었다.[144] 또한 군정청의 조선인 직원까지도 12월 29일 탁치 반대로 총사직을 결의하여 시위행진을 했고[145] 서울시청 직원도 30일에 총사직을 결의했으며[146] 심지어 31일에는 경찰관 대표도 임시정부를 방문하고 금후 전 경찰관이 임시정부의 지령 밑에서 민중의 치안 확보에 중임을 다하겠다는 결의를 표명했다. 임정도 전 경찰관이 반탁국민총동원위원회의 지시 아래 그 중대한 임무를 다할 것을 거듭 부탁하는 등[147] 반탁운동에서 임정의 주도권은 절정에 달했다.

---

[143] 『동아일보』, 1945년 12월 31일자, 1946년 1월 1일자.
[144] 반탁파업은 그 주도세력이 대중적 노동자 조직을 갖지 못한 우익 정치단체였기에 불철저했다는 평가도 있다. 김천영 편, 『연표 한국현대사』(한울림, 1984), 102쪽.
또한 高峻石, 『南朝鮮勞働黨史』(東京: 勁草書房, 1978), 120쪽; 하성수 편, 『남로당사』(세계, 1986), 133쪽에서도 "우익진영에도 각종 정당과 사회단체가 있기는 했지만 대중적 기반을 갖지 못했다. 따라서 자연발생적인 군중데모를 자신들의 조직으로 연결시킬 수는 없었던 것이다"라고 평가절하했다. 그러나 이는 좌익의 주관적인 평가이다.
[145] 『동아일보』, 1945년 12월 30일자.
[146] 『자유신문』, 1945년 12월 31일자.
[147] 『동아일보』, 1946년 1월 2일자.

미군정의 공식집계에 의하면 31일 7만 5,000명이 시위에 참가했고 200명이 연행되었다고 하는데,[148] 이렇듯 임정의 주권선언이 예상 밖의 호응을 얻어 대중 동원에 성공하자[149] 미군정은 이를 정권을 탈취하려는 임시정부의 '쿠데타 기도'로 간주했다.[150] 이에 하지는 임정이 반탁운동을 비화시켜 미군정을 접수하고 미군들의 축출을 획책한다고 단정 짓고, 이들을 인천의 전 일본군 포로수용소에 감금했다가 중국으로 추방하려는 계획까지 세웠다. 김구를 비롯한 임시정부 요인들을 처단하려고도 했다. 실제로 포고문을 발표한 신익희는 미군정 CIC 본부로 연행되어 이틀 동안 신문을 받았다.[151]

당초 하지는 1945년 11월 비록 임정 요인이 아닌 개인 자격 환국이라는 꼬리표를 달기는 했지만 김구에게 비행기를 내주면서까지 귀국을 주선했으며 그와 협력해 미군정의 정통성을 확보하려 했다. 좌익의 조

---

[148] Won Sul Lee, "The Impact of the United States Occupation Policy on the Socio-Political Structure of South Korea," Ph.D. dissertation, Western Reserve University (1961); Won Sul Lee, *The United States and the Division of Korea, 1945* (Seoul : KyungHee University Press, 1982), p. 254, p. 255. 이원설은 대중 동원 면에서 3·1운동 이래 최대 규모라고 평가했다. 특히 이 모든 것이 비폭력적으로 이루어졌고 미국인도 이를 높이 평가했다. "Trusteeship, Third Draft," [June or July 1946], RG 332, Box 29, pp. 9-11, US National Archives.

[149] 그렇지만 당시 미군정청 회계국장이었던 김규민은 극히 일부가 파업에 참가했을 뿐이라는 엇갈린 평가를 내놓고 있다. 「해방전후 고위공직자의 삶: 김규민 증언록」, 한국정신문화연구원 현대사연구소 편, 『격동기 지식인의 세 가지 삶의 모습』(한국정신문화연구원 현대사연구소, 1999), 61쪽.

[150] "G-2 [Weekly] Summary," no. 17 (8 Jan. 1946); "HUSAFIK," part Ⅱ, chapter Ⅰ, p. 41, p. 51, p. 59; "HUSAFIK," part Ⅱ, chapter Ⅱ, p. 53, p. 59; C. Leonard Hoag(1970), 앞의 글, p. 343; "Trusteeship, Third Draft," [June or July 1946], RG 332, Box 29, p. 11, US National Archives. 북한의 좌익도 이를 '정권 장악' 야망으로 보았다. 吳淇[琪]燮, 『모스크바 삼상회의 조선에 관한 결정과 반동파들의 반대투쟁』(평양: 출판사 불명, 1946), 18쪽.

[151] 한시준, 「해공 신익희와 대한민국임시정부」, 『한국근현대사연구』 41(2007), 118쪽; 이강수(2020), 앞의 글, 32쪽.

선인민공화국은 부인했지만 임시정부는 '불승인'했으므로 당시 정계의 양대 축에 대한 대우 면에서 임정은 훨씬 우대받았다고 할 수 있다.

그러나 김구가 미군정에 정면 도전하면서 반탁운동을 주도하자, 하지는 결국 김구를 제재하기로 결심했다. 1945년 12월 29일 오후 7시 군정장관 아널드와 함께 김구를 만났던[152] 하지는 1946년 1월 1일 김구를 또다시 호출해 반탁총파업의 중지를 강력히 요청했다. 이에 김구는 자신의 직원들과 함께 한국을 떠나든가 '자결하겠다고(commit suicide)' 위협했다. 하지도 "만약 당신이 나를 배신하면 죽여버리겠다(kill him if he double-crossed me)"라고 대응했다. 2시간 30분이라는 긴 시간의 추궁(조사; going-over)[153] 끝에 하지는 김구를 '지치게 만들어(crushed)' 겨우 진정시켰고 파업철회의 방송연설을 할 것을 약속하게 만들었다. 하지에 따르면 시위가 군정이 아닌 신탁통치에 반대하기 위해 행해졌다는 것을 라디오 방송을 통해 밝히도록 김구를 설득했다는 것이다. 하지는 김구의 '자결 위협' 이후 그를 '고루한 망명정객' 이상으로 인식하지 않았다고 한다.[154]

김구는 권위 있는 합법적인 무장력을 독점하면서 실권을 틀어잡고 있는 미군정에 대항할 힘이 없었다. 결국 양자는 격렬한 대립을 뒤로하고 서로 간의 체면을 크게 손상시키지 않는 범위 내에서 타협했는데, 임정 측은 자신들이 주도한 시위가 미군정에 대해서가 아니라 신탁통치에 반

---

[152] "Historical Journal of Korea," 30 Dec 45, 鄭容郁 編, 『解放直後 政治 社會史 資料集』 I(다락방, 1994), 170쪽. 12월 29일 군정장관 아널드는 선전부장 엄항섭을 불러 자제를 종용했다. 『자유신문』, 1945년 12월 30일자.

[153] Corps Conference, 2 Jan 46: I&H J1; C. Leonard Hoa(1970), 앞의 글; C. L. 호그(1992), 앞의 책, 226쪽.

[154] "Historical Journal of Korea," 2 Jan 46, 鄭容郁 編(1994), 앞의 책, 174쪽; "HUSAFIK," part Ⅱ, chapter Ⅱ, p. 59.

대하기 위해 행해졌다는 것을 공식적으로 발표하는 선에서 마무리 지었다.[155] 이렇게 되어 1월 1일 밤 8시 김구는 평화적 수단으로 반탁운동을 전개하겠다고 다음과 같이 방송했다.

> 나는 이것이 신탁통치를 반대하는 데 있고 결코 연합국의 군정을 반대하거나 또는 우리 동포들의 일상생활을 곤란케 하는 것이 아니라고 믿는다.
> 오늘 워싱톤에서 온 보도에 의하면 미국 국무장관 반스 씨는 우리나라에 신탁통치를 실행치 않을 가능성이 있다고 말했는데 나도 그렇게 되기를 믿는다. … 지금부터 작업을 계속해서 평화적 수단으로 신탁통치를 배격하는 것이 적당하다고 생각한다. 그런고로 우리 동포는 곧 직장으로 돌아가서 작업을 계속할 것이며 특별히 군정청에 근무하는 직원들은 일제히 복업하고 또 지방에서도 파업을 중지하고 복업하기를 바란다.[156]

이렇듯 방송에서 김구는 번스의 '탁치를 실시하지 않을 수 있다'는 성명을 즉각 인용하는 기민함을 보였다. 따라서 김구가 반탁운동의 방법상 전환과 후퇴를 한 것은 미군정(하지)의 직접적인 압력 때문이지만 탁치에 대한 미국의 융통성 있는 해석도 간접적이나마 작용했다고 할 수 있다. 이 두 요인이 배합된 결과였다. 김구를 대리한, 임정 선정부장 엄항섭은 파업을 중지하고 일터로 돌아갈 것을 요청했으며 지난번 시위가 신탁통치에 반대한 것이지 군정에 반대한 것이 아니라고 해명했다. 특

---

[155] 양자가 이런 합의를 볼 수 있게 된 것은 최고점에 달한 반탁운동의 와중에서 발표된 번스 국무장관의 성명 때문일 가능성이 매우 크다. 번스는 이 성명에서 "한국의 임시민주정부와 함께 일할 미·소공동위원회가 신탁통치의 폐지 가능성을 발견할지도 모른다"라고 언급했다. 양자는 바로 여기에서 타협의 여지를 발견했을 가능성이 있다.
[156] 『동아일보』, 1946년 1월 1일자; "HUSAFIK," part Ⅱ, chapter Ⅱ, p. 59; "Historical Journal of Korea," 2 Jan 46, 鄭容郁 編(1994), 앞의 책, 174쪽.

히 군정청에 근무하는 직원들은 조속히 정상적인 업무를 수행하라고 당부했으며, 앞으로도 국민 모두는 계속 평화적인 수단으로 신탁통치에 반대할 것을 호소했다.[157] 2년 후인 1947년 1월 29일에도 김구는 「반탁 독립투쟁에 관한 건」이라는 성명서를 통해 "질서정연하게 우리 태도를 표명"해 "무질서하고 난폭한 행동에 돌출하여 우리의 진의를 오해케 하는 일이 없게" 반탁 독립투쟁을 전개하자고 재차 당부했고[158] 김구가 주도한 초기의 격렬했던 반탁운동은 일단 그 기세가 가라앉았다.[159]

그러나 반탁운동 과정에서 김구가 보여준 일련의 행태는 미군정 측에는 매우 충격적이었다. 왜냐하면 김구는 우익진영의 다른 인물들과는 달리 상황에 따라서는 미군정도 투쟁해야 할 대상으로 인식했을 뿐만 아니라, 실제로 이를 행동으로 옮겼기 때문이다. 이와 같은 그의 태도는 해방정국에서 임정과 미군정의 앞으로의 관계를 예고하는 것이었다. 그것은 미군정이 수립한 정국 구도에서 그가 배제될 수밖에 없는 중요한 요인으로 작용했다. 임정 세력을 이용하여 정치적 통합을 이루려던 미군정의 노력에 결정적인 타격을 주었던 것이다. 하지는 모스크바결정의 발표가 모든 것을 철저히 공개적으로 분열시켰다고 회고했다.[160]

---

[157] "Trusteeship, Third Draft," [June or July 1946], RG 332, Box 29, p. 11, US National Archives.
[158] 정용욱·이길상 편, 『해방전후 미국의 대한정책사자료집』 10(다락방, 1995).
[159] 커밍스는 반탁 쿠데타가 실패한 후 김구와 임정이 치명적 손상을 입어 다시 세력을 만회하기 힘들었으며 이후 반탁운동의 주도권은 이승만과 한민당으로 넘어가 반소·반공운동이 되었다고 해석했다. Bruce G. Cumings, *The Origins of the Korean War: Liberation and the Emergence of Separate Regimes, 1945~1947*, vol. 1 (Princeton N.J.: Princeton University Press, 1981), p. 221.
그러나 필자가 보기에는 반탁운동에 관한 한 김구의 주도권은 계속된 것 같다. 미군정의 강제적 압력으로 임시정부가 기존에 추진했던 '정권 접수' 시도와 미·소 군정 철수 요구를 철회했을 뿐 김구가 이끄는 신탁통치반대국민총동원위원회는 1946년 1월 12일 반탁운동을 재개했다. 『민중일보』, 1946년 1월 13일자; 『동아일보』, 1946년 1월 13일자; 오대록, 「해방 후 대한민국임시정부 연구」, 단국대학교 박사학위논문(2014), 101쪽.

그런데 반탁운동이 한풀 꺾이기는 했지만 이 과정에서 임정의 동원력과 김구의 카리스마가 유감없이 발휘되었으며, 이후에도 임정세력은 강온양면작전을 구사하는 등 약간의 방법상 변화를 보이면서 탁치 문제가 이슈화되는 한 계속 이에 대한 반대운동을 주도했다.

미군정 자료에 의하면, 임정은 경찰 장악을 통해 과도정부를 수립하려고 했으며 이러한 계획을 사전에 안 미군정이 경찰과의 접촉을 저지함으로써 무위에 그쳤다는 것이다.[161] 그렇다면 왜 임정이 반탁운동을 주도할 수 있었을까? 먼저 중경에서부터 국제공관을 반대했던 임정의 즉각적인 대처가 이를 가능케 한 요인이다. 또 한 가지 중요한 요인은 당시 대중에게 널리 퍼져 있던 반탁감정을 독립을 원하는 감정과 효과적으로 결합시켜나갔던 데 있다. 즉 '독립을 위해선 미군정까지도 부인할 수 있다'는 김구를 구심점으로 한 임정의 의지는 대중들의 민족감정을 자극하여 광범위한 대중 지지기반을 획득할 수 있었다. 다시 말하면 1945년 10월 이래 반탁이라는 기치로 형성된 감정적 민족주의를 반외세라는 단호한 의지와 결합하면서 정치적 주도권을 장악해나갔던 것이다. 이러한 시도는 물론 당시 유일한 합법적 무장력의 보유자인 미군정의 강력한 반발로 접을 수밖에 없었지만 1947년 초 3·1절을 기해 대한민국임시정부를 봉대(奉戴)하려는 운동[162]으로 이어졌다. 물론 이 운동도 역시 성공하지는 못했다.

---

[160] 이동현, 『한국신탁통치연구』(평민사, 1990), 146쪽.

[161] "Hodge to MacArthur," Jan. 1, 1946, RG 338, Records of the U.S. Army Field Commands, 1940~1952, Entry 11071, 11070, U.S. Army Forces in Korea File and Lt. Gen. John R. Hodge Official File, 1944~1948, Box 123, US National Archives Ⅱ; 정용욱, 「1945년 말 1946년 초 신탁통치 파동과 미군정」, 『역사비평』 62(2003), 300쪽.

[162] 이문창, 「1947년 대한민국임시정부 봉대운동 회상」, 『백범회보』 30(2011), 10쪽에 따르면, 김구는 국민 외교사절로 미국으로 떠나는 이승만과의 비밀회담 자리에서 외교활동이 성공하도록 지원하기 위해서라도 국내 민중의 자주독립 열기를 표출하는 적극적인 운동을 전개하기로 약속했다. 그러나 이승만이 1947년 봄에 이루어진 김구 중심의

8. 김구의 반탁정국 주도에 대한 평가

김구 주석 중심의 중경 대한민국임시정부의 주도 세력은 1943년 카이로회담 훨씬 이전인 1941년 이래로 신탁통치안의 형성 과정을 비교적 잘 인지하고 있었으며[비록 1945년 말 모스크바3상회의 종결 직후에는 그 전문(全文)을 확인하지 않고 감정적으로 반대했지만] 이것이 즉시독립이 아닌 '국제공영안'이라며 일관되게 반대했다. 전후 한국 문제 처리 방안으로 루스벨트가 전쟁 중에 구상한 신탁통치안은 식민지화는 아니었지만 즉시독립도 아닌 불확실한 방안이었다. 루스벨트 사후 미국 대통령을 승계한 트루먼은 원자무기를 이용해 소련의 대일전 참전을 배제한 상태에서 태평양에서의 전쟁을 종결하고자 신탁통치 등에 관한 소련과의 합의에 적극적으로 나서지 않았다. 그러나 1945년 8월 6일 원폭 투하 직후인 8월 8일 밤 소련이 황급히 참전하자 트루먼의 동북아지역 독점 전략은 실패했다. 트루먼은 한반도에 대한 국제적 신탁통치 추진을 보류한 채 소련의 팽창을 저지하려는 정치적 목적으로 38선 분할안을 스탈린에게 통보해 남북을 사이로 세력분할을 도모했다. 양군 점령하인

임정봉대운동에 대해 내심으로 동조하지는 않았을 것으로 추정된다. 따라서 이문창의 회고는 김구 진영에 편향된 증언록이다. 이 증언록에도 1947년 2월 말 미국에 있던 이승만이 "내가 도착할 때까지 기다리시오"라는 급전을 보냈다는 내용이 있다. 한민당도 임정봉대론에 반기를 들어 이승만의 대기 요구에 협조하려 했으나 이미 벌어진 일을 중단시키기는 어려웠다. 따라서 1947년 3월 1일 오전 9시 운현궁에서 열린 대한독립촉성국민회 전국대표자대회에서 "기미년에 수립한 임시정부가 한국의 주권을 계승한 지 이미 30년이 된 법통정부이므로 우리는 이 정부를 추대하고 천하에 공표한다"라는 결의문을 채택했다. 이에 미군정의 지휘를 받던 수도경찰청장 장택상은 "남조선에는 미군정이 있을 뿐이다. 맹목적인 참칭정부를 조직하"였다고 비난했다. 또한 당시 도미 중이던 하지 사령관의 업무를 대리하고 있던 브라운 소장은 임정 추대 행동을 계속하면 이미 체포한 특별행동대 총책임자 김석황은 물론 조소앙, 조성환, 조경한까지도 체포할 것이라고 위협했다. 결국 임정봉대운동은 좌절되었다.

1945년 12월 모스크바3상회의에서 미·소는 소련안을 기초로 신탁통치안을 결정했지만 구체적인 결정은 1946년 열릴 미·소공동위원회로 연기한 상황이었다.

　김구를 중심으로 한 임시정부 세력들은 망명 시절부터 신탁통치 문제에 대해 일관된 반대 입장을 보였으므로 탁치 문제가 제기되었을 때 '제2의 독립운동'이라는 구호를 내거는 등 앞장서서 반대하면서 정국을 주도할 수 있었다. 역시 김구에게 반탁운동은 민족독립운동의 연장이었다. '국자1호'와 '국자2호' 등을 공포하여 미군정으로부터 정권을 접수하려고 시도했으므로 미군정이 이를 쿠데타로 받아들일 정도로 자주적 민족운동이었다. 또한 경우에 따라서는 미군정까지도 부인할 수 있다는 김구의 지도력은 즉시독립을 원하는 대중들의 감정적 민족주의에 부합하여 효과적인 반탁운동을 수행할 수 있었다. 물론 탁치는 위임통치를 연상케 하는 식민지화요, 제2의 을사조약[163](탁치=보호국화)[164]이라는

---

[163] 1905년 11월 17일 체결된 을사늑약은 대한제국의 자주외교권을 박탈하고 보호국화를 했으므로 '을사보호조약'이라고도 불린다. 덕수궁 중명전에 전시된 을사조약문서에 의하면 제5조에 "일본국정부는 한국황실의 안녕과 존엄을 유지함을 보증함"이라고 나와 있어 내정에 간섭하지 않는다는 점을 암시했다. 그러나 러·일전쟁 전 중립을 도모하려는 대한제국 황성을 1904년 1월 공격하여 황궁을 점령한 뒤 1904년 2월 23일 강제로 체결한 한일의정서(조·일공수동맹) 제1조에 "동양의 평화를 확립하기 위하여 대한제국정부는 대일본제국정부를 확신하고 시정(施政)의 개선에 관하여 그 충고를 들을 것"이라고 명시되어 있었으므로 필요에 따라 제도를 바꾸는 등 이미 내정에 개입해 식민지화를 추진했다. 이 조관(條款)의 3조에 '본 협약'이라고 나와 있어 일본은 '제2차 한일협약'이라고 칭하기도 하지만 이는 '협약'이 아니라 명백한 '늑약'이다. 제1조 "일본국 정부는 재동경 외무성을 (경)유하야 금후에 한국이 외국에 대한 관계 및 사무를 감리지휘함에 가능하고, 일본국의 외교대표자와 영사는 외국에 있는 한국의 신민(臣民) 및 이익을 보호함이 가능함"이라고 나와 있어 일본이 한국의 재외동포와 이익을 보호한다고 명시되어 있다. 또한 위임통치, 신탁통치는 모두 주권의 일부를 다른 나라에 양도한 보호국화의 일종이라고 할 수 있다. 한 나라가 자치능력이 없어서 주권을 위탁하는(위임하거나 신탁하는) 신탁통치는 강대국에 일정한 보호(훈정)를 청하고 주권을 제한하는 것이므로 제2의 을사조약이라고 여겨졌던 것이다. 1905년 을사보호조약으로 일본의 보호국이 된 대한제국은 1910년 병합조약으로 식민지가 되었다. 따라서 보호국과 식민지는 다른 개념이다. 다만 대한제국을 식민

식으로 언론에 의해 주입된 선입견에 의거해 대중들의 반탁감정이 형성되었다. 그런데 실제로 결정된 모스크바의정서의 탁치안은 독립을 최장 5년간 유보하는 것을 못 박고 있어서 송진우와 같이 이성적으로 사유한다면 5년간의 정치적 훈련을 받아들여 통일을 기할 수 있었을 것이다. 그러나 이미 고착화된 반탁감정을 되돌리기는 어려웠다. 당시 한국인들은 『자유신문』, 1946년 1월 5일자에 실려 있는 "반탁통일 전선 결성의 노래" 2절(곡명 〈트러스티쉎이 뭐냐〉, 윤복진 작시, 박태준 작곡)에서 인용되듯이 "트러스티쉎이 웬말이냐 트러스티쉎이 웬말이냐/다섯 해가 웬말이냐 다섯 날도 싫다"[165]라고 외쳤던 것이다. 단 5일도 치욕적인데 5년이라는 긴 시간은 감정적으로 인내하기 힘든 상황이었다. 당시 『한성일보』 주필 이선근은 "을사보호조약과 같은 치욕"이라는 반탁 입장에서 사설을 집필했다. 1982년 당시 한국정신문화연구원장 이선근은 일본의 국제법학자 아리가 나가오(有我長雄)의 보호국 구분에 의하면

지로 만들려고 했던 일본은 내외의 반발을 의식해 보호국 단계를 거쳤다고 할 수 있다. 한편 1919년 3·1운동 직후 일본의 수상 하라 다카시(原敬; 하라 케이라고도 불림)는 소요 수습책의 일환으로 참정권(자치)을 점진적으로 부여하는 것을 검토했다. '점진적 내지연장주의'와 "조선의 독립을 in due course로 부여한다"라는 카이로선언의 문안을 비교하면 '점진적'이라는 표현과 'in due course'라는 말에 다소 유사한 면이 있었다. 자치와 독립이라는 말에는 유사점도 있지만 차이점이 더 분명하다. 물론 이렇게 in due course가 일본 문화통치기 정치가가 구사한 수사와 유사하며 식민통치를 연상시킨다는 사실에 대해 1943년 11월 당시 루스벨트 등은 인지하지 못했다.

[164] 미국은 '신탁통치'라는 단어가 한국어로 번역되었을 때 일본 통치하의 지위(status)에 해당되는 단어[보호국으로 추정됨; 한국인은 신탁통치를 을사늑약(을사보호조약)에 규정된 보호국화로 간주함]와 동일하다고 평가했다. 이에 하지는 1946년 1월 2일 "만약에 열강의 외교관들이 신탁통치 용어에 대한 한국인들의 생각을 이해했다면 다른 용어를 사용했을 것"이라고 말했다. Incl[osure]. no. 1, G-2, XXIV Corps, "Periodic Report," no. 1 (2 January 1946).
미군정 역사가들은 한국어에 대한 이해력 부족이 초래한 문제로 평가했다. "HUSAFIK," part I, chapter Ⅳ, pp. 36-37; 『주한미군사』 1(국사편찬위원회, 2014), 209쪽.
[165] 황수임(2021), 앞의 글, 2쪽, 117-118쪽, 169쪽.

보호국은 3종으로 나누어지는데, 한국의 신탁통치는 2종 보호국으로 해석되었다고 회고했다.[166] 식민지, 보호령(주권 없음), 보호국(주권은 있으나 외교와 국방 등은 종주국이 위임받아 행사함) 순으로 독립 정도가 크다고 할 수 있다.

이렇듯 김구는 1947년 가을 한국 문제가 유엔으로 이관되어 탁치안이 폐기될 때까지 끊임없이 반탁을 전면에 내세우면서 비타협적 원칙을 고수하면서도 방법상의 전환을 기해 반탁운동을 주도했다.[167] 이 점에서 김구의 카리스마에 기반한 일관된 지도력을 인정할 수 있을 것이다. 김구를 중심으로 한 대한민국임시정부 세력은 해방 전인 1941년부터 탁치안이 폐기된 1947년 가을까지 일관되게 신탁통치에 반대하여 독립을 요구했으며, 특히 1946년 1월에는 '제2의 독립운동'이라고 칭하면서까지 투쟁했던 것이다.

---

[166] 정영훈·임수환, 「이선근 박사 인터뷰」, 제9회, 일자: 1982년 1월 5일, tape 14-B, 한국정신문화연구원 근현대자료팀 박성진, 「하성 이선근 박사 구술자료」, 1999년 4월 12일, 14쪽.

[167] 이에 비해 이승만(과 한민당)은 1946년 1월부터 미군정에 대한 비상정치회의의 과격성을 비판하면서 미군정과의 협력을 꾀하는 등 과격한 반탁운동의 전선에서 이탈해 미국이 원한다면 반탁을 전면에 내세우지 않을 수도 있음을 표명하는 등 타협적 반탁운동을 했다. 이승만은 한국인의 자주독립 능력을 불신하는 미국의 신탁통치 구상에 반대했지만 다른 한편으로 이 구상이 미국의 입장이므로 보다 포용적인 방향으로 나아가면서 미국의 노선을 바꾸는 데 힘을 기울였다. '미·소 합의에 의한 한반도 문제 해결'이라는 당시 미국의 한반도 정책 노선이 결국 소련의 영향력을 확산시키게 될 것으로 봤기 때문이다. 따라서 이승만의 반탁은 반소·반공운동과 직결되었다.

부록 1 모스크바3상회의 한국 문제 오보의 배후에는 누가 있었을까

1945년 12월 27일 소련 탁치주장설 오보로 인해 대중에게 일단 형성된 반소감정은 이후 쉽사리 변하지 않았다. 결과적으로 오보는 미국과 우익에 유리한 이미지를 만들었다. 이러한 보도가 워싱턴으로부터 지급(至急)으로 전송된 데에는 어떤 숨겨진 의도가 있을 법도 하다. 합동통신사(우익 성향)가 단순 실수로 작성한 오보라기에는 이것이 가져다준 파문이 지나치게 컸다.

그런데 미군 신문 『성조기(Stars and Stripes)』의 태평양(Pacific)판(도쿄에서 발행; 이하 『태평양 성조기』로 지칭) 12월 27일자에도 이러한 오보가 나오며 미군정 관리들이 이를 믿고 반소운동을 은근히 조장했다는 것은 석연치 않다. 『태평양 성조기』의 보도원(報道源)은 UP통신 기자 헤인젠(Ralph Heinzen)이었다.[1] 그런데 이와 같은 보도는 UP통신을 인용한 미국의 『워싱턴 타임스 헤럴드(Washington Times-Herald)』 12월 26일자[2] 외에 미국의 다른 신문에는 거의 보도되지 않았다.[3] 따라서 『동아일보』를 필두로 한 국내 신문도 『태평양 성조기』와 같은 보도원일 것이라는 주장이 제기되어 있다[4](그러나 국내 신문의 보도원은 워싱턴 주재 국내 통신사

---

[1] 그는 동료들 사이에서 악명 높은 날조전문가(notorious faker)로 통했다고 한다. 정용욱, 『해방 전후 미국의 대한정책』(서울대학교 출판부, 2003c), 165쪽; 정용욱, 『존 하지와 미군 점령통치 3년』(중심, 2003b), 63쪽.
[2] 김학준, 「美대표단, '모스크바 3상회의'서 소련 계략에 말려들다: (김학준이 다시 쓴 현대사 결정적 장면 4)모스크바의정서 주역은 노회한 몰로토프」, 『신동아』 11월(2020).
[3] 정용욱, 『해방 전후 미국의 대한정책』(서울대학교 출판부, 2003c), 162쪽.
[4] 정용욱, 「1945년 말 1946년 초 신탁통치 파동과 미군정」, 『역사비평』 62(2003), 294쪽; 정용욱(2003c), 앞의 책, 160쪽. 그런데 우익 성향의 합동통신은 AP(Associated Press)

인 합동통신사로 UP나 『태평양 성조기』는 아니다).

비슷한 맥락에서 후일 좌익진영의 핵심 이론가 이강국 등은 이를 미국에 의한 '반소·반공의 음모' 혹은 '국제 통신기관의 모략'이라고 말하기도 했다.[5] 또한 오누마 히사오(大沼久夫)는 『동아일보』의 정보 조작 의도가 개재되어 있다고 평가했다.[6] 정용욱은 이러한 모략설에 대해 본격적으로 논구했다.[7] 가지무라 히데키(梶村秀樹)는 미국이 "허위정보를 흘리면서 여론을 조작했다"라고 평가했다.[8] 당시 미군정은 검열권을 통해 언론기관을 통제했으므로 음모가 아니라면 최소한 고의적인 '방조' 정도는 되는 것이었다.[9]

정용욱은 AP를 제휴사로 하는 합동통신사가 이 기사를 제공한 워싱

와 제휴하고 있고, UP(United Press)의 제휴사는 좌익 성향의 조선통신사이다. '워싱턴 25일발 합동지급보'라는 표현이 상징하는 바는 통신사 주재기자가 직접 전송한 것이거나 아니면 제휴사가 생략된 것은 아닌가 한다.

5 강대호, 「莫府三國外相會議와 朝鮮」, 『人民』 2-1(인민사, 1946), 67-68쪽; 이강국, 「〈파씨슴〉과 탁치문제」, 『人民科學』 1-1(1946), 58쪽; 김오성, 『지도자론』(조선인민보사 후생부, 1946), 125쪽; 민주주의민족전선 편, 『조선해방연보: 조선해방1년사』(문우인서방, 1946), 111-112쪽.

6 大沼久夫, 「朝鮮の解放: 分斷と國內勢力」, 『朝鮮史硏究會論文集』 第2輯(1984), 115쪽.

7 정용욱, 「1945년 말 1946년 초 신탁통치 파동과 미군정」, 『역사비평』 62(2003), 287-322쪽.

8 梶村秀樹, 「해방3년사」, 김동춘 편, 『한국현대사연구』 I(이성과현실사, 1988), 53쪽.

9 반면 이 보도는 의도적인 것이 아니라고 선의로 해석하는 것도 가능하다. 이에 입각한다면 '추측에 의한 실수'로 볼 수 있다. '탁치안'이 포함된 12월 20일자 소련안에 대하여 알고 있었다면, 소련이 탁치를 제안한 것으로 해석할 수 있다. 모스크바3상회의에서 탁치가 소련안에 의거해 결정되었다는 사실만을 인지했고 다른 전후 배경은 전혀 몰랐던 기자가 확대해서 보도한 것이라고 할 수도 있으나 당시 회담 내용은 비밀에 부쳐졌고 회의록도 공개되지 않았으므로 그럴 가능성은 별로 없는 것으로 판단된다.

한편 독립을 시키겠다는 미국의 공약이 있었던 상태에서 군정 당국자가 탁치안을 폐기시키고 즉시독립을 요구하는 마당에 미국의 12월 16일자 제안이 기자들에게 포착되지 않은 상태였다면 미국이 즉시독립을 요구한다는 억측이 전혀 불가능했던 것은 아니다. 16일의 미국안과 20일의 소련안은 다음에 있다. 이완범, 「한반도 신탁통치 문제, 1943~46」, 강만길 외, 『해방전후사의 인식』 3(한길사, 1987), 224-227쪽.

또한 '미국=즉시독립 지지', '소련=탁치 요구'라는 한국인들의 인식이 생긴 이유에 대한 미군정 당국자의 자의적 추측은 다음에 있다. "HUSAFIK," part Ⅱ, chapter Ⅳ, p. 77.

턴의 통신사나 신문사 등 취재원을 밝히지 않고 있다는 사실[그러나 김학준은 12월 25일자로 지금 보도한 AP통신사가 기사의 선행 보도처라고 주장했다.[10] 그런데 『동아일보』와 『조선일보』 등은 '워싱턴 25일발 합동지급보(合同至急報)'라고만 밝혔을 뿐 AP에 대한 언급은 없다. 모스크바결정이 산출된 이후의 후속 보도인 '모스크바 27일 AP합동' '워싱턴 28일발 AP합동' 보도는 모스크바결정 중에서 '신탁통치'를 부각시키기는 했으나 미국과 소련의 주장 내용을 뒤집는 '오보'는 담고 있지 않았다[11]]을 지적하면서 이 기사는 미군 신문 『태평양 성조기』로부터 입수된 것은 아니었는지 추적했다. 『태평양 성조기』에 실린 '외신 종합' 기사 중 한국 관련 기사(UP통신의 헤인젠을 작성자로 인용)를 그대로 전재 번역한 한국 신문들은 워싱턴발로 위장했다는 것이다. 헤인젠의 기사는 워싱턴에 있는 UP통신사 후신인 UPI통신 본사 문서고에 존재하지 않는다고도 주장했다.[12]

---

10 김학준, 「美대표단, '모스크바 3상회의'서 소련 계략에 말려들다: (김학준이 다시 쓴 현대사 결정적 장면 4) 모스크바의정서 주역은 노회한 몰로토프」, 『신동아』 11월(2020).
11 임영태, 「(제3부 해방정국(13) – 탁치 분쟁 1)임영태의 '다시 보는 해방 전후사 이야기'(45)」, 『통일뉴스』, 2021년 3월 22일자.
12 정용욱, 「(정용욱의 편지 현대사 12-신탁통치 대립)신탁통치안 왜곡의 출발은 '날조 전문' 미국 기자」, 『한겨레』, 2019년 6월 8일자. 그런데 2010년대 중반에 UPI 문서고 홈페이지에 원본 기사가 올라왔다고 한다. 중국 상하이에서 간행되던 『신보(申報)』도 1945년 12월 28일자에 이 기사를 게재한 것으로 보아 원본이 뒤늦게 발견되었음이 확인된다. 이를 확보한 정용욱은 기사 원본과 『동아일보』, 『성조기』, 『신보』의 기사를 비교했다. 『신보』가 원본 기사를 비교적 충실하게 번역한 데 비해 『동아일보』와 『성조기』는 교묘하게 짜깁기해서 원본과 다른 의미와 내용을 실어 날랐다. 『성조기』가 출처로 지목한 헤인젠도 나오지 않는다. 한편 합동통신이 3상회의 결정 기사뿐만 아니라 반소·반공 여론을 자극하는 미국발 기사들을 여러 건 더 국내 신문에 조직적으로 유포한 사실이 발견됐다. 합동통신이 12월 25일부터 27일 사이에 미국의 『오덴스버그 저널(Ogdensburg Journal)』, 『포트웨인 뉴스센티넬(Fort Wayne News-Sentinel)』에 실렸던 한국 관련 기사를 보도했는데, 어느 것이나 미국 정부에 소련과의 대결 정책을 요구하고 미국 사회에 반소·반공 여론을 불러일으키려는 의도를 가진 기사들이었다. 그런데 이 기사들은 합동통신이 아직 외국 통신사와 제휴 계약을 맺지 않은 11월 중순경에 나왔고, 따라서 합동통신이 외국 통신사를 통해서 이 기사들을 확보할 수는 없었다. 정용욱, 「(교수논단)문서고, 인터넷, 빅데이터, 그리고 한국현

그런데 『동아일보』 등 국내 언론이 명시한 공식적 보도원을 신뢰한다면, 미국 시간으로 12월 25일 한국 합동통신사(워싱턴 특파원이) 자체 취재로 워싱턴에서 입수된 것이다. 이를 12월 27일 지급으로 보도한 것이다. 『동아일보』가 『태평양 성조기』를 베꼈다면 보도일자가 적어도 하루 늦어야 하는데 그렇지 않았다. 따라서 『태평양 성조기』의 기사를 전재한 것은 아니라고 볼 수 있다. 기사원도 합동통신사와 UP로 다르다.

이렇듯 『동아일보』와 『태평양 성조기』의 보도일자가 12월 27일로 같으므로 국내 언론이 (같은 보도원으로부터) 사전에 입수한 것으로 정용욱(2003c)은 추론했다. 이러한 사전 입수 과정에서 미군정이 방조와 묵인 이상으로 깊이 개입했다고 주장했다.[13] 그러나 이는 추론일 뿐 물증은 없으므로 일단 국내 언론이 취재원을 고의로 은폐했다는 주장은 검증되지 않았다고 할 수 있다. 지금은 한국의 중요 통신사가 자체 특파원을 파견하고 있지만 1945년 해방 직후 합동통신사가 워싱턴에서 자체 취재 능력이 없었을 수도 있다. 그렇지만 이도 역시 추정일 뿐이다.

한편 "Political Trends," no. 15 (5 Jan. 1946), p. 1, RG 319, Entry 82, G-2, "P" File, 1946-1951, Box 2737에도 KPP News Agency가 이 스토리를 유포했다고 나온다.[14] 합동통신사는 1945년 12월 20일

대사 연구」, 『인문대뉴스』, 2023년 10월 30일자(humanities.snu.ac.kr/community/news?md=v&bbsidx=2811, 검색일: 2024년 7월 28일). 그렇다면 우익 매체인 합동통신사가 반소반공 왜곡의 주체일 가능성이 있다.

[13] 鄭容郁, 「1942~47년 美國의 對韓政策과 過渡政府形態 構想」, 서울대학교 박사학위논문(1996), 92-93쪽; 정용욱(2003c), 앞의 책, 160-161쪽.

[14] 신복룡은 「한국 신탁통치의 연구」, 『한국정치학회보』 27-2(1993), 36쪽에서 "미국은 KPP통신을 통해 탁치를 고집한 것은 미국이 아니라 소련이라고 여론을 조작하려 했다"라고 주장했다가 이 글 등을 묶어낸 『한국분단사연구(1943~1953)』(2000) 초고에서는 이 부분을 삭제했으며 다른 부분에서 "KPP News의 보도가 전달되었다"라는 사실만을 기술했다. 간행된 판본인 『한국분단사연구, 1943~1953』(한울, 2001), 310쪽에서는 "국제통신(KPP, 후의 합동통신)의 뉴스가 전달되었다"라고 적시하고 있다.

국제통신과 연합통신의 합병 결과로 만들어졌는데 원래 국제통신에서 쓰던 영문 제호 KPP(Korean Pacific Press)를 그대로 이어받았다.[15] "Trusteeship, Third Draft," [June or July 1946], RG 332, Box 29, p. 16, US National Archives에는 12월 28일 KPP 통신사가 (왜곡-인용자) 보도했다고 나와 있다. 이에 정용욱은 미군정 관리들이 합동통신을 출처로 지목한 것은 자신들의 행위를 은폐하기 위한 것임을 암시했다. 당시 합동통신은 우익 성향 통신사로 분류되었으며, 합동통신 주간 김동성은 이승만 정권에서 초대 공보처장을 지냈지만, 그 출처는 합동통신이 아닐 가능성이 더 많다는 것이다. 미군정 보고서들은 이 기사가 『태평양 성조기』 12월 27일자에 실렸고 국내 신문들이 12월 28일 보도했다고 적었으나, 국내 신문들도 모두 12월 27일에 보도했다. 그렇다면 왜곡보도의 주체는 도쿄와 서울에서 미 육군 신문과 국내 신문에 같은 기사를 동시에 배포할 수 있는 능력을 가진 자이고, 일개 국내 통신사(합동통신)가 그런 능력을 가졌을 리는 만무했다는 것이다.[16] 전술한 사전(事前) 전달의 주체는 미국 기관이라는 추론이다. 결국 왜곡의 주체는 합동통신(과 이에 편승한 『동아일보』 등)이 아니라 미군정과 그 상부기관(도쿄의 SCAP)일 가능성이 높다는 주장이다.

김학준(2020)은 『동아일보』 등 국내 언론기관이 반소반공 분위기 조성을 위하여 일부러 왜곡한 것이 아니라고 주장하면서 이 오보의 원인은 당시 모스크바에서 외상회의에 참석해 있던 번스를 비롯한 국무부 관리로 추정한다. 모스크바3상회의에 참석한 소련대표단은 실제로 '코리아'에 대한 신탁통치안을 구상하고 있었으며 12월 20일 소련안을 제

---

15 『합동통신 30년』(합동통신사, 1975), 6쪽.
16 정용욱, 「(정용욱의 편지 현대사 12-신탁통치 대립)신탁통치안 왜곡의 출발은 '날조 전문' 미국 기자」, 『한겨레』, 2019년 6월 8일자.

출했다. 따라서 번스를 비롯한 국무부 관리들은 기자들에게 '소련이 코리아에 대해 신탁통치를 실시하려고 한다'는 정보를 제공했다고 추정한다. 그렇다면 "사실을 정반대로 왜곡한 책임은 통신사나 미국 관리가 져야 한다"라는 이완범의 주장이 타당하다면서 글을 마무리한다.[17]

미군정은 자신이 오보의 희생자라고 워싱턴을 향해 주장하면서도 『동아일보』 등의 오보에 대해 제재하지 않았을 뿐만 아니라 그런 오보가 어떻게 가능했는지 그 경위를 전혀 추적하지 않았다[18](물론 조선통신을 제외한 거의 전 언론사가 이런 오보를 했으므로 제재할 수는 없었다). 따라서 '미국음모설'이 더 심화되었다.

---

17 김학준, 「(김학준이 다시 쓴 현대사 결정적 장면 4)美대표단, '모스크바 3상회의'서 소련 계략에 말려들다: 모스크바의정서 주역은 노회한 몰로토프」, 『신동아』 11월(2020).
18 정용욱(2003), 앞의 글, 290-298쪽; 정용욱(2003c), 앞의 책, 168쪽에서는 이러한 점을 지적하면서 미군정이 오보의 배후에 있음을 암시하고 있다.

모스크바결정 한국 조항 전문(全文) 보도 직후의 정국

3 장

1. 신탁통치에서 한발 뺀 미국

    미군정은 자신들의 지지기반이 되어야 할 우익세력이 미 국무부의 기본정책인 탁치를 반대하자, 우익을 저버릴 수 없으므로 난처한 입장에 처했다. 이에 미군정은 3상결정 전문(全文)을 공개한 후(결정서 전문은 1945년 12월 29일 하지에게 도착했으며[1] 12월 30일 군정 요인들에게 배포되었고[2] 12월 30일에야 한국 신문지상에 보도되었다[3]), 반탁운동을 무마하려 했다.[4] 또한 우익에 암묵적인 지원을 보내기 위하여 국무부 발의 '리

---

1   "HUSAFIK," part Ⅱ, chapter Ⅳ, p. 72.
2   "HUSAMGIK," vol. I, part I, chapter Ⅶ, p. 232; "Historical Journal of Korea," 30 Dec 45, 鄭容郁 編, 『解放直後 政治 社會史 資料集』 I(다락방, 1994), 170쪽. 영어 결정서 원문은 "HUSAMGIK," vol. I, part I, chapter Ⅶ, pp. 235-236에 수록되어 있다.
3   기사 「민주주의 자치정부로 독립국가를 육성: 미육군성 콤뮤니케발표」는 『동아일보』, 1945년 12월 30일 1면 하단에 배치되어 상단에 있던 반탁운동 기사에 압도당했다.
4   James F. Byrnes, *Speaking Frankly* (New York: Harper&Brothers, 1947), p. 222.

버럴한 해석(liberal interpretation)'[5]을 1945년 12월 30일 이후 계속 유포했다.[6] 미 국무장관 번스는 12월 30일 워싱턴에서 모스크바회담 보고차 진행된 한 방송에 출연해 "미·소공위에서 탁치를 하지 않을 가능성을 발견할지도 모른다"라고 말했다.[7] 리버럴한 해석을 내포한 장관 발언이었으므로 미국의 공식입장이 아니라고 말할 수 없을 것이다. 이러한 발언은 후일 '탁치의 실시 여부는 아직 결정된 것이 아니다'라는 식의 중도파적 논리를 정당화해준다. 번스의 발언을 확대하여 해석하면 탁치의 실시는 조선의 제 정당·단체와 미·소가 공동위원회에서 상의하여 결정할 것이라는 식의 설명도 가능하며[8] 모스크바 결정문도 이런 식으로 해석될 여지가 없는 것은 아니다. 또한 군정장관 아널드 (Archibold V. Arnold)는 1946년 1월 2일 통일전선의 수립을 강조했다. 이는 한국민이 일치단결하여 탁치를 원치 않는다면 공위에서 소련과 협의해 탁치를 피할 수도 있지 않겠냐는 식의 낙관적인 논리를 가능하게 했다.

심지어 하지 자신도 탁치주장국은 소련이라는 오보를 믿고 있었다.[9]

---

[5] Supreme Commander for the Allied Powers, "Summation of Non-Military Activities in Japan and Korea," no. 3 (December 1945), p. 189.

[6] "HUSAFIK," part Ⅱ, chapter Ⅳ, pp. 72-76; "G-2 Periodic Report," no. 110 (30 Dec., 1945).

[7] United States, Department of State, *Moscow Meeting of Foreign Ministers: December* 16-26, 1945 (Washington, D.C.: USGPO, 1946), p. 6; "Washington to CINCAFPAC[Commander in Chief, American Forces PACIFIC] ADV," WCL-33129, RG 84, Records of Office of the U. S. Political Advisors for Japan-Tokyo, Box 2, US National Archives; "HUSAFIK," part Ⅱ, chapter Ⅳ, p. 75; James F. Byrnes(1947), 앞의 책, p. 222.

[8] 이완범, 「한반도 신탁통치안과 국내정치(1943~1948)」, 연세대학교 석사학위논문 (1985), 150쪽.

[9] "HUSAFIK," part Ⅱ, chapter Ⅳ, p. 80; "HUSAFIK," part Ⅱ, chapter Ⅲ, p. 77, p. 80.

하지가 이 보도를 믿은 것은 미국의 리버럴한 해석 유포와 1946년 1월 이후 좌익의 모스크바결정 지지노선 전환 때문이다.[10] 또한 하지는 1945년 12월 28일의 방송 보도 직후에도 탁치에 대해 아는 것이 별로 없다고 주장했고[11] 워싱턴의 용공분자만이 탁치를 찬성한다고 믿기도 했다고 전해진다.[12]

미국은 한국이 자치를 효과적으로 달성하기 위해서는 일정한 과도기 동안 외부의 도움을 받아야 한다고 생각하면서도 신탁통치 구상이 반대에 부딪힐까 우려해 모스크바협정에 대한 공개적인 토론에 적극적으로 나서지 못했다.[13]

하지는 12월 29일 정오 인민당, 공산당, 한국민주당, 국민당, 신한민족당 등 각 정당 영수를 군정청으로 초청해 신탁통치에 관한 공전(公電)을 당일 받았다면서 "신탁관리는 일본제국의 통치와 같이 압박과 착취를 목적함이 아니라 정치적·경제적 발전을 위하야 원조하는 기관이다. 주권은 임시정부에 있고 4개국관리위원회에 있는 것이 아니다"라고 말했다. "조선의 임시정부가 조선의 독립을 원조하는 4국신탁관리가 필요하냐 아니하냐의 결의에 의하야 4국위원회의 존폐를 결정한다"라고 말해 4국위원회의 존폐는 조선의 임시정부가 결정한다는 것이다.[14] 이렇

---

10 "HUSAFIK," part Ⅱ, chapter Ⅲ, p. 77.
11 "Historical Journal of Korea," 29 Dec 45, 鄭容郁 編, 『解放直後 政治 社會史 資料集』Ⅰ(다락방, 1994), 168쪽. 한국인들은 아는 것이 별로 없다는 하지의 책임회피성 발언을 크게 신뢰하지는 않았다.
12 Bruce Cumings, *The Origins of the Korean War: Liberation and the Emergence of Separate Regimes, 1945~1947*, vol. Ⅰ (Princeton N.J.: Princeton University Press, 1981), p. 220.
13 Leland M. Goodrich, *Korea: A Study of U.S. Policy in the United Nations* (Westport, CT: Greenwood Press, 1956), p. 18.
14 「위원회의 존폐는 조선결의여하로 미·소: 하지 중장 언명」, 『동아일보』, 1945년 12월 30일자; "HUSAMGIK," vol. Ⅰ, part Ⅰ, chapter Ⅶ, p. 238.

듯 탁치 기간 중 주권을 조선의 임시정부가 가진다는 믿기 힘든 과장된 해래까지 시도했다. 자치권은 임시정부가 가진다고 할 수도 있지만 임시정부를 구성한 4대국 정부가 종국적인 통치권을 가진다고 보는 것이 정확하다. 하지는 모스크바결정 전문(全文) 발표와 함께 12월 29일 오후 4시 30분, 신문기자단과 가진 만남에서 당일에야 비로소 3국외상회의의 조선에 관한 내용을 공보(公報)를 통해 알았다고 전제하면서 "나는 원래부터 신탁통치란 말에 좋지 못한 생각을 가지고 있는 조선 동포들의 심정을 잘 알며 나도 그러한 의미의 신탁통치는 여러분들과 동일(同一)히 싫어한다. 그러나 이번 신탁통치는 다만 원조협조의 뜻이다"라고 해석했다. "앞으로 2주일 이내에 미·소 대표가 협의하여 38도선의 장벽을 철폐"할 것이라고도 했다.[15] 또한 하지는 통치권은 누가 갖느냐는 기자의 질문에, 조선 정부가 통치한다고 말하면서 공동성명의 조건을 보면 하등 공포를 가질 필요가 없다고 주장했다.[16]

이렇듯 하지는 기회 있을 때마다 신탁통치를 반대해왔으며 조선의 완전독립을 주장해왔다고 전제하여[17] 반탁운동을 부채질한 후 조선인이 반대하는 그러한 의미의 탁치는 자신도 반대한다고 말해,[18] 미군정이 한국민의 반탁의사를 어느 정도 받아들일 수 있음을 시사했다.[19]

미군정의 이러한 태도에 대하여 후일 조선공산당(약칭 조공)과 소련은 미군정이 편파적으로 우익 반탁세력을 후원했다고 비판한다. 1946년

---

15 「불안을 일소하라: 하지중장기자단에 언명」, 『동아일보』, 1945년 12월 31일자.
16 "HUSAMGIK," vol. I, part I, chapter Ⅶ, p. 232.
17 "HUSAMGIK," vol. I, part I, chapter Ⅶ, p. 228.
18 "HUSAMGIK," vol. I, part I, chapter Ⅶ, p. 232, pp. 237-238.
19 신용중에 의하면, 하지의 반탁 입장을 국무장관과 대통령을 제외하고 모두 동의했기에 하지는 반탁의 입장을 표명할 "믿을 만한 배후"를 가지고 있었다. 신용중, 「미·소의 대한반도정책, 1943~48」, 한양대학교 박사학위논문(1987), 152쪽.

1월 5일 박헌영의 기자회견[20]과 1월 22일 소련 관영 타스(Tass)통신의 보도(이후 타스통신은 모스크바3상회의 한국 조항 결정 과정 자체를 일방적으로 공개했다)가 이런 논조이다.[21] 이강국은 미군정이 반탁운동을 충동질했다고 비난하기까지 했다.[22] 1980년대 한국 연구서에서도 미군정이 "이승만 등의 극우세력에게 반대성명을 발표하게끔 부추"겼다고 주장된다.[23] 미군정의 태도는 명백한 후원은 아니지만 우익세력을 염두에 둔 암묵적인 방조로서 미국의 대한정책이 가진 딜레마를 노출시킨 것이다. 미국 정책을 비판적으로 보는 입장에서는 미국 언론사 보도가 의도적인 것이 되며 이러한 왜곡보도가 미국의 입장을 대변하면서 좌우분열을 고의적으로 조장했고 우익에게 '반탁'이라는 상징적이며 민족적인 면죄부를 수여하여 우익을 복권시킨 후 좌익을 탄압하려는 계획적 음모가 배후에 일관되게 깔려 있었다는 해석이 가능하다. 후일 북한은 미국이 한국민에게 '반대할 자유가 있다'고 공언하면서 반탁운동을 사주했다고 해석했다.[24]

미국은 반탁운동에 대한 이러한 방조와 동시에 과격한 반탁운동을 무마하려는 양면작전을 취했는데, 탁치는 한국민이 생각하는 바와 같은 식민지화가 아닌 "원조와 조언[assistance and advice; 모스크바결정문에는 helping and assisting(trusteeship)으로 나옴]"을 의미한다고 설명했다. 하지는 1945년 12월 29일 정오 군정청에서 열린 정당 영수와의 회담에서 이런 해석을 설파한 데 이어 다음 날에도 연이어 해명에 나설 정도로 사태 수습에 나섰다. 12월 30일 정오에 반도호텔로 각 정당 대표

---

20 『서울신문』, 1946년 1월 6일자.
21 『서울신문』, 1946년 1월 25일자; 『동아일보』, 1946년 1월 25일자.
22 이강국 저, 정진태 편, 『민주주의 조선의 건설』(조선인민보사 후생부, 1946), 103쪽.
23 이내영 편, 『한국경제의 관점』(백산서당, 1987), 67쪽.
24 사회과학원 역사연구소, 『현대조선역사』(1983년판)(일송정, 1988), 216쪽.

를 긴급소집하고 민심수습책에 대한 격의 없는 의견 교환을 했고 12월 30일 오후 5시에 중앙방송국에서 이묘묵의 통역 아래 '조선동포에게 고한다'는 제목으로 직접 라디오 방송에 출연해25 탁치는 제국주의적 통치가 아닌 원조라고 주장하며 반탁 열기가 가라앉고 민심이 안정되기를 간청했다. 하지의 방송 등을 통한 직접 해명은 눈물겨운 시도였지만 라디오 부족과 경찰의 방해 등26으로 인한 접근 불가능성 때문에 이미 최고조에 달한 반탁 열기를 무마하지는 못했다.

탁치는 독립과 대립되는 것이 아니라 상호보완적인 것이라는 미국 측의 해석[미국은 custodianship(후견의 주된 번역인 guardianship의 동의어)이 더 적당한 말이며 모스크바결정의 목표는 '한국인을 위한 원조와 독립'에 있다고 뒤늦게 주장했다.27 이는 소련의 해석과 다를 바 없다. 또한 미국은 한국인과 협의할 것이라는 사실을 강조했다]28은 당시 대중들에게 뿌리박혀 있는 '탁치는 독립에 대립되는 개념이다'라는 고정관념을 변화시키지는 못했다. 단지 방법상 약간의 변화를 가져왔을 뿐 반탁운동 자체를 해소시키지는 못했던 것이다.

리버럴한 해석 유포를 통해 탁치를 피할 길을 찾아보려는 미국의 시도는 조선공산당이 노선을 전환한 이후에 중단되었다는 평가29도 있다. 리버럴한 입장에서 보면 좌우가 대립하는 마당에 반탁을 내건 일방을

---

25 「민심수습책숙의: 하지중장각당대표긴급초청」, 『동아일보』, 1945년 12월 31일자.
26 "HUSAMGIK," vol. I, part I, chapter VII, pp. 232-233.
27 "HUSAMGIK," vol. I, part I, chapter VII, p. 231.
28 "The Chief of Staffs to Commander in Chief, American Forces PACIFIC," 30 Dec. 1945, Records of Office of the U.S. Political Advisor for Japan-Tokyo, RG 84 Box 2.
29 이호재, 『한국외교정책의 이상과 현실: 해방8년 민족갈등기의 반성』 제5판(법문사, 1986), 170-171쪽.

편드는 것이 편파적이라 생각해 다소 주춤했을 수는 있지만 하지 등 점령군 지휘부는 이러한 해석에 계속 집착했다고 할 수 있다.

2. 임시정부 주도 반탁운동에 대한 좌익의 반응

반탁 열기가 국내를 휩쓸고 있던 1945년 말 탁치 문제에 관한 공식적인 태도 표명을 유보하고 있던 조선공산당은 '탁치 문제를 통하여 민족통일을 달성하라'는 여론을 의식하지 않을 수 없었다. 국내 정치세력들의 분열로 인해 한국인의 '자치능력 부재'라는 외국인들의 평가가 더욱 심화되었으며 '자치능력 부족 때문에 탁치를 실시하자는 모독적인 결정이 나왔다'는 논리가 당시 신문지상을 오르내렸다. 이런 논리에 따른다면 탁치 결정 이유는 국내 정치세력들의 통일이 성취되지 못한 데에 있다. 따라서 이 기회에 한국인에게 자치능력이 있다는 것을 보여준다는 의미에서 통일된 태도를 취하여 탁치안을 물리치자는 주장이 당시 정치지도자들에게 압력으로 작용했다.

이런 상황에서 조선공산당은 내부적으로는 모스크바3상결정 전문(全文)을 입수하여 자신들의 태도를 결정하려고 노력하면서, 한편으로는 소련영사관에 조회하거나 미군정 당국자의 설명을 참조하기도 했다. 내부적 현실인식에 치중하여 고심하면서도 최종 결정을 내리지 못한 공산당은 대중들의 통일 압력에 밀려 외부적인 통일공작 카드를 최종 결정에 앞서 제시했다. 자신들이 지배하고 있던 조선인민공화국(약칭 인공)을 통해 임정에 합작을 제의한 것이다. 이는 1945년 12월 31일 시작되어 다음 해 초에 무산되었는데, 이 과정을 살펴보는 것이 참고가 될 것이다.

해방 직후부터 수개월간의 정국에서 인공을 받드는 좌익과 임정을 옹립하려는 우익 간에 치열한 권력투쟁이 벌어졌다. 해방 직후인 1945년 9월 6일 급조된[30] 인공은 미군정의 공식 부인에 맞서 정부 행세를 계속하여 정국 주도권을 가지려고 노력했다. 특히 미군정의 영향력이 아직까지 전국적으로 미치지 못했던 미군 진주 초기(1945.9~10.)에는 지방의 인민위원회가 실질적인 정부로서 기능한 지역이 많았다. 그 후 지방 말단까지 미군정의 영향력이 미치고 1945년 11월 김구 중심의 임정이 귀국하자 인공의 '독점적' 지위는 차츰 도전을 받았다. 임정 요인 귀국 직후인 11월 27일 인공 국무총리 허헌 등이 김구, 김규식을 방문하고 인공 내각 입각을 요청했지만 사전 상의가 없었다며 거부되었다.[31] 이후부터 인공과 임정의 정통성 경쟁과 합작 논의는 병행되었다.[32]

광복 이후 박헌영이 이끄는 공산당은 국민들로부터 일정한 지지를 받고 있는 이승만 및 임시정부 등 우익세력과 합작을 모색할 수밖에 없었다. 인공의 내각 명단에 이승만, 김구, 김규식, 김성수를 넣기도 했던 상황이었다.[33] 1945년 10월 16일 이승만이 귀국하자, 박헌영은 이승만

---

30 전병철, 「해방 직후 朝鮮人民共和國의 國 문제: 대중 활동과 國 의지를 중심으로」, 『역사와 담론』 68(2013), 229-269쪽.
31 『중앙신문』, 1945년 11월 29일자.
32 「각정당 수뇌 간담회」, 『朝鮮週報』 1-1(1945.10.15.), 9쪽.
정일준, 「해방직후 분단국가 형성과정에 대한 일고찰」, 『한국사회사연구회 논문집 제13집: 해방직후의 민족문제와 사회운동』(문학과지성사, 1988), 172-175쪽에는 조공과 인공의 민족통일전선운동에 대한 설명이 나와 있다.
33 조선인민공화국은 1945년 9월 6일 전국인민대표회의에서 선출된 인민대표들이 연일 정부조각에 주력한 결과 다음과 같이 부서 결정을 단행했다고 14일 발표했다. "朝鮮人民共和國政府 部署: 主席 李承晩, 副主席 呂運亨, 國務總理 許憲, 內部部長 金九(臨時代理 許憲), 外交部長 金奎植(臨時代理 呂運亨), 軍事部長 金元鳳(臨時代理 金世鎔), 財政部長 曺晩植, 保安部長 崔容達, 司法部長 金炳魯(臨時代理 許憲), 文教部長 金性洙(臨時代理 李萬珪), 宣傳部長 李觀述, 經濟部長 河弼源, 農林部長 康基德, 保健部長 李萬珪, 遞信部長 申翼熙(臨時代理 李康國), 交通部長 洪南杓, 勞動部長 李胃相, 書記長 申康玉, 法制局長 崔益翰, 企劃局長 鄭栢." 『매일신보』, 1945년 9월 15일자.

에게 조선공산당의 영수직을 맡아줄 것을 요청했으나 거절당했다. 그 후 박헌영은 이승만을 중심으로 한 독립촉성중앙협의회에 가입했다. 귀국 초기 이승만은 라디오 방송 연설을 통해 "나는 공산당에 대하여 호감을 가지고 있는 사람이다. 그 주의에 대하여도 찬성하므로 우리나라의 경제 대책을 세울 때 공산주의를 채용할 점이 많이 있다"라며 공산주의를 포용하겠다고 말한 적이 있었다. 이때만 해도 조선공산당 재건파 세력과 이승만은 비교적 좋은 관계였다. 그런데 1945년 10월 29일 박헌영과 만난 자리에서 이승만은 친일파 즉각 숙청에 반대하고 인공 주석직을 거부했으며 미군정의 인공 부인 정책에 부응해 인공 해산을 권유했다. 이승만 입장에서는 사전에 인공 주석직 옹립에 대해 허락하지 않았고 이름만 있으며 실권은 없는 직위를 굳이 수락할 이유가 없었다. 이에 대해 박헌영은 친일파 숙청은 미룰 수 없는 문제라고 반박하며 인민공화국 해산에도 반대했다.

다른 임시정부 요인들도 인공 내각 참여를 거부했다. 1945년 11월 23일 임시정부 환국 제1진으로 귀국한[34] 김구는 박헌영과 합작을 추진

참여를 거부할 것이 확실한 김병로와 김성수 등과 외국에 있던 인사들은 대리인이 지정되었다. 그렇지만 이승만은 대리가 지명되지 않은 예외였다. 그만큼 이승만을 비중 있게 고려했다는 추론이 가능하다. 김일성은 전국인민위원 55인에는 포함되었으나 조각 성원에는 없었다. 북에 있던 조만식은 포함되었으며 김일성은 아직 북에 입국하지 않은 상태(9월 19일 입북)였다.

[34] 11월 23일 1진(김구, 김규식, 이시영 등), 12월 2일 2진(신익희·조소앙·김원봉·김성숙 등) 귀국. 미국은 상대적으로 보수적인 요인들은 제1진으로 귀국시키고, 좌파적인 요인들은 제2진으로 귀국시켜 그들 자체를 분열시키고 특히 좌파적 요인들의 영향력을 약화시키려고 시도했다. 장제스는 귀국 후 독립운동에 쓰라며 20만 달러의 자금을 김구와 임정에게 주었는데, 미군정은 김구를 통한 중국국민당 정부의 한반도 내 영향력 행사를 차단하려는 의도였는지 아니면 임정의 세력 확대를 막으려 했는지 혹은 국내 정치의 혼란을 막으려 했는지 이 자금의 국내 반입을 막았다. 김학준, 「김학준이 다시 쓴 현대사 결정적 장면 5)'권력중앙' 먼저 형성한 김일성 vs 美견제로 뒤늦게 귀국한 이승만」, 『신동아』 12월(2020).

하려 했다. 그런데 임시정부 환국으로 정계의 이목이 집중되고 있는 상황에서 박헌영은 12월 12일자로 담화 「망명정부에 대하여」[35]에서 통일전선에 대해 언급했다. 이 담화에서 박헌영은 임시정부의 완고성을 지적하면서 '망국정부'라 지칭하고 임시정부 요인들을 '망국인사'라 칭하며 중경 임시정부의 상징적 존재 의의마저 부인하는 태도를 보였다. 이런 비타협적 자세 등으로 인해 김구와의 최초 합작 시도가 실패했다.

> 민족통일전선 결성은 아직도 발전 과정에 있는데 우리는 이 문제의 구체적 달성을 위하여 노력하고 있다. … 이러한 신성한 진보적 통일엔 물론 친일파 민족반역자와 국수주의자(내셔널파시스트)들은 철저히 제거된다. … 문제의 민족통일에 대하여 대중적 통일은 착착 진행되고 있는데 정당 간의 협력은 지지(遲遲)하게 진행되고 있다. 여기에 대하여 우리 당에서는 타협점을 명시했다. 즉 반반수의 세력균형을 가지고 좌·우익이 합작하라는 우리의 정정당당한 제의에 대하여 우익정당은 난색을 보일 뿐 아니라 의심스럽게도 그들을 과반수 절대 다수를 주창하고 있으니 이것은 확실히 그들이 반성할 필요가 있는 것이요, 통일실현을 지연시키고 있다. 그들은 현실과 구체적 사정을 파악할 필요가 있고 또한 민주주의를 좀 더 학습할 필요가 있다고 우리는 보고 있다.

즉 좌·우익 정당 간의 5대 5 합작을 제의했던 것이다. 그러면서도 임시정부를 신랄하게 비판했다.

그들은 망명정객으로서 국내에 들어와서 벌써 여러 날을 지냈음에도 불구하

---

35 『서울신문』, 1945년 12월 13일자.

고 마땅히 할 일은 안 하고 쓸데없는 일에만 몰두하고 있다. 그것은 즉 망명정부가 일종의 임시정부인 것처럼 신문지 기타 선전운동에 전력을 경주하고 있는 것은 통일을 위한 노력이 아니라 도리어 분열을 조장하는 행동이라 아니할 수 없다. 그분들이 애국지사인 것이 틀림없다면 마땅히 국제관계와 국내 제 세력을 옳게 파악하고 결코 망명정치단을 가지고 임시정부의 행사를 하지 말 것이요, 개인 자격으로 들어와 본분을 지켜야 국제신의가 서게 될 것이고 또한 통일정부 수립을 제안하고 있는 국내의 진보적 세력과 접근하기에 노력을 아끼지 말아야 될 것임에도 불구하고 완고만을 주창함은 심히 통일을 위하여 유감스러운 것이다. 그분들은 좀 왕가적, 전제적, 군주적 생활의 분위기에서 해탈하고 나와서 조선의 인민 특히 근로대중과 친히 접촉하여 조선인의 새로운 공기를 호흡할 필요가 있다. 과거 수십 년간 망명생활 중에 조선과 분리한 생활을 계속하던 분들이 또다시 국내에 와서도 그러한 비민중적 생활의 노예가 되며 장래 조선의 지배자를 꿈꾸고 있는 현상은 차마 못 볼 기현상이다. 그분들은 반일투사임은 분명하니 곧 나와서 조선민중과 접촉하되 평민의 관직을 잠시 맡겨두고서 움직임이 어떠할는지.

한편 여운형은 12월 7일, 그리고 인민당은 12월 17일에 인공 측에 '인공과 임정의 해소합작을 통한 과도정권 수립'을 주장했다.[36] 그런데 탁치 문제를 계기로 임정의 주도권이 부각된 상황에서 합작논의가 보다 구체화되었다.

조선공산당이 아직 공식 결정을 내리지 않은 상태에서 인공은 1945년 12월 28일 '긴급위원회'(정식 대의기구인 중앙인민위원회 회의가 아님) 회

---

36 이만규, 『몽양여운형투쟁사』(민주문화사, 1946), 270-271쪽; 조선인민당 편, 『인민당의 노선』(신문화연구소 출판부, 1946), 13-19쪽; 『서울신문』, 1945년 12월 18일자.

의를 개최하여 '신탁통치반대투쟁위원회'³⁷를 조직했다. 그들은 ① 각 정당 각 단체 대표자대회를 개최할 것, ② 전국 각 지방 지부를 조직할 것, ③ 연합국에 항의문을 발표할 것, ④ 전국적 시위운동을 전개할 것, ⑤ 각 호에 표어(신탁통치 절대반대, 민족통일 완성, 절대자주독립)를 첨부할 것을 결의했다.³⁸ 보기에 따라서는 좌익의 총집결체인 인공이 반탁을 결의한 것처럼 간주될 수도 있으나 당시 미군정에 의해 부인된 인공이라는 조직은 좌익의 힘없는 집단으로 전락했으며 조직적 전위당도 물론 아니었다. 우익의 신탁통치반대국민총동원위원회와 비슷하게 좌익의 신탁통치반대투쟁위원회 위원들도 주로 명망가였으며 박헌영 계열의 조직가는 별로 눈에 띄지 않는다. 또한 임정의 반탁은 유일한 목적으로 간주될 정도로 투쟁적이었던 반면에 인공의 반탁 구호는 통일과 병행 추진되는 점이 대비된다. 이에 중앙인민위원회에서는 12월 29일 신탁통치 문제에 대하여 "임정과 공동투쟁을 단행할 것을 결의"³⁹하는 성급한 태도를 보였으며, 청년총동맹·국군준비대·문화학술단체대표회의 등과 같은 좌익단체들도 12월 29일 인공·임정 간 민족통일전선의 결성을 요구했다.⁴⁰ 또한 12월 30일 서울시인민위원회가 "신탁 문제는 전 민족의 운명에 관한 문제이므로 중경 임정과의 공동투쟁을 단행할 것"을 결의하면서 임정과의 공동투쟁을 위해 '교섭위원'(정백 외 1인)

---

37 위원은 許憲, 洪震裕, 崔益翰, 李延允, 趙東祜, 安基成, 李萬珪, 金桐赫, 金桂林, 鄭栢, 金龍巖 등.

38 『조선인민보』, 1945년 12월 30일자; 『중앙신문』, 1945년 12월 30일자; 李剛秀, 「三相會議決定案에 대한 左派3黨의 대응」, 『한국근현대사연구』 3(1995), 302-303쪽.

39 『조선인민보』, 1945년 12월 30일자.

40 『조선인민보』, 1945년 12월 30일자, 1945년 12월 31일자; 심지연, 「반탁에서 찬탁으로: 남한 좌익진영의 탁치관 변화에 관한 연구」, 『한국정치학회보』 22-2(1988), 232-233쪽.

을 선출했다.⁴¹ 모두 12월 28~30일경 급박하게 일어난 일이었다.

1945년 12월 28일 이후부터 임정이 반탁운동 주도로 정국을 이끌자, 인공 측은 민중들의 통일 욕구⁴²도 반영하고 빼앗긴 주도권도 탈환하기 위하여 임정에 합작을 제의했다. 인공·임정 간 합작논의는 위와 같이 이전부터 제기되었던 문제였는데, 탁치 문제를 계기로 보다 구체화되었던 것이다. 미군정이 인공을 해체하든가 정당화를 요구한 상황에서 인공을 이끌고 있던 공산당은 이러한 상황을 타개하기 위해서 임정과의 합작을 고려하고 있었던 것이다.

이상과 같은 좌익진영 내부의 통일전선 결성 요구⁴³와 위와 같은 대중들의 '반탁통일로 신탁통치를 배격하라'는 요구를 의식한 인공 정식 대표(홍남표, 홍증식, 정백, 이강국)는 1945년 12월 31일 오후 7시 임정 국무위원 정식대표(최동오, 성주식, 장건상)와 만났다. 이 자리에서 인공은 민족통일 저해 요인이 인공과 임정의 병립에 있으며 민중들은 양 정부의 통일을 바라고 있다고 전제하면서 인공과 임정을 동시에 해체하여 '통일위원회'를 구성할 것을 제의했다. 이에 대하여 임정은 긍정적으로 검토하면서 임정 국무위원회에서 심의하기 위해 인공이 공문으로 임정 국무위원회에 1월 1일 전달해줄 것을 요구했다.⁴⁴ 위원회의 명칭에 통일이라는 이름을 붙였으므로 이미 당시 국내 정치세력들은 인공·임정

---

41 『조선인민보』, 1945년 12월 30일자; 李剛秀(1995), 앞의 글, 303쪽.
42 각 대중단체들의 통일전선 결성 요구는 다음에 나와 있다. 심지연(1988), 앞의 글, 232-233쪽.
43 예를 들면 12월 31일 오전 10시 조선청년총동맹 중앙위원회는 "임시정부는 독선적 행동을 버리고 진보적 민주주의제단체와 협심전력하여 강력한 민족통일전선을 결성할 것을 촉구한다"라는 성명서를 발표했다. 「임시정부는 독선버리라': 조선청총서 성명」, 『조선일보』, 1946년 1월 1일자.
44 「戰線統一策을 숙의: 임시정부와 인민위원회대표회견: 中央人民委員會談」, 『조선일보』, 1946년 1월 2일자; 『서울신문』, 1946년 1월 2일자; 『중앙신문』, 1946년 1월 3일자.

양 정부가 분립되어 분단이 된 것을 인정했다고 할 수 있다.

이에 인공 중앙인민위원회는 통일정부 수립을 위하여 통일위원회의 구성을 임시정부 국무위원회에 제안하는 3개항의 공문[45]을 임정 국무위원 최동오에게 1946년 1월 1일 오전 9시에 전달했다.[46] 그러면서 인공은 이를 발표했는데 다음과 같다.

조선인민공화국 중앙인민위원회는 대한민국임시정부와의 공동행동통일전선을 위한 노력을 계속하야 31일 오후 7시부터 시내 모처에서 정식대표 홍남표, 홍증식, 이강국, 정백 4인과 임시정부 국무위원 정식대표 성주식, 장건상, 최동오 3씨와 회견하여 환담리(歡談裡)에 민족통일에 관한 현하급무의 구체안에 관한 의견을 교환하였다. 양방의 민족통일을 위한 성의는 여지없이 피력되어 통일위원회를 설치할 것으로 의견의 일치를 보았으며 임시국무위원 3씨는 1월 1일의 국무위원회에서 그 안을 제출할 것을 약속하였고 중앙인민위원회에서는 다음과 같은 공문을 임시정부 국무위원회에 제출하였다.

〈공문〉

조선을 위요(圍繞)한 내외정세는 지극히 급박하여 있으며 민족통일은 시각을 다투고 있습니다. 만일 차제에 우리의 자력으로서(써) 통일치 못하고 외방에 의하여 부득이 통일케 된다면 이것은 민족만대의 치욕이요, 천추의 유한(遺恨)이 아닐 수 없습니다. 현명한 민중은 위기에 처하여 민족의 절대통일을 강렬하게 요청하며 나아가서 귀 정부와 본 정부의 동시 해체를 요구하고 있지 않습니까. 현재 조선민족통일을 저해하고 있는 원인은 양 정부의 병립으로 나타나고 있습니다. 따라서 조선인민공화국 중앙인민위원회는 실로 양

---

45 『조선인민보』, 1946년 1월 1일자; 심지연(1988), 앞의 글, 233쪽의 주29에 전재.
46 『서울신문』, 1946년 1월 2일자; 『중앙신문』, 1946년 1월 3일자.

정부의 통일이 민족통일의 유일 최선의 방법이라고 인정하고 그 구체적 방법으로서 다음의 제 조건을 대한민국임시정부 국무위원회에 제시합니다.

一. 양방에서 각각 약간 명의 위원을 선출하고 교섭에 관한 일절 전권을 위임하여 통일위원회를 형성할 것.

一. 해(該) 위원회는 매일 긴밀하게 회합하여 통일정부 수립에 관한 구체안을 토의 결정할 것.

一. 우(右) 임무의 달성은 미·소공동위원회 개최 이전에 완수할 시급한 필요로서 1월 5일까지 성안(成案)에 도달하도록 노력할 것.

본 제안에 대하여 1946년 1월 2일 오전 10시까지 회답하여주시기 바랍니다.

1946년 1월 1일

조선인민공화국 중앙인민위원회[47]

그러나 1946년 1월 1일 오후 6시에 임정은 홍남표 개인에게 "서식상 접수키 난(難)"하다는 이유로 이를 반환했다. 정통성을 가진 정부를 자처하는 임정이 어찌 인공이라는 정통성 없는 정부를 인정하여 대화할 수 있겠느냐는 의사를 표시한 것이다. 발신자 명의는 '대한민국임시정부비서처'로, 수신자는 직함 없이 '홍남표 귀하'라고 쓴 것에 인공(중앙인민위원회)을 인정할 수 없다는[48] 임정의 자기중심성이 배어 있다. 반탁운동의 주도권을 자신들이 장악하고 있다는 판단이 섰던 점도 임정이 이러한 고압적인 편지를 보낸 요인 중의 하나일 것이다. 통일은 안중에도 없는 비타협적인 태도였다. 이에 대하여 인공 중앙인민위원회에서는

---

47 「戰線統一策을 숙의: 임시정부와 인민위원회대표회견: 中央人民委員會談」, 『조선일보』, 1946년 1월 2일자. 같은 날짜 1면에 나온 사설 「탁치배격의 진로」에서 『조선일보』는 "오늘 임시정부와 인민위원회가 이 신탁통치제 반대를 위하여 흔연(欣然)히 악수하고 나가기로 태도를 결정하였다는 진실로 반가운 소식"이라고 긍정 평가를 했다.

48 김남식, 「박헌영·남로당의 통일전선」, 『역사비평』 2(1988), 99쪽.

2일 오전 11시 그 경위를 발표하면서 "소위 임정과의 통일을 위하여 우리는 겸허한 성의와 최대의 양보를 아끼지 않았다. 그러나 우리의 노력은 그들의 완명(頑冥)으로 인하여 수포로 돌아갔다. 이제야 우리는 민족분열을 획책하고 팟쇼화하는 임정을 배제하고 배전의 결의와 노력으로 민족통일을 민주주의적으로 완성하는 일로로 매진하려 한다"라는 담화를 발표했다.⁴⁹ 한편 인공의 이강국은 임정의 처사가 독선적이고 군림적이며 관료주의적이라고 비난했다.⁵⁰ 한편 양 정부를 모두 인정하지 않았던 미군정 입장에서는 임정의 완고한 대응을 형식주의적인 미몽이라고 생각했을 것이다.

이렇게 인공 주도의 통일공작은 일단락되었고, 이후부터 인공·임정 합작은 임정이 주도했다. 임정은 비등한 민족통일의 여론을 무시하지 못해서인지 1월 2일 인공의 제안을 다시 검토하고, 여기에서 "성의 있는 태도로 합작에 임할 것"을 원칙적으로 결정했다. 이에 2일 밤 임정 측 김원봉과 김성숙(양인은 임정 내 좌익적 성향을 가진 인물로 평가되며 1946년 2월 임정에서 탈퇴해 좌익의 통일전선기구인 민전에 가담했다)이 인공 측과 회견하여 "각당각파는 총망라하여 연합회의를 개최하고 그 석상에서 통일위원을 선거하자"라고 제의했는데, 이러한 제의에 인공 측은 공식적 의사 표명을 유보하고 3일에 재회담할 것을 요청했다.⁵¹

그러나 김구는 1월 4일 통일공작 면에서 "공산당과 인민당 방면과는 약간의 국부적으로 부합하지 못한 점이 있어서 … 임시정부의 전원은 공산당과 인민당의 영수들로부터 일치점을 구하기 위하여 계속 노력하

---

49 『서울신문』, 1946년 1월 2일자; 『조선인민보』, 1946년 1월 4일자; 『중앙신문』, 1946년 1월 3일자; 이강국 저, 정진태 편(1946), 앞의 책, 87쪽.
50 이강국 저, 정진태 편(1946), 앞의 책, 89쪽.
51 『서울신문』, 1946년 1월 4일자.

며 기타 각방으로 노력 중"이라면서도 다음과 같이 주장했다.

> 각계 영수를 망라하여 임시정부를 확대 강화 하여서 비상정치회의에서 과도정권이 확립될 때까지 나아가며 비상정치회의에서 과도정권이 확립되면 임시정부는 그때 해체될 것이다. 그다음에 그 과도정권은 절대 민주적 정신 위에서 국민대표대회를 소집하여서 독립국가, 민주정부, 균등사회를 원칙으로 한 신헌장에 의하여 정식정권을 조직하자는 것이다.[52]

이와 같이 김구는 환국 이래 줄기차게 주장한 지론인 '임정을 확대 강화 하여 통일정권을 수립하자'는 자기중심적 제안을 다시 하여 합작공작에 찬물을 끼얹었다. 이로써 탁치 문제를 중심으로 통일을 기할 수 있었던 마지막 기회가 무산되었다.[53] 임정은 첫째 임정의 법통을 시인할 것, 둘째 임정의 부서와 요직을 그대로 승인하고 따로 2~3개의 부서를 늘려 좌익이 이를 차지할 것을 제의했다.[54] 임정의 법통과 기존 조직, 직책을 유지하는 대신 2~3개의 신설 부서를 좌익이 맡을 것을 제안했던 것이다.

이러한 김구의 노선을 1941년 임정 후기 좌우합작 추진 시점과 1948년 4월 남북협상 당시와 비교하는 것은 흥미로운 주제이다. 즉 1941년과 1948년 그의 노선은 통일지향적인 것이었으나 1945년 말과 1946년 초에 그는 단지 자신이 중심이 된 임정의 법통과 주도권에만

---

52 『서울신문』, 1946년 1월 5일자.
53 무산된 요인에 대한 분석은 다음에 있다. 이완범, 「한반도 신탁통치 문제, 1943~46」, 강만길 외, 『해방전후사의 인식』 3(한길사, 1987), 247쪽.
54 정병준, 「해방 후 백범 김구의 건국노선과 평화통일 활동」, 백범김구선생기념사업협회·백범기념관·백범학술원 학술회의: 백범 김구 선생이 환국 후 정책과 활동, 백범기념관 대회의실, 2008년 10월 9일, 132쪽.

집착했다고 할 수 있다. 그렇다면 합작 실패의 부분적 원인을 인공과의 합작을 지지했던 임정 내 진보파인 김원봉, 김성숙, 장건상, 성주식과 보수파 김구의 의견 대립에서 찾을 수도 있다. 이러한 권력투쟁적·패권쟁탈적 시각에서 김구의 남북협상 참여를 조망할 수도 있다. 김구와 김규식은 남북협상에 참여하기 전에는 단정 노선에 암묵적으로 동조하는 애매하고 이중적인 태도를 보이다가 노선을 전환했다(김구는 1947년 12월 22일,[55] 김규식은 1947년 12월 19일[56]). 김구·김규식의 남북협상 참여 동기는 통일을 원하는 순수한 민족의식에서 나온 것이지만, 정치가 김구의 현실적 이익, 즉 단정에 참여하면 이승만에 밀려 정권을 잡을 수 없을지도 모른다는 현실적 판단[57]이 있었음을 전혀 배제할 수는 없다.[58]

이렇게 김구가 통일공작을 무색하게 만들자, 인공의 홍남표는 1945년 12월 31일의 회담을 제외한 1월 2일과 3일의 회합은 홍남표 자신과 조소앙, 김원봉, 장택상 등 개인 자격의 만남이었다고 주장하면서, 이 회담에서 아무런 구체안도 토의되지 않았으며 통일의 서광은 아직 보이지 않고 있다고 말했다.[59] 이렇게 결렬의 조짐 속에서 인공은 "밑으로부터의 민중의 통일은 도리어 더욱더 공고히 되어간다"[60]라고 주장하면서 임정을 배제[61]한 통일전선 결성을 천명했다. 통일전선의 대상과 주체 면에 있어 '임정-인공 동시해체론(임정포함론)'에서 '임정배제고립론'으

---

55 『조선일보』, 1947년 12월 23일자.
56 『경향신문』, 1947년 12월 21일자.
57 이완범, 「한반도 신탁통치안과 국내정치(1943~1948)」, 연세대학교 석사학위논문 (1985), 127쪽.
58 1946년과 1948년의 김구에 대한 흥미로운 비교는 다음에 있다. 梶村秀樹, 「해방3년사」, 김동춘 편, 『한국현대사연구』I(이성과현실사, 1988), 57쪽.
59 『서울신문』, 1946년 1월 6일자.
60 『조선인민보』, 1946년 1월 6일자.
61 『조선인민보』, 1946년 1월 4일자.

로 전환했다고 할 수 있다. 1946년 1월 6일에 마침내 인공과 임정 간의 회합이 결렬되어[62] 통일 노력은 수포로 돌아가고[63] 7일 이후 4당 공동회합으로 귀결되고 말았다.

인공·임정 합작이 최종 결렬되자, 영등포, 경전종업원조합(京電從業員組合)을 이끌던 정희영은 1946년 1월 25일 「박헌영 동지에게 서한」을 보냈다. 박헌영은 "한민당 지도자 송진우, 김성수 일파를 반민-친일파로 규정하고 소위 임정파가 아직 귀국도 하기 전에 반소 반공적인 내쇼날 파시스트로 규정하여 그와의 제휴를 거부하는 결의를 가졌지만 임정파가 귀국하자 그들과 조선 민족의 당면한 제 긴급문제에 대한 공동투쟁을 제의하기 전에 정부 수립만의 교섭에 분주하며 소위 5:5안을 제출했다가 민중에게 우리 당의 정부의자(政府椅子) 다툼의 의도만을 폭로하고, 그들에게 도리어 일축되고 말았다"[64]라고 통박했다. 조선공산당 내에서도 박헌영의 제안이 무원칙하다고 비판받았던 것이다.

좌익이 구체적인 태도 표명을 보류했으므로 반탁 구호 일색이었던 1945년 12월 31일과 1946년 1월 1일, 2일 시점에서 탁치에 대한 태도를 통일시킬 수 있었을 마지막 기회였다고도 할 수 있다.

그런데 임정에 대한 인공의 합작 제의가 왜 하필 이 시점에서 나왔을까? 이 과정을 검토하면, 이는 순수한 동기에서 출발한 통일운동이 아니라 하나의 정치공작에 불과하지 않은가 하는 현실주의적 평가도 가

---

62 『서울신문』, 1946년 1월 13일자. 한편 「민족통일원칙: 중앙위원회 조두원씨 설명」, 『해방일보』, 1946년 1월 16일자에 따르면 비상정치회의는 임정이 필요할 때 소집한 것이라고 비판했다.

63 실패에 대한 좌익의 논평은 다음에 있다. 민주주의민족전선 편, 『조선해방연보: 조선해방1년사』(문우인서방, 1946), 93-94쪽.

64 정희영, 「박헌영 동지에게 서한」, 1946년 1월 25일, 한림대학교 아시아문화연구소 편, 『朝鮮共産黨文件資料集(1945~46)』(翰林大學校 出版部, 1993), 91-93쪽.

능하다. 결과를 놓고 본다면 이 통일운동은 성공할 가능성이 거의 없는 도로(徒勞)였다. 그럼에도 불구하고 이를 시도했던 인공은 밑으로부터의 통일 요구를 반영한다는 공개적 이유 외에 모종의 숨은 의도를 가지고 있었을 가능성이 있다. 인공의 카드가 하필이면 임정이 정국을 주도했던 상황에서 나왔다는 점에서 인공의 숨은 의도를 간파할 수 있다. 즉 이러한 상황에서 임정 노선을 그대로 추수(追隨)한다면 조공은 임정의 헤게모니에 휘말려서 이전까지 가지고 있던 주도권을 빼앗기게 될 것이라고 인식했을 것이다. 인공의 시도는 임정의 독주를 견제하거나 임정으로부터 주도권을 탈취하려는 기도 혹은 임정에 대항하여 독자적인 주도권을 가지려는 몸짓이었다.[65]

가능성이 크지는 않았지만, 만약 통일공작이 성공했더라면 독자적인 주도권 모색을 위한 모스크바결정 지지노선으로의 방향 전환이 시도될 명분이 없었을 것이다. 이런 맥락에서 당시 임정의 패권주의적이고 고답적인 태도(남북협상 시의 포용적 입장과 대비됨)가 공산당의 노선 전환을 막지 못한 부분적이며 미미한 이유 중 하나였다. 당시 소련은 인공·임정 간 합작이 성립됨으로써 반탁하에 좌우의 통일정부 수립이 이루어질 가능성을 두려워했다고 하므로 소련이 이를 깨기 위하여 조선공산당에 노선 전환을 촉구했다는 가설도 가능하다.[66] 훗날 좌익은 '모스크바결정 지지로의 통일'만을 상정했지만[67] 우익의 '반탁통일'도 가능한 통일의 길이었다. 따라서 탁치는 그 찬반 양쪽으로의 통일(수렴)이 모두 가

---

65 이완범, 「조선공산당의 탁치노선 전환 이유: '소련지령설'의 비판적 보완, 1945~1946」, 『정신문화연구』 28-2(2005), 175-177쪽에는 '헤게모니 쟁탈설'에 대한 증거들이 열거되고 있다.
66 Bruce Cumings(1981), 앞의 책, p. 224.
67 서울대학교 인문대학 한국현대사연구회 편, 『해방정국과 민족통일전선』(世界, 1987), 106쪽.

능한 전 민족적 이슈였으나 결과적으로는 좌우가 극심한 대립을 노정해 모두 불가능해졌다.

인공·임정 간 합작 노력이 실패한 다른 이유들 중 하나는 1월 1일의 시점에서 인공이 '반탁'이라는 구체적 태도의 공식 표명을 보류했으므로 합작에 적극적으로 나설 동력이 떨어졌던 점이다.

임정의 입장에서 보면 자신들이 반탁운동의 주도권을 장악했기에 이를 인공과 나누어 가짐으로써 주도권을 약화시킬 필요가 없다고 생각했을 것이다. 또 한편 임정의 법통(法統)을 인정받는 것이 무엇보다도 중요했으므로 인공의 제의를 거절했다. 인공의 입장에서 보면 빼앗긴 주도권을 되찾기 위하여 합작을 제의했으나 거절당한 상태에서 반탁운동에 계속 참여함으로써 임정에게 압도당하는 것을 더 이상 원하지 않았다. 따라서 패권쟁탈의 한 수단으로서 탁치안을 둘러싼 노선 전환이 모색되었던 것이라고 볼 수 있다. 그렇지만 합작 실패에 따른 패권쟁탈의 추구라는 동기는 노선 전환의 여러 복합적인 이유 중 하나일 뿐이다.

한편 당시 인공이 반통일적인 이승만과 한민당을 배제하려는 의도로 임정에 합작을 제의했다는 평가가 있다.[68] 그러나 김구를 중심으로 한 임정세력이 이승만과 노선 차이를 보이는 것은 1948년 4월 남북협상 국면이다. 좌익은 1945년 말 이승만과 김구 사이에 큰 노선 차이가 있다고 생각하지 않았으며 1948년 남북협상 당시와는 달리 김구를 통일세력으로 인식하지도 않았다. 따라서 이러한 평가는 남북협상 당시의 통일전선적 상황을 소급하여 적용한 시점(時點) 혼동 혹은 결과론적 해석이다.

---

68 해방3년사연구회, 『해방정국과 조선혁명론』(대야출판사, 1988), 54-55쪽.

공산주의자 노선 전환과
찬·반탁 대립의 시작

4 장

"조선공산당은 반탁에서 찬탁으로 하루아침에 표변(豹變)했다"¹라는 것이 정설로 여겨지고 있다. 이에 대하여 필자는 과연 '하루아침' 사이라는 말이 상징하는 것처럼 조공이 짧은 시간 내에 아무 고민도 없이 급격하게 표변했는지 문제를 제기하고자 한다.

1946년 1월 3일 오후 1시 서울시인민위원회, 정연합회(町聯合會), 반파쇼투쟁위원회 공동 주최하에 서울운동장에서 개최된 좌익 측의 반탁대회[탁치반대민족통일촉성(서울시)시민대회; 후일 조공 측은 공식적으로 참

---

1 대검찰청수사국 편,『좌익사건실록』제1권(대검찰청수사국, 1965), 105쪽. 최근에는 '하루아침'이라는 표현을 쓰는 경우가 점차 줄어들고 있다. 예를 들어 국정 교과서인 국사편찬위원회 편,『고등학교 국사』(국사편찬위원회, 2004), 349-350쪽에는 "모스크바 … 3국외상회의에서는 임시민주정부의 수립, 미·소공동위원회의 설치, 최고 5년간의 한반도 신탁통치 등을 결정했다. 이를 둘러싸고 좌익과 우익은 격렬하게 대립"했다고 적고 있다. 고등학교 선택 교과인 검인정 한국근·현대사 교과서 중 제일 보수적이라고 평가받는 김광남·유영렬·신재홍·김동운·최병도가 집필한『고등학교 한국근·현대사』(두산, 2004), 261쪽에는 "좌익 세력은 처음에는 신탁 통치에 반대하였지만, 얼마 뒤 (소련의 지령을-인용자) 받아 모스크바 3국외상 회의의 결정을 지지한다고 그 입장을 바꾸었다"라고 나와 있다.

가하지 않았다고도 주장]²에서 준비된 반탁 피켓이 '찬탁'으로 급조³되었던 상황이기에 하루아침에 바뀐 것처럼 보였으며, 좌익이 대회 진행상에 문제점이 있었다고 스스로 시인했음⁴에도 불구하고 하루아침에 바뀌었다는 인상은 당시 대중들의 기억 속에서 쉽게 지워지지 않았다. 1월 3일자 집회를 보도한 『동아일보』, 1946년 1월 4일자에 실린 기사 「탁치 반대운동을 반대: 작일(昨日), 시민대회의 태도」에 따르면 "최초의 소집 취지와는 정반대의 노선을 걸어서 '외상회의 절대지지'를 표명하여 '탁치' 반대를 반대한다는 것 등을 결의하고 동(1월 3일 오후-인용자) 2시 반부터 각 단체는 반탁 반대의 시가시위 행렬을 하였다. 그러나 거리에 나선 시민들은 취지가 달라진 시위 행렬에 크게 의아하고 호응치 아니하였다"라는 것이다. 찬성이 아니라 '반대를 반대한다'는 것이 당시로서는 궁색했던 것이다.

그런데 냉전이 해체된 현 시점에서는 당시의 역사를 어떤 일방적인 '매도'나 이데올로기의 틀에서 벗어나 객관적으로 기술해야 한다. 급진적인 역사연구가조차도 당시 조공의 노선 전환을 '오류'라고 지적하는 마당에,⁵ 노선 전환의 옳고 그름을 판단하기에 앞서 그 과정을 최대한 객관적·가치중립적으로 기술하려고 노력할 필요가 있다.

이렇게 역사의 진실을 밝힌다는 맥락에서 다음과 같은 연구 경향에 주목할 수 있다. '하루아침 표변설'에 대하여는 '6일 만에 돌아섰다'

---

2 沈玄 編, 『韓國史大觀: 現代史 I』 6권(一中堂, 1979), 110쪽.
3 2일 저녁에 "지지 데모로 변경되었다"라는 지령이 왔다는 것이다. 朝鮮共産黨 서울市 永登浦 臨時地區 常任委員會, 「全鮮黨員 同志들에게 訴함」, 1946年 2月 13日, 19쪽; 한림대학교 아시아문화연구소 편, 『朝鮮共産黨文件資料集(1945~46)』(한림大學校 出版部, 1993), 362쪽.
4 『조선인민보』, 1946년 1월 12일자.
5 김종규, 『한국근현대사의 이데올로기』(논장, 1987), 124-125쪽.

는 평가를 한 연구가 산출되었다.[6] 또한 이강수는 반탁에 대한 회의론과 지지노선에 대한 모색이 좌익진영 내부에서 12월 하순 보도 이후부터 제기되었으며 조선공산당도 지방당 차원에서는 12월 말까지도 반탁을 표명했음을 면밀하게 밝혀[7] 그렇게 단선론적으로 매도할 수 없음을 시사했다. 이 글에서는 이러한 연구 경향들에 토대하여 보다 실증적이고 구체적인 자료로써 사실을 기술하려고 시도할 것이다. 탁치안에 대한 노선 전환이 이루어진 배경과 과정을 자세히 기술하여 '하루아침 표변설'의 문제점을 지적할 것이다.

1. 조선공산당 북조선분국의
전폭 지지노선의 선제적 표명, 1946년 1월 2일

인공·임정 간 합작 시도 외에 좌익의 노선 전환 배경으로 작용한 또 다른 요인은 신탁통치에 대한 북한 정치세력들의 입장이다.

북한에 언제 최초 보도가 이루어졌는지 확실하지 않지만, 남한과의

---

6   한국반탁반공학생운동기념사업회 편, 『한국학생건국운동사』(동회, 1986), 85쪽.
    또한 정일준은 노선 전환이 급작스럽게 이루어진 것이 아니라고 주장한다. 서서히 이루어진 신중한 노선 전환이었다는 것이다. 정일준, 「해방직후 분단국가 형성과정에 대한 일고찰」, 『한국사회사연구회 논문집 제13집: 해방직후의 민족문제와 사회운동』(문학과지성사, 1988), 172쪽.
    그러나 신중한 노선 전환은 기민하지 못한 한계가 있는 것도 사실이다. 옳은 노선을 빨리 표명했다면 '표변'이나 '돌변'이라도 이로울 수 있다. 오히려 옳은 노선 전환을 하지 못한 것에 더 문제가 있다. 본질적으로는 모스크바결정 지지노선이 모든 대중에게 옳은 것으로 여겨지지만은 않았다는 점에 문제가 있다. 또한 노선 전환이 한시라도 빨리 이루어졌다면 대중의 지지를 그렇게까지 상실하지 않았을 가능성도 있다. 이런 맥락에서 본다면 신중한 노선 전환만 지나치게 강조하는 견해도 비판받을 수 있다.
7   李剛秀, 「三相會議決定案에 대한 左派3黨의 대응」, 『한국근현대사연구』 3(1995), 310-311쪽.

소통이 가능했던 상황이므로 남한 보도가 며칠 늦게 전해졌다. 1945년 12월 27일자 '소련탁치주장설' 오보는 북한 대중에게 즉각 전해지지 않았으며 12월 28일자 왜곡보도는 며칠 후에 간접적으로 전해졌으므로 대중 사이에 반탁감정이 형성될 여지가 남한보다 상대적으로 적었다.

따라서 미군정이 편찬한 미간행 역사서에 따르면 남한과 같은 즉각적인 반탁데모는 대체로 없었다. 미군정 역사서는 데모가 거의 없는 이유가 대중이 탁치를 찬성했기 때문이라기보다는 소련 당국을 두려워했기 때문이라고 주장한다.[8] 소련 문서에도 북한에서는 남한과 같은 대중적 반탁운동이 일어나지 않았다고 보고되었다.[9] 그렇지만 강원도에 주둔한 소련 군사위원인 중좌 솔로비요프는 "조선 민족의 적인 친일파 부루조아 민족반역자들이 이 모스크바회담의 결의를 곡해하며 반대하려고 한다"라고 지적했으므로 반탁 분위기가 우익에 의해 조성된 적이 있었던 것으로 추정된다.[10]

또한 남한의 반탁운동에 호응해 학생들을 중심으로 지하에서 산발적으로 반탁운동이 일어났다고 한다. 반탁운동자들은 철저한 탄압을 받았고 체포된 주도자들은 투옥, 행방불명, 시베리아 유형이란 비운을 겪어야만 했다는 것이다.[11] 모스크바3상회의 직후 북한 내 여러 도시에서 신탁통치에 반대하고 공산당과 소련군에 대한 저항을 호소하는 전단이 살포되었다고 한다. 1945년 12월 30일 밤부터 평양에서는 '신탁통치

---

8 "HUSAMGIK," vol. I, part I, chapter VI, p. 240.
9 이그나찌에프, 「모스크바결정과 관련한 북한 주민의 정치동향에 관한 보고」, 러시아연방국방성중앙문서보관소, 문서군 소련민정청, 목록 102038, 문서철 2, 6-11쪽; 田鉉秀, 「蘇聯의 美蘇共委 대책과 韓國臨時政府 수립 구상」, 『韓國 近現代의 民族問題와 新國家建設』(지식산업사, 1997), 561쪽에서 재인용.
10 「朝鮮에 對한 三國外相會談의 決議에 關하야」, 『강원인민보』, 1946년 1월 4일자 호외 참고.
11 김태서, 「김일성선집 수정내용분석」(국토통일원 조사연구실, 1979), 39-40쪽.

반대', '공산당을 배격한 민주정부 수립' 등을 내용으로 하는 전단이 뿌려졌고 1946년 1월초까지 전단을 살포한 70여 명이 체포되었다. 반탁운동자들은 주로 중학생들이었고 그중 6명은 공산당 지도자들에 대한 테러행위의 조직 임무를 띠고 서울에서 파견된 학생들이었다. 1월 3일 철원에서는 병원장과 여관 주인, 촌장 등이 주동하고 100여 명이 모여 시위를 조직하여 시가행진을 시도하기도 했다. 공산당은 여기에 개입하여 모스크바결정의 진의를 군중들에게 해설함으로써 시위를 진정시켰다.

1945년 12월 30일부터 이듬해 1월 5일까지 황해도에서는 삐라 살포 및 시위 조직 혐의로 20명이 검거되었다. 이 밖에 함흥, 원산, 덕천, 안악 등지에서 소규모 반탁시위가 벌어졌다. 이후 반탁운동은 소강 상태를 보였지만 1946년 3·1절 행사 등에서 학생들의 산발적인 반탁시위가 있었으며 평양 학생들의 동맹휴업도 있었다. 남쪽에서 파견된 테러 세력 외에 학생들의 조직적 항의가 반소반공운동의 주도적 모습으로 등장하기도 했다. 공산당 측은 부르주아 지주 가정 출신 자녀가 주동했다고 평가했다. 이렇듯 모스크바결정 발표 직후 북한 내 반탁운동은 학생들이 중심이 되어 전단 살포와 동맹 휴학 등을 행했다. 그러나 반탁운동은 체계적인 조직적 지도가 미미했을 뿐만 아니라 소련군과 보안대의 신속한 대처로 인해 북한 전역으로 확대되기는 어려웠다. 공산지도부는 모스크바결정의 정당성에 대한 광범위한 선전 선동 활동을 전개해 주민들의 반대 분위기를 효과적으로 차단했다. 다만 평양을 중심으로 한 대도시 학생들의 반탁운동 및 남쪽과 연계된 테러 활동은 1946년 3월에 시작된 토지개혁 기간에도 이 문제와 결합하여 지속되었다. 특히 테러 활동은 산발적이지만 북한 전역에서 상당 기간 광범위하게 진행되었다.[12]

산발적 반탁운동 외에 조만식은 탁치 관련 보도를 남한보다 며칠 늦게 접하고 남한의 우익과 동조해 반탁의 입장을 시종일관 견지했다고 한다(부록 2 참고).

탁치 문제가 알려진 상태에서 탁치안 결정 보도나 모스크바결정 전문이 소련 당국에 의하여 전해졌다. 공산주의자들의 즉각적인 반응은 당시 북한 신문 자료들에는 나와 있지 않지만, 부정적인 편이이었다고 회고된다.[13] 오영진의 회고에 의하면 "신탁통치 발표 하루 전인지 바로 그 날인지 잘 기억은 없지만 김일성이 조만식 선생을 찾아와 '만약 우리나라에 신탁통치가 실시되면 나는 백두산에 올라가 빨치산운동이나 하겠다'는 말을 했다"라고 한다.[14]

그런데 김일성은 하루 전에 작성한 것으로 판단되는 1946년 1월 1일자 신년사에서 아래와 같이 모스크바결정이 제기된 상황을 '문제'로 바라보고 있다.

---

12 기광서,「해방 후 북한 반소반공운동의 실상」,『동북아연구』34-2(2019), 152-154쪽.
13 당시 북한에 있었던 한재덕은 "공산 외곽단체의 이름으로 반탁 벽보가 나붙"었다고 주장하나[韓載德,『韓國의 共産主義와 北韓의 歷史』(內外文化社, 1965), 209쪽], 북한의 역사들은 이에 대하여 전혀 언급하지 않았다. 또한 다음과 같은 반공적 연구에서도 북한의 공산주의자들이 반탁을 내세웠다고 주장하고 있다. 金昌順,『北韓十五年史』(知文閣, 1961), 70쪽; 고당전·평양지간행회 편,『고당전』(평남민보사, 1966), 235쪽. 해방 직후『해방일보』정치부 기자 박갑동은 "북한의 김일성도 처음에는 반탁 의사를 조만식에게 말했다"라고 증언하나(朴甲東,「내가 아는 朴憲永, 72: 信託統治反對」,『중앙일보』, 1973년 5월 21일자), 이는 우익인사가 유포한 막연한 소문으로 추정되므로 그 신빙성이 떨어진다. 북한에 조만식을 비롯한 반탁론자가 있었고, 김일성이 "모스크바회의결정의 진의를 민중에게 해석"하라는 지시를 내린 것[韓雪野 編,『反日鬪士演說集』(평양: 八一五解放一週年記念 中央準備委員會, 1946), 10-11쪽]을 보면 북한의 대중들 사이에서도 반탁감정이 미약하나마 형성되어 있었던 것 같다. 당시 소련사령부의 통역을 맡았던 박길룡의 증언에 의존한『중앙일보』의 취재기사에 의하면 공산주의자를 포함한 북한 내 대부분의 좌·우익 정치가들이 이게 무슨 날벼락이냐는 감정으로 즉각적인 반대 의사를 표명했다고 한다(『중앙일보』, 1991년 11월 28일자). 그러나 북한 좌익들의 반탁은 구체적이지 않았고 지울 수 없는 오점도 아니었으며 더욱이 그 증거를 남기지 않았다.
14 조규하 외,『남북의 대화』(한얼문고, 1972), 227쪽. 오영진은 공산당이 지지의 입장으로 표변한 것이 12월 30일쯤이었던 것으로 기억하며 조만식에게 찬탁을 권고한 날도 이날이라고 증언한다.

문제는 우리가 민주주의민족통일전선을 공고히 결성하며 일제의 잔재를 철저히 숙청하고 … 세계민주진영의 일원으로 되기 위한 우리들의 노력 여하에 달려 …[15]

김일성이 신탁 결정을 '문제'로 파악해 그다지 달갑지 않게 생각하는 다소 애매한 면모를 보였다고 평가한다면 사후적인 확대해석일 가능성도 있다. 그러나 김일성은 박헌영과는 달리 신탁통치 문제를 언급하기는 했다. 신년사 맨 마지막 부분에 "임시정부를 수립하기 위해 신탁통치를 실시한다"라고 했던 것이다. 그런데 "임시정부를 수립하고, 수립된 임시정부와 상의하여 신탁통치 실시를 결정한다"라는 모스크바결정안의 본뜻과는 달랐을뿐더러 '소련식 후견제'라는 표현을 쓰지 않았으므로 아직까지 모스크바결정을 확실하게 인식하지 못했던 것으로 보인다. 그렇지만 이것만으로도 1946년 1월 2일 조공 북조선분국 등 각 정당 사회단체가 선제적으로 표명한 '전폭적인 지지노선'[16]과는 확연히 다른 것으로서, 김일성이 모스크바결정에 대해 달갑지 않은 태도를 가지고 있는 것으로 확대해석할 수 있다.[17]

---

[15] 김일성, 「신년을 맞이하면서 전국인민에게 고함, 1946년 1월 1일」, 『김일성선집』 1(평양: 조선로동당출판사, 1954), 26-29쪽; 金俊燁 外 編, 『北韓硏究資料集』 I(高麗大學校出版部, 1969), 37쪽. 1954년에 간행된 선집이 현존하는 최초의 판본인데, 나중에 윤문되었을 가능성이 있다.

[16] 조선공산당북조선분국 외, 「조선에 관한 소미영 삼국외상 모스크바 회의의 결정에 대하여, 1946년 1월 2일」, 『朝鮮中央年鑑』 1949년판(평양: 朝鮮中央通信社, 1949), 59쪽.

[17] 1992년 조선로동당출판사에서 간행한 『김일성전집』 2권, 493-499쪽에 최초로 나오므로 후일 작성된 것으로 추정되는 김일성의 「조선문제에 관한 모스크바3국외상회의 결정에 대하여: 북조선공산당 중앙조직위원회 부장협의회에서 한 연설」, 1945년 12월 31일에는 적극적 지지노선을 김일성이 이미 12월 말에 설파한 것으로 나와 있다. 그러나 이 조작된 문건도 그 이후 시기의 전폭적 지지노선과는 분위기가 다르다. 494쪽에는 "일부 공산주의자들 속에서도 3국외상회의 결정을 반대하는 경향이 나타나고 있"으며 "남조선공산당 내의 일부 사람"들이 반탁에 동조했던 사실을 인정하면서 495쪽에는 "물론

반면 박헌영은 『해방일보』, 1946년 1월 1일자에 실린 신년사설 「조선에 완전독립, 세계엔 평화의 해로서」에서 탁치는 전혀 언급하지 않았다(아마 다른 신년사와 비슷하게 1945년 12월 26일경[18] 탁치가 쟁점으로 부각되기 전에 쓴 것으로 추정된다).

그러나 반탁의 증거를 하나도 남기지 않았든 반탁성명을 공식적으로 하나도 내지 않았든 간에 남한 조공이 범한 '반탁의 오류'[19]를 북한 공산주의자들은 범하지 않았다. 김일성은 1월 1일자 신년사와 같이 약간의 애매한 의사 표명은 했으나 겉으로는 일관성 있게 노선을 견지한 것처럼 보였다. 또한 북에서는 반탁감정이 광범위하게 형성되지 않았으므로 지지노선 표명 이후에도 대중의 감정과 괴리된 방향으로 나아가지 않을 수 있는 공산주의자들에게는 유리한 환경이었다.[20]

이렇듯 남한의 공산주의자들보다 상대적으로 일관적인 반응을 보였던 북한의 공산주의자들은 1946년 1월 2일 명백한 지지노선을 기민하게 먼저 표명했다.[21] 이에 영향을 받았을 남한 공산주의자들도 노선 전환의 조짐을 뒤늦게나마 보이기 시작했다. 북한 공산주의자들이 상대적으로 일관성 있는 태도를 견지할 수 있었던 것은 북한의 김일성이 소련

3국외상회의 결정에는 우리 민족의 의사와 다소 배치되는 점도 없지 않"다는 반탁감정을 다소 의식하는 언사를 구사하고 있다.
18 『해방일보』, 1946년 1월 1일자에는 「민족통일을 기본 완전자주독립에로」라는 박헌영의 글이 있는데 이는 12월 26일 기자와의 대담기이며 『신조선보』, 1946년 1월 1일자에 「신년의 과제는 통일: 박헌영씨 담」이라는 제목으로 축약돼서 실렸다. 이에 대해서는 이정박헌영전집편집위원회 편, 『이정 박헌영 전집』 2(역사비평사, 2004), 144-149쪽 참고.
19 『조선일보』, 1946년 1월 5일자.
20 김일성은 1946년 1월 6일의 지지운동에 300만여 명의 군중이 참여했다고 주장한다. 김일성, 『創立一週年을 맞이하는 北朝鮮勞動黨』(平壤: 勞動黨出版社, 1947), 29쪽.
21 조공의 1월 2일자 성명을 노선 전환으로 보는 이동현은 동일한 날짜에 노선 전환이 이루어졌기에 남북 조공의 명령 계통이 동일함을 알 수 있다고 주장한다. 이동현, 『한국신탁통치연구』(평민사, 1990), 104쪽.

과 밀착된 상태에서 소련을 계속 의식했기 때문이라고 추측할 수 있다. 김일성은 1945년 12월 중순에 개막된 모스크바3상회의에 소련 외상이 참여한 사실을 이미 알고 있었고 자신들을 지배하고 있는 유일한 무장력의 원천이자 공산주의자들의 든든한 후원자인 소련이 모스크바결정 도출 과정에서 당연히 일정한 역할을 했으리라고 추측했을 것이다. 이에 소련을 의식해야만 했던 김일성은 모스크바결정에 명백히 반대하는 것은 피하고자 했을 것이다.

이렇듯 당시 김일성은 북한 내 세력관계 면에서 소련 입장을 거의 추종해야 했음에도 불구하고, 1월 1일의 신년사는 1월 2일의 전폭적인 지지노선과는 상당히 대비되는 신중하고 애매한 논조였다. 따라서 애매한 논조에서 전폭적 지지로의 전환에는 소련의 지지 지령이라는 외부적 작용이 있었을 것으로 추측되며 소련의 지령 혹은 지시나 종용은 1월 1일 이후에 내려졌다고 추정할 수 있다.

2. 조선공산당 방향 전환 과정, 1946년 1월 2~3일

1) 1946년 1월 2일과 3일의 반전

1945년 12월 27일 소련 탁치주장설 보도 이래 12월 28일 탁치실시 보도에도 즉각적인 태도 표명을 유보했던 조선공산당은 1946년 1월 3일에야 비로소 공식 태도를 표명했다. 유보 기간 중에 나온 좌익 성명서를 보면 그 논조가 점진적으로 변화하고 있어, 조선공산당이 내적으로 고민하고 있음을 보여준다. 또한 임정 반탁운동의 방법론에 대한 비판이 거의 모든 성명에 나오는데, 이는 좌익이 임정의 주도권에 대하여 견제하고 있음을 보여주는 증거이다. 이 과정들을 자세히 살펴보고자 한다.

1945년 12월 31일 조선공산당 서울시위원회는 "신탁통치를 철폐시키고 완전독립을 전취"하기 위해 "민족통일전선 결성을 즉시 실현"시키자고 주장하여, 탁치를 '반대'한다는 표현 대신 '철폐'시키자고 표현했다.[22] 또한 인공 중앙인민위원회에서는 12월 31일 "시장을 철폐하고 총파업을 전개하는 것은 국민경제의 자멸이며 경제적으로 자멸하는 것은 신탁통치를 반대하는 방법이 절대로 아니다"[23]라는 성명을 발표하여 아직도 반탁의 입장에 간접적으로 동조하기는 했지만 김구 주도 반탁운동의 전술적 측면을 비판하면서 그로부터 이탈하려는 조짐을 보였다.

임정·인공 간 합작이 진행 중이던 1946년 1월 1일 오후 2시 조공 중앙위원회는 기자단과의 회견에서 "신탁 문제의 해결은 민족통일전선 결성으로"를 슬로건으로 내세우면서 역시 철시, 파업 등 임정 주도의 전술을 아래와 같이 비판했다.

우리당은 과거에도 그러했고 현재에도 자주독립을 위하여 싸우고 있다. 민족 전체의 절대적 희망이고 카이로·포츠담회담에서도 약속한 바임에도 불구하고 신탁제가 나오게 됨에 이에 대하여 계획적, 흥분적 행동으로는 해결할 수 없다. 조선을 싸고도는 국제 현 정세를 가장 냉정하게 비판 인식하여 이 문제에 대응하야 한다. 이 문제를 을사조약 운위하여 철시 파업 등 방법으로 민중을 선동지도하는 것은 시민의 생명을 질식화하는 것이며 더욱이 근로대중의 생활을 파멸시키는 것이다. 다만 이 해결 방법은 오직 민주(주)의적인

---

22 『중앙신문』, 1946년 1월 1일자.
23 『조선인민보』, 1946년 1월 1일자.

민족통일전선을 공고히 결성하는 데서만 가능하다고 본다.²⁴

'해결'이라는 표현은 '반탁'·'철폐'와는 그 뉘앙스가 다른데 이것만 보아도 조공의 태도가 명백히 변하고 있음을 읽을 수 있다. 특히 반탁진영의 운동을 비판했다. 이렇게 신탁통치를 을사조약과는 다른 안으로 인식하고 있는 것에서 탁치에 대한 인식이 변하는 도정에 있음을 알 수 있다. 여기서 이후 인식의 맹아적 형태를 포착할 수 있다.²⁵ 또한 위의 조공 측 12월 31일 성명(서울시위원회), 1월 1일 성명(중앙위원회)에서 탁치 문제를 긍정적으로 보지는 않았지만 '반탁'의 입장을 명백히 하지도 않았음을 지적할 수 있는데, 이러한 애매한 태도에서 12월 27일 공식 태도 표명 보류 이래 일관된 변화 조짐이 물밑에서 일어나고 있음을 간파할 수 있다. 조공 중앙의 공식 의견 표명이 없었으므로 조공 서울시 영등포지구에서는 "3상회의의 내용이 신문지상에 발표되자 영등포의 당원들은 곳(곧) 모여 토의한 결과 이를 지지하여야 할 것이라는 결론을 얻어 이를 건의까지 하였으나 전평에서 소위 반탁시위에 관한 지령이 있었기로 계급의 통일을 보이기 위하여 이에 복종하여 시위를 준비하였"다고 적고 있다.²⁶ 또한 12월 30일 『해방일보』 사장 권오직의 집에 모인 조공 주요 간부들은 모스크바결정안에 대해 토론했는데, 결론은 "민족의 체면상, 또 전 국민이 반대하는데 공산당만 찬성할 수는 없지 않느냐는 것"이었는데 토론 과정에서 지지하자는 의견도 있었음을

---

24 『조선인민보』, 1946년 1월 2일자; 『서울신문』, 1946년 1월 2일자; 「먼저 민족통일」: 공산당 탁치반대방법천명」, 『조선일보』, 1946년 1월 2일자.
25 李剛秀(1995), 앞의 글, 312쪽.
26 朝鮮共産黨 서울市 永登浦 臨時地區 常任委員會, 「全鮮黨員 同志들에게 訴함」, 1946년 2월 13일, 19쪽; 한림대학교 아시아문화연구소 편(1993), 앞의 책, 143쪽, 362쪽; 李剛秀(1995), 앞의 글, 311쪽.

짐작할 수 있다.[27]

이러한 가운데 1946년 1월 1일 저녁 인공과 임정 간 합작 기도가 거의 무산되었다는 소식이 전해지면서 조공의 노선 전환이 가속화하고 있었다.[28]

1월 2일자 남한의 조선공산당 중앙위원회 성명에서는 반탁에 반대한다는 명백한 태도 표명은 없지만 그러한 논조는 일관되어 있어, 지금까지의 애매한 태도 보류가 찬탁과 반탁노선 어느 쪽으로든 갈 가능성이 있는 기회주의적 노선임을 확인할 수 있다. 다음은 이 성명의 주요 부분이다.

모스크바3상회담의 결정을 신중히 검토한 결과 이번 회담은 세계 민주주의 발전에 있어서 또 한걸음 진보이다. 조선을 독립국가로 부흥하고 민주주의 기초 위에서 나라가 발전될 조건을 만들기 위하여 … 임시적 조선민주주의적 정부를 조직한다는 동 결정문에 있어서 이러한 국제적 결정은 금일 조선을 위하야 가장 정당한 것이라 우리는 인정한다. … 삼국의 우의적 원조와 협력 신탁은 흡사 제국주의적 위임통치제라고 왜곡하고 연합국을 적대 방면으로 대중을 기만하는 정책을 쓰고자 하는 김구 일파의 소위 반신탁운동은 조선을 위하야 극히 위험천만한 결과를 나타낼 것은 필연이다 . … 카이로회담이 조선 독립을 적당한 시기에 준다는 것인데 이 적당한 시기라는 것이 이번 회담에서 5년 이내로 규정된 것이다. … 민주주의 원칙(친일파 민족반역자 국수주의자를 제외한)을 내세우고 이것을 중심하고 조선 민족 통일전선을 완

---

27 朴甲東, 『朴憲永』(인간사, 1983), 134쪽; 李剛秀(1995), 앞의 글, 311쪽.
28 한편 이러한 노선 전환과는 다르게, 조선공산당 중앙위원회는 인공·임정 간 통일을 다소 타협적으로 추진해야 한다고 주장했다. 조선공산당중앙위원회, 「민족통일전선결성에 대하야」, 『인민평론』 창간호(1946), 19-24쪽. 그런데 이 문건은 인공·임정 통일 기도가 무산되기 전에 작성된 것으로 추정된다.

성함에 여력을 집중하여야 한다.[29]

김구 주도의 반탁운동을 비판하면서도, 대중의 반탁감정을 의식해서인지 반탁에 반대한다든가 모스크바결정을 지지한다든가 하는 명시적 주장은 아직 나오지 않고 있다. 단지 모스크바결정이 진보적이며 조선에 있어서 정당한 것이라고 주장하는 데 그쳤다. 이에 비해 같은 날짜인 1월 2일자로 서명되었으나 위 조공 중앙위원회의 성명보다 늦게 작성된 조선인민공화국 중앙인민위원회의 미·영·중·소 4개국에게 보낸 결정서에서는 아래와 같이 모스크바결정 지지노선이 남한에서는 최초로 명백히 표출되었다.

> 모스크바3상회담의 조선에 대한 결정을 토의하고 조선인민공화국 중앙(인민-인용자; 의도적인 삭제가 아니라 줄인 것으로 보임)위원회는 아래와 같이 인정함.
> 1. 8월 15일을 계기로 한 조선해방은 우리의 힘이 아니고 세계 민주주의 연합국의 용감한 군대의 힘으로 된 것이매 조선을 자주독립국가로서 발전할 수 있는 길을 열어준 위대한 역사적 단계였고,
> 2. 3상회담의 결정은 조선 민족 해방을 확보하는 진보적 결정일 뿐 아니라 민주주의정권 수립과 조선의 민주주의적 발달을 원조하여 조선의 완전독립을 발전적으로 완성하여 세계 문명국가의 지위에 나아가게 하는 것이며 8월 15일 해방으로부터의 위대한 일보 전진이다.

---

[29] 『중앙신문』, 1946년 1월 3일자; 『조선인민보』, 1946년 1월 3일자; 『해방일보』, 1946년 1월 6일자. 이 성명에서 조공은 3국의 국제협력을 믿었다. 당시 한반도 문제를 둘러싼 미·소 간 이견이 본격적으로 표출되기 전이라 이런 인식이 가능했다. 그러나 당시 유럽에서는 냉전이 출현하고 있었으므로 국제정치의 현실을 직시하지 못한 다소 순진한 정세 인식이라고 할 수 있다.

3. 이 결정은 현하 국제정세일 뿐 아니라 조선 국내정세에 비추어 조선 민족의 이익을 존중하는 가장 적절한 국제적 국내적 해결이며 세계의 평화유지와 인류의 민주주의화에 최적한 결정이라고 확신하야 본 위원회는 다음과 같이 결정한다.

   (1) 모스크바3상회담의 진보적 결정을 전면적으로 지지하고 민주주의 연합국과 가치 조선의 민주주의정부 결정의 실행에 적극적으로 참가하고 민주주의 제국의 원조와 협력에 의하여 우리 조국을 민주주의적 문명국가의 수준에 도달시키기 위하여 투쟁함을 약속함.[30]

위에서 보는 바와 같이 3가지 이유(① 해방의 규정성, ② 결정의 진보성, ③ 해결의 적절성)에 의거하여 (1) '전면적으로 지지'하기로 결정했다. 또한 위 결정서의 말미 3항에 "민주주의 연합국의 호의와 원조에 반대하여 경거망동함으로써 민족통일전선을 분열하려고 책동하는 일파를 단호 배격하"[31]라고 지시하며 임정 주도의 반탁운동에 대한 견제를 잊지 않고 있다.

그런데 탁치라는 표현은 한 번도 나오지 않으며 찬탁이 아닌 '모스크바결정 지지'라는 표현을 사용했다는 것이 특기할 만하다.[32] 탁치를 지지하는 것이 아니라 모스크바결정을 지지한다는 것이다.

또한 북한에서 전달된 3상결정 전문에는 소련어 번역에 의존했기 때

---

30 중앙인민위원회, 「모스크바 삼상회담결정에 대한 중앙인민위원회의 결정서」, 1946년 1월 2일, 『조선일보』, 1946년 1월 4일자.
31 중앙인민위원회, 「모스크바 삼상회담결정에 대한 중앙인민위원회의 결정서」, 1946년 1월 2일, 『조선일보』, 1946년 1월 4일자.
32 이 표현만을 강조한 다음과 같은 연구도 있다. 해방3년사연구회, 『해방정국과 조선혁명론』(대야출판사, 1988), 61쪽.

문에 탁치란 용어는 전혀 없고 '후견'이라고 표시되어 있음을³³ 확인한 남한의 좌익은 1946년 1월 11일 이후 식민지화를 의미하는 탁치가 아닌 조선인의 참여가 보장된 '후원제'로 규정하기로 결정했다.³⁴ 서중석(1989)은 노선 전환 전후의 탁치에 대한 의미 규정을 달리하여 '전환'의 의미를 희석시키고 있다. 즉 최초 '반탁'에서 탁치는 '위임통치'이며 변화된 '찬탁'에서 탁치는 '후견(원조)'을 의미한다는 주장이다.³⁵

그러나 당시 대중은 언론의 주입 덕분에 3상결정의 중심이 탁치에 있다고 인식했다. 따라서 대중적 차원에서는 좌익의 논리가 설득력이 부족했던 것이 사실이다. 또한 박헌영 자신도 초기에는 신탁과 후견을 혼동했다.³⁶

그렇다면 '찬탁' 혹은 '후견제 지지'가 아니라 '모스크바결정 지지'라고 내걸면서 자신들은 탁치를 지지하는 것이 아니라 모스크바결정을 지지한다고 주장했던 이유는 무엇인가? 그들이 지지하는 것은 탁치가 아닌 후견제이며³⁷ 결정의 중심이 탁치에만 있지 않다는 논리를 제시하지만, 만약 이것이 전적인 이유였다면 그들이 지지하는 부분 중 하나는 탁치·후견제이므로 '찬탁'이라는 표현에 거부감을 느낄 필요가 없었으며 찬탁·후견제 지지를 전면에 내세우지 못할 이유도 없었다. 이런 맥락에서 본다면 좌익이 찬탁이라고 내걸지 못하면서 인용했던 '탁치가 아

---

33 『조선인민보』, 1946년 1월 10일자.
34 『서울신문』, 1946년 1월 15일자.
35 徐仲錫, 「반탁투쟁과 자주적 통일민주국가 건설의 좌절」, 李泳禧先生華甲記念文集編輯委員會 編, 『李泳禧先生華甲記念文集』(두레, 1989), 112쪽.
36 朴憲永, 「信託(後見)制와 朝鮮: 1946년 2월 1일」, 『조선인민보』, 1946년 2월 2일자; 『조선인민보』, 1946년 2월 4~5일자.
37 '후견제 지지'의 구호가 전면에 나오지는 않지만 그들의 설명에 식민지화의 위험이 제거된 후견제를 지지한다는 견해가 뒤늦게까지 여러 번 등장했다. 이에 비해 '찬탁'이라는 논리는 후기에 들어서면 전면적 구호에서 사라짐은 물론 배후에서 행해지는 이론적 설명에서도 언급되지 않았다.

닌 후견제이며 모스크바결정이 탁치만이 아니다'는 논리는 부분적 해명에 불과하므로 국민을 설득하는 데 한계가 있었다. 다소 극단적으로 말하면 위장된 명분일 뿐이었다. 찬탁이라 내걸지 못했던 주된 본질적 이유는 대중의 반탁감정을 의식했기 때문이다.

인공의 명백한 지지 표명을 앞세우고 난 조공 중앙위원회는 하루 뒤인 1946년 1월 3일, 전날 발표된 자당의 지지도 반탁도 아닌 애매한 성명에 대해 해설하면서도 불확정적인 전날의 분위기를 바꾸어 지지노선을 명백히 하는 성명을 발표했다. 그런데 전날 인공 중앙인민위원회 결정서와는 달리 신탁이라는 용어를 사용한 점은 특기할 만하다. 탁치는 식민지화를 의미하는 것이 아니라 독립을 위한 것이라고 비교적 소상히 해설했다. 탁치가 아닌 후견이라고 탁치 논란을 회피하기보다는 정면 돌파하여 극복하고자 했던 것이다. 다음은 이 성명의 주요 부분이다.

이번 3상회의의 조선 문제에 대한 결정은 비록 즉시절대독립 허용은 국제적으로 승인되지 못했다 하더라도 일방으로 식민지화의 위험이 제거되고 타방으로 우리 실력 여하에 의하여는 비록 단기간 내라도 자주독립이 성립될 수 있는 보장을 얻은 것은 실로 조선 문제 해결에 대한 커다란 전진이라 아니할 수 없다. … 둘째, 이 신탁이 4개국의 신탁하에 두고 또한 이 신탁이 5개년이란 기간 내 어느 때든지 우리 민족의 역량에 의하여 철폐할 것을 결정한 것은 … 그러므로 이 신탁은 독립과 대립된 신탁이 아니요, 독립을 촉성하는 신탁이다. … 우리는 이 신탁의 원인이 우리 민족통일의 미성취로 인하여 민주주의 제 국가에서 이러한 결정을 가져오게 했으니 우리는 시급히 민족통일전선(민주주의 민족전선)을 결성하여 일일이라도 속히 자주독립을 전취할 것을 대중 앞에 제의하여 … 대중이 있는 곳에는 어느 곳이든지 이 반신탁운동을 민족통일전선 결성운동으로 전환하는 동시 모스크바3상결의를 절대 지

지하여야 될 것이다.[38]

위와 같이 조공이 아무런 근거 없이 신탁을 지지한 것은 아니었다. 그들도 '즉시절대독립'을 '신탁을 거친 독립'보다 선호했으나[39] 민족이 통일되지 못했으므로 신탁이 부과된 것에 대하여 어쩔 수 없다는 식의 논리이다. 또한 신탁은 식민지화의 위험이 배제된 것이므로 독립과 배치되지 않는다고 인식했다. 탁치가 독립을 위한 방책이기에 이를 지지한다는 것이다. 또한 신탁이 거론되는 원인이 민족통일의 미성수(未成遂)에 있으므로 반탁운동을 민족통일전선 결성운동으로 전환하자고 제의했다.

신탁이라는 표현을 사용하기는 했지만 역시 대중의 반탁감정을 의식하여 신탁을 지지한다(찬탁)고 표현하는 대신 "모스크바3상결의를 절대지지"한다고 내걸었다. 한편 신탁이 '민족의 역량에 의하여 철폐'[40]된다든지 "자주독립을 전취"하자는 등의 표현을 사용하여 자신들이 매국노라서 즉시독립에 반대하는 것이 아니라 독립을 위하여 싸우고 있다는

---

38 조선공산당중앙위원회, 「신탁통치에 대한 결정」, 1946년 1월 3일, 『해방일보』, 1946년 1월 6일자; 『조선인민보』, 1946년 1월 8일자; 『서울신문』, 1946년 1월 8일자.
한편 조공이 이 성명에서 한국 문제에 관해 낙관적인 전망을 하고 있다는 평가가 있다. 高峻石, 『南朝鮮勞働黨史』(東京: 勁草書房, 1978), 119쪽; 하성수 편, 『남로당사』(세계, 1986), 133쪽.
39 오기섭은 "당장 主權樹立을 要求"하는 것은 어느 당보다 공산당이 더 요구한다고 주장했다. 吳淇[琪]燮, 『모스크바 삼상회의 조선에 관한 결정과 반동파들의 반대투쟁』(평양: 출판사 불명, 1946), 26쪽.
40 '신탁철폐' 구호는 1945년 12월 31일 조공 서울시위원회 성명에서도 나오는 것으로, 1월 3일자 성명을 12월 31일자 성명과 일관성 있게 연결시켜 볼 수 있다. 즉 모스크바 결정을 표면적으로는 전면 지지를 하지만, 이면적으로는 식민지화를 의미하는 신탁에 비판적이어서 '신탁철폐'를 지향하고 있는 것은 아닌가 해석할 수도 있다. 또한 철폐가 반대보다 더 공격적인 뉘앙스를 가지고 있다고 볼 수도 있으나 12월 31일의 철폐 노선은 '없게 만듦'이므로 찬성·반대보다 한 차원 높은 보다 근본적인 해결책이라고 할 수 있다.

인식을 대중들에게 심어주려고 노력했다.

그러나 1월 2일 인공 중앙인민위원회의 성명이 나오기 전에 '탁치반대민족통일촉성(서울시)시민대회'라는 이름으로 이미 개최가 기획된 1월 3일 좌익 집회에서는 준비된 반탁 피켓이 1월 2일자 인공 성명 등[41]에 의거해 '지지' 혹은 찬탁[42] 피켓으로 '표변'해, 노선 전환이 내적인 신중한 검토와 토론에 의해서라기보다는 어떤 외부적 지시에 의하여 하루 만에 이루어진 듯한 인식을 대중에게 심어주었다. 먼저 노선을 전환했던 북의 노선에 대한 남의 추수(追隨)와 '말 맞춤'은 이러한 노선 전환이 역시 외부의 조종에 의한 것이 아닌지 훗날 의혹을 불러일으켰다.[43] 물의를 일으켰으므로[44] 후일 '표변'의 상징이 된 서울시 시민대회를 공동 주최한 서울시 정(町)연합회에서는 대회가 끝난 수일 후 진행에 문제점이 있었음을 시인하기도 했다.[45] 주최 측은 대중들의 '술렁거림'을 무마하며 시가행진을 했고[46] 이 시민대회에서 결의된 지지 전문에 신탁은 곧

---

[41] 1월 2일자 인공 성명은 1월 4일자에, 1월 3일자 조공 성명은 1월 6일 이후에 보도되는 등 언론을 통해 늦게 전파되었으므로 1월 3일 대중집회에서는 그 영향력이 적었을 것이며, 대신 당 핵심 간부들이 노선 전환을 인지해 피켓 내용을 바꾸라고 지시했을 것으로 추정된다.

[42] 1월 2일부터 '지지'라고 내걸었고 1월 11일부터는 신탁통치 대신 후원제를 사용하는 등 대중적인 반대감정과 연결되는 탁치(나아가 찬탁)라는 말을 꺼렸지만 1월 3일 대중집회에서는 준비가 부족해 찬탁 피켓을 치밀하게 수정하지는 못했다.

[43] 노선 전환 동기에 대한 분석은 이완범, 「조선공산당의 탁치노선 전환 이유: '소련지령설'의 비판적 보완, 1945~1946」, 『정신문화연구』 28-2(2005), 161-185쪽에 나와 있는데 이 글의 결론에 의하면 "조선공산당은 모스크바결정이 전해지자 이 결정이 소련의 것이라는 설도 있고 해서 여러 날의 신중한 검토를 했는데 이 과정에서 임정·인공 간의 통일공작도 실패하고 마지막으로 급박하게 소련이 종용하자 방향 전환을 하면 단기적으로는 반탁운동을 주도하는 임정에 맞서 권력투쟁 과정에서 승리할 가능성도 있고 장기적으로는 통일정부 수립도 가능할 것으로 판단해 반탁에서 모스크바결정 지지노선으로 전환했다"라는 것이다.

[44] 조규하 외(1972), 앞의 책, 212-214쪽; 조병옥, 『나의 회고록』(민교사, 1959), 162쪽.

[45] 『조선인민보』, 1946년 1월 12일자.

[46] 민주주의민족전선 편, 『조선해방연보: 조선해방1년사』(문우인서방, 1946), 9쪽.

'협력'을 뜻한다고 해설되어 있었다.⁴⁷

2) 대중의 반탁감정에 직면한 좌익진영의 사후 합리화

인공 중앙인민위원회는 연합국에 보낸 자신들의 1월 2일자 전문(電文)을 해설하고 그 태도를 밝히는 결정서를 1946년 1월 4일 발표했는데, 카이로선언의 '적당한 시기'가 모스크바결정에서 '최고 5년'이 되었고 '적당한 순서'가 '신탁제도'를 거치는 것이 되었으므로 모스크바결정은 카이로·포츠담선언의 위반이 아니라 구체화이며, 또한 신탁제도는 그 내용이 위임통치나 을사조약과는 다른 "조선독립을 달성하는 순서, 과도적 방도인 한 충분히 진보적 역할을 하는 것"이라고 그 진보성을 역설했다. 역시 여기에서도 대중의 감정을 의식하여 다소 온건하고 변명이라 할 수 있는 해설을 늘어놓았는데 신탁은 일본 제국주의 잔재를 소탕하기 위한 '불가피한 필연' 현상이므로 이를 받아들일 명분이 서는 것이며 일제 잔재를 소탕하지 못한 1차적 책임은 우리에게 있다고 말했다. 또한 김구의 반탁운동 주도에 대해서는 역시 다음과 같이 민족자멸책이라며 맹렬하게 비판했다.

신탁 문제를 해소하고 완전독립을 하루라도 속히 달성하는 유일최선의 방도는 무모한 반탁운동이나 연합국 배척이나 독선전제나 내지 테러 폭행이 아니다. 그것은 국제정세의 몽매에서 기인하는 민족자멸책이다.⁴⁸

---

47 『해방일보』, 1946년 1월 8일자.
48 『조선일보』, 1946년 1월 5일자; 이완범, 「한반도 신탁통치안과 국내정치(1943~1948)」, 연세대학교 석사학위논문(1985), 65쪽; 이완범, 「한반도 신탁통치 문제, 1943~1946」, 강만길 외, 『해방전후사의 인식』 3(한길사, 1987), 250쪽.

동시에 자신들이 "정보 부족으로 인하여 전일에 범한 오류 반신탁의 태도를 솔직히 극복하고서 신탁반대위원회를 해산하고"라고 언급하여 이전에 반탁운동을 했음을 솔직히 시인했다. 또한 그 해결책으로서 "우리는 도리어 모스코바회담의 결정을 전적으로 지지하고 공동위원회 기타 제 기관에 호의적으로 협력하고 임시적 민주주의정부 수립에 적극적으로 참가하는 것이야말로 독립을 촉진하는 유일최선의 방법이라고 본"다며 미·소공위에 협조할 뜻을 명백히 했다. 이러한 방책은 이후 좌익의 미·소공위에 대한 일관된 적극 참여와 집착으로 이어져 구현되었다.[49]

한편 조공의 책임비서 박헌영은 1946년 1월 5일 가진 기자회견에서 3상결정이 "조선을 독립국가로 발전시키기 위한 결의"라면서 3상결정 지지가 옳은 노선이라고 주장했다. 그는 미군정이 김구 등 우익세력 주도의 반탁운동을 원조하는 것처럼 보인다고 덧붙였다.[50]

1946년 1월 8일 조선공산당의 외곽단체인 조선청년총동맹도 「막부(모스크바-인용자) 3상회의의 조선에 대한 결정을 해설한다」라는 전단을 통해 아래와 같이 평가했다.

신탁이라는 말을 제일 처음 들었을 때 너무나 감정적으로 흘렀기 때문에 그 '신탁'이라는 문구에만 구속되어 그 문구를 다만 일본제국주의가 조선에 침략할 때의 식민지정책적인 을사조약이나 또는 제국주의적 위임통치로서 속단 곡해했다. 그러나 '신탁'이라는 문구는 '산후랜시스코(샌프란시스코-인용자)' 회의에서 규정한 바 있었던 것이다. 즉 이 '신탁'이라는 문구는 소위 식민지 반(半)식민지화시키는 제국주의적 침략적 그러한 성격과는 전혀 판이할

---

[49] 이완범(1985), 앞의 글, 66쪽.
[50] 『서울신문』, 1946년 1월 6일자; 『조선인민보』, 1946년 1월 6일자.

뿐 아니라 도리어 그것과 정반대로 전쟁으로 인도하는 침략주의를 방지하기 위하야 아직 독립국가를 형성치 못한 민족으로 하여금 완전독립의 길을 열어주기 위한 규정이었던 것이다. 그러므로 '신탁'이라는 어구는 협정 전문의 영·노어를 보더라도 아는 바와 같이 '원조', '협력'이라는 해석과 동일한 것이다.[51]

이렇듯 신탁이 독립을 위한 방편이라고 긍정적으로 해석했던 것이다.

3) 탁치와 후견 그리고 위임통치

1946년 1월 11일 인민위원회 각도대표자대회에서는 '탁치' 대신 '후원제'라는 용어를 쓸 것을 결의했다.[52] 이 결정에는 탁치가 제국주의적 위임통치가 아닌 4대 강국이 단지 후견인으로 참여하는[53] 후견제라는 인식이 깔려 있다. 그러나 4대국이 단지 후견인으로 참여하고 임시정부가 전권을 행사하는[54] 것이 바로 모스크바결정이었을까? 앞서 지적했듯이 임시정부도 탁치실시 결정의 일개 심의자에 불과하며 최종 결정은 미·소가 내리는 것이다. 탁치 결정 후 임시정부의 역할 또한 문서상으로는 '필요한 모든 조치를 취한다'고 나와 있으나, 미·소의 결정을 실천하는 대행자에 불과한 것이다. 따라서 조공의 이러한 주장은 설득력이 떨어진다. 무엇보다도 대중의 반탁감정을 거스르는 노선 전환이었던 점이 문제였다.

공산주의자들은 모스크바의정서의 소련 측 원문이 입수되기 전까지

---

51 심지연, 『해방정국 논쟁사』 I(한울, 1986), 263쪽.
52 『서울신문』, 1946년 1월 15일자.
53 「아메리카, 그리고 통일」, 서울대학교 통일문제 심포지움자료집(1987), 38쪽.
54 「아메리카, 그리고 통일」, 서울대학교 통일문제 심포지움자료집(1987), 38쪽.

탁치(trusteeship)라는 용어를 사용했다. 그런데 이 당시 국민들에게는 탁치가 곧 위임통치를 뜻하며 독립에 반대되는 치욕적인 것이라는 선입견이 언론기관의 보도에 의해 주입되기 시작했으며 임시정부의 반탁운동 주도 등으로 거의 고정관념이 되었다. 이런 정세 아래서 공산주의자들은 소련어 원문에는 후견(опéка)으로 표기된 것을 발견했다. 'опéка'는 영어로 guardianship[55](혹은 tutelage)으로 주로 번역되며 이는 '돌보아줌', '지도'를 뜻한다. 공산주의자들의 평가와 해석에 의하면 모스크바결정에 규정된 4대국 신탁은 유엔에서 그 형식을 취했으나 실제 내용상으로는 제국주의적 위임통치와 다른 조선 민족 참가하의 후원제이다.[56] 만약 신탁이 1개국에 의하여 행해지면 이는 위임통치와 큰 차이가 없지만 한반도 신탁통치안은 다국적인 것으로 4대국에 의해 행해지며 이는 특히 소련이 참여하므로 그 진보적 정책이 반영될 수 있고 또한 수탁국민의 참가가 보장되므로 4개국 후원제는 진보적인 것이라는 주장이었다.[57]

따라서 1946년 1월 11일 공산주의자들은 '탁치'라는 말 대신 '후원제(곧 후견제)'라는 용어를 사용하기로 결의했으며 위임통치와 탁치-후견제는 각각 다른 것이라고 주장했다. 또한 이후부터는 신탁이라는 용어의 사용을 회피하고 '3상결정'이라는 표현을 주로 사용한다.

해방 후 공산주의자들은 위임통치안을 '제국주의적 위임통치'라고 규정하여 모스크바결정에 의한 신탁통치와는 본질적으로 다르다고 주장

---

55 "HUSAFIK," part Ⅱ, chapter Ⅳ, p. 76. 중경 임정의 외교부장 조소앙은 guardship이란 말을 사용하기도 했다. *FRUS*, *1943*, vol. Ⅲ, p. 1093.
56 이강국, 「3상회의 결정에 대하여」, 1946년 1월 23일, 이강국 저, 정진태 편(1946), 앞의 책, 94-104쪽.
57 김영호, 「전후식민지 급 약소민족문제」, 『과학전선』 1-2(1946), 105-106쪽.

했다.⁵⁸ 과연 탁치와 후견, 그리고 위임통치는 다른 것일까?

실제로 1946년 2월 1일과 2일 박헌영의 글을 실은 『조선인민보』는 제목을 '신탁(후견)제와 조선'으로 잡아 신탁과 후견을 뒤섞어서 사용했다.⁵⁹ 그런데 『해방일보』, 1946년 2월 20일자에 실린 박헌영의 글 제목은 '3상회의결정과 조선'이었으므로 『조선인민보』 편집자가 대중들에게 낯선 후견이라는 표현보다는 신탁을 먼저 내걸었던 것으로 보인다.

박헌영은 그 글에서 신탁(후견)제가 과거의 위임통치제보다 낫다고 해서 과대평가할 필요가 없다고 주장했다. 왜냐하면 소·영·미·중 4대 연합국 간에도 신탁(후견)제에 관한 해석에 상당한 차이가 존재하기 때문이라는 것이다. 그런데 진보적 국가인 소련이 참가했기 때문에 신탁(후견)제의 진보적 성격이 살아났다. 만약 소련이 참가하지 않았다면 영·미가 주장한 신탁은 위임통치제 또는 식민지화를 초래할 수도 있으므로 영국과 미국의 견해와 같이 보수성이 회생했을 수 있다. 왜냐하면 미국도 완전한 식민지 해방을 지지하지는 않기 때문이라는 주장이었다.

이렇듯 박헌영은 3상회의 결정의 진보적 성격의 근거를 소련 참여에서 찾았다. 신탁(후견)제라는 제도의 본래적인 성격 때문이 아니라 그 참여 국가에 소련이 있기 때문에 진보적이며, 만약 미국·영국만이 참여했다면 위임통치와 다를 바 없게 되었을 것이라는 박헌영의 해석은 그의 친소파적 성격을 여실히 드러낸 것으로 탁치, 후견, 위임통치가 원래 다른 것이라는 해석을 깨트리는 파격적인 것이었다. 소련에 의존하는 공산주의자들의 비자주적인 태도를 여실히 드러낸 것이다.

---

58 정태식, 「민주주의 발전에 있어서의 莫斯科 삼상회담의 의의」, 『개벽』 8-2(1946), 77쪽.
59 박헌영, 「신탁(후견)제와 조선」, 『조선인민보』, 1946년 2월 1일자; 『조선인민보』, 1946년 2월 2일자, 4~5일자.

이렇게 실제 글에서도 박헌영은 '신탁(후견)제'라는 용어를 사용했으므로 실제로 신탁과 후견을 혼용했다. 1월 11일 인민위원회의 결의를 공산당의 최고지도자가 실천하지 않은 격이었다.

'신탁통치'라는 말을 사용하다가 '후견제'로 바꾼 후 좌익의 논리는 그다지 명쾌하지 못했다. 그러다가 다시 박헌영이 신탁(후견)제라는 용어를 사용하며 이것이 아직 알 수 없는 것이라고 언명했고, 후견이 신탁이나 위임통치와는 다르다고 주장했다가 이를 다시 과대평가하지 말라고 주장했으므로 일관성이 결여된 논리적 모순이 대중들에게 드러난 것이다. 또한 공산주의자들이 지극히 비자주적이고 친소적이라는 것이 판명되었으니 이미 민족주의적 반소감정에 물들었던 사람들에게는 공산주의를 멀리하는 계기가 되기도 했다.

또한 국제연맹규약(The Covenant of the League of Nations) 제22조 2항에 규정되어 있는 위임통치제(mandates system)는 신탁(trust), 후견(tutelage) 등의 용어와 모두 혼용되었다.[60] 따라서 이를 구별하는 공산주의자들의 태도는 잘 납득되지 않고 오히려 말장난에 불과하다는 인상을 심어주며 오로지 소련에 의존하는, 친소적 경향만을 표출하는 역효과를 가져오는 데 그쳤다.[61]

루스벨트는 제국주의적·식민주의적 위임통치를 극복하고 그 대안으

---

[60] "The Covenant of the League of Nations," Article 22-2. 일본 외무성은 tutelage를 후견(後見)이라고 번역했다.『現行國際聯盟規約』(東京: 外務省, 1921), 14쪽. 1945년 12월 모스크바의정서에 쓰인 trusteeship이 신탁통치로 번역되었음에 비해 tutelage는 당시 대개 후견으로 번역되기는 했으나 신탁통치로 번역되기도 했다. 그런데 좌익이 주장하는 후견은 tutelage가 아니라 러시아어 опéка의 주된 영문 역어 guardianship(드물게는 tutelage로도 번역됨)이라는 점에서는 달랐다. guardianship은 모스크바의정서에 나오는 표현 helping and assisting (trusteeship) 중 trusteeship을 풀어쓴 helping and assisting과 비슷한 점이 있다.

[61] 이완범(1985), 앞의 글, 142-144쪽.

로 신탁통치를 구상했지만 그 이외의 사람들은 차이점을 확실하게 인식하지 못했다. 시행된 신탁통치는 자치를 지향했으므로 식민지배와 거의 동일했던 위임통치와는 달랐지만, 실제로는 구 위임통치령 지역에서 시행되었으므로 위임통치의 연장으로 받아들여졌으며 독립한 신탁통치령이 다시 옛 지배국가의 세력권으로 들어가는 경우가 대부분이었으므로 그 차별성이 부각되지 못했다.

한편 우익은 위임통치와 탁치 개념을 혼동했으며 좌익과 같이 구별하지는 않았다.[62] 1945년 12월 28일부터 즉각 반탁 의사를 일관되게 표명한 우익은 탁치가 식민지화이고 민족적 치욕이라고 인식했다. 좌익이 후견제라고 해석하는 데 대하여 김구는 "국제연맹 규약에 의하면 위임통치와 후견은 동일하다고 규정되어 있다"[63]라며 논거를 동원해 반박했다. 즉 이들은 후견과 위임통치는 동일하므로 구별할 수 없다는 인식을 피력했던 것이다.

해방 직후 반탁정국에서 한 우익단체는 후견이나 탁치는 모두 동일하다고 주장했다.[64] 『동아일보』는 1946년 1월 11일 사설 「'탁치'와 '후견'」에서 양자는 독립이 아니라는 점에서 동일하다고 주장했다. 『우리공론』 1946년 3월호 토론에서도 같은 논리가 개진되었다.[65] 또한 조소앙은 'mandate'나 'trusteeship'이 일맥상통하는 것으로, 다른 점이 있다면 명사를 달리한 것, 기간을 예정한 것, 수탁국을 확정한 것에 불과하다고 평가했다.[66]

1945년 12월 28일 임정 국무위원회는 4개 연합국에 보내는 반탁 전

---

62 이완범(1985), 앞의 글, 153-154쪽.
63 김구, 「삼천만동포에게 고함, 중(中)」, 『동아일보』, 1947년 2월 13일자.
64 중앙문화협회, 「신탁통치반대성명서」, 심지연 편(1986), 앞의 책, 299-300쪽.
65 이관구 외, 「신탁통치를 중심으로 한 정담회」, 『우리공론』 3월(1946), 7쪽.
66 조소앙, 「해방1주년과 3천만의 진로」, 『자유신문』, 1946년 8월 15일자.

문(電文)에서 유엔헌장(77조)의 3종 탁치 적용 조례 어느 항목도 한국에 부합되지 않는다고 평가했다.[67] 우익세력들은 이 항목 중 "현재 위임통치하에 있는 지역"이라는 77조 1-a항[68]을 들어 위임통치와 탁치가 연결된다는 논리를 개진했다. 하필 첫 번째 대상지역에 현재 위임통치지역이 나오므로 우익은 위임통치의 연장이 탁치라고 확대해석을 한 것이다.

『동아일보』는 이미 연재해오던 '연합국헌장전문' 중 탁치 조항을 긴급 편성해 1945년 12월 29일자 2면에 「신탁통치제란? 연합국 헌장에 규정된 조문」이라는 해설기사를 연재하기 시작했다. 이를 통해 제12장(국제신탁제도) 제75~79조까지 나오는 유엔헌장의 탁치 조항을 전재했다. 이어 12월 30일자 4면에는 「신탁관리제란 무엇?」이라는 박스형 해설기사의 말미에서 "조선에 신탁제를 실시하는 것은 국제평화 안전을 촉진하는 소이가 아니라는 것을 우리의 의혈에 접함으로 깨다를(깨달을)것이다"라고 주장했다. 12월 31일자의 2면 「연합국헌장탁치조항……?」에서는 제80~83조를 전재했으며 1946년 1월 1일자 2면 「연합국헌장탁치조항(三)」에서는 제84~88조를 전재해 연재를 마쳤다.

미국 정계 일각은 물론 국제연맹과 유엔까지 탁치와 위임통치를 혼용했다. 따라서 탁치와 위임통치가 거의 동일하다는 우익의 주장은 좌익에 비해 증거가 갖춰져 있다. 게다가 가장 중요한 것은 한국인들이 이미 탁치를 위임통치와 거의 동일시한 점이다. 따라서 우익의 주장은 감정적 설득력까지 좌익을 앞서갔는데 역시 재론될 것이다.

그런데 모스크바결정 직후에는 일반적으로 신탁과 후견을 혼동했으나 미·소대립이 가시화되면서 국제정치에 밝은 인사들을 중심으로 '미

67　대한민국임시정부 국무위원회, 「4개연합국에 전송할 요지」(1945.12.28.), 『동아일보』, 1945년 12월 30일자.
68　"Charter of the United Nations," Chapter XII, Article 77.

국안인 신탁'과 '소련안인 후견'을 구별하는 안목이 형성되었다. 그러나 공산주의자와 국제적 안목이 있는 학자들을 제외한 대다수 대중은 여전히 신탁과 후견을 구별하지 못했다.

4) '하루아침 표변설'의 지양

위에서 세부적인 문제까지 심층적으로 고찰한 결과에 의하면 조공의 노선 전환이 '하루아침'에 (외부적 지령에만 의존해) 급격하게 표변한 것은 아니었다. 조공은 1945년 10월 23일 이래의 반탁 표명 후 12월 27일 소련 탁치주장설 오보 직후 3상회의에 대한 정확한 정보가 부족한 데다 소련을 의식하여 공식 태도 표명을 보류하여 노선 전환의 조짐을 보이기 시작했다. 이후 1945년 12월 말부터 1946년 1월 초에 임정에 빼앗긴 반탁정국의 주도권을 만회하기 위해 임정에 합작을 제의하기도 했으나 그다지 기대를 걸지 않았던 만큼 포기도 빨랐다. 12월 27일부터 1946년 1월 3일 사이 조공은 내부적으로 나름대로 고민하면서 정세 판단도 하고 소련의 협조 요청도 접했을 것이다.[69] 결정의 복잡한 과정을 거쳐 즉각적이지 않은(우유부단하게 보이는) 노선 전환을 시도했다. 이렇듯 결정 과정은 복합적이었으며 머뭇거렸으나 하급당부에 내린 노선 전환 지시는 매우 급하게 전해졌으므로 1946년 1월 3일 '서울시 시민대회'에서처럼 대중들은 하루아침에 표변한 것처럼 느꼈다. 게다가 그들의 노선 전환이 이미 언론에 의해 주입된 대중들의 반탁감정과는 상치될 수밖에 없었다. 따라서 조공은 해방 이래 공고하게 다져온 나름대로

---

[69] '탁치실시보도' 직후부터 1월 2일까지의 고민 과정에 대한 주관적인 증언은 다음에 있다. 林鳳,「朝鮮の夜明け: 體驗的朝鮮現代史(4)」,『朝鮮研究』104(1971), 34쪽; 崔相龍,『美軍政과 韓國民族主義』(나남, 1988), 217-218쪽의 주석 8 참고.

의 지지기반을 상실할지도 모르는 최대 위기에 직면해야 했다. 조공은 이전까지 노동자·농민 등 무산자계급을 중심으로 하는 조직기반에 토대하여 대중에게까지 당세를 확장했다. 그러나 탁치안지지 파동으로 인해 조직기반은 몰라도 대중적이며 국민적인 지지는 상당 부분 잃었다고 할 수 있다. 당시 서울 주재 소련영사관 부영사 샤브신의 부인 F. 샤브시나 쿨리코바는 "권력을 향해 가던 극우 반동세력이 (찬·반탁 대립을-인용자) 이용했다"라고 평가했다.[70]

지금까지 '하루아침 표변설'이 역사적 사실을 객관적으로 기술하고 있는지 의문을 제기하면서 조공의 방향 전환 과정을 살펴보았다. 그 결과 위의 전통주의적 서술에 수정되어야 할 점이 있음을 발견했다. 방향 전환의 과정은 하루아침에 갑자기 이루어진 것이 아니라 나름대로 내부적인 검토와 분석 과정을 거친 노선 전환이었다.

3. 좌익이 노선을 전환한 이유

1) 여러 가설

조선공산당의 노선 전환에 대해서 '조선공산당은 소련의 지령에 따라 반탁에서 찬탁으로 하루아침에 표변했다'는 것이 정설처럼 여겨지고 있다. 이에 대하여 필자는 노선 전환의 이유가 과연 소련의 지령 때문만이었는지 문제를 제기하고자 한다. 당시 우익진영은 조공이 소련의 지령 때문에 전환했다고 선전하며 좌익은 '매국노'요, '소련의 앞잡이'라고

---

[70] F. 샤브시나 꿀리꼬바, 「소련의 여류 역사학자가 만난 박헌영」, 『역사비평』 25(1994); 이정박헌영전집편집위원회 편, 『이정 박헌영 전집』 8(역사비평사, 2004), 193쪽.

몰아붙였다. 이러한 선전은 확실한 물적 증거(hard evidence)에 토대한 것이 아니었다. 그럼에도 불구하고 '소련지령설'은 대중의 민족감정과 영합하여 후일 정설로 굳어지고 말았다. 필자는 노선 전환의 옳고 그름을 판단하기에 앞서 노선 전환의 과정과 그 이유를 최대한 객관적·가치중립적으로 기술하고자 한다. 이 단락에서는 주로 문헌 자료에 의존하고 역사적 방법을 동원하여 이 문제에 관련된 당시의 역사적 사실을 최대한 규명할 것이다. 그렇지만 공산당의 노선 전환이 공개된 자료에 의해 뒷받침되기 어려우므로 비밀 자료에 의존해야 하는데, 이러한 자료는 절대적으로 부족하다. 따라서 자료의 행간에 숨은 의미를 들추어내거나 추론에 의지하는 경우도 있을 것이다.

소련지령설에 대하여 외적 지령이 아닌 공산당의 내부적 인식도 무시할 수 없는 요인이라는 주장들이 나왔다.[71] 역사의 진실을 밝히기 위해 이러한 연구 경향에 주목할 것이다. 이 책에서는 기존 연구 경향에 토대하여 보다 실증적이고 구체적인 자료를 통해 조공 노선 전환의 숨겨진 의도를 밝혀내고 현실을 재구성하려고 시도할 것이다.

조선공산당 노선 전환의 이유를 보는 가설은 조공의 안과 밖, 두 범주로 나누어 볼 수 있다. 첫째 범주는 당시부터 현재까지 학계를 지배하는 전통주의적 견해인바, 당 바깥에서 당을 지휘 감독하는 소련이 일방적으로 지령하여 하루아침에 전환했다는 소련지령설이다.[72]

둘째 범주로, 외적 지령설인 전통적 견해를 수정하고자 하는 가설들은 비교적 일찍부터 제기되었다. 이강수는 모스크바결정을 지지한 세

71　심지연(1988), 앞의 글, 214쪽 주 66; 이완범(1987), 앞의 글, 251-254쪽.
72　남한에서 출판된 대부분의 역사서가 이런 가설을 정설로 받아들이고 있다. 다음과 같은 글에서도 "소련영사관의 지시에 의한 것"이라고 주장한다. 金南植, 「南朝鮮勞働黨の統一政策と戰略·戰術」, 金南植·櫻井浩 著, 『南北朝鮮勞働黨の統一政府樹立鬪爭』(東京: アジア經濟研究所, 1988), 11쪽.

력이 조공뿐만 아니라 여운형의 조선인민당, 백남운 세력, 심지어는 대한민국 초대 대법원장이 된 김병로까지 다양했는데, 이들이 소련의 지령을 받았을 가능성은 없으므로 조공에 소련 지령이 내려왔을 가능성에 대해 회의할 수밖에 없다고 주장한다.[73] 지령설을 부인하는 사람들은 "조공은 소련의 괴뢰에 불과하다"[74]라는 기존 인식에 대해 회의하면

---

[73] 李剛秀(1995), 앞의 글. 그런데 이들 조공 이외 인사들의 지지노선 전환은 조공의 노선 전환 이후에 표명된 것이었다. 따라서 조공의 전환과는 별개로 취급되어야 한다. 소련이 조공에게 지령을 안 했다면 이들에게도 안 내렸겠지만 조공에게 지령 내렸다고 이들에게도 내리라는 법은 없다. 이들에게 지령 내리지 않은 것이 조공에게 지령 내리지 않은 것을 증명할 증거가 되는 것은 아니며 단지 그럴 개연성이 있다는 것일 뿐이다. 이들의 경우 정치가 개인이 내적으로 고민한 결과이겠지만 조공의 지지논리 주장에 동조했든가 아니면 당시 최대 정치세력 중의 하나였던 조공의 노선 전환을 대세로 받아들여 영합 내지는 편승했을 가능성도 있다. 또한 여운형은 전폭적 지지를 표명하지는 않았고 백남운은 12월 말에는 명백한 반탁이었으며 김병로도 역시 조선공산당의 전폭적 지지와는 다른 입장이었다.

[74] 당시 미국의 인식에 의하면 남한의 조선공산당은 소련의 조종을 받는 집단이었다. United States Army Military Government in Korea, "History of the United States Army Military Government in Korea, Period of September 1945 to 30 June 1946," Manuscript in the Office of the Chief of Military History, Washington, D.C. (Seoul: Office of Administrative Service, Statistical Research Division, 1946~1947), vol. I, part I, chapter Ⅵ, p. 219; U.S. Department of State, FRUS, 1946, vol. Ⅷ (Washington, D.C.: USGPO, 1971), p. 733.
그런데 이러한 인식은 미군정이 자문을 구했던 일본 총독부 관리나 우익 통역관들의 작용 때문일 것이다. 일제의 반소반공적 선전이 공산당에 대한 한국인들의 부정적 관점을 확대 재생산했을 것이다. 김재용, 「대중들의 눈에 비친 북한 지역의 해방: 자서전과 이력서를 중심으로」, 『한국민족운동사연구』 98(2019), 300쪽, 311쪽.
한편 미군정 자료에서는 공산주의자들에 대한 외부적 통제(outside control)의 증거는 없지만 추론은 가능하다고 주장한다. "HUSAFIK," part Ⅱ, chapter I, pp. 24-27.
또한 고준석의 증언에는 당시 "거의 모든 공산당원이 소련을 우상처럼 떠받들었다"라고 나와 있다. 高峻石, 『アリラン峠の女: 朝鮮女性革命家への回想』(東京: 田畑書店, 1974); 고준석 저, 유경진 편, 『아리랑고개의 여인: 어느 조선 여성운동가를 회상하며』 (한울, 1987), 101쪽.
그러나 위 기록에서도 당시 소련에 대한 비판이 기술되어 있다. 필자의 판단으로는 '떠받듦'과 '지배 가능성'은 차원이 다른 것으로 볼 수 있다. 한편 서대숙은 1945년 12월의 시점에서 소련이 남한의 공산당을 전적으로 통제했을지는 의문이라고 주장하면서 소련지령설을 부인하고 있다. 그 근거로 공산주의자들만이 아닌 여운형과 백남운, 한

서 조공이 친소적이기는 했지만, 친미적인 우익(한민당·이승만)이 미국의 단순한 괴뢰가 아닌 것처럼 조공도 일정한 정도의 자율성을 가지고 있는 국내 정치세력으로 인식한다. 따라서 자율성을 가진 공산당이 당내의 인식을 토대로 노선 전환을 했다고 주장한다.

이렇게 내적 인식을 중시하는 입장(내적인식설)은 노선 전환의 의도를 구호 그대로 명분론적으로 해석하느냐 이념 뒤에 숨은 의도를 밝혀 현실적으로 해석하느냐에 따라 서로 대립되는 두 가지 가설로 나뉠 수 있다. 첫째 가설은 조공의 내적 분석 때문에 노선 전환이 이루어졌다고 주장한다. 통일과 독립을 지향한다는 조공 나름의 명분이 노선 전환을 가져왔다는 '명분론적 검토설'이다.[75] 이에 비하여 두 번째 가설은 '권력투쟁설'이다. 이는 조공이 내적 검토와 분석하에 신중하게 노선 전환을 했다는 사실은 인정하나, 첫째 가설이 중시하는 통일과 독립이라는 이념을 현상 그대로 신뢰할 것이 아니라 현상 뒤에 숨어 있는 현실정치적인 의도를 캐내자는 입장이다. 즉 통일과 독립이라는 구호는 단지 자신들의 행동을 합리화하기 위한 구호이며 노선 전환의 주요 동기는 정권을 잡기 위한 의도에서 나왔다는 것이다. 따라서 권력 장악을 위한 내적 인식을 노선 전환의 주요한 동기로서 보는 것이 '권력투쟁설'의 입장이다.[76]

필자는 각 견해가 주장하는 요인들이 각기 배타적으로 작용한 것으로

빈의 신민당, 김원봉의 조선민족당 등도 탁치를 지지했음을 들고 있다. Dae-Sook Suh, *The Korean Communist Movement, 1918~1948* (Princeton: Princeton University Press, 1967), p. 306. 이강수(1995)와 비슷한 서대숙(1967)의 주장에 대해 1945년 말 인민당수 여운형은 반탁도 지지도 아닌 노선을, 그리고 남조선신민당 백남운은 반탁을 표명했다는 사실에 근거할 때 위 주장의 근거는 부분적으로 반박된다.

75 심지연(1988), 앞의 글, 241쪽 주66.
76 이완범(1987), 앞의 글, 253-254쪽. 이 글에서는 '헤게모니 쟁탈설'과 '공산화 기도설'로 나누어 보고 있다.

보기 어렵다는 절충론적이며[77] 복합론적 입장을 취하려고 한다. 즉 소련의 지령과 내적 인식 중 어느 것이 보다 주요한 원인으로 작용하기는 했어도 어느 하나 때문에 전환했다고 보기는 어렵다고 판단된다. 이러한 시각을 바탕으로 노선 전환 요인에 대해 각 가설별로 증거를 검토한 후 종합하고자 한다.

먼저 좌익세력의 중심인 조선공산당이 노선 전환을 하기까지 과정을 일목요연하게 일지로 만들어 그 요인을 추출하는 데 참고하고자 한다. 〈표 7〉에서 보는 바와 같이 조공의 노선 전환은 여러 날의 복잡한 과정을 거쳐 이루어졌다. 여기에서 노선 전환의 요인들과 연결되는 몇 가지 사실이 눈에 띈다. 첫째, 소련지령설을 추측하게 하는 사실로서 12월 27일 소련을 의식한 태도 표명 보류와 뒤이은 박헌영의 평양행 추측이다. 또한 지령의 시점을 추측하게 하는 사실로서 1945년 12월 31일에 작성되어 1946년 1월 1일에 보도된 것에 의하면 남북 공산당은 공히 탁치에 대하여 전면적 지지의 태도를 아직 보이지 않았고, 오히려 바람직하지 않은 문제로 인식하거나(김일성) 반대했다는(남한의 조공) 미묘한 차이점을 내포한 공통점이다. 따라서 만약 지령이 있었다면 1945년 12월 31일부터 다음 해 1월 1일 사이에 이루어졌을 것이라고 추측할 수 있다.

둘째, 노선 변경의 시점과 '권력투쟁설'을 연결시킬 수 있는 사실로서

---

[77] 흔히 절충주의는 타협적으로 비쳐 순수하지 못하고 원칙에서 벗어난 일종의 기회주의로 비판받기도 한다. 이는 순수에 대한 우리 학계의 집착과 순혈주의적 속성 때문에 빚어진 오해가 아닌가 한다. 절충의 본뜻을 돌아본다면 나쁘게만 볼 것은 아니다. 절충은 '의견이 갈릴 때 양극단을 다 고려하고 시비의 경중을 가려 조화로운 대안을 제시함'을 뜻한다. 송나라 때 중공은 한나라 유향에 대해 "잡다한 학설에 현혹되어 절충할 줄을 몰랐다"라고 비판했다. 올바른 준칙을 세워 가려내지 못한 점을 지적한 것이다. 송혁기, 「극단과 양비, 그리고 절충」, 『경향신문』, 2019년 3월 27일자.

표 7 조선공산당 탁치 관계 노선 전환 과정 일지

일시	내용
1945년 10월 23일	• ('미국 탁치주장설' 보도) 직후: 반탁(조공)
1945년 12월 27일	• ('소련 탁치주장설' 오보): 공식성명 보류(조공)
1945년 12월 28일~ 1946년 1월 2일	• 박헌영 평양행(추측)
1945년 12월 31일~ 1946년 1월 1일	• 인공·임정 간 합작 노력과 그 실패 조짐
1945년 12월 31일	• '반탁' 대신 '철폐'로 표현(조공)
1946년 1월 1일	• 김일성, 신탁을 '문제'로서 인식 • '신탁 문제 해결'로 표현(조공)
1946년 1월 2일	• 조공, 김구 일파의 반탁 비판하면서 3상결정을 '진보'라 규정 • 조공 북조선분국, 3상결정에 대한 전폭적 지지 표명 • 남의 조선인민공화국(인공), 3상결정 전면적 지지 표명
1946년 1월 2일 오후[78](저녁)[79]	• 조공 서울 중앙의 모스크바결정 지지 지령, 하급당부에 전달
1946년 1월 3일	• 조공, (신탁철폐 위하여 민족통일전선 결성하여) 3상결정 절대 지지
1946년 1월 5일	• 인공·임정 합작의 완전 결렬

인공·임정 간 합작 노력이 실패한 1946년 1월 1일 직후 이에 대한 반작용으로 노선 전환이 이루어졌다는 것이다.

---

[78] 흔히 절충주의는 타협적으로 비쳐 순수하지 못하고 원칙에서 벗어난 일종의 기회주의로 비판받기도 한다. 이는 순수에 대한 우리 학계의 집착과 순혈주의적 속성 때문에 빚어진 오해가 아닌가 한다. 절충의 본뜻을 돌아본다면 나쁘게만 볼 것은 아니다. 절충은 '의견이 갈릴 때 양극단을 다 고려하고 시비의 경중을 가려 조화로운 대안을 제시함'을 뜻한다. 송나라 때 중공은 한나라 유향에 대해 "잡다한 학설에 현혹되어 절충할 줄을 몰랐다"라고 비판했다. 올바른 준칙을 세워 가려내지 못한 점을 지적한 것이다. 송혁기, 「극단과 양비, 그리고 절충」, 『경향신문』, 2019년 3월 27일자.

[79] 조선공산당 전라북도위원회 위원 河駿麒와 조선공산당 서울시 영등포지구위원회 위원 具小鉉·陳麒奉의 「현중앙에 대한 우리의 견해」, 1946년 3월 7일, 한림대학교 아시아문화연구소 편, 『朝鮮共産黨文件資料集 (1945~46)』(翰林大學校 出版部, 1993), 296쪽.

셋째, 노선 전환 과정을 거시적으로 조망해볼 때, 조공의 인식이 '반탁 → 철폐 → 해결 → 지지'의 구호 변화 속에 점진적으로 방향을 전환했기에 그들의 내적 인식이 매우 신중하게 복합적으로 바뀌었다고 평가할 수 있다. 여기서 '내적인식설'을 합리화하는 증거의 단초를 포착할 수 있다. 이러한 추측을 토대로 구체적 증거를 제시하여 각 가설을 검토할 것이다.

2) 소련지령설과 그 자료의 검토

소련지령설을 뒷받침하려는 몇 가지 문헌에 나타난 구체적 증거를 들어보고자 한다. 첫째, 1946년 5월 22일과 23일자 『동아일보』에 대대적으로 공개된 다음의 소위 '지령문서'이다.

1946년 1월 3일
조선공산당 북조선분국 책임비서
각급당부 책임비서 앞

〈모스코 3상회담에서 결의된 조선 문제에 대한 결정서에 관하여 각급 당부에게 주는 지시서〉

1. 금반의 모스코바에서 개최된 소·미·영 3국외상회담에서 결정한 조선 문제에 대한 해결책은 현재 조선 정세에 있어 가장 정당한 결정이라고 당에서는 인정하는 동시에 금반 결정을 전적으로 동의 지지하며 전당압에 다음과 같은 인식이 있기를 지시한다.
2. '금반 회담에서 결의한 조선 문제에 대한 결정은 1943년 11월 카이로에서 개최된 소('영'의 오기-인용자)·미·중 3수상회담에서 결정한 것보다는

진보적이며 급속적으로 조선의 진정한 민주주의적 독립국가를 건설하기 위한 것'이라고 믿도록 했으며 '금반 모스코바외상회담의 결정은 남·북조선의 분리를 속히 청산하고 조선에 통일적 정권을 수립하는 전제조건'이라고 인식시킬 것 … '당은 금반 회담의 결정을 정확히 인식하고 모든 실지투쟁을 전개하기 위하야 아래와 같은 구체적 행동이 있어야 하겠다.'[80]

그런데 이 문서는 미군정 정보담당부서(G-2 Section)가 1946년 4월 초 남한으로 월경하는 한국인에게서 입수한 것이다.[81] 미군 정보기관은 문서 도입부 해설 부분(Foreword)에 모스크바결정이 보도된 1945년 12월 말로부터 일주일 이내에 상부로부터 지령이 있어 공산주의자가 노선을 바꾸었다는 서류상 증거라고 기술하면서[82] 지령설을 증명하려 했다. 다만 상부가 어디인지는 특정하지 않았다. 미군정 정보담당자는 한국어로 된 문서를 영어로 번역하여 4월 23일자로 상부[미 제24군 사령부 정보부서(G-2)]에 보고하면서 4월 24일자 「주간요약(Weekly Summary)」에 해설과 함께 실었다.[83] 또한 미군 정보기관은 이 문서를 당시 우익지 『동아일보』에 의도적으로 유출했다. 결국 미군 정보기관 보고 후 한 달 뒤 『동아일보』는 이것이 '지령설'을 입증하기 위한 유일

---

80 『동아일보』, 1946년 5월 22일자.
81 "Communist Party Instruction on Moscow Decision," 3 January 1946, Inclosure no. 2 to XXIV Corps, in HQ USAFIK, "Weekly Summary," no. 32 (24 April 1946). "HUSAFIK," part Ⅱ, chapter Ⅳ, pp. 79-80; "HUSAFIK," part Ⅱ, chapter I, pp. 24-25에도 전재되어 있다. 그런데 후자인 "HUSAFIK," part Ⅱ, chapter I, p. 26에는 '1월 2일자 문서'라고 오기되어 있다.
82 "Communist Party Instruction on Moscow Decision," 3 January 1946, Inclosure no. 2 to XXIV Corps, in HQ USAFIK, "Weekly Summary," no. 32 (24 April 1946).
83 "Communist Party Instruction on Moscow Decision," 3 January 1946, Inclosure no. 2 to XXIV Corps, in HQ USAFIK, "Weekly Summary," no. 32 (24 April 1946).

하고도 구체적인 증거라고 대대적으로 보도했다.[84] 제목도 「폭로된 막부결의지지의 밀령: 찬탁으로 표변한 공계(共系; 공산당계열)의 이면책략-'각급당부에 보낸 지시신(指示信)'의 전문(全文)」이라 선정적으로 달고 그 해설 부분에서 다음과 같이 적시했다.

작년 12월 말 모스코회담이 발표되자 그 결정 내용에는 조선에 신탁관리를 실시하게 될는지도 모른다는 어취(語趣; 말의 취지-인용자)가 있어 조선 천지는 그야말로 좌도 우도 없이 거국적으로 반탁운동을 일으켰는데 신년벽두로부터 공산계열은 태도를 표변하여 찬탁으로 전환했던 것이다. 그리하야 그 배후에는 모종의 강력한 지령이 있었을 것으로 일반이 짐작했던바 과연 그 지령은 38이북에 있는 조선공산당 북부분국으로부터 발송된 것이 판명되었다.

『동아일보』는 미군정 정보담당자가 특정하지 않은 '상부'를 '조공 북조선분국'이라고 단정했던 것이다. 더불어 같은 면 최상단을 장식한 사설에는 소련의 아제르바이잔 철퇴 문제에 즈음해 「소련과 약소민족」을 실었고, 박스 기사에는 「조국은 민족안식처: 계급투쟁 새 특권자를 타도하라-스딸린헌장(憲章)에 제(題)함(3)」이라는 연백(筵白) 김수인(金樹人)의 기고문을 싣는 등 1면 대부분을 소련 비난에 할애해 조공의 찬탁 표변 배후에 소련이 있음을 암시하려고 했다.

그러나 위 문서 어느 구절에도 소련은 언급되지 않으며, 이 문서의 작성 시점이라고 나와 있는 날짜는 이미 남한의 인공이 방향 전환을 표명한 1월 2일의 하루 뒤인 1월 3일이었다. 북조선분국 책임비서 김일

---

[84] 심지연, 『미·소공동위원회 연구』(청계연구소, 1989), 181-187쪽에도 관계 문건 일체가 소개되어 있다.

성이 수신자인 각급당부에게 보낸 지시라고 유추될 수도 있다. 여기서 각급당부라 함은 분국에 예속된 북조선 내 하급당부일 수밖에 없다. 또한 이 문서는 1946년 1월 3일자 조공 북조선분국 김일성 명의의 「3상회담서 결정된 문제에 대해 각급당부에 지시」라는 『해방일보』 1946년 1월 21일 보도 문서와 서두가 같으며 후반부도 대체로 비슷한 내용을 담고 있다. 따라서 『동아일보』 문서는 『해방일보』 문서를 변형한 것이거나 아니면 『해방일보』 문서와 비슷한 다른 문서일 것이다. 변조되었든 별도의 문서이든 간에 『동아일보』 문서는 평양(혹은 평북 신의주)의 상급당부가 북한 내 하급당부에게 내리는 단순한 지시서가 월경하던 한국인을 통해 우연히 압수되었다고 봄이 타당하다. 보다 구체적으로 이 문서의 영문판 후반부에는 'Addendum(추가)'이라는 부분이 있는데, 『동아일보』는 '추가통고'라고 번역했다. 또한 『동아일보』는 영문판 마지막에 적시되어 있는 "Propaganda Bureau, North P'yong-an[85] Provincial Committee, The Korean Communist Party[조선공산당 평안북도지역위원회(평북도당) 선전국]"이라는 발신자를 삭제했다. 이 부분을 복원하면 1월 3일자 조공 북조선분국 문서를 평안북도당이 마지막 추가통고 부분을 더해 하급당부에 보낸 것으로 추정된다. 『동아일보』 보도에 의하면 "A. 이번 시위 결과와 신년 선전공세 보고를 1월 20일까지 군선전부장에게 직접 가지고 와서 1월 18일 열리는 군당부 선전부장회의에 참

---

85 'North P'yong-yang'의 오기라면 '북평양'이지만, 평북도당 소재지 신의주가 중심으로 언급되는 등의 전후 문맥상 오기가 아닐 가능성이 훨씬 높다. 커밍스는 평양북도 지방위원회라는 지명이 없으므로 이 문건의 신빙성이 없다고 주장한다. Bruce Cumings, *The Origins of the Korean War: Liberation and the Emergence of Separate Regimes, 1945~1947*, vol. I (Princeton N.J.: Princeton University Press, 1981), pp. 223-224. 그러나 평안북도지역위원회를 뒤의 조선공산당과 연결시켜 '조공 평북도당'으로 해석하면 깔끔하게 처리되므로, 커밍스의 해석은 반박될 수 있다.

가할 것"이라고 나온다. 또한 "B. 각 군에서는 매군 1명의 선전인재를 알선하야 도당부로 데리고 와서 분국에 보내 선전에 관한 교육을 받게 할 것"이라는 구절이 이어진다. 마지막에 "각 군의 통신기자는 군당선전부장이 책임지고 채집 검열하야 도당위원선전부로 직접 보내올 것"이라고 맺었다.[86] 여기서 분국이라는 표현이 나오므로, 평안북도당이 하급당부(군당)에 보낸 것이라고 확증할 수 있다. 또한 경성, 평양, 해주, 함흥 등의 동원 상황과 함께 신의주에서도 대대적으로 준비 중이라는 구절도 있으므로 평안북도당과 관련된 것 또한 확실하다. 마지막에 "도당위원선전부로 직접 보내"라고 지시하므로 신의주에 있는 평안북도당이 이 문건을 내려보낸 주체임을 확인할 수 있다.

그런데 당시 남한의 공산당 중앙이 북한의 하급당부로부터 지시를 받을 아무런 이유가 없으므로, 위 문서로써 '소련지령설' 내지는 '북한 공산주의자들의 남한 조공에 대한 지령설'을 입증하는 것은 불가능하다. 따라서 설득력이 없는 이 자료를 증거로 제시하는 것은 미군정 혹은 『동아일보』의 확대해석 아니면 조작일 가능성이 있다. 따라서 이와 같은 문서를 지령설의 증거로 제시했던 언론의 책임을 지적할 수 있다.

둘째 증거는 해방 직후 조공 경기도당 청년부 책임자 박일원[87]의 다음과 같은 증언이다.

3상회담결정이 발표되자 중앙위원회 정치국위원 강진[88]을 소련영사관에 파

---

[86] 「폭로된 공계의 밀령: 각급당부에 보낸 소위 指示信'의 全文-昨紙의 속보」, 『동아일보』, 1946년 5월 23일자.
[87] 그의 약력과 1949년 4월 피살되기까지의 경위는 다음에 나와 있다. 오소백 편, 『해방십년: 희망별책』(희망사, 1955), 67쪽.
[88] 강진은 소련 연해주 출신 한인으로 러시아어에 능통했다. 소련인 모르빈의 「국제 후견제에 관하야」라는 글을 『신천지』 1947년 3·4월호에 번역 게재하기도 했다.

견하여 영사 싸부싱과 회담하고 또 1월 2일 총비서 박헌영이 북한으로부터 귀환하여 급급히 안국동 나동욱씨 댁에서 중앙확대위원회를 소집하여 여러 중앙위원회(위원)의 반대에도 불구하고 3상결정 절대지지를 강압적으로 결의시키고 …[89]

그런데 박헌영의 평양행에 대해서는 엇갈리는 증언이 있으므로 문자 그대로 신뢰하기에는 어려운 면도 있다.[90] 또한 중앙당도 아닌 지방당의 일개 간부인 박일원이 어떻게 박헌영의 일거수일투족을 위와 같이 소상히 알 수 있겠느냐는 주장이 제기될 수 있다. 전향한 이후의 발설이므로 역시 믿을 수 없다는 평가도 가능하다. 그렇지만 이어서 검토할 다른 자료와 교차 비교한다면 이 증언 자료의 사실 근접 여부가 확인될 수 있을 것이다. 또한 이 자료는 결정을 둘러싼 분위기를 아는 데도 유용하다. 당시 조공이 소련영사관에 자문을 구했던 사실과 3상결정 지지

---

[89] 朴駟遠, 「美蘇共委와 南勞黨의 欺瞞(上)」, 『대동신문』, 1947년 10월 28일자; 朴駟遠, 『南勞黨批判』上(極東精版社, 1948), 42쪽.

[90] 당시 조선공산당 서울시당 문화부장 홍태식과 박헌영의 측근 인사였던 박갑동의 증언에 따르면, 박헌영은 당시 몸이 쇠약해져서 직접 이북에 갔다 올 형편이 못 됐다는 것이다. 조규하 외(1972), 앞의 책, 208쪽; 朴甲東, 「내가 아는 朴憲永 77: 蘇聯領事館의 조종」, 『중앙일보』, 1973년 5월 26일자.
고준석의 경우 박헌영의 평양행을 지적하나, 확실한 증거를 제시하지 못하고 있다. 따라서 그의 주장은 막연한 소문에 의한 것으로 추정된다. 高峻石(1978), 앞의 책, 118쪽; 하성수 편(1986), 앞의 책, 131쪽, 208쪽; 高峻石, 『朝鮮 1945~1950 革命史への證言』(東京: 三一書房, 1972); 고영민, 『해방정국의 증언: 어느 혁명가의 수기』(사계절, 1987), 91쪽.
또한 박갑동은 박헌영의 평양행을 부인했던 『중앙일보』 기사와는 달리 단행본에서는 박헌영이 평양에 가 있었기 때문에 공식발표가 없었으며 박헌영은 평양에서 '찬탁'의 지시를 받아 1월 1일 밤 38선을 넘었다고 엇갈리게 증언했다. 朴甲東(1983), 앞의 책, 134-136쪽. 박갑동은 중앙일보 연재물에서는 재경 소련영사관 1월 2일 지령설을 증언한 적도 있었다. 이렇게 증언이 엇갈리므로 신뢰성을 면밀히 검증할 필요가 있다.

가결 과정에서 당내에 반발이 있었다는 사실이 그것이다.

셋째 근거는 당시 김일성의 측근 기자였던 한재덕(韓載德)의 보다 구체적인 증언이다. 그에 의하면 소련은 평소에 지령을 당일에 즉각 내렸으나, 모스크바결정을 지지하라는 지령은 평소보다 이틀 정도 늦게 내려왔다는 것이다.[91] 또한 한재덕의 증언을 인용한 박갑동에 의하면 "1946년 1월 초하룻날인가"에 (김일성이) 소군사령부로부터 지령을[92] 받았다는 것이다. 전향한 후에 작성한 증언으로 의심 가는 부분이 전혀 없는 것은 아니지만, 그가 어느 누구보다 비교적 진실에 가까운 위치에 있었다는 사실은 인정할 수 있다. 한편 박갑동은 소련의 지령이 서울의 중앙당부에 전달된 것은 김일성에게 보낸 지령보다 하루 늦은 1월 2일이라고 추측했다.[93] 이 추측은 남한 공산당이 북한 공산당보다 일관성 없이 뒤늦게 태도 표명을 했던 이유를 설명한다. 이에 의하면 소련군 주둔이라는 유리한 위치에 있던 '북조선분국'이 보다 일관적인 태도를 표명한 덕분에 이 시점부터 남한 공산당과의 경쟁에서 주도권을 가졌다고 평가할 수 있다. 당시 모스크바에 있었던 민정사령관 로마넨코(Andrei A. Romanenko)와 서울 주재 소련영사관 총영사 폴리안스키가 평양과 서울로 돌아와서 모스크바결정에 대한 설명을 아직 하지 않았기 때문에 평양은 태도 표명을 유보했던 것이다.[94]

만약 지령이 있었다는 사실을 인정한다면 '어느 기관에서 남한공산당에 지령했는지'가 중요한 쟁점이다. 서울 주재 소련영사관[95]인가, 아니

---

91 한재덕은 왜 늦어졌는지는 모른다고 했다. 韓載德, 『金日成을 告發한다』(內外文化社, 1965), 237-239쪽.
92 朴甲東, 「내가 아는 朴憲永 73: 표변한 反託」, 『중앙일보』, 1973년 5월 22일자.
93 朴甲東, 「내가 아는 朴憲永 73: 표변한 反託」, 『중앙일보』, 1973년 5월 22일자.
94 朴鍾晟, 『朴憲永論: 한 조선혁명가의 좌절과 꿈』(인간사랑, 1992), 154쪽.
95 박갑동은 서울 주재 "소련영사관에서 지령을 받은 걸로 추측"한다. 朴甲東, 「내가 아는

면 평양에 있는 주둔군 사령부인가, 아니면 북한의 공산당인가? 먼저 당시 남한의 공산당은 북한의 공산당에 대해 형식적이나마 상급당부였으므로 북의 공산당이 지령을 내렸을 가능성은 없다.

이상과 같이 구체적 물증으로 지령설을 검증하기에는 여러 어려움이 따른다. 이러한 종류의 지령은 문서로 남기지 않고 보안을 유지했을 것이라는 상식적 판단을 상기할 필요도 있다. 박갑동도 "소련의 지령에 따른다는 설이 나오기는 했지만 그(박헌영)가 언제 어디서 어떤 경로를 통해 소련의 지령을 받았는가에 대해서 명확하게 들어보지 못했다"라고 증언했다.[96]

이런 문서적 한계를 보완할 수 있는 고위급 인사들의 증언이 『중앙일보』에 의해 발굴되었다. 노동당 고위 중앙간부(통일전선부 부부장)를 역임한 서용규(본명 박병엽)[97]는 이 시기 박헌영이 평양에 갔다고 회고했

朴憲永 77: 蘇聯領事館의 조종」, 『중앙일보』, 1973년 5월 26일자. 홍태식도 소련영사관이 지령했다고 회고했다. 조규하 외(1972), 앞의 책, 208쪽.

[96] 朴甲東, 「내가 아는 朴憲永 77: 蘇聯領事館의 조종」, 『중앙일보』, 1973년 5월 26일자.
[97] 중앙일보 특별취재반 편, 『秘錄 조선민주주의 인민공화국』 하(중앙일보사, 1993), 26쪽에 따르면 대남공작을 담당하던 고위급 인사 서용규는 증언 당시 유럽에 망명 중이었다고 적혀 있지만 이는 신원 노출을 막기 위한 것으로 추정된다. 정창현, 「때로는 증언이 기록의 한계를 넘는다」, 박병엽 구술, 유영구·정창현 편, 『김일성과 박헌영 그리고 여운형: 전 노동당 고위간부가 본 비밀회동』 박병엽 증언록 2(선인, 2010b), 10쪽에는 박병엽이 서울에서 인터뷰한 것으로 되어 있기 때문이다. 박병엽은 박헌영 숙청사건 때 주영하를 비롯한 고위급 인사의 자술서를 검토한 경험이 있으므로 많은 비밀스러운 사실을 알고 있으며 김일성과 박헌영과의 만남은 직접 수행했다고 한다.
박병엽은 1922년 전남 무안 출생으로 1930년대에 가족을 따라 함경도로 이주했다 해방을 맞았다. 그 후 평양에서 공청, 북로당 지도원으로 활동했고, 조선로동당 사회부와 대남연락부 등에서 지도원, 책임지도원, 과장 등을 거쳤다. 조선로동당 3호청사의 자료실에서 일한 적도 있다. 대외적으로는 재북평화통일촉진협의회 부장, 조국통일민주주의전선 부국장, 조선로동당 중앙위원회 후보위원을 역임했으며, 마지막 직급은 당중앙위원회 부부장이었다. 1980년대 초 서울에 와 생활하다 1998년 서울대학교병원에서 심근경색으로 사망했다. 박병엽은 가명을 사용했는데, 신경완, 서용규, 황일호, 신평길, 최종민, Q씨, S씨 등이 있다. 기자 유영구는 1991년 박병엽을 처음 만났으며 1994년까지 증언을 녹취했다. 유영구, 「현대사의 온전한 복원을 위하여」, 박병엽 구술, 유영구·

다.⁹⁸ 박헌영은 1945년 12월 28일 밤 서울을 출발하여 29일 오후에 평양에 도착했으며 30일 혹은 31일에 로마넨코를 만나 신탁통치에 대한 소련의 입장을 들은 후, 1월 1일 밤 38선을 넘어 1월 2일 서울에 도착해 입장을 전환했다는 것이다.⁹⁹ 1945년 12월 29일의 김일성·박헌영 회합에서 박헌영은 서울중앙 내부에서 신탁통치 문제와 관련해 벌어지고 있는 상황을 논의했다. 이때 이미 이북의 공산주의자들은 이남이 신탁통치 문제로 소란스럽고 공산당도 반탁 입장을 밝혔다는 사실을 알고 있었다. 박헌영이 이남의 상황을 설명하면서 이미 반탁 조치를 취했다고 말하자, 이미 알고 있었던 김일성은 입맛만 다시고 앉아 있었다는 것이다. 12월 30일 오후에 김일성과 박헌영이 배석한 가운데 공산당 간부들의 협의회가 열렸는데, 훗날 박헌영은 자술서에서 이날 자리에

정창현 편, 『조선 민주주의 인민 공화국의 탄생: 전 노동당 고위간부가 겪은 건국 비화』 박병엽 증언록 1(선인, 2010a), 2-5쪽.

98 박헌영은 1945~1946년에 다음과 같이 모두 6차례 북한을 방문해 김일성과 회동했다고 한다. 1차: 1945년 10월 8~9일, 2차: 1945년 12월 29일~1946년 1월 1일, 3차: 1946년 4월 3~6일, 4차: 1946년 6월 27일~7월 12일경, 5차: 1946년 7월 16일경~22일경, 6차: 1946년 10월 11일과 그 이후 등. 자세한 내용은 박병엽 구술, 유영구·정창현 편(2010b), 앞의 책, 13-104쪽.

99 『중앙일보』, 1991년 11월 21일자; 박병엽 구술, 유영구·정창현 편(2010b), 앞의 책, 34쪽. 그런데 서용규의 증언이 너무 구체적이라는 데에 문제가 있을 수도 있다. 상당히 오래된 일을 정확히 기억한다는 것은 쉬운 일이 아니다. 그런데 미군정 자료에 의하면 1946년 1월 1일 박헌영이 하지와의 인터뷰에서 탁치에 반대했다고 한다. 이런 사실은 신문 등의 공간 자료에는 나와 있지 않고 다만 미군정의 미공간 원고("HUSAFIK," part II, chapter I, p. 24.)에만 나와 있으므로 왜곡된 것이거나 잘못된 정보에 근거한 것일 수 있다. 이 시점에 박헌영이 반탁의 입장을 보인 것은 다른 어느 자료에도 없으므로 역시 신빙성에 의심이 간다. 만약 이 인터뷰가 사실이라면 박헌영은 평양을 가지 않았거나 1월 1일 혹은 그 이전에 귀환했을 것으로 추측된다. 또한 1월 1일 박헌영이 하지와의 인터뷰에서 반탁을 표명했다면 소련의 지지 지령은 1월 1일 박헌영의 반탁 표명 이후일 텐데 박헌영이 12월 말에 평양에서 소련의 종용을 들었다는 위 서용규의 주장과도 상치되므로 1월 1일 박헌영 반탁 표명설은 사실이 아닐 가능성이 높다. 그런데 박헌영의 평양행을 미군 정보담당부서가 알았을 가능성이 있는데, 그 정보가 발굴되어 있지는 않다.

대해 "분국지도부 동지들 앞에서 서울중앙의 반탁 조치에 대해 설명하는 동안 나 자신은 쥐구멍에라도 들어가고 싶은 심정이었다"라고 썼다. 왜냐하면 3상회의 결정 내용을 구체적으로 알아보지도 않고 소련에서조차 이 문제에 대해 결론을 내리지 않은 상황에서 사전 협의도 없이 조선공산당 서울중앙이 반탁을 결정하여 성명서를 채택하고[100] 대회를 개최하는 등 너무나 서둘러 앞서 나갔기 때문이다.

결국 박헌영은 그 자리에서 김일성에게 서울 측의 판단 착오를 솔직히 시인하고 수습책을 논의하기에 이르렀다. 결국 12월 31일 오전 회의에서 모스크바3상회의의 결정을 어떻게 실행해나갈 것인가 하는 문제를 토의할 수밖에 없었다. 구체적 안건은 주로 임시정부 수립 문제를 포함한 모스크바3상회의 결정 4조였다.

로마넨코는 평양으로 돌아오자마자 소련 측 견해와 미국 측 견해가 서로 달랐음을 설명했고, 특히 미국이 신탁통치를 주장하므로 하는 수 없이 절충안으로 5년간 '후견제'를 실시하기로 결정했으며 후견제는 신탁통치와 근본적으로 다르다고 했다는 것이다. 소련의 설명을 듣자 박헌영은 난감할 수밖에 없었다.

서울에서는 31일 소련 타스통신이 후견제 실시를 보도하자 서울의 소련영사관이 조선공산당 중앙의 이승엽, 김삼룡에게 소련의 입장을 상세히 통보해주었다고 한다. 30일과 31일 사이에 입장을 결정한 소련이 이때 박헌영 측에 협조를 요청했던 것이다.[101]

그런데 다른 인사들[102]은 박헌영의 평양행 일자에 대하여 다르게 증

---

100 당시 명시적인 반탁 성명서 채택은 없었으므로 이는 1945년 10월 31일 『해방일보』의 성명이거나 12월 하순의 조공 요인의 개인적 태도 표명, 혹은 1945년 12월 31일의 조공 서울시위원회, 1946년 1월 1일의 조공 중앙위원회의 성명을 지칭한 것으로 판단된다.
101 朴鍾晟, 『朴憲永論: 한 조선혁명가의 좌절과 꿈』(인간사랑, 1992), 154-156쪽.
102 박헌영의 아들 원경 스님도 증언자 중 하나이다. 원경은 손석춘과의 대담에서 찬·반탁

언했으나 서용규의 증언보다 다소 신빙성이 떨어진다.[103] 여러 자료와 증언을 종합할 때 박헌영이 1945년 말~1946년 초 언제인가에 평양을 다녀왔다는 것과 소련군사령부로부터 '명령식 설득'[104]을 들었던 것은 사실로 보인다.

따라서 문서에 나타난 증거 이외에 '심증'을 종합해 추론을 완결할 것이다. 북한 공산당이 비교적 일관적인 태도를 견지한 것은 그들을 점령하고 있던 '소련을 의식했기' 때문이다. 또한 남한의 공산당이 북한의 공산당에 탁치 문제에 관한 한 주도권을 빼앗기면서까지 노선 전환을 해야만 했던 것[남한의 당 중앙이 하급당부인 북조선분국의 노선을 추수(追隨)했으며 일관성이 결여된 노선 변경을 한 결과 주도권을 빼앗긴 것]은 당 외부의 압력으로서 '소련의 종용'이 있었기 때문이다.

이러한 추론에도 불구하고 문제가 만족스럽게 해명되지는 않는다. 그렇다면 이 가설 자체에 근본적인 문제점이 있는 것은 아닐까? 이 글에서는 조공이 소련의 괴뢰라는 인식론적 기초에 대한 평가에서 출발하여 지령설을 비판적으로 인식하고자 한다.

당시 공산주의자들이 과연 소련의 괴뢰였을까? 지령설을 주장하는 사람들은 그렇게 보고 있지만, 이를 비판적으로 인식하는 사람들은 소련에 대한 자율성을 일정 정도는 인정한다(이 책 4장 각주 74 참고).

자율성을 인정하는 시각에서 지령설의 수정이 가능하다. 그런데 이

대립에 대한 자신의 입장을 밝혔다. 손석춘, 「찬탁·반탁의 소용돌이와 언론의 역할」, 『박헌영 트라우마 그의 아들 원경과 나눈 치유 이야기』(철수와영희, 2013).
[103] 당시 소련영사 샤브신의 부인 쿨리코바는 1946년 1월 5일부터 10일 사이라고 했고, 소련군 정치담당관이었던 중좌 메클레르(Gregory K. Mekler)는 1945년 12월 20일에서 25일 사이로 기억했으며[그러나 그는 1945년 말이나 1946년 초에 평양에서 박헌영과 단독으로 만났다고 증언했다. 중앙일보 특별취재반 편(1992), 앞의 책, 106쪽], 박길룡은 1946년 1월 중순이라고 증언했다. 『중앙일보』, 1991년 12월 5일자.
[104] 『중앙일보』, 1992년 2월 10일자.

글에서는 '지령설'을 부정하기보다는 '종용설'이라고 수정할 것을 제안한다. 소련이 행한 것은 일방적 지령이 아니라 종용이며 협조 요청이었다는 주장이다. 협조 요청도 강압적 분위기에서 행해졌다면 받는 측에서는 지령보다 더한 '강제'로 받아들일 수 있다. 그러나 소련과 조선공산당은 종속관계가 아니라 자율성이 조금이나마 보장되고 이념적으로 상호의존적인 관계라면 지령이나 강압으로 느끼지는 않았을 것이며 충고나 종용으로 받아들였을 가능성이 있다. 지령과 종용의 차이가 그렇게 크지 않다는 견해도 있을 수 있지만[105] '강압적 지령(종속관계)'과 협조 요청의 하나인 '종용(자율성이 없는 것은 아닌 관계)'은 받아들이는 사람의 입장에서는 큰 차이가 있는 것이다.

구체적으로 보면 남한 미군정이 남한의 정치세력에게 압력을 가하고 이해를 구했던 것처럼[106] 소련도 북한 내 정치세력에게 '반탁을 하지 말아라, 모스크바결정은 독립에 이르는 길이다, 모스크바결정을 왜곡하지 말아라' 등으로 회유했을 것이다. 또한 소련은 조만식에게 그랬던 것처럼 남·북의 공산주의자들에게 종용했다. 결과적으로 보면 이러한 미·소의 종용에 대하여 남한의 우익 정치세력들은 주체적인 의견 수렴 과정을 거쳐 거부했지만, 남·북 공산당은 역시 내부적인 의견 수렴 과

---

[105] 2003년 5월 2일 한국정치외교사학회 학술발표회장에서 하영선은 '(조선공산당이) 소련의 종용을 거부할 수 없을 것이므로 지령과 큰 차이가 없다'고 평가했다. 또한 같은 자리에서 김계동은 찬탁 인사를 장차 수립될 임정에 포함시키기 위해 소련이 지령했다고 주장했다.

[106] 하지는 심지어 소련 점령하에 있던 조만식에게도 1946년 1월 하순경 소련이 시키는 대로 따르도록 충고했다. "Trusteeship, Third Draft," [June or July 1946], RG 332, Box 29, p. 20, US National Archives.
그런데 필자는 조선공산당이 노선 전환을 할 때 미국의 리버럴한 해석이 영향을 끼친 면이 있었다고 주장한 바 있다. 이완범(1985), 앞의 글, 70쪽. 그러나 조공의 노선 전환에서 미국의 영향을 받은 면이 그렇게 크지는 않으며 더욱이 노선 전환의 원인으로 보기에는 부족하다고 생각한다. 미국의 종용은 미미한 요인 중 하나라고 할 수 있다.

정을 거쳐 접수했던 것이다(그런데 결과는 거부와 접수의 대비적 상황만이 돋보였다). 즉 남한의 공산주의자들은 외부로부터 종용을 받았을 때 과연 모스크바결정을 지지함으로써 국내 정치의 권력투쟁 과정에서 얻을 수 있는 것은 무엇인지를 이전까지 고민했던 내적 대의명분과 논리에 비추어 분석했을 것이다. 따라서 방향 전환의 기본적인 동기는 소련의 종용이 상당 부분 유발했겠지만, 최종적인 노선의 결정은 결정 당사자인 공산당의 내적 인식에서 유래했다고 보는 것이 더 설득력 있다. 따라서 다음에 언급할 유력한 가설인 '내적인식설'에 주목할 필요가 있다.

3) 내적인식설과 그 논리적 추론의 검토

내적인식설의 증거를 지령설의 증거와 비교할 때, 이 가설이 구체적 자료보다는 논리적 추론에 뒷받침되고 있음을 알 수 있다. 즉 내적인식설은 심증에 토대하고 있으므로 설득력에 한계가 있다. 그런데 비교적 풍부한 자료를 확보하고 있던 지령설도 그 신빙성에 문제가 있다는 사실을 필자가 확인하면서 '지령의 심증'으로 보완했다. 같은 맥락에서 '내적인식설의 심증'으로 지령설의 설득력이 보완될 수 있을 것이며 그렇지 못하다면 설명력을 상실할 것이다. 따라서 논리적 추론의 개연성을 입증한다는 입장에서 문제를 설명해보고자 한다.

조선공산당 내부에서 나름대로 심사숙고가 있었다는 증거는 많다. 실제로 1945년 12월 말경 조공 내부에서 신탁 문제에 대한 토론이 있었으며 탁치를 지지할 것을 건의한 경우도 있었다.[107] 또한 조공 대변

---

[107] 일찍부터 지지노선을 견지했다는 이와 같은 설명은 물론 사후적인 주장이라 그 신빙성에 의문을 제기할 수도 있다. 朝鮮共産黨 서울市 永登浦 臨時地區 常任委員會, 「全鮮黨員 同志들에게 訴함」, 1946년 2월 13日, 19쪽; 한림대학교 아시아문화연구소 편(1993), 앞의 책, 362쪽.

인 김삼룡은 이미 1945년 10월 "신탁통치 문제에 대해 소련이 어떤 조치를 취할는지 확실히 모른다. … 신탁통치에 대한 비난을 유발하는 행동을 유발하는 것은 심히 유감스러운 것이다"라고 말한 적이 있었다.[108] 한편 좌익의 신년 담화에서 탁치 문제에 대한 찬성·반대 언급이 없었으며 조공 기관지『해방일보』가 1946년 1월 2일부터 5일까지 발행되지 못했던 것 등의 사례에서 조선공산당이 내적으로 고민하고 있었음을 확인할 수 있다.[109]

(1) '명분론적 검토설'의 비판적 해석

이 가설의 전제는 조공이 어떤 외부적 힘에 의하지 않고 자체적으로 여러 차원의 검토와 분석을 거쳐 신중한 노선 전환을 했다는 데에 있다. 나름대로 검토한 결과 모스크바결정이 당시 국제정세에 비추어볼 때 통일과 독립에 가장 적절한 결정이라고 인식했기 때문에 전환했다는 설명이다. 즉 이 가설은 조공의 표면적 논리를 그대로 인정하여, 노선 전환의 주요한 이유를 대의명분과 이념적 현실인식에서 찾고 있다.

이 가설은 조국이 결국 분단된 상황을 돌이켜보면서 당시 '모스크바결정을 지지했다면 통일되었을 것'이라는 가정, 즉 모스크바결정 실천의 길이 유일한 통일의 길이라는 '모스크바결정=통일론'이라는 논리를 가지고 있다. 그러나 이 논리에 대한 비판적 인식도 가능하다. 이미 미·소에 의하여 분할 점령된 상황에서 모스크바결정에 의한 통일이 가능했겠느냐는 주장이 이 가정을 무색하게 만들며, 노선 전환을 하지 않

---

[108] 『매일신보』, 1945년 10월 25일자. 신복룡,『한국분단사연구, 1943~1953』(한울, 2001), 314쪽에서는 김삼룡의 성명이 소련의 의중을 의식하는 것이므로 공산주의의 찬탁 논리를 내적인 판단에 의한 것이라고 보기 어렵다고 평가했다. 같은 좌익인 여운형의 경우는 자신의 판단에 의해 탁치를 지지했다고 저자는 평가했다.
[109] 李剛秀(1995), 앞의 글, 311-312쪽.

고 '반탁으로 뭉쳤다면 탁치를 거치지 않은 통일이 되었을 것'이라는 반대되는 가정이 이 가설의 배후인식을 부정한다. 그럼에도 불구하고 이 가설에 나름의 의의가 있는 것도 사실이다. 즉 '하루아침 표변설'을 평가절하했으며 공산당의 상대적 자율성과 노선 전환을 둘러싼 내적 노력을 부각시켰다는 점이다.

위 주장을 뒷받침하는 증거는 당시 조공 성명서이다. 노선 전환 과정에서 즉시독립에 대한 애정을 표시한 것이나 신탁 문제의 극복을 위하여 통일전선의 결성을 제의한 것에서 내적 고민을 읽을 수 있으며, 노선 전환 후에 발표한 여러 성명서에서 '독립을 위한 방도이기 때문에 모스크바결정을 받아들이겠다'라고 언명한 것이 바로 이 가설을 합리화하는 증거이다.

그러나 현실정치는 표면에 드러난 대의명분만 가지고 인식할 수는 없다. 이 가설의 약점은 대의명분을 지나치게 신뢰하거나 과장하는 데에 있다. 이 가설과는 반대로 대의명분 뒤에 숨겨진 정치적 현실주의 논리를 인식할 필요가 있다. 예컨대 노선 전환을 했을 때 현실적 권력투쟁 과정에서 얻는 것이 없을 것이라 인식했다면 과연 현실정치 무대에서 노선 전환을 할 수 있었을까? 이러한 비판을 토대로 '권력투쟁설'을 논증할 것이다.

(2) 권력투쟁설: 헤게모니 쟁탈설과 공산화 기도설

이 가설은 노선 전환의 기본적 요인을 이념이 아니라 정치의 냉엄한 현실에서 찾는다. 이 가설에 의하면 현실정치 논리란 바로 권력투쟁(power struggle) 논리이다. 즉 권력투쟁에서 승리한다는 목적에 복무하기 위하여 노선 전환이라는 수단이 시도되었다는 것이다. 따라서 수단으로서의 노선 전환 자체는 중요한 것이 아니며 동기를 부여한 목적으로서의 권력투쟁에 대한 인식이 중요한 연구 테마가 될 것이다.

그렇다면 조공이 인식한 권력투쟁의 대상은 누구인가? 그것은 당시 반탁정국을 주도하고 있던 임정을 중심으로 한 보수세력이었다. 권력 획득이라는 목적을 실현하기 위해서 우선 단기적으로는 정국의 주도권을 임정으로부터 빼앗고, 장기적으로는 공산주의가 지배하는 조선을 만들어야 한다는 인식을 했을 것이다. 여기서 단기적 '헤게모니(=주도권) 쟁탈설'과 장기적 '공산화 기도설'의 논리적 기초를 세울 수 있다. 이렇게 구분하여 구체적으로 살펴보고자 한다.

'헤게모니 쟁탈설'의 요점은 이러하다. 임정의 반탁운동 주도로 인하여 반탁정국에서 헤게모니를 잃은 인공이 헤게모니를 탈환하기 위하여 임정에 합작을 제의했는데, 이것이 실패할 조짐을 보이자 임정과 같이 반탁의 길을 걷는 것은 인공의 노선이 임정의 헤게모니에 휘말리는 결과[110]를 가져올 것이므로 다시 주도권을 탈환하기 위하여 임정과는 정반대의 노선으로 선회했다는 것이다.[111] 당시 조선공산당원 고준석은 다음

---

[110] 최상룡도 "우파의 리더십에 따를 수도 없었던" 조공의 고민을 지적하고 있다. 崔相龍(1988), 앞의 책, 210쪽. 커밍스는 이니셔티브 쟁탈의 측면을 지적하고 있다. Bruce Cumings(1981), 앞의 책, p. 224. 이호재는 미군정과 우익의 결합을 견제하려는 조공의 의도를 지적하고 있다. 李昊宰, 『韓國外交政策의 理想과 現實』(法文社, 1969), 170쪽. 이동현(1990), 앞의 책, 103-104쪽에서 우익의 단합을 두려워했기 때문에 노선을 전환했다고 주장한다. 우익이 단합해서 주도한 반탁운동에 좌익이 가세하여 같은 목소리를 내면 운동의 주도권을 계속 우익이 가지는 결과가 되므로 문제가 있다고 생각했다는 것이다. 한편 심지연은 1945년 말 인공이 임정과의 합작을 제의한 이면에 반탁운동의 주도권을 임정 측이 계속 장악하는 것을 경계하려는 의도도 있지만 이것보다 "민족분열의 수습과 통일전선의 시급한 결성"만이 탁치 문제에 대처하는 진정한 방법이라고 생각한 것이 더 크다고 주장했다. 沈之淵(1988), 앞의 글, 233쪽. 좌익의 순수한 동기와 명분을 긍정적으로 보는 이상주의적 평가이다. 그러나 현실주의적으로 보면 인공·임정 합작 제의와 뒤이은 노선 전환의 본질적 동기는 주도권 다툼에서 나왔다.

[111] 해방3년사연구회(1988), 앞의 책, 61쪽에서는 조공이 이승만·임정 등과 통일전선 형성에 노력했다는 측면을 이 가설이 소홀히 했다고 비판한다. 그러나 1월 2일 이후 조공의 통일전선 형성 노력은 어느 정도 정리되었으므로 헤게모니를 쟁탈하려 했다는 식의 설

과 같이 회고하여 이런 상황을 추론할 수 있는 근거를 제공했다.

> 조선공산당은 보수세력들이 함부로 날뛰는 것에 의심을 가지면서도 '버스에 늦게 타는 것은 좋지 않다'라고 생각하여 활동(반탁활동-인용자)을 서둘렀다. … 그러나 조선공산당은 '모스크바3상회의결정'으로 인해 야기된 새로운 정치 정세 속에서 그들의 헤게모니를 다시금 장악할 필요가 있었다. … 그래서 그들은 1946년 1월 3일에 50만 이상(조선공산당 발표 숫자)의 서울시민을 동원하여 '모스크바3상회의 지지'를 위한 시민대회를 개최했다.[112]

헤게모니 쟁탈설을 입증할 수 있는 다른 자료로는 지지노선으로 전환되기 전후 공산주의자들의 성명이 있다. 이를 살펴보면 하나같이 임정 주도의 반탁운동에 대한 비판이 있다. 이러한 비판은 임정의 헤게모니에 대한 견제이며, 임정 주도 반탁운동을 견제하여 임정의 주도권을 탈취하려는 기도로 볼 수 있다.

한편 '헤게모니 쟁탈설'과 연결될 수 있는 '공산화 기도설'이 언급될 수 있다. 공산주의자들은 현재 미국 점령 상태보다 소련 참여하의 탁치가 자신들의 세력 확장에 유리하다고 판단했다.[113] 따라서 미군정 통치의 현 상황을 지양하기 위해 3상결정을 지지했다는 주장이다. 고준석의 회고에 의하면, "미국이 새로운 식민지로 남한을 만들지도 모르는 상태이므로 우리 스스로 자주독립을 이룩하는 최대의 방책은 3상결정을 지

명이 가능하다. 또한 통일전선 형성 노력을 한다고 해서 권력쟁탈 노력을 하지 않는 것은 아니다. 따라서 헤게모니 쟁탈설도 해명될 수 있는 부분이 있다.
112 高峻石(1972), 앞의 책; 고영민(1987), 앞의 책, 91쪽, 95쪽.
113 서대숙도 이 가설을 부분적으로 지지한다. 좌익은 5년 정도의 유예 기간이 공산화에 충분한 시간을 확보하는 것이라고 판단했다는 것이다. Dae-Sook Suh,(1967), 앞의 책, p. 306; 韓載德(1965), 앞의 책, 236쪽.

지하는 길밖에 없다"¹¹⁴라고 생각했다는 것이다. 미군정 분석에서도 탁치를 거치면 "공산주의자가 지배하는 조선이 될 것으로 전망되었기에"¹¹⁵ 공산주의자들이 모스크바결정을 지지한 것이라는 평가가 있었다. 당시 국내정세에서 좌익이 우익보다 조직력 면에서 상대적으로 강했다는 사실에 비추어본다면, 공산주의자들이 탁치가 실시되면 좌익이 조선을 지배할 수 있다고 판단했다는 것은 무리가 아니다.

　내적 상황 인식에서 전환의 동기를 구하는 공산화 기도설과 헤게모니 쟁탈설은 각각 장기적 권력 장악 인식과 단기적 주도권 장악 기도에 조응하는 것이다. 따라서 장·단기적 관점을 포괄한 권력투쟁 시각에서 종합이 가능하다. 주도권 장악이라는 단기적 목적과 공산사회 건설이라는 장기적 목적은 모두 최종적으로 권력투쟁 과정에서 승리하기 위한 것이다. 따라서 주도권 장악과 공산화는 권력 장악이라는 보다 큰 목적에 복무하는 수단이다. 이런 맥락에서 본다면 장·단기적 목적에 복무하는 수단으로서 노선 전환은 보다 큰 목적인 '권력투쟁에서의 승리'에 복무하는 수단인 것이다. 따라서 권력투쟁설의 입장에서 볼 때, 노선 전환은 결코 권력을 장악하기 위한 수단 이외의 것이 아니다.

　그러나 오로지 이러한 목적 때문에만 노선 전환을 했을까? 그렇지는 않았을 것이다. 여기서 '권력투쟁설'이 '명분론적 검토설'에 의하여 보완되어야 할 필요성이 제기될 수 있다. 모든 힘을 오로지 권력 장악에만 쏟는 인간형이 공산주의자라면 그들이 내세우는 대의명분은 권력 장악의 수단이므로 '공허한 가면'에 지나지 않는다. 그러나 공산주의자를 대의명분을 떠나서 존재하는 전적으로 '권력지향적이기만 한 인간'으로

114　高峻石(1972), 앞의 책; 고영민(1987), 앞의 책, 98쪽.
115　"HUSAFIK," part Ⅱ, chapter Ⅱ, p. 13.

간주하는 것은 무리이다. 그들은 이념을 중시한다고 말한다. 이념만을 배타적으로 보거나 권력욕만을 보는 극단적인 시각에서 문제를 보기에는 공산주의자의 정책 결정이 너무 복합적이므로 부분적 설명을 넘어선 보다 포괄적인 설명이 필요하다. 따라서 '명분론적 검토설'과 '권력투쟁설'은 각각 이념과 현실만을 보는 극단적인 가설로서 상호보완적·종합적으로 살펴보아야만 한다. 즉 공산주의자가 내적으로 고민한 결과, 모스크바결정이 당시 국제정세의 순리에 부합되는 것이며 권력투쟁의 과정에서 유리하게 작용할 것으로 전망되어 노선 전환을 했던 것이다.

'내적인식설'의 설명을 마감함에 있어 또 하나 명심해야 할 초점은 이 시각이 '지령설'과 복합적으로 설명되어야만 설득력을 가질 수 있다는 점이다. '종용'과 '내적 인식'이 함께 있었다면, 그들은 배타적이 아닌 종합적인 요인의 일부분이었다. 다음 단락에서 3가지 가설(종용설-명분론적 검토설-권력투쟁설)을 종합하려고 시도할 것이다.

4) 절충론적 종합과 정설의 수정

이상과 같이 각 가설은 누구나 인정할 수 있는 물증(hard evidence) 등 확실한 증거가 없으므로 절대적으로 타당한 설명력을 갖고 있지 못하며 각기 부분적 타당성밖에 갖지 못한다. 또한 각 가설을 배타적으로 볼 것이 아니라 보완적·복합적으로 보는 인식이 필요하다.

모스크바결정이 탁치안 중심으로 보도되자 조선공산당은 탁치안이 소련의 단독구상이었다고 잘못 인식했으며('지령설'의 요소) 얼마 후 탁치가 독립에 배치되는 것이 아니라는 사실을 발견하고('명분론적 검토설'의 요소) 내적 인식을 가다듬으려고('내적인식설'의 요소) 공식 태도 표명을 보류했다. 이러한 상황에서 통일전선을 구축하거나('명분론적 검토설'의 요소) 아니면 단기적으로는 주도권을 탈취하기 위하여('헤게모니 쟁탈설'의 요소) 인공·임정 간 합작을 제의하나, 실패를 경험했다. 결국 소련의 협조 요청을 받고('지령설'의 요소) 최종 검토하여 통일에 유리하기도 하며('명분론적 검토설'의 요소) 장기적·종국적으로는 공산정부 수립(권력 장악)에 유리하다 판단('공산화 기도설'의 요소)하여 노선을 전환했다. 결국 조공의 내적 인식이 상황적 요인이었으며 소련 종용은 앞서 언급한 바와 같이 상황적 요인을 발전시켜 동기를 유발한 주요한 요인이었다.

이렇듯 방향 전환의 동기가 오로지 소련의 '지령'에 의해서 주어진 것만은 아니었다. 지령이 아닌 종용의 형태로 12월 말경에 이루어졌을 것으로 추측되는 소련의 협조 요청 이외에도 내적 인식이 정책 결정에 크게 작용했다. 권력투쟁적 인식(임정에 대한 헤게모니 탈취, 공산화 기도 인식)과 모스크바결정이 국제정세에 비추어볼 때 가장 적절한 해결책이라는 이념적 인식에 비교적 시간을 갖고 고민하다가 임정과의 통일공작도 무산되고 소련의 협조 요청이 있자 반탁에서 지지노선으로 전환했다. 따라서 '조선공산당은 소련의 지령에 따라 반탁에서 찬탁으로 하루아침에 표변했다'는 기존의 정설은 다음과 같이 수정되어야 한다.

조선공산당은 모스크바결정이 전해지자 이것이 소련의 결정이라는 설도 있어 여러 날 신중한 검토를 했다. 이 과정에서 임정·인공 간 통일공작도 실패하고 마지막으로 급박하게 소련의 종용을 받았다. 조선공산당은 단기적으로는 반탁운동을 주도하는 임정에 맞서 권력투쟁 과정에서 승리할 수 있고 장기적으로는 통일정부를 수립할 수 있다고 판단해 반탁에서 '모스크바결정 지지' 노선으로 전환했다.

하나의 역사적 결과를 단선적으로 볼 것이 아니라 위와 같이 여러 요인의 복합적 결과로 보는 인식이 필요하다. 위를 다시 짧게 요약하면 다음과 같다.

조선공산당은 소련의 종용과 국내 정치에 대한 인식 때문에 수일간의 복합적인 과정을 거쳐 반탁에서 '모스크바결정 지지'로 전환했다.

내적 검토에 외적 요인이 함께 고려되었다고 보는 것이 상식적이므로 위와 같은 추론이 어찌 보면 당연한 결론이 아닌가 한다. 이와 같이 조선공산당의 결정 과정은 신중했으나 하급당부에 내린 노선 전환 지시는 매우 급하게 전해졌다. 따라서 1946년 1월 3일 집회에서처럼 하루아침에 표변한 것처럼 보였다. 당시 대중과 언론은 내적 인식은 보지 못하고 급박하게 지시한 외적인 힘(소련의 종용)만 부각시켜 과대평가했다. 그러나 사실은 내적 고민(인식)과 외적 종용이 결합된 유기적이며 복합적인 결과였다.[116]

5) 조선공산당의 노선 전환이 낳은 결과

조공의 노선 전환에 대해 대중의 반탁감정을 의식한 당내 인사들도 거세게 반발했다. 고준석(1972, 1988)에 의하면, "일본제국주의의 식민지에

---

[116] 내적 고민과 소련의 종용 중에서는 어느 변수가 더 중요했을까? 원래는 내적 고민이 더 중요했겠지만, 지령에 가까운 소련의 강력한 종용을 접한 후 내적 고민보다 외적인 힘에 의해 노선을 전환한 느낌이 짙다. 그런데 단기적으로는 종용이 중요하지만 장기적으로는 내적 인식(헤게모니·주도권 쟁탈, 정치세력 사이의 권력투쟁적 관점에서 본 정세판단)이 더 중요했을 것이다. 이렇듯 내인과 외인은 국면에 따라 힘의 크기가 변화되는 가변적인 것이며, 이러한 힘이 복합적으로 작용하여 어떤 결과가 나오는 것이다. 이런 맥락에서 가변적이며 복합론적인 유기체적 인식이 필요하다.

서 국제식민지 상태로 만들겠다는 것 아닌가" 하는 문제가 제기되었다.[117]

또한 당시 우익 정치지도자들도 좌익의 방향 전환을 맹렬하게 비판했다. 이들은 탁치안 발표 직후 좌·우익 모두가 탁치를 반대했던 사실을 상기시키면서 좌익의 노선을 '국론분열의 교란자'니 '매국노'니 하면서 질타했다. 조소앙은 1946년 1월 3일 기자회견에서 신탁통치에 반대하는 것이 독립운동이라고 전제한 후, 미·소마저도 탁치를 보류하고 있는 마당에 이를 수락한다는 것은 문제가 있다고 비판했다.[118] 1월 6일 유림의 대가 김창숙은 좌익을 '민족반역자'라 칭했고,[119] 신탁반대국민총동원위원회 부위원장 안재홍은 '극좌적인 신사대주의자,' '천로(淺露)한 국제추수자(國際追隨者)'라고 비난했다.[120] 그전까지 미군정과 직접적인 충돌을 삼가며 온건한 반대를 피력하던 이승만은 좌익의 노선 전환 이후인 1월 7일 '망국음모'라는 격렬한 표현을 사용했다[121](이승만의 반탁은 김구와 달리 그 자체가 목적이라기보다는 반공이라는 목적에 복무하는 수단으로 볼 여지가 있다). 『동아일보』는 사설을 통해 좌익을 '국론분열의 교란자'라고 밀어붙였다.[122]

이러한 상대 진영의 비판보다 더 중요한 것은 조선공산당을 주축으로 하는 좌익이 즉시독립을 열망하는 대중들을 설득하는 데 실패했다는 사

---

[117] 高峻石(1972), 앞의 책, 113쪽; 고영민(1987), 앞의 책, 97쪽; 고준석 저, 편집부 역, 『민족통일투쟁과 조선혁명』(힘, 1988), 108쪽. 또한 박일원도 같은 맥락에서 주장하고 있다. 朴馹遠, 「美蘇共委와 南勞黨의 欺瞞(上)」, 『대동신문』, 1947년 10월 28일자.

[118] 『조선일보』, 1946년 1월 4일자. 미국은 몰라도 소련이 탁치에 유보적인 태도를 보였다는 것은 주관적 평가이다.

[119] 「김창숙옹 본지를 통하야 조공에 경고: 민중기만의 大惡敢犯 매국간책을 자행, 맹성하라 민족분열의 책임을」, 『동아일보』, 1946년 1월 7일자.

[120] 「事大思想(사대사상)을 排除(배제) 自力獨立(자력독립)에 邁進(매진)」, 『동아일보』, 1946년 1월 7일자.

[121] 「신탁지지는 망국음모: 국제여론에 이박사 중대발언」, 『동아일보』, 1946년 1월 8일자.

[122] 「사설: 자아모독을 격함, 신탁수락은 노예근성」, 『동아일보』, 1946년 1월 5일자.

실이다. 조공의 노선 전환은 신탁을 반대하는 민족감정과 얼마간 융합할 수 없었다(좌익의 방향 전환은 1945년 9월 인공 수립을 기도하여 즉시자주독립을 선언했던 노선[123]과도 모순되었다). 당시 남로당 경상북도당 조직부 간부였던 박진목은 "반탁에서 찬탁으로 공산당이 태도를 돌변하자 지방 좌익단체들은 그 수습이 곤란했다"라고 회고했다.[124] 또한 충남 인민위원회와 산하 인민위원회들의 특별 모임에서 조사한 바에 의하면 공산당 외곽단체들은 노선 전환 후 인기를 상당히 잃었다.[125]

정치 판도를 비교하면 좌익은 노선 전환으로 인하여 미조직 대중의 다수를 우익진영에 내주었고,[126] 반면 우익은 반탁운동을 주도해 다수의 대중을 자기편으로 끌어들이면서 대중의 민족주의적 감정을 고양시키는 데 성공했다. 당시 좌익은 반탁운동자에 대해 "과거의 친일파와 민족반역자들이 반탁운동을 기화로 순식간에 열성적인 애국자로 등

---

[123] 민주주의민족전선 편(1946), 앞의 책, 87-88쪽.
[124] 박진목, 『내 조국 내 산하』(창진사, 1976), 86쪽.
[125] HQ, USAFIK, "G-2 Periodic Report," no. 159, 23 February 1946; HQ, USAFIK, "G-2 Periodic Report," no. 140, 31 January 1946; "Trusteeship," Second Draft, [May or June 1946], RG 332, Box 65, US National Archives II, College Park, MD, p. 23; 이동현(1990), 앞의 책, 105쪽.
[126] "Trusteeship," Third Draft, [June or July 1946], RG 332, Box 65, US National Archives II, College Park, MD, p. 15. 해방 직후 인천에서 공산주의운동을 했던 박헌영의 잠재적 경쟁자 조봉암은 1946년 1월 3일 서울시인민위원회의 모스크바결정 지지집회 건에 대해 비판하는 편지를 박헌영에게 보내려다 미군 CIC의 정보망에 걸려 보내지 못했고 이 편지가 그해 5월 우익 언론에 공개되었다. 조봉암은 노선 전환의 결과 대중적 지지를 잃었다고 비판했다. 조봉암, 「박헌영 동무에게(1)」, 『한성일보』, 1946년 5월 7일자; 조봉암, 「존경하는 박헌영 동무에게」, 『조선일보』, 1946년 5월 7일자; 『동아일보』, 1946년 5월 7일자; 『대동신문』, 1946년 5월 7일자. 조봉암은 5월 14일 가진 인터뷰에서 편지 내용에 약간의 왜곡이 있지만 대체로 윤곽은 같다고 말했다. 『조선인민보』, 1946년 5월 15일자; 『독립신보』, 1946년 5월 15일자; 『현대일보』, 1946년 5월 15일자. 이렇게 편지가 공개되는 와중에서 당시 조선공산당의 최고지도자와 대적했던 조봉암은 이후 전향했다. 한편 이강국도 일시적으로나마 지지를 잃었던 사실을 인정했다. 이강국 저, 정진태 편(1946), 앞의 책, 113쪽. 한민당의 경우는 좌익의 지지 상실 사실을 선전했다. 한국민주당 편(1948), 앞의 책, 23쪽.

장"했다고 매도했으나[127] 자신들의 인기 추락을 막을 수는 없었다. 조직력 면에서도 우익은 이승만의 활동과 1946년 5월 이후 경찰의 도움으로 좌익의 조직을 상당 부분 잠식했다. 미군정 정보기관의 평가에 의하면 이승만의 조직이 지방인민위원회를 대체하기 시작했다는 것이다.[128] 일본 연구자도 탁치 문제를 계기로 우익은 세력을 만회했다고 주장했다.[129] 후일 반탁운동자들도 그렇게 평가했다.[130]

결과적으로 좌익은 한동안 정국의 주도권을 우익에 넘겨주고 수세에 몰릴 수밖에 없었다.[131] 주도권 획득을 위하여 노선을 전환했으나, 역설적이게도 오히려 정반대의 결과를 초래했다.[132] 여기서 조선공산당의 전

---

[127] 민주주의민족전선 편(1946), 앞의 책, 112쪽.
[128] "HUSAFIK," part Ⅱ, chapter Ⅱ, pp. 66-67.
[129] 大沼久夫,「朝鮮の解放・分斷と國內勢力: 信託統治問題を中心としこ」,『朝鮮史研究會論文集』第21輯(1984), 113-114쪽; 오누마 히사오(大沼久夫),「한국의 해방·분단과 국내세력: 신탁통치 문제를 중심으로」, 김동춘 편역,『한국현대사연구』I(이성과현실사, 1988), 122쪽.
[130] 한국반탁반공학생운동기념사업회 편(1986), 앞의 책, 85쪽. 우익 학생운동에 대해서는 이준영,「해방 후 우익 학생운동 연구」,『역사연구』17(2019), 479-515쪽에 나와 있다.
2019년 10월 조국(曺國) 법무부 장관 일가의 검찰 수사 문제로 광화문과 서초동에서 보수와 진보가 세 대결을 벌일 때 보수야당인 자유한국당은 해방 직후 좌·우익의 찬·반탁 대립 상황과 비견된다고 주장했다. 2019년 당시 진보진영은 조국 문제가 아닌 검찰개혁이 중심이라면서 국민의 절반이 아닌 일부 보수파만이 검찰개혁을 반대하므로 해방 직후의 극단적인 좌우대립 상황과는 다르다고 주장하면서도 찬·반탁 대결이 보수의 약진을 가져왔다는 사실은 인정했다. 해방 직후 "보수세력의 '기획'은 '일제 식민통치를 이제 막 벗어났는데 또다시 강대국들의 지배를 받아야 하느냐?'는 국민적 분노를 조성하는 데 성공했다. 이런 분위기 속에서 보수파와 친일파는 해방 직후의 수세에서 벗어나 전열을 가다듬고 상황을 역전시킬 수 있었다"라는 평가였다.
김종성,「반세기 전 찬탁·반탁 소환하는 한국당의 오판: (역사로 보는 오늘의 이슈)검찰개혁 이슈는 신탁통치 논쟁과는 다르다」,『오마이뉴스』, 2019년 10월 10일자(www.ohmynews.com/NWS_Web/View/at_pg.aspx?CNTN_CD=A0002577229, 검색일: 2019년 10월 15일).
[131] 심지연,「신탁통치 문제와 해방정국: 반탁과 찬탁의 논리를 중심으로」,『한국정치학회보』19(1985), 161쪽; 이완범(1987), 앞의 글, 298쪽 각주 265.
[132] 따라서 신복룡은 주도권 싸움으로 노선 전환을 설명하는 데에는 한계가 있다고 주장한

술적 실수를 지적할 수 있다.

노선 전환 이후인 1946년 1월 8일 조선공산당이 작성한 내부 문건에 의하면 좌익은 "3일의 경성시인민위원회(京城市人民委員會) 주최의 데모에서 아무런 예고도 없이 3상회의 절대지지를 돌연히 내걸어서 급각도(急角度)의 전술전환(戰術轉換)"을 단행해 "대중에 대한 무책임한 표변적 배신자로서 자기를 폭로하고 말았던 것이다"라고 평가했다. 이어서 "'탁치반대'의 예비선전(豫備宣傳)을 통하야 소집된, 3일 시위의 군중은 의외(意外)에도 '탁치지지(託治支持)'를 보고서 극단의 불평(不平)과 분만(憤懣)을 표시했으며 시민 측 동원은 대부분이 탈퇴하고 말았다"라고 주장했다. 이어서 3일 시위는 연기되어야 했다고까지 했다.[133]

이호재(1988)는 초기의 반탁에 대한 국민적 지지가 후기에 반탁이 단정과 분단으로 연결되고 찬탁이 통일로 연결되는 때에는 역전되었다고 주장했다.[134] 그런데 이승만의 반탁은 단정으로 연결되나, 김구의 반탁은 통일로 연결되므로,[135] 이러한 주장은 부분적으로만 타당하다. 또한 후기에 국민의 지지가 과연 역전되었는지도 의문이다. 고준석(1978)은 시일이 흐름에 따라 좌익은 지지 상실을 어느 정도 만회했다고 주장했다.[136] 필자가 보기에는 탁치 문제에 관한 한 일단 지지기반을 상당 부분 잃은 것은 사실이며, 이런 상황은 1946년 초부터 1947년까지 지속

다. 신복룡(2001), 앞의 책, 316쪽.

[133] 콤뮤니스트, 「託治」問題와 左翼의 自己批判」, 1946년 1월 8일, 5쪽; 한림대학교 아시아문화연구소 편(1993), 앞의 책, 441쪽. 한편 기자 오연호는 「미군정의 분열조작 신탁통치 파동」, 『말』 33(1989), 73쪽에서 대중 이탈이 우익의 주장처럼 그렇게 크지 않았다고 평가했다. 그러나 위와 같이 조선공산당 내부에서도 자기비판이 나오는 등 적어도 노선 전환 초기에는 대중 이탈이 있었던 것이 사실이다.

[134] 이호재, 「모스크바 3상회의와 신탁통치안」, 신동아편집실 편, 『현대한국을 뒤흔든 60대 사건』(동아일보사, 1988), 25쪽.

[135] 이완범(1985), 앞의 글, 166쪽.

[136] 高峻石(1978), 앞의 책, 121쪽; 하성수 편(1986), 앞의 책, 131쪽, 134쪽.

되었다. 그럼에도 불구하고 '찬탁'으로 규정된 좌익의 노선 전환으로 인해 대중의 지지를 상실한 상황이 1948년 4월까지 지속된 것은 아니다. 좌익의 지지기반 상실이 오로지 신탁 문제 때문만은 아니며 내부적인 실책 외에 외적 변수인 미군정의 탄압에서 기인한 부분도 있다.

다시 노선 전환 직후 상황으로 돌아오면, 북한 공산주의자들은 비교적 일관적인 태도를 보였으며 미국이 방조한 외신 보도에 의하여 '반탁 감정이 조성'되지 않은 상태였으므로 대중을 지지노선의 기치 아래 효과적으로 결집시켰다.[137] 따라서 남북 공산당의 대중 동원 능력도 역전되기 시작했으며 소련 점령이라는 보다 나은 조건에서 활동해온 북한 공산당이 남한 공산당에 맞서 주도권을 잡기 시작했다. 진보적 역사학자 이이화도 북쪽의 공산주의 세력이 먼저 탁치에 찬성했으며 "조선공산당이 북쪽 공산주의 세력의 지시에 따라 모스크바결정을 지지했다"라고 설명했다.[138] 평양의 조선공산당 북조선분국은 1월 2일, 서울의 조선공산당 중앙은 1월 3일에 각각 공식 지지 성명을 발표했으므로 그렇게 해석할 수도 있지만, 당시까지는 아직도 하급당부였던 북의 지시에 따른 것은 아니었으며 다만 조선공산당 중앙이 정보력에 밀려 늦게 결정한 것이라고 할 수 있다. 이런 맥락에서 탁치 이슈는 남한지역에서 조선공산당의 힘을 약화시키고 북한지역에서 조선민주당을 몰락시켜 한반도에 냉전 구도를 형성하는 데 영향을 미쳤다고 평가할 수 있다.

한편 강인덕은 북조선공산당이 소련의 지령에 따른 것이라면 서울의 공산당은 주도권 획득을 위하여 전환한 것이라고 주장해 남북을 분리해

---

[137] 이완범, 「해방3년사의 쟁점」, 박명림 외, 『해방전후사의 인식』 6(한길사, 1989), 104쪽.
[138] 이이화, 「추천사」, 이정박헌영전집편집위원회 편, 『이정 박헌영 전집』 전9권(역사비평사, 2004), 7쪽. 북쪽의 공산주의 세력이 소련 당국인지 아니면 김일성인지 명확하게 밝히지는 않고 있다.

보았다.¹³⁹ 이는 남북의 상이한 상황을 비교한 흥미로운 해석이다.

6) 미국음모설

그런데 만약 오보를 확대 보도하게 만든 미국의 의도가 '반소·반공'이라는 이데올로기 전파와 공산당 약화에 있었다고 한다면, 결과적으로 미국의 의도는 탁치 문제를 통하여 완벽하게 구현되었다. 이런 맥락에서 앞서 논구한 외적 지령설(소련지령설)과는 또 다른 '외적작용설'로서의 '미국음모설'을 연구 가능한 가설로서 제기할 수 있다. 이는 증거가 불충분한 추론일 뿐이지만, 석연치 않았던 당시 상황을 이해하는 데 아이디어를 제공해준다. 이 가설의 신빙성이 의문스럽지만, 이후의 연구를 위하여 대략적인 내용을 살펴보고 비판적 첨언을 부기할 수 있을 것이다. 먼저 음모의 대강 스토리는 다음과 같다.

(한국민의 탁치에 대한 반응을 알아보기 위하여 미국이 고의적으로 흘렸을지도 모르는) 1945년 10월 빈센트 발언에 대한 한국민의 대응에서 반탁감정을 간파한 (아니면 의도적으로 조장한) 미국 고위 당국자는 신탁통치에 반대하는 것이 대중의 일치된 감정이라는 사실을 인식했다. 따라서 공산당을 대중으로부터 분리시킨다는 공작의 최고 목표 아래, '소련 탁치주장설'이라는 오보를 모스크바와 멀리 떨어진 워싱턴에서 만들어 지급으로 전송하여 조공이 노선 전환을 하게끔 조장했다. (이 과정에서 '탁치=제국주의적 위임통치'라는 한국인의 최초 인식을 조장했든 아니든 간에) 모스크바 전문 보도 이전의 왜곡 보도를 계속 흘려 모스크바결정의 중심은 탁치에 있으며 역시 '탁치는 즉시

---

139 강인덕, 「북한의 대남전략기구 변천에 관한 고찰」, 『안보연구』 17(1987), 84쪽.

독립에 배치되는 것'이라는 기존인식을 확산시켰다. 소련 탁치주장설 오보에 노선 전환의 계기를 가졌던 조공은 소련의 종용도 접하고 내부적인 논리도 검토한 끝에 노선 전환을 시도하나 미국의 공작에 이용당해 대중으로부터 고립되었다. 즉 미국은 모스크바결정의 중심이 탁치가 아닌 임정 수립과 후견에 있다거나 후견은 독립과 배치되는 것이 아니라는 좌익의 주장을 무력화시켜 좌익을 매국노로 몰게 만들면서 대신 이전까지 수세에 몰려 있던 우익을 반탁·민족세력으로 복권시켰다.

만약 음모가 있었다면 과연 음모의 주체는 누구였을까? 미군정이 '소련 탁치주장설'이 오보라는 사실을 실제로 몰랐다면 음모는 주둔군 사령관보다 높은 지위에 있는 본국의 공작부서에서 온 것이라고 추정할 수 있다. 그렇다면 미국 내 고위 당국자(국무부의 대소 타협주의적인 국제주의자들에 반대하여 냉전의 대두와 함께 등장하기 시작한 매카시즘적인 반공주의자)[140]를 공작의 주체로 간주할 수 있다. 1945년 10월 20일 미국이 한국을 신탁통치령 대상지역으로 고려한다는 정보를 누설한 전력이 있었던 빈센트는 반소·반공의 분위기가 대세를 이루었던 1946년 1월 중순에는 소련에 화살을 돌렸다. 빈센트는 1946년 1월 19일 미 국무부 라디오 방송 프로그램을 통해 "모스크바3상협정 한국 조항의 원안은 소련이 기초했다"라는 내용을 발표해[141](소련안에 의거해 최종안이 산출되었으므로 이 말이 틀린 것은 아니지만 한반도에 신탁통치를 적용하자는 원안의 제안자는 미국이라는 사실을 거두절미해 오해를 불러일으킬 만했다) 이전의

---

[140] 이들은 번스의 대소유화적 정책 결정을 소련과 내통한 불순분자의 행동으로 치부했다. 서중석, 『한국현대민족운동연구』(역사비평사, 1991), 313쪽에도 '국무부에 타격을 입히기 위한 작전'으로 해석하는 견해가 소개되어 있다.

[141] "HUSAFIK," part Ⅱ, chapter Ⅳ, p. 81.

'미 즉시독립 주장, 소 탁치실시 주장'이라는 오보에 여전히 힘을 실어 주는 일종의 해명성 회견을 자청했던 것이다. 따라서 그에게 혐의를 돌릴 수 있다. 그는 같은 날의 방송에서 탁치의 완전한 준수에서 벗어난 해석을 반복했다.[142] 이는 모스크바3상회의에 대한 미국의 전형적인 리버럴한 해석의 연장이었다. 1945년 10월 20일 정보 누설 때는 한국에 신탁통치를 해야 한다고 주장했던 빈센트는 1946년 1월 16일에는 신탁통치를 최단기간에 끝내고 속히 독립을 부여할 수도 있다는 식으로 일관성 없이 돌아섰다. "조선임시정부가 통일적인 통치와 치안의 능력을 보여줄 때에는 탁치를 실현하지 않겠다는 것이 미국뿐만 아니라 연합 3국의 공통된 의견"이라고 말했던 것이다.[143] 이렇게 소련이 한국에서 '신탁통치의 원흉'으로 악마화되자 스탈린은 모스크바회담결정 과정을 공개했다.

그렇다면 음모는 과연 어떠한 결과를 노렸을까? 그것은 미국의 이익에 도움을 주는 좌익 약화와 우익 강화, 반소운동과 반공운동의 조장 등이었을 것이다. 전술한 바와 같이 미국이 좌익에게 방향 전환을 직접 지령하지는 않았지만 방향 전환을 하지 않을 수 없게끔 훨씬 고차원적

---

[142] Bruce Cumings(1981), 앞의 책, pp. 524-525.
[143] 곽병찬, 「(역사 앞에서 묻다)1945년 '소련 신탁통치 주장' 가짜뉴스에 통일정부 수립 물거품 입력: 가짜뉴스의 거대한 뿌리」, 『서울신문』, 2018년 7월 24일자. 그런데 워싱턴 16일 UP발 보도를 인용한 『동아일보』 1946년 1월 19일자 톱뉴스 「조선의 내정만 개혁되면 최단기에 독립실현: 미·소 양국의 양해로 화부관변 측 낙관적 관측」에는 "미 국무성 측에서는 금회의 (미·소 예비-인용자) 회담에 의하여 조선의 독립은 속히 될 것"이라면서 "막사과외상회의의 결정에 의한 5개년간의 조선 신탁통치는 단축되리라고 믿을 수 있는 이유가 있다. 그리고 이 신탁통치 기간의 단축을 희망하는 특히 미·소의 양해가 성립되고 또 조선의 내정상 개혁이 적당히 수행되면 조선의 독립은 극히 단기간에 실현될 가능성이 있다"라는 미 국무부 당국자의 매우 낙관적이고 섣부른 예측이 보도되었다. 따라서 빈센트의 말은 한국에 신탁통치를 전혀 실시하지 않겠다는 것이라기보다는 한국이 단기간에 독립될 가능성을 언급한 것으로 보아야 한다.

으로 유도했다는 것이 음모설의 관점에서 본 해석이다. 즉 좌익세력이 방향 전환을 하는 데 결정적 계기를 만들어주었으며, 조선 내 정치세력의 좌우분열을 고의적으로 조장하여 좌익을 약화시키고 사분오열된 우익을 결집시켰다. 따라서 음모는 효과적으로 성공했으며, 음모가 없이 정당한 보도가 이루어졌다면 이러한 성과는 달성되기 어려웠다는 사실에 비추어볼 때 음모가 있을 수 있다는 개연성은 반증될 수 있는 것이다. 따라서 음모설의 입장에서 해석한다면 좌우분열을 의도했던 미국의 '신탁통치 시나리오'에 조선공산당이 냉철하지 못하게 즉각적으로 대응하여 이용당했던 것으로 평가할 수 있다.[144]

1945년 10월 중순의 탁치 보도는 대중들의 반탁감정을 형성하게 했으며 12월 27일 소련의 탁치주장설 오보는 반소감정으로 비화되었다. 해를 넘긴 1946년 1월 2~3일 공산주의자들이 소련의 영향하에서 찬탁으로 방향을 전환하자 반탁·반소·반공감정이 연결되었고 1월 16일 『동아일보』, 『대동신문』 등의 박헌영-존스턴(Richard J. H. Johnston; 『뉴욕타임스』 특파원) 회견기사 왜곡[145](소련 1국의 신탁통치를 희망하며 10~20년 내에 조선의 소련연방화 추진[146])은 박헌영이 대표로 있던 조선공산당을 '친소분자들의 집합소'라는 이미지를 형성하는 데 기여했다.[147] 박헌영은 이를 언어착오에 의한 오보라고 주장했다.[148] 또한 미군정 관

---

[144] 이완범(1989), 앞의 글, 104-105쪽.
[145] 정용욱, 「1945년 말 1946년 초 신탁통치 파동과 미군정」, 『역사비평』 62(2003), 302쪽.
[146] 『동아일보』, 1946년 1월 17일자. 또한 당시 우익지 『대동신문』도 미군정 관리의 메모를 동원해 재차 보도했다. 『대동신문』, 1946년 1월 23일자.
[147] 이런 상황에서 1946년 1월 24일 밤 모스크바의 타스통신은 탁치의 원래 제안자는 미국이라는 사실을 공개하여 반탁과 반소의 고리를 끊으려 했다. 그러나 이 내용은 미군정의 통제로 즉각 보도되지 않았으며, 대중들의 반탁·반소 감정을 완전히 일소시키지는 못했다.
[148] 『조선일보』, 1946년 1월 17일자; 『해방일보』, 1946년 1월 16일자.

리도 왜곡보도라는 사실을 인정했으나 비밀로 부쳤다.[149] 후일 방선주도 '의도적 오보'라고 평가했다.[150] 존스턴과의 회견 내용을 종합해보건대 박헌영은 한국이 사회주의 노선에 따라 발전될 것이라는 정치적 견해와 신탁통치안을 원칙적으로 지지한다는 입장을 밝힌 것으로 추측된다. 그러나 존스턴은 이를 의도적으로 왜곡했으며 미군정은 이를 바로잡으려고 하지 않았다.

따라서 누차 강조한 바와 같이 조공은 신탁통치 파동으로 인해 대중적 지지를 상당 부분 상실했다. 이 과정에서 미국과 언론의 반좌익 공작과 음모가 있었다면 이는 매우 성공적이었다는 것도 누차 지적한 바와 같다. 당시 서울 주재 소련영사관 부영사 샤브신의 부인 샤브시나 쿨리코바는 "권력을 향해 가던 극우 반동세력이 (찬·반탁 대립을-인용자) 이용했다"라고 평가했다.[151]

그렇지만 음모설은 노선 전환의 원인을 설명하는 가설로서 한계가 있는 것이 사실이다. 한 평자는 조선공산당의 '표변'과 (미국의) 음모는 전혀 별개의 사실이며 함수관계가 형성되어 있지 않다고 주장했다.[152] 음모는 노선 전환의 결정적 계기를 조성해주었을 뿐 결정적 원인은 되지 못했다. 소련이 종용하지 않았거나 모스크바결정에 열의가 없었다면 노선 전환의 계기가 형성되었다 하더라도 조공은 계속 반탁 입장에 서 있

---

[149] "G-2 Weekly Report," no. 19, 13-20 January 1946; Bruce Cumings(1981), 앞의 책, pp. 224-225; 방선주, 「미국 제24군 G-2 군사실 자료 해제」, 『아시아문화』 3(1987), 184쪽, 211-212쪽.
[150] 방선주(1987), 위의 글, 187쪽.
[151] F. 샤브시나 꿀리꼬바(1994), 앞의 글; 이정박헌영전집편집위원회 편, 『이정 박헌영 전집』 8(역사비평사, 2004), 193쪽.
[152] 신복룡, 「이완범의 「조선공산당의 탁치안에 대한 태도변화」에 관한 논평」, 한국국제정치학회 연례학술회의 토론장, 1995년 12월 14일. 또한 필자의 복합론적인 가설이 논지가 선명하지 않은 산만한 모자이크라고 평가했다. 그런데 이러한 논평에 대해 필자는 단선론적인 설명이 가지는 '단정적 인식'이 더 문제라고 생각한다.

었을 것이다. 따라서 소련의 종용과 조공의 내부적 인식이 중요한 원인이었으며, 미국의 음모는 이 원인들을 조장한 하나의 배경에 불과하다는 것이 음모설을 논구한 필자의 잠정적 결론이다.

부록 2 조만식의 반탁과 소련의 대처

남한 측 회고담에 나오는 일치된 증언에 따르면, 1946년 1월 1일 이후로 조만식이 탁치에 반대한다는 입장이 전해지자, 소련군은 조만식에게 반탁을 철회하고 모스크바결정을 지지할 것을 강권했다. 조만식으로서는 반탁의 신념을 버릴 수는 없었지만 공개적으로 점령군에 반기를 들 수 있는 입장도 아니었다.

그런데 구소련 문서인 이그나찌에프의 보고[1]에는 조만식이 모스크바결정에 대해 찬성도 반대도 하지 않고 침묵으로 일관하는 중립적 태도를 취했다고 나온다. 이렇듯 회고담과 공식문서가 엇갈릴 때는 대개 문서가 1차적인 것으로 인정되지만 이 경우에는 예외이다. 조만식이 소련을 의식해 김구처럼 전면적인 반탁은 못했겠지만 그렇다고 완전히 중립적인 태도를 보이지는 않았던 것으로 추정된다. 정보가 차단되고 통제된 상태에서 작성된 소련 문서보다 개방적인 회고록의 가치가 더 높게 평가될 수 있는 대목이다.

1946년 1월 5일 평남 인민정치위원회 전체회의 석상에서 조만식이 소련군의 3상결정 지지 번의(飜意) 요구를 거부하자[2] 결국 고려호텔에

---

[1] 이그나찌에프, 「모스크바결정과 관련한 북한 주민의 정치동향에 관한 보고」, 러시아연방국방성중앙문서보관소, 문서군 소련민정청, 목록 102038, 문서철 2, 6-11쪽; 田鉉秀, 「蘇聯의 美蘇共委 대책과 韓國臨時政府 수립 구상」, 『韓國 近現代의 民族問題와 新國家建設』(지식산업사, 1997), 561쪽에서 재인용.

[2] 중앙일보 특별취재반 편, 『秘錄 조선민주주의 인민공화국』하(중앙일보사, 1993b), 423쪽; 고당기념사업회 편, 『고당 조만식 회상록』(조광출판인쇄주식회사, 1995), 250쪽.

연금(protective custody)[3]당했다고 한다. 지지로 변의할 것을 요구받았으므로 조만식의 원래 입장은 반탁이었음이 확인된다. 소련의 연금 조치는 단호했다. 따라서 북한에서는 남한과 같이 대중적 반탁운동이 거세게 일어나지는 않았으며 향후에도 마찬가지였다. 소련이 반탁의 상징적 인물인 조만식의 대중 접촉을 일찍 차단해 싹을 자른 덕분이었다고 할 수 있다. 반탁운동에 대한 소련의 대처는 미국보다 훨씬 기민하고 효과적이었다고 평가된다. 통제된 사회와 자유로운 사회의 차이라고 할 수도 있다.

이렇게 조만식은 너무 일찍 그리고 너무 쉽게 제거되고 말아 이후 북한에서는 좌익 일변도로 정국이 운영되고 말았다. 이렇게 이른 시기에 민족주의자 조만식은 퇴장했다고 간주된다.[4] 조만식이 반탁 주장을 굽히지 않아 소련군과 갈라서며 북한에서 좌우동거체제가 무너지고 말았다. 탁치 문제는 결국 남한뿐만 아니라 북한의 정치 상황도 근본적으로 바꿔버렸던 것이다.[5] 1946년 2월 말 시티코프는 조만식이 모스크바3상회의 결정에 찬성하지 않는다는 말을 듣고 "조선에 조만식 같은 사람이 100명 가까이 될 것이며 그들은 이번 공격만으로 그치지 않을 것이므로 조선 동지들에게 계급투쟁의 본질에 대해 설명해줄 필요가 있다"라

---

[3] 중앙일보는 소련 아카이브의 대외정책 문서 「번스와 김일성 등의 특별 면담 내용 보고서」와 미 국무부의 당시 문서인 「서울정치자문 보고서」를 입수해 다음과 같은 사실을 확인했다. 1946년 10월 미·소공위의 미국 대표 번스와 조만식의 만남을 주선해준 소련 KGB 요원 발라사노프의 주장에 의하면 조만식은 "구금 아닌 연금" 상태라는 것이다. 중앙일보 특별취재반 편(1993b), 앞의 책, 250쪽. 교화소에 구금한 것이 아니라 호텔에 연금한 것이므로 언제라도 나올 수 있었으며, 면회는 비교적 자유로웠다고 할 수 있다.
[4] 기광서, 『북한 국가의 형성과 소련』(선인, 2018).
[5] 임영태, (제3부 해방정국(15)-탁치 분쟁 3) 임영태의 '다시 보는 해방 전후사 이야기'(47)」, 『통일뉴스』, 2021년 4월 5일자(www.tongilnews.com/news/articleView.html?idxno=201644, 검색일: 2021년 4월 17일).

고 말했다고 한다.⁶

1946년 초 조만식이 퇴장할 운명의 계기가 마련되었으며, 실제 완전한 퇴장은 제2차 미·소공동위원회가 교착 상태에 빠지고 미국의 주도로 한국 문제가 유엔에 이관되는 1947년 10월이라고 보아야 한다. 그때까지 조만식은 남한 매체에 근황이 보도되기도 하는 등⁷ '감금'이라는 용어에 비하면 비교적 여유로운 생활을 했으며 마음만 먹으면 남으로 탈출할 수도 있었다. 어쩌면 소련 당국도 그것을 원했을 수도 있다. 그러나 결과적으로는 스스로 고난의 길, 순교자의 길을 택했다.

조만식은 제2차 미·소공동위원회와 관련하여 1947년 6월 방북한 미국의 소장 브라운과 7월 1일 만나(하지의 경제고문 번스와 통역 허씨 동석) 미국의 탁치를 원하지만 미·소 간 합의가 있다면 탁치를 받아들일 수 있음을 시사했다고 한다.⁸ 이렇듯 조만식의 반탁은 융통성이 전혀 없는 완고한 것이 아니었다. 위 미국 문서에 따르면, 조만식은 1945년 말 당시 북한의 공산당이 탁치가 뭔지 몰라 침묵하고 있었다고, 1947년 7월 1일 평가했다. 1947년 7월 1일⁹ 조만식은 브라운과의 회견에서 소련 점령군이 허락한다면 미·소공동위원회와 협의하기 위해 기꺼이 서울에

---

6   *Освобождение КОРЕИ: ВОСПОМИНАНИЯ И СТАТЬИ* (Москва: НАУКА, 1976), p. 56; 치스짜꼬프, 「25군의 전투행로」, 소련과학아카데미 편, 『레닌그라드에서 평양까지』(함성, 1989).
7   「연금중의 조만식씨 근황」, 『民聲』 2월(1947).
8   중앙일보 특별취재반 편(1993b), 앞의 책, 276-277쪽에는 7월 2일경 만남이라고 하지만 7월 1일자 만남에 대한 7월 2일자 보고가 이루어졌음이 미국 문서에 의해 확인된다. Albert E. Brown, "Memorandum to General Hodge: Interview with Cho, Man Sik, 1 July 1947, at Pyongyang," 2 July, 1947, p. 2, US National Archives Ⅱ, College Park, MD.
9   Albert E. Brown, "Memorandum to General Hodge: Interview with Cho, Man Sik, 1 July 1947, at Pyongyang," 2 July, 1947, p. 2, US National Archives Ⅱ, College Park, MD. 이 자료는 정용욱·이길상 편, 『해방전후 미국의 대한정책사 자료집』 9(다락방, 1995), 659-669쪽에도 수록되어 있다.

갈 용의가 있음을 재삼 표명했다. 그러나 그 가능성은 낮아 스스로 "서울에 가게 된다면 그것은 신의 가호일 것"이라는 비관적 견해를 표명했다. 실제로 브라운은 조만식과의 만남 후 소련군 측에 그를 서울로 보내줄 것을 요청했으나 거부당했다고 알려져 있다. 조만식은 소련이 참가하는 신탁통치는 지지하기 어렵다는 점을 분명히 했지만 격렬한 반탁 시위로 미·소공위가 결렬되는 것은 바라지 않았다. 조만식은 김일성이 소련의 꼭두각시에 불과하고, 김두봉은 직위를 유지하기 위해 소련에 충성하고 있다고 말했다. 또 북한 사람들이 소련식 민주주의 형태를 지지하느냐는 브라운의 질문에 대해서는 북한 사람의 15% 정도만 공산당을 지지하며, 나머지 85%는 미국식 민주주의 원칙에 기초한 정부 형태를 지지한다고 답변했다. 조만식은 여운형이 민족주의적 성향도 있지만 사회주의로 기운 지도자(65% 사회주의자, 35% 민족주의자)로, 김규식은 새로 건설될 임시정부의 지도자가 될 수 있는 사람으로 평가하면서 여운형과 김규식이 주도하는 좌우합작운동을 지지하는 입장을 보였다. 반면에 김구와 이승만은 극우로 평가하면서 임시정부의 최고지도자가 되기 위해 서로 경쟁관계에 있다고 파악했다.[10]

조만식이 다소 융통성을 발휘하여 소련군의 모스크바결정 지지 요청에 유화적 태도를 보였다면 사태는 달라졌을 것이라는 가정도 가능하다. 소련은 조만식이 비록 실권이 없는 허수아비였지만 한때 최고지도자로 그를 옹립하는 방안을 검토했다고 한다. 탁치가 이슈로 제기된 상황에서 조만식이 소련에 협조하기만 하면 그를 북한의 초대 대통령(김

---

10 Albert E. Brown, "Memorandum to General Hodge: Interview with Cho, Man Sik, 1 July 1947, at Pyongyang," 2 July, 1947, p. 2, US National Archives Ⅱ, College Park, MD; 「本社현대사연구소 발굴 조만식. 브라운 회견기」, 『중앙일보』, 1995년 2월 9일자.

일성은 군부 책임자인 민족보위상)으로 내정할 계획을 가지고 있었다는 레베데프의 회고도 있다.[11] 소련의 주구로서가 아니라 능동적으로 소련과 관계를 유지했다면 자신의 운명뿐만 아니라 북의 정세도 변했을 가능성이 있었다. 초반기에는 소련 당국이 조만식을 지도자로 인정하는 등 비교적 호의적이었으므로 조만식의 완강한 반탁 태도 유지는 소련 당국에 다소 의외였다고 한다. 조만식이 반탁의 뜻을 굽히고 협조한다면 새 정부의 수반(首班)이 될 것이라고 암시했다는 것이다. 조만식의 오산학교 제자 최용건은 그를 열아홉 차례나 만나서 설득했다고 한다.[12] 그렇지만 '조만식 대통령 옹립설'은 한시적 연립(소련은 동구에서도 1947년부터 연립보다는 계급투쟁에 나설 것을 지령해 방향을 전환함)[13]을 위한 일종의 통일전선용 술책이며 장차 진행될 미·소공위에 대비한 대미 협상용이었고 레베데프의 사후 회고에 의지한 하나의 '반사실적 가정'일 뿐 실제로 그렇게 되었을 가능성은 거의 없다.

---

11 소련 25군 정치사령관 레베데프(Nikolai G. Lebedev) 소장(진주 직후 소련군 민정장관 역임)에 의하면 소련공산당 중앙위원회는 "아직은 공산당원을 정권 전면에 절대 부상시키지 말고 민족주의자를 내세우라" 하고 지시했다고 한다. 『중앙일보』, 1991년 8월 14일자; 중앙일보 특별취재반 편, 『비록 조선민주주의 인민공화국』(중앙일보사, 1992), 62쪽.
한편 당시 소련군의 통역관이었던 박길룡의 회고에 의하면 조만식이 모스크바3상회의 결의안 지지 서명을 거부하자 소련군은 조만식을 친일파로 몰기 시작했다는 것이다. 박길룡, 「조만식 선생과의 만남」, 1995년 7월 모스크바, 고당기념사업회 편(1995), 앞의 책, 259쪽.
12 중앙일보 특별취재반 편, 『비록 조선민주주의 인민공화국』 상(중앙일보사, 1993a), 193-199쪽; 임영태, 「제3부 해방정국(15) - 탁치 분쟁③임영태의 '다시 보는 해방 전후사 이야기'(47)」, 『통일뉴스』, 2021년 4월 5일자(www.tongilnews.com/news/articleView.html?idxno=201644, 검색일: 2021년 4월 17일).
13 그러나 리(Ree)는 세계적 차원과는 다르게 북한에서의 소련 정책은 공산주의자와 민족주의자 간의 타협보다는 우익의 참여를 배제한 혁명전략이 일찍부터 채택되었다고 주장한다. Erik Van Ree, *Socialism in One Zone: Stalin's Policy in Korea, 1945~1947* (Oxford: Berg, 1989), p. 10.

조만식 숙청 이후 소련은 김일성의 갑산파를 거의 시종일관 후원해, 1948년 9월 9일 북한 단독정부를 세웠다. 소련의 조만식 연금은 한반도를 둘러싼 미·소관계사에서 큰 역사적 사건이었다. 북한은 주둔 소련군 부르주아와 연합하라는 스탈린의 1945년 9월 20일자 지령에 따라 우익과 연합을 추구했다. 그러나 조만식을 연금함으로써 우익과 결별하겠다는 신호를 보냈다고 할 수 있다. 소련은 조만식의 숙청을 통해 입장을 선명하게 밝힌 것이다.[14] 그 후 1946년 2월 소련은 북조선임시인민위원회라는 북한만의 단독행동을 적극적으로 추진하고 공포했다.

---

14 이정식, 「단독 정부론의 등장과 전개: 이승만은 역적인가, 선각자인가 "나는 역사에 책임질 것," 광복 60주년 특별기획-해방전후사의 재인식」, 『월간넥스트』 1월(2005), 72쪽.

신탁통치노선의 통일 모색

5 장

1. 4당코뮤니케의 성립과 와해

좌·우익의 노선이 대립하기 시작할 즈음 정당의 행동통일 간담회가 1946년 1월 초순과 중순에 열렸다. 이는 1945년 12월 31일부터 이듬해 1월 2일경까지 진행된 조선인민공화국·임시정부 합작 노력의 연장전이라고 할 수 있는[1] 상층부 중심의 통일운동이다. 이 모임에서 '4당 코뮤니케(Communiqué; 공동성명)'라는 공식문서를 산출했다. 먼저 그 진전 과정을 보면 1946년 1월 5일 인민당 요인 이여성이 회견을 갖고 "3상회의 의도는 감사하나 신탁이라는 용어는 반대한다"라고 말했다.[2] 이러한 입장은 며칠 후에 산출될 4당코뮤니케와 정신적으로는 그 맥락을 같이한다.

1946년 1월 7일 인민당(이여성, 김세용)과 한국민주당(원세훈, 김병로),

---

[1] 이완범, 「해방직후 민족통일운동에 관한 일연구: 임정·인공간 합작 노력과 4당행동 통일회의를 중심으로, 1945.12.31.~1946.1.16.」, 『원우론집』 15-1(1987), 245-246쪽.
[2] 『조선인민보』, 1946년 1월 6일자.

국민당(안재홍, 백홍균, 이승복), 공산당(이주하, 홍남표)의 4당 대표가 회동했는데(임정의 김원봉, 장건상, 김성숙이 옵서버로 참석) 이들은 긴급한 정치 문제를 토론한 결과 다음과 같은 4당코뮤니케를 발표했다.

  1. 막부(幕府) 3상회의의 조선 문제 결정에 대하여

  조선 문제에 관한 막사과(莫斯科; 모스크바) 3국 외상회담의 결정에 대하여 조선 자주독립을 보장하고 민주주의적 발전을 원조한다는 정신과 의도는 전면적으로 지지한다. '신탁'(국제헌장에 의하여 의구되는 신탁제도)은 장래 수립될 우리 정부로 하여금 자주독립의 정신에 기하여 해결케 함.

  2. 테러행동에 대하여

  정쟁의 수단으로 암살과 테러행동을 감행함은 민족단결을 파훼(破毁)하며 국가독립을 방해하는 자멸행동이다. 건국의 통일을 위하여 싸우는 우국지사는 모든 이러한 반민족적 테러 행위를 절대 반대하는 동시에 모든 각종 비밀적 테러단체에 결사의 반성을 바라며 자발적으로 해산하고 각자 진정한 애국운동에 성심으로 참가하기를 바라는 바이다.[3]

이 글 1항의 신탁에 대한 조항을 보면 좌·우익의 의견 조정을 꾀한 흔적이 역력하다. '3상결정 지지'라는 표현도 들어 있고 신탁을 자주적으로 해결한다는 언급도 나와 있다. 이는 일방적 지지도 아니고 맹목적 반탁도 아닌 양자의 종합으로서 '지지 후 자주적으로 해결'하자는 중도적 논리인 것이다. 그렇지만 이러한 논리를 다시 보면 이것도 저것도

---

3 『중앙신문』, 1946년 1월 9일자; 『조선일보』, 1946년 1월 9일자. 한편 후일 간행된 북한의 『해방후 4년간의 국내외 중요일지』 증보판(평양: 민주조선사, 1949), 20-21쪽에서는 1항 말미의 "신탁 … 해결케 함"까지를 생략했다. 신탁통치를 좋지 않게 보는 뉘앙스가 담긴 부분을 의도적으로 삭제한 것으로 여겨진다.

아닌 애매한 성격을 가지고 있는 것 또한 사실이다. 당시 냉소적 비판을 담은 전단이 살포되기도 했다.[4] "사실상 아무것도 결정하지 못한" 애매모호한 합의였다는 후대의 평가도 있다.[5]

따라서 좌·우익 각 정파는 이러한 애매한 논리에 대해 아전인수(我田引水)격인 해설을 했는데, 먼저 조선공산당 일파는 이것이 "3상회의결정 지지의 코뮤니케"라고 규정했다.[6] 『해방일보』는 사설에서 일대 쾌보라고 극찬했다.[7] 후대에 고준석(1978)은 3상회의 지지 문건으로 해석하면서 인민당 등의 좌익과 한민당, 국민당 등의 우익까지 3상결정을 지지하므로 오로지 이승만과 김구만이 3상결정을 반대한다고 언급했다.[8]

한편 『조선일보』는 해설에서 "신탁통치라는 제도는 배격하되 연합국의 우의와 협조는 거절하지 않는다는 것"이라는 식으로 해명했다.[9] 또한 임시정부의 조소앙은 4당코뮤니케를 찬성한다고 말하고 "탁치라는 제도는 반대하나 연합국의 우의는 환영하여야 한다"라고 주장하며[10] 4당코뮤니케의 탁치 조항이 탁치에 대한 무조건 반대나 찬성을 표명한 것이 아니라고 해석했다.[11]

이렇게 해석이 분분한 4당코뮤니케가 하루 만에 파기되고 마는데 그 과정을 자세히 고찰하면 4당코뮤니케에 집착했던 정치세력이 누구인지 드러날 것이다. 먼저 1946년 1월 8일 국민당 안재홍은 "4대정당대표간

---

4 흑맹청년연맹, 「성명서: 1월 8일 附 4정당 공동코뮤니케에 대하야」, 1946년 1월 9일, 심지연 편, 『해방정국 논쟁사』I(한울, 1986), 266쪽.
5 최인범, 「분단으로 이어진 분할점령」, 『민족통일과 민중권력』(신평론, 1989), 59쪽.
6 민주주의민족전선 편, 『조선해방연보: 조선해방1년사』(문우인서방, 1946), 10쪽.
7 『해방일보』, 1946년 1월 11일자.
8 高峻石, 『南朝鮮勞働黨史』(東京: 勁草書房, 1978), 128쪽; 하성수 편, 『남로당사』(세계, 1986), 131쪽, 136쪽.
9 『조선일보』, 1946년 1월 9일자.
10 『중앙신문』, 1946년 1월 9일자; 『동아일보』, 1946년 1월 9일자.
11 『조선일보』, 1946년 1월 9일자.

담회에서 신탁통치는 국제헌장에 의하여 우리에게 의구되는 조건이므로 장래에도 수립될 우리 정부를 통하여 자주독립의 정신에 기하여 이것을 배제하는 데 그 중점이 있다"[12]라고 애매하게 해석했는데, 이렇게 문자 그대로의 자구를 벗어난 독자적인 행동 표명[13]은 반탁의 입장에서 신탁 조항을 해석한 것이다. 국민당의 이러한 태도에 대해 조선통신사는 "독자적 입장 보류"라고 해석했다.[14] 국민당은 1946년 1월 8일자 전단에서 "4당회합코뮤니케는 신탁은 절대 반대요, 3상회의에서 결정한 조선 자주독립을 보장하는 정신만을 지지한다는 의미이다"라는 식으로 당수 안재홍의 뜻을 받드는 입장 표명에 나섰다.[15] 공산당을 비롯한 좌익의 해석과는 결이 다른 것으로 이 공동성명의 험로를 예견할 수 있는 대목이다.

한민당에서도 1946년 1월 8일 긴급간부회의를 열어 김병로(이여성에 의하면 김병로가 공동성명을 기초했다고 함)[16]의 경과보고를 들었는데, 이 자리에서 간부들은 탁치 반대에 대한 명확한 표시가 없다고 지적했다. '장래 수립될 우리 정부로 하여금 자주독립의 정신에 기하여 해결케 함'이라는 조문의 경우, 그 해석 여하에 따라 과도정부가 탁치를 수락할 수도 반대할 수도 있다는 지적이었다. 따라서 한민당은 제1항은 승인하지 않고 제2항만 승인한다고 결의하기에 이르렀다.[17] 한민당 함상훈의 주장에 의하면 김병로가 자신의 오류를 시인했다고 한다.[18] 또한 코뮤니케 작성의 책임을 물어 대표로 임했던 원세훈, 김병로 양인을 견책하

---

12 『중앙신문』, 1946년 1월 9일자.
13 『서울신문』, 1946년 1월 13일자.
14 조선통신사 편, 『조선년감』 1947년판(조선통신사, 1946), 25쪽.
15 국민당, 「四黨會議에서」, 1946년 1월 8일, 방선주 외, 『한국현대사와 미군정』(한림대학교 아시아문화연구소, 1991), 286쪽.
16 『중앙신문』, 1946년 1월 9일자.
17 『중앙신문』, 1946년 1월 9일자.
18 『중앙신문』, 1946년 1월 9일자

자는 주장까지 등장했다.[19] 코뮤니케를 놓고 한민당 내에서 탁치 문제와 민족통일 문제를 둘러싼 의견 대립이 있었던 것이다.[20] 즉 한민당이 4당 코뮤니케를 하루 만에 불승인한 이유는 김병로·원세훈 계열의 상대적으로 진보적 노선[21]인 비주류와 함상훈 계열의 보수적 노선[22]인 주류 간 알력에서 기인한 것이다.[23] 1945년 말 송진우 암살 직후 원세훈은 한민당의 임시 수석총무로 선출되었다고 한다. 김병로, 이인, 김약수 등 당내 비주류는 친일 경력이 없는 원세훈을 수석총무 후보로 적극 지지했다. 1946년 1월 7일 4당 대표 회동에서 임시 수석총무 원세훈은 김병로와 함께 한민당 대표로 참석했는데, 한민당 주류가 4당코뮤니케가 반탁 정신에 어긋난다는 이유로 합의를 번복했고 원세훈도 수석총무 자리를 주류인 김성수에게 내주고 말았다.

---

19 『서울신문』, 1946년 1월 13일자.
20 『서울신문』, 1946년 1월 13일자; 안재홍, 「기로에 선 조선 민족」, 『신천지』 7월(1948), 10쪽.
21 원세훈, 김병로 계열의 한민당 내 진보파는 1946년 10월 좌우합작 7원칙의 거부로 말미암아 결국 탈당했다. 송남헌, 『한국현대정치사』 I(성문각, 1978), 350-352쪽.
22 한민당 진보파였던 송남헌은 함상훈을 보수적 이념의 지도자로 보았다. 「이완범의 송남헌 선생과의 인터뷰」, 서울시 서대문구 홍은동 자택, 1985년 4월 7일.
23 이승만이 애매한 태도를 보이다가 격렬한 반탁을 명확화하자(『조선일보』, 1946년 1월 8일자) 한민당이 불승인했다는 송건호의 해석도 있다. 송건호, 「탁치안의 제의와 찬반탁 논쟁」, 변형윤 외, 『분단시대와 한국사회』(까치, 1985), 60-61쪽. 송건호의 논리에 따르면 이승만이 4당코뮤니케를 무력화하기 위해 반탁을 명확히 했다는 식으로 확대 해석할 수 있다. 그런데 4당코뮤니케는 1월 9일자 신문에 실리므로(물론 이승만이 1월 7일 인터뷰하기 직전에 개인적으로 문서를 입수했을 수도 있지만 그 가능성은 낮다) 코뮤니케를 읽기 전에 대중들의 반탁감정을 의식해 반탁 결의를 명백히 한 것으로 추정된다. 따라서 이승만의 반탁 표명은 4당코뮤니케의 좌절이 아니라 그의 애매한 태도를 비판하는 대중들의 감정을 의식한 결과로 여겨진다. 이후 한민당이 이승만의 확고한 반탁 태도 표명을 신문지상 등을 통해 알았을 가능성은 있지만 이를 의식해 4당코뮤니케를 불승인했는지는 확실하지 않다. 이완범(1987), 앞의 글, 248쪽 각주 63 참조. 이승만의 태도보다 한민당 내 진보파·보수파의 의견 대립이 더 중요한 불승인 이유일 것이다.

2. 중도파[24]의 4당코뮤니케 집착

 이러한 한민당의 태도 변경에 대하여 인민당 이여성은 "상식으로써는 이해할 수 없는 처사"라고 비판했으며,[25] 1월 13일에도 역시 인민당은 4당코뮤니케를 무시하고 왜곡하는 정파를 비난하고[26] 4당코뮤니케에 집착하는 모습을 보였다. 『중앙신문』은 위의 담화를 보도하면서 인민당이 "4당공동성명을 계기로 하여 중간당[27]으로서 중요한 역할을 해왔다"[28]라고 해설했다. 여기에서 인민당이 온건·중도노선을 견지하면서 4당코뮤니케를 주도하고 이에 집착했다는 사실을 알 수 있다.

 1월 9일 오전 미·소회담을 위하여 소련 대표가 서울에 도착하자 국내 통일운동은 잠시 진전되었다. 4대정당에 신한민족당을 가입시켜 5당대표회의를 9일 오후 개최했던 것이다. 한국민주당에서 장덕수·서상일, 공산당에서 박헌영·홍남표·이주하·조두원, 인민당에서 김오성·이여성·김재영, 국민당에서 안재홍·명제세, 신한민족당에서 이규갑이 참여했고, 옵서버로 임시정부의 조완구·장건상·조소앙·김성숙, 인민공화국 중앙인민위원회의 이강국·정진태 등이 참여했다. 이 자리에서 우익의 한민당·국민당·신한민족당은 회의를 비상정치회의소집

---

[24] 여운형 계열의 중도좌파와 김규식 계열의 중도우파로 구분된다. 좌파·중도파·우파의 규정과 성격은 앞선 1장에서 언급한 것과 후술할 것 이외에 다음에도 있다. 이완범, 「한반도 신탁통치안과 국내정치(1943~1948)」, 연세대학교 석사학위논문(1985), 28-30쪽.
[25] 『중앙신문』, 1946년 1월 9일자. 4당 분열의 책임을 한민당에게 돌리는 견해에 대해 김성수는 그 책임이 조선공산당에 있다고 주장했다. 『동아일보』, 1946년 1월 23일자.
[26] 『중앙신문』, 1946년 1월 15일자; 『조선일보』, 1946년 1월 15일자.
[27] 김오성, 「조선인민당의 성격」, 『개벽』 8-1(1946), 46-47쪽. 4당코뮤니케 시점에서 중간당이라는 용어가 나오기 시작했고 1946년 5월 이후 좌우합작운동 국면에서 중간파가 결집해 중간파라는 용어가 개념화되기 시작했다.
[28] 『중앙신문』, 1946년 1월 15일자.

을 위한 예비회합의 성격으로 할 것을 주장했고, 좌익의 공산당·인민
당은 그 성격을 4당회합의 연장으로 할 것을 주장하며 팽팽히 맞서다가
결국은 회의의 성격 문제에 대한 대립으로 유회(流會)되었다.[29]

1월 11일 인민당 선전부는 반탁운동이 독립에 방해가 되니 중지하고
4당코뮤니케 정신으로 돌아오라고 말했다. 인민당은 "4대정당간담회에
서 발표한 공동코뮤니케는 각 당의 정식대표가 책임 있게 결정한 것이
다"[30]라고 말하여 이에 집착하는 면을 보였다.

한편 탁치 발표 이후 구체적 태도 표명을 유보하고 있던 인민당수 여
운형은 14일 오전 11시 "탁치를 정시(正視)하라"는 다음과 같은 담화를
발표하여 중도노선을 명백히 표명했다.

조선이 당면한 중대문제인 '탁치'에 대하여 일언하면 과거 미국 극동부장 빈
센트 씨의 담(談)을 듣고 나는 우리 자체의 통일과 역량이 없으면 우리에게
당연히 올 문제로 생각했다. 그러나 막부 3상회담결정을 자세히 모르고 덮어
놓고 피로써 싸운다는 것은 너무 경솔한 것으로 생각된다. 3상회의는 단순한
조선 문제만이 아니고 전 세계적 전체 문제이므로 개중에서 지지할 점도 있
고 배척할 점도 있다. 덮어놓고 지지한다는 것도 너무 지나친 줄 안다.[31]

여운형의 이러한 주장은 반탁도 아니고 모스크바3상결정의 총체적
지지도 아니었는바, 그는 기본적으로 탁치를 싫어했고 완전독립을 요망
했다.[32] 여운형은 하지에게 "신탁이 없도록 노력하여주기를 바란다"[33]라

---

29 『동아일보』, 1946년 1월 11일자; 『조선일보』, 1946년 1월 10일자; 『서울신문』, 1946년
1월 13일자.
30 조선인민당 편, 『인민당의 노선』(신문화연구소 출판부, 1946), 36-37쪽.
31 『중앙신문』, 1946년 1월 15일자.
32 『중앙신문』, 1946년 1월 15일자.

고 말한 바도 있다. 이러한 여운형의 제3의 노선은 곧 인민당의 노선이고 4당코뮤니케 정신과 일맥상통하므로 4당코뮤니케 주도세력은 바로 여운형이 이끄는 온건좌파정당인 인민당이라는 추측이 가능하다.

1월 14일의 회담에는 국민당의 안재홍·이의식, 한국민주당의 장덕수·서상일, 신한민족당의 권태석·김일청, 인민당의 이여성·김오성, 공산당의 이주하·홍남표·이강국[34]이 오후 4시에 회동했다. 9일 회담 결렬의 근본원인이었던 임정과 인공이 이 회합에 참석하지 않았지만 대표들이 정식대표 자격을 갖지 않았기에 간담회 형식으로 진행된 이 자리에서도 한민당의 반탁 고수와 공산당의 전면적 지지노선이 대립하여 별다른 결실을 얻지 못했다.[35]

한편 미국이 4당코뮤니케에 대하여 대호평을 했다는 기사가 1월 15일 보도되고[36] 미·소공동위원회를 위한 현지 당국자들 간의 미·소(예비)회담이 1월 16일 오후 1시 서울에서 개최되자 다시 민족통일을 달성하라는 기운이 팽배해졌다. 이렇게 되어 1월 16일 오후 3시부터 열린 회담에서는 국민당의 안재홍·엄우룡·이의식, 신한민족당의 김희섭·박근실, 인민당의 이여성·김오성·김세용, 공산당의 홍남표·이주하·이강국이 참여했으며, 한민당은 박헌영의 '소련단독 탁치희망설 보도'를 이유로 불참했다. 이 자리에서도 모스크바3상회의를 지지하는 공산당 측과 반탁을 역설하는 국민당·신한민족당 등 우익정당 사이의 의

---

33 『동아일보』는 이 회견을 여운형이 지도자로서 과오를 사죄한 것이라고 왜곡 보도했다, 『동아일보』, 1946년 1월 15일자. 이에 대한 미군정의 논평은 다음에 있다. Supreme Commander for the Allied Powers, "Summation of Non-Military Activities in Japan and Korea," no. 4 (January 1946), p. 283.
34 이강국은 9일에는 인공 구성원으로, 14일 이후에는 조공 당원으로 참여했다.
35 『서울신문』, 1946년 1월 15일자, 1946년 1월 16일자; 『자유신문』, 1946년 1월 16일자.
36 『중앙신문』, 1946년 1월 15일자.

견 불일치가 해소되지 못했다. 인민당은 이 두 개의 대립된 의견을 조정해보고자 다음과 같은 타협안을 제시했다.

1. '신탁제', '후견제', '고문제', '후원제'에 대하여 아(我) 5당대표는 다시 그 내용을 상세히 조사연구키 위하여 5당공동전문위원회를 구성하고 긴급(하게-인용자) 그 임무를 수행케 함.
2. 공동전문위원회의 보고가 완료되기 전에는 이 문제에 관한 일체의 반대행위를 정지할 것을 약속할 것.
3. 5당은 공동전문위원회의 보고에 따라 공동행위를 취하기로 약속할 것.
4. 금차(今次) 공동전문위원회는 이 문제에 관한 4당 공동 코뮤니케의 정신을 체하야 구성하는 것임을 확인할 것.[37]

그러나 이러한 타협안으로 양측의 의견을 조정하기에는 이미 대립이 심화되어 있었다. 결국 국민당의 반대로 이 타협안은 거부되어 정당통일운동은 완전히 결렬되고 말았다.[38]

그러자 인민당은 독자적으로 통일운동에 관한 방침을 천명했다.

1. 3상회의에서 조선의 민주주의적 자주독립을 원호키로 약정된 것은 조선의 이익을 보장하는 것인 만큼 우리는 그 의도를 지지함은 지극히 당연한 일이다. 그러나 조선을 원조키 위한 정치적 수단으로서 신탁제를 제의케 된 것에 대하여는 그것이 비록 조선현상과 국제정세에 감응(鑑應)한 결론이라 할지라도 시간적으로 우리의 최고강령인 자주독립과 상치되는 것인 만큼 이것이 어서 물러가도록 최대의 노력을 경주하여야 할 것은 물론이다.

---

[37] 조선인민당 편(1946), 앞의 책, 42쪽.
[38] 『조선인민보』, 1946년 1월 19일자.

1. 우리는 신탁제와 싸우는 데 있어서 …[39]

이는 역시 모스크바결정의 정신은 지지하되 탁치는 자주적으로 해결하자는, 찬탁도 반탁도 아닌 제3의 논리에 입각한 것이다. 이러한 논리는 대중적 지지나 자체적인 기반에 근거하지는 못했지만 4당코뮤니케 이후에도 계속 주장되면서 좌우합작운동의 논리와 연결되기에 이르렀다.[40] 이렇게 본다면 좌우에 따라 찬탁과 반탁으로 구분하는 기존의 양분법적 논리는 지양될 수 있지 않을까 한다.

이상의 4당코뮤니케 성립과 와해 과정을 살펴보고 내릴 수 있는 결론은 이 성명을 온건좌파정당인 인민당만이 주도했기에 실패하게 되었다는 것이다.

과연 4당코뮤니케를 통일 지향적인 논리로서 파악할 수 있을까? 좌우합작에 가치를 부여하는 자유주의적 연구가들은 4당코뮤니케와 중간파의 좌우합작 노선에 가치를 부여할 것이고, 통일지상주의를 무원칙한 통일론으로 비판하는 좌익 연구자들은 4당코뮤니케를 무원칙한 타협으로 평가할 것이다.[41]

---

[39] 『조선일보』, 1946년 1월 23일자.
[40] 1946년 2월 민주주의민족전선 결성으로 정국이 좌우로 양극화되었을 때 제3의 논리가 드러나지 않았던 적이 있다.
[41] 자유주의적 연구자와 당시 비교적 소장파였던 연구자 사이의 논쟁은 다음에 있다. 강만길·서중석·임영태, 「민족운동사 연구현황과 문제점: 토론」, 『역사문제연구소회보』 창간호(1986), 6쪽; 이완범(1987), 앞의 글, 238-240쪽.

반탁노선과 지지노선의 대립 구도 확정

6 장

1. 모스크바결정 성안 과정을 공개한 소련

소련은 공개하지 않기로 약속한 모스크바3상회의의 한국 문제 결정 과정을 일방적으로 공개하여 미군정을 난처하게 만들었는데, 그 배경은 이러하다. 1946년 1월 16일 개막된 미·소회담이 비공개로 진행되고 있는 상황에서 1946년 1월 22일 소련 관영 타스(Tass)통신은 미군정 당국이 반탁운동을 후원하고 있다고 아래와 같이 비난했다.

미군정 당국은 모스크바3상회의에서 결정된 조선 신탁통치를 반대하려고 반동분자들에게 선동 중이라고 비난했다. 그리고 남조선에 있는 반동적 신문은 반동적 선전을 계속하고 있고 또 미·소·영이 결정한 5개년간 신탁통치안에 대하여 대대적으로 반대하고 있다. 이 반동세력을 암암리에 원조하고 있는 미 당국자의 태도는 …[1]

---

[1] 『동아일보』, 1946년 1월 25일자; 『서울신문』, 1946년 1월 25일자; "HUSAFIK," part

타스통신은 1946년 1월 23일에도 기사 「조선 반동분자들이 반동을 더욱 계속한다」에서 김구·이승만의 반탁운동을 아래와 같이 비판했다.

김구, 이승만 등의 자칭 '정부' 반동분자들은 뿌르카(브로커-인용자)적 행동을 계속한다고 남부 조선으로부터 소식이 들려온다. 그들의 활동 목적은 모스크바3상회의를 실시하지 말자는 것이다. 국내에서 내란을 일으켜 소련에 대한 적의를 일으키는 것을 목적한다. 이미 보도된 바와 같이 1월 7일에 서울에서 공산당·인민당·국민당·한국민주당의 4당협의회가 있었다. 이 회의는 4당 공동선언에서 조선의 독립과 민주주의 발전을 보장하는 모스크바3상회의 조선에 대한 결정을 지지한다는 것을 말했으며 동시에 테러를 정치투쟁으로 사용하는 것을 배격했다. … 남조선 주재 미군사령부 행동에 대하여 의심을 일으키는데 그것은 '모스크바' 3상회의 반대 '테러'를 조장하는 정책을 쓰는 까닭이다.[2]

또한 스탈린은 1946년 1월 23일 소련 주재 미국대사 해리먼을 불러 한국 신문에서 소련만이 탁치를 고집하는 것처럼 보도하여, 미국이 반탁·반소운동을 선동한다며 항의했다. 미국의 배후인물로 육군 소장인 군정장관 러치(Archer L. Lerch)를 지목하기까지 했다. 스탈린은 이런 내용이 담긴 전문(電文; 1945년 12월 27일자 '미 즉시독립, 소 탁치주장설' 보도가 담긴 전문으로 추정-인용자)을 읽어주었다고 한다. 이에 대해 해리먼은 미국 정부나 한국의 미국 대표가 이런 보도와 관련 있다는 의혹에 대해 말할 필요가 없을 정도라며 부인했다. 이에 스탈린은 미국은 신탁

Ⅱ, chapter Ⅳ, p. 82.
2 인민평론사 편역, 『세계의 눈에 비친 해방조선의 진상』(인민평론사, 1946), 4-5쪽.

통치에 찬성하지 않았으므로 소련만이 신탁통치에 찬성했다는 식으로 해석되는 보도를 소련 정부가 부인해야만 한다고 대답했다.³

결국 소련은 모스크바결정 성안 과정을 공개하는 수순을 밟았다. 1월 24일 모스크바 방송은 애초에 미국 측이 10년 가까이 연장될 수 있는 탁치안을 제안했으나 소련이 이를 5년으로 수정했다고 보도하면서 모스크바결정 중 조선임시정부의 수립을 강조한 부분은 소련의 제안에 의한 것이라고 밝혔다.⁴ 이러한 보도에 때맞추어 1월 26일 소련의 미·소회담 수석대표 시티코프(Terenty F. Shtikov)는 기자회견을 갖고 타스통신의 1월 25일자 보도⁵를 기초로 모스크바결정 성안 과정을 일방적으로 공개하기에 이르렀다. 시티코프는 미국안이 제출된 이후에 소련안이 제출되었고 소련안이 약간 수정되어 모스크바결정이 성립되었다고 말하면서, 미국안과 소련안은 세 가지 점에서 다르다고 주장했다.

첫째, 미국안은 조선인을 단지 협의자 내지 고문관으로만 행정기구에 참여시키기로 한 데 반하여, 소련안은 조선민주주의민족임시정부 수립을 제안하여 조선인이 직접 정부를 수립하게 하자고 했다. 둘째, 미국안은 조선임시정부 또는 정당·사회단체 등의 협의 없이 4개국 후견을 실시하자는 것인 데 반하여, 소련안은 이들과 협의할 것을 규정했다. 셋째, 미국안은 10년이 걸려야 독자적 정부 수립이 가능하다고 했으나, 소련안은 5년 이내로 한정했다고 주장했다.⁶ 시티코프가 말하고

---

3   "The Ambassador to the Soviet Union (Harriman) to the Secretary of State," New Delhi, January 25, 1946, *FRUS, 1946*, vol. Ⅷ, p. 622.
4   『조선일보』, 1946년 1월 26일자;『서울신문』, 1946년 1월 26일자.
5   "Tass Statement on the Korean Question," January 25, 1946, in Soviet Union, Ministry of Foreign Affairs, *The Soviet Union and the Korean Question: Documents* (London: Soviet News, 1950), pp. 9-11; "HUSAFIK," part Ⅱ, chapter Ⅳ, pp. 84-86.
6   온낙중 편,『조선해방의 국제적 경위와 미소공위사업』(현우사, 1947), 58-60쪽;『서울

자 했던 것은 미국이 먼저 탁치를 제의했으며 소련은 한국의 독립을 위해 더 많은 고려를 했다는 것이었다.

『동아일보』는 1월 26일자 보도를 통해 "근거 없는 타스통신 보도"라며 비난했다.

소련의 발표는 미국의 입장을 난처하게 만들었다. 1월 24일 하지는 1월 23일 보도된 타스통신의 비난을 근거 없는 것이라고 일축했고,[7] 1월 25일에는 모스크바 1월 24일의 방송 보도가 사실무근이라는 요지의 기자회견을 했다.[8]

한편 미 국무차관 애치슨(Dean Acheson)은 1946년 1월 25일 가진 기자회견에서 모스크바 방송의 보도를 대체로 인정했고[9] 1월 27일의 기자회견에서도 미국의 10년 탁치연장제안설은 계획이 아니라 하나의 의견이었다고 말하면서[10] 소련의 보도를 미국의 입장에서 재해석했다. 그러나 별다른 효과도 없이 오히려 소련의 사실 보도를 대체로 인정하는 역효과를 가져왔다.

하지는 국무장관 번스에게서 전달받은 1월 26일발 전문을 통해[11] 소련의 보도가 대체로 정확하다는 것을 알고 상당히 당황했다.[12] 하지는 미국의 기본정책이 탁치안인 줄은 알았지만 탁치안을 소련이 주도한 줄로 잘못 알고 있다가 반탁운동을 방조하기까지 했던 것이다. 하지는 국

신문』, 1946년 1월 27일자.
7 『조선인민보』, 1946년 1월 25일자; 『동아일보』, 1946년 1월 25일자; 『조선일보』, 1946년 1월 26일자; 『서울신문』, 1946년 1월 25일자; "HUSAFIK," part Ⅱ, chapter Ⅳ, p. 82.
8 *The New York Times*, 26 Jan 1946.
9 『서울신문』, 1946년 1월 28일자.
10 『서울신문』, 1946년 1월 29일자.
11 "The Secretary of State to the Political Advisor in Korea (Benninghoff)," Washington, January 26, 1946, *FRUS, 1946*, vol. Ⅷ, pp. 622-623.
12 "HUSAFIK," part Ⅱ, Chapter Ⅳ, p. 89.

무부에 보낸 전문에서 "타스 성명이 모두 사실이라는 것은 본인에게 정말 새로운 소식"이라고 말하면서, 국무부가 현지 주둔군의 건의를 받아들이지 않은 것에 항의함과 아울러 이론이 아닌 현실 상황에 기초를 둔 미군정의 정보 및 권고를 고려할 것을 권유했다.[13] 하지의 항의에 대해 번스는 1946년 4월 1일 육군장관 패터슨에게 서한을 보내 미국이 한반도 탁치를 지지하고 있다는 사실을 분명히 밝히고 있는 SWNCC 176/8 (1945년 10월 13일자로 통과되어 맥아더에게는 10월 17일 도착)을 하지에게 이미 우송했으며[14] 12월에 작성된 국무부의 탁치협정 초안이 주한미군에게 발송된 바 있다고 적시했다. 또한 소련의 선전과 책략을 저지할 수 있는 미국의 능력에 대해 의문을 가져야 한다고도 적었다.[15] 소련의 선전전에 말려들지 말아야 한다는 충고였다. 여기서 국무부와 미군정의 의견 대립을 읽을 수 있다[이후로도 미국은 '결정된 탁치안이 소련의 초안에 의존한 것'이라는 형식상의 논리[16]와 미국안은 구체적인 계획으로 제출한 것이 아니라 토의를 위한 근거로서 사용하기 위하여 제안한 것이라는 책임 회피적이고 자기중심적(자의적)인 궁색한 해석을 내놓았다].

미국 측의 왜곡보도와 반탁세력 후원 등에 대하여 비난했던 소련은

---

13 "General of the Army Douglas MacArthur to the Joints Chiefs of Staff," [Tokyo,] 2 February 1946, *FRUS*, *1946*, vol. Ⅷ, pp. 628-630; "HUSAFIK," part Ⅱ, Chapter Ⅳ, pp. 89-91.
14 그런데 하지는 이 문서를 1945년 12월에야 받았다고 1947년 9월 증언했다. 차상철, 『해방전후 미국의 한반도 정책』(지식산업사, 1991), 76쪽. 시간이 지난 시점의 증언이라 완전히 신뢰할 수는 없지만, 만약 2개월이나 지체되었다면 통신체제의 문제일 수 있다. 아니면 이 문서를 1945년 10월에 수령한 이후 보여주지 않고 있다가 탁치 문제가 이슈화된 12월에야 브리핑한 하지 참모의 무능 때문이 아닌가 한다.
15 C. Leonard Hoag, "American Military Government in Korea: War Policy and the First Year of Occupation, 1941~1946," manuscript, Department of the Army, 1970, p. 363; "The Secretary of State to the Secretary of War (Patterson)," Washington, April 1, 1946, *FRUS*, *1946*, vol. Ⅷ, p. 655.
16 C. Leonard Hoag(1970), 앞의 글, p. 356, p. 360.

탁치안에 대한 미국의 소극적인 태도를 보고 한편으로는 미국 측과의 협상에 임하면서도 다른 한편으로는 조만식 제거 이후 북한의 단독정부 수립 공작을 가속화했다.

이렇듯 신탁통치에 대한 미·소의 정책은 점차 상반된 방향으로 나아갔다. 앞서 언급한 리버럴한 해석과 연결되는 '한국인의 능력여부에 따라 신탁통치라는 형태를 취할 수도 있고 그러지 않을 수도 있다'[17]는 뉘앙스를 포함한 삼부조정위원회 정책교서(SWNCC 176/18)가 1월 28일 작성된다.[18] 이렇게 탁치에 대한 미국의 대응이 우왕좌왕하게 되는 이유는 우익진영이 탁치에 반대하는 운동을 전개했기 때문이다. 반면에 소련은 좌익진영의 지지 태도가 점점 확실해지는 것에 더욱 고무되어 날이 갈수록 신탁에 집착했다. 1946년 6월 중순 소련의 한 관리는 "탁치를 5년으로 단축한 소련이 왜 그리 탁치에 집착하느냐"라는 질문에 대해 "미국이 한국의 시장을 휩쓸게 될 것으로 예견되는 양군철수를 (소련이-인용자) 두려워하기 때문"이라고 대답했다.[19]

---

17 실제 문장은 "한국인들이 효과적으로 중앙집권화된(통일된) 행정기구를 조직하고 시행할 수 있는 단합된 능력을 보여주느냐에 따라 모스크바의정서 발효 후 최장 5년간의 신탁통치가 실시되든가 아닐 수 있다(These plans, depending upon such factors as the ability of the Koreans to organize and operate an efficient centralized Administration, may or may not take the form of a trusteeship for a period not to exceed five years from the time of the issuance of the Moscow Communiqué)"이다. 이는 모스크바결정에 대한 미국 측의 일방적이고 희망적인 해석이다. 탁치 기한도 1945년 12월 27일 모스크바의정서 발효 이후 5년 내라는 것인데 실제 의정서 3항 말미에 의거해 공위가 임시정부와 협의해 마련한 탁치안이 미·소·영·중의 공동심의에 최종 통과하여 실제 탁치가 시작된 후 5년으로 해석하는 것이 자연스럽다. 물론 미국은 모스크바의정서 발효 시점을 1945년 12월 27일이 아니라 실제 탁치가 시작되는 시점으로 해석한 것일 수도 있다. 그렇지만 한국인들은 모스크바의정서가 조인된 1945년 12월 27일부터 5년으로 생각했을 가능성이 농후하다.
18 "Policy Paper Adopted by the State-War-Navy Coordinating Committee: Political Policy for Korea," SWNCC 176/18, adopted January 28, 1946, *FRUS, 1946*, vol. Ⅷ, p. 624.

또한 소련의 사실 보도에 대해 국내 정치세력들은 제각기 자기 정파에 유리하게 서로 다른 논평을 내어놓는 등 상반된 반응을 보였다. 먼저 반탁국민총동원위원회 부위원장 안재홍은 1월 28일 아래와 같이 말했다.

> 목하(目下) 미·소 양국의 여론은 탁치를 반대하는 조선의 민족총의가 뚜렷하게 반영되어 탁치 제안의 책임을 상대편에 떠밀고 각각 발뺌을 하려는 형편이니 이는 반탁운동의 효과라고 아니할 수 없다.[20]

이렇듯 반탁운동 덕분에 탁치의 책임을 미·소가 서로 상대방에게 전가한다고 주장했던 것이다. 안재홍은 탁치의 책임이 이제는 미국에 돌아갔다는 사실을 정확하게 인식하지는 못했다고 할 수 있다.

이승만은 1월 28일의 회견에서 소련이 탁치를 주장하지 않았다면 왜 탁치를 거부하고 자주독립을 완성하려는 자신들의 통일에 대한 노력을 막으려는지 모르겠다고 말했다.[21] 그는 비상국민회의를 통하여 독립을 완성하자면서 자기중심적 통일론을 다시금 피력했다.

한민당은 원세훈의 회견을 통해 "탁치 제안은 누가 먼저 했든지 자주독립과는 배치"된다고 주장했다.[22] 한민당은 1946년 1월 20일 기관지 『한국민주당특보』를 통해 "미국은 즉시독립을 주장하고 소련이 탁치를 주장했다"라는 식으로 『동아일보』의 1945년 12월 27일자 오보를 재차 반복 게재하여 반소운동을 전개했던 사실을 은폐하고 기회주의적 논리

---

19 "Trusteeship: Third Draft," [June or July 1946], RG 332, Box 29, p. 18, US National Archives.
20 『동아일보』, 1946년 1월 29일자; 『조선일보』, 1946년 1월 29일자.
21 『조선일보』, 1946년 1월 29일자.
22 『동아일보』, 1946년 1월 29일자.

를 편 것이다. 탁치주장국을 반대하는 것이 자신들의 일관성을 지키는 것임에도 불구하고 이번에는 미국이 탁치주장국이라는 사실이 명백해지자 미국에 반대할 수는 없어 얼버무린 것이다. 여기서 한민당의 친미적 성향을 확인할 수 있다.

좌익들은 대체로 소련의 보도를 환영했는데, 특히 북한의 좌익들은 1월 29일 공동성명까지 발표해 소련의 입장을 지지했다.[23]

그런데 1946년 1월 25일 타스통신 보도로 소련이 아닌 미국이 한반도에 대한 신탁통치를 제안한 나라라는 진실이 밝혀졌으나 1945년 12월 27일의 오보로 인해 형성된 '소련=탁치주장국'이라는 대중의 기존 인식은 거의 변하지 않았다. 1946년 4월경 미군정 공보부가 서울에서 실시한 여론조사에 의하면, 응답자의 60%가 탁치실시를 실제로 원하는 나라는 소련이라고 응답했다. 미국이라고 답한 사람은 겨우 6%였다.[24] 이러한 조사 결과는 한국인들의 고정관념 탓일 가능성이 제일 높다. 그런데 1946년 봄 신탁통치 협의 문제로 좌우가 대립하여 미·소공위가 교착 상태에 빠지는 상황을 반영한 측면도 있다. 당시 좌익의 모스크바결정 지지노선 때문에 소련이 탁치에 집착하고 우익의 반탁 때문에 미국이 1945년 말 이래로 탁치안에 대한 리버럴한 해석을 계속 유포하며 탁치에 집착하지 않는 태도를 보인 탓이기도 할 것이다.

반면 미국은 탁치를 찬성하고 소련은 반대한다는 신념이 퍼졌다는 해

---

23 북조선민주주의민족통일전선 중앙위원회 서기국 편, 『쏘·米 공동위원회에 관한 제반자료집』(평양: 북조선중앙민전서기국, 1947), 20-23쪽.
24 "G-2 Periodic Report," no. 235, 23 May 1946; 이재봉, 「(문학예술 속의 반미)1940년대 문학예술에 비추어진 미군정(2): 미군은 해방군? 소설 속 드러난 미군의 민낯」, 『프레시안』, 2014년 10월 28일자(www.pressian.com/news/article.html?no=121324, 검색일: 2015년 4월 6일). 오보로 대중에게 각인된 이미지가 쉽게 수정되지 않았음을 알 수 있다.

석도 있다.²⁵ 그렇다면 타스통신 보도 등을 통한 소련의 독립 선호 해석 유포는 성과를 거두었다고 할 것이다. 이렇듯 어떻게 조사하느냐에 따라 정반대의 해석이 가능하다는 것은 당시 여론조사의 한계이며 해석이 다른 점은 편향된 인식의 결과일 수도 있다. 어쨌든 미국에 대한 신뢰감이 줄어든 것은 사실이라는 해석도 있다.²⁶

후일 미군정의 역사가들은 탁치안의 식민지적 성격을 배제하고 한국의 참여를 보장한다는 진보적 소련이 '식민지화를 의미하는 탁치'에 반대하는 반탁운동자를 반동적이라고 주장하는 것은 모순이라고 평가했다. 또한 미·소 간 합의인 탁치안 결정에 최소한의 공동책임이 있는 소련이 미국 측에 일방적으로 책임을 전가하는 태도도 비판받을 만하다. 남한에서 미국이 잘못하고 있는 사실을 교정하려는 표현치고는 너무 도전적이라고 할 수 있다. 또한 소련의 주장은 모스크바결정안의 실현 가능성을 과대평가한 것이라는 후대의 평가가 있다. 그러나 이러한 평가는 탁치가 실현되지 않는 상황을 소급해 적용한 결과론적인 의견이며 당시는 그 실현 가능성이 그렇게 회의적이지 않았다. 따라서 소련이 과대평가했다고 일방적으로 규정하는 것은 그때그때의 변화무쌍한 상황을 고려하지 않은 반역사적인 주장이다.

한편 하지는 미 국무부의 1946년 1월 27일자 방송 메시지가 "신탁통치안으로부터 후퇴하는 것(shy away from the trusteeship idea)"이라고 2월 1일경 논평하면서 리버럴한 해석을 계속했다. 비교적 시간이 경과된 1946년 4월 1일 국무장관 번스는 국무부의 방송 내용과 하지의 논평, 한국의 반탁 열기 등에 대해 육군장관 패터슨에게 보낸 서한(해군장

---

25 "HUSAFIK," part Ⅱ, Chapter Ⅳ, p. 89.
26 C. Leonard Hoag(1970), 앞의 글, p. 355.

관 포리스털에게도 비슷한 내용을 보냈다)에서 다음과 같이 변명해 확대해
석을 경계했다.

> (미 국무부의 1월 27일자 전보의 내용이-인용자) 결코 어떠한 의미에서건 모
> 스크바협정에 대한 우리의 태도 변경을 의미하는 것이 아닙니다. 사실상 과
> 도적 신탁통치를 필요로 하지 않고도 행정관리를 담당할 수 있는 정부를 구성
> 할 수 있으리라는 희망을 피력한 것에 불과합니다. 이와 관련하여 공동위원회
> 의 당면한 기본 임무는 민주주의적 임시정부를 구성하는 것이지, 신탁통치에
> 대한 찬반 토의를 하는 것이 아니라는 점을 상기시켜야 할 것입니다. 신탁통
> 치에 관한 최종 결정은 4개국 정부에 의해 내려질 것입니다.[27]

워싱턴은 아직은 신탁통치에 집착해 탁치에 대한 정책을 변경한 것은
아니라고 했다. 따라서 하지 등 현지 미군정의 리버럴한 해석을 경계하
면서도 신탁통치가 필요하지 않게 되기를 기대하는 등 다소 모순적인
태도를 보였다. 이는 1947년 가을에 이루어진 한국 신탁통치 폐기 및
유엔 이관이라는 정책 변화의 전조였다. 따라서 미국은 탁치 폐기를 비
교적 오래전부터 고려하고 준비했다고 할 수 있다. 그렇다면 미국은 왜
이렇게 모순되는 이중적 정책을 가졌을까? 그것은 미국의 한반도 정책
이 한국의 독립이나 미·소 협조체제의 유지, 통일정부 수립이라는 이
상주의적 목표보다는 자국의 세력 확보라는 현실주의적 목표를 지향했
기 때문이다. 미국의 세력 확보, 즉 친미정부 수립에 큰 걸림돌은 바로
소련의 존재였다. 따라서 소련에 대한 견제라는 현실주의적 동기가 한

---

[27] "The Secretary of State to the Secretary of War (Patterson)," Washington, April 1, 1946, *FRUS, 1946*, vol. Ⅷ, p. 655.

국 독립이나 이상주의적 목표보다 우선시된 것은 당연하다. 이러한 미국의 입장은 미·소공동위원회 미국 대표단이 1946년 3월 공위 개시 직전에 작성한 「한국 정부 구성에 관한 협상 지침」에서 노골적으로 드러난다.

> 소련은 처음부터 러시아에 순종적인 인물이 지배하는 정부를 수립하려 하거나 미·소 양국이 조기에 철수한다는 조건으로 소련이 만족할 만한 민주정부를 창설하려고 애쓸 것이다. 다른 지역에서 소련이 취한 행동과 미국의 신탁통치 제안에 대해 소련이 모스크바에서 보였던 첫 반응을 보건대 소련은 후자의 전술을 취할 것이다. … 한국인들은 러시아의 개입에 맞서 영토적 통일을 유지할 능력이 없으며, 통일적 정부를 유지할 능력이 없다. … 반면 신탁통치는 한국인들 사이에 인기가 없다. … 미국의 1차적 목적은 러시아의 한국 지배를 막는 것이고, 한국의 독립은 2차적이다. 그러므로 수년 내에 한국 정부에 완전독립을 허용하는 것이 미국의 이익에 부합한다고 생각되지 않는다. 유엔기구가 침략방지 기제를 제공할 것이라는 적절한 증거가 없는 한 미국과 소련은 필요하다면 한국에 일정 형태의 영토적 보장을 연장하여야 하며, 한국의 국제관계에서 필수적인 어떤 특권을 행사해야 한다. … 소련은 미국을 한반도에서 몰아내고 싶어 안달이기 때문에 이러한 관점에 격렬하게 반대할 것이다. 따라서 한국 임시정부를 수립하는 어떤 방법도 최소한 고위 차원에서 일정 형태의 위장된 통제가 미국에 의해 수년간 계속 행사되어야 한다는 조건 위에 기초해야 한다.[28]

위와 같이 미국은 당분간 한국에 대한 위장된 통제가 필요하다고 보

---

[28] 정용욱, 『해방 전후 미국의 대한정책』(서울대학교 출판부, 2003c), 207-208쪽.

았다. 정용욱(2003c)에 의하면 이는 ① 유엔의 국제적 보장(유엔의 개입), ② 미국의 차관 공여, ③ 한국의 외교와 국방을 제한하는 방법 등이다.[29] 특히 '유엔의 개입'을 신탁통치를 대신할 수 있는 가장 적절한 보장 장치로 인식하고 있었다. 미국은 유엔을 활용한 유엔매개신탁통치를 한국 신탁통치안 내지는 보편적 신탁통치안의 일환으로 구상했다. 미·소 분할점령을 단행한 후 모스크바3상회의에서 1945년 12월 17일에 제출된 미국의 한국 문제 해결책은 소련을 포함한 4대 강국에 의지하는 안으로 수정되었다. 이는 미·소 분할점령이라는 현실에 맞추거나 아니면 3대 1의 자본주의 우위를 통해 미국의 세력 확보를 기하려는 현실주의적 수정이었다. 유엔헌장 76조를 언급하는 등 유엔에 부분적으로 의지하기는 했다. 이상주의의 산물인 국제기구 유엔에 전폭적으로 의지하는 대신 시정국으로 직접 나서는 현실주의적 방략으로 귀착된 것이었다.[30] 그런데 12월 20일 소련도 유엔을 전혀 언급하지 않는 안을 제출하자 미국은 소련안을 거의 수용하는 방향으로 타협했다. 그렇게 유엔을 언급하지 않은 모스크바3상회의 의정서 한국 조항이 채택되었지만 미국은 여전히 유엔에 의지해 자신들의 현실적 욕구를 감추거나 아니면 국제기구를 이용해 현실적 이익을 챙기려는 고단수 위장 전략을 구사하려고 했다. 이것이 1946년 3월의 '위장된 통제' 양식이라는 방식으로 표현되었고 최종적으로 1947년 가을 유엔 이관으로 귀결되었던 것이다.

---

29 정용욱(2003c), 위의 책, 208쪽.
30 미·영·소 3국은 얄타의정서(1945.2.)를 통해 유엔 대신 연합국이 직접 외상회의 등을 열어 탁치 대상지역에 대한 구체적 협정을 마련하기로 결정했다. 이에 1945년 9월 런던외상회의가 열렸으나 영국과 소련의 대립으로 이탈리아 식민지 리비아 등에 대한 탁치협정을 만들지 못했으므로 유엔의 신탁통치이사회가 주관하는 신탁통치가 아직 준비되지 못했다(따라서 1945년 12월 모스크바3국외상회의에서 비로소 한반도 신탁통치협정을 마련하고자 한 것이다). 이러한 사실도 미국이 유엔에 전적으로 의지하는 한반도 신탁통치안을 제출하지 못한 배경이다.

따라서 1946년 3월의 시점에서도 유엔 이관의 전조가 보였으며 이는 미국의 거수기인 유엔을 활용해 소련을 견제하려는 미국의 현실주의적인 해결책이었다. 한반도 신탁통치안은 미국의 이익 확보를 위한 전술적 수단에 불과했으므로 높은 차원의 전략적 목표인 이익 확보가 어려워지면 그 수단인 탁치는 가차 없이 포기될 수밖에 없었는데, 1947년 가을 이후 한국 문제의 유엔 이관으로 이것이 현실화되었다.

미·소 모두 탁치안에 대한 태도는 일관성이 없어 보인다. 이는 탁치안이 각기 자국에 우호적인 정부를 수립하려는 수단에 불과했기 때문이다. 한 국가가 외국에 개입할 때는 항상 국가이익(national interest)의 확장을 도모하려 하며 이것은 국제정치의 현실주의적 철칙이다. 양국의 탁치에 대한 태도는 낮은 차원의 수단에 불과하기 때문에 변화할 수 있으나 보다 높은 차원인 목표 면에서는 각각 자국에 우호적인 국가의 수립을 도모했으므로 언제나 일관성이 담보된 것으로 여겨진다.

2. 미·소예비회담의 개최

모스크바결정의 4항 "남북코리아와 관계되는 긴급한 문제를 고려하고 행정·경제 면에서 남북이 양 사령부 간의 영구적 협력을 가능케 하는 방책을 마련하기 위해 코리아에서의 미국과 소련의 사령부의 대표로 구성된 회의가 2주일 내로 소집될 것"에 의거해[31] 긴급한 문제 해결을 위한 미·소예비회담이 1946년 1월 16일부터 2월 6일까지 계속되

---

31 「자유신문」 1946년 1월 31일자에 보도된 「제1차 공동성명」에 의하면 미·소회담이 모스크바3상회의 결정의 4항에 기준하여 개최된 것이라고 규정되었다.

었다. 한국인에게 긴급한 문제는 역시 38선이라는 인위적인 경계선 설정으로 인한 불편이었으므로 이 회담에서 38선이 철폐되기를 기대하는 것은 당연했다. 2월 6일 서명된 제3차 공동성명을 통해 미·소회담이 교통운수, 38도 남북의 여행, 우편물 교환, 라디오 방송, 미·소 양군의 경제·행정상 연락 문제 등 다섯 가지 의제를 토의했음을 알 수 있다.[32] 그러나 2월 6일 발표된 미·소회담 제2차 공동성명에 의하면 과도정권으로서 임시정부를 수립한다는 것과 미·소공동위원회의 영구적인 본부를 서울에 둔다는 것, 1개월 이내에 공동위원회가 임정 수립에 착수할 것이 약속되었을 뿐[33] 38선 철폐는 물론 자유로운 통행도 전혀 언급되지 않았다. 결국 미·소공동위원회가 1개월 이내에 개최된다는 합의만이 나왔을 뿐 별다른 성과 없이 끝나 38선이 없어질 것을 기대한 한국민에게는 큰 실망을 안겨주었다.[34] 미 국무장관 번스도 성과가 없음을 인정하면서도[35] 3월 중에 열릴 공위에 희망을 걸었다.[36] 또한 하지는 한국인들에게 조급해하지 말 것을 충고했다.[37]

1946년 1월 28일에 나온 미국 삼부조정위원회 정책교서(SWNCC 176/18)에 따르면 모스크바의정서 2항에 규정된 미·소공동위원회의 코리아 임시정부 형성을 위한 방책 마련과 관련해 그 방책들(measures)에는 남북의 분할점령을 없애고 단일정부를 만드는 계획도 포함되어야 한다고 서술되어 있다. 또한 공위가 남·북한이 분리되어 시행되는 군정을 가능한 한 빨리 중앙집권적인 민정(civil administration)으로 통

---

32 『자유신문』, 1946년 2월 9일자; 『조선일보』, 1946년 2월 8일자.
33 『자유신문』, 1946년 2월 7일자.
34 「사설: 미·소회담의 결과를 보고」, 『자유신문』, 1946년 2월 8일자.
35 『동아일보』, 1946년 2월 10일자.
36 『자유신문』, 1946년 2월 10일자.
37 『조선일보』, 1946년 2월 12일자.

합해 궁극적으로는 민간화해야(civilianized) 한다고도 주장되었다.[38] 즉 38선 철폐가 이루어져야 한다고 주장된 것이다.

예비회담을 보다 구체적으로 살펴보면, 미국 측은 우선 38선 철폐 즉 국토의 개방에 관하여 논의하자고 주장했음에 비해 소련 측은 이 문제는 장차 열릴 미·소공위에서 임시정부를 발족시키면 해결될 문제이므로 행정적이고 실무적인 문제를 논의하기 위해 열린 미·소예비회담에서는 전력과 양곡 등 시급한 물자의 교류와 협조의 문제를 논의하자고 주장했다. 그러나 소련의 식량 확보를 위한 쌀과 전력의 교환 요구 때문에 물자 교류마저도 별다른 성과를 거두지 못했다. 우편물 교류 등을 비롯한 지엽적인 문제만 합의되었을 뿐 정식으로 열릴 다음 공위를 기약할 수밖에 없었다.[39] 38선 철폐 문제에 대해서 소련 측은 그것은 임정 수립 후 해결될 문제라고 주장했고 미국 측은 38선 철폐를 임정 수립보다 우선시하는 주장을 하여, 정치적 해결을 우선시하는 소련의 정치적 접근과 점차적이고 부분적인 통합을 강조하는 미국의 기능적인 접근이 대립되었다. 미국은 양 지역 간 교류 등의 시급한 문제를 우선 해결하자고 한 반면 소련은 통일정부가 수립되면 자연히 해결될 것이라고 주장했다.[40] 미국은 선(先) 38선 철폐·교류, 후(後) 임정 수립을 주장했고 소련은 선 임정 수립, 후 교류를 주장하여 미·소는 이미 첨예하게 대립하기 시작했던 것이다.[41] 이렇게 회담 초기부터 드러나기 시작한 미·소

---

[38] "Policy Paper Adopted by the State-War-Navy Coordinating Committee: Political Policy for Korea," SWNCC 176/18, adopted January 28, 1946, *FRUS*, *1946*, vol. Ⅷ, p. 624.
[39] *FRUS*, *1946*, vol. Ⅷ, pp. 634-636.
[40] 고정훈, 「비록 미소공동위원회」, 『월간조선』 9월(1983), 135쪽; *FRUS*, *1946*, vol. Ⅷ, pp. 633-636.
[41] 이러한 양극단적인 주장이 국내의 좌·우익에 투영되었다. 우익은 '38선 철폐'를 주장했고 좌익은 '통일정부 수립은 제쳐놓고 38선 철폐만 떠드는 것은 완전히 다른 의도가 있

간의 견해 차이는 이후의 양국 대립을 예견케 하는 전조였다.

한편 국민당 안재홍은 창당 후 얼마 되지 않은 1945년 9월 말, 맥아더 사령부에 38선 철폐를 요구하는 공식 결의문을 제출했다. 38선이 영구화될 것이라는 의구심이 일각에서 제기되었지만 영구분할론이 아직 주류적 견해로 등장하기 전인 9월 말 시점에서 38선 철폐를 요구한 공당의 첫 번째 공식 결의문이었다.[42]

「북위 38도 경계선에 의한 분단점령과 그에 의한 교통장벽의 철폐요구결의문」 북위 38도를 경계선으로 한 미·소 양군의 분단점령 문제는 그 유래 소군(蘇軍)의 일본관동군 무장해제에 관련된 것이라고는 하나 초계급적 통합민족국가로서의 통일국가합성이 지급 요청되어 있는 조선 현하의 역사적 도정에 처하여 비상한 정치적 지장을 조성하고 있는 사정임에 돌보아 연합 4개국으로부터 긴급한 통일군정(統一軍政)을 실현하여 민주주의국가 건설에 일로 매진케 함을 요망함.[43]

또한 이승만·김구 등도 38선 철폐에 비교적 관심을 가졌으며 그 철거를 요구하기도 했다. 그러나 1945년 12월 5일 연합국에 보내는 메시지에서 드러난 조선공산당의 입장은 다소 결이 달랐다.

현재 조선은 소·미 양 주둔군의 내원(來援)에 의하여 북위 38도로 분리되어 있다. 물론 이 분리는 경제적, 정치적, 문화적 제 관계에 있어 적지 않은 불편

다'라고 비판했다.
[42] 박명수, 「해방 직후 우익 민족주의자들의 38선 철폐운동과 한반도 분단에 대한 좌익의 입장」, 『한국정치외교사논총』 41-1(2019), 60쪽.
[43] 국민당, 「북위 38도 경계선에 의한 분단점령과 그에 의한 교통장벽의 철폐요구결의문」, 『매일신보』, 1945년 9월 30일자.

이 없지 아니하다. 그러나 38도 이남도 38도 이북과 같이 모든 주권이 조선인 수중에 들어오면 이 38도 문제는 자연히 소멸될 것이며 이곳에 38도 남북에 통일된 진정한 정부가 산출될 것을 확신하여 그 의견에 일치된 것이다.[44]

조선공산당은 모든 주권이 인민위원회로 넘어간 북한과 같이 남한에서도 (조선)인민(공화국)에 넘어오게 되면(확대해석하면 남한의 공산화) 38선 문제는 자동적으로 해결될 수 있다는 것이었다. 좌익은 '통일정부수립은 제쳐놓고 38선 철폐만 떠드는 것은 완전히 다른 의도가 있다'고 비판했던 것이다. 이에 비해 북의 토지개혁 등에 맞서고 신의주사건 등에 연루되어 북의 탄압을 피해 38선 이남에 정착한 월남자들은 38선 철폐에 가장 적극적이었다. 1946년 5월 20일 오후 1시에 개최된 '서북인대회'에서는 '38장벽즉시철폐'를 외쳤다.[45]

한편 1945년 말 모스크바3상회의 한국 관계 조항이 발표되고 1946년 초 탁치논쟁이 거세게 일면서 미·소예비회담이나 미·소공동위원회(약칭 미·소공위, 혹은 공위)가 열리면 38선이 철폐될 것이라는 전망이 등장하기 시작했다. 이에 미군정은 38선 분할이 임시적인 조치일 뿐이라고 해명했고 한국민들은 공위가 열려 38선이 없어지기를 기대했다. 그러나 1946년 2월 미·소예비회담이 남북 간의 자유로운 통행을 결정하지 못하고 이어 열린 미·소공위가 그해 봄 파행에 이르자 38선이 영구분단선이 될지도 모른다는 우려가 심심치 않게 제기되었다.

일찍이 트루먼은 1945년 12월 모스크바3상회의에 참석해 소련과

---

44 조선공산당, 「미국, 소련, 중국, 영국 연합국에 보내는 메시지」, 『서울신문』, 1945년 12월 6일자.
45 「우리 혈맥 막는 자 누구? 三八의 死線을 이제 끈허버리자」, 『동아일보』, 1946년 5월 22일자.

한국 문제 등을 타협했던 국무장관 번스의 '대소 유화적 태도'를 비판한 바 있었고[46] 그 이후부터 "소련을 다루는 데 있어 보다 강경한 입장"을 취하기로 작정했다.[47] 이제 모스크바결정에 대한 한국인의 반응과 반탁에 대한 미군정의 암묵적 지지는 세계적인 차원에서 미·소 간 대립을 촉진했는데, 결국 스탈린의 1946년 2월 9일자 냉전연설(cold war speech)[48]과 1946년 2월 22일 케넌의「긴 전문(long telegram)」으로 구체화되었다. 비록 1946년 5월 제1차 미·소공위가 휴회될 때까지 미국 측은 모스크바결정에 대해 근본적인 회의를 가지지는 않았고, 1947년 봄까지 미군정의 공식정책은 '신탁통치안에 의한 통일정부 수립'이라는 틀 안에서 진행되었다고 하지만, 1946년 2월의 시점에서도 이미 탁치안의 실현 가능성에 대하여 의문을 가지게 하는 분위기가 조성되고 있었다.

1946년 2월 22일 모스크바 주재 미국대사관 부대사 케넌(George F. Kennan)은 'Mr. X'라는 가명으로 단어 8,000개에 달하는 역사적인 문건「긴 전문(long telegram)」(후일 'The Sources of Soviet Conduct'라는 제목으로 현실주의 국제정치학자들의 교과서에 실림)을 워싱턴으로 전송했다. 케넌은 이 글에서 스탈린의 2월 9일자 연설을 분석했는데, 소련의 팽창

---

[46] Bruce G. Cumings, *The Origins of the Korean War: Liberation and the Emergence of Separate Regimes, 1945~1947*, vol. 1 (Princeton N.J.: Princeton University Press, 1981), p. 226.

[47] John Lewis Gaddis, *United States and the Origins of the Cold War, 1944~1947* (New York: Columbia University Press, 1972), p. 283.

[48] Joseph Stalin, "Strategy for the Immediate Future," in U.S. House of Representative, Committee on Foreign Affairs, *The Strategy and Tactics of World Communism*, House Document No. 619 (Washington, DC: U.S. House of Representative, 1948), pp. 168-170; Walter LaFeber, *America, Russia, and the Cold War, 1945~1966* (New York: John Wiley&Sons, 1967), p. 30, in Bruce Cumings(1981), 앞의 책, p. 226. Walter LaFeber는 신좌파(New Left)적 수정주의의 선구적 학자이다.

정책을 경계하면서 미국이 봉쇄정책(containment policy)을 실시해야 한다고 주장했다. 이에 의하면 식민지역·후진국이나 종속지역 사람들에 대한 소련의 정책(Toward colonial areas and backward or dependent peoples, Soviet policy)은 선진 서구와의 접촉에서 멀어지게 하는 데 있다고 평가했다. 이 정책이 성공하면 공산주의와 소련의 침투가 용이한 힘의 공백 상태가 된다고 보았다. 신탁통치와 관련지어 케넌은 소련이 신탁통치협정에 참여하라고 압박하는 것은 소련의 힘을 발휘하려는 것보다는, 그러한 국가들에서 서구의 영향력을 저지하고 더 복잡하게 하려는 의도를 가진 것이라고 지적했다. 소련이 힘의 발휘를 부족하게 하려는 것은 아니며 공식적 신탁통치협정보다 이면에 숨겨진 공작에 의존하기 때문에 그렇게 보인다는 말도 덧붙였다. 소련이 세계 어느 지역에서나 신탁통치나 그와 유사한 방안으로의 참여 권고라는 수단을 통해 서방의 영향을 줄이려 한다는 분석이었다.[49]

미·소대립이 본격적으로 노정되기 전에 냉전의 출현을 경고한 케넌의 지적에 대해 후대의 반공주의자들은 설득력 있는 탁견이었다고 주장한다. 소련의 국가이익은 영향력 확대에 있었으며 탁치안도 이를 위한 수단이었다는 것은 명백한 진리라는 이러한 현실주의적 견해가 케넌식으로 표현된 것이다. 케넌이 파악한 바와 같이 소련은 남북의 공산주의자들에게 신탁통치를 지지할 것을 압박했다. 국내 정파들은 찬·반탁 대립을 치열하게 전개해 사분오열되었으며 상황이 복잡해졌고 결국 소

---

[49] "The Chargé in the Soviet Union (Kennan) to the Secretary of State," Moscow, February 22, 1946-9 p.m. [Received February 22-3:52 p.m.], *FRUS, 1946*, vol. Ⅵ, Eastern Europe; the Soviet Union(Washington, DC: USGPO, 1969), p. 702; George F. Kennan, "Excerpts from Telegraphic Message from Moscow of February 22, 1946," George Frost Kennan, *Memoirs (1925~1950)* (Boston: Little, Brown, 1967), p. 553.

련의 점령지에 친소정권을 수립했으므로 이 지역에서 서구 세력 비판의 구심점을 마련하고(치열한 탁치논쟁으로 인해 김구를 중심으로 한 임정세력이 반미 쿠데타를 기도했다. 그러나 한편으로는 왜곡된 보도로 인해 반소·반공의 정서도 조성되었으므로 탁치논쟁은 일방적인 반미감정만 가중시키기보다는 반외세의 감정을 자극했다고 할 수 있다) 공산주의를 침투시키는 공작은 일정 부분 성공했다.

탁치안으로 민족을 통일시킬 수 있으리라는 기대는 국내 정치세력이 서로 대립하여 통일된 입장을 제시하지 못한 데다가 한국 문제의 양대 결정권자인 미·소까지 의견 대립을 가중시키는 상황에서는 사실상 불가능한 것이었다. 그런데 이상에서 살핀 것을 토대로 유추해보건대 탁치 문제를 둘러싼 미·소 간 갈등은 그 문제에 대한 한국 정치세력 간의 대립이 근본 원인으로 작용한 것이다. 즉 탁치 문제에 관한 한 미·소대립의 계기는 강대국 간의 세계적 차원의 갈등이라기보다는 한반도 국내 정치로부터 더 큰 영향을 받았다고 볼 수 있다. 38선 획정은 외인(외세)이 전적으로 결정했지만 찬·반탁 갈등은 내인이 주도하여 외세를 견인한 것이었다.

3. 재남조선대한국민대표민주의원과 민주주의민족전선의 결성

군정 접수계획이 실패한 후 김구는 1946년 1월 4일 비상정치회의를 소집한다고 발표했다.[50] 임시정부를 중심으로 1월 20일 비상정치회의 주비회를 개최하고[51] 임시의정원을 과도적 최고입법기관으로 설정했다.

---

50 『서울신문』, 1946년 1월 5일자.

한편 하지는 1월 18일 장군 러치에게 내린 훈령에서 임정의 비상정치회의 소집이나 독자적인 과도정부 수립 시도를 저지해야 한다고 강조했다.[52] 또한 이승만도 김구의 임정 법통론에 의거한 정부 수립 구상[1945년 9월 3일 국무회의 명의로 발표된 '당면정책 14개조'[53]의 6항에 나오는 것에 비상정치회의를 추가하여 구체화함; 확대·강화된 임시정부 → (비상정치회의) → 과도정권 → (전국적 보통선거 혹은 국민대표대회) → 정식정권][54]에 제동을 걸었다. 임시정부가 개인 자격으로 귀국했으며, 반탁운동으로 군정당국의 오해를 샀기 때문에 비상정치회의를 통해 과도정부를 수립할 수 없다고 주장했다.[55] 이승만은 이미 독립촉성중앙협의회와 비상정치회의를 통합한 비상국민회의를 조직해 건국에 대비한다는 복안을 가지고 있었다. 이승만은 김구에게 미군정이 비상정치회의에 적대적이라며 자신과 함께 미군정 자문기구를 조직하자고 설득했다.[56] 결국 미국을 의식했던 이승만의 노력으로 1월 23일 비상정치회의는 독촉과 결합해 비상국민회의로 재편되었다.

결국 김구 중심의 비상정치회의와 이승만 중심의 독립촉성중앙협의회가 합작하여 좌익이 불참하고 61개 단체를 망라한 가운데 2월 1일 비상국민회의가 정식으로 개최되었다.[57] 『동아일보』는 1946년 2월 1일

---

51 『서울신문』, 1946년 1월 21일자.
52 "C/S to Military Governor General Lerch," Item 6, January 18, 1946, in "HUSAFIK," part Ⅱ, chapter Ⅱ, p. 183.
53 백범김구선생전집편찬위원회 편, 『백범김구전집』 제5권: 대한민국 임시정부 Ⅱ (대한매일신보사, 1999), 670-671쪽.
54 정병준(2008), 앞의 글, 134쪽.
55 「독립촉성중앙협의회 중앙집행위원회 제5회 회의록」(1946.1.18.), 雩南李承晩文書編纂委員會 編, 『梨花莊 所藏 雩南 李承晩 文書: 東文篇』, 第13卷, 建國期 文書」1(中央日報社·延世大學校 現代韓國學研究所, 1998), 299-300쪽.
56 「비상국민대회대표회 제2회 회의록」(1946.1.19.), 雩南李承晩文書編纂委員會 編(1998), 위의 책, 319-320쪽.

자 사설에서 "과도정권의 모체적 성질을 가지는 동시에 임시정부를 계승한 조직"으로 그 성격을 규정했다. 이는 김구가 이승만과 미군정의 요구를 일정 부분 수용함으로써 만들어진 과도적 기구였다.

이 과정에서 임정 내 좌익 성향 인사였던 성주식(민족혁명당), 김성숙(조선민족해방동맹), 유림(무정부주의연맹)은 비상정치회의가 비상국민회의로 바뀌는 과정이 비민주적이고 정치협잡이었다며 비상국민회의 주비회를 탈퇴했다.[58] 이 중 성주식과 김성숙은 김원봉과 함께 1946년 2월 좌익의 통일전선 형성을 위한 연합체인 민주주의민족전선(약칭 민전) 결성식장에 나타났다.

좌익의 핵심인 조공·인민당·독립동맹이 참여하지 않은 우익 반탁 세력의 연합체인 비상국민회의는 2월 13일에는 과도정권 수립을 위한 28명의 최고정무위원을 선정했는데 결국 미군정의 요청으로 2월 14일에는 군정의 자문기관인 재남조선대한국민대표민주의원(약칭 민의)으로 전환되었다[민의의 발족에도 불구하고 비상국민회의(약칭 비국)는 해산되지 않고 김구의 사조직으로 남았으며 민의와 병립했다].[59]

장차 열릴 미·소공위에 대비해 1946년 1월 28일에 작성된 미국 문건 'SWNCC 176/18'에서 미국은 모스크바의정서 3항에 규정된 '공위와 협의할 코리아 임시정부 구성'에 필요한 '공위에 자문할 대표단'을 미·소 합의하에 구성하는 제안을 하자고 건의했다. 그 과정에서 민주주의적 지도자로 구성된 대표단에 들어갈 "우건 좌건 극단적이지 않은 능력 있고 강력하며 명백한 다수의 지도자를 찾아 선택하는 데 특별한

---

57 『서울신문』, 1946년 2월 1일자; 『조선일보』, 1946년 2월 1일자, 1946년 2월 2일자.
58 『동아일보』, 1946년 1월 29일자; 『조선일보』, 1946년 2월 16일자; 김남식, 『남로당연구자료집』 2(고려대학교 아세아문제연구소, 1974), 239쪽.
59 「민의 존속 결정, 비국과의 연석회서」(1946.12.18.), 『동아일보』, 1946년 12월 20일자.

노력을 경주해야 한다"라고 밝혔다.[60]

그런데 만약 대표단 공동 선출에 대해 미·소가 합의하지 못한다면 다음 수순으로 양군사령부는 각 해당지역으로부터 대표단의 위원을 별도로 선출하는 방안을 제의해야 한다는 것이다. 마지막으로 대표단의 창설에 합의하지 못할 경우 주한 미군사령관은 독자적으로 한국 임시정부 수립에 관련된 문제에 대하여 미·소공위 미국 측 위원들의 자문자격으로 활동하는 단체(결과적으로는 민의가 이와 흡사하므로 민의는 미국 측 단독행동의 단초로 볼 수 있다)를 구성해야 한다고 적고 있다.[61] 이렇게 이른 시점에 이미 공위에서 합의하지 못할 것을 상정하는 보고서를 보면 냉전이 이미 출현하고 있음이 감지된다.

미국의 자유주의자(liberal)들은 한국정치에서 극우와 극좌를 배제하고 온건파를 중심으로 개혁을 시도하여 공산화를 막으려 했다. 또한 미군정 내 자유주의자들도 공산화 방지라는 최대의 정책 목표를 실현하기 위하여 온건좌파 인사를 극좌파 인사로부터 이탈시켜 진보적 개혁을 주도케 하려 했다. 굿펠로(Preston Goodfellow)[62]는 이를 위하여 우익세력과 약간의 온건좌파 인사들을 중심으로 자문기관을 만들 구상으로, 비상국민회의 최고정무위원회를 중심으로 하고 이에 온건좌파 인사들을 참여시켜 민주의원(민의)을 결성케 했다. 그러나 여기에 위촉받았던 여

---

60 "Policy Paper Adopted by the State-War-Navy Coordinating Committee: Political Policy for Korea," SWNCC 176/18, adopted January 28, 1946, *FRUS*, 1946, vol. Ⅷ, p. 625.

61 "Policy Paper Adopted by the State-War-Navy Coordinating Committee: Political Policy for Korea," SWNCC 176/18, adopted January 28, 1946, *FRUS*, 1946, vol. Ⅷ, pp. 623-627.

62 都珍淳, 「1945~48年 右翼의 動向과 民族統一政府 樹立 運動」, 서울대학교 박사학위 논문(1993), 62쪽에 따르면 미군은 진주 직후부터 여운형을 포섭하고자 노력했다. 진주 직후의 고문회의, 이승만 귀국 직후의 독촉중협, 굿펠로의 민주의원 등에서 여운형은 중요 고려 대상이었다.

운형 등의 온건좌파 인사들이 참여를 거부하여[63] 미군정의 극좌파 고립 계획은 성공하지 못했고 민의는 단순히 보수적 우익의 집결체에 그치고 말았다. 온건좌파들을 끌어들이려 한 것은 미군정 내 자유주의자들의 구상이었으나 결국 실패했고 미군정 내 보수파들의 구상대로 우익 통합에 그쳤다.[64] 의장은 이승만이 맡았고 김구와 김규식이 부의장으로 선임되었다. 내무부 등 14개 부서로 구성하려 했는데 국회의 기능과 행정부의 기능이 복합된 형태로 사실상 과도적인 정부를 염두에 둔 것이었으나 14개 부서의 장은 선임되지 않았다.

온건우파-온건좌파 결합이라는 미국의 구상은 1946년 5월 미·소공동위원회가 무기 휴회된 이후 좌우합작으로 이어졌으며 본연의 임무인 합작이나 통합보다는 중간파라는 새로운 배타적 파벌의 생성을 결과했다.[65] 민주의원과 좌우합작 그리고 이에 이은 입법의원은 모두 38선 이남만의 기관으로, 소련이 주도하여 만든 북의 임시인민위원회(1946년 2월 8~9일 결성 결정)가 성과를 내자 이에 대응하여 장차 있을 남북대결에 대비하여 만든 조직이다. 본질적으로는 미국의 입장에서 소련을 의식해 만든 일종의 단독행동을 지향한 어용 조직이었으므로 이들 기구에서 남북통합을 기대하는 것은 원래부터 한계가 있었다. 또한 민의와 좌우합작위원회(약칭 합위), 남조선과도입법의원(약칭 입의)은 모두 '극우와 극좌를 배제하여 공산화를 방지한다'는 미국의 본질적 의도 면에서 일관된 조직이었다.

좌익은 좌익대로 1월 19일 이래 준비해온 좌익만의 통일전선기구로

---

63 『서울신문』, 1946년 2월 15일자.
64 "HUSAFIK," part I, chapter II, p. 29.
65 이완범, 「한반도 신탁통치안과 국내정치(1943~1948)」, 연세대학교 석사학위논문 (1985), 98-99쪽; FRUS, 1946, vol. VIII, pp. 698-699, p. 744.

서 민주주의민족전선을 2월 15일 결성하기에 이르렀다.[66] 미군정이 인공을 해체하든가 정당화하든가를 강권하자 인공은 무력화되었고 우익이 민주의원을 결성하자 이에 대항해 민주주의민족전선을 결성하기에 이른 것이다. 결국 인공은 유명무실화되었고 민전이 이를 대체한 것이라고 볼 수 있다.

결국 정당통일운동이 결렬된 후 탁치 문제로 대립된 정국에 좌·우익 양 진영은 서로 자기 진영의 세력 규합에 힘써 별개의 조직체를 구성했던 것이다. 좌우 양익은 이렇게 결별하는 수순을 밟아 중앙에서 좌우의 대립 구도는 명확해졌다. 즉 우익진영은 반탁을 기치로 단결하고, 좌익진영은 '모스크바결정 총체적 지지'를 구호로 단결하여[67] 이후 한 치의 양보도 없는 팽팽한 권력투쟁을 전개했다. 물론 '임시정부 수립 후 탁치를 논의하자'는 '제3의 노선'이 엄연히 있었지만 외세까지 가세하여 찬·반탁 양극화를 견인하는(선택을 강요하는) 마당에 중도적 논리가 대중들에게 지속적으로 어필되기는 어려웠다. 따라서 한국의 역사서에는 신탁통치 문제로 찬탁과 반탁의 노선 대립이 격화되어 둘로 나뉘었다는 서술이 주류를 이루었다.

---

[66] 『서울신문』, 1946년 2월 16일자. 민전에 대한 연구로는 양동주, 「민주주의민족전선연구」, 고려대학교 석사학위논문(1986)이 있다.
[67] 민전의 신탁통치에 대한 태도는 민주주의민족전선 선전부 편, 『민주주의민족전선결성대회의사록』(조선정판사, 1946), 23쪽, 27쪽, 37쪽, 56-57쪽에 있다.

4. 지방의 신탁통치 논쟁

지방은 탁치논쟁이 서울보다는 비교적 유연한 편이었다.[68] 반탁의 기운이 서울보다 덜한 편이었기 때문이다. 하지는 왜곡된 보도가 퍼지기 전에 협정문 전문이 전달되었기 때문이라고 평가했다.[69] 최근 연구에 의하면 대구의 좌익은 "원칙적으로 지지"한다는 애매한 태도를 보였다.[70] 1946년 1월 중순까지도 탁치에 반대하여[71] 일정 기간 동안 중앙과는 전혀 반대의 방향으로 좌우합작을 추진했다고 한다.[72] 1946년 1월 20일 반목이 드러나면서 1월 27일에야 지지 시위를 하나 대중의 반탁감정을 의식하여 '신탁은 반대하나 후견은 지지'한다는 어정쩡한 구호를 내세웠다. 따라서 조공의 3상지지 지령은 지역사회의 통일을 가로막는 중대한 장애요인이었다. 한편 서울과는 달리 대구에서는 1946년 3·1절 기념식이나 8·15 기념식도 좌우가 합동으로 치르는 등 꽤 오랫동안 좌우합작이 이루어졌다고 한다.[73]

광주에서는 일부 좌익단체가 계속 반탁을 주장함으로써 혼선을 나타

---

68 "HUSAFIK," part Ⅱ, chapter Ⅳ, p. 76.
69 "HUSAFIK," part Ⅱ, chapter Ⅳ, pp. 76-77. 반면 강원도에서는 일찍 보도되어 중앙과 비슷한 시위가 진행되었다는 기술도 있다. "HUSAMGIK," part Ⅵ, chapter Ⅲ, pp. 43-44.
70 경상북도사편찬위원회 편, 『경상북도사』 中(경상북도사편찬위원회, 1983), 527-531쪽; 『영남일보』, 1946년 1월 1일자; 정해구, 「해방직후 대구지방정치의 전개과정」, 『역사비평』 1(1987), 89쪽.
71 『영남일보』, 1946년 1월 19일자; 『영남일보』, 1946년 1월 20일자; 정해구(1987), 위의 글, 89쪽.
72 정해구(1987), 앞의 글, 90쪽.
73 정영진, 『폭풍의 10월』(한길사, 1990), 173-194쪽. 그러나 8·15 기념식이 오히려 좌우반목을 조장했고(193쪽) 8월 30일 좌익 간부가 일제 검속되었으며(195쪽) 9월 총파업과 10·1 사건으로 좌우는 완전히 갈라졌다.

냈다고 한다.⁷⁴ 중앙과 비교적 가까웠던 인천의 경우는 좌익이 명백한 지지노선을 표명했음에도 불구하고, 1946년 3·1절 기념행사가 좌익의 조봉암과 우익의 곽상훈의 지도력에 힘입어 좌우 양익 합의하에 행해지는 등⁷⁵ 좌·우익의 첨예한 대립이 비교적 뒤늦게 나타났다.

따라서 지방은 중앙보다 좌우대립의 정도가 비교적 덜한 편이었다고 잠정적으로 결론내릴 수 있다.⁷⁶ 이러한 지방의 여러 사례를 광범위하게 탐구해 종합할 필요성이 있으며, 이를 후일의 연구과제로 남기고자 한다.

---

74 김창진, 「8·15 직후 광주지방에서의 정치투쟁」, 『역사비평』 1(1987), 107쪽.
75 김영일, 『격동기의 인천: 광복에서 휴전까지』(동아사, 1986), 67-68쪽.
76 그런데 강원도 지역 중 인민위원회가 강했던 영월과 강릉·삼척·울진 등의 동해안 지역에서는 신탁통치를 둘러싼 좌우대립이 강하게 나타났다. 대체로 이 지역들이 공업지역으로 일제강점기 노동운동을 통해 좌익계 세력이 주도하고 있었기 때문이기도 하다. 특히 커밍스의 주장에서 보는 바와 같이 1946년 10월 민중항쟁이 격화된 지역은 일제강점기 노동운동과 해방 직후 인민위원회의 세력이 강했던 지역과 거의 일치한다. 강원도 동해안 지역의 인민위원회가 강력하거나 공존했던 지역에서 민중항쟁이 발생했던 것이다. 강릉에서 좌익계열이라는 혐의로 체포된 이들이 200명이 넘었고, 삼척 지역에서 북한군 세포조직 관련자 100여 명이 체포된 것만 보아도 이러한 상황을 알 수 있다. 따라서 신탁통치 문제를 둘러싼 좌·우익의 대립 양상이 치열하게 전개된 지역도 주로 이 지역들이었다. 『강원도사 9: 광복과 분단』(강원도사편찬위원회, 2013), 90쪽.

신탁통치 문제에 대한 각 정파의 입장

7장

지금까지 탁치 문제와 관련한 국내 상황의 전개를 연대기적으로 살펴보았다. 해방 후 주요한 정치세력을 인물 중심으로 뽑아보면, 좌파 박헌영과 조선공산당, 중도좌파의 여운형과 조선인민당, 중도우파 김규식과 민족자주연맹, 우파 김구와 대한민국임시정부, 같은 우파 이승만과 독립촉성중앙협의회(약칭 독촉중협), 우파의 한국민주당(약칭 한민당)으로 구분할 수 있다.[1] 이상의 구분에 따라 탁치 문제에 대한 각 정치세력의 태도를 그 대표적인 인물과 단체별로 구분하여 분석하도록 한다.

먼저 박헌영과 조선공산당은 1945년 10월 23일 반탁에서 1946년 1월 2일 총체적 지지노선으로 변화했다.

여운형은 1945년 10월 이래 공식 태도 표명을 보류하다가 1946년 1월 14일의 시점에서는 '지지할 점도 배척할 점도 있다'라고 설명하며 4당코뮤니케에 드러난 제3의 길을 걸었으나 민전이 결성된 1946년

---

[1] 이완범, 「한반도 신탁통치안과 국내정치(1943~1948)」, 연세대학교 석사학위논문(1985), 28-37쪽 참조.

2월부터는 좌익 내 분열상을 드러내지 않기 위하여[2] 표면적으로는 지지 노선을 표방했다. 그는 공산당처럼 '총체적으로 지지'한다는 표현을 쓰지 않고 다만 "3상회담을 수락 실천"[3]하자고 말했다. 미군정의 평가에서도 여운형은 "신탁통치보다 즉시독립을 원하고 있다"라고 기술되어 있다.[4]

김규식은 1946년 1월까지는 다른 우익진영과 같이 반탁을 표명했다가 1946년 3월 공위 개최 이래로 "탁치는 임정 수립 후 해결"하자는 중도적 노선을 걸어 좌우합작을 주도하게 되었다.[5]

김구와 임시정부는 가장 격렬하고 일관성 있게 반탁노선을 걸었으며 미국에 도전하면서까지 운동을 주도했다. 김구는 좌우합작 출범 시에는 반대하지 않다가 1947년 1월 초 미·소공위 재개 움직임이 본격화되자 제2차 반탁운동과 임정봉대운동을 추진했다. 이 과정에서 좌우합작에 대해서도 비판적인 입장을 취했다. 1947년 1월 16일 민주의원은 좌우합작위원회의 해산을 결의했고, 1월 18일에는 합작위원회에 파견한 김규식, 원세훈, 김붕준 등의 소환을 결의했다. 1946년 11월까지만 해도 좌우합작을 지지했던 김구도 1947년 2월에 이르면 합작위원회 폐지를 주장하기까지 했다.

이에 비하여 1919년 위임통치안 실시를 건의했던 적이 있는 이승만은 처음에는 미국의 입장을 의식해서인지 다소 조심스럽고 소극적으로 반탁을 표명했다가 공산당이 방향 전환한 이후에는 공산당을 격렬히 비난하면서 명백히 반탁을 표명했다. 김구의 반탁은 자주적·민족주의적

---

2   FRUS, 1946, vol. Ⅷ, p. 722.
3   『중외신보』, 1946년 7월 2일자;『조선인민보』, 1946년 7월 2일자. 그런데 『조선인민보』는 여운형의 노선이 '총체적 지지' 노선인 것처럼 기술했다.
4   FRUS, 1946, vol. Ⅷ, p. 687.
5   이완범(1985), 앞의 글, 86쪽, 103쪽.

측면이 있었던 데 비하여 이승만의 반탁은 반공 자체가 목적인 반소·반공·반탁의 세 가지 논리가 결합된 것이었다.[6]

한민당은 소련 탁치주장설 오보 때 격렬히 반발하며 반소·반공·반탁 논리를 드러내다가, 3상회담 결과가 정식 보도되자 수석총무 송진우가 미온적 태도를 보였지만 그가 12월 30일 암살되자 반탁을 명백히 했다. 이러한 한민당의 태도는 다소 기회주의적인 것으로 이후 미·소공위의 참여 문제에서도 그러한 비일관성을 드러냈다.[7] 한민당 선전부장 함상훈은 미·소공위가 열려 임시정부 수립이 논의되던 1946년 4월 초 임시정부를 먼저 수립한다는 모스크바3상회의의 결정은 지지하되, 신탁통치는 반대한다는 입장을 아래와 같이 표명했다.

> 아직도 3상회의 지지와 신탁통치 지지를 혼동시하며 허위로 민중을 기만하는 사람이 있으나 본당은 3상회의를 지지하고 신탁통치를 반대하는 점에 있어서 추호도 변함이 없다.[8]

3상회의를 지지하는 것이 신탁통치를 지지하는 것과 다르다고 강변했던 것이다. 임시정부 수립이 논의되던 변화된 정세에 부응해 총체적

---

[6] 외세에 대한 이승만의 태도는 친미가 중심이었다는 해석이 있다. 그의 반일적 독립운동도 친미적 입장에서 나온 것이다. Syngman Rhee, *Japan Inside Out: The Challenge of Today* (New York: Fleming H. Revell Company, 1941). 그는 진주만 공습(1941.12.) 이전인 1941년 6월 출간된 이 책에서 미국의 반전론자를 비판하면서 미국에 일본과 전쟁할 것을 촉구했다. 이 책의 번역본은 李承晚 저, 朴마리아 역, 『日本內幕記』(自由黨 宣傳部, 1954)이다. 이승만의 반공·반소도 역시 친미에서 유래한 것으로 볼 수 있다. 그에게 소련의 입김이 작용한 탁치는 공산당과 소련의 지배 이상도 이하도 아니었다.

[7] 이완범(1985), 앞의 글, 118쪽, 135쪽.

[8] 「삼상회의 지지나 신탁은 반대, 한민당 咸[尙勳宣傳]部長 談」, 『동아일보』, 1946년 4월 5일자.

반탁이라는 입장을 3상회의 지지로 변화시키는 융통성 있는 태도라고 긍정적으로 평가될 수 있다. 그런데 다소 기회주의적이며 모순된 입장이라고 평가되기도 한다. 총체적 지지를 표방했던 공산당의 입장에서 보면 3상결정 중에서 임시정부만을 분리해 지지하며 반탁을 버리지 않는다는 것은 말이 안 되는 모순투성이의 입장 표변이라고 여겨질 수 있었다.

또한 1947년 2차 미·소공위가 열렸을 때 한민당의 장덕수는 반탁진영의 반대에도 불구하고 공위 참가를 강력히 주장하며 반탁진영으로부터 이탈했다. 따라서 김구식의 철저한 반탁론의 입장에서 보면 송진우·장덕수식 논리는 모스크바결정을 받아들이는 것처럼 보이기도 했던 것이다. 이런 맥락에서 그들의 암살에는 미묘한 공통점이 있다.[9]

또한 송진우의 훈정[10]론(訓政論)에서 드러나는 바와 같이 한민당의 노

---

9   김학준, 『이동화평전』(민음사, 1987), 168-169쪽.
10 훈정(영어로는 훈련기, 수습기간을 뜻하는 apprenticeship과 가까움)이라는 용어는 손문의 '중국혁명 단계론'에서 언급되었으며 송진우도 그러한 맥락을 알고 사용한 것으로 보인다. 1914년 손문이 발표한 「中國革命黨總章」에 나오는 혁명방략에는 軍政時期, 訓政時期, 憲政時期로 3단계 혁명 수행이 언급되었다. 「中華革命黨總章」, 1914년 7月 8日, 廣東省社會科學院歷史硏究室·中國社會科學院近代史硏究所中華民國史硏究會·中山大學歷史系孫中山硏究室 共編, 『孫中山全集』第三卷(北京: 中華書局, 1981), 97쪽. 이러한 혁명방략이 1924년 4월 12일 중국 국민혁명에서 신국가 건설의 순서를 간결하게 기술한 강령 『(國民政府)建國大綱』에 그대로 채택되어 중화건설단계의 지표가 되었다. 이승휘, 「손문의 혁명방략」, 『중국근현대사연구』 55(2012), 49-71쪽; 김정배, 「1919년과 1948년의 시대정신」, 『한국정치외교사논총』 41-2(2020), 91쪽. 이 건국대강은 중국국민당 제1차 전국대표대회 심의 후 공포되었다. 「國民政府建國大綱」, 外務省 調査部 編, 『孫文主義』上(東京: 外務省 調査部, 1935), 1109-1115쪽. 건국대강 내용은 삼민주의를 근간으로 하는 혁명의 의의와 현(縣)을 단위로 하는 지방자치 실현 정도에 맞추어 군정기(軍政期)·훈정기(訓政期)를 거쳐, 즉 완전한 자치능력을 갖출 때(憲政時期)까지 계도적 통치기간을 거쳐 헌법에 의한 민주국가 성립(憲政期)에 이르는 과정을 담고 있다. 『(上海)民國日報』, 1924년 4月 12日, 「國民政府建國大綱」, 1924년 1月 23日, 廣東省社會科學院歷史硏究室·中國社會科學院近代史硏究所中華民國史硏究會·中山大學歷史系孫中山硏究室 共編, 『孫中山全集』第9卷(北京: 中華書局, 1981), 126-129쪽; 『維基文庫, 自由的圖書館』.

선은 소련의 참여가 배제되고 미국의 우선권이 확보되면 탁치를 찬성할 수도 있었던 지극히 친미·반공적인 속성을 가진 것이었다.[11] 송진우는 군정 요인들과 가진 모임에서 "우리나라 정치인들이 미군에게서 정치를 배워야 한다"라는 요지의 발언을 해 신탁통치를 불러들인 셈이 되었다는 풍문이 있었다.[12] 미군정 고문 베닝호프는 보수파 그룹의 대다수가 1945년 10월 미국의 후견(tutelage) 기간을 지나야 한다는 말을 했다고 적었다. 그들은 소련이 38선 이북에서 한 행동들로 인해 놀랐으므로 소련의 지도보다는 미국의 지도를 받기 원했다는 것이다.[13] 이렇듯 한민당 그룹은 1945년 10월 당시는 미국의 후견을 지지했다고 할 수 있다. 송진우는 한국은 잠정적인 훈정기가 필요하다고 생각했기 때문에 미군정에 협력한 것이라고 주장했다.[14] 또한 조병옥은 한민당이 공산화를 막기 위한 수단으로서 후견을 지지했다고 시인했다. 그는 "당시의 국제정세에 비추어보아 한국은 군정 단계의 훈정기를 거치지 않고서는 치안유지를 할 수가 없고, 또 전 한반도의 적화를 면하지 못할 것"이라 말했다고 회고했던 것이다.[15] 이들 보수주의자들의 훈정론은 '미국의 훈정'이었다.

한민당과 이승만의 반탁은 '신탁통치=소련의 통제=공산주의'라고

---

[11] 미군정은 소련이 임정 수립 과정에 참여하기 때문에 우익이 반탁을 한다고 평가했다. "HUSAFIK," part Ⅱ, chapter Ⅱ, p. 66. 이런 맥락에서 본다면 박헌영의 '소련일국탁치' 희망설에 대해 극렬하게 비판한 우익도 반대로 '미국일국탁치'에 대해서는 찬성했을 가능성이 높다.

[12] 「암살자 7: 배후인물 신동운(上)」, 『경향신문』, 1974년 2월 14일자.

[13] "The Political Advisor in Korea (Benninghoff) to the Acting Political Advisor in Japan (Atcheson)," [Seoul,] 10 October, 1945, FRUS, 1945, vol. Ⅵ, pp. 1070-1071.

[14] 고하선생전기편찬위원회 편, 『고하송진우선생전』(동아일보사, 1965), 324쪽; 심지연, 『미·소공동위원회 연구』(청계연구소, 1989), 1쪽.

[15] 조병옥, 『나의 회고록』(민교사, 1959), 146쪽.

3자를 동일한 것으로 등식화한 반대였으며 만약 '신탁통치=미국의 통제'였다면 훈정론을 찬성했듯이 신탁통치도 반대하지 않았을 것이다.

한편 송진우는 1945년 12월 28일 오전 10시부터 밤까지 열린 경교장 모임에 참석해 좀 더 진지하게 생각해보자고 했다가(12월 29일 하지는 자신이 가장 신뢰하는 송진우를 불러 임시정부를 설득해달라고 부탁했다.[16] 이에 송진우는 하지의 방침에 전적으로 협력하기로 했다고 한다) 12월 30일 새벽[17] 6시 15분[18] 원서동 자택에서 56세를 일기로 암살당했다.[19]

강원용 목사의 회고에 따르면 송진우는 "거리의 청년들이라면 모르되 지도자라면 최소한 3상회의 결정문을 읽어보고 대응해야 할 것이 아니냐(3상회의 결의문도 읽지 않고 방송만 듣고 떠들어선 안 된다[20]; 결의문 원문을 읽은 분이 있느냐[21]). 설사 5년의 탁치를 한다는 것이 정확한 것이라고 하더라도 왜 그것이 그리 나쁘냐(길어야 5년 이내에 끝나는 신탁통치를 하고 결국엔 한국의 정당, 사회단체들과 의논해 민주적인 통일정부를 세운다

---

16 "Hodge's Conversation with Wedemeyer," August 27, 1946, RG 332, Box 41, US National Archives, p. 5; 신복룡, 『한국분단사자료집』, 3-3(원주문화사, 1991); 都珍淳, 「1945~48年 右翼의 動向과 民族統一政府 樹立 運動」, 서울대학교 박사학위논문(1993), 41쪽.
17 송상현, 『회고록: 고독한 도전, 정의의 길을 열다』(나남, 2020), 41쪽에는 '섣달그믐'이라고 나온다. 섣달그믐은 음력 12월 30일(혹은 29일)을 지칭하는데, 양력 12월 30일을 섣달그믐이라고 한 것으로 판단된다.
18 고하송진우선생기념사업회 편, 『독립을 향한 집념: 고하 송진우 일대기』(고하송진우선생기념사업회, 2022), 724쪽.
19 이종률, 『민족혁명론』(도서출판들샘, 1989), 231쪽에 의하면 송진우를 필두로 하는 인사가 신탁통치 찬반 문제는 속단하지 못할 것이므로 사태 진전에 따라 결정하자고 주장하자 김구는 재떨이를 송진우 앞에 던지면서 "어째서 우리가 신탁통치를 당해야 한단 말이요"라며 고함을 쳤다고 한다. 당시 임시정부 외무위원 박진 등은 미·소 양국 정부에 대해 ①3상결정 전문과 ②그 결정을 갖게 된 경위 등을 정식으로 알아보자고 주장해 5~7일 내로 보고하기로 결정되었다고 한다.
20 강원용 증언, 박태균 대담, 「강원용 목사의 체험 한국 현대사 1: '찬탁론자' 의심받던 이승만, 세력구축 위해 돌연 반탁운동 나서」, 『신동아』 12월(2003), 405쪽.
21 고하송진우선생기념사업회 편(2022), 앞의 책, 718쪽.

고 하는데, 이대로라면 우리가 5년을 왜 못 견딘다는 말이냐. 미국과 소련이 끼어들지 않고 우리끼리 정부를 세우라고 하면 과연 우리가 5년 안에 통일정부를 세울 자신이 있느냐도 생각해봐야 한다[22]; 신탁통치가 길어야 5년이라고 하니 3년이 될 수도 있을 것인데 그렇게 거국적으로 반대할 이유가 뭐 있습니까. 물론 나도 신탁통치는 반대합니다. 그러나 반대 방법은 다시 한 번 여유를 가지고 냉정히 생각해봅시다[23]"라고 말했다고 한다.[24]

 12월 28일 모임 자리에서 조소앙이 송진우에 대해 "고하(古下; 송진우의 호)는 군정의 도움[25]을 받더니 단단히 사대주의에 중독이 되셨구려. 온 겨레가 바라는 자주독립도 외면하는 걸 보니 … 그래서 한 5년은 훈정기가 필요하다는 말씀이오"라고 말하자, 송진우가 "참으로 딱하시오. 내 말은 모처럼 공산당을 누르고 확보한 주도권을 조급성 때문에 놓친다면, 그야말로 소탐대실이 되지나 않을까 염려되어 그러는 것이오"라고 말했다는 것이다. 송진우 전기에 따르면, "고하는 찬탁파요?"라는 임정 측의 질문을 받자, 송진우는 "찬탁이 아니라, 방법을 신중하게 하자는 것이지요. 반탁으로 국민을 지나치게 흥분시킨다면 뒷수습이 곤란할 것이니 좀 더 냉정하게 생각해서 시국을 원만하게 수습해야 하지 않겠소"라고 신중론을 개진했다는 것이다. 이에 임정 측은 "무슨 소리요?

---

22 강원용 증언, 박태균 대담, 「강원용 목사의 체험 한국 현대사 1: '찬탁론자' 의심받던 이승만, 세력구축 위해 돌연 반탁운동 나서」, 『신동아』 12월(2003), 405쪽. 강원용은 "그때만 해도 저는 '저 사람(송진우)이 무슨 저 따위 소리를 하고 있냐'며 분통을 터뜨렸다. 그렇지만 오래지 않아 역시 송진우 선생 말이 맞았다는 생각이 들었다"라고 회고했다.
23 강원용, 『역사의 언덕에서: 젊은이에게 들려주는 나의 현대사 체험』 1 엑소더스(한길사, 2003), 235쪽.
24 「필자(이정식)와 강원룡 목사와의 면담」, 이정식, 『여운형: 시대와 사상을 초월한 융화주의자』(서울대학교 출판부, 2008), 583쪽.
25 하지가 송진우와 여운형 등에게 '탁치'라는 말이 원어에서는 '원조'라는 뜻이라고 말했다고 한다. 실제 의정서에도 신탁통치라는 말과 함께 원조라는 표현이 나온다. 이정식(2008), 위의 책, 581쪽.

짚신감발을 하고라도 전국 방방곡곡에 유세를 펴서 찬탁하는 미국을 반대하고 군정을 배척하여 당장 독립을 쟁취해야 하오. 반탁 뒤에 오는 모든 사태는 우리가 맡지"[26]라며 신중론에 반대했다. 이에 송진우는 "군정을 부인하고 임정 이름으로 독립을 선포하면 반드시 큰 혼란이 일어날뿐더러, 결국은 (미국을 적으로 돌리면)[27] 공산당이 어부지리를 취할 우려가 있다"라고 주장했다.[28]

이렇듯 송진우가 미군정 배척론을 주장하는 임정에 맞서 개진한 신중론은 한민당을 측면에서 후원해온 미군정을 의식한 것이었다. 한민당과 미국이 협력하여 '조선건국준비위원회(건준)-조선인민공화국(인공)'의 정국 주도를 우익으로 돌려놓았으므로 향후 미군정에 협조하여 주도권을 지킬 수 있는데 미군정에 정면 대결하는 무리수를 둘 필요가 있느냐는 상황 인식 때문이었다.[29] 임정과 송진우의 반탁운동 방법론에 대한 차이는 미국에 대한 태도 차이에서 기인한 것이라고 평가된다.[30] 다소 무리한 양분법을 채용한다면, '반미적(대미 자주적이며 친중적) 임정'과 '친미적 한민당'의 대립이라고 할 수 있다.

송진우가 임정과 탁치에 대한 노선을 가지고 대립하고 나서 '고하의 신탁통치 지지' 소문이 임정 측에서 유포[31]된 후 암살당했으므로 암살자

---

[26] 고하선생전기편찬위원회 편, 『독립을 향한 집념: 고하 송진우 전기』(동아일보사, 1990), 483쪽; 「신탁의 소용돌이」, 『동아일보』, 1983년 3월 22일자; 고하송진우전기편찬위원회 편, 『고하 송진우 선생전』(동아일보사, 1965), 337쪽; 고하송진우선생기념사업회 편 (2022), 앞의 책, 717쪽.
[27] 고하송진우선생기념사업회 편(2022), 앞의 책, 719쪽.
[28] 고하송진우전기편찬위원회 편(1965), 앞의 책, 337쪽; 김학준, 『고하 송진우 평전』(동아일보사, 1990), 351쪽.
[29] 「법조 50년 야사: 해방공간의 요인암살사건」(법률신문 메일매거진 기획기사), 〈고하 송진우 선생〉(www.goha.or.kr).
[30] 이승렬, 『근대 시민의 형성과 대한민국』(그물, 2021), 586쪽.
[31] 강원용(2003), 앞의 책, 235-236쪽.

한현우의 배후에 임정이 있지 않은가 하는 의혹 제기도 가능하다. 미군정의 여당으로 불리는 등 가장 든든한 한국 내 후원그룹으로 성장하던 한민당의 수석총무 송진우가 암살당하고 그 배후에 임정이 있을 가능성이 운위되던 상황이었다. 이에 더하여 반탁운동을 주도한 김구의 임정은 미군정에 정면 도전했다. 이를 쿠데타로 간주한 하지는 김구를 계속 비판적으로 바라보게 되었다.

이렇게 보면 당시 탁치 문제를 둘러싼 논쟁에서 조선공산당의 지지노선과 임시정부 중심의 반탁노선이 대립했으며 기타 세력들은 인민당처럼 반탁도 지지도 아닌 중도노선에 서서 소극적이나마 좌우통일을 기도하거나, 이승만처럼 소극적인 반탁을 표명했다. 그러나 그러한 소극적인(신중한) 입장은 부각되지 못하고 전반적인 정국은 '좌익의 지지'와 '우익의 반탁'으로 양분되어 극한적으로 대립하는 것처럼 보였다. 이러한 대립의 구체적인 예가 1946년 1월 18일과 19일에 걸쳐 발생한 학병동맹사건(學兵同盟事件)이다. 반탁학생총연맹이라는 우익학생단체와 학병동맹이라는 좌익단체가 충돌하여 여러 명의 사상자가 나온 참사였다.[32] 이후 크고 작은 집회에서 좌우가 충돌해 사상자가 잇따랐다.

송진우는 친일논쟁에서 완전히 자유로운 몇 안 되는 민족주의 그룹의 지도자였다. 또한 드물게 여운형을 비롯한 사회주의자들과도 소통할 수 있는 지도자였다. 송진우가 한민당 수석총무직을 맡았을 때[33] 사회주의

---

32 이에 대한 좌익 측 주장은 다음에 있다. 민주주의민족전선 편, 『조선해방연보: 조선해방 1년사』(문우인서방, 1946), 228-230쪽.

33 한국민주당은 9월 22일 중앙집행위원회를 열고 總務事務局 外 11부서와 그외 중앙감찰위원 30명을 결정했는데 總務首席에는 宋鎭禹가 선임되었으며 總務에는 元世勳 白寬洙, 許政, 白南薰, 趙炳玉, 金度演, 徐相日이 선임되었다. 「한민당 중앙집행위원회, 각부서 결정」, 『매일신보』, 1945년 9월 24일자.

자(김약수 등), 사회민주주의자(원세훈 등)가 가담한 상황이었다.³⁴ 또한 송진우의 한민당은 사회복음주의자(경제민주주의자), 기독교사회주의자(Christian Socialist)의 영향 아래 정책을 마련했다. 송진우가 이끌었을 당시 한민당은 경제적 민주주의를 채택했던 것이다.³⁵ 그러나 송진우가 암

---

34 윤덕영, 「초기 한국민주당 내 사회민주주의자들의 동향과 진보적 사회경제정책의 배경」, 『한국학연구』 61(2021), 125-177쪽.

35 「제4회종로목요서평모임 저자를 만나다: 김명구」, 2020년 12월 10일, 〈종로아카데미TV〉(www.youtube.com/watch?v=uvfpfeh0FSo&feature=youtu.be, 검색일: 2020년 12월 10일).
식민지시대 송진우에게는 1930년대에 풍미했던 사회주의나 사회복음주의의 요소가 없었으며 오히려 자치론·훈정론을 주장하는 사회진화론적인 입장을 견지했다. 이는 당시 『동아일보』의 보수적 색깔이기도 했다. 그런데 송진우는 한민당의 수석총무로 일하면서 『革進』 창간호(1946), 15쪽에 실린 「전민족의 균등한 발전」이라는 글을 통해 "민주주의는 경제에도 적용되지 않으면 안 된다"라며 경제민주주의를 강력히 주장했다. 미국식 자본주의 시장경제체제가 아닌 공평한 경제 분배를 주장했던 것이다. 근로대중의 생활 안정을 도모해야 민주주의를 이룩할 수 있다고 믿었기 때문이라는 것이다.
김명구는 진보적인 학풍의 미국 컬럼비아대학교에 수학한 장덕수의 사회복음주의적 사상과 경제적 민주주의 사상이 송진우에게 영향을 미쳤다고 주장했다. 또한 같은 컬럼비아대학교 출신인 조병옥도 사회복음주의에 경도되었으며 1929년 「한국의 토지제도(Land Tenure in Korea)」라는 박사학위논문에서 경제적 민주주의를 지향했다. 조병옥도 한민당에 입당했다. 김명구, 『한국 기독교사』 1(예영커뮤니케이션, 2018), 465-469쪽.
송진우는 사회주의-경제민주주의를 주장하는 조선일보계-YMCA(기호 기독교 민족주의계가 신봉한 사회복음주의에 경도) 측 인사를 영입해 이러한 진보적 사상을 포용했다고 한다. 김명구는 월남 이상재로부터 시작되어 신흥우, 장덕수와 조병옥으로 연결된 경제민주주의적 경제사상이 (송진우를 거쳐) 이승만의 농지개혁으로 연결된다고 믿었다. 한민당 수석총무 송진우는 1945년 12월 22일 "한국민주당의 정견" 방송을 통해 일본인 토지를 몰수하고 한국인 지주들의 소유를 제한하고 유상 몰수해 경작권을 농민들에게 나누어주어야 한다고 주장했다. 나아가 토지의 소유권을 국유제로 해야 한다는 주장까지 했다. 『동아일보』, 1945년 12월 22일자; 1945년 12월 23일자; 송진우, 「연두소감」, 『선봉』 2-1(1946); 심지연, 『한국민주당 연구』 I(풀빛, 1982), 176쪽.
이승만은 한성감옥에 수감되어 있을 때에도 기득권자들이 토지를 차지하고 백성들을 노예로 삼는다고 지적했다. 『제국신문』, 1903년 4월 3일자. 이에 더하여 이승만은 미국으로 건너갔을 당시 풍미했던 진보적 사회복음주의와 조우해 진보적 생각을 수용하게 되었다는 것이다. 김명구, 『한국 기독교사』 2(연세대학교 출판부, 2020), 51쪽.
해방 직후 보수진영이 경제적 민주주의를 채택하려 한 것은 사회복음주의의 영향도 있었겠지만 당시 외적 상황으로 인해 이를 받아들일 수밖에 없었던 면도 적지 않다고 생각한

살당한 후 진보적 인사들 중 일부가 한민당을 이탈하기 시작했다.[36] 송진

> 다. 기득권자의 지지기반이며 보수주의적 의제의 옹호자인 일본이 물러간 해방 직후의 상황은 개혁적 분위기가 주류로 등장할 수밖에 없었다. 진보적 의제를 모든 당의 강령과 구호로 제시하지 않는다면 당의 존립기반이 위태로웠다. 따라서 보수적 정당인 한민당도 1945년 9월 8일 열린 발기인대회에서 5대 강령 중 세 번째로 "근로계급의 복리를 증진할 사회정책의 실시"를 채택하여 '경제민주주의적' 구호를 내걸 수밖에 없었다.

[36] 김명구(2020), 위의 책, 12쪽; 김명구(2018), 위의 책, 458-469쪽.
원세훈, 김약수 두 사람은 송진우, 김성수가 아직 이름을 올리지 않았던 1945년 9월 8일자 한민당 창당발기인 명단에 이미 이름을 올렸다. 원세훈은 1946년 10월 7일 좌우합작위원회가 합작 7원칙을 발표했을 때 한민당 대표로 참여하고 있었다. 그런데 한민당은 10월 8일 합작 7원칙 제1조가 신탁 문제를 언급하지 않았으므로 반탁의 태도를 재천명했다. 또한 제3조 토지 문제에 대해서는 단호히 반대했다. 『동아일보』, 1946년 10월 9일자. 이러한 한민당의 반대 표명에 항의하여 좌우합작에 참여했던 한민당원 원세훈, 박명환, 송남헌, 김용국 등이 10월 8·9·11일에 연이어 탈당했다. 송남헌, 『해방 30년사』 1(성문각, 1975), 350쪽. 원세훈은 이후 신진당에 입당해 진보진영에 가담했다. 원세훈은 광복 직후인 1945년 8월 18일 이병헌, 한학수 등과 사회민주주의 정당인 고려민주당을 창당했다. 이렇게 고려민주당을 결성했던 원세훈은 8월 28일 김병로, 이인 등 민족주의 계열이 조선민족당을 창당하자 통합했고 조선민족당은 민족주의 세력 단결이라는 명분 아래 한국국민당과 통합해 한국민주당이 되었다. 이렇듯 원세훈은 한민당에 자진해서 흡수당했고 사회주의자라기보다는 중도파였다고 할 수 있다. 김재영, 「원세훈, 올곧은 민족정신 지닌 시베리아의 투사」, 『한국현대사의 비극: 중간파의 이상과 좌절』(선인, 2003); 송남헌, 『시베리아의 투사 원세훈』(천산산맥, 1990). 원세훈은 1950년 5·30선거에 출마해 당선되었으나 6·25전쟁 당시 납북되었다.
식민지시대에 조선공산당 간부를 역임했던 김약수는 1945년 8월 22일 조선건국준비위원회가 12부 1국제로 2차 조직 개편을 단행하자 영입되었다. 안재홍 부위원장이 김약수를 함상훈·김준연과 함께 우익인사로 추천했던 것이다. 송남헌(1975), 위의 책, 71쪽. 그러나 박헌영의 공산당계열에 의해 건준이 좌경화되자 김약수는 적극적인 활동을 하지는 않은 채 이탈해 한국민주당에 가담했다. 그러나 한민당이 좌우합작 7원칙을 승인하지 않자 원세훈과 함께 탈당하여 김규식이 이끄는 민족자주연맹에 1947년 10월 가담했다. 김규식이 남북협상 참여 이후 제헌국회의원 선거를 개인적으로 보이콧했으나 민족자주연맹원들의 선거 참여를 막지는 않았다. 김약수는 1948년 제헌국회의원 선거에서 조선민족공화당 후보로 경상남도 동래군 선거구에 출마하여 조선불교교무원 김법린 후보를 누르고 당선되었다. 같은 해 8월 대한민국 국회에서 국회부의장에 선출되었다. 이후 반민족행위특별조사위원회 활동에 적극적으로 나섰다가 이승만 정권의 표적이 되었다. 김약수는 성인회를 조직해 소장파(1889/1890년생인 김약수는 연배상 소장파는 아니었지만 소장파의 리더로 간주됨) 결집을 통한 정당 통합을 꾀하다가 이승만 세력의 입지를 위협했다.
결국 1949년 5월 20일 3명의 국회의원 체포로 시작된 국회프락치사건에 연루되었다. 6월 25일 '남로당과 접선하여 국회 내에 남로당 프락치를 구성했다'는 혐의로 체포되고

우가 포용력의 깊이가 있었던 인물이라는 평가가 가능한 대목이다.

국회부의장직에서 물러날 수밖에 없었던 것이다. 총 15명의 의원이 구속된 이 사건은 소장파의 몰락을 결과했다. 또한 김약수 검거 다음 날 발생한 6월 26일 김구 암살사건과 이로 인한 한독당 붕괴, 민족자주연맹의 붕괴가 이어지면서 소위 중간노선의 소멸을 초래했으며 반공체제가 공고화되었다. 국회프락치사건은 그 근거가 부족했음에도 불구하고 실형이 선고되었다. 이 사건은 1948년 10월 여순사건으로 인해 평시체제가 전시통제체제로 전환된 이후 6·25전쟁으로 심화되는 과정에서 일어났다. 따라서 이는 냉전시대의 이념적 단면을 상징적으로 보여주는 정치적 사건으로 볼 수 있다. 백운선,「제헌국회내 소장파에 관한 연구」, 서울대학교 박사학위논문(1992), 87쪽, 220쪽, 233쪽; 박상희,「제헌국회기 '성인회'의 결성과 활동」,『石堂論叢』72(2018), 243-266쪽.
김약수는 1심 판결에 불복해 항소했으나 그러던 중 6·25전쟁이 일어나자 월북했다. 1956년 반 김일성 운동을 하다 8월 종파사건 때 숙청되어 지방으로 축출되었다. 김정기,『국회 프락치사건의 증언』(한울, 2021)에서는 국회프락치사건 재판 과정이 마녀재판이라고 주장된다. 최근 연구로 안도경,「1949 국회프락치사건의 재조명」,『한국정치학회보』55-5·6(2021)도 있다.

신탁통치 문제에 대응한 국내 정치세력의 인식논리

8장

기존의 정설은 1945년 말 신탁통치 문제가 국내 정국을 강타해 다음 해 초 좌익의 노선전환으로 찬·반탁의 극한 대립이 초래되었고 끝내 골육상쟁까지 이르렀다는 것이다. 그러나 보다 세밀히 들여다보면 반탁론과 모스크바결정 지지론의 양극화된 대립의 와중에도 처음부터 중도적인 제3의 논리가 있었음을 확인할 수 있다. 따라서 이 장에서는 신탁통치를 둘러싼 논리를 9가지 문제 혹은 쟁점을 중심으로 살펴본 후 이를 비교해보고자 한다. 이렇게 문제 중심으로 살펴보는 방법은 비교를 용이하게 하는 장점이 있지만, 논리를 그 자체로서 탐구하지 않고 쟁점이 될 수 있는 '문제'라는 틀을 먼저 설정한 후 이 틀에 입각해 논리를 검토하기 때문에 한계가 있는 것이 사실이다. 그런데 앞선 장에서는 국내 정치세력들의 탁치에 대한 여러 대응 양상을 연대기적으로 살펴보면서 이미 3대 논리(좌익의 '모스크바결정 지지'논리, 중도파의 '지지하되 자주적 해결'논리, 우익의 '반탁'논리)를 분별해 알아보았다. 이러한 선행 작업을 거친 결과 아래 9가지 문제로 논리가 가지고 있는 성격을 분석한다면 각 논리를 보다 심층적으로 평가할 수 있다고 판단했다.

첫째, 해방에 대한 인식의 문제이다. 보다 상세히 말하면, 해방이 누구 손으로 얻어낸 것이라고 보는가의 문제이다. 해방을 어떻게 인식하느냐에 따라서 탁치에 대한 각 정파들의 태도가 달라질 수 있다. 만약 논리가 일관적이라고 가정할 때, 해방을 자신들의 손으로 쟁취한 것이라고 인식한다면 독립에 대한 일종의 제약인 신탁을 별로 탐탁지 않게 생각할 것이다.

둘째, '신탁통치(trusteeship)'와 '후견(опéка)', '위임통치(mandatory rule)', '훈정(political training)' 등의 용어를 구별 또는 혼동하는지 문제이다. 용어가 함의하는 바에 따라서 그 논리가 좌우될 수도 있으므로 이 문제도 해방정국의 중요 쟁점이었다.

셋째, 모스크바결정 중 한국에 관한 각 조항 자체를 어떻게 해석하느냐의 문제와 탁치에 대한 찬반 여부이다. 특히 제1항(임정 수립)과 제3항(탁치) 중 어느 쪽을 부각하느냐의 문제는 탁치의 찬반을 좌우했다.

넷째, 모스크바결정과 카이로선언·포츠담선언의 관계를 어떻게 보느냐의 문제이다. 특히 카이로선언의 'in due course' 구절과 모스크바결정의 '즉시독립 유보' 관계를 모순된 것으로 파악하는지 여부가 주요 탐구 대상이다.

다섯째, 탁치를 독립과 대립된 개념으로서 인식하는가, 양립 가능한 것으로 인식하는가의 여부이다. 모든 정파가 탁치를 즉시독립이 아닌 것으로 해석했지만 '즉시'라는 수식어를 빼면 그 대응논리 면에서 각 정파 간에 차이가 있었다. 즉 각 정파 간에는 탁치와 독립의 관계를 파악하는 데 이견이 존재하고 있었다. 또한 독립의 의미를 어떻게 이해하는지도 중요한 문제로 제기된다.

여섯째, 모스크바결정의 주요한 부분인 '경제적 원조' 문제가 당시 한국 경제를 인식하는 태도와 결부되어 탐구될 것이다. 한국 경제의 현

단계에 비추어 모스크바결정이 규정한 원조를 필요하다고 보는지 아닌지가 곧 모스크바결정 자체에 대한 찬성·반대와 직결될 수 있다.

일곱째, 미·소공동위원회(약칭 미·소공위)와의 관계가 통일정부 수립 방법과 관련되어 논의될 예정이다. 모스크바결정에 의하여 미·소공위가 열렸으므로, 미·소공위에 집착하느냐 아니냐는 곧 모스크바결정에 대한 찬반과 연결되는 문제이다.

여덟째, 연합국 중 특히 미국과 소련에 대한 국내 정치세력의 태도를 살펴볼 것이다. 두 외세에 대한 의존 여부는 모스크바결정의 찬성·반대의 태도를 결정하는 중요한 요인들 중 하나이다.

마지막으로 아홉째, 전후 미·소 협력관계에 대한 전망이 낙관적이었느냐, 비관적이었느냐의 문제이다. 전후 한반도의 통일이 미·소 협력에 일정 부분 좌우되었던 만큼 이에 대한 인식은 미·소 간 합의인 모스크바결정에 집착하느냐 하지 않느냐의 문제와 상관된 것이 사실이다.

위에서 열거한 아홉 가지 문제로 좌익·중도·우익의 논리를 차례로 살펴보면서 평가해보기로 한다. 이를 통해 당시 정치세력들이 탁치 문제를 이성적이거나 논리적이기보다는 감정적으로 대응했던 단면을 포착할 수 있을 것이다. 한마디로 냉철한 논리가 피 끓는 감정에 압도당했다고 할 것이다. 즉시독립을 원하는 즉자적 민족감정에 탁치실시 논리가 설득력을 잃은 것이 해방정국이 분단으로 가는 비극의 단초였다는 인식이 가능하다. 또한 이러한 한반도 분단화 과정이 중도의 몰락 과정이기도 하다는 것을 알 수 있을 것이다.

1. 좌익의 모스크바결정 지지논리와 그 평가

첫 번째 좌익의 해방에 대한 인식부터 살펴보면, 신탁통치가 결정되기 이전 박헌영은 중경 임시정부를 견제하기 위해 다음과 같은 논리를 폈다.

해외에 있는 조선사람이 풍상을 겪은 결과로 해방이 되었다든가 조선사람의 힘으로 해방되었다는 것은 모두 사실과 다르다. 해방은 오로지 진보적 민주주의 국가 소·미·영·중 연합제국[1]의 피투성이 같은 반팟쇼 투쟁의 결과로서 성취된 것이다.[2]

이러한 논리는 소위 8월테제의 아래 구절에서도 나온다.

그러나 그것(조선의 해방-인용자)은 우리 민족의 주관적 투쟁적인 힘에 의해서 보다도 진보적 민주주의 국가 소·영·미·중 등 연합국 세력에 의하여 실현된 것이다.[3]

좌익의 주장에 의하면 해방은 연합국 승리의 결과로서 주어진 것이므

---

[1] 그런데 남한의 공산주의자들이 초기에는 미·소·영·중을 모두 진보적 민주주의 국가로 파악했다. 이에 비하여 북한의 공산주의자들은 1945년 10월의 조공 북조선분국 창립대회에서 보는 바와 같이 '사회주의 국가인 적위군'과 '자본주의 국가인 영·미'로 대비해 파악했다. 『옳은 노선』(산로특집, 1945), 50쪽. 북한에 진주한 소련이 영향을 미쳤음이 분명하다. 또한 북한 공산주의자들의 인식이 전환하고 있음을 확인할 수 있다. 그러나 남한의 공산주의자들도 이후 이를 분간했다.

[2] 『매일신보』, 1945년 10월 31일자.

[3] 조선공산당 중앙위원회, 「현정세와 우리의 임무」, 김남식, 『남로당연구』(돌베개, 1984), 516쪽.

로 조선 해방에는 국제적 제약이 존재한다는 것인데[4] 이러한 국제적 제약이 모스크바3상회의 결정으로 구체화되었다는 결론에 자연스럽게 도달하게 된다. 이는 3상결정에서 나타난 즉시독립의 유보를 적절하게 합리화하는 논리로 평가되는데 이러한 인과론적 논리, 즉 '해방을 우리 손으로 얻지 못했다는 이유 때문에 즉시독립이 유보되는 결과가 왔다'는 논리에는 모순이 없다. 또한 일반인들도 해방은 우리 손으로 쟁취한 것이 아니라고 생각했다. 논리적으로는 문제점이 없지만, 탁치를 합리화하므로 감정적으로는 문제가 있었다. 즉 탁치를 원하지 않고 즉시독립을 원하는 한국인들의 민족감정에는 설득력이 없는 논리였다.

또한 같은 맥락에서 탁치실시 책임은 연합국에 있는 것이 아니라 민족해방을 주체적으로 쟁취하지 못하고 민족통일을 이루지 못한 우리 민족에게 있다고 주장된다.

두 번째로 탁치라는 용어에 대해 살펴보면, 공산주의자들은 모스크바결정 전문(全文)의 소련 측 원문이 입수되기 전까지 탁치(trusteeship)라는 용어를 사용하고 있었다. 그런데 이 당시 국민들에게는 탁치가 곧 위임통치를 뜻하며 독립에 반대되는 치욕적인 것이라는 선입견이 언론기관의 보도와 중경 임시정부의 반탁운동 등에 의하여 주입되어 있었다. 이런 정세 아래서 공산주의자들은 소련이 배포한 러시아어 원문에는 '후견(опéка)'으로 표기되어 있고, 러시아어를 한국어로 번역한 판본에는 '신탁통치(탁치, 신탁)'라는 용어가 없는 대신 '후견'이 그 자리를 대신하고 있음[5]을 알게 되었다. 그런데 후견은 영어로는 'guardianship'[6]으로 번역되며 이는 '돌보아줌', '지도'를 뜻한다는 것도

---

[4] 이강국, 「『파씨슴』과 탁치문제」, 『인민과학』 1-1(1946), 57쪽; 이강국, 「삼상회의결정을 엇지하야 지지하는가!」, 『신천지』 1-7(1946), 65쪽.

알게 되었다. 모스크바결정에 규정된 4대국 탁치는 유엔에서 그 형식을 취했으나 실제 내용상으로는 제국주의적 위임통치와 다른 것이며 조선 민족 참가하의 후원제(후견제와 동의어로 좌익은 이 두 용어를 자주 혼용했다. 소련식 용어인 후견제를 사용하면 친소파라고 비판받을까봐 후원제라는 말을 대신 사용한 경우가 있을 것이다)라고 주장되었다.[7] 만약 신탁통치가 1개국에 의하여 행해지면 이는 위임통치와 큰 차이가 없지만, 4대국에 의해 행해지며 특히 소련이 참여하기에 그 진보적 정책이 반영될 수 있고 또한 수탁국민의 참가가 보장되므로 4개국 후원제는 민주주의정부 수립을 강조한 진보적인 것이라고 주장되었다.[8] 이러한 논리에 따라 1946년 1월 11일 인민위원회 각도대표자대회에서는 탁치라는 용어 대신 '후원제'라고 쓸 것을 결정했고,[9] 이후 탁치 대신 후견제가 쓰이는 곳이 늘어나기도 했다. 이렇듯 국민의 반탁감정을 무마하려고 노력했다(그러나 박헌영도 실제로는 탁치를 후견과 혼동하여 사용했다. 또한 이후로는 신탁통치에 대한 언급을 될 수 있으면 회피하고 '3상결정'이라는 표현을 주로 사용하려고 노력했다).

그러나 박헌영은 신탁(후견)제가 과거의 위임통치보다 낫다고 해서 과대평가할 필요는 없다고 주장했는데, 왜냐하면 소·영·미·중 4대 연합국 간에도 신탁(후견)제에 관한 해석 내용이 상당히 달랐기 때문이라

---

5 「쏘베트연맹 아메리까합중국 및 연합왕국 외상들의 모쓰크바회의에 관한 결정」, 1945년 12월 27일, 『쏘련외무성 발행 쏘베트연맹과 조선문제(문헌집)』(평양: 국제문제연구회, 1949), 2-3쪽.

6 "HUSAFIK," part Ⅱ, chapter Ⅳ, p. 76. 당시 국내 정치지도자들은 이를 guardship으로 쓰기도 했다. FRUS, 1945, vol. Ⅲ, p. 1093.

7 이강국, 「삼상회의결정에 대하여」, 1946년 1월 23일, 이강국 저, 정진태 편, 『민주주의의 조선건설』(조선인민보사 후생부, 1946), 94-104쪽.

8 김영호, 「전후식민지 급 약소민족문제」, 『과학전선』 1-2(1946), 105-106쪽.

9 『서울신문』, 1946년 1월 15일자.

는 것이다. 그런데 진보적 국가인 소련의 참가로 신탁(후견)제의 진보적 성격이 살아난 것이라고 주장했다. 만약 소련이 참가하지 않았다면 영·미가 주장하는 신탁은 위임통치제와 같이 식민지화를 초래해 보수성이 회생했을 것이라고도 했다. 왜냐하면 미국도 완전한 식민지 해방을 지지하지 않기 때문이다.[10] 이렇게 박헌영은 3상회의 결정의 진보적 성격의 근거를 소련의 참여에서 찾고 있는데, 소련에 의존하는 공산주의자들의 비자주적 면모가 확인되는 대목이다.[11]

이상에서 살펴본 좌익의 논리를 평가해보면, 탁치라는 용어를 사용했다가 이를 후견제로 바꾼 직후 바꾼 이유가 명쾌하게 해명되지는 못한 상태에서 박헌영이 신탁과 후견제를 혼용해 혼란을 야기했다. 또한 신탁이나 후견제 모두 아직 실시되지 않아 구체적으로 알 수 없는 것이라고 언명하여 논리적 일관성이 결여되어 있음이 대중들에게 여지없이 공개되었다. 후견제가 위임통치와 다르다고 주장했다가 다시 그 차이점을 과대평가하지 말라고 주장했으므로 논리적 모순이 극에 달했다. 이 과정에서 공산주의자들의 주장이 지극히 비자주적이고 친소적이라는 것이 판명되었으니, 민족주의적 감정에 영합하기를 원하는 사람들에게는 공산주의를 경원시하는 하나의 계기를 만들어준 셈이다. 또한 탁치·후견제·위임통치 등의 용어를 미국도 혼용했고 국제연맹 규약에서도 위임통치와 후견이 혼용되었음과 동시에 신탁(trust)이라는 용어도

---

10 박헌영, 「삼상회의결정과 조선」(1946.2.1.), 『해방일보』, 1946년 2월 12일자; 박헌영, 「신탁(후견)제와 조선」(1946.2.1.), 『조선인민보』, 1946년 2월 2일자, 1946년 2월 4일자, 1946년 2월 5일자.
11 1949년에 출간된 한 저서에서는 '소련의 단독후견'은 국제적 관계 때문에 불가능하여 '4개국 공동후견제'가 입안되었는데 이를 통하여 조선에 야욕이 있는 영·미·중을 감시할 수 있었다고 주장된다. 여기에서 공산주의자들은 소련의 단독탁치를 내심 바랐음이 확인된다. 『해방후 조선』(평양: 내무성보안간부학교, 1949), 47-48쪽; 김학준, 「서평: 「해방후 조선」(1949)」, 『사회과학과 정책연구』 7-4(1985), 197쪽.

이미 같이 쓰였던 것을 볼 때,[12] 이를 구별하는 입장은 잘 납득되기 힘들었으며 오히려 말장난에 불과하다는 인상을 심어주었다. 또한 소련 측 용어에 의존하는 친소적 경향을 표출하는 (역)효과를 가져오는 데 그쳤다.

세 번째로 모스크바결정 자체에 대한 해석을 살펴보면, 공산주의자들은 모스크바결정서 제1항 '독립국가 재건을 위한 임시정부 수립'을 그 결정의 목적으로 부각시켰는데, 이를 달성하기 위한 방법으로 조선인 참여 하의 4개국 신탁을 받아들였다. 따라서 이들은 모스크바3상회의의 진보적 결정을 '총체적'으로 지지했다. '총체적'이라는 말이 가지는 의미는 중도파들처럼 어느 부분은 선택적으로 지지하고 어느 부분은 반대한다는 것이 아니라는 태도인데, 모스크바결정은 각 조항이 유기적 일체를 이루고 있기 때문에 조항을 각각 분리해 생각할 수 없다는 논리였다.[13]

공산주의자들은 탁치실시 결정 여부가 이미 결정된 것이라는 논리를 취했다. 우익세력이 신탁은 철폐시킬 수 있다고 주장하고 중도파가 신탁은 임정 수립 후에 결정되는 문제라고 주장한 것과 달리, 신탁실시는 이미 결정된 사실이기에 면할 수 없는 것이라고 주장했다. 미·소공동위원회가 한국인과 협의하여 작성하는 신탁에 관한 제안은 단순히 신탁의 기한과 구체적 방법에 대한 것으로서 신탁 그 자체의 실시 여부를 결정하는 것은 아니라는 주장이었다.[14]

모스크바결정에 대한 이러한 해석은 미·소의 탁치 해석 중, 소련의 입장과 부합했다. 소련의 주장에 의하여 모스크바결정 제1항 임정 수립이 삽입되었고, 탁치는 이미 결정된 것이라고 소련이 해석했기에 그렇다.

---

12 "The Covenant of the League of Nations," Article 22.
13 「사설: 인민의 통일요구를 무시하는 자는 누구냐!」, 『해방일보』, 1946년 1월 12일자.
14 이강국(1946), 앞의 글, 71쪽.

네 번째로 모스크바결정과 카이로선언·포츠담회담 등 타 국제협약의 관계를 살펴보면, 공산주의자들도 카이로회담의 'in due course' 구절을 '즉시'라고 번역했다[이후 1946년 6월 박헌영은 이것을 최초의 과오(오역)라고 지적[15]했다]. 1945년 10월 31일의 조선공산당 기관지 『해방일보』는 논설을 통해 신탁관리는 카이로·포츠담의 조선의 독립선언과 배치되는 '현대식의 식민지'라고 주장했다.[16]

그러나 1946년 여름 들어와서 이러한 태도는 바뀌는데, 이강국은 다음과 같이 주장했다.

> 그러면 3상회의결정은 조선 문제에 관하여 어떻게 규정했는가? 카이로 포쓰탐의 양 선언에서 약속된 조선의 독립을 재확인했을 뿐만 아니라 독립국가 건설의 구체적 방법과 그에 필요한 국제적 원조를 명시하고 보장한 것이[다] …[17]

즉 3상결정은 카이로·포츠담의 위반이 아니라 그것의 구체화요, 진보된 결정이라는 것이다. 당시 『조선일보』(현재와 같이 보수지가 아니라 당시에는 언론계 주류였던 진보적 성향을 반영한 신문이었음)는 3상회의결정 전문이 발표된 직후인 1946년 1월 5일 해설기사에서 "적당한 절차로"라는 모호한 구절에서 "적당한 시기"가 최고 5년으로 되었고, "적당한 순서"가 "신탁제도를 거치게" 된 것이라고 부연했다.[18]

이강국의 주장은 이론적으로는 문제가 없으나 즉시독립을 부르짖는

---

15 박헌영, 「자주독립완성을 위하야(一)」, 『조선인민보』, 1946년 6월 14일자.
16 『해방일보』, 1945년 10월 31일자.
17 이강국(1946), 앞의 글, 65쪽.
18 『조선일보』, 1946년 1월 5일자.

대중들의 감정에는 배치되는 변명으로 받아들여질 수밖에 없었다. 공산주의자들의 노선 전환이 한국인의 감정에는 석연치 못한 점으로 남을 수밖에 없었다. 합리적으로 과오를 인정하고 다시 정확한 해석을 시도하는 것이 지식인들에게는 설득력이 있었을지 몰라도 일반 대중에게는 변절자로 인식될 여지가 있었다.

다섯 번째로 독립과 신탁의 관계 인식을 살펴보면, 박헌영은 조선민족의 즉시 자주독립을 희망한다고 말했다.[19] 그러나 해방을 우리 손으로 쟁취하지 못했고 일제 잔재가 청산되지 못했으며 산업경제는 파탄되었고 또한 통일전선이 형성되지 못했기 때문에 즉시 자주독립은 현실적으로 불가능했으므로, 이러한 객관적 정세하에서 현실적인 해결책으로 등장한 것이 바로 신탁을 통한 독립이라고 합리화했다.

공산주의자들은 경제적·정치적으로 식민지가 아닌 완전한 자주독립만이 독립이라고 주장했다.[20] 우익이 주장하는 형식적·정치적 독립은 일국의 식민지화·반식민지화를 초래할지도 모른다고 주장했다. 여기에서 신탁은 독립과 대립되지 않고, 독립을 보장하고 촉성(促成)하는 신탁[21]으로서 일국의 식민지화를 방지할 것이므로 신탁과 독립이 양립 가능하다고 보았다. 독립이라는 목적을 위하여 신탁이라는 수단을 거쳐야 한다는 논리였다. 따라서 비록 온 민족이 염원하는 즉시독립이 아닌 신탁이었지만, 일제 잔재를 청산하고 통일독립국가의 수립을 보장했으므로 독립을 염원한다는 명분 면에서도 용납될 수 있지 않을까 하는 일종의 합리화였다.

---

19 박헌영, 「삼상회의의 조선에 대한 결정을 지지하자」, 1946년 1월 16일, 『해방일보』, 1946년 1월 17일자.
20 「특집: 조선혁명의 성격: 조선의 현단계에 관한 토의」, 『조선경제』 1-6(1946), 26쪽.
21 조선공산당중앙위원회, 「신탁통치에 대한 결정」, 1946년 1월 3일, 『해방일보』, 1946년 1월 6일자.

이를 평가하면, 신탁통치가 즉시독립이 아닌 것은 확실했다. 탁치가 독립과 대립된 개념으로 최초로 인식된 것은 사실이므로 이러한 기존의 고정관념을 깨기 위하여 신탁통치의 중심 개념인 원조가 경제적 독립을 가능하게 할 것이라고 주장했던 것이다. 독립을 정치적인 차원에서 경제적 차원으로 확장한 것은 주목할 만한 해석이지만 일반인들은 독립을 아직 정치적인 차원에서 받아들였다. 이렇듯 공산주의자들의 논리는 즉시독립을 원하는 민족감정과 부합되지 않아 설득력이 없었지만 유물론자의 경제결정론적 해석은 새롭다고 할 만하다.

여섯 번째로 원조에 대한 논리를 당시 경제적 상황과 연결해 논하고자 한다. 공산주의자들의 경제적 해석에 의하면 조선에는 선진자본주의 국가의 외래자본과 대항할 자본력의 구성이 없다고 평가되었으므로 외래자본의 부식이 우려된다는 것이다.[22] 이렇게 일제 잔재와 파시즘세력이 준동하고 산업경제가 파괴된 조선에 4개국 원조가 실현된다면 일국의 식민지화가 방지되고 경제가 건설적으로 발전할 것이라고 전망했다. 즉 미국에 의한 1개국 원조는 식민지화를 초래할 것이나 미·소·영·중 4개국 원조는 진보적 민주주의 국가인 소련의 영향을 받아서 식민지화를 방지하는 길로 나갈 수 있다는 것이 이들의 주장이다. 모스크바3상결정의 신탁은 곧 '원조할 방침을 위임받는다'는 뜻으로 해석되었다.[23] 모스크바3상결정문에 나타난 신탁이 식민지화를 방지한다는 점에서만 보더라도 이는 조선 민족을 위한 진보적인 결정이므로 지지되어야 한다는 논리였다.

이는 경제사적인 이론 전개로서 조선의 현 단계에 대한 평가는 매우

---

22 「특집: 조선혁명의 성격: 조선의 현단계에 관한 토의」, 『조선경제』 1-6(1946), 26쪽.
23 「삼국외상회의 조선에 대한 결의의 해설」, 『해방일보』, 1946년 1월 6일자, 1946년 1월 8일자.

독특한 것이지만 소련에 대한 의존은 비판적으로 평가될 수 있다. 다섯 번째와 여섯 번째 논리는 하부구조로서 경제적 측면을 강조하는 유물론적 마르크스주의 특유의 입장이다.

일곱 번째로 미·소공위와의 관계를 살펴보면, 공산주의자들은 미·소공위가 설치되자 공위에 적극적으로 합작할 것을 선언했으며 2차공위가 속개되고 있을 때는 "모스크바3상결정을 정확히 실천하고 소·미공위의 성공이 없이는 조선의 민주독립은 없다"[24]라고 주장했다. 즉 이들의 논리에 의하면 미·소공위를 통하여 임시정부를 수립하고 신탁통치를 받는 것이 유일한 통일·독립의 길이다. 따라서 미·소공위에 지나치게 집착하면서 공위가 휴회되자 공위재개운동을 벌였는데 2차공위가 성과 없이 끝나자 다른 대안을 제시하지 못했다.

공위의 협의 대상으로서 반탁진영의 참가 여부에 대해 박헌영은 "우익거두들은 자기 지도부의 실수에 의한 그 과오(반탁-인용자)를 자기비판하고 3상회의를 지지한다는 서약을 발표하고야 비로소 공동위원회와의 협의권을 얻을 것이다"[25]라고 주장했다. 그러나 우익반탁진영이 여전히 반탁운동을 주도하자 반탁운동을 주도한 인물은 정부 수립에 대해 발언할 수 없다고 주장했으며[26] "소·미공위를 방해하려는 반탁데모 분자를 처단하라" 선전하면서[27] 미국 측이 반탁진영을 협의 대상으로 공위에 참가시키려 하자 맹렬한 비판을 가했다. 여기서 좌익의 헤게모니 장악 시도를 읽을 수 있다. 이러한 논리는 소련이 참여했기에 공위에 집착하는 면모를 보여주는 것으로서 공산주의자들은 공위에서 소련의

---

[24] 『노력인민』, 1947년 8월 11일자.
[25] 박헌영, 『세계와 조선』(조선인민보사, 1946), 34쪽.
[26] 홍남표, 「정부수립과 나의 제언: 平和確保寄與에(3)」, 『조선인민보』, 1946년 3월 25일자.
[27] 『주보민주주의』 21(1947), 23쪽.

입장을 대변했다고 할 수 있다.²⁸

여덟 번째로 외국세력과의 관계를 살펴보면, 공산주의자들의 논리는 한마디로 친소적이고²⁹ 미국에 비판적이다. 그들의 진보적 민주주의관에 의하면 미국식 민주주의는 진정한 민주주의가 아니며 소련식 민주주의만이 진보적이며 진정한 민주주의라고 주장되었다. 따라서 소련세력에 계속 의존하고 적극적인 지지를 아끼지 않았다. 반면 미국에 대해서는 다소 비판이 없지는 않았지만 조선 민족의 해방자로서 초기에는 지지와 감사의 뜻을 표시했으나, 1946년 7월 박헌영의 소위 '신전술' 발표 이후에는 합법·비합법의 배합투쟁(配合鬪爭)을 통하여³⁰ 미국을 적극적으로 비판하고 1947년 유엔 이관 이후에는 적극적으로 반대하면서 당조직을 지하화할 수밖에 없었다. 따라서 이들의 논리는 외세 의존적인 것으로 평가된다.

마지막으로 미·소협조의 전망에 대해 초기 좌익은 비교적 낙관적인 인식을 가지고 있었던 것으로 평가된다. 3상결정에 의한 통일임시정부가 수립될 수 있다고 믿었던³¹ 공산주의자들은 미·소 합의만이 통일의 유일한 길이 될지도 모른다는 사실을 1946년 초에는 인식 못한 상태에서 탁치노선을 전환했지만 1946년 3월 공위가 열린 이후 인식하게 되었다. 따라서 모스크바결정을 더욱 강력히 지지함으로써 미·소 간의 합의에 의한 통일임시정부를 수립해야 한다고 주장했다.³² 반탁운동이 미·소 간 합의를 이

---

28 *FRUS, 1946*, vol. Ⅶ, p. 700.
29 "HUSAFIK," partⅡ, chapter Ⅲ, p. 12.
30 김점곤,『한국전쟁과 노동당전략』(박영사, 1973), 59쪽.
31 그런데 1945년 말의 시점에서는 미·소가 공히 타협적이었으며, 단독정부를 추진하려는 의사가 명백히 드러나지는 않았다. 분단보다는 상대방의 공격기지가 아닌 통일정부의 수립을 원했을 가능성도 있다. 따라서 오스트리아의 경우처럼 중립화전략으로 뭉칠 수만 있었다면 미·소가 대립하더라도 통일이 달성되었을 가능성도 전혀 배제할 수는 없다.
32 文峰,「단정론과 통일론」,『신태평양』 9(1947), 10쪽. 한편 1980년대 연구에서는 좌익

간시키고 있다고 본[33] 좌익은 국내 정치세력(특히 우익)이 미·소협조를 불가능하게 만들 것이라는 전망을 가졌을 것으로 추정된다(그러나 좌익도 소련에 일방적으로 추수함으로써 미·소협조를 불가능하게 만든 일말의 책임이 있다. 이런 면에서 정치세력들은 자파의 책임을 상대방에게 전가한다고 비판받는다).

2. 중도파의 '공위 참여 후 자주적 해결' 논리와 그 평가

첫째로 해방에 대한 인식은 여운형의 태도에서 독특한 점이 드러났는데 그는 해방 직전 지하조직 활동을 했던 인물로서, 해방은 연합국의 도움도 컸지만 국내 항일투쟁의 결과로서 획득한 것이므로 해방이 단순히 주어진 것만은 아니라는 논리를 강하게 개진했다. 당시에는 1945년 8월 15일 제2차 세계대전에서 연합국이 승리한 결과로 한반도가 일본제국주의에서 해방되었다고 광복을 연합국이 부여한 단순한 선물로 보는 견해가 지배적이었다. 조선 독립은 객관적 정세 변화의 결과로 주어진 것이며 싸워서 전취한 것은 아니었다는 것이다. 이는 광복 직후 좌·우익 공통의 상황 인식이었다.[34]

(민전)이 미·소의 화해 분위기에 지나친 기대를 걸었다고 분석되었다. 서울대학교 인문대학 한국현대사연구회 편, 『해방정국과 민족통일전선』(世界, 1987), 185쪽. 그러나 이는 1946년 초까지만 국한될 수 있는 평가이며[1946년 2월의 민전결성대회에서는 "미소양국의 국제적 협조는 조선의 반동세력에 의하야 동요되기에는 너무나 공고한 것이다"라고 언급되었다. 민주주의민족전선선전부 편, 『민주주의민족전선결성대회의사록』(조선정판사, 1946), 58쪽] 그 이후에는 미·소 점령군이 진주하게 된 정치적·군사적 의미를 깨달아 미·소의 분열을 의식하게 되었다.

33 이강국 저, 정진태 편, 『민주주의 조선의 건설』(조선인민보사 후생부, 1946), 103쪽.
34 함상훈, 『조선독립과 국제관계: 일명 공산당과의 투쟁에 대하야』(생활사, 1948), 1쪽; 온낙중 편, 『조선해방의 국제적 경위와 미소공위사업』(현우사, 1947), 3쪽; 이강국

그러나 여운형은 1945년 10월 1일 인민공화국 결성 이후 그 과정을 해명하는 사후 기자회견에서 "대체 조선 독립이 단순한 연합군의 선물이 아니다. 우리 동포는 과거 36년간 유혈의 투쟁을 계속하여온 혁명으로 오늘날 자주독립을 획득한 것이다"[35]라고 했다. 이렇게 독립이 연합국의 단순한 선물이 아니라 우리 민족이 전취한 것이라고 본 것은 당시로서는 상당히 파격적이고 선구적인 인식이었다. 좌·우익 모두 해방을 선물로 보는 상황에서 이는 중도파만의 독특한 인식으로 평가될 만하다. 미·소 양국의 대립 구도가 가시화되는 와중에서 균형을 잡으려는 자주적인 인식으로, 외세에 대한 중도파의 평형정책[36]이 반영된 것이었다. 미·소대립으로 세계질서의 양극화가 시작되자 대부분의 정치세력이 미·소 중 어느 일방으로 쏠리는 상황에서 비미비소(非美非蘇)의 입장에서 균형을 취하려는 자주적이며 독자적 입장이었다고 할 수 있다.

이를 평가하면 해방을 우리 손으로 얻었으므로 탁치 문제는 자주적으로 해결해야 한다는 당위론은 논리적으로 타당하나, 전제조건인 '해방을 우리 손으로 얻었다'는 인식이 당시 한국인들에게 별로 설득력을 얻지는 못했다. 따라서 전제부터 설득력이 결여된 다소 독단적인 논리로 여겨지기도 했을 것이다.

그러나 1980년대 이래로 민족주의적인 역사학(자생적 사관; 주체적 역사인식)이 발전하면서 여운형이 독자적으로 제시한 '전취(戰取)한 해방론'

(1946), 앞의 글, 64쪽.
35 여운형, 「신문기자와 문답」, 1945년 10월 1일, 이만규, 『여운형선생투쟁사』(민주문화사, 1946); 이만규, 『여운형투쟁사』(총문각, 1946), 265-266쪽; 여운형, 「여운형 회견, 인민공화국탄생 경위 등 소감을 개인자격으로 언명」, 1945년 10월 1일, 『매일신보』, 1945년 10월 2일자.
36 이호재, 『한국외교정책의 이상과 현실: 해방8년 민족갈등기의 반성』 제5판(법문사, 1986), 176-177쪽.

이 힘을 얻었으므로 이제 독자적 해방론은 아래와 같이 역사학계의 주류가 되었다고 해도 과언이 아니다. 역사학계에서는 광복을 연합국 전승의 결과로서 '주어진 것'으로 보는 정치학계의 정설을 비판했다. 박영석(1988)은 해방이 저절로 주어진 것이 아니라 "주체적 역량에 의해 쟁취"되었다고 주장했다.[37] 또한 박성수(1989)도 해방이 "연합국이 무력한 한국인에게 안겨다준 단순한 선물이 아니라, 우리가 각고의 노력으로 만들어낸 역사적 소산"이라고 말했다.[38] 이들 보수적 학계의 지도자뿐만 아니라 진보적 입장에서도 '해방=선물'로 보는 정설을 반동적 견해로 간주하여 해방을 "하루도 쉬지 않고 투쟁해왔던 조선 민중의 투쟁역량에 기초한 주체적 성과"로 보며 "해방 후 혁명적 고양이 일어날 수 있었던 것은 투쟁역량이 튼튼하게 축적되어온 선행 과정이 있었기 때문"이라고 주장했다.[39]

이와 같이 '주어진 해방론(타율적 해방론)'이라는 해방 직후 좌·우익의 정설과 현대 정치학계의 정설에 대해 역사학계, 특히 독립운동사학계에서는 다른 시각을 제시했던 것이다. 국내의 끈질긴 독립운동, 만주와 연해주 지역의 줄기찬 항일 무장 투쟁, 대한민국임시정부의 외교활동과 한국광복군의 대일항전, 그리고 민족의 잇단 의거 등이 없었다면 연합국이 우리에게 광복을 선물했을 리가 없다. 이러한 것들이 있었기에 연합국 지도자들은 카이로회담과 포츠담회담에서 한반도의 독립을 약속했다. 따라서 위에서 열거한 모든 국내외 항쟁이 복합적·유기적으로 결합되어 광복으로 귀결된 것이다. 우리 민족의 간단없는 독립운동

---

[37] 朴永錫,「8·15解放의 歷史的 背景」, 國史編纂委員會 編,『大韓民國史』(探求堂, 1988), 21쪽.
[38] 朴成壽,「총설」, 金昌順·朴成壽 共編,『韓國獨立戰爭史』(三光出版社, 1989), 10쪽.
[39] 이재화,『한국근현대민족해방투쟁사: 항일무장투쟁사』(백산서당, 1988), 463쪽.

과 강렬한 독립 의지가 광복의 밑거름이 되었던 것이다. 이렇게 끊임없이 투쟁한 한국 민족과 국제 민주진영이 함께 싸워서 공동전선을 형성한 결과가 광복이다.[40] 만약 독립운동이 없었다면 연합국이 해방이라는 선물을 주지 않았을 것이므로 독립운동은 광복 달성에서 없어서는 안 되는 필수 요인이었다고 할 수 있다.

두 번째 탁치의 용어 문제에서 중도파는 탁치의 구체적 내용이 아직 확실한 것은 아니므로 이를 특별히 규정하지는 않았다. 단지 여운형은 모스크바결정과 유엔헌장에 규정된 탁치는 근본적으로 다르다고 말했는데[41] 모스크바결정의 탁치는 유엔헌장의 탁치에서 드러나는 "식민지 지배를 위한 특질"을 거세한 것이므로 식민지화나 침략과 동일시될 수 없다고 주장했다.[42]

중도파는 탁치의 정의를 확정 짓지 않았고 단지 이에 대한 필요 없는 논쟁을 회피하려고 했으므로, 필자가 그 구체적 주장을 끌어내어 평가하기는 어렵다. 그러나 미국도 어차피 탁치는 아직 구체적으로 결정된 것이 아니라고 주장했으므로[43] 중도파의 비확정적인 입장은 미국의 입장과 동일하여 일견 타당성이 있어 보인다. 그러나 탁치를 규명하려는 대중의 궁금증을 풀어주지는 못했으므로 설득력이 부족한 것도 사실이었다.

세 번째로 모스크바결정 자체에 대한 해석을 살펴보면 중도파는 모스크바결정 1항의 임정 수립과 3항의 탁치를 분리하여 고찰했다. 여운형은 "피로써 싸운다는 반탁론"과 "덮어놓고 지지한다는 논리"를 모두 비

---

40 김호일, 「8·15해방의 역사적 의의」, 『한국민족운동사연구』 23(1999), 90쪽.
41 『중외신보』, 1946년 6월 12일자.
42 『중외신보』, 1946년 7월 2일자.
43 『서울신문』, 1947년 8월 10일자.

판했다. 그러면서 3상결정은 "지지할 점도 있고 배척할 점도 있다"라고 주장했다.[44] 따라서 3상회의 정신의 표현인 1항은 지지하되 3항은 임정 수립 후 자주적으로 해결하자고 주장했다.

이 논리에 의하면 신탁제의 실시는 이미 결정되지 않았고 조선의 제 정당 단체와 미·소가 상의하여 결정할 것이라는 해석이 성립된다. 따라서 조선 민족은 지지·반탁의 논쟁으로 탁치를 구구하게 해석하여 시간을 낭비할 것이 아니라 먼저 임시정부를 수립한 후 탁치논쟁은 그 이후에 해결하자는 주장인데, 이 논리는 미군정의 지지를 받았으나 좌우 양익에서 기회주의라는 협공을 받았다.

이 주장을 평가하면 미국의 이른바 '리버럴한 해석'과 부합된다. 이러한 입장은 초기에는 대중의 반탁감정과 영합하지 못했으나, 공위가 열릴 시점에서는 임정 수립을 고대하는 일반인들의 감정과 대체로 영합했다. 그러나 이 논리는 1946년 봄 1차공위가 무기 휴회되고 1947년 2차공위가 파산되었을 때 생명력이 사라졌다고 해도 과언이 아니다.

네 번째로 모스크바결정과 타 국제협약의 관계를 살펴보면 여운형은 모스크바결정이 카이로선언의 모호했던 규정을 구체화한 것이라는 점을 대체로 인정했으나[45] 이를 확고하게 주장하지는 않았다. 따라서 단정적인 평가는 내리기 어려우며 다만 이 논리 자체는 상황에 따라 변하는 가변적인 것, 따라서 어느 정도 유연하지만 비판적으로 보면 다소 기회주의적인 것으로 평가된다.

다섯 번째로 독립과 신탁의 관계에 대하여 논의하면 당시 여운형계열 인사였던 이여성(인민당원)은 조선의 즉시 자주독립을 희망했으며 3상

---

[44] 여운형, 「탁치를 정시하라」, 1946년 1월 14일, 조선인민당 편, 『인민당의 노선』(신문화연구소 출판부, 1946), 40쪽.
[45] 여운형, 「반탁운동말라」, 1947년 1월 27일, 『독립신보』, 1947년 1월 28일자.

회의의 의도는 조선 독립을 부정하는 것이 아니라고 주장했다.[46]

> 우리는 결코 3상회의에서 결정된 탁치안이 조선의 자주독립을 제약한다거나 경제발전을 조애(阻碍)코저 하는 의도가 아니요 어디까지 조선의 건실한 민주독립국가의 실현을 위망(僞望)하는 나머지 노파심으로 그 정치적 경제적 제 보호를 약속한 것에 불과하다는 것을 알게 되고 …[47]

단지 탁치라는 용어가 조선 민족에게 독립을 부인하는 것처럼 인식되고 있으나 그 정신은 전혀 그렇지 않다고 주장했던 것이다. 이 해석은 미군정의 입장과 거의 일치했으므로 그 권위는 인정되었지만 당시 한국인들의 즉자적 감정에는 용납될 수 없었던 것으로 평가된다.

여섯 번째, 원조에 대한 인식을 살펴보면 여운형은 조선 민족 자체가 통일되지 않고 역량이 없으므로 모스크바결정은 당연히 올 것이 온 것이라고 주장했다.[48] 또한 봉건과 파시즘의 잔재가 아직도 민주주의 국가의 출현을 방해하고 있다고 인식했다.[49] 중도파 이론가 배성룡이 1947년 초에 발표한 연구에 따르면, (잔재가 있으므로 원조가 필요한데) 만약 원조가 소련에 의해서만 이루어지면 조선은 동구나 발칸제국과 같은 친소국가가 될 것이나 미·소 양대국의 원조는 상대방을 견제하면서 "서로 가지지 못하게 하는 방법으로" 행해질 것이라고 주장했다. 따라서 바람직하게 그리고 "세계 평화를 위하여 조선 독립을 원조"할 것이

46　이여성, 「삼상회의 意圖는 감사」, 1946년 1월 7일, 조선인민당 편, 『인민당의 노선』(신문화연구소 출판부, 1946), 35쪽.
47　이여성(1946), 위의 글, 34쪽.
48　여운형(1946), 앞의 글, 40쪽.
49　여운형, 「민주주의 국가건설의 선무」, 『인민과학』 1-1(1946), 51쪽.

라고 배성룡은 전망했다.⁵⁰ 여운형은 이러한 원조가 반드시 조선 민족과 상의하여 행하게 될 것이므로 이를 유리하게 받도록 노력해야 한다고 주장했다.⁵¹

중도파의 이러한 논리는 3상결정을 자주적인 견지에서 해석하는 것으로 평가되며 이론적인 토대는 어느 정도 갖추고 있으면서 민족주의적인 지향을 간직하고 있다고 할 수 있다. 미국과 소련 한쪽에 치우치지 않고 균형을 잡으려는 이러한 중립적·평형적 논리는 미·소협조가 전제되어야 설 땅이 있었던 것이다. 그러나 냉전이 가시화되면서 이러한 자주적 입장은 힘을 잃고 말았다.

일곱 번째로 공위와의 관계에 대하여 살펴보면 중도파의 '공위 참여 후 자주적 해결' 논리는 사실상 미·소공위의 진전에 의해서만 그 존립 기반을 가질 수 있었다. 따라서 공위의 해소와 함께 이 논리도 사라졌다. 공위에 대한 태도에서 공위에 집착했던 중도파의 가장 특징적인 면모가 드러난다.

여운형은 모스크바결정에 의거한 미·소공위 외에는 조선 통일의 방도가 없다고 주장했다.⁵² 따라서 중도파는 미·소공위에 적극적으로 참여하고 지지했고, 탁치 문제는 공위에 의하여 임시정부가 수립된 후 자주적으로 해결하자고 주장했다.

반탁진영의 공위 참가 문제에 대해 중도좌파인 여운형과 중도우파인 김규식 간에는 작은 이견이 존재했다. 여운형은 반탁진영이 공위에 참가하는 것은 불가능하며 스스로 반성해야 한다고 말했다.⁵³ 이에 비해

---

50 배성룡(裵成龍), 「삼상결정과 탁치문제논구」(1947.2.17.), 『자주독립의 지향』(광문사, 1949), 53쪽.
51 여운형, 「반탁운동말라」(1947.1.27.), 『독립신보』, 1947년 1월 28일자.
52 『서울신문』, 1947년 4월 23일자.
53 『독립신보』, 1947년 7월 9일자.

김규식은 공위사업을 방해하는 이는 제외되어야 하지만[54] 공위에 협조할 것을 서명하는 우익진영과는 협의해야 한다고 주장하여 우익의 참가를 종용했다. 여운형과 같은 중도파의 일원이었지만 중도우파로 분류되는 김규식은 민족주의진영(우익진영)에 속했으므로 우익의 참가를 종용했으며 사회주의진영에 속했던 여운형(중도좌파)과는 약간의 온도차를 보였다고 할 수 있다.

공위에 대한 중도파의 논리는 공위를 지지하고 의지하는 입장으로 평가된다. 그런데 우익진영의 참가를 변호했던 김규식의 입장은 미국 입장을 지지하는 것으로 판단되며 여운형의 논리는 미·소에 자주적인 입장을 취한 것으로 평가된다.

여덟째, 외국세력과의 관계에 대하여 논의하면 김규식은 미국에 편향된 태도를 취했고 여운형은 중립적이며 다소 자주적인 태도를 취했다. 소련의 경우에는 김규식, 여운형 모두 중립적인 태도를 취했으며 연합국에 대해서는 두 사람 모두 연합국의 의도는 감사하나 탁치라는 용어는 반대한다는 식의 태도를 취한 것으로 간주된다.[55] 외국세력에 대한 태도를 요약해서 평가해보면 김규식의 경우에는 다소 외세 의존적이었던 반면 여운형의 경우에는 자주적이며 민족주의적이었다는 평가가 있다.[56]

마지막으로 미·소협조의 전망에 대하여 살펴보면 중도파는 공위에 집착하여 낙관적으로 인식했다. 따라서 냉전이 출현하기 시작하자, 현실과 동떨어진 다소 낭만적인 인식을 가진 것으로 평가되기까지 했다.

---

54 『독립신보』, 1947년 7월 9일자.
55 이여성(1946), 앞의 글, 35쪽.
56 여운형을 자주적인 민족주의자로서 고찰한 다음 글이 있다. 김광식, 「제3세계 민족주의자로서의 여운형」, 『제3세계연구』 2(1985), 346쪽.

3. 우익의 반탁논리와 그 평가

우익의 반탁논리[57]에서 해방을 인식하는 논리를 분석하면 이들은 해방이 연합국에 의하여 주어진 것이라고 인식했는데[58] 여기까지는 좌익의 논리와 동일하다. 그러나 정부 수립만은 우리 손으로 해야 하며[59] 조선 독립은 조선 민족의 힘(과 국제적 관련성)[60]으로 달성해야 한다고 주장했다. 이는 한민당의 이론가 함상훈의 논리이다.

그런데 김구의 경우는 해방에 대한 인식 면에서 함상훈과 다소 결이 다르다. 김구는 해방이 너무 일찍 와서 조선 민족이 참전할 기회를 잃고 발언권이 약해질 것을 우려했으며[61] 해외에서 투쟁한 그였기에 해방에 기여한 선혈들의 피의 대가를 다음과 같이 긍정적으로 평가했다.

> 만일 허다한 우리 선열의 보귀(寶貴)한 열혈의 대가와 중·미·소·영(중국을 앞세운 배열에서 중국에 우호적인 김구의 외세관을 간파할 수 있다-인용자) 등 동맹군의 영용한 성공이 없었으면 어찌 조국의 해방이 있을 수 있었으랴?[62]

그러나 김구 역시 해외에 있었기에 국내 해방에 기여하지 못한 한계

57　심지연은 반탁 논리를 다음 세 가지로 집약했다. ① 탁치는 민족자결 원칙과 민족적 자존심에 비추어볼 때 받아들일 수 없으며 ② 한국의 실정에 대한 오해에서 비롯된 것이고 ③ 국제협약에 위배되는 조치라는 것이다. 심지연, 「신탁통치 문제와 해방정국: 반탁과 찬탁의 논리를 중심으로」, 『한국정치학회보』 19(1985), 154쪽. 그런데 이는 3항을 제외하고는 대체로 감정적인 것으로 논리적이지 않다.
58　함상훈, 『조선독립과 국제관계: 일명 공산당과의 투쟁에 대하야』(생활사, 1948), 1쪽.
59　안재홍, 「중앙당으로서의 건국이념」, 1946년 1월 하순, 안재홍선집간행위원회 편, 『민세안재홍선집』 2(지식산업사, 1983), 83쪽.
60　함상훈(1948), 앞의 책, 1쪽.
61　김구, 『내가 걷는 이 길은: 김구 자서전 백범일지』(화다출판사, 1980), 258쪽.
62　김구 저, 백범사상연구회 편, 『백범어록』(화다출판사, 1973), 18쪽.

를 인식해야 했다. 따라서 그의 논리도 다른 우익세력들의 결론, 해방을 싸워서 얻지는 못했다는 인식과 크게 다를 바 없었다. 다만 해방을 전취하지는 못했지만 그렇게 하려 했던 (해방 전취에 일부분으로나마 기여한) 독립운동세력들의 기여를 인정해야 한다는 일종의 복합론이었다. 이 점에만 국한한다면 김구의 입장은 여운형의 독립획득론과 좌·우익의 해방선물론의 중간에 위치한 '중도통합론' 정도였다고 볼 수 있다.

우익의 해방 인식논리를 평가하면, 해방에 기여한 것이 별로 없음에도 불구하고 우리 손으로 독립해야 한다고 주장하는 데 논리적 모순이 있을 수 있으나 이러한 이론적인 결함에도 불구하고 감정적으로는 크게 호소(영합)할 수 있었던 것이 사실이다. 즉 해방에는 기여한 것이 없지만 독립은 즉시 우리 손으로 해야 한다는 주장은 즉시독립을 원하는 한국인들의 감정 때문에 많은 동감과 압도적 지지를 얻어낼 수 있었던 것이다.

두 번째로 탁치라는 용어에 대해 살펴보면, 1945년 12월 28일 즉각적인 반탁 의사를 표명한 김구는 탁치가 식민지화이고 민족적 치욕이라고 인식했으며, 좌익이 후견제라고 고집하는 데 대하여 "국제연맹 규약에 의하면 위임통치와 후견(tutelage)은 동일하다고 규정되어 있다"라고 반박했다.[63] 그 근거는 국제연맹 규약 제22조 2항에 'tutelage'와 'mandate'가 혼용된 것이다[64](그런데 좌익이 주장하는 후견은 영어로 tutelage로 번역하는 경우보다 guardianship으로 번역하는 것이 더 일반적이므로 그 논점이 다소 어긋나기는 했다). 따라서 우익은 탁치, 후견, 위임통치를 대체로 구별하지 않고 인식했다. 유엔헌장의 탁치 규정에 대하여

---

63 김구, 「삼천만동포에게 고함(中)」, 『동아일보』, 1947년 2월 13일자.
64 "The Covenant of the League of Nations," Article 22. 일본 외무성은 tutelage를 '후견'이라고 번역했다. 『現行國際聯盟規約』(東京: 外務省, 1921), 14쪽.

주장하기를 유엔헌장에 규정된 세 가지 탁치조례의 어느 항목도 한국에 부합되지 않는다고 주장했던 것은 전술한 바와 같다.

이러한 주장을 평가해보면, 우익은 좌익의 논리에 비해 증거가 상당히 충분했다. 국제연맹의 사용례와 미국이 탁치와 위임통치를 혼동한 사실, 그리고 더욱 중요한 것은 국내 한국인들이 이미 탁치를 위임통치와 동일한 것으로 인식한 선입견이 기정사실인 이상 우익의 동일시 주장은 당시 설득력을 가졌다.

세 번째로 모스크바결정 자체에 대한 해석을 논하면 우익은 모스크바결정의 중심을 신탁이라고 해석하면서 임정 수립을 거의 무시했다. 이것은 12월 27일의 신탁 부각 (왜곡)보도에 힘입은 바이며 이후 모스크바결정 전문(全文)이 보도된 후에도 우익은 1항 임정 수립을 별로 고려하지 않았다. 특히 김구의 경우는 1항에 대한 별다른 인식이 없었다. 따라서 모스크바결정은 곧 신탁 결정이며 이는 민족적 치욕이므로 절대 반대한다고 강하게 주장했다.

탁치실시 결정 여부에 대하여는, 신탁제의 실시는 이미 모스크바에서 결정되었으나 우리 민족의 비장한 결의 표명 즉 반탁운동이라는 제2의 독립운동으로써 이를 철폐시킬 수 있다고 주장했다(함상훈은 실제로 반탁운동 덕분에 탁치안이 철폐되었다고 평가했다[65]). 그런데 탁치실시 결정 여부에 대한 반탁운동 초기의 이러한 경직된 반대론은 12월 30일 번스의 '탁치를 면할 수 있다'라는 발언 때문에 다소 진정되었다. 따라서 반탁운동의 방법도 다소 순화되었다.

이러한 우익의 태도는 한마디로 비(非)이론적이며 감정적인 것으로 평가될 수 있다. 모스크바결정을 합리적으로 조목조목 고찰하지 않고

---

[65] 함상훈(1948), 앞의 책, 1쪽.

무조건 감정적으로 반대한 것이었으나, 이것이 한국인들의 기존 선입견에 부합되어 큰 설득력을 가졌다고 생각된다. 또한 미국의 신탁통치안 일방 파기에 큰 영향력을 미친 것도 사실이다. 논리적 기반이 빈약한 감정적 반탁운동이었지만 탁치 폐기에 성공했으므로 소기의 목적을 거두고 결국 승리했다고 할 수 있다[그러나 반탁운동이나 혹은 좌우대립 때문에 탁치안이 폐기된 것이라기보다는 미·소대립 때문에 폐기된 것이다. 국제주의적 다국적 탁치안은 미·소협조(미·소동맹의 지속)를 그 실현의 전제조건으로 하고 있었다. 따라서 미·소대립, 즉 냉전이 결정적 변수였으며 좌우대립은 부차적 변수로서 미·소에 책임을 회피할 수 있게 해준 변수에 불과했다. 그러나 우리가 할 수 있는 것이 아무것도 없는 상황은 아니었다. 만약 좌우통합을 이루었다면 미·소가 대립했더라도 통일의 가능성이 전혀 없었던 것은 아니다]. 정치현실은 냉엄한 논리보다는 뜨거운 감정이 앞설 수도 있다는 것을 보여주는 사례인 것이다.

네 번째로 모스크바결정과 카이로선언·포츠담회담의 관계에 대한 우익의 논리를 살피고자 한다. 당초 카이로회담의 'in due course' 구절을 '즉시' 내지는 '빠른 시일 안으로'라고 해석한 사람들도 있었지만 임시정부 내에서는 1943년 12월 1일 카이로선언 발표 직후부터 이를 즉시독립과는 다른 것으로 우려하고 있었다.[66] 그럼에도 불구하고 우익은 모스크바결정이 발표되자 조선의 독립을 약속한 카이로·포츠담 양 회담에 위반하는 것이라며[67] 감정적으로 반대를 표명했다. 따라서 심사숙고의 결여에서 기인한 논리적인 모순이 드러났다. 만약 카이로선언을

---

66 "The Ambassador in China (Gauss) to the Secretary of State," Chungking, December 7, 1943-11 a.m. *FRUS, 1943*, vol. Ⅲ, p. 1096.
67 「신탁통치반대국민총동원위원회주최 서울시민반탁시위대회선언문」, 『중앙신문』, 1946년 1월 1일자.

정확하게 인식하고 이에 비추어 모스크바결정을 면밀하게 검토했으면 카이로선언의 위반이라는 식의 논리는 나오지 않았을 것이다. 따라서 이 부분은 논리적·이론적으로는 모순이 있지만 역시 즉시독립을 요구하는 국민들의 감정에 비추어보면 설득력이 충분했던 것으로 평가된다.

다섯 번째로 독립과 신탁의 관계에 대하여 살피고자 한다. 우익세력은 독립은 곧 주권이 조선인에게 있는 단순한 정치적 독립일 뿐, 경제적인 면은 거의 언급하지 않았다. 조선인은 4,000년의 역사를 가진 민족으로서 자치역량이 있으므로 즉시 자주독립할 수 있다고 주장했는데 이러한 주관적 평가는 국제정세의 객관적인 면을 무시한 것이다. 탁치는 자주성을 저해하고, 열강의 내정간섭을 의미하므로[68] 신탁과 독립은 양립 불가능하며[69] 서로 대립개념이라는 논리이다.

이를 평가하면 신탁이 즉시독립이 아니라는 지점에서 논리적 타당성은 인정된다. 그러나 모스크바결정에서 '독립을 위한 신탁'을 규정하면서 양자 간의 모순이 있어 보일 수 있는 관계를 양립 가능한 것으로 규정했다. 따라서 모스크바결정 자체의 애매한 부분까지 고려한다고 해도 신탁과 독립이 양립 불가능하다는 논리는 타당성이 결여되었을 가능성이 농후하다. 그러나 이러한 이론적인 문제점에도 불구하고 감정적으로는 역시 대중과 영합하면서 풍부한 설득력을 갖게 되었다는 것이 엄연한 현실이다.

여섯 번째로 원조에 대한 인식논리를 당시 우익의 '현 단계 인식'과 연결해 고찰하면, 우익은 일제세력이 연합국의 진주와 함께 벌써 도괴

---

[68] 반탁독립투쟁위원회선전부, 「성명서」, in 김준연, 「반탁투쟁총람」, 『재건』 1-2(1947), 77쪽; 김준연, 『독립노선』(시사시보사출판국, 1959), 82쪽.
[69] 안재홍, 「반탁과 민족적 瞽性」, 안재홍선집간행위원회 편, 『민세안재홍선집』 2(지식산업사, 1983), 178쪽.

되었고[70] 조선인들은 자치능력이 충분하다고 주장하면서 연합국이 조선을 잘못 평가한다고 역설했다. 따라서 연합국의 잘못된 대조선 인식을 시정하기 위하여 반탁운동을 전개해나갈 것을 명분으로 내세웠다. 또한 원조는 즉시 독립정부가 수립된 후 충분히 받을 수 있으며 또 그렇게 해야만 원조받은 것을 자주적으로 사용할 수 있다고 주장했다. 역시 당시 경제적으로 낙후된 현실에 대한 이론적인 고찰이 결여된 감정적인 주장으로 평가된다.

일곱 번째로 공위와의 관계를 살피면, 우익세력은 미·소공위가 열리면서부터 이를 탐탁하게 생각하지 않았으므로 이에 불합작하여 붕괴시키려고 했다. 이렇게 해서 탁치안을 폐기시킨 후 정부를 수립하려는 숨은 의도를 가지고 있었다. 그런데 공위가 그리 쉽게 무너지지 않자, 1차 공위에는 참가하면서 공위 협의 대상에 반탁진영도 참가할 수 있다는 논리를 개진했다. 미국도 반탁진영과 우익을 공위에 참가시키려고 시도했지만, '탁치를 반대하기 위해 공위에 들어간다'는 것은 모순되는 논리였다. 공위는 모스크바결정을 실천하기 위한 것인데 이를 반대하는 진영이 공위에 참가한다는 것은 명분이 서지 않는 논리였다.

그런데 2차공위가 진행된 1947년 6월 7일 협의 대상 문제에 대해 합의를 보아 6월 11일 공동성명 11호[71]와 공동공보 4호[72]를 발표한 이후 우익진영은 내부적으로 김구의 불참가 고수파와 한민당의 적극적 참가파로 분열되었다.[73] 김구의 '총체적 반탁론'은 자주적 명분론으로 평가

---

70 안재홍, 「미소회담에 寄함」, 안재홍선집간행위원회 편, 『민세안재홍선집』 2(지식산업사, 1983), 108쪽
71 「공위 공동성명 11호 발표」, 『조선일보』, 1947년 6월 12일자; 『동아일보』, 1947년 6월 12일자.
72 「공위 공동공보 4호 발표」, 『동아일보』, 1947년 6월 13일자; 『조선일보』, 1947년 6월 13일자.

될 수 있으며 한민당은 어떠한 상황에서도 기회를 보아 제도권에 진입하려는 기회주의적 속성을 드러냈다고 평가된다(물론 보는 시각에 따라서는 경직된 이념과 명분에서 벗어난 실용적 유연성의 발로로 긍정 평가할 수도 있다).

여덟 번째로 외국세력에 대한 관계를 살펴보면, 이승만·한민당 그룹과 김구·임시정부세력의 입장이 다름을 알 수 있다. 이승만과 한민당의 반탁운동논리는 그 시초부터 반소적이었는데, 1947년 3월 12일 발표된 '트루먼 독트린' 등으로 냉전이 조기에 가시화하면서 곧 반공논리로 연결되었다. 이에 비하여 김구는 극단적으로 반소적이지는 않았지만 반공적이기는 했다.

한편 미국에 대한 태도는 다소 복잡한데, 김구의 경우는 반탁운동 초기에 미군정에 정면 도전했으나 1946년 1월 이후에는 비판을 삼가는 중립적인 태도로 나아갔다. 이에 비하여 이승만의 경우는 미군정에 대한 비판과 반대를 자제하고 충돌을 피하는 태도를 견지했다. 다만 미 국무부 내에 자신을 반대하는 용공분자들에 대해서는 비판했다. 따라서 김구의 경우에는 미·소에 자주적이었고 이승만과 미군정기의 여당격인 한민당의 경우는 외세 의존적인 논리를 가진 것으로 평가된다.

마지막으로 미·소협조의 전망에 대해서 살피면 이승만은 이에 비판적이었는데, 특히 소련을 비판하면서 소련과 미국을 이간시키려 했으며 실제 역사도 그런 방향으로 진전되었다. 반면 김구는 다소 낙관적이었다.[74]

---

[73] 이완범, 「한반도 신탁통치안과 국내정치(1943~1948)」, 연세대학교 석사학위논문(1985), 118-119쪽
[74] 우익진영 내부의 김구의 논리와 이승만·한민당의 논리를 분간하여 전자를 '반탁-민족'으로 후자를 '반탁-반소-반공'으로 파악하는 견해가 가능하지만 양자의 공통분모가 반탁이기 때문에 이 연구에서는 필요한 부분에서만 분리하여 설명했다.

표 8 신탁통치에 대응한 각 논리의 문제별 비교

구분	좌익의 '모스크바 결정 지지'논리	중도파의 '공위 참여 후 자주적 해결'논리	우익의 '반탁'논리
① 해방의 쟁취 주체	• 연합국	• 연합국, 국내 항일 세력	• 연합국
② 탁치(trusteeship)·후견(опéка)·위임통치(mandatory rule)의 구별 여부	• 탁치와 후견 구별 • 탁치는 제국주의적 위임통치와 다름(모순적)	(탁치는 아직 모를 것임)	• 탁치와 후견 구별 하지 않음 • 탁치는 식민지화로서 위임통치와 다를 바 없음
③ 모스크바결정 1항과 3항에 대한 해석, 반대 여부	• 1항(독립 위한 임정 수립) 부각 • 3항(탁치) 인정 → 총체적 지지	• 1항(독립 위한 임정 수립) 부각 • 3항(탁치) 비판 → 1항 지지, 3항 반대	• 1항(독립 위한 임정 수립) 무시 • 3항(탁치) 반대 → 무조건 반대 (모순)
④ 모스크바결정과 카이로·포츠담 선언의 관계	• 모스크바결정은 카이로·포츠담 선언의 구체화	• 모스크바결정은 카이로·포츠담 선언의 구체화	• 모스크바결정은 카이로·포츠담선언의 위반(모순)
⑤ 독립과 탁치의 관계	• 독립과 탁치는 양립 가능 • 독립(목적) 위하여 탁치(수단) 거침	• 독립과 탁치는 양립 가능	• 독립과 탁치는 양립 불가능 • 탁치는 독립의 대립개념
⑥ 4대국 원조가 탁치 실시 때 시행되는 것에 대한 찬반	• 찬성	• 찬성	• 반대
⑦ 미·소공위 찬반 여부	• 공위 지지 (소련 입장 지지)	• 공위 지지	• 공위 반대
⑧ 외국세력과의 관계	• 친소(외세 의존적)	• 여운형: 민족주의적 • 김규식: 친미 → 민족주의적	• 김구: 민족주의적 • 이승만: 친미(외세 의존적) 반소
⑨ 미·소협조에 대한 전망	• 낙관적	• 낙관적	• 김구: 낙관적 • 이승만: 비관적

4. 종합적 평가

종합하기 전에, 먼저 각 논리가 상대편 논리에 대해 어떻게 비판·평가했는지를 살펴보고자 한다. 먼저 좌익의 지지논리 주창자는 자신들의 논리가 가장 옳은 길이라고 주장하면서 우익의 논리를 국제 파쇼의 일익이라든지 반공파시스트적인 몽매한 배외주의[75]라고 평가했다. 또한 우익 자파(친일파·자본가) 세력을 부식하기 위한 감정적·국수주의적 논리라고 비난했다. 박헌영은 "3상결정이 일제 잔재를 청산하려는 노선이므로 친일세력을 포섭하고 있는 우익이 반대할 수밖에 없다"[76]라고 주장했다. 좌익은 반탁논리가 자주독립 쟁취를 위한 것이 아닌[77] 반소·반공 모략으로서 단정(反독립) 논리로 연결되었다고 비난했다. 남로당원 김오성은 중도파가 유기적 총체인 떼려야 뗄 수 없는 3상결정의 부분을 분리했으므로 기회주의적이며 본말이 전도된 논리를 가지고 있다고 비판했다.[78]

반탁논리가 다른 논리를 비판·평가하는 것을 살펴보면, 우익은 좌익의 지지논리가 친소적 매국논리이고 민족 분열 책동이라고 비난했으며,

---

[75] 오기섭, 『모스크바 삼상회의 조선에 관한 결정과 반동파들의 반대투쟁』(평양: 출판사 불명, 1946), 13쪽.
[76] 『중외시보』, 1946년 6월 21일자.
[77] 민주주의민족전선 편, 『조선해방연보: 조선해방1년사』(문우인서방, 1946), 111쪽.
[78] 김오성, 「삼상결정과 미·소공위」, 『신조선』 6월(1947), 5-20쪽. 김오성은 원래 조선인민당원이었으나, 1946년 9~10월 좌익3당(공산·인민·신민) 합동 과정에서 남로당의 중앙위원이 되었다. 여운형을 비롯한 인민당 주류는 남로당에 가지 않고 사회로동당을 결성했다가 해소하고 근로인민당을 결성했다. 훗날 여운형 세력은 조선인민당-근로인민당에서 이탈한 김오성에 대해 인민당 내 조선공산당 프락치였다고 비판했다. 이렇게 프락치로 매도되었지만 단순 기회주의자 내지는 상황(조건)과 생각이 바뀌어 당을 바꾼 것일 수도 있다. 인민당원이던 김오성은 중간당으로서의 인민당 성격을 옹호하는 글을 쓴 적도 있으나[김오성, 「조선인민당의 성격」, 『개벽』 8-1(1946), 46-47쪽] 남로당 시절에는 위와 같이 『신조선』에 글을 투고해 중간노선을 비판하는 입장으로 돌변했다.

중도파의 논리는 기회주의적이고 미국 의존적이라고 비판했다[좌우합작위원회가 정국을 주도한 1946년 봄 이후 국면에서 중도파는 미국의 지원을 받았으므로 미국 의존적이었지만 전반적으로는 비미비소(非美非蘇)의 자주노선을 내세웠던 반면, 오히려 우익(이승만·한민당)이 미국의 힘에 의존했으므로 미국 의존적이었다고 할 수 있다]. 중도파는 우익의 논리가 극단적이고 감정적이라고 비판했고, 좌익의 논리는 극단적이며 친소적이기에 비자주적이라고 평가하기도 했다.

이상 살펴본 것을 토대로 각 논리를 종합적으로 평가하고자 한다(표 9 참고).

중도파의 논리는 확고한 내용이 있는 것이 아니라 국내·국제정세의 상황에 따라 변화할 수 있는 유연한 것이었다. 1946년 1월 7일 4당코뮤니케 성립 시, 그리고 1946년과 1947년 1·2차에 걸쳐 미·소공위가 진행 중일 때와 1946년 여름 좌우합작운동이 힘을 발휘하던 기간 중에는 유동적 상황논리에 대한 우호적 여론이 형성되어 중도파의 논리가 영향력을 발휘했다. 그러나 그 이외의 시기에는 여론이 좌익과 우익의 논리에 따라 분열되어 중도파의 영향력이 현저히 떨어졌다. 유연하다는 장점도 있지만 이는 일관성과 확고한 내용이 없다는 치명적인 단점이기도 하다.

좌익의 논리는 이론적이고 논리적인 근거를 가지고 있는 편이었다. 좌익은 마르크스주의라는 비교적 체계적이고 탄탄한 이론적 기반을 가졌기에 출발부터 논리적일 수 있었다. 그러나 애초에 반탁에서 지지로 그 노선을 급격히 전환했으므로 일관성이 결여되었다는 인상을 지울 수 없었고 즉시독립을 요구하는 한국인의 감정에 부합하지 못했기 때문에 감정적인 면에서는 호소력이 떨어지는 논리였다.[79]

우익의 논리는 좌익의 그것과는 정반대의 성격을 가진다. 우익의 반

표 9 신탁통치에 대응한 각 정치세력의 상대편 논리에 대한 비판과 평가

주체 \ 대상	좌익의 '모스크바 결정 지지'논리	중도파의 '참여 후 자주적 해결'논리	우익의 '반탁'논리
좌익		• 3상결정의 유기적 총체에서 부분을 분리시키는 기회주의적 논리	• 자파(친일파·자본가)세력부식 위한 감정적·국수주의적 논리 • 좌익에 대한 반소·반공 모략 • 반탁논리가 단정(반독립) 논리로 연결될 수밖에 없음 • 국제파쇼의 일익 • 몽매한 배외주의
중도파	• 친소적 • 비자주적 • 극단적 논리		• 극단적 • 감정적 논리
우익	• 친소적 매국 논리	• 친미적 • 기회주의적 논리	

탁 논리는 이론적·논리적으로는 모순이 많으나 즉시독립을 원하는 한

---

79 지지논리 자체는 일관성이 있을지 몰라도 노선 전환의 비일관성은 뼈아픈 실책으로 남을 만했다. 이외에도 모순된 논리로 현실 문제를 파악한 경우도 있었을 것이다. 남로당 부위원장 이기석은 기자회견에서 "탁치가 실시되더라도 38선은 곧 철폐되지 않을 것"이라고 말했다. 『조선일보』, 1947년 1월 21일자. 임헌영은 이를 모순된 논리의 예라면서 좌익의 이론이 항상 일관성 있는 논리로 민중들에게 이해된 것은 아니었다고 평가했다. 임헌영, 「해방직후 지식인의 민족현실인식」, 강만길 외, 『해방전후사의 인식』 2(한길사, 1985), 437쪽.
그런데 1947년 1월의 시점에서 탁치의 구체적 시행방침이 아직 정해지지 않았으므로 탁치실시 후 즉시 38선이 철폐되지 않을 수도 있었다. 따라서 이기석의 말이 모순된 논

표 10 신탁통치에 대응한 각 논리의 종합적 평가

구분	좌익의 '모스크바 결정 지지'논리	중도파의 '참여 후 자주적 해결'논리	우익의 '반탁'논리
'감정'의 차원	즉시독립을 원하는 한국인의 감정에 부합 못함	임시정부 수립을 원하는 한국인의 감정에 잠시 부합	즉시독립을 원하는 한국인의 감정에 부합
'이론'의 차원	이론적인 면에서 별 모순이 없음	이론적인 면에서 별 내용 없음	이론적인 면에서 모순이 있음
감정과 이론의 종합평가	이론적	상황에 따라 변하는 상황논리	감정적

국인의 감정에는 잘 부합했다. 민족진영이 상대적으로 공산진영보다 논리적으로 취약하다는 것이 중론이기도 했다. 『경향신문』, 1947년 12월 11일자 사설에서는 민족진영의 이론적 확립이 주문되기도 했다. 사실상 우익은 모스크바결정에 대한 정확한 인식이 결여된 채로 우선 대중동원에 나섰고 논리화는 후일의 작업으로 남겼다. 따라서 우익의 모스크바결정 대응논리는 미완성인 채로 남았다.

다시 집약하면 좌익논리는 이론적이었으나 감정적인 면이 부족했고, 우익논리는 감정적이었으나 이론적인 면이 부족한 것으로 평가된다. 중도파의 제3의 논리는 갈수록 무력화되었다.

〈표 10〉처럼 각 논리는 대비점이 있는데, 우익은 해방 직후 좌익에 압도당했다가 반탁운동을 계기로 대중의 지지를 획득하기 시작한 반면, 좌익은 대중의 지지가 감소되기 시작했다.

결과적으로 우익의 반탁논리와 좌익의 모스크바결정 지지논리가 감정을 앞세우면서 극한적으로 대립하는 상황 속에서 중도파의 '참여 후

리의 대표적인 예로 보기에는 부족한 점이 있다고 판단된다.

자주적 해결'논리는 영향력을 잃어갔다. 이 과정에서 한반도의 좌우대립은 격화되고 분단이 가시화되었다. 따라서 한국 분단화 과정은 중도의 몰락 과정으로도 볼 수 있다.

탁치논쟁에서 공위논쟁으로

9 장

모스크바결정에 의거한 미·소공동위원회(약칭 미·소공위, 또는 공위)가 개막되자, 찬·반탁논쟁은 공위참가·불참논쟁으로 전환되었다. 협의 대상으로 참여할지가 대립의 쟁점이었다. 국내 정치세력의 이러한 좌우대립은 미·소 협상을 불가능하게 만들었고 결국 공위를 휴회시킨 측면이 있었다. 물론 38선 철폐 문제를 둘러싸고 미·소대립이 먼저 있었으므로 냉전의 시작 조짐이 국내 정파들의 좌우대립을 심화시킨 측면도 있지만 말이다.

　우선 공위가 개막될 시점부터 공위 휴회 전까지 미·소대립과 국내 정치세력의 노선 대립을 기술하고자 한다.

　1946년 3월 18일 미·소공동위원회 소련 측 대표가 서울에 와서 20일 제1차 미·소공동위원회가 개막되었다. 미국 측 수석대표 하지는 개회사를 통해 공동위원회가 "모스크바3상회의에서 결정된 조항을 이행하기 위한 것"이라고 말했다.[1] 이에 비해 소련 수석대표 시티코프는

1　『서울신문』, 1946년 3월 21일자; 『조선인민보』, 1946년 3월 21일자; 『한성일보』,

인사말에서 조선에 반역자 또는 반민주주의적 악질분자가 있다고 말하면서 "미래의 민주주의적 조선임시정부는 모스크바결정을 지지하는 각 민주주의 정당과 사회단체를 망라한 대중단체의 토대 위에서 창건될 것이다. … 이러한 정부라야만 반민주주의적 분자와 결정적 투쟁을 개시할 수 있다"²라고 주장하여 반탁운동을 한 단체는 미·소공위에서 배제할 것을 암시했다(당시 미국 측은 이러한 소련의 숨겨진 의도를 감지하고 있었다).³

1945년 10월 17일 미 육군 작전국 중장 헐이 맥아더를 통해 하지에게 전달한 '최초기본훈령(Basic Initial Directive)' SWNCC 176/8에 의하면 한국에 관한 미국의 최종적인 목적은 '자유롭고 독립적인 국가의 수립(the establishment of a free and independent nation)'이었다.⁴ 합리적으로 보이지만, '자유'라는 표현은 논쟁의 여지가 있는 용어라는 것을 유념할 필요가 있다. 카이로선언의 '자유독립'이라는 표현처럼 별 뜻 없이 사용했을 가능성도 있지만, 얄타에서 합의한 '민주'정부나 '자유'선거, 모스크바3상회의 의정서에서 표현된 '민주'적 정당·사회단체 등의 구절에 나오는 민주와 자유라는 용어를 가지고 미·소가 동부 유럽 등에서 충돌했던 예에 비추어본다면 자유라는 말이 보편적 의미를 가진 용어는 아니었다.

    1946년 3월 21일자.
2 『조선인민보』, 1946년 3월 21일자; 『서울신문』, 1946년 3월 21일자; 『한성일보』, 1946년 3월 21일자. 한편 『동아일보』는 하지의 3분에 걸친 개회사는 1946년 3월 21일자에, 시티코프의 7분에 달하는 인사말은 그 분량 때문에 밀렸는지 3월 22일자에 분리하여 게재하는 차별적 대우를 했다.
3 *FRUS, 1946*, vol. Ⅷ, 659.
4 "John E. Hull's Memorandum to MacArthur: Basic Initial Directive to Commander in Chief, U.S. Army Forces, Pacific, for the Administration of Civil Affairs in Those Areas of Korea Occupied by U.S. Forces," SWNCC 176/8, October 17, 1945, 895.01/10-1745, *FRUS, 1945*, vol. Ⅵ, p. 1074; 미 국무성 저, 김국태 역, 『해방 3년과 미국』 1(돌베개, 1984), 85쪽.

'사회주의 국가 소련=자유란 없는 전체주의사회'라고 보는 서방세계의 인식에 기반한다면, 자유세계란 사회주의와 대립된 자유민주주의에 기반을 둔 사회를 지칭하는 것이라고 해석될 수 있다. 따라서 '자유로운 국가의 수립'이라 함은 '친서방국가의 수립'으로 확대해석할 수 있다. 이에 비하여 소련은 동유럽에서 주장했던 것과 같이 1946년 3월 20일 소련 중장 시티코프의 공위 개막연설에서 "조선이 장차 소련에 대하여 우호적이며 따라서 소련에 대한 장래의 공격기지가 되지 않을 진정한 민주주의적 독립국가의 수립을 목표로 하고 있다"라고 했다.[5] 미국은 세력권 확보나 지배 의도를 비교적 숨겼던 편이지만, 소련의 목적은 보다 노골적이었다. 여기서 말하는 '우호적 국가'는 위성국이 아닌 선린에 토대를 둔 말 그대로 우호적 국가 수립이 목적임을 강조하기 위하여 쓴 용어이다. 또한 소련은 핀란드나 루마니아와 같이 전통적으로 소련에 대한 공격의 발판이 될 수 있던 나라와 조선을 동일시했으므로 해방 직후에는 조선이 대소 공격기지가 되지 말아야 한다고 주장했던 것이다. 따라서 공격기지에 대한 피해의식은 미국도 이해할 만했다.(하지는 그 속셈을 정확히 간파했다) 그러나 미·소관계가 점점 서로 적대적으로 되어가자 소련은 확고한 지배권이 보장된 준위성국의 수립을 기도했으며 미국도 친미국가의 수립을 기도했다.

시티코프의 개막연설은 피상적으로는 평범한 수사처럼 보이지만 미국에 대한 견제가 내포되어 있음을 알 수 있다. 당시 소련을 공격할(한국에 대소 공격기지를 구축할) 잠재적인 국가는 남한도 아니고, 국공내전

---

5 "Hodge to the Secretary of State," [Received Mach 22, 1946], United States, Department of States, FRUS, 1946, vol. Ⅷ (Washington, D.C.: United States Government Printing Office, 1969), p. 653; 『조선인민보』, 1946년 3월 21일자; 『서울신문』, 1946년 3월 21일자.

중인 중국도 아닌 미국이었다. 이 개막연설의 숨은 뜻은 한마디로 한국을 대소 공격의 교두보로서 기지화하지 말라는, 미국에 대한 경고였다. 실제로 6·25전쟁 당시 미군이 38도선을 넘었을 때 소련은 미국이 한반도 전체를 장악해 소련 극동지역의 중심인 블라디보스토크의 64~80킬로미터 앞까지 다가서는 것을 우려했다고 전한다.[6] 미군사령부는 개막연설을 바탕으로 소련 측의 기본적인 입장을 아래와 같이 요약했다.

①소련은 한국을 자국에 우호적인 공산주의 국가로 재건할 의도를 가지고 있으며 … ③공위와의 협의 대상 선정에 있어 소련 측은 탁치에 반대 의사를 표현하는 어떤 정당이나 개인도 그 대상에서 배제할 것이고, ④공산주의가 아닌 모든 정치적 신념은 '비민주적이고 파시스트적이며 친일적인 것'으로 간주될 것으로 예상된다.[7]

미·소공위가 개막된 후 국내 정치세력들의 동향을 살펴보면 민주의원 의장 이승만이 병을 핑계로 사표를 제출하여 의장대행을 하게 된 부의장 김규식은 1946년 3월 20일 기자회견을 갖고 "미·소공동위원회는 우리의 운명을 장악하느니만치 우리는 힘을 합하여 동 공동위원회가 성공되게끔 협력해야 될 줄 안다"라고 언급하여 공위에 합작할 것을 명백히 했다. 이어서 "반탁 문제에 대해서는 과도정권이 수립된 후에 그 정부에서 논의할 것인 만큼 여기서 다시 논하고 싶지 않다"라고 말하여

---

6   George F. Kennan, *Memoirs, 1950~1963*, vol. Ⅱ (Boston: Little, Brown, 1972), p. 24.
7   "From CG USAFIK[Hodge] thru CINCPAC Tokyo, Japan[MacArthur] to War Department," 26 March 1946, TFGCG 331, RG 218, Leahy Files, US National Archives; 이동현, 『한국신탁통치연구』(평민사, 1990), 122-123쪽.

탁치는 임정 수립 후 논의하자는 유보적 입장을 취했다(이에 더하여 김규식은 민주의원이 군정청의 자문기관이 아니라 모스크바결정에 비추어 과도정권 수립을 노력하는 기관, 즉 미·소공위의 협의 대상이 될 기관이라고 주장했다.[8] 이에 대하여 이승만은 "민주의원은 탁치를 일관 반대한다"라고 성명했다[9]. 이렇게 되어 김규식은 기존에 견지해온 반탁에서 '탁치는 임정 수립 후 논의하자'는 논리로 전환했는데[10] 이러한 절충적·유보적 입장[11]은 여운형 등이 대표하고 있는 중도좌파의 '모스크바결정 정신은 지지하되 탁치는 자주적 해결'하자는 입장과 일맥상통하는 것이었다. 미국 유학파 김규식의 이러한 노선 전환은 미군정의 종용과 국제정세에 관한 그 나름의 판단에서 기인했다. 중도좌파의 논리와 김규식의 중도우파의 논리가 결합하여 이후 좌우합작으로 연결되었다.

한편 공산당을 비롯한 좌익세력들은 공위에 상당한 기대를 걸고 적극 지지했다. 민주주의민족전선 사무국에서는 1946년 3월 21일 담화를 통해 "3상회의결정에 반대하여 반탁운동을 전개한 개인 또는 정당급단체도 또한 임시정부 수립에 발언할 수도 참가할 수도 없다는 것을" 주장했다. 또한 공위에는 협력하되 신탁은 반대하자는 식의 김규식의 논리에 대하여 비판했는데 이는 "3상회의결정과 신탁 문제를 고의로 기계적으로 분리시킨 무책임한 언동"이라는 것이다.[12] 좌익 연합체인 민주주의민족전선의 한 구성원인 인민당도 '모스크바3상회의 정신은 지지

---

8 『서울신문』, 1946년 3월 21일자.
9 『서울신문』, 1946년 3월 26일자; 『자유신문』, 1946년 3월 26일자.
10 『조선인민보』는 민주의원 의장대행 김규식(민주의원의 공식 입장으로 확대해석될 여지가 있었음)이 반탁에서 3상결정 지지노선으로 반전(反轉)했다고 해설하기까지 했다. 『조선인민보』, 1946년 3월 21일자.
11 임영태, 「제3부 해방정국(16) 제1차 미소공동위원회(1) 임영태의 '다시 보는 해방 전후사 이야기'(48)」, 『통일뉴스』, 2021년 4월 12일자.
12 『조선인민보』, 1946년 3월 22일자.

하되 탁치는 반대한다'는 기존의 논리가 공산당으로부터 '전체와 부분의 유기적 결합을 무시한 논리'라고 비판받았다. 이에 인민당은 '3상결정 지지'노선으로 전환했다. 그런데 『조선인민보』, 1946년 3월 22일자에 나오는 인민당 이여성의 성명을 보면 3상결정을 지지하는 빛이 역력하기는 하나 공산당처럼 총체적·전면적으로 지지하지는 않았다(그런데 좌우합작이 진행되는 1946년 5월 이후에는 다시 제3의 논리가 살아났다).

이러한 가운데 공위가 진행되었는데, 1946년 3월 30일의 공동성명 3호[13]에 의하면 1단계로 모스크바결정 2항(공위가 민주적 정당·사회단체와 협의)을 실천하며 2단계로 모스크바결정 3항(탁치 방책 작성)을 실천할 것이라고 했다. 이는 모스크바결정에 의한 한국 독립 스케줄인 아래와 같은 '모스크바의정서 한국 조항의 단계화' 총 11단계 중 4단계와 7단계를 포괄한 것이다. 그러나 결과적으로 4단계(정당·사회단체와 협의)도 완료하지 못하고 말았다.

제1단계: 미·소사령부 대표자 회합
제2단계: 미·소공위 설치
제3단계: 미·소공위가 협의 대상이 될 민주적 정당·사회단체 선정
제4단계: 미·소공위가 민주적 정당·사회단체와 협의
제5단계: 통일임시민주정부 수립(독립을 위하여). 군정 종결
제6단계: 양군 철수(38선 철폐)
제7단계: 미·소공위가 원조·탁치 방책 작성(임시정부와 정당·사회단체의 참여 아래)
제8단계: 원조·탁치 방책을 소·중·영·미 정부가 심의

---

[13] 『한성일보』, 1946년 3월 31일자.

제9단계: 미·소 양국 정부가 탁치협정을 결정

제10단계: 탁치실시

제11단계: 독립

한편 미국 측은 회담에 임하면서 신탁에 대한 논쟁은 가급적 피하고 모스크바결정 1항에 의한 임시정부 수립에 중점을 두었다.[14] 그러나 미국과 소련이 협의 대상 문제를 토의하는 과정에서 반탁과 지지의 문제가 제기되어 공위는 1946년 4월 초(공식문서에 의하면 4월 9일) 교착 상태에 빠졌다.

공위가 교착되자 미국은 모스크바결정서(신탁통치)에 대한 반대가 임시정부 구성 문제를 협의하기 위한 정당들의 참가 기준이 되어서는 안 된다고 주장했고, 소련은 모스크바결정을 반대하는 정당과는 대화나 협의를 할 수 없다고 반응했다.[15] 이렇게 난항을 거듭하다가 미·소 간 타협이 이루어져 협의 대상 문제를 규정한 5호성명이 1946년 4월 18일 발표되었다. 결의문은 다음과 같다.

〈민주주의급 정당사회단체들과의 협의에 대한 결의문〉

공동위원회는 목적과 방법에 있어서 진실로 민주주의적이며 또는 하기의 선언서를 시인하는 조선 민주주의 정당급(및) 사회단체들과 협의하기로 함.

우리는 모스코3상회의 결의문 중 조선에 관한 제1절에 진술한 바와 같이 그 결의의 목적을 지지하기로 선언함. 즉 '조선의 독립국가로서의 재건설 조선이 민주주의 원칙으로 발전함에 대한 조건의 설치와 조선에서 일본이 오랫동안 통치함으로 생긴 손해 막대한 결과를 청산할 것'.

---

14   FRUS, 1946, vol. Ⅷ, p. 655.
15   FRUS, 1946, vol. Ⅷ, p. 659.

다음으로 우리는 조선 민주주의 임시정부 조직에 관한 3상회의 결의문 제 2절 실현에 대한 공동위원회의 결의(민주적 정당과 사회단체들과 협의-인용자)를 고수하기로 함.

다음으로 우리는 공동위원회가 조선 민주주의 임시정부와 같이 3상회의 결정문 제3절에 표시한 (신탁통치-인용자) 방책에 관한 제안을 작성함에 협력하기로 함.[16]

이 결의안은 미·소 간 타협의 산물이었다. 즉 소련 측 원안은 위 결의문 맨 마지막 문장 중 "제3절에 표시된 방책" 부분에 '신탁통치'라는 단어가 명시되어 있었다. 그러나 미국 측이 한국민의 폭발적인 반대를 고려하여 '신탁통치'를 뺄 것을 강력히 주장해[17] 소련이 양보하여 결의안이 성립된 것이다.[18] 『동아일보』 주간 설의식은 5호성명이 "3상(협정-인용자)을 유달리 강조하고 후견(탁치)을 은연히 전제로 한 듯한 소련 대표의 그 강경한 식사색(式辭色; 3월 20일 시티코프 개막 연설의 강경한 분위기를 뜻함)은 일소"된 것이라면서 겸양으로써 (미·소대립의) 소강 상태 성립에 기여한 소련의 폭넓은 역량에 경의를 표하기까지 했다.[19]

또한 이 결의안에는 미·소 간에 해석상 이견을 보일 수 있는 모호한

---

16 『자유신문』, 1946년 4월 19일자; 『서울신문』, 1946년 4월 19일자; 『조선인민보』, 1946년 4월 19일자; 『조선일보』, 1946년 4월 19일자; 『동아일보』, 1946년 4월 19일자.
17 FRUS, 1946, vol. Ⅷ, p. 660.
18 그런데 위의 인용문에서 인용자가 첨가했듯이 "표시된 방책" 사이에 신탁통치가 들어가야 보다 구체적이 될 수 있으므로 엄밀하게 말하면 이 선언서에 서명하는 것은 곧 신탁통치 방책에 대한 제안 작성에 협력하기로 동의하는 것이었다. 따라서 반탁을 주장하는 집단은 서명하는 것이 다소 주저되는 부분이 없지 않았을 것인데도 불구하고 미국의 노력으로 신탁통치라는 구체적 용어가 빠졌으므로 일단 서명한 후 신탁통치에 반대할 수도 있지 않을까 하는 기대를 할 수 있는 여지가 마련되었다고 할 수는 있었다.
19 설의식, 「5호 성명과 우리의 각오 (6) 돌현한 단독정부설: 천만부당하되 십분가당한 일면」, 『동아일보』, 1946년 5월 9일wk.

구절들이 있었다. 미국 측은 이 결의문에 신탁통치라는 말이 구체적으로 없고 단지 3항에 '표시된 방책'이라고만 했으므로 신탁통치를 반대하는 사람들까지도 서명하게 만들었다고 보고 있었다.[20] 그러나 소련 측은 이 선언서에 서명하는 것 자체가 모스크바결정을 지지하겠다는 의사표시라고 해석했다.[21] 게다가 공위의 협의 대상을 선정하는 문제에도 이견이 있었는데 미국은 민주의원을 중심으로 자문안이나 연합체를 구성하려고 했는데[22] 소련은 정당·사회단체들과 직접 접촉할 것을 주장하여 미국안을 거부했다.[23]

5호성명에 대한 각 정치세력들의 즉각적인 반응은 다양했다. 좌익진영은 대체로 일관되게 공위를 지지할 것을 주장했으므로 별 무리 없이 서명하고 협의 대상으로 참여할 것을 선언했다. 그러나 우익진영은 공위참가를 둘러싸고 참여파와 반탁고수파로 분열되었다. 이를 보다 자세히 살펴보고자 한다.

좌익은 5호성명에 대하여 즉각적인 찬사를 보냈으며 선언서에 서명해 공위에 제출했다. 민전 의장단에서는 5호성명이 '민주진영의 승리'라고 표현하면서 소위 반동진영을 비난했다. 박헌영은 3상결정을 지지할 뿐 아니라 실천해야 한다고 말하면서 "완고파 우익 내(頑固派右翼內) 양심적 분자들은 깨끗이 솔직하게 자기비판을 행하는 동시에 3상결정을 지지할 뿐 아니라 그 실천에 착수할 것"[24]이라고 천명해 자기비판을 행하는 우익은 공위에 참가할 수 있음을 시사했다. 이러한 박헌영의 주장과

---

20 *FRUS*, *1946*, vol. Ⅷ, p. 660.
21 *Известия*, May 15, 1946, 온낙중 편, 『조선해방의 국제적 경위와 미소공위사업』(현우사, 1947), 26쪽.
22 *FRUS*, *1946*, vol. Ⅷ, p. 661.
23 *Известия*, May 15, 1946, 온낙중 편(1947), 앞의 책, 25쪽.
24 『조선인민보』, 1946년 4월 19일자.

김규식의 4월 18일 성명을 토대로 『자유신문』 1946년 4월 22일자에는 5호성명 실천을 통한 좌우합작의 가능성을 보도하기도 했다. 좌우합작이 일찍 거론되기 시작한 것이다.

우익진영 중 5호성명을 호의적으로 해석한 인사는 김규식과 안재홍 등인데 이들은 5호성명으로 우익진영이 공위에 참여할 길이 열렸다고 주장했다. 민주의원 의장대행 김규식은 1946년 4월 18일 5호성명이 진보적이라고 말하면서 "이 결정으로 말미암아 과거에 문제되는바 신탁에 대하야 찬성을 한다던 자나 반대를 발표한 자를 불문하고 하등의 차별이 없이 된 것이다"라고 했다.[25] 이렇게 신탁의 찬반 여부 문제는 해소된 것이라고 주장하면서[26] 미·소공위와 합작, 협력할 것을 다짐했던 것이다. 또한 4월 19일 안재홍은 "이번 발표된 제5호성명은 탁치 지지반대를 막론하고 민주정부 수립에 참가 협의할 것을 의미한 것이니 환영한다. 그리고 미·소공동위원회 스티코프 중장의 개회사 중 반탁파를 제(除)한다는 … 고집을 버리고 양보한 데 대하야 크게 기뻐하는바"[27]라고 말했다. 이러한 김규식과 안재홍의 반응에 대하여 민전에서는 반탁 과오를 자백하지 않았다며 비난했다.[28]

김규식과 안재홍의 해석과는 달리 우익진영의 지배적인 분위기는 5호성명에 서명하는 것은 곧 찬탁 표시이므로 이를 거부하자는 것이 대세로 여겨졌다. 또한 의견 대립과 해석이 분분했다. 민주의원 함상훈의 말에 의하면 민주의원 의원들 사이에서도 의견의 일치를 보지 못했는데, 첫째 의견은 5호성명이 결국 탁치를 전제로 한 것이며 이에 서명한

---

25 『서울신문』, 1946년 4월 19일자; 『중외신보』, 1946년 4월 19일자.
26 『자유신문』, 1946년 4월 19일자.
27 『대동신문』, 1946년 4월 20일자; 『자유신문』, 1946년 4월 20일자; 『조선인민보』, 1946년 4월 20일자.
28 『조선인민보』, 1946년 4월 20일자; 『중외신보』, 1946년 4월 20일자.

다는 것은 신탁을 받겠다는 것이므로 이를 승인할 수 없다는 입장이고, 둘째 의견은 5호성명이 미·소공동위원회와 합작하여 임시정부를 수립한 후에 국제헌장에 의한 신탁통치를 배제할 수 있는 단계를 규정한 것이라는 해석이다.[29] 실제로 전자의 입장을 견지했던 김구와 조소앙 등은 5호성명의 제3절(3상회의 결정문 제3절에 표시된 방책에 관한 제안을 작성함에 협력하기로 함)을 절대 수락할 수 없다고 말하면서 서명에 반대했으며[30] 후자에 속하는 김규식과 안재홍 등은 서명을 종용했다.[31] 이승만의 경우는 두 가지 어느 입장에도 속하지 않는 애매한 태도를 보였다. 그는 반탁은 고수하지만 공위에는 참가할 수도 있지 않느냐는 식의 논리를 계속 전개하면서[32] 4월 23일의 회견에서 공위 참가를 주장했다.[33] 그렇지만 그렇게 확고하지는 않았다.

이에 하지는 우익진영의 공위 참가를 유도하기 위해 1946년 4월 22일 5호성명을 미국 측의 입장에서 해설했다. 그는 신탁은 원조라고 전제한 후[34] "만일 조선 사람들이 확실히 원조의 필요가 없다는 것을 보여주든가 혹은 일정한 기간만 4국의 원조를 받겠다고 하고 여기에 4국이 찬동만 하면 원조를 전연 안 받을 수도 있고 받기로 한다면 5개년 이내의 일정한 기간에 한정될 수도 있습니다"라고 주장했다[35](소련 측은 이것이 자의적 해석이라고 비난했다).[36] 이는 3상결정에 대한 미국 측의 주류

---

29 『서울신문』, 1946년 4월 21일자; 『자유신문』, 1946년 4월 21일자.
30 『조선인민보』, 1946년 4월 20일자; 『중외신보』, 1946년 4월 20일자.
31 『조선인민보』, 1946년 4월 21일자.
32 『조선일보』, 1946년 4월 24일자.
33 『조선일보』, 1946년 4월 26일자; 『조선인민보』, 1946년 4월 27일자.
34 『자유신문』, 1946년 4월 23일자; 『조선인민보』, 1946년 4월 23일자; 『중외신보』, 1946년 4월 23일자.
35 『서울신문』, 1946년 4월 24일자; 『자유신문』, 1946년 4월 24일자; 『조선일보』, 1946년 4월 24일자.
36 Известия, May 15, 1946, 온낙중 편(1947), 앞의 책, 27-28쪽.

적 해석인 리버럴한 입장을 발표한 것이었으나 한국인들의 반탁감정을 무마해 공위 참석론을 확대하는 효과를 가져오지는 못했다.

1946년 4월 24일에는 6호성명이 발표되어 각 정당·사회단체에 시 문서(자문서)를 보내 여론을 반영한다는 안이 수립되었다.[37] 그러나 대다수 우익진영은 참가 의사를 명확히 하지 않았다. 이에 1946년 4월 27일 하지는 22일보다 더 구체적으로 참가를 권유했다.

① 그 선언서에 서명하는 정당과 사회단체에게 신탁의 찬성 혹은 반대하는 의견 발표의 특전을 보장함.
② 미·소공동위원회와 협의하기 위하야 선언서를 서명한다고 해서 그 정당이나 사회단체가 신탁을 찬성한다든가 혹은 신탁 지지에 언질을 준다는 표시는 무(無)함.[38]

즉 선언서 서명이 곧 찬탁은 아니라는 설명이었는데 이로써 우익진영의 공위 참가 명분을 부여하게 되었다. 결국 우익의 총결집체인 민주의원은 "하지 중장이 성명한 바와 같이 동 5호성명에 포함된 선언서에 서명하는 것은 미·소공동위원회와 협의하는 임시정부 수립에 참가하여 신탁통치에 반대할 수 있는 계기인 것을 확인하고"[39] 반탁을 전제로 조건부로 참석한다는 태도를 명백히 했다. 1946년 5월 2일 민주의원은 민주의원을 통하여 선언서를 제출한 단체는 비상국민회의, 한독당, 한민당, 국민당, 신한민족당, 독촉국민회 등 20개 단체라고 발표했다.[40]

---

[37] 『중외신보』, 1946년 4월 25일자.
[38] 『서울신문』, 1946년 4월 28일자; 『조선인민보』, 1946년 4월 28일자; 『중외신보』, 1946년 4월 28일자.
[39] 『대동신문』, 1946년 5월 3일자; 『서울신문』, 1946년 5월 3일자.
[40] 『조선인민보』, 1946년 5월 3일자.

그런데 이들 우익정당·단체들이 발표한 일련의 성명을 보면 이들의 노선이 "3상결정은 지지하되 탁치는 자주적으로 해결"하자는 4당코뮤니케의 노선과 어느 정도 비슷하다는 점이 확인된다. 즉 "반탁은 정부수립 후 민족자주의 입장에서 해결"하자는 입장이 나타나고 있었다.[41] 따라서 공위가 열리고 있는 동안 우익의 반탁노선은 4당코뮤니케의 노선, 즉 중도파의 노선에 접근했다고 평가할 수 있다. 반탁을 경직되게 고수하여 4당코뮤니케의 자주적 방안을 거부했던 우익이 노선을 전환한 것이라고 볼 수 있다. 이렇듯 우익은 시류에 편승해 전환했으므로 우익의 반탁은 명분을 버리고 기회주의적인 속성을 드러낸 것으로 볼 수도 있다. 그렇지만 상황 변화에 따라 고집을 버리고 유연하고 실용주의적인 방향으로 변화된 것으로 긍정 평가할 수도 있다. 명분 면에서도 자주적 방안으로 전환한 것으로 볼 수도 있다.

1946년 4월 말 한국독립당(약칭 한독당) 엄항섭 발언인(선전부장)은 아래와 같은 성명을 발표했는데 우익진영의 고민이 묻어나온다.

찬탁 반탁의 구별이 없이 민주주의 각 정당과 단체로 하여금 일률로 해회(該會)(미·소공동위원회-인용자)와 협의할 기회를 준 데 대하여는 특별히 소련 측에서 고집하지 아니한 그 위대한 민주주의정신을 존경하지 아니할 수 없다. 또 특별히 감사하는 바는 하지 장군이 우리의 의혹을 일소하기 위하여 누차 책임 있는 성명을 발한 점이다. 본당은 제5호성명이 있은 후에도 의연히 미·소공동위원회를 협조하는 것이 가하다고 인정[42]했다. 해회의 공작은 우리 독립의 완성을 협조함에 있을 뿐 아니라 우리가 해회 중에서 신탁 이외의 방법으로도 연합국이 우리 독립을 원조할 수 있나는 것을 일치하게 주장

---

41 김천영 편, 『연표 한국현대사』(한울림, 1984), 231쪽.
42 『조선일보』, 1946년 5월 1일자.

하면 그들이 신탁을 강요할 이유가 없게 될 까닭이다.[43]

즉, 공위에 참가하여 신탁을 자주적으로 해결(철폐)하도록 노력하겠다는 입장을 표명한 것이었다.

좌·우익 모두 참가 결정을 한 1946년 5월 1일 이후 공위는 다시 미·소대립을 표출하여 결국은 무기한 휴회되었다. 이 대립은 협의 대상 문제를 중심으로 파생한 이견에서 출발했다. 소련은 모스크바결정에 대한 적극적 반대자를 배제하자고 주장한 데 반하여 미국은 이러한 배제는 미국식 민주주의의 기본원리인 의사 표시의 자유에 배치된다고 주장하며 거부했다.[44] 또한 소련은 모스크바결정은 하나의 유일한 총체이므로 부분적인 반대는 용납될 수 없다고 주장하며[45] 미국과 대립했다. 미국 측은 시문(試問)에 응할 단체를 남한에서 25개로 결정했는데[46] 이에 대하여 소련 측은 좌익이 4개밖에 없음을 비판했다.[47]

이렇게 대립하자 미국 대표는 소련 대표로 말미암아 협의 대상 선정 문제가 과거 6주간 나아가지 못했다고 진단하고 앞으로도 임시정부를 조직하려면 상당한 지연이 있을 것은 불가피한 사실이라고 판단해 이 현안을 해결하는 동안 시급한 문제이자 조선 재통일의 일대 장애물인 38도선 철폐에 착수하자고 제의했다. 그러나 소련 대표는 38도선 철폐 문제가 임정 수립 후 조선인이 참가한 상황에서 논의되어야 할 문제라며 거부했다. 소련으로부터 38도선 철폐에 대해 거절당한 미국 대표단

---

43 「신탁 이외 방법으로도 우리 독립 원조를 할 수 있다: 한국독립당 엄항섭 씨 담」, 『동아일보』, 1946년 5월 1일자.
44 『서울신문』, 1946년 5월 10일자; 『중외신보』, 1946년 5월 10일자.
45 *Известия[Izvestija]*, May 15, 1946, 온낙중 편(1947), 앞의 책, 29쪽.
46 『조선일보』, 1946년 5월 7일자.
47 *Известия[Izvestija]*, May 15, 1946, 온온낙중 편(1947), 앞의 책, 27쪽.

은 이 단계에서는 다른 과제가 더 없으며 부득이 휴회를 구하는 외에 다른 도리가 없다고 판단했다는 것이다.[48] 결국 1946년 5월 6일 공위는 더 이상 진전되지 못하고 무기한 휴회에 들어갔다. 공위 휴회 후 발표된 성명에서 미·소는 결렬의 책임을 상대방에게 전가했다.

하지의 성명을 계속 인용하면 아래와 같다.

신탁이 혹 있게 되든 없게 되든지 간에 남조선에 있는 조선 사람들은 그 문제에 대해 흉금을 터놓고 자유롭게 말하리라고 (미·소 간에 5호성명을 통해 협정-인용자) 했다.
미·소 대표 간의 이러한 협정이 되었고 (이에) 따라 정부조직에 (반탁진영의) 참여 제외안을 일단 거부한 차제에 소련 대표는 "모스크바결의를 적극적으로 반대하는 자는 민주정당과 사회단체의 대표로 배제하자"라는 (5호성명에 위반되는) 안을 또 한 번 공동위원회에 제출했다는 것이다. 이는 의사 표시 자유원칙에 정반대가 되느니만큼 미국 대표는 소련안에 찬동할 수가 없다고 거부한 것이다.
그러나 회의 진행의 편의를 도모하기 위하야 만일 어떤 대표자 개인에 관하야 자격 문제가 난다면 공동위원회에서 개별적으로 검토를 하자고도 했다. 그러나 소련 대표는 모스크바협정 반대한 자는 단체 대표로 선택치 않도록 작고(昨告) 성명을 내자고 고집했다. 이 점에 대한 토의가 아직 진행 중인데 소련 대표는 미국 대표에 통고하기를 조선 주둔 미군사령관의 자문기관인 남조선대한국민대표민주의원과 관련된 정당과 단체는 공동위원의 협의 상

---

[48] 존 알 하-지, 「하-지 中將聲明內容: 三八線撤廢도 拒否: 反託陣 排除를 蘇側 固執」, 1946년 5월 8일, 『동아일보』, 1946년 5월 10일자; 존 알 하지, 「하지 사령관의 미소공위 무기휴회에 관한 특별담화」, 1946년 5월 8일, 『서울신문』, 1946년 5월 10일자; 심지연, 『미·소공동위원회 연구』(청계연구소, 1989), 213-214쪽.

대로의 자격이 없다. 이는 그 의원장(議院長; 민주의원 의장-인용자) 대리(김규식)의 성명으로 인함이라 했다. 소련 대표는 그 의원장 대리의 성명을 여좌(如左; 왼쪽에 적힌 내용과 같음-인용자)히 인용한다.

"공동성명서 제5조를 신중히 토의한 후 우리는 결정하기를 선언서 서명은 임시정부 조직건에 있어 미·소공동위원회와 협력하며 그 정부가 성립된 후에는 신탁통치에 대하여 우리의 반대 의사를 표시할 수 있다는 것을 의미한다."

소련 대표는 右(위; 국한문 혼용의 세로쓰기로 오른쪽부터 쓰므로 '위와 같음'은 '右와 같음'이다-인용자) 제 정당이 공동성명서 제5호에 있는 선언서에 서명한 사실(에)도 불구하고 그 정당들이 이러한 견해를 포기하지 않는 한 그들과 협의할 용의가 없다는 것을 명시했다.

이렇게 소련 대표로 말미암아 생긴 신사태는 이 문제(정당, 단체 대표 문제-인용자)로 이미 없어진 과거 6주간은 막론(莫論)하고 앞으로도 임시정부를 조직하자면 상당한 지연이 있을 것은 불가피(不可避)한 사실이므로 미국 대표는 … 38도선 철폐에 착수하자고 제안했다. 소련 대표는 이 안을 거절 … 부득이 휴회를 구하는 외에는 다른 도리가 없었다.[49]

이와 같이 미국은 공위 결렬 책임을 전적으로 소련에 전가하려 했던 것이다. 특히 통합을 지향하는 김규식 민주의원 부의장이 반탁진영의 공위 참가를 유도하기 위해 '임시정부 수립 후 탁치 문제 해소'라고 언명한 것이 '반탁 고수자의 협의 대상 참여 거부'라는 소련의 고집에 예기치 못한 빌미를 제공하여 공위가 교착 상태에 빠지고 진전되지 못했

---

[49] 존 알 하-지, 「하-지 中將聲明內容: 三八線撤廢도 拒否: 反託陣 排除를 蘇側 固執」, 1946년 5월 8일, 『동아일보』, 1946년 5월 10일자; 존 알 하지, 「하지 사령관의 미·소 공위 무기휴회에 관한 특별담화」, 1946년 5월 8일, 『서울신문』, 1946년 5월 10일자; 심지연(1989), 앞의 책, 213-214쪽.

던 것이다.

공위 휴회 원인에 대해 우익은 좌익과 소련의 행동을 비난했다. 한민당은 공위 휴회 소식이 전해진 1946년 5월 10일 오전에 5월 9일자로 되어 있는 성명서를 발표했다.

특히 38선 해소 문제를 미 대표가 제의하였음에도 불구하고 소련 측에서 전면적으로 이를 거부한 것은 도저히 양해할 수 없는 바이다. 38선으로 인하야 반도가 절단된 결과 국민생활이 파괴하여가는 엄연한 사실을 소 대표는 왜 엄폐(掩蔽)하고 38선 철폐를 거부하는가? 조선 민족의 해방을 위한다는 그 의도의 불순을 지적치 않을 수 없다. 소련이 이 같은 태도로 나오게 한 것은 조선을 모연방의 일속국으로 되기를 희망하여 탁치를 지지하는 조선공산당 계열의 매국한 도배의 음모에 의한 것에(이) 틀림없다. 긴박한 현하정세에 있어서 우리는 수수방관할 수는 없다. 도탄에 빠진 우리 민족을 구출하고 저 삼천만 총의를 집결하야 하루라도 속히 정부 수립에 매진하지 않으면 안 된다. 이에 우리는 감히 삼천만 민중에 크게 호소하는 바이다.[50]

이렇듯 한민당은 조선공산당의 찬탁이 우리 민족을 소연방의 일원으로 만들려는 매국 음모라고 강하게 비판했다. 또한 공위가 휴회된 이후 우익 일각에서는 (단독)정부수립운동에 나섰으며 1946년 6월 3일 이승만의 정읍발언이 나오게 된 것이었다(이 책 11장 1절 참고).

김규식은 휴회 원인을 소련 측 고집으로 돌렸다.[51] 반면 조선공산당은 휴회 원인이 우익의 반연합국적 행동 때문이라고 비난했다.[52] 그렇

---

50 한국민주당, 「성명서의 요지」, 1946년 5월 9일, 『동아일보』, 1946년 5월 11일자.
51 『대동신문』, 1946년 5월 14일자.
52 『조선인민보』, 1946년 5월 10일자; 『중외신보』, 1946년 5월 10일자.

지만 좌익은 공위 재개에 대하여 희망을 걸고 공위 휴회 정국의 추이를 비교적 낙관적으로 전망했다.[53]

그런데 공위가 휴회된 표면적 이유는 미국의 의사 표시 자유 허용 주장과 소련의 반탁진영 협의 대상 참여 불가 주장의 대립이었다. 이 대립의 이면에는 숨겨진 이유가 있었다. 미국은 자국의 지지기반이 될 수 있는 우익정당을 임시정부에 참가시켜 미국의 세력을 강화하려 했고 소련은 반탁을 구실로 하여 우익진영 인사들을 임시정부에 참여하지 못하게 함으로써 좌익의 세력을 강화하려는 속셈이 있었다. 결국 친미정부를 수립하려는 미국의 의도와 친소정부를 수립하려는 소련의 의도가 대립하여 공위가 휴회된 것이라고 할 수 있다. 모든 국가의 대외정책은 국가이익에 복무하는 수단이었던 것이다.

제1차 미·소공위에서 드러나는 미·소의 신탁통치(모스크바결정)에 대한 태도는 대조적이다. 미국은 신탁통치의 중요성을 강조하지 않는 태도를 보였다. 이에 반하여 소련은 한국인들에게 "신탁통치(후견제)는 모스크바결정서의 골자이고 이에 대한 변경은 추호도 없을 것이며 여기에 반대한다면 엄벌을 받을 것"[54]이라고 말할 정도로 신탁통치를 강하게 다루었다. 결국 미 정부는 신탁통치를 유보할 수 있는 것으로 받아들일 정도로[55] 신탁통치에 대한 집착(신탁통치를 처음 제기한 루스벨트 노선)에서 벗어나 노선 전환을 할 조짐을 보였다(이것은 1947년 가을 미국에 의한 탁치안의 일방적 폐기의 전조이다). 미국의 지지기반인 우익이 반탁을 했기 때문이다. 반면 소련 정부는 1945년 12월 모스크바3상회의에서 자신들의 안을 제출할 때 신탁통치에 대하여 주도적인 입장으로

---

53 『조선인민보』, 1946년 5월 11일자.
54 *FRUS, 1946*, vol. Ⅷ, p. 669.
55 *FRUS, 1946*, vol. Ⅷ, p. 671.

전환한 이래 1946년 3~5월 공위 국면에서는 후견제에 더욱 집착했다. 남북 좌익이 참여해 수립된 임시정부와 신탁통치를 거친 독립정부가 소련에 우호적일 수 있다는 확신 때문이었다. 여기에서도 탁치안을 둘러싼 미·소의 대립 이면에 숨겨진 미·소의 자국에 우호적인 정부 수립 기도를 간파할 수 있다.

좌우합작위원회를 통한 제3의 노선 추구와 좌절

10 장

1946년 3월 20일부터 5월 6일까지 열렸던 제1차 미·소공동위원회가 협의 대상 문제를 중심으로 결렬된 이후인 5월 25일, 국내 정치세력을 통일한다는 명분으로 미군 점령지역인 남한에서 좌우합작위원회가 발족하면서 좌우합작운동이 시작되었다. 1946년 10월 4일 이 위원회가 남한 좌·우익 간의 조정을 거쳐 통일원칙인 '좌우합작 7원칙'을 발표했으나 이 과정에서 좌우 양익의 실세들이 이탈해버려 좌우가 각각 배척하는 중간파만의 합작으로 귀결되었으며, 다음 해 12월 6일 좌우합작위원회는 공식 해체를 선언하고 결국 역사의 뒤안길로 사라졌다. 이 장에서는 이러한 좌우합작운동을 평가하고, 한반도에서 분단체제가 형성되는 과정에서 이 운동이 어떤 근본적 의미를 갖는지 탐구할 예정이다.

이 운동에 대한 역사적 평가는 엇갈린다.[1] 이는 입장 차이에서 기인

---

1 선구적 업적을 포함한 학위논문 등은 다음과 같다. 安貞愛, 「左右合作運動에 관한 연구: 1946~47년간의 전개과정과 실패원인 분석을 中心으로」, 이화여자대학교 석사학위논문(1985); 安貞愛, 「左右合作運動의 전개과정」, 최장집 편, 『한국현대사 I 1945~1950』(열

하는 바도 있지만 당시 사실에 대한 객관적 조망이 이루어지지 않았기 때문이기도 하다. 따라서 주관적·객관적 사료를 통한 실증적이면서도 치밀한 논리 전개를 지향하는 역사적 접근법(historical approach)을 채용해 이 문제를 살펴볼 필요가 있다. 연구에 의존할 자료는 당시 국내 신문과 미국 비밀문서 등의 자료에 더해 새롭게 발굴된 소련 문서 등이 활용될 것이다. 한국현대사 학계에서 상당한 비중을 형성하고 있는 국사학자들의 연구에서는 좌우합작을 주로 민족 내부 운동의 차원으로 접근했으며 국제정치적 상황에 대해서는 별로 주목하지 않았다. 따라서 이 글에서는 원자료들을 통해 좌우합작에 대한 국제정치적 영향력을 탐구할 예정이다. 광복 직후 한국정치에 미친 외세의 영향력이 지대했다는 것이 정설인데 좌우합작에 미친 외세의 영향력은 과연 어떠했을까? 이러한 영향력을 탐구하는 것은 여러 한국현대정치사 연구의 주요 주제 중 하나일 것이다.

음사, 1985), 275-310쪽; 姜萬吉, 「좌우합작운동의 경위와 성격」, 『韓國民族運動史論』(한길사, 1985); 이정식, 「여운형·김규식의 좌우합작」, 동아일보사 편, 『현대사를 어떻게 볼 것인가』 I(동아일보사, 1988); 鄭秉峻, 「1946~1947년 左右合作運動의 전개과정과 성격변화」, 서울대학교 석사학위논문(1992); 정병준, 「1946~1947년 左右合作運動의 전개과정과 성격변화」, 『韓國史論』 29(1993), 249-305쪽; 徐仲錫, 「解放後 左右合作에 의한 民族國家建設運動 硏究」, 서울대학교 박사학위논문(1990); 서중석, 『한국현대민족운동연구: 해방후 민족국가 건설운동과 통일전선』(역사비평사, 1991); 황의서, 「해방 후 좌우합작운동에 관한 연구」, 동국대학교 박사학위논문(1996); 황의서, 「해방후 좌우합작운동과 미국」, 2002년도 한국국제정치학회 연례학술회의 발표논문, 2002년 12월 14일(2002); 황의서, 「해방 후 좌우합작운동과 미국의 대한정책: 합작운동의 결과적인 실패와 관련하여」, 『한국정치학회보』 30-3(1996); 윤민재, 「한국의 현대 국가형성과정에서 중도파의 위상에 관한 연구: 1945~1950」, 서울대학교 박사학위논문(1999); 朴光武, 「解放政局의 中間派政治勢力에 관한 硏究」, 중앙대학교 박사학위논문(1995); 차민혁, 「해방기 좌우합작운동에 대한 연구」, 서울대학교 석사학위논문(2001); 金元德, 「呂運亨의 民族統一 戰線運動 硏究」, 건국대학교 박사학위논문(1996); 都珍淳, 「1945~48년 右翼의 動向과 民族統一政府 樹立 運動」, 서울대학교 박사학위논문(1993); 도진순, 『한국민족주의와 남북관계: 이승만·김구 시대의 정치사』(서울대학교 출판부, 1997).

1. 용어의 문제: 좌우합작에 의해 생성된 중간파

'좌우합작운동'이라는 용어는 다소 통일(운동) 지향적 개념이다. 또한 '좌우합작위원회'는 실체가 뚜렷한 기구를 지칭한다. 이에 비해 '좌우합작'은 보다 포괄적 통칭이다. 그런데 '좌우합작'과 '좌우합작운동'은 대개 혼용되고 있다. 여기서는 보다 중립적이며 포괄적인 용어인 '좌우합작'을 주로 사용하고자 한다.[2]

또한 '중간파(middle-of-the-roader)'와 '중도파(center group)'라는 용어에도 약간의 뉘앙스 차이가 있다. 좌우합작으로 생성된 중간파에 대해 우익 정치인인 한국민주당(약칭 한민당)의 함상훈은 합작 실패 이후의 중간파를 실체가 없는 '상대적인 개념'이라며 비판적으로 인식했다.[3] 따라서 중간파는 비교적 부정적인 뉘앙스를 가진 용어로 사용되기 시작했다. 그렇지만 실제 중간파 세력 자신들은 이 용어를 그렇게 비판적으로 인식하지 않았다. '중간파=좌우합작운동 추진 세력'이라며 긍정적 인식을 개진한 것은 해방정국의 참여자이며 목격자였던 중간파 송남헌이었다. 송남헌은 "공위의 성공적 추진을 위해서 극좌 극우의 대립 항쟁 사이에서 이를 지양"하고자 한 건전한 세력이라고 중간파를 규정했다.[4] 비판과 긍정의 양론을 종합하면 1946년 5월 좌우합작운동이 통합의 시대정신을 이끌던 당시, 좌파와 우파의 통합(합작)으로 기획된 좌

---

[2] 이영훈은 좌우합작이 국공합작과 같은 공개적인 협약이나 실천으로서의 합작은 없었으며 소수의 사람들만이 설왕설래했을 뿐 실제로 서울의 이름 있는 정치가가 만나지도 않았고 평양의 정치가들이 서울에 온 일은 소문조차 없었으므로 좌우합작운동이라는 용어보다 좌우합작 시도 정도가 적당하다고 평가했다. 이영훈, 『대한민국이야기』(기파랑, 2007), 207-208쪽.

[3] 함상훈, 「중간파에 대한 시비」, 『신천지』 2-9(1947), 6쪽. 이는 중간파가 1946년 이후부터 형성되기 시작한 것으로 보는 인식에 바탕을 둔 평가이다.

[4] 송남헌, 『해방30년사』 1(성문각, 1975), 353쪽.

우합작 과정에서 합작이라는 본연의 임무 대신 새로운 배타적 파벌로 결집된 것이 중간파라고 볼 수 있다.

이에 비해 중도(파)는 온건(파)의 동의어로 극좌(파)나 극우(파) 등의 극단주의자, 급진파 등과 대비되는 보다 일반적인 용어이다. 좌우합작 국면에서는 새롭게 형성된 파벌인 '중간파'라는 용어가 더 많이 쓰였다. 이때 좌우연합을 추구하고자 했던 타협적인 중도파가 독자적인(배타적인) 중간파로 결집되었다고 볼 수 있다. 따라서 보편적인 중도파라는 말보다 중간파라는 용어는 시대 한정적인 면이 있다.

중국의 국·공합작 당시 중간파라는 용어를 주로 사용했으며[5] 현재 중국에서는 중도파보다 중립파, 중용파, 중간파라는 용어를 주로 사용한다. 〈네이버 중국어사전〉에 중도파를 검색하면 중용파, 중간파라고 해석되며 예문에도 중도파의 용례가 없고 중간파, 중용파, 중립파의 용례만 나온다. 다만 한글 해석에서는 모두 중도파로 해석된다.[6] 따라서 한국에서는 중도파가 중간파보다 더 많이 쓰이는 일반적인 용어임을 확인할 수 있다. 중국에서도 중간파는 '회색파'(제3세력)의 동의어로 부정적인 어감을 가지고 있다.[7] 사회주의 국가인 중국의 상황을 반영한 것이 아닌가 한다. 〈네이버 중국어사전〉에서 '中間派'를 검색하면 나오는 예문인 "중도파는 '기회주의자'라는 오명을 쓰기도 한다. (역시 중간파는 한국어로 '중도파'로 번역된다)", "그는 좌우 이념 대립에서 중간파로 비판을 받았다"[8]에서 볼 수 있듯이 중국에서 중간파는 비판의 대상이다.

---

5   중국 국·공합작 국면에서 국·공조화와 미·소겸친을 주장한 중간파가 생성되었다.
6   "중도파", 〈네이버 중국어사전〉(zh.dict.naver.com/#/search?query=%EC%A4%91%EB%8F%84%ED%8C%8C, 검색일: 2021년 2월 20일).
7   "중간파", 〈네이버 중국어사전〉(zh.dict.naver.com/#/search?query=%EC%A4%91%EA%B0%84%ED%8C%8C, 검색일: 2021년 2월 20일).
8   "中間派", 〈네이버 중국어사전〉(zh.dict.naver.com/#/entry/zhko/a83eb7f21e6e46

이 책에서는 좌우합작이 발족하여 중간파라는 용어가 상용화된 1946년 5월을 경계로 그 이전의 정치세력을 지칭할 때는 중도파라는 일반적인 용어를 주로 사용했다.[9] 또한 좌우합작기 중간파의 타협정신을 1947년 말 이후 남북협상기에는 중도파가 계승해 좌우협상파가 되므로 남북협상기를 다룰 때는 중도파라는 원래의 용어로 회귀하여 주로 사용하고자 한다(좌우합작기 중간파는 좌파·우파와 구분되는 파벌로 여겨지지만, 남북협상기 중도파는 좌파와 우파 사이에 낀 정치이념적 세력이 아니라 민족통일국가 수립이라는 공공의 목표를 위한 타협과 통합의 정치세력이었다.[10] 따라서 우파의 대표자인 김구가 남북협상에 참여하는 다소 의외의 노선 전환을 한 것으로 여겨졌지만 완벽하게 전향하지는 않고 중도적인 노선을 취할 수 있었다고 해석할 수 있다).

중간파에 가치를 부여하는 중간파 정치인(송남헌 등) 말고 중간파는

999a05a6b9cd931c7e, 검색일: 2021년 2월 20일).

[9] 4당코뮤니케 과정에서 당시까지는 인민당원이었던 김오성(3당합동 과정에서는 근로인민당이 아니라 남로당으로 감)이 중간당이라는 표현을 사용했던 것은 제외했다. 중도가 아닌 '중간'이라는 용어는 4당코뮤니케가 합의되었을 때 사용되기 시작해 좌우합작 과정에서 주로 쓰였다. 한편 남광규는 중간파가 해방 직후에 이미 있었으며 5~7개월 사이에 벌써 약화되었다고 평가된다. 남광규, 「해방 초기 중간파 약화와 좌우대결의 격화(1945.8~1946.2)」, 고려대학교 박사학위논문(2002). 남광규·유병용·김인식의 글에서는 일제 식민지시대 중경 임정-화북 조선독립동맹, 여운형의 조선건국동맹, 안재홍의 민족대회소집운동 등에서 중간파의 원류를 찾고 있다[남광규 외, 「해방 전후 중간파 민족주의의 성격」, 『한국정치외교사논총』 29-1(2007)]. 그렇지만 이는 원류일 뿐 실제 중간파가 본격적으로 결집된 것은 좌우합작 이후이므로 좌우합작기를 기술할 때 주로 사용하는 것에 큰 무리는 없다.

[10] 이승렬, 『근대 시민의 형성과 대한민국』(그물, 2021), 614쪽에는 남북협상파는 물론 좌우합작기 중간파도 좌파와 우파의 사이에 있지 않았다고 평가된다. 그러나 필자는 좌우합작기 중간파는 남북협상파와는 달리 좌파와 우파의 중간에 있는 세력이라고 생각한다. 한편 이승렬은 해방 직후 송진우, 여운형, 장덕수, 김구 등 중간에 있던 온건주의는 희생되었지만 남한 시민사회의 뿌리가 되었다고 주장한다. 온건주의의 기반은 상층 지주세력에서 출현한 독립적인 (중도) 자유주의 세력과 기독교 세력이었는데 이들이 한국 의회주의 발전에 기여하게 되었다고 주장된다. 이는 기존 학계의 대립 구도인 민족/반민족, 좌/우의 양분법 구도를 넘어서려는 시도이다.

대개 다소 부정적이고 냉소적인 의미를 가진 용어로 사용된다. 중간파는 좌익도 우익도 아닌 기회주의적 회색분자라는 뉘앙스가 내포되어 있는 표현이지만 중도파는 중도노선이라는 용례에서 볼 수 있듯이 다소 긍정적인 뉘앙스가 함유된 표현이다. 중간파라는 말보다 '중도파'라는 용어를 선호하는 정영훈(1994·1995)은 중도파를 어떤 특정한 이념적 성향에 의해 분류하기보다는 '좌우합작과 남북협상에 대한 지지 입장'에서 찾는 것이 타당하다고 주장했다. 광복 직후 국제적 냉전에 편승하여 상호 배제적인 단독정부를 세워갔던 대결의 당사자들을 좌우로 보고 양자의 대결·갈등을 완화해 민족의 단결을 이루어내려던 세력을 중도파로 보았다. 또한 사회주의 쪽에서 민족주의 쪽으로 접근해온 집단을 중도좌파, 민족주의 쪽에서 사회주의를 흡수해간 그룹을 중도우파라고 구분했다.[11] 윤민재(2004)도 중도파라는 용어를 사용했다.[12] 그런데 좌우합작 당시 주로 사용된 중간파는 중도파, 합작파라는 용어와 대개 혼용되었다.[13]

그런데 비교적 높게 평가되는 중용[극단으로 흐르지 않고 불편(不偏)[14]부

---

11 鄭榮薰,「光復後의 中道派와 統一運動: 左右合作運動과 그 추진세력을 중심으로」,『광복후의 정치세력: 중도파와 좌파』(한국정신문화연구원, 1995), 3-4쪽; 鄭榮薰,「光復後의 中道 民族勢力의 政治思想」,『한국현대사의 주요 쟁점 재조명』(한국정신문화연구원, 1994), 201-202쪽.
12 윤민재,『중도파의 민족주의운동과 분단국가』(서울대학교 출판부, 2004), 5-6쪽에 의하면 중도파는 내적 통합성을 가진 고정된 정치세력은 아니며 좌파, 우파들과 뚜렷한 경계는 없지만 외세에 대하여 자주적이고 현실주의적 태도를 견지하면서 외세 의존적인 태도에 대하여 비판적이었다고 평가된다. 그런데 예를 들어 남북협상이라면 몰라도 좌우합작 추진기의 김규식이 자주적이었을까 하는 비판도 가능하며 김구·김규식의 남북협상이 이상주의적이었다는 평가도 있다. 이에 비해 여운형은 소련과 미국 어느 한쪽에 치우지지 않으면서 두 강대국을 이용하려는 길을 걸으려 했다는 평가가 있을 수도 있다.
13 서중석,「중간파인가, 중도파인가, 합작파인가?」, 역사비평편집위원회,『역사용어 바로쓰기』(역사비평사, 2006), 168-175쪽.
14 이념에 치우치지 않는 태도가 필요하다고 주장하면서 중도를 표방하는 것은 모순이라

당(不黨)의 가운데(中) 길을 택함]에 비해 중도주의도 논자에 따라서 타협과 화해만을 강조하고 원칙을 무시하는 무원칙한 해소의 방법이며 기회주의적 사상으로 오해되기도 한다.[15] 진보주의자들에게는 중도주의자가

---

[15] 는 지적도 있다. 중도는 특정 이념에 속한 것이므로 편향된 태도라는 느낌을 가진다. 따라서 중용이라는 말이 더 균형 잡힌 입장일 수 있다(중용주의자들의 주장). 그러나 중용이라고 해서 기존의 이념 스펙트럼을 초월하는 것이 현실정치에서는 거의 불가능하므로 중도와 거의 동일시될 수 있다는 지적도 가능하다. 그런데 중도는 가운데를 의미하지 않으며 양극단을 벗어난 상태를 말한다는 주장도 있다. 어느 한편으로 치우치지 않고 상대를 인정하고 이해하는 모습에서 중도의 의미를 발견할 수 있다는 것이다. 「사설: 병신년 새해, 중도를 꽃피워 화합과 평화 세상 만들어가자」, 『불교신문』, 2016년 1월 1일자. 그렇다면 중용을 편향되지 않은 사상으로 보는 중용주의자들의 주장처럼 중도도 특정 이념을 벗어난 탈편향적이고 균형 잡힌 입장으로 볼 수도 있으므로 중도와 중용은 그 차이점보다는 공통점이 더 부각될 수 있을 것이다.

김우창, 「정치논의의 공동체적 기반: 중용적 사유 속의 갈등」, 최상용 외, 『민족주의, 평화, 중용』(까치, 2007), 320-321쪽. 또한 중간이건 중도이건 중용, 중심이건 이를 견지하는 것은 한쪽으로 치우치는 것보다 어렵다. 김지하의 시 〈중심의 괴로움〉에는 다음과 같은 구절이 나온다. 봄에/ 가만 보니/ 꽃대가 흔들린다/ 흙 밑으로부터/ 밀고 올라오던 치열한/ 중심의 힘/ 꽃피어/ 퍼지려/ 사방으로 흩어지려/ 괴롭다/ 흔들린다/ 나도 흔들린다/ 내일/ 시골 가/ 가/ 비우리라 피우리라. 김지하, 『중심의 괴로움』(솔, 1994). 동양의 전통사상 '중용'은 극단을 배제하고 주어진 조건에서 가능한 최선의 해결책을 모색하는 것이다. 『중용』에서는 화이부동(和而不同), 곧 자기의 중심을 지키면서도 다른 견해를 가진 사람들과 조화를 이루는 것을 최고의 가치로 여긴다. 상대방에게 자기 의견을 강요해서는 안 된다. 구동존이(求同存異)는 서로 같아지기를 추구하되 합의가 되지 않는 다른 부분은 그대로 두어야 한다는 의미이다. 최상용이 주장하는 중용민주주의(meanocracy)에 따르면 "정치는 정의의 실현이며 정의는 곧 중용"이다. 정정길, 「중도실용주의의 이해」, 정정길 외, 『전문가들이 본 이명박정부의 국정철학: 중도실용을 말하다』(랜덤하우스, 2010)을 펴낸 정정길 전 대통령실장은 이명박정부뿐 아니라 어떤 정부도 중도실용주의의 범위에서 벗어날 수 없다고 보면서, 이론적인 검토가 필요하다고 판단했으므로 책을 간행했다고 저술 동기를 밝혔다. 중도실용이 우파의 구호인 성장과 좌파의 구호인 복지를 함께 추구하되 그 최적점을 찾는 것이라고 주장하는 정정길은 "중도실용의 궁극적 목표는 기회의 형평성과 개인의 존엄성이 사회적으로 보장되어 국민 대다수가 중산층의 삶을 누리는 '항아리형' 사회를 만드는 것"이라고 MB 실용노선을 정의했다. 그는 또 X축을 경제성장 비용 지출, Y축을 복지 비용 지출로 하는 그래프를 통해 중도의 위치를 시각적으로 제시하면서 "중도실용의 바람직한 정책조합을 찾는 일은 엄청나게 힘든 일이며 자칫하면 좌우 대립축의 중간 영역 적당한 곳에서 인기영합주의적이거나 기회주의적인 정책을 추진하기 쉽다는 점을 정책 결정자들은 항상 경계해야 한다"라고 충고했다. 정정길(2010), 앞의 글, 50쪽. 즉

비겁해 보인다. 또한 보수주의자들에게는 중도주의자가 회색분자이거나 기회주의자[16]로 보인다. 그럼에도 불구하고 중도파가 중간파보다는 대체로 가치부여적이며 긍정적인 개념이라고 할 수 있다.

  필자는 중도파와 중간파 양 개념 사이에 그렇게 큰 차이는 없다고 생각한다. 그렇지만 좌우합작을 다루는 이 장에서는 (좌우합작)시대 한정적인 개념인 '중간파'라는 용어를 주로 사용하고자 한다. 다른 논자가 중도파라는 용어를 사용한 것을 인용한 경우는 예외로 하면서 말이다. 또한 좌우합작 당시 정치세력들이 중간파라는 용어를 주로 사용했던 것도 이 장에서 중간파를 사용하는 이유 중의 하나이다.

  그런데 중간파는 원래 좌익과 우익 중 온건한 파벌이 좌우합작 과정에서 형성되었으므로 여운형 중심의 중간좌파와 김규식 중심의 중간우파로 크게 양분될 수 있다.

    한정된 자원을 갖고 효과를 극대화하는 경제성장 비용과 복지 비용의 조합이 바로 중도에 해당되는데 이 최적점은 현실적으로 채택이 거의 불가능하다고 주장했던 것이다. 한편 박효종, 「국정철학으로서의 중도실용」, 정정길 외, 『전문가들이 본 이명박 정부의 국정철학: 중도실용을 말하다』(랜덤하우스, 2010), 116-122쪽에 의하면 중도는 '독자적 개념'이라기보다는 '파생적 개념'이고 중도가 '지속가능한 노선'이 될 수 있을 것인가에 대해 회의적이므로 (이명박정부) 국정의 기본철학으로는 '중도'보다는 '헌법적 가치'가 바람직하다는 의견이 개진되기도 했다.

16 기회주의는 그 아이덴티티가 불명확한 사상이며, 박쥐는 포유류와 조류의 복수 아이덴티티를 가지고 있고, 회색인은 검정이나 흰색이 아닌 확실한 아이덴티티를 가지고 있는 경우를 말하므로 세 용어에 미묘한 뉘앙스 차이가 존재한다.

2. 좌우합작의 배경과 전개

1) 좌우합작의 배경: 미·소공위의 결렬

미국과 소련은 1945년 12월 말에 결정된 모스크바3상회의 의정서에 따라 한국 독립정부 수립 과정에서 임시민주주의정부 수립을 원조하기 위해 미·소공동위원회를 설치했다. 1946년 1월 16일 덕수궁 석조전에서 한국의 신탁통치와 임시정부 수립을 위한 제반 문제 해결을 위하여 예비회담을 열었고, 1946년 3월 20일 모스크바3상회의 한국에 관한 의정서 제3조 2항과 3항의 조항에 따라 제1차 회의를 열었다.

미국 측 대표는 소장 아널드(Archibold V. Arnold), 소련 측 대표는 중장 시티코프였다. 미·소공동위원회는 벽두부터 난관에 부딪혔는데 가장 큰 논란은 민주주의라는 용어와 민주주의 제 정당에 관한 해석을 둘러싸고 일어났다. 모스크바3상회의 결정에 따라 5년 동안의 신탁통치가 과도기 정치로서 요구되었으나 남한의 우익정당과 사회단체는 신탁통치를 반대했다. 이에 소련 측은 모스크바3상회의 결의를 반대하는 정당과 사회단체는 임시정부 구성에 참여시킬 수 없다고 주장했다. 한편 미국 측은 의사 표시의 자유 원칙에 입각하여 모스크바3상회의 신탁통치안을 반대한다고 해서 임시정부 수립에서 제외될 수 없다는 입장을 취했다.

'민주적'이란 용어를 미·소는 서로 다르게 정의했기에 '민주적 정당 및 사회단체와 협의한다'는 모스크바결정의 구체적 실행을 둘러싸고 논쟁이 벌어졌다. 즉 자유를 강조하는 미국과 사회개혁을 강조하는 소련은 각각 '의사 표시의 자유'와 '모스크바결정을 지지하지 않는 반민주적 단체는 모스크바결정을 실행하기 위해 열린 미·소공위의 협의 대상이 될 수 없다'를 들고 나와 대립했다. 미국은 모스크바결정에 공위의 협의 대상이 될 정당과 사회단체의 규정에 '본 협정을 맹목적으로 지지해야 한다는 규정이 명시되어 있지 않다'고 주장하며 반탁진영도 공위의 협의 대상이 될 수 있음을 역설했다.[17] 이러한 민주주의 논쟁의 배후에는 각자의 기반이 되는 모스크바결정 지지진영과 반탁진영을 상대방보다 더 많이 참가시키려는 숨은 의도가 깔려 있다 할 것이다.

그러나 소련이 일방적으로 탁치(훈정)에 집착했던 것은 아니다. 전쟁 중 루스벨트가 탁치를 구상해 공론화할 때부터 스탈린은 오히려 즉시독립을 선호했으며 탁치안 결정 과정에서도 그러한 태도를 드러냈다. 미국은 자국의 지지기반이 되어야 할 우익의 거센 반탁운동 등으로 인해 탁치에 대한 집착에서 점점 후퇴하는 기미를 보였고, 스탈린은 미·소 예비회담이 결렬 조짐을 보이던 1946년 1월 23일 주소 미국대사 해리먼을 만난 자리에서 "소련 정부는 미국만큼 탁치를 필요로 하지는 않는다. 만약 양국이 바람직하다고 생각한다면 탁치는 철회될 수 있다"라고 말했다. 그런데 미국이 탁치 문제로 수세에 몰리자, 소련은 탁치 문제에 대한 종래의 유연하던 태도에서 벗어나 강도 높게 집착했다.

1946년 5월 1일 공동성명 제7호까지 발표했으나 이와 같은 의견 대립으로 아무런 결실 없이 5월 6일부터 휴회에 들어갔다. 그 뒤 1947년 5월 21일 제2차 미·소공동위원회가 열렸으나, 7월 신탁통치 반대투쟁 단체를 둘러싼 논란과 미국 측의 소극적인 태도로 협상이 결국 결렬되었음은 후술될 예정이다.

좌우합작위원회는 1차공위 휴회 후인 1946년 5월 만들어진 조직으

---

17 "Report of U.S. Delegation," 20 August 1947, US-USSR Joint Commission, RG 332, Box 66, US National Archives; 이동현, 『한국신탁통치연구』(평민사, 1990), 124쪽.

로 공위 재개를 통한 (통일)임시정부 수립이라는 목표를 가지고 출발한 정치운동이었다(북한에서 소련이 만든 북조선임시인민위원회에 대응하려는 조직으로 미국이 만든 것이므로 미국의 입장에서는 남한만의 단독적인 방안이었다. 그러나 이 조직에 참여한 한국인은 통일을 위한 조직이라고 생각했다).

2) 좌우합작운동의 전개 과정: 중간파 결집

예단하자면, 좌우합작운동은 미·소공위가 결렬된 상황에서 여운형[18]과 김규식[19]이라는 남한의 중간좌파와 중간우파의 양 거두가 주도했다고 할 수 있다. 이들의 이데올로기적 성향은 박헌영·김일성 등의 좌익과 이승만·김구 등의 우익보다 상대적으로 온건한 편이었다. 좌우합작위원회가 가동되기 시작한 1946년 5월부터 9월 개편 이전까지는 조선공산당원인 허헌·이강국 등 좌익진영의 핵심 인사가 민주주의민족전선(약칭 민전) 소속으로 참여했으며, 우익인 한민당의 원세훈 등과 임시정부 김붕준, 최동오 등도 남조선대한국민대표민주의원 소속으로 참여하여 명실상부한 좌우합작을 도모했던 적도 있었다. 1946년 7월 7일 비상국민회의와 민주의원 연석회의에서 한민당의 반대에도 불구하고 18대 13의 표결로 합작 지지를 결정하고 5명의 대표를 공식 선발했던 것

---

18 여운형에 대해서는 夢陽呂運亨先生全集發刊委員會 編, 『夢陽呂運亨全集』 1·2(한울, 1991·1993); 정병준, 『몽양여운형평전: 머리가 희일수록 혁명 더욱 붉어졌다』(한울, 1995) 참고.
19 김규식에 대해서는 이정식, 『김규식의 생애』(신구문화사, 1974); 柳根一, 『理性의 韓國人 金奎植』(東亞文化社, 1981); 서중석, 『남·북 협상: 김규식의 길, 김구의 길』(한울, 2000); 심지연, 『송남헌 회고록: 김규식과 함께 한 길, 민족의 자주와 통일을 위하여』(한울, 2000); 강만길·심지연, 『항일 독립투쟁과 좌우합작: 우사 김규식, 생애와 사상』 1(한울, 2000); 송남헌 외, 『몸으로 쓴 통일독립운동사, 우사 김규식: 생애와 사상』 3(한울, 2000) 참고.

이다.[20] 그러나 1946년 8월 말 이후 미군정이 조선공산당 계열을 탄압하려는 조짐을 가시화하자 공산당이 이탈했다. 또한 10월 4일 좌우합작위원회 위원들이 합의한 좌우합작 7원칙에 대해 한민당이 10월 8일 반대 성명을 발표하여 협상을 위임받은 한민당 대표가 10월 8, 9, 11일에 탈당했다.[21] 따라서 결국 7원칙 서명자를 중심으로 좌우 양익과는 색깔이 다른 온건한 세력만 남아 중간파 집단이 형성되고 결집되었다. 그 이합집산 과정을 보다 자세히 살펴보고자 한다.

　1946년 5월 25일 예비모임이 열린 후 여러 우여곡절 끝에 7월 10일 좌·우익 각 정파를 총망라한 대표가 결정되었다.[22] 1946년 7월 25일 아래와 같은 좌익의 합작 5원칙이 민주주의민족전선을 통과했는데, 이 과정에서 박헌영과 여운형의 의견 차이가 표결로까지 이어져 갈등을 표출했다. 박헌영은 자신의 5원칙이 합작위원회에서 받아들여질 때에만 이 운동에 참여할 것을 주장했으나, 여운형은 5원칙이 너무 강경하여 우익이 받아들일 수 없을 것으로 판단하여 이를 순화할 것을 주장했다. 결국 표결에 부쳐져 여운형과 김원봉 2인의 반대에도 불구하고 민주주의민족전선은 3대 2 다수결로 이 5원칙안을 통과시켰다.[23]

---

20 『서울신문』, 1946년 7월 11일자; HQ USAFIK, "G-2 Periodic Report," no. 280 (July 16, 1946).
21 송남헌, 『해방30년사』 1 (성문각, 1975), 350쪽.
22 이에 앞서 7월 2일 공위의 미 수석대표가 좌우합작은 공위 속개의 촉진에 큰 도움이 될 것이라고 믿는다 하여 좌우합작에 대한 미국의 속셈을 명확히 했다. 『자유신문』, 1946년 7월 3일자.
23 "The Political Adviser in Korea (Langdon) to the Secretary of State," Seoul, August 2, 1946, US Department of State, FRUS, 1946, vol. Ⅷ (Washington, D.C.: USGPO, 1971), p. 723; 미 국무성 저, 김국태 역(1984), 앞의 책, 330쪽; "The Political Adviser in Korea (Langdon) to the Secretary of State," 740.00119 Control(Korea)/8-346, Telegram, 김광운, 「김원봉의 1945년 광복 이후 정치 행적과 성격」, 『한국독립운동사연구』 68(2019), 273쪽. 여운형과 박헌영의 갈등은 다음 문서에도 기록되어 있다. US Army Forces in Korea XXIV Corps, "HUSAFIK," manuscript

〈좌익 합작 5원칙〉

1. 조선의 민주독립을 보장하는 3상회의결정을 전면적으로 지지함으로써 미·소공동위원회 속개촉진운동을 전개하여 남북통일의 민주주의 임시정부 수립을 매진하되 북조선민주주의민족전선과 직접 회담하여 적극적 행동 통일을 기할 것.
2. 토지개혁(무상몰수 무상분여), 중요 산업 국유화, 민주주의적 노동법령급(及) 정치적 자유를 위시한 민주주의 제 기본과업 완수에 매진할 것.
3. 친일파 민족반역자 친팟쇼 반동거두들을 완전히 배제하고 테러를 철저히 박멸하여 검거 투옥된 민주주의 애국지사의 즉시 석방을 실현하여 민주주의적 정치운동을 활발히 전개할 것.
4. 남조선에 있어서도 정권을 군정으로부터 인민의 자치기관인 인민위원회에 즉시 이양토록 기도할 것.
5. 군정고문기관 혹은 입법기관 창설에 반대할 것.[24]

탁치 문제 등 기존의 입장에서 합작을 위해 양보한 부분은 거의 없었다. 이러한 좌익의 5원칙에 대해 우익은 7월 29일 민주의원과 비상국민회의 발의로 다음과 같은 우익 8원칙을 제시했다.

〈우익 8원칙〉

우익 합작의 대책

본 위원회의 목적(민주주의 임시정부를 수립하여 조국의 완전독립을 촉성)을 달성하기 위하여 대내, 대외의 기본대책을 아래와 같이 의정(議定)함.

---

[24] of OCMH, Seoul, 1947~48, US National Archives, part Ⅱ, chapter Ⅱ, pp. 39-46. 『조선인민보』, 1946년 7월 27일자; 『동아일보』, 1946년 7월 27일자; 『서울신문』, 1946년 7월 27일자.

1. 남북을 통한 좌우합작으로 민주주의 임시정부 수립에 노력할 것.
2. 미·소공동위원회 재개를 요청하는 공동성명을 발표할 것.
3. 소위 신탁 문제는 임정 수립 후 동 정부가 미·소공위와 자주독립정신에 기하여 해석할 것.
4. 임정 수립 후 6개월 이내에 보선(普選; 보통선거-인용자)에 의한 전국국민대표회의를 소집할 것.
5. 국민대표회의 성립 후 3개월 이내에 정식정부를 수립할 것.
6. 보선을 완전히 실시하기 위하여 전국적으로 언론, 집회, 결사, 출판, 교통, 투표 등 자유를 절대 보장할 것.
7. 정치, 경제, 교육의 모든 제도 법령은 균등사회 건설을 목표로 하여 국민대표회의에서 의정할 것.
8. 친일파 민족반역자를 징치(懲治)하되 임시정부 수립 후 즉시 특별법정을 구성하여 처리케 할 것.[25]

이러한 우익의 원칙은 신탁에 관해서는 기존의 반탁 입장에서 한걸음 양보하여 1946년 1월 7일 한민당, 국민당, 공산당, 인민당 4당이 합의했던 소위 '4당코뮤니케'(민주주의적 발전을 보장하는 3상 협정 정신과 의도는 전면적으로 지지하며 신탁은 향후에 수립될 정부가 자주독립 정신에 의거하여 해결한다; 한민당이 반탁 정신을 몰각했다며 즉각적으로 불승인하고 공산당이 3상결정 지지의 문건이라고 경직되게 해석하는 등 이내 파기되었다) 노선으로 기울어진 것이었다. 그러나 토지 문제에 대해서는 언급이 없어 양보할 수 없는 선을 설정한 것이라고 할 수 있다.

좌우 각각은 원칙을 제시한 후 상대방 원칙에 대해 비판했다. 민전은

---

25 『동아일보』, 1946년 7월 31일자; 정시우 편, 『독립과 좌우합작』(삼의사, 1946), 47쪽.

7월 31일 우익의 "합작기본대책 8원칙은 그들이 계속하여오던 반동정치노선에서 일보도 전진함이 없이 의연반동정부를 수립하려는 불순한 의도를 청산하지 못하고 있는 것이다"라고 논평했으며[26] 이에 한민당은 8월 2일 "좌익 5원칙은 합작을 하지 않겠다는 의사 표시"라고 맞비판했다.[27]

한편 1946년 8월 초부터 미군정이 좌익진영에 대하여 이전의 방관하던 태도에서 벗어나 활동에 제한을 가하려는 조짐을 보이기 시작하자 좌·우익은 한자리에 모이지 않았고 당연히 합의에 이르지도 못했다. 이러한 정세 변화에 대해 박헌영은 "폭력하의 강제 합작은 절대 반대"라는 논평을 『조선인민보』에 게재했고[28] 인민당은 좌우합작 지연의 진짜 원인은 민주진영의 환경 악화에 있다고 주장하고 이를 "명랑화시킬 것을 요망"했다.[29]

미국의 조치들은 더욱 진전되어 1946년 9월 6일 좌익신문 『조선인민보』, 『현대일보』, 『중앙신문』에 대한 정간(停刊) 처분을 시초로 좌익에 대한 본격적인 탄압을 시작했고 이어 다음 날 박헌영, 이강국, 이주하 등 공산당 간부에 대한 체포령을 내렸는데 이후부터 합작에 공산당이 실제로 참여할 수 없었다. 이렇게 되어 좌우합작은 더욱 소강 상태에 빠졌다.

여운형은 인민당, 공산당, 신민당의 3당합동 문제의 주도권을 공산당의 박헌영 일파에게 빼앗기고 전전긍긍하여 좌우합작에도 불참하다가 새로이 합작을 지지하는 공산당의 강진, 신민당의 백남운과 함께 새 정

---

26 『조선인민보』, 1946년 8월 1일자.
27 함상훈, 「좌익측 합작5원칙에 대한 비판」, 『신천지』 1-8(1946), 27-30쪽.
28 『조선인민보』, 1946년 8월 5일자.
29 『조선인민보』, 1946년 8월 13일자.

당(사회노동당)을 발기할 준비를 하여 합작의 기반을 구축하고[30] 9월 말 이후부터 합작에 능동적으로 참여했다.

　1946년 10월 4일 김규식의 집에서 좌우 대표들은 좌익 5원칙과 우익 8원칙을 조정하여 통일원칙인 '좌우합작 7원칙'에 합의했다. 여운형은 10월 6일 인민당 확대위원회에서 합작 7원칙을 보고하고 승인받았다. 이에 좌우합작위원회는 김규식과 여운형 공동명의로 10월 7일 합작 7원칙을 발표했으나 이미 8월부터 조선공산당은 참여하지 않은 상태였다.

〈좌우합작위원회 합작 7원칙〉

본 위원회의 목적(민주주의 임시정부를 수립하여 조국의 완전독립을 촉성할 것)을 달성하기 위하여 기본원칙을 아래와 같이 의정(議定)함.

1. 조선의 민주독립을 보장한 3상회의결정에 의하여 남북을 통한 좌우합작으로 민주주의 임시정부를 수립할 것.
2. 미·소공동위원회의 속개를 요구하는 공동성명을 발할 것.
3. 토지개혁에 있어 몰수, 유조건 몰수, 체감매상 등으로 토지를 농민에게 무상으로 분여하며 시가지의 기지 및 대건물(大建物)을 적정 처리하며 중요 산업을 국유화하며 사회노동법령 및 정치적 자유를 기본으로 지방자치제의 확립을 속히 실시하며 통화 및 민생 문제 등등을 급속히 처리하여 민주주의 건국과업 완수에 매진할 것.
4. 친일파 민족반역자를 처리할 조례를 본 합작위원회에서 입법기구에 제안하여 입법기구로 하여금 심의 결정하여 시행케 할 것.
5. 남북을 통하여 현 정권하에 검거된 정치운동자의 석방에 노력하고 아울

---

[30] 송남헌, 『해방30년사』 1(성문각, 1975), 305쪽.

러 남북, 좌우의 테러적 행동을 일절 즉시로 제지토록 노력할 것.
6. 입법기구에 있어서는 일절 그 기능과 구성 방법 운영 등에 관한 대안을 본 합작위원회에서 작성하여 적극적으로 실행을 기도할 것.
7. 전국적으로 언론, 집회, 결사, 출판, 교통, 투표 등 자유를 절대 보장되도록 노력할 것.

1946년 10월 7일
좌우합작위원회[31]

좌우합작 7원칙이 성립되고 난 후 1항 3상결정에 대한 해석은 좌우 모두 구구했으며 3항 토지 문제를 둘러싼 논전이 가장 심각했다. 1항의 해석 문제를 둘러싸고 좌우합작에 참여했던 우파세력이 내분을 일으켜 아래와 같이 합작 범위가 다시 축소되었다.

한민당은 10월 8일 합작 7원칙 1항이 신탁 문제를 언급하지 않았으므로 반탁의 태도를 재천명했다. 또한 3항 토지 문제에 대해서는 단호히 반대했다.[32] 이러한 한민당의 반대 표명에 항의하여 좌우합작에 참여했던 한민당원 원세훈, 박명환, 송남헌 등과 김용국 등이 10월 8, 9, 11일에 연이어 탈당했다.[33] 결국 좌우 양익의 실세들이 반대하는 상황에서 좌우가 각각 배척하는 중간파만의 합작으로 귀결되었던 것이다. 이에 10월 11일 한민당은 좌우합작을 반대한 것이 아니라 합작 7원칙 중 토지 문제에 이의를 제기한 것이라며 입법기관에 반대하지는 않는다면서 입법의원에 참여할 것을 시사했다.[34] 결국 한민당은 독립촉성국민

---

[31] 『동아일보』, 1946년 10월 8일자; 『서울신문』, 1946년 10월 8일자.
[32] 『동아일보』, 1946년 10월 9일자.
[33] 송남헌(1975), 앞의 책, 350쪽.
[34] 『서울신문』, 1946년 10월 12일자.

회[35]와 함께 남조선과도입법의원에 대거 참여하여 민선입법의원을 우익 일색으로 만들었다.[36] 1946년 12월 초순 한민당 함상훈은 1946년 12월 12일 입법의원이 개원될 것이므로 합작위원회의 존재는 끝났다고 말했다.[37] 합작위원회는 반대하지만 이를 계승한 입법의원은 찬성한다는 입장이었다.[38] 이에 비해 여운형은 합작위원회는 찬성하지만 입법의원은 반대한다는 입장이어서 양극단의 상반된 대응을 대표하고 있다.

3항의 논전이 심각했던 것은 좌우합작 7원칙 중 좌익과 우익이 양보할 수 없는 가장 중요한 원칙이었기 때문이다. 무조건몰수, 무상분배의 원칙에서 절대로 양보할 수 없다고 주장했던 좌익세력들은 7원칙이 좌와 우의 것을 적당히 절충한 무원칙적인 것이라 비판했으며, 우익은 우익대로 7원칙에 나타난 개혁적 성격 때문에 반대했다. 그럼에도 불구하고 후일에는 7원칙이 외세에 의해 강요된 분단 구조 아래에서 힘겨웠던 민족의 통일 의지가 어느 정도 담겨 있는 문헌이라고 평가받기도 했다. 신탁 문제는 좌익 5원칙과 우익 8원칙이 타협한 결과이며[39] 토지 문제

---

[35] 1946년 2월 8일 이승만의 독립촉성중앙협의회와 김구의 신탁통치반대국민총동원위원회가 통합하여 출범했다. 복잡한 조직 구성 때문에 갈등이 빈발했고, 2선으로 물러나 있다가 1947년 8월 이후 단독정부 수립운동에 적극 나서 1948년 5·10선거에서 55석을 얻어 원내 제1당(무소속 85석, 한민당 29석)이 되었다. 이승만의 정치단체로 제1공화국 출범 초기 여당으로 대우 받았으나, 정당을 초월한 불편부당(不偏不黨)한 인물로 간주받고 싶어하던 이승만은 출범 당시를 제외하고는 독촉국민회의 총재를 맡지는 않았다. 실제로 이 조직의 선언문 2항에는 "우리의 운동은 정당·정파를 초월한 순연(純然)한 국민운동임을 선언함"이라는 구절이 있다.

[36] 45명의 민선의원 선거 중 한민당이 14석, 독촉이 17석, 한독당이 3석, 무소속이 9석이었다. 그런데 특이하게도 제주도에서는 인민위원회 후보가 2명 당선되었는데 이 섬의 좌파적 정치 지향을 알 수 있는 대목이다. 『서울신문』, 1946년 11월 3일자.

[37] 『서울신문』, 1946년 12월 7일자.

[38] 『조선일보』, 1946년 10월 12일자.

[39] 4당코뮤니케의 "모스크바결정 정신은 지지하되 탁치는 자주적 해결"이라는 논리가 좌우합작에서 "임정 수립 후 자주적으로 해결"하자는 논리로 소생한 것이었다. 이렇게 된 데에는 4당코뮤니케 주도층과 좌우합작의 주도층이 거의 일치했기 때문이기도 하다.

도 우익 측의 일반적 주장(우익 8원칙에는 없지만)과 좌익 측 원칙이 절충되어 있고 중요 산업 국유화 등은 좌익의 원칙을 받아들였으며 친일파 처리 문제는 절충적이었다는 것이다.[40]

1946년 10월 4일 7원칙에 서명했던 인사들의 면면을 살펴보면 여운형, 박건웅, 장권 등의 중간좌파와 김규식, 안재홍 등의 중간우파, 원세훈, 김붕준, 최동오 등의 우익 일부 인사들이다. 따라서 좌익 주류와 우익 주류세력들은 대체로 좌우합작 7원칙 서명을 거부했으나 우익 중 상대적으로 진보적이었던 일부 인사들이 서명하여 새로이 결집한 중간파 대열에 합류한 결과가 되었다.

한편 좌우합작 원칙 중 탁치에 대한 논쟁은 계속 진행되었는데 김규식은 10월 10일 신탁 문제에 대하여 다음과 같이 '임정 수립 후 자주적 해결' 논리를 명백히 했다.

(7원칙 1항에 나오는-인용자)'조선의 민주독립을 보장한 3상회의 결정에 의하여 남북을 통한 좌우합작으로 민주주의 임시정부를 수립할 것' 운운하는 문구 중에서 신탁통치를 언급치 아니했다 하여 탁치를 지지한 거처럼 대경소괴(大驚小怪; 몹시 놀라서 좀 의아하게 여김-인용자)하는 듯하다. 그러나 그들은 3상회의결의를 다시 열독연구하는 것이 좋을 것이다. 해(該; 3상회의-인용자) 결의 제3항에 의하면 신탁 문제는 우리 임시정부가 수립된 뒤에 해정부(該政府)와 미·소공동위원회 양방이 검토 제안하며 4국의 동의를 득한 후 미·소 정부가 결정하게 되었다. 그러므로 새로 되는 우리 임시정부의 구성분자의 여하를 따라서 탁치의 실시 여부가 결정되게 될 것이요, 우리는 미·소공동위원회가 속개되리라고 믿으니 만일에 아니 된다면 탁치 문제는

---

[40] 姜萬吉, 「좌우합작운동의 경위와 성격」, 『韓國民族運動史論』(한길사, 1985), 67쪽.

근본적으로 거양할 것까지 없을 것이다.⁴¹

　　김규식은 7원칙 1항이 탁치를 지지한 것이 아니라고 해석하면서도 이것이 반탁이라고 명시하지도 않았다. 따라서 김규식의 노선은 지지도 반탁도 아닌 (여운형이 주도하여 1946년 1월 초 산출한) 4당코뮤니케의 '임정 수립 후 자주적 해결' 노선과 일치하게 된 것이다. 우익인 김규식이 중도좌파 여운형의 노선으로 수렴했다고 평가된다. 다만 위 인용문에서 보이듯이 만약 공위가 재개되지 않는다면 모스크바결정의 실현이 불가능하므로 탁치가 폐지될 것이며 따라서 탁치 문제는 해소될 것으로 기대한 점이 다르다고 할 것이다. 즉 원래 우익 반탁진영의 일원이었던 김규식은 좌익인 여운형보다는 반탁의 입장에 가깝다고 할 수 있다.
　　이승만은 7원칙 발표 후 침묵하겠다고 성명한 후 1946년 10월 14일에는 좌익의 합작반대를 비판하면서 약간의 불만족이 있기는 하지만 지지한다고 성명했으나⁴² 그의 이러한 미온적인 태도를 합작에 대한 지지로 해석하기는 어렵다.
　　이에 비하여 김구는 좌우합작 지지노선을 보다 명확히 표명했다. 한독당은 합작위원회 대표 결정 즈음인 7월 2일 좌우합작을 전적으로 지지하며 통일을 외력이 아닌 자력으로 구하여야 한다고 선언했으며, 김구는 7월 4일 「동포에게 고함」이라는 성명을 통해 "좌우 운운하는 데 있어서는 연합군이 남북에 할거하여 강장(疆場)에 획분(劃分)되었고, 반탁과 찬탁의 기치가 엄연히 대립하여 양대진영을 이루고 있다. 그러나 나의 흉중에는 좌니 우니라는 것은 개념조차 없다"라며 "좌니 우니 하는

41　『서울신문』, 1946년 10월 12일자.
42　『자유신문』, 1946년 10월 15일자.

것은 민족자멸의 근원"이고 "건국강령 요소에 있어서는 좌니 우니란 것은 문제도 되지 않는다"라고 반복했다.[43] 한독당은 10월 7일 7원칙 발표 직후인 10월 8일 "금번 좌우합작의 성립은 민족적 양심과 민족적 열의로 보아 8·15 이후 최대의 수확이다. 더욱이 7원칙은 민주국가 완성에 타당한 조건으로서 전면적으로 이를 지지한다"라며 지지 의사를 표명했다.[44] 김구는 10월 14일 개인 자격 성명에서 반탁으로 일관하겠다고 전제하면서 좌우합작에 대해서는 시종 지지하고 협조할 것을 발표했다.[45] 이것이 10월 16일자 『조선일보』와 『서울신문』에 아래와 같이 부각되어 보도되었다.

김구는 14일 개인의 자격으로 좌우합작에 대하여 여좌(如左)한 담화를 발표했다.
"1. 좌우합작의 목적은 민족통일에 있고 민족통일의 목적은 독립자주의 정권을 신속히 수립함에 있는 것이다. 그러므로 나는 좌우합작의 성공을 위하여 시종 지지하고 타협한 것이다. 앞으로 이것은 계속할 것이다.
2. 좌우합작의 초석이 확립된 것을 중외(中外) 동경(同慶)함에도 불구하고 이것을 파괴하기 위하여 반대하는 자도 있다. 비록 그 수는 적다 하나 그 지는 바(그들이 지는-인용자) 민족분할(民族分裂)의 책임은 엄중하다.
3. 나는 신탁통치에 철두철미 반대하는 바이거니와 좌우합작 7원칙 작성에 몸소 노력한 김규식 박사도 장래 임시정부 수립 후에 신탁을 반대할 수 있다는 것을 세상에 해석하여 주었다. 그러므로 7원칙 중에 신탁반대의

---

[43] 「동포에게 고함: 반성하고 단결하자, 입국후김[민주의원]총리최초성명」, 『동아일보』, 1946년 7월 7일자.
[44] 『서울신문』, 1946년 10월 9일자.
[45] 『자유신문』, 1946년 10월 15일자; 『서울신문』, 1946년 10월 15일자.

표시가 없다고 해서 신탁에 대한 점이 모호하다고 볼 것은 없다.
4. 상술한 7원칙은 문자 그대로 좌우합작위원회에서 제의한 일종의 원칙에 그 치는 것이요, 미비한 점에 이르러서는 장래 임시정부가 수립된 후에 상세히 규정하여 시행할 여유가 있으니 과대하나 기우는 필요가 없는 바이다.
5. 진정한 민주주의적 애국자는 한 사람도 좌우합작공작을 반대하지는 않을 것이다. 그러나 합작위원회로서는 중의(衆意; 많은 사람의 뜻-인용자)를 박채(博採; 널리 모음-인용자)하기 위하여 앞으로도 관계 각 방면에 긴밀한 연락을 취하여 사후에 이론이 적게 하기에 힘쓸 것이다.

이상은 좌우합작공작 추진에 대한 나의 견해이다. 이 밖에는 여하한 요언(謠言)을 유포 혹은 보도하는 자가 부(負)할 것이오 나와는 사호(些毫; 조금-인용자)도 관계가 없을 것이다."

그런데 『조선일보』는 김구의 좌우합작 7원칙에 대한 태도가 이승만과는 차이가 있음을 보여주는 보도를 했다.

민주의원총리 및 한독당위원장의 요직에 있는 김구는 하지 중장의 초청으로 (1946년 10월-인용자) 11일 상오 10시경 동 중장을 방문하고 요담했다 하는 바 동 회담에서 하지 중장은 금반 성립된 합작 추진과 더불어 입법기관에 관하여 김구의 절대 협력을 요청했다 한다. 그런데 김구의 정치 동향은 현재까지 이승만과 동일한 보조를 취하여 왔으나 이번 합작 문제에 관하여서는 이 박사(이승만-인용자)와의 연락은 그다지 긴밀치 않았던 모양으로 과반 민의(民議)에서 합작 7원칙을 사후 토의했을 때에도 김구는 찬성 표결을 주장했고 이 박사는 공식적으로 언명(言明)을 회피했던 것으로 보아 합작 입법기관 문제에 대한 양씨의 견해는 상이한 점이 있는 듯하다고 하는데 김구는 금

후 이 문제에 적극적으로 참가하리라고 전하고 있다.⁴⁶

김구와 이승만 사이에 균열이 생기는 조짐이 보였던 것이다. 한편 11월 18일 좌우합작이 소강 상태에 있던 시점에서도 김구는 좌우합작을 지지하는 담화를 발표했다. 그는 김규식을 탁치찬성자, 좌파라고 중상하는 이들을 비난했다.⁴⁷ 좌우합작과 그 주동자 김규식에 대한 김구의 이러한 호의적 태도는 중경 임시정부 시절 김규식과 같이 시도한 임정 후기 좌우합작⁴⁸의 경험에서 비롯된 측면이 있다. 임시정부의 대연합국 승인 기도와 중국의 종용에 의하여[미국은 임정을 배타적인 파벌(faction)의 하나, 일개 독립운동 단체로 간주했기에 승인하지 않았다. 그런데 만약 여러 파벌로 분산된 망명정객들이 한 정부 아래서 좌우통일을 기할 수 있다면 중국도 승인을 고려해보겠다는 태도를 취했다. 이렇듯 중국은 좌우합작을 종용했다⁴⁹] 행해진 중경 임정 당시의 좌우합작은 약간의 결실을 가져오기는 했지만 해방 후 다시 분열되는 결과를 초래했다. 그러나 김구는 충칭시절과 같이 주체적으로 참여하지는 않았으며 7원칙에 서명하는 등의 적극적인 참여를 하지 않았다. 따라서 그의 호의적 태도 표명은 한계가 있다. 일종의 방관자적 관망이거나 속마음과 일치하지 않는 외교적 언사일 가능성이 높은 것이다. 당시 김구는 일종의 정당 연합인 합작위원회보다 정부인 임정이 더 우위에 있다고 자부했을 가능성이 있다. 합작에 대한 김구의 태도는 1947년 2월에는 좌우합작위원회의 해체를 주장할 정도로 전환되었으나 1948년 들어와서는 합작파 김규식과 남북협

---

46 『조선일보』, 1946년 10월 12일자.
47 『동아일보』, 1946년 11월 18일자.
48 추헌수, 「한국임정하 좌우합작에 관한 연구」(국토통일원, 1974), 81-91쪽; 안준섭, 「임시정부하의 후기좌우합작에 관한 일고찰」, 서울대학교 석사학위논문(1984).
49 FRUS, 1943, vol. Ⅲ, p. 1091.

표 11 좌우합작위원회 이데올로기 구성의 변천

시기	좌익	중간좌파	중간우파	우익
1946년 5월 25일 1차 예비모임		여운형(인민당-민전) 황진남(인민당)	김규식(민주의원)	원세훈(한민당-민주의원)
1946년 5월 30일 2차 예비모임	허헌(민전)			원세훈
1946년 6월 14일 3차 예비모임	허헌	여운형	김규식	원세훈
1946년 7월 10일 대표 결정	허헌 이강국 (공산당)	여운형(주석) 성주식(민족혁명당) 정노식(신민당)	김규식(주석) 안재홍(국민당)	원세훈 김붕준(임정) 최동오(비상국민회의)
		민전 대표	민주의원 대표	
1946년 7월 25일 좌 5원칙 민전 통과				
1946년 7월 29일 우 8원칙 제출				
1946년 9월 이후 개편		여운형 장건상(사로당) 장권(사회민주당) 성주식(인민공화당)	김규식 안재홍 김붕준(신진당)	원세훈 최동오
1946년 10월 4일 좌우합작 7원칙 서명자		여운형 박건웅(조선민족해방동맹) 장권	김규식 안재홍 김붕준	원세훈 최동오

시기	좌익	중간좌파	중간우파	우익
1946년 11월 이후 개편		여운형(근민당) 여운홍(사회민주당) 박건웅(해방동맹) 강순(근로대중당) 정이형(독립운동자동맹)	김규식 안재홍 원세훈(신진당) 최동오 김붕준(신진당)	
1947년 5월 이후 확충		여운형 여운홍 박건웅 강순 정이형 손두환(근민당)	김규식 안재홍 원세훈 최동오(과도입법의원 부의장) 김붕준(민주주의독립전선) 홍명희(민주독립당) 이극로(건민회) 김호(신진당) 엄우룡(한독당 혁신파) 신숙(천도교보국당) 장자일(민중동맹) 이선근(조선청년당) 이응진(청우당) 박주병(의학박사) 오하영(기독교) 김성규(유교) 이시열(불교) 유기태(노총) 김시현(고려동지회) 강원용(기청) 박은성(애국부녀동맹) 박명환(한민당 탈당파)	
1947.12.6. 해체 결의				

상을 같이 추진해 또다시 노선을 전환하기도 했다. 따라서 김구의 합작 지지는 여운형보다는 김규식에 대한 지지로 볼 수 있다.

한편 좌우합작과 3당합동의 과정에서 좌익 내 여운형 계열과 박헌영 계열 사이의 불화가 완전히 표면 위로 드러났다. 3당합동의 과정에서 여운형을 지지하는 3당 내 파벌 모임인 신당 사회노동당이 10월 15일 발족하면서 좌우합작을 지지하는 성명을 발표했다.[50] 이에 반하여 박헌영 계열은 좌우합작 반대 표명을 다음과 같이 계속 유지했다. 민전에서는 10월 8일 박문규의 말을 통해 반대를 표명하다가[51] 11일 의장단 회의를 거친 후 합작 7원칙을 정식으로 반대했다.[52] 공산당 내 박헌영파와 인민당 내 박헌영 지지파인 좌파,[53] 신민당 내 박헌영파[54]가 좌우합작 반대 결의를 표명할 때 박헌영은 좌우합작이 "우익에게 유리한 것이며 좌익의 손실인 것"이라는 비판적인 글을 발표했다. 좌우합작은 미군정의 정책을 지지함과 다름이 조금도 없다는 것이었다.[55] (좌우합작에 대한 박헌영의 이러한 비판은 그의 체포령이 내려진 이후 그가 월북한 상태에서 북에서 전해진 것이었다. 따라서 이 글을 실은 『독립신보』는 미군정으로부터 검색당했다.[56]) 이렇게 좌익진영 내의 대립이 표면화되자 여운형은 11월 12일 민전 의장직을 사임했다.[57]

---

50 『조선일보』, 1946년 10월 17일자. 그러나 이후 복잡한 파벌 싸움으로 인해 사로당은 11월 21일에 좌우합작을 적극적으로 반대한다는 성명을 발표했다. 『서울신문』, 1946년 11월 23일자. 복잡한 당내 분파와 남로당과 민전, 김일성의 반발 때문에 사로당은 1946년 11월 해소되고 여운형은 새로이 근로인민당을 발기했다.
51 『서울신문』, 1946년 10월 9일자.
52 『독립신보』, 1946년 10월 13일자.
53 송남헌(1975), 앞의 책, 151쪽.
54 『동아일보』, 1946년 10월 10일자.
55 『독립신보』, 1946년 10월 27일자.
56 『동아일보』, 1946년 10월 29일자.
57 『동아일보』, 1946년 11월 16일자. 사표는 반려되었다.

〈표 11〉에서 보는 바와 같이 1946년 7월 전(全) 정파가 좌우합작위원회에 참여했다가 9월 극좌가 배제되고 10월 우익이 이탈하여 11월 이후에는 중간파의 결집으로만 한정되었다. 따라서 좌우합작에 대해서는 합작을 달성했다는 긍정적 평가보다는 중간파만의 일개 정치단체로 전락한 정치운동일 뿐 합작을 달성하는 데는 실패했다는 평가가 더 설득력이 있다. 이후 중간파는 미·소대립과 좌우대립이 격심해진 상황에서 점차 설 자리를 잃어갔다.

주한 미군사령부 정보당국(G-2)은 1946년 11월 23일 작성한 "History of the Coalition Committee"에서 극좌와 극우를 제외한 다수 정파가 지지했다고 평가했다.58 그러나 이는 당시 잠시 반짝했던 컨벤션 효과에 영향받은 의견이며 좌우합작을 주도한 미군정 내부 리버럴의 주관적인 견해가 반영된 서술로 볼 수 있다.

따라서 좌우합작운동은 목표로 했던 좌·우익 간 합작과 통합은 달성하지 못하고 오히려 좌우 양익을 배척하는 새로운 제3의 정치세력인 독립적 중간파를 결집시켰으므로 합작의 본뜻이 무색해졌다.

1947년 1월 합작위원회 선전부에서는 "본 합위는 합작통일의 본의와 정반대 결과 즉 좌우세력을 배척하는 모종의 중간 혹 제3세력의 형성을 조성하게 된 것을 우려하여 합위 조직 확대에 관한 모든 의견을 신중히 고려하고 있다"59라고 성명해 합작의 목적을 달성하지 못했음을 인정해야 했다. 김규식과의 친분을 의식해 좌우합작을 공개적으로 반대하지 못했던 김구는 1947년 2월 '김규식이 찬탁자가 아니라 반탁자'라고 변호하

---

58 Office of Assistant Chief of Staff, G-2, United States Army Forces in Korea, "History of the Coalition Committee," 23 November 1946, p. 6; 鄭容郁 編, 『解放直後 政治 社會史 資料集』 I(다락방, 1994), 제5권, 633쪽.
59 『경향신문』, 1947년 1월 30일자.

면서도 합위는 해체되어야 한다고 아래와 같이 주장하기에 이르렀다.

> 좌우합작의 사명을 가지고 노력하던 합작위원들이 좌도 버리고 중간만을 취한다면 그것은 당파를 하나 더 만들어내는 것밖에 아무것도 아니 될 것이다. … 그러므로 현존한 합위는 해체하고 좌우합작의 도경(途經)을 별개로 강구하지 아니하면 아니 될 것이다.[60]

본래의 사명인 통합자로 기능하기보다는 배타적 파벌을 만들었던 좌우합작위원회의 한계를 정확하게 지적한 뼈아픈 비판이었다.

이보다 먼저인 1947년 1월 16일 민주의원은 좌우합작위원회의 해산을 결의했고, 이어 1월 18일에는 좌우합작위원회가 신탁통치 문제에 대하여 극히 모호한 태도를 가지고 있다며 민의가 선출하여 파견한 합작위 우측 대표 김규식, 원세훈, 안재홍, 김붕준 등 4명을 소환했다.[61] 이를 시초로 공위 재개에 집착하는 좌우합작에 대한 비판이 쏟아졌다. 이승만은 미국에서 전문을 보내 좌우합작은 해소되어야 한다고 주장했다.[62] 한독당도 합작위원회의 해산을 강력하게 요구했다. 김구는 1947년 2월에 유포된 「삼천만 동포에게 경고함」[63]이라는 전단을 통해 합작위원회 폐지를 주장했다.[64] 갑작스러운 좌익 측의 배반에 따라 좌우합작이 목적을 달성하기 어려워졌고, 이미 발표한 좌우합작 7원칙 가운데 반탁에 관한 조

---

60 『동아일보』, 1947년 2월 12일자.
61 『동아일보』, 1947년 1월 19일자. 그러나 이들은 소환을 무시했다. 이들은 당초 민주의원 의원이었지만 당시에는 민주의원에서 활동하지 않았고 민주의원 자체가 별다른 활동이 없는 자문기구에 불과했기 때문이다. 『경향신문』, 1947년 1월 23일자.
62 『동아일보』, 1947년 1월 23일자.
63 이는 김구의 주장 「三千萬同胞에게 告함(中)」, 『동아일보』, 1947년 2월 13일자와 상·하편을 모아서 제작한 것으로 추측된다.
64 김병기, 「새로 찾은 자료 소개: 삼천만 동포에게 敬告함」, 『백범회보』 34(2012), 33-34쪽.

항은 하지의 성명에 따라 무력화되었기 때문이라면서[65] 민주의원의 소환 이유를 추가로 설명하기도 했다.

그런데 좌우합작위원회의 별개 조직 구성은 달성되지 못했고 1947년 5월 이후 이극로 등이 확대위원으로 참여했으나 지식인, 종교인에 불과했다.[66] 여운형 암살 후 좌우합작위원회는 더욱 무기력해져 1947년 12월 6일 공식 해체되었다. 그렇지만 이들 중간파 정치세력은 민족자주연맹[67] 등으로 결집했으며 1948년 4월 김구 등과 연합하여 남북협상에 주도적으로 나섰다. 이들의 정치운동은 일부 지식인들의 지지를 받았으나 조직력 면에서는 큰 한계를 가지고 있었다. 조직적 기반이 없었으므로 명분의 정당성에 비해 실효를 거둘 수도 없었다.[68]

좌우합작은 현실정치의 좌우대립 속에서 균형을 잡고 합작해야 했음에도 불구하고 배타적인 중간파의 출현을 가져왔으므로 또 다른 편향을 결과했으며 균형을 잡는 데는 결국 실패했다. 1987년 대통령 선거에서 김영삼·김대중 후보의 통합을 지향하며 출마했던 백기완 측 운동원인 임진택은 "분열된 것을 통합하고자 의도했으나 통합하고자 하는 사람들까지도 또 다른 하나의 배타적 파벌을 형성하는 결과를 초래했다"[69] 하고 자기 비판했는데 좌우합작도 같은 맥락에서 비판될 수 있을 것이다.

---

65 김병기(2012), 위의 글, 33-34쪽.
66 이에 대해 안정애는 종교계, 부녀단체, 청년단체, 학계 등의 광범위한 결집(다소 산만하다는 한계는 있음)이 일어났다고 긍정적으로 평가했다. 안정애, 「이완범의 '좌·우합작의 실패: 통일운동인가 좌·우배척 위한 분열책동인가?'에 대한 토론문」, 한국정치학회 연례학술회의 발표회장, 2006년 12월 9일, 2쪽.
67 趙成勳, 「民族自主聯盟에 관한 硏究」, 한국학중앙연구원 한국학대학원 석사학위논문(1989).
68 임대식, 「일제시기·해방후 나라이름에 반영된 좌·우갈등: 우 '대한'·좌 '조선'과 남 '대한'·북 '조선'의 대립과 통일」, 『역사비평』 21(1993), 44쪽.
69 "뉴스타파 목격자들: 불쌈꾼 백기완 2부", 〈유튜브〉(www.youtube.com/watch?v=vjaTbjp7tXA, 검색일: 2018년 3월 21일).

3. 좌우합작 실패의 국제적 제약 요인 1: 미국의 공산화 방지 전략

좌우합작의 결과, 합작·통일이 아닌 민족분열을 야기했다는[70] 치명적인 한계 외에 만들어지는 과정상의 초기 문제도 실패 요인을 형성하는 데 작용했다. 처음부터 문제점을 안고 출발했다는 것이다. 그것은 좌우합작위원회가 미국이 후원하여 만들어졌다는 점이다. 심지어는 미군정이 주선하고 지지한 좌우합작이 엄격한 의미에서는 좌우합작이 아니었다는 평가도 있다.[71] 진덕규(1979)도 '미군정 당국자의 미숙한 정치적 행위에 의해서 진정한 의미의 좌우통합의 민족주의자들에게는 정치적 활동기반을 상실하는 결과를 가져다주고 말았다'고 평가했다.[72] 좌우합작으로 인해 중간파가 집결되었지만 이것이 오히려 기반 상실이라는 결과를 가져왔다는 아이러니를 말하는 것이다. 한편 황의서(1996)는 오히려 미국이 한국에서 확고한 의지를 보이지 않고 표류했기 때문에 실패했다고 평가하기도 했다.[73]

이렇듯 자율적이지 못했던 한계뿐만 아니라[74] 미국의 의도가 처음부

---

[70] 그러나 중간파의 논리가 좌우 양익을 연결해주는 타협적인 것이었다는 사실에 비추어 민족분열의 책임은 중간파에 있는 것이 아니라 극단적이고 패권쟁탈적이며 화합을 지향하지 않았던 극좌와 극우에 있다는 주장도 가능하다. 또한 이 시기에 이러한 움직임마저도 없었다면 더 극단적인 방향으로 나아갔을 것이므로 극단화 방지책으로서 의의가 있다는 긍정적 평가도 가능하다.

[71] 안정애, 「左右合作運動의 전개과정」, 최장집 편, 『한국현대사 I 1945~1950』(열음사, 1985), 307쪽. 그러면서도 같은 글 310쪽에서는 '미군정의 정책상의 미숙'이라고 평가하여 치명적 결함은 아닌 것으로 간주한다.

[72] 진덕규, 「미군정의 정치사적 인식」, 송건호 외, 『해방전후사의 인식』(한길사, 1979), 43쪽.

[73] 황의서(1996), 앞의 글, 197쪽.

[74] 김정원은 좌우합작위원회가 '새로운 미국 지배자들의 괴뢰집단(a puppet group of the new American rulers)'으로 간주되기도 했다고 언급한다. Joungwon Alexander Kim, *Divided Korea: The Politics of Development, 1945~1972* (Cambridge,

터 통일과는 거리가 있었다는 점이 보다 중요한 문제였다. 미국은 좌우합작위원회에 막대한 재정지원을 했으나 겉으로는 명백한 지지를 표명하지 않고 중재를 위한 관망적인 태도를 보였다. 결국 좌우합작위원회는 조직적 기반이 형성되지 않은 채, 일부 지식인들의 집합체로 전락했다.

미국이 처음부터 김규식·여운형 라인을 미래를 이끌 지도자로 선택한 것은 아니었다. 처음에는 우익 지도자들을 선택했다. 미국은 전쟁 중 미 전략사무국(OSS; Office of Strategic Service)의 포섭 고려 대상 인사들 중 한 사람이었던 이승만에게 통합력을 기대했으므로 비행기까지 내주면서 1945년 10월 16일 해외독립운동세력 중 제일 먼저 귀국하게 했다.[75] 이승만은 한반도에 정치 구도가 확정되기 전에 귀국하려고 노력

---

[75] Mass.: Harvard University Press, 1976), p. 75; Joungwon Alexander Kim 저, 金桂洙 역, 『韓國政治發展論』(一潮閣, 1976); 김정원, 『분단한국사』(동녘, 1985), 98쪽.
이승만이 여행증명서를 받아 귀국을 준비하고 있을 때인 1945년 8월 하순(이때 38선 이남에 미국이 진주할 예정임을 알게 됨)부터 미 국무부는 반소반공 성향을 지닌 이승만이 귀국하면 소련을 자극할 것을 우려해 그의 귀국에 호의적이지 않았다. 미국 정부의 비협조로 이승만은 서울까지 가는 교통편을 마련할 수가 없었다. 미 국무부는 1945년 9월 5일 이승만이 '주미외교위원장' 자격으로 출국할 것을 허가했다가 바로 취소했던 것이다. 다시 '개인' 자격으로 출국을 허가받는 데 한 달이나 더 걸렸다. 손세일, 「孫世一의 비교 評傳(78) 한국 민족주의의 두 類型: 李承晩과 金九: 33년 만에 歸國한 '國民的英雄'」, 『월간조선』 9월(2010). 1945년 10월 1일자 메모에서 이승만은 한국을 소련의 영향권 안에 두기로 한 미 국무부 내의 친공(용공)·친일분자들이 자신의 귀국을 방해한다고 적었다. 절망하던 이승만에게 10월 4일경 미 육군장교가 나타나 그의 귀국을 재촉해 서울행이 진전되었다. 그런 일이 일어나기 직전 미 합참본부가 육군 전략사무국 워싱턴 출장소장 앞으로, "워싱턴에 살고 있는 이승만이란 한국인을 찾아 빨리 서울로 보내라"라는 내용의 전보를 보냈다. 부소장인 킨트너(William Kintner) 대령은 부하 장교를 시켜서 수소문한 끝에 워싱턴 DC 매사추세츠가(街) 사무실에 있던 이승만을 찾아냈다. 이승만을 귀국시켜달라고 요청했던 이는 남한 점령 미군사령관 하지였다. 주한미군 사령부는 10월 3일 맥아더에게 미국의 이승만, 충칭의 김구 등 임시정부 요인들의 조속한 기일 내 귀국과 관련해 강력한 메시지를 발송했다. 하지는 "누 사람이 가장 많은 한국인들의 존경을 받고" 있으며, "(상황을) 안정화시킬 영향력을 가지고 있으며 고문으로서 가치를 가지고" 있다고 강조했다. 하지는 "개인적 확신으로는 연합국이 완전히 임시정부를 승인하고 귀환시킨다면 한국을 일정한 안정으로 이끌 수 있는 예비적 조치가 될 것"이며 "이승만과 김구를 귀국시키면 남한에 조화로운 정부를 가져올 것"이라

고 했다. Incoming Message, COMGEN USAFIK to CINCAFPAC Advance (Oct.3, 1945) Nr. TFGCG 99. 당시 하지는 임정 인사들의 '개인 자격 입국'이라는 미 국무부의 정책지침과는 달리 임정 승인까지 고려하는 순진한 태도를 보였다. 그런데 이승만과 김구는 귀국 직후 불과 몇 개월 만에 하지가 감당할 수 없는 정치적 타격을 가하며 미군정의 정치적 안정을 근저로부터 흔들었기 때문에, 10월 초 하지의 메시지는 낭만적이고 희망에 가득 찬 것이었다. 한국 독립운동에 평생을 헌신하며 대립적인 반대파와의 격렬한 투쟁으로 단련된 이승만·김구는 야전군사령관 하지가 마음대로 쥐락펴락할 수 있는 유약한 인물들이 아니었다. 이들은 미군정의 어설픈 정치게임에 들러리를 서거나, 한민당 주도의 불하받은 권력정치에 순응할 생각이 추호도 없었다. 두 사람 모두 자신을 중심으로 한 한국정치의 전개를 당연하게 여겼으며, 이를 방해하는 세력은 용납하지 않을 태세였다. 정병준(2023), 앞의 책, 312-313쪽. 남한에서 좌익의 힘이 크게 드러난 데 반해 우익의 힘은 미약함을 직시한 하지는 이승만과 중경 임정 인사들의 귀국이 좌익을 견제하고 우익을 북돋는 데 도움이 되리라고 판단했다. 그의 이러한 판단에는 특히 미군정에 소속된 대위 윔즈(Clarence N. Weems Jr.)가 1945년 9월 28일 작성한 「코리아와 임시정부」라는 보고서가 영향을 주었다. 중국에서 미 육군 전략사무국(OSS) 대원으로 활약하며 임정의 지도자들과 접촉했던 윔즈(선교사의 아들로 한국에서 출생)는 임정이 코리아의 독립운동을 이끈 주도 세력이었다고 평가하면서 임정 요인들의 귀국을 건의했는데, 하지가 그 건의를 받아들인 것이다. 이렇듯 윔즈는 윌리엄스와 함께 미군정의 한국인 인력관리에 영향력을 행사했다. Clarence N. Weems, "Korea and the Provisional Gov't," RG 338, Records of United States Army Forces in Korea, Military History File, Box 32. 안진, 『미군정기 억압기구 연구』(새길, 1996), 108-109쪽; 임영태, 「미군의 남한 점령과 군정 통치② 임영태의 '다시 보는 해방 전후사 이야기'(25) 제2부 해방과 외세(6)」, 『통일뉴스』, 입력 2020년 10월 19일자. 김구 등의 귀국은 11월 23일과 12월 2일에 이루어졌고 미군정에서는 임정세력 중 이승만에 특히 주목했으므로 일찍 귀국시켰다. 1945년 9월 13일자 하지 사령부 일일보고서에도 "대부분의 한국 사람들은 이승만을 한국의 孫中山(孫文)으로 여기고 있다"라고 기록되어 있다. 하지가 인천에 상륙한 9월 8일, 개성 주재 미국 북감리교 선교사 프랭클린 윌리엄스(Franklin E.C.Williams; 공주 영명학교 설립자)의 아들로 인천에서 태어나 공주에서 자랐으며 한국에서 15년 체류해 한국말을 잘 구사했던 해군 중령 윌리엄스(George Zur Williams; 1907~1994)를 특별보좌관으로 임명했다. 김동선, 「미군정기 미국선교사 2세와 한국정치세력의 형성: 윌리엄스(George Zur Williams)와 윔스(Clarence N. Weems Jr.)를 중심으로」, 『한국민족운동사연구』 91(2017). 군의관인 윌리엄스는 1945년 제7함대 부의무관으로 임명되어, 상륙작전을 수행하는 미군의 의무 책임자가 되었다. 미군이 남한을 점령한다는 사실을 듣자마자 윌리엄스는 2차례나 전출을 신청했지만, 7함대 사령관 킨케이드(Vice Admiral Thomas C. Kinkaid) 해군 중장은 다른 적임자가 없다며 허용하지 않았다. 그렇지만 윌리엄스는 1945년 9월 8일 남한을 점령하는 하지 장군 부대를 인천까지 호송하는 수송단에 배속되었다. 유창한 한국어를 구사하는 윌리엄스는 선상으로 영접 나온 건준 대표 3명(여운홍·조한용·백상규)과 소통할 수 있는 유일한 미국인이었다. 미 24군단의 제물포 상륙 당시 윌리엄스가 동행한 것은 우연한 사건이었지만, 그는 하지의 정치고문으로 배치되어 주한 미군정의 초기 정책에 중요한 영향을 끼쳤다. 그는 국무부가 통제할 수 없는 위치였으며, 도쿄의 맥아더사령부와 24군단 소속이 아니었으므로 공적 직위와 기록이 존재하지 않는 지점에서 자유롭게 활동했다. 따라서 미국의 공식 문서고에서는 그에 대한 기록을 찾을 수 없다. 윌리엄스는 하지와 밀착해 중요 임무를 수행했다. 윌리엄스는 1945년 9월부터 12월까지 약 3개월 정도만 한국에서 활동한 후 1946년 1월 미국으로 돌아갔다. 윌리엄스에게 3가지 임무가 부여됐는데, 첫째, 한국의 정치 상황에 대해 하지에게 자문하는 것, 둘째, 하지를 대신해 한국인 지도자들에게 미군정이 하는 일을 얘기하는 것, 셋째, 미군정을 위해 군정 고위직에 적합한 한국인을 수배하는 것 등이었다. 하가(Kai Yin Allison Haga)에 따르면, 하지가 이런 3개의 결정적 책임을 하나의 직위로 결합했고, 이를 급히 선택한 개인에게 맡김으로써 윌리엄스를 미군정 초기의 중요한 첫 달 동안 가장 강력하고 영향력 있는 인물로 만드는 실책을 저질렀다는 것이다. 윌리엄스의 과업은 미군정에 한국인들을 천거하는 일로 집약되었다. 윌리엄스는 의사였을 뿐 훈련된 통역이나 인사 문제에 균형된 감각을 갖춘 정치고문이 아니었으나 한국어를 구사할 수 있다는 이유만으로 해방 직후 가장 중요한 시기에 아래와 같이 개인적으로 선호하는 정파인 보수파와 기독교 신자들을 등용하거나 이들의 의견을 청취함으로써 '공평 추구(특정 정치집단 후원 금지)'라는 워싱턴의 기본 정책지침과 충돌했다. 윌리엄스는 1946년 1월 귀국해 감리교 선교사들 앞에서 자신이 3개월간 목격한 한국의 실정을 이야기했으며 이것이 녹취록 자료로 남아 있다("Notes on address by Commander George Tsur Williams to Korea secretaries and missionaries in the Methodist Chapel, 30 January 1946," Presbyterian Church Archives, Record Group 140, Box 16, Folder 29: 1, Presbyterian Historical Society, Philadelphia, Pennsylvania). 부친이 감리교 선교사 출신이었으므로, 윌리엄스는 자신이 고향집에 온 듯한 태도로 자유롭게 이야기하며 속내를 풀어놓았다. 이 연설은 감리교 선교본부에 의해 녹취록으로 작성되고 비밀(confidential)로 분류되어 한국 선교와 관련 있는 다른 교파, 즉 장로교 등에도 전달되었다. 이 자료는 한국인과 한국 상황에 대한 그의 생각과 판단, 주한 미군정에서의 역할, 미군정의 실제 모습 등에 대한 정보를 제공하고 있다. 물론 이 녹취록에서 그는 자신의 역할을 과장하므로 사료 비판이 필요하다. 녹취록 4-5쪽에 따르면 윌리엄스는 미군 진주 직후 한국 정치를 한국민주당과 인민공화국의 이항대립으로 설명했다. 보수주의, 평화애호, 친미적, 임시정부 지지 집단인 한국민주당에 대항해 총독부의 후원하에 건준·인공을 수립하고, 임시정부를 반대하는, 파괴적 공산주의 집단인 인민공화국이 존재한다고 주장했다. 또한 같은 녹취록 2쪽에서 그는 친일파들이 생계를 위해 어쩔 수 없이 일본에 협력했다고 변호했다. "우리의 관점에서 볼 때 모든 한국인들은 충분히 친일적이며 충분히 친생존적이어서(pro-Japanese enough pro-survival enough) 그만큼 전쟁 노력에 협력해야만 했다"라고 발언했던 것이다. 윌리엄스의 발언은 해방 직후 악질 친일파들이 주장하던 국민공범론, 식민지 환경론 등과 동일한 것이다. 대표적인 악질 친일파 이종형 등은 친일을 합리화하기 위해 다양한 주장을 펼쳤다. 가장 손쉬운 것이 국민공범론, 환경론으로 일제하에서 세금을 납부하고 소방 훈련을 하며 전쟁 물자 수집에 동참하는 등 일상생활을 영위한 모든 한국인이 친일파였으며, 작은 친일이든 큰 친일이든 일제 지배에 생활한 것 자체가 친일파라는 주장이었다[해방 직후 친일변호론, 합리화 주장에 대해서는 Youn-tae Chung, "Refracted Modernity and the Issue of Pro-Japanese Collaborators in Korea," *Korea Journal*, vol. 42 no. 3 (2002) 참고]. 윌리엄스는 '노련한 한국 정치인들의 책략'에 취약했고, 그의 종교적 배경, 교회 커넥션으로 말미암아 초기 미군정이 한국 내 기독교 그룹, 교육받은 엘리트, 선교사 사회의 의견과 필요에 지나치게 경도되었으며, 한국의 우익, 특히 기독교 엘리트들이 미군정을 지배할 수 있도록 만들었다. 개신교도뿐만 아니라 친미, 반공, 보수주의, 임시정부(이승만, 김구), 성공한 사업가 및 교육가 등을 중심으로 한국 정부 수립을 추구했다. 친일파에 대한 우호적이고 관대한 태도, 한국민주당에 대한 현실 이상의 우호적인 과대평가, 이에 비교되는 여운형·인민공화국·공산주의자에 대한 적대적 혐오 등이 결합되면서 미군정의 초기 정책들이 조성되기 시작한 것이다. 그 핵심은 인민공화국·여운형·공산주의에 대한 반대, 한국민주당·임시정부에 대한 절대 지지와 후원, 주요 관직에 기독교·한민당·영어 능통자의 임명 등이었다. 윌리엄스는 실제로 미국에서 교제했던 조병옥을 경무국장으로 발탁했다[안진(1996), 앞의 책, 108-109쪽; 정용욱, 『해방 전후 미국의 대한정책』(서울대학교 출판부, 2003), 196쪽; 임영태, "미군의 남한 점령과 군정 통치 2: (연재)임영태의 '다시 보는 해방 전후사 이야기'(25)-제2부 해방과 외세(6)," 『통일뉴스』, 2020년 10월 19일자]. 윌리엄스는 보수정당인 한민당 인사들의 등용에다가 보수의 상징인 중경 임시정부를 후원해 남한 단독의 과도정부 수립을 준비하려고 했다[이는 전술한 '정무위원회(Governing Commission)' 구상류의 기원이었다]. 따라서 윌리엄스에게 휘둘린 현지 미군정의 대한정책은 워싱턴 국무부의 공식 대한정책인 신탁통치 계획을 부인한 결과가 되었다. 당시 워싱턴은 '장차 실시될 신탁통치에 대비해 남한만의 단독행동을 하지 않고 소련과의 협상에 대비'하는 방향을 추구했는데, 이와 같은 기본 정책지침과 정반대의 길을 가는 데 윌리엄스가 큰 역할을 했다[Kai Yin Allison Haga, "Chapter 4: The Role of George Z. Williams in the Formation of the AMG," in "An overlooked dimension of the Korean War: The role of Christianity and American missionaries in the rise of Korean nationalism, anti-colonialism, and eventual civil war, 1884~1953," Ph.D. dissertation, College of Williams & Mary, Arts & Sciences, pp. 169-185; Kai Yin Allison Haga, "Rising to the Occasion: The Role of American Missionaries and Korean Pastors in Resisting Communism throughout the Korea War," Philip E. Muehlenbeck, ed., *Religion and the Cold War: A Global Perspective* (Nashville, Tennesse: Vanderbilt University Press, 2012); 정병준(2023), 앞의 책, 232쪽. 윌리엄스는 이른바 '통역정치(Interpreters' Government)'와 고문정치의 중심이었으며 진주 직후 하지가 신탁통치 문제를 파악하지 않고도 한국을 통치하는 데 큰 무리가 없게 만들었다. 결과적으로 1946년 초 반탁정국의 소용돌이에 직면한 하지가 미 국무부의 탁치안 집착을 잘 몰라 헤매게 만드는 배경을 제공했다. 해방 직후 한국에 있을 때 윌리엄스는 쌍발 비행기를 타고 대전, 광주,

대구, 부산 등을 돌아다니면서 민심의 동향을 파악했다. 시민들 중 일부는 그에게 이승만의 귀국을 권고했다고 한다. 이정식에 따르면 당시 한국인들은 해방과 독립을 동일시하고 있었고, 조선인민공화국이 새로운 국가의 정부임을 의심치 않았다는 것이다. 미군과 공산세력의 갈등이 표면화되기 전인 당시만 하더라도 일반 대중에게는 좌익도 우익도 없었고 미군정과 조선인민공화국 간의 갈등도 없었다는 것이다. 더구나 이승만은 1945년 9월 14일 좌익이 급조한 조선인민공화국의 주석으로 지명되는 등 남한의 좌·우익으로부터 지지를 받고 있었다. 이런 민심 보고를 받은 하지는 미래 정국을 이끌기 위해 이승만을 보내줄 것을 상부(맥아더로 추정됨)에 건의했다는 것이다. 이정식, 『대한민국의 기원』(일조각, 2006), 313-320쪽. 맥아더가 그 건의를 받아들여 본국 정부에 건의했을 것이다. 국무부의 조기 귀국 반대에 맞서 맥아더가 길을 터준 격이다. 고정휴, 『태평양의 발견 대한민국의 탄생』(국학자료원, 2021), 317쪽. 마침 전략사무국(OSS)의 실력자인 대령 굿펠로 역시 국무부에 이승만의 귀국을 도와줄 것을 건의했다. 이에 국무차관 겸 국무장관대리 애치슨이 최종 결정을 내리면서 전쟁부에 그의 귀국을 도와줄 것을 요청했다. 결국 이승만은 미 육군 전략사무국 문관 대령으로 신분을 위장해 10월 4일 미 군용기 편으로 워싱턴 공항을 출발해 12일 도쿄에 도착했고 나흘을 머문 뒤 맥아더가 내준 미 군용기 편으로 10월 16일 김포공항에 도착했다. 김학준, 「(김학준이 다시 쓴 현대사 결정적 장면 5)'권력중앙' 먼저 형성한 김일성 vs 美견제로 뒤늦게 귀국한 이승만」, 『신동아』 12월(2020). 훗날 이승만과 거리를 두게 되는 하지와 좌익이 그의 귀국을 도운 셈이지만, 이승만에 대한 한국 민중의 막연한 동경이 그를 불러들인 저변의 요인이었다. 김일성을 북한으로 데리고 들어와 옹립한 것이 소련군인 데 반해 이승만 귀국 당시 미 국무부는 이승만의 귀국을 견제하고 있던 상황이었다. 趙甲濟, 「秘錄/李承晩과 미국의 세 차례 大戰」, 『뉴데일리』, 2016년 4월 25일자. 이정식은 미국 메릴랜드주 락빌에서 1988년 6월 20일에 윌리엄스와 인터뷰를 했는데 이를 토대로 윌리엄스가 하지에게 이승만 조기 귀국을 추천해 하지가 맥아더에게 건의했다는 주장을 했다. 또한 후일 펜실베이니아대학교 동료교수가 된 킨트너의 주장도 인용했다. 이정식의 핵심 증거는 모두 시간이 지난 상태에서 기억에 의존한 구술자료이므로 그 신빙성에 문제가 제기될 수 있다. 또한 구술자가 마치 자신이 다 결정한 듯한 자기중심적 자화자찬으로 증언했을 가능성도 있다. 따라서 문헌자료에 의해 보완될 필요가 있다. 이정식은 하지의 추천이 주효했다고 주장하지만 커밍스와 정병준은 굿펠로와 맥아더의 도움이 주요인이며, 하지의 귀국 청원이 다음 요인으로 작용했다고 주장했다. 브루스 커밍스 저, 김동노 외 역, 『한국현대사』(창작과비평사, 2001), 274쪽. 정병준은 1945년 10월 12일 도쿄에 도착한 이승만을 위해 맥아더가 "연합군 최고사령부의 이 대령(Colonel Rhee)이 전쟁부의 굿펠로우 대령에게"라고 적힌 전문을 전쟁부에 보내주어 이승만이 무사히 도착할 수 있었다고 주장했다. 정병준, 『우남 이승만 연구』(역사비평사, 2005), 440-441쪽; 정병준, 「태평양전쟁기 이승만」, 『韓國史硏究』 137(2007), 295-336쪽. 그 근거는 스탠퍼드대학교 후버도서관에 소장된 '굿펠로 문서철'이다. 이에 대해 이정식은 동 대학교 후버도서관에 문의했으며 사서의 회신에 근거해 이 문서가 없다고 주장했다. 이정식(2006), 앞의 책, 317-318쪽의 각주 46; 이정식 저, 허동현 편, 『21세기에 다시 보는 해방후사』(경희대학교 출판문화원, 2012), 121-222쪽. 그런데 정병준의 인용은 그 내용이 구체적이며 출처가 비교적 명확하다. 또한 이정식은 이 문건을 소장처에서 직접 찾은 것이 아니라 찾아달라고 편지로 부탁한 것이며, 사서가 못 찾았을 수도 있다. 일단 필자는 정병준이 찾은 문서의 존재에 대해 더 신빙성을 두고자 한다. 이 문서가 1945년 10월 12일이나 13일자라면 당시 이승만은 이미 도쿄에 있었으므로 이 문서는 도쿄에서 서울행을 위한 공작에 관한 것으로 추정된다. 수정주의자들의 주장처럼 이승만과 맥아더의 공동 음모가 없었다고 하더라도 최소한 하지의 청원이 있었다는 것은 이정식도 동의했다. 그렇다면 하지의 직속상관 맥아더가 이승만의 귀국을 최소한 추후에라도 승인했다고 할 수 있다. 따라서 맥아더와 하지는 이승만의 귀국을 도왔다고 할 수 있다. 하지는 이승만이 도쿄에 도착하자 누구에게도 알리지 않고 도쿄에 가서 이승만을 환영했으며, 서울로 귀환해서는 이승만을 위한 숙소, 승용차, 헌병 등을 준비해두었다. 그리고 이승만을 한국 언론과 대중들에게 대대적으로 소개하며 그의 정치적 명성을 최고조에 이르게 했다. 한편 하지는 김구·김규식을 위시한 중경 임정 요인들의 귀국 시에는 이승만의 귀국 때와 같이 직접 가지는 않았지만 비서관 로건 대령을 상해로 파견했고 통역으로 동반했다. 이들은 선발대인 조소앙·조시원을 만나 미군정의 의사를 전달했다. 김구와 일행 32명은 11월 5일 상해에 도착했는데, 장제스의 비서인 사오위린(邵毓麟; Sho Yooling)과 3명의 중국인 무전기사가 동행했다. 이들은 주한미군이 보내온 비행기 한 대로는 한꺼번에 갈 수 없는 상황이었기 때문에 선발·후발대로 나뉠 수밖에 없었다. 주한 미군정은 2~3일 간격으로 15명씩 귀국시키며, 김구를 첫 번째 그룹에 포함시켜 달라고 제안했다. 김구 일행은 한꺼번에 귀국할 수 없게 된 상황에서 입국 자격과 비행편 등을 둘러싸고 17일을 허비해야 했다. 서울에서 벌어지고 있던 정치 일정을 생각한다면, 천금 같은 시간을 허송세월한 셈이다. 김구·김규식 일행은 11월 19일 주중 미군사령관 웨드마이어 중장에게 개인 자격으로 귀환한다는 서약서를 제출한 후 11월 23일 서울에 도착할 수 있었다. 정병준은 이승만이 가장 먼저 귀국할 수 있었던 것은 이승만 본인의 노력과 굿펠로 등 미 군부·OSS 내 친구들의 도움, 맥아더의 허가, 한민당의 주장에 고무된 하지의 적극적 후원 등이 결합되었기 때문에 가능했다고 주장했다. 소극적으로는 태평양전쟁기 이승만에 대해 부정적인 판단을 가지고 있던 미 국무부가 이승만의 출국을 저지하지 못함으로써 가능했다는 것이다. 이승만은 1943년 이래 미 국무부가 임시정부를 승인하지 않는다며 적대적인 입장을 공표했으며, 1945년 5월 유엔 창설을 위한 샌프란시스코회담에서는 미 국무부의 (용공적) 관리들이 얄타회담에서 러시아에게 한국에 대한 이권을 양도했다는 소위 '얄타밀약설'을 제기함으로써 미 국무부를 경악케 한 바 있다고도 인용되었다. 정병준, 「해방직후 李承晩의 귀국과정과 '東京會合'」, 于松趙東杰先生停年紀念論叢刊行委員會 편, 『韓國民族運動史硏究』(나남, 1997); 정병준(2023), 앞의 책, 316-317쪽. 한편 당시 이승만은, 스탈린과 중국 외교부장 쑹쯔원이 소련의 한반도 소비에트 정권 수립을 중국이 양해하는 비밀협정을 맺었다고 확신하고 있었다. 그것은 1945년 9월 5일자 이승만의 메모랜덤에 자세히 기술되어 있다["Memorandum," September 5, 1945, 『大韓民國史資料集(28) 李承晩關係書翰資料集(1) 1944~1948』(국사편찬위원회, 1996), 41-42쪽]. 이승만은 쑹쯔원이

했으므로[76] 어느 정도 성공했다고 할 수 있다. 그러나 이승만의 미진한 통합력과 반소적 태도에 미국은 실망했다. 이 시기 미국은 소련과 아직 결별하지 않았기 때문에 그의 반소적 노선을 반길 리 없었다. 또한 이승만의 정치적 라이벌[77] 김구에게도 미국은 통합력을 기대했으므로, 비록 '임시정부의 공인' 자격이 아닌 개인 자격 딱지를 붙이고 광복군의 무장해제를 전제했으며 이승만보다는 시차를 두었지만, 역시 비행기를

> 워싱턴에 머물고 있으면서 스탈린과 소련에 있는 한국 공산주의자들의 지원을 받아 트루먼 대통령으로 하여금 한국의 명목상 독립을 유지하면서 소련이 한국에 공산주의의 영향력을 확립하는 것을 허용하도록 타협하고 있다고 적었다. 그리고 한국 상황에 대해서는, 비밀양해에 따라 소련군이 급히 한국으로 쇄도하여 북반부를 점령하고 있고, 적어도 3만 명의 한국인 공산주의자들이 한국으로 흘러들어와 전국에 걸쳐서 마르크스주의 신조를 퍼뜨리고 있다고 했다. 그런데도 한국의 민족주의 정부나 그 지도자들은 어느 누구도 아직 귀국이 허용되지 않았다고 했다. 그는 이러한 부조리한 상황이 모두 스탈린과 쑹쯔원의 비밀협정에 기인하는 것이라고 적고 나서, 결론으로 한국의 장래와 관련하여 다음과 같이 매우 주목할 만한 제안을 했다. "트루먼 대통령만이 미합중국 국회와 일반 공중의 강력한 지지를 얻어 이 문제를 해결할 수 있다. 한국은 극동에서의 민주주의 작전을 위한 강력한 기지로 만들어야 한다. (한국에 대한) 불간섭정책을 (연합국이) 공동으로 선언함으로써 한국은 아시아의 스위스로서 영세중립국이 될 수 있다. 강력하고, 통합되고, 민주적이고, 독립된 한국과 함께 한국인들은, 지난 모든 세기에 걸쳐서 그랬듯이, 극동에서 평화의 안전판 역할을 할 것이다." 이승만은 이 메모랜덤의 서두에서 트루먼 대통령을 지난 50년 동안 한국의 독립을 완전히 회복하는 데 영향을 미친 어떤 국제적 흥정도 반대하는 입장에 선 첫 미국 대통령이라고 칭송했다. 국제관계에서의 중립(neutrality) 문제는 이승만이 한국의 독립방략과 관련하여 독립협회운동 시절부터 천착한 개념이었다. 그가 1910년에 프린스턴대학교에서 취득한 박사학위논문 「미국의 영향을 받은 중립(Neutrality as Influenced by the United States)」도 중립 교역과 중립법에 관한 것이었다. 3·1운동이 일어나기 직전 파리강화회의에 가 있던 윌슨(Woodrow Wilson) 대통령에게 보낸 위임통치청원서의 주지도, 독립을 전제로 일본으로부터 한국을 분리시켜 국제연맹의 위임통치 아래 두고 모든 나라가 혜택을 받는 중립적인 상업지역으로 만들어 극동의 완충국이 되는 것이었다. 그러한 중립국 구상이 광복 후 한반도의 공산화를 방지하는 방책으로 발전했다고 볼 수도 있다.

[76] Robert T. Oliver, *Syngman Rhee and American Involvement in Korea, 1942~1960* (Panmun, 1978); 로버트 T. 올리버 저, 박일영 역, 『이승만비록』(한국문화출판사, 1982), 49쪽.
[77] 이승만 입장에서는 김구가 영도하는 임정 내의 '공산주의자'들도 신경 쓰이는 부분이었다고 한다. 허정, 『우남 이승만』(태극출판사, 1970), 205쪽.

내주어 11월 23일 귀국시켰다.(11월 5일 중국 비행기를 타고 충칭에서 상하이에 간 후 18일간 대기) 그러나 주로 김구 세력이 반탁운동을 주도해 미군정에 대립하면서 미 국무부는 김구는 물론 이승만에 대한 지지를 철회하려 했다. 이런 상황에서 극동의 중심국가 중국에서는 국공합작이 어느 정도 결실을 맺어 적어도 1946년 초반(1~4월)에는 좌우화해의 분위기가 밀려들고 있었으므로 이승만과 김구에 대한 지지를 재검토했다.

그런데 공평한 정책을 택했다면 연안 조선독립동맹에게도 귀국 주선을 했어야 함에도 불구하고 그러한 기록은 찾아볼 수 없다(그들은 남한이 아닌 북한으로 귀국했다). 단지 김두봉 등 연안의 한국 공산주의자들이 입국할 때 중경 임시정부가 주목한 것에 대해 중국 주재 미 대사 헐리(Patrick Jay Hurley)가 국무장관에게 보고하기는 했다.[78] 물론 연안 독립동맹은 중국 공산당이 지배하는 지역에 있었기 때문에 미국이 귀국 대상으로 고려할 수 없었던 측면도 있지만 그들이 우익이 아니었기에 귀국시키는 것을 고려하지 않았을 가능성이 더 높다. 그런데 비공식 자문위원 굿펠로(Preston Goodfellow) 등에 영향받은 하지는 당초 이승만을 지지한 반면 미 국무부는 이승만을 배척하고 여운형·김규식을 선호했다.[79]

1946년 2월 28일 미 국무부는 맥아더에게 보낼 메시지 초안을 전쟁부에 보냈는데 "김구 그룹과 소련에 지배되는 그룹에 관여되어 있지 않고 한국을 위한 확고한 진보적인 프로그램을 추진할 지도자들을 찾아내는 노력을 해야 한다"라고 나와 있다. 한국민들을 공산주의적 프로그램

---

[78] "Telegram by the Ambassador in China (Hurley) to the Secretary of State," Chungking, August 31, 1945, 895.01/8-3145, *FRUS, 1945*, vol. Ⅵ, p. 1042; 미 국무성 저, 김국태 역(1984), 앞의 책, 47쪽.
[79] 「대륙횡단 인터뷰: 미 국무성 동아시아 분석관 존 메릴」, 『다리』 9월(1989).

으로부터 끌어오기 위해 기획된 진보적 프로그램은 토지개혁과 재정개혁 등을 그 기본(basic land and fiscal reforms)으로 했으며 이승만·김구를 멀리할 것을 주문하기도 했다. 즉 미 국무부는 김구와 이승만을 배제하려는 정책을 구상했으며 진보적 지도자들(progressive leaders)을 지지하는 자유주의적이며 중도적 방향으로 선회했던 것이다.[80]

미 국무부는 김구·이승만과 거리를 두는 정책을 일찍이 1946년 1월 29일 하지에게 지시했지만,[81] 하지는 문제의 심각성을 잘 알지 못했는지 이행하지 않고 있다가 5월 이후 뒤늦게 실행에 옮겼다. 하지의 정치고문단의 일원이었던 정치분석가이자 엘리트 군인 버치(Leonard M. Bertsch; 한국명 傅義治)[82] 중위가 하지의 지시로 좌우합작위원회를 구성했던 것이다.[83] 그런데 버치는 한국인들의 접촉 창구였을 뿐 실질적으로는 직업외교관 출신으로 하지의 정치고문이었던 랭던(William R. Langdon)이 입안했으며 그 배후 책임자는 1945년 12월까지 군정장관을 역임한 후 1946년 9월 귀국할 때까지 미·소공동위원회 미국 측 수석대표를 지낸 소장 아널드(Archibold V. Arnold)와 1946년 9월부터 공위 수석대표를 맡았던 소장 브라운(Albert E. Brown)이었다. 아널드가 좌우합작과 중간파 지원 정책을 지휘했다면 브라운은 그 뒤를 이어 남

---

80 "Proposed Message to General of the Army Douglas MacArthur Drafted in the Department of State," transmitted by the Department to the War Department on February 28, 1946, FRUS, 1946, vol. Ⅷ, pp. 645-646; 미 국무성 저, 김국태 역(1984), 앞의 책, 235-237쪽.
81 Gregory Henderson, Korea: The Politics of the Vortex (Cambridge, MA: Harvard University Press, 1968), p. 127. 국무부가 이렇게 일찍 주문했음에도 불구하고 미군정이 즉각 실행하지 않은 데서 양자 사이의 미묘한 갈등을 감지할 수 있다.
82 박태균, 「(박태균의 버치보고서 1)맥아더 때문이었다 … 순진했던 미군정」, 『경향신문』, 2018년 4월 1일자.
83 안정애(1985), 앞의 글, 281-282쪽.

조선과도입법의원 설립 공작을 지휘했다.[84]

　미 국무부는 1946년 5월 미·소공위 무기 휴회 후 만약 공위가 재개되어 만에 하나 통일임시정부 수립이 진전될 때 우익세력만 지지하고 있다가 여타 세력이 공산세력과 제휴한다면 최악의 상황이 산출될지도 모른다고 우려했다. 미국은 우익이 공산세력에 포위, 고립되어 한국이 공산화될지도 모른다고 생각했던 것이다. 미·소공위의 미국 측 실무자(미군정 경제고문)였던 키니(Robert A. Kinney)는 "우리가 중간파를 제외하고 이승만 씨나 김구 씨 등 우익세력을 지지한다면 중간파들은 공산당과 합류, 큰 세력을 유지할는지 모르며 또 우리가 중간파를 지지해도 민족주의 우익세력은 공산당과 합작할 이유가 없었기 때문이었습니다"라고 1972년 회고했다.[85] 한국 공산화는 미국이 절대로 용납할 수 없는 일이었다. 또한 미 국무부 점령지역 담당 차관보 힐드링(John H. Hilldring)은 1946년 6월 6일 맥아더를 통해 하지에게 새로운 정책지침을 내려보냈는데 미·소 간 합의는 물론 국내 정치의 통합을 저해하는 원로 망명그룹(김구·이승만 등)이 한국의 정치여론을 완전히 대변하고 있지 않으며 소련도 이들의 한국 임시정부 참여를 거부하므로 최소한 일시적으로라도 은퇴시켜 소련과의 협정에 대처하라고 지시했다.[86] 이와 같은 미 국무부의 자유주의적이며 중도적인 입장에 대해 미군정은 내키지는 않았지만 거역할 수 있는 입장도 물론 아니었다.

　위 국무부의 정책지침에는 ① 미국의 정책에 대한 한국인의 지지를

84　정용욱, 『미군정 자료 연구』(선인, 2003a), 131쪽.
85　조규하 외, 『남북의 대화』(한얼문화사, 1972), 266쪽; 송남헌(1975), 앞의 책, 295쪽.
86　"Policy for Korea," Attached Paper in Memorandum by the Assistant Secretary of State for Occupied Areas (Hilldring) to the Operations Division, War Department, Washington, June 6, 1946, *FRUS, 1946*, vol. Ⅷ, pp. 698-699; 미 국무성 저, 김국태 역(1984), 앞의 책, 298쪽.

획득하기 위한 노력을 계속하는 한편 ② 소련과의 합의를 도출할 수 있는 바탕을 마련하는 것이 바람직하다고 나와 있다. 전자의 노력은 단독행동의 요소를 강하게 내포하고 있는 정책인 데 비하여 후자의 바탕 마련은 공위의 재개에 대비한 즉 통일에 대비한 정책이라고 해석된다. 미 국무부는 장차 있을 소련과의 회담에서 미국의 입장을 강화하기 위해 남한 행정에 대한 한국인들의 참여 기반을 확대하고 경제·교육의 개혁 조치들의 단독행동을 시행하되 이 조치들은 모스크바협정의 틀 안에서 소련과의 협상을 위해 이루어져야 한다는 원칙들을 재차 강조했다. 아직까지 국무부는 모스크바협정을 한국 문제 해결의 유일한 방도로서 간주했음이 확인되는 대목이다.

결국 미군정은 1946년 5월부터 1947년 10월까지 좌우합작위원회를 만들어주면서까지 지원했는데 이는 공산화 방지라는 제1의 목표를 달성하기 위한 수단이었다.[87] 또한 이는 공위 재개에 대처하는 전략이었다. 미 국무부는 소련이 받아들일 수 없는 지도자 김구와 이승만[88]을 배제하고 미국이 받아들일 수 없는 공산주의자들을 배제·고립시킨 후 양측이 어느 정도 받아들일 수 있는 온건좌파를 이들로부터 분리해내 인위적으로 중간파를 만들고[89] 이들로 하여금 진보적 개혁을 시도한다면[90] 이때까지 미군정에 대해 좋지 않은 부분이 있었던 한국인들의 여론을 개선시켜 장차 재개될 공위에서 소련의 선전에 대항하고 대소협상을 원

---

[87] "HUSAFIK," part Ⅱ, chapter Ⅱ, p. 93.
[88] "The Political Adviser in Korea (Langdon) to the Secretary of State," Seoul, 9 October, 1946, *FRUS, 1946*, vol. Ⅷ, p. 744; 미 국무성 저, 김국태 역(1984), 앞의 책, 357쪽. 1945년 10월 9일이라는 비교적 이른 시점에 이미 소련이 이승만과 김구를 받아들일 수 없다고 보았다는 것이 특기할 만하다. 이미 이 시점에 냉전이 시작되었다고도 할 수 있다.

만히 치를 수 있을 것이라고 예측했다.

미국은 좌우합작위원회를 통해 당시 한반도에 광범위하게 존재했던 사회개혁의 열기를 개량적으로 발산시키려 했다. 미국이 후원했던 좌우합작은 기본적으로 미 리버럴들의 구상이었다.[91] 북한에서는 1946년 2월 북조선임시인민위원회가 결성된 후 이 기구의 주도로 토지개혁 등 이른바 민주개혁이 한 달 내로 아주 빠르게 이루어졌다.[92] 공위 휴회 후

---

[89] 이에 반하여 국·공합작 국면에서 국·공 조화와 미·소 겸친을 주장하며 형성된 중국의 중간파는 인위적으로 만들어진 것은 아니었다.

[90] 이것은 북한의 '민주개혁'에 대응하는 단독행동이므로 민주개혁과 같이 통일에 역행하는 정책이다. 이러한 미 국무부의 진보적 개혁의 추구는 전술한 바와 같이 공위 휴회 이전인 1946년 1월 말부터 추구되었다. 진보적 개혁노선은 일본의 진보적 개혁과 중국의 국공합작 지지노선 등과 일맥상통하는 미국의 정책이었다. 그런데 로마넨코는 1946년 9월 27일 여운형과의 면담에서 입법기관(입법의원)은 조선을 두 개로 영구 분할하려는 것을 의미한다고 비판했다. 여운형-로마넨꼬 회담록(1946년 9월 27일), 러시아연방국방성중앙문서보관소 문서군 379, 목록 532092, 문서철2, 63-79쪽, 국사편찬위원회 편집부(2004), 앞의 책, 186-187쪽; 여연구, 『나의 아버지 여운형』, 317쪽. 위와 같이 소련이 입법기관을 분단 지향적 조치로 간주하면서 자신들이 점령한 지역에 이미 수립한 북조선임시인민위원회와 그에 의한 토지개혁 등은 단독조치가 아니라고 주장했던 것인데, 여기서 소련의 자기중심적 태도를 엿볼 수 있다. 북조선임시인민위원회는 모스크바3상회의 의정서에 규정된 미·소공동위원회 개최와 임시정부 수립에 대비한다는 명분으로 추진된 단독조치였다. 「김일성의 인터뷰기사」, 『해방일보』, 1946년 3월 7일자. 이러한 임시 정권기관이자 자치정부·행정기관인 임시인민위원회는 1946년 11월 3일 인민위원회 대의원 '선거'를 통해 1947년 2월에는 정식 정권기관인 북조선인민위원회로 전환되었다. 여운형은 1946년 다음과 같이 모두 다섯 차례 북한을 방문했다고 한다. 1차: 1946년 2월 11일 전후, 2차: 1946년 4월 17~25일, 3차: 1946년 7월 31일 전후, 4차: 1946년 9월 23~30일, 5차: 1946년 12월 28일~1947년 1월 10일 전후 등. 자세한 내용은 박병엽 구술, 유영구·정창현 편, 『김일성과 박헌영 그리고 여운형: 전 노동당 고위간부가 본 비밀회동』 박병엽 증언록 2(선인, 2010b), 107-235쪽; 임영태, 「제3부 해방정국(19) 좌우합작운동(2) 임영태의 '다시 보는 해방 전후사 이야기'(51)」, 『통일뉴스』, 2021년 5월 3일자.

[91] 미군정의 목표는 김규식, 여운형 등 중도파를 중심으로 미국의 민주당 정부 같은 진보적 정부를 세우는 것이었다는 평가가 있다. 김순덕, 「文이 오스트리아를 방문한 진짜 이유」, 『동아일보』, 2021년 6월 17일자.

[92] 이정식은 「단독 정부론의 등장과 전개: 이승만은 역적인가, 선각자인가 "나는 역사에 책임질 것," 광복 60주년 특별기획-해방전후사의 재인식」, 『월간 넥스트』, 1월(2005),

소련은 추가 '민주개혁'을 추진하여 자신의 점령지역에서 '반국적(半國的) 기반'을 착실하게 구축했다. 만약 통일이 된다면 북에서 일방적으로 추진된 토지개혁을 어떻게 해야 할지에 대해서는 심각하게 고민하지 않았다. 소련과 북한이 남한과의 통일에 대비해야 했다면 소련이 주도한 이러한 개혁은 정식 독립국가 수립 후에 이루어져야 자연스러웠을 것이다.

미군정은 북한에 소련 점령군의 확고한 세력기반이 존재한다고 평가하면서 자신들의 지역에서도 이러한 지지기반의 확충이 필요하다고 판단했다. 만약 지지기반이 빈약한 상태에서 남한 우익들을 지지했다가 제1차 미·소공위 때처럼 자신들의 지지세력이 되어야 할 우익들이 사분오열하면서 미군정의 방침에 직간접적으로 도전하면 자신들이 어려워질 것이라고 생각했다. 이런 이유로 김규식과 여운형을 묶어서 개혁에 대한 욕구를 개량적으로 발산하면서 북풍을 차단하고자 했던 것이다. 이렇듯 좌우합작은 미국의 대한정책을 지지할 세력을 양성하려는 미군정의 계획에 따른 것이었다.

좌우합작과 같이 구상되었으나 좌우합작위원회 구성 이후에 설립된 남조선과도입법의원은 북한의 인민위원회에 대항하기 위해 미군정이 만들려고 했던 기구였다.[93] 그런데 인민위원회는 행정기관이고, 입법의원은 입법기관인 점이 다르다. 북의 입법기관은 북조선인민회의였다. 미군정은 1945년 11월 정무위원회 구상, 1946년 2월 민주의원, 1946년 5월 좌우합작위원회, 1946년 12월 입법의원, 1947년 과도정부에 이르는 다양한 구상과 시도를 소련과 협의하지 않고 단독으로 했

74쪽에서 공위의 예정일자를 알고 있었던 소련 낭국이 공위가 열리기 직전에 서둘러 토지개혁을 실행하기 시작한 것은 한반도 문제에 관해서 미국과 협상할 의도가 전혀 없다는 소련의 입장을 확연하게 나타낸 것이라고 평가했다.

[93] *The Voice of Korea*, vol. Ⅲ, no. 71 (Nov 16, 1946), in RG 319, Entry 82, G-2, "P" File, Box 3684, US National Archives.

다. 북의 토지개혁 등 '민주개혁' 강행과 북조선임시인민위원회 설치 등이 단독조치인 것과 유사하다.

남과 북의 관계는 서로를 의식하며 상호 상승시키는 '적대적 관계'에 들어섰다고 할 수 있다. 이때부터 남북관계는 서로의 이미지를 비추는 거울효과(mirror image effect)를 만들고 있었다. 즉 거울을 통해 자기 얼굴을 바라보듯 서로의 전략을 상호 증폭시켜 동일한 수준으로 만들어 갔다. 남북은 적대적 의존관계였으며 '관계의 동학(relational dynamics)' 즉 '대쌍관계동학(對雙關係動學; interface dynamics)'이라는 시각으로 조망할 수 있다.[94] 이후 이어지는 이승만-김일성 시대와 박정희-김일성 시대의 한반도는 대외적으로는 협력과 화해 통일을 추구한다고 공언하면서도 속으로는 '거울효과'와 '적대적 공생(공존)관계'[95]를 추구했다. 그래서 남과 북은 각기 자기 체제의 유지를 위해서 상대 체제가 붕괴되는 것보다 존속하는 것이 더 도움이 된다고 판단한 것이 아닌가 하는 의구심이 들기도 했다. 물론 자기 체제가 우위에 서는 통일(남의 흡수통일, 북의 적화통일)은 이면적으로 계속 추진했다.

미 국무부에서 파견되어 1946년 1월부터 미군정에서 근무했던 미국 아이오와대학교 농업경제학 교수 번스(Arthur C. Bunce)는 개혁과 좌우합작을 연계시키려 했던 미군정 내 자유주의자였다. 그는 1946년 중반 남한 경제의 안정책을 구상하면서 인플레 진정 대책이나 식량 수급 대책의 필수적 요소는 인민당과 합작파의 지지를 얻어내는 것이라는 주장을 피력했다. 또한 그는 토지개혁을 추진했다.[96] 그렇지만 그의 계획은

---

[94] 박명림, 「분단 질서의 구조와 변화: 적대적 의존의 대쌍관계동학, 1945~95」, 『국가전략』 3-1(1997).

[95] 박근혜 정부 아래에서 추진된 북한 제재 일변도 정책 때문에 당시 여당인 새누리당은 북한과 적대적 공생관계를 토대로 존립하고 있다는 비판을 받았다.

[96] Il-young Jung, "The 'Bunce Plan' and the Aborted Land Reform of 1946," *Seoul*

성공하지 못했다. 미국이 1946년과 1947년에 논의되었던 5년간 5억~6억 달러의 재정적 원조를 현실화하지 않고 입법의원을 통한 한국 경제 부흥계획(개혁)을 취소하면서 한국을 포기하기로 결정하자[97] '번스의 우극(愚劇)(Bunce's Folly)'으로 종막을 고했다.[98]

미 국무부는 1946년 2월 14일에 하지의 자문기관으로 성립시킨 '재남조선대한국민대표민주의원'이 그 기능을 발휘하지 못하자,[99] 중도우파와 중도좌파 사이에 협약을 맺게 해 좌우합작위원회를 구성한 후 이를 대체하려는 의도를 가지고 있었다.[100] 한국민의 자유로운 의사와 공평한 경쟁을 도모하기보다는 인위적으로 한국 정계를 개편하려 했던 것이다. 미국은 민족을 통일시키려는 의도가 아니라 공산당 고립을 통해 민족을 분열시키려는 공작적 의도로 일을 추진했으며[101] 남한에서 독자적 지지기반을 확보하기 위해 좌우합작세력을 후원했던 것이다.[102] 또

Journal of Korean Studies, vol. 34, no. 1 (June 2021), pp. 123-157.
97 이정식, 『대한민국의 기원』(일조각, 2006), 360-361쪽, 369쪽.
98 정용욱(2003c), 앞의 책, 272쪽; 정용욱(2003a), 앞의 책, 132-133쪽.
99 미군정은 비상국민회의에서 민주의원을 창설하면 이를 군정청 산하의 자문기관으로 삼고 나중에 행정권을 이양받을 것이라고 약속했으나 의장 이승만을 비롯한 당시 구성원들의 완고성(미군정은 김구·이승만 등 고루한 망명정객을 소련이 받아들일 수 없다고 생각함)과 지방조직의 결여 등으로 인해 이에 대한 지지를 철회했다. 이는 이승만과 하지의 1946년 4월 26일 대화에 대한 소련군의 정보 보고에서 확인되는 부분이다. 「구두 정보 보고 No. C-33, 1946년 5월 4일」, 러시아국방성 중앙문서보관소 문서군 172, 목록 614631, 문서철 12, 144-152쪽, 국사편찬위원회, 『러시아연방국방성중앙문서보관소 소련군정문서, 남조선 정세 보고서, 1946~1947』(국사편찬위원회, 2003), 110쪽. 한편 비상국민회의는 김구 등이 반탁운동을 주도하면서 만든 기구였다. 이 기구의 반탁운동 주도를 희석하기 위한 미군정의 의도가 배후에 있었다.
100 "HUSAFIK," part Ⅱ, chapter Ⅱ, p. 42.
101 손세일, 「이정식의 「여운형-김규식의 좌우합작」에 대한 토론」, 동아일보사 편, 『현대사를 어떻게 볼 것인가』 I(동아일보사, 1987), 345쪽.
102 따라서 미국의 의도에서 본 좌우합작은 통일 지향적 운동이 아니라 오히려 남한에서 미국의 독자적 지지기반을 확보하려는 운동이다. 같은 맥락에서 이후 미국의 단정안 추구는 정책 전환이 아니라 친미정권 수립이라는 일관된 목적 달성을 위한 노선 수정으로 볼 수 있다.

한 대소협상용으로 추진했다고 할 수 있다. 미국은 자신들의 지지기반이 되어야 할 우익들이 모스크바결정에 반대하여 미·소공동위원회를 공전시키는 데 일조했다고 평가했으며, 소련은 공위 결렬의 책임을 남한 내 반탁 극우세력과 이를 지원하는 미군정으로 돌렸다. 미국은 아직 냉전이 본격적으로 출현하기 전의 상황에서 소련과 협상을 위해서라도 이승만과 김구를 지지하기보다 본격적으로 중간파 지지로 수정하는 것이 좋다고 판단했던 것이다. 남한 내 친미적 우익들은 미국의 의도를 정확하게 간파하지 못해 좌우합작에 참여하는 듯했다가 미국의 우익 배제 의도를 간파한 후에는 합작에 이내 비판적이 되었다. 양동안은 미군정이 "이승만과 김구를 남한정계에서 퇴출시키고 미국의 한반도정책에 순응할 중도파세력을 형성하기 위해 김규식을 내세워 좌우합작운동을 전개하도록 한 것"이라고 평가했다.[103]

당시 정치세력 중 가장 조직적 기반이 탄탄하며 정국 구도상 일정한 지분을 가지고 있던 공산당까지도 포함해야 진정한 통합이라고 할 수 있었다. 이러한 시각에서 보면 공산당을 배제하려고 기획된 미국의 좌우합작은 합작(통합)을 후원하려고 한 것이 아니라 공산당을 파괴하려(좌익진영 분열로 공산주의자들의 세력기반 약화[104]) 한 것이라고 평가된다.[105] 이러한 미국의 민족분열 공작에 한국인들은 단결하여 좌우합작

---

[103] 양동안, 「한반도 분단과정과 통합리더십의 결여」, 한반도 분단극복을 위한 통일정책과 리더십 학술회의 발표논문, 2006년 11월 10일(2006) 34쪽. 한편 미군정은 우파계열에 대해 공산당에 대한 것과 같은 제재를 가하지 않았다는 평가도 있다. 安貞愛, 「左右合作運動에 관한 연구: 1946~47년간의 전개과정과 실패원인 분석을 中心으로」, 이화여자대학교 석사학위논문(1985); 안정애(1985), 앞의 글, 307쪽.

[104] "Hodge's Conversation with Wedemeyer," August 27, 1946, RG 332, Box 41, US National Archives, p. 14; 신복룡, 『한국분단사자료집』 3-3(원주문화사, 1991); 都珍淳, 「1945~48年 右翼의 動向과 民族統一政府 樹立 運動」, 서울대학교 박사학위논문(1993), 62쪽.

[105] 서중석, 『한국현대민족운동연구: 해방후 민족국가 건설운동과 통일전선』(역사비평사,

을 비판하거나 아니면 좌우합작으로 뭉쳐 미국의 민족분열 공작을 역이용하려 하지 않았다. 합작파들은 미국에 영합했고 반대파들은 합작파들을 비판하는 입장을 취해(좌우합작에 비판적인 우익은 중간파들이 외래세력에 아부한다며 비판) 민족통일의 명분을 저버렸다.[106] 그렇다고 좌우합작 운동 실패의 책임을 전적으로 한국인들에게 돌릴 수는 없다. 또한 자국 이익에 따라 좌익을 배제하려 했던 미국을 일방적으로 비판하는 것도 이상주의적 평가일 것이다. 미국은 남한을 점령한 후 냉전체제가 형성되자, 동북아지역에서 소련의 팽창을 저지하려 했으며 공산화 방지가 한국에서 추구할 제1의 국가이익이었던 것이다.

그런데 본질적으로 자유민주주의와 자본주의를 선호하고 사회주의를 비판할 수밖에 없었던 미국의 정책 결정자들은 같은 중간파 중에서도 중간우파와 중간좌파 사이에 미묘한 차별을 두었다. 김규식 세력은 몰라도 여운형 세력에 관해서는 미국이 그들의 정치이념을 용인해서가 아니라[107] 박헌영과의 결탁을 방지하기 위하여 지지했던 것이다. 좌우합작은 지지한다면서도 1946년 7월 하순 이후 좌·우익 간에 합작을 둘러싼 논쟁이 벌어지자 그전까지 용인해왔던 공산당의 활동을 8월부터 탄압하기 시작하여 합작에 대한 극좌파의 지지를 철회하게 만드는 모순

1991), 398-399쪽.
106 이에 비해 오스트리아는 좌우가 단결하여 분할점령을 극복하고 통일을 달성했다. 황의서, 「좌우합작의 실패와 성공: 한국과 오스트리아의 사례」, 『國民倫理硏究』 59(2005), 377-396쪽; 안병영, 「세계사 속의 통일접근사례: 오스트리아의 예」, 『국제정치논총』 27-1(1987), 31-50쪽.
107 민주의원에 여운형을 끌어넣으려는 것이 실패하자 맥아더는 미 국무장관에게 "여운형은 공개적으로 자기의 신분을 공산주의자라고 밝혔으며 … 여운형은 음흉한 공산주의자로서의 진면목을 최초로 드러난 셈"이라는 내용의 전문을 보냈다. 이렇듯 여운형에 대한 미군정의 인식은 국무부 자유주의자들과는 달리 전반적으로 부정적이었다. "MacArthur to the Secretary of State," Received February 24, 1946, FRUS, 1946, vol. VIII, p. 641; 미 국무성 저, 김국태 역(1984), 앞의 책, 230쪽.

된 정책을 취했다. 여기서 좌우합작이 '좌우를 통일시키는 전략'이 아니라 '반공전략'의 일환으로서 제기되었음을 알 수 있다. 이때부터 미국은 '우지원·좌탄압'의 냉전지향적 정책을 본격적으로 구사했다.

한편 조선공산당도 가만히 당하고 있지만은 않았다. 1946년 5월 정판사위조지폐사건[108]이 일어난 후 조선공산당은 1946년 7월 '미군정을 노골적으로 치자'는 신전술을 발표해[109] 미국과 조선공산당 간 대립을 조선공산당이 먼저 시작했다[110](그런데 만약 임성욱의 주장대로 정판사 사

---

[108] 임성욱, 『조선정판사 '위조지폐' 사건 연구』(신서원, 2019)에 따르면 정판사위폐사건은 조작된 의혹이 있다는 것이다. 이 책은 임성욱의 박사학위논문을 출판한 것이다. 그는 당시의 언론자료와 공판기록(서울지방심리원, 1947), 변호인단의 '정판사위폐사건' 해부(1947.4.), 판결문 등의 자료를 치밀하게 분석하여 이 사건이 미군정의 정치적 목적을 위한 조작사건임을 드러내었다고 평가되기도 한다. 임영태, 「임영태의 '다시 보는 해방 전후사 이야기'(52) 제3부 해방정국(20): 조선정판사 사건과 신전술(1)」, 『통일뉴스』, 2021년 5월 10일자.

[109] 김남식, 『남로당연구』(돌베개, 1984), 235-236쪽.

[110] 1946년 봄, 아마 3~4월경에 실시된 설문조사에서 좌익의 이강국, 이태준, 백남운, 이주하, 이순금 등은 미·소협조를 믿었으나 중간적인 설의식과 우익의 함상훈 등은 미국진영과 소련진영의 마찰 기미를 지적했다. 「설문」, 『신천지』 1-4(1946), 20-21쪽. 따라서 미국의 탄압정책이 나오기 전까지 좌익은 미국을 진보적 민주주의 국가로 대우했으며 소련의 유화적 태도에 기대하는 나이브한 관점을 견지했다. 그렇지만 1946년 4월 초에 몇몇 좌익 인사들이 공공연히 군정을 반대하는 문건을 저술했으며 군정을 비판하는 발언을 한 혐의로 체포되었다. "The Political Adviser in Korea (Langdon) to the Secretary of State," Seoul, April 30, 1946, FRUS, 1946, vol. Ⅷ, pp. 662-663; 미 국무성 저, 김국태 역(1984), 앞의 책, 257쪽. 미국에 대한 좌익의 기본 관점은 그렇게 좋지 않았으므로 군정에 대해서도 일찍부터 반대했음을 알 수 있다. "The Political Adviser in Korea (Langdon) to the Secretary of State," Seoul, 10 April 1946, FRUS, 1946, vol. Ⅷ, p. 658; 미 국무성 저, 김국태 역(1984), 앞의 책, 252쪽에서 1946년 3월 좌익은 점차 미국에 대해 비판적으로 되어가고 있다고 랭던이 분석했다. 한편 중도파 설의식은 1947년 미국과 소련 대표들에게 보내는 편지에서 한국인들 최고의 과업은 통일이라며 악마 같은 38선은 무조건 제거되어야 한다고 호소했다. 그리고 소련식 공산주의 독재나 미국식 자본주의 독재 모두 한반도에 받아들일 수 없다고 주장했다. 이재봉, 「(문학예술 속의 반미)1940년대 문학예술에 비추어진 미군정 (1): 해방 후 최초의 반미 데모는?」, 『프레시안』, 2014년 10월 21일자. 설의식은 공산주의의 프롤레타리아 독재와 자본주의의 부르주아 독재를 모두 비판했다고 할 수 있다. 자본주의를 독재라고 파악한 부분이 특기할 만하다. 한편 1957년 서울대학교 정치학과 2학년 류근일은 『(서울대학교)문리대학보』에 쓴

건이 미군정의 조작이었다면 미국이 먼저 조공과의 대립을 조장했다고 볼 수도 있다). 신전술은 미국을 진보적 민주주의 국가로 간주했던 이전 시기의 노선에서 현격한 노선 전환을 보인 것으로 1946년 7월 초 모스크바에서 '스탈린·김일성·박헌영·시티코프·서울 주재 소련부영사 샤브신' 등이 회동한 비밀회담의 결과였다. 이 회담에서 스탈린은 남한의 일부 좌익세력이 호응하고 있는 좌우합작을 배격할 것과 북에서의 '공산당·신민당' 합동, 남에서의 '공산당·인민당·신민당'의 3당합동과 더불어 남한에서 반미적 선전과 미군 축출운동을 강화할 것을 지시했다.[111] 김일성은 물론 박헌영까지도 이제 소련의 지시에 따라 움직이고 있음을 확인할 수 있다. 박헌영 세력의 좌우합작 반대는 소련의 뜻이기도 했던 것이다. 스탈린은 한반도에서 미국의 양보를 얻어내기 위한 미국과의 협조노선에서 미국과의 적극대결노선으로 선회했던 것이다.

이런 상황에서 미국은 여운형 중심의 인민당(양심적 지식인과 중산층을 대표하는 좌익정당)을 공산당 영향권에서 빼내어 김규식 세력과 합작을

「무산대중을 위한 체제로의 지향」에서 '부르주아 민주주의'나 공산주의 둘 다 한국인을 만족시킬 수 없다며 민주사회주의를 새로운 대안으로 제시했다. 6·25전쟁 이후 매카시즘적인 사회 분위기 속에서 동료 학생들과 교수들까지 충격에 빠뜨린 이 평론은 류근일이 퇴학당하고 국가보안법 위반으로 구속되는 필화사건으로 비화되었다. 프롤레타리아 독재·인민민주주의와 자본가 독재·부르주아민주주의의 대립 속에서 민주사회주의를 지향하는 중도적 흐름이 등장했다고 할 수 있다.

111 김광수, 「1946년 7월 스탈린·김일성·박헌영의 모스크바 비밀회동과 소련의 북한정책 변화」, 『학인』 6(2004), 172-189쪽. 거의 대부분의 (전쟁) 물자를 소련에 의존했던 김일성에게 스탈린·시티코프의 조언은 거의 지령과 다름없는 비중을 가졌으나 자신과 관련된 문제는 독자적인 결정을 밀고 나갈 수 있을 정도의 자율성은 가지고 있었다. 1948년 8월 3일 시티코프는 김일성을 만나 남북 노동당 연합 중앙위원회 구성에 대해 논의하면서 박헌영을 위원장으로 할 것을 권고했으나[『쉬티코프 일기』, 1948년 8월 3일(국사편찬위원회, 2004). 실제로 박헌영이 위원장으로 취임해서 권한을 행사했는지는 증거가 없다] 1949년 6월 남북 로동당이 합당했을 때는 김일성이 위원장에 박헌영과 허가이가 부위원장에 선임되었던 것이 그 예이다. 물론 북한 정권 수립 이후이므로 그 이전보다 소련의 영향력이 약화되었던 점도 요인일 것이다.

달성한다면 진보적 개혁도 가능하고 미국에 우호적인 반공국가가 수립될 수 있을 것이라고 판단했다. 미국의 좌익 분열 정책이었다.[112] 실제로 미군정은 1946년 4월 15일 서울에서 열린 좌익세력들의 대규모 집회에 불참했던 여운형이 공산주의자들과 거리를 두고 온건한 좌익세력들을 통합하려 노력하고 있다고 관측했다.[113] 여운형은 단지 미국의 뜻

---

[112] 남한 좌익 3당인 인민당의 여운형, 신민당의 백남운, 조선공산당의 박헌영이 각기 다른 정치적 계산을 가지고 3당 합당을 추진했다. 좌익의 연대는 우익은 물론 군정을 긴장시키기에 충분한 것이었지만, 여운형은 미군정의 정치 공작으로 자금이 고갈되었고 더욱이 아우인 여운홍과 140명의 당원이 인민당을 탈당하여 사회민주당을 결성함으로써 좌익 통합의 꿈을 이루지 못했다. 이때 여운홍은 군정으로부터 10만 원의 자금을 받아 창당에 썼다. "HUSAFIK," part Ⅱ, chapter Ⅱ, p. 98, pp. 103-104. 결과적으로 여운홍은 미국을 위해 지대한 공헌을 했다. 신복룡, 「(광복 70주년 특집)인물로 본 해방정국의 풍경)좌우합작: 여운형과 김규식의 꿈과 좌절, 여운형의 공명심 비극적 죽음 자초 허약한 김규식은 스스로 무너져」, 『주간조선』 2359(2015). 신복룡은 이 글에서 여운형이 "공명심이 강했고, 허장성세했으며, 조직적이지 못하고 어수선한 성품의 소유자였다. 더구나 그가 이중적이고 기회주의적이라는 평가를 받을 수 있는 처사를 보인 것이 지도자들 사이에서 불신을 증폭시켰다. 이로 말미암아 그는 정국에서 다섯 차례의 저격을 당했고 끝내 마지막 테러(1947. 7. 19.)에서 살아남지 못했다"라고 적었는데 다소 감정적이며 중도파의 존재 가치를 폄하하는 편향적인 평가라고 할 것이다. 전 독립기념관 관장 김삼웅은 여운형이 "조직에 철저하지 못하고 정치적 신념에서 우유부단하며 상대를 너무 믿는, 그래서 대국을 놓치는 경우도 없지 않았"다면서 결함으로 지적되는 부분이 있다고 평가했다. 그렇지만 김삼웅은 몽양이 담대하고 당당하며 그릇이 큰 인물이었다고 전체적으로는 긍정 평가했다. 김삼웅, 「몽양 선생 영전에 바칩니다: 나는 왜 몽양 여운형선생 평전을 썼는가」, 몽양 여운형 선생 서거 제68주기 추모식, 몽양 여운형 선생 묘소, 2015년 7월 19일(2015), 15쪽. 그런데 필자는 여운형의 이념적 입장이 유연했으므로 여러 인사를 포용할 수 있었다는 식으로 긍정 평가할 수 있고, 조직적 기반이 없었다는 것은 지식인 지향적인 운동을 한 인사들의 특성이라고 본다. 따라서 총체적으로는 긍정적인 평가가 가능하다고 본다. "이념은 자주통일이 되고 난 뒤에 그때 가서 인민에게 물어서 택하면 된다"라며 민족적 단결을 요청했던 여운형이었으므로 이념적 태도는 모호했던 면이 있었다. 다른 지도자들은 이념적 스탠스가 너무 확실했으므로 융통성이 없었고 통합과 연합을 할 수 없었으며 특히 김일성과 이승만은 각각 소련과 미국에 편향된 태도를 취했다. 따라서 외세에 강요된 분할점령이 민족 내부의 요인(내인)과 결합하면서 민족적 분단 구조가 마련되었다.

[113] "The Political Adviser in Korea (Langdon) to the Secretary of State," Seoul, April 30, 1946, FRUS, 1946, vol. Ⅷ, p. 663; 미 국무성 저, 김국태 역(1984), 앞의 책, 257쪽.

에 따라서가 아니라, 자신의 필요와 판단에 따라 박헌영 세력과 거리를 두기 시작했다. 일종의 동상이몽이었지만 공통분모가 형성되어 결과가 산출된 것이다.

여운형은 1946년 4월 19일부터 25일까지 평양을 방문해 김일성, 김두봉 등과 만나 대화했는데, "(박헌영이) 우리의 인민당에 공산당 프락치를 심어 당 내부문서를 간섭한다"라면서 박헌영을 비판했다. 또한 반탁진영에 대한 공산당의 노선이 너무 과격하다고 비판하며 공산당이 좌익진영의 통일을 저해하고 있다고 했다.[114] 조선공산당 중앙 박헌영의 통제를 벗어나려고 노력하고 있던 분국의 총수 김일성의 입장에서는 박헌영에 대한 비판이 듣기 나쁘지 않았을 것이며, 여운형도 이러한 상황을 의식해 솔직한 심정을 피력했을 것이다. 이것 역시 동상이몽이었을 것이며 공동의 경쟁자 박헌영을 향한 공통분모의 표출이라고 볼 수 있다.

한편 미국은 당시 미·소공동위원회를 통해 소련이 한국인의 대표기구라며 제시했던 북조선임시인민위원회에 대응하는 조직을 만들 필요성이 있었다. 이 조직이 바로 좌우합작위원회와 그 산물인 남조선과도입법의원이었다. 당시 남에는 1946년 2월의 시점에 수립된 북조선임시인민위원회(위원장 김일성)에 필적하는 잘 짜인 통치조직이 없었던 것이다.[115]

---

[114] 중앙일보 특별취재반 편, 『秘錄 조선민주주의 인민공화국』 하(중앙일보사, 1993), 117쪽; 이정식, 『여운형: 시대와 사상을 초월한 융화주의자』(서울대학교 출판부, 2008), 585쪽.

[115] 그뿐 아니라 1946년 말 혹은 1947년 10월 더 나아가 1948년 4월까지도 없었다. 남에서 그러한 시도를 하지 않았던 것은 아니다. 다원성을 핵심으로 하는 (자유)민주주의체제 아래서 조기에 그런 시도를 하는 것이 원천적으로 불가능했을지 모른다. 그것이 자유민주주의의 이점이자 난점이기도 했다. 당시로서는 효율적이지 못했지만 종국적으로는 효율성을 기해 결국 사회주의적 획일화를 압도할 수 있는 기반을 마련했던 것이라고 평가할 수 있다.

따라서 좌우합작위원회는 장차 재개될 미·소공동위원회에 대비한 미국의 (통일을 염두에 둔 행동이 아닌) 단독행동이었다.[116] 그렇지만 이는 임시적 조치였다. 공위 재개에 대비한 일종의 임시정부 수립 공작이었는데, 만일 소련과의 협상이 여의치 않을 경우 좌우합작위원회와 입법의원을 기반으로 단독정부를 수립하는 문제를 고려했던 것이다.[117] 이렇게 좌우합작위원회는 미군정의 여당으로 간주되었으므로 좌익의 공격 대상이 되었다.[118]

실제로 박헌영은 여운형에게 미국의 '장난'에 놀아나지 말라고(not to "play the American game") 계속 권유했다.[119] 1947년 12월 남로당은 소책자를 통해 미국이 인민의 적으로 폭로된 한민당·한독당으로 미국 정책을 구현하면 인민의 지지를 받지 못하므로 중간당이라는 가면을 쓴 당이 필요해서 중간당을 후원한다고 미국의 속셈을 파헤쳤다. 중간당이

---

[116] 그런데 미국의 좌우합작 지원은 미·소공위의 진척을 염두에 둔 국내 정치 환경의 조성이지 곧 분단정책을 의미하는 것은 아니었다는 평가도 있다. 남광규, 「미소공위와 미소의 조선임시정부 수립대책」, 『국제정치논총』 47-3(2007), 130쪽.

[117] 서중석(1991), 앞의 책, 398쪽.

[118] 姜萬吉(1985), 앞의 글, 70-71쪽. 사실 미군정의 여당은 한민당이었다. 이에 미군정 내 리버럴들(번스와 랭던 등)은 1947년 1~2월에 「정치발전계획」이라는 문서를 작성하여 군정청 내 극우진영을 점진적으로 교체하여 이들의 세력 축소를 유도하고 좌우합작위원회의 지지기반을 확대하려 했다. 이 계획에 대해 하지는 1947년 2월 10일 승인하면서 "군정청에 미국과 한국의 이해관계에 유해한 좌익까지 받아들이라는 의미는 아니"라는 단서조항을 달았다. 「정치발전계획」, 1947년 2월 4일 및 이에 대한 하지와 러치의 논평, 하지장군 문서철, Box 62; 정용욱, 「1945~1950년대 국내 정치에 대한 미국의 개입: 1947년 김규식 대통령 옹립계획과 한국전쟁기 이승만 제거계획을 중심으로」, 『현대사연구』 14(2005), 49쪽; 정용욱(2003c), 앞의 책, 323쪽. 이 대목에서 미국의 이익에 충실했던 반공주의자 하지와 리버럴 사이의 이념적 스탠스에는 격차가 있음이 확인된다. 따라서 좌우합작위원회는 좌익에 의해 미군정의 여당으로 간주되었던 것이다.

[119] "The Political Adviser in Korea (Langdon) to the Secretary of State," Seoul, August 2, 1946, FRUS, 1946, vol. Ⅷ, p. 722; 미 국무성 저, 김국태 역(1984), 앞의 책, 329쪽. 미군정의 복안은 박헌영 세력을 탄압해 여운형의 기반을 강화시켜 합작을 가능케 하려는 것이었다.

극좌극우를 배척한다고 표방하지만 실제로는 우익적 노선을 실천하기 위한 것이며 좌익에 반대해 좌익을 고립시키고 미국 정책 실시의 길을 개척하는 역할을 하고 있다고 남로당은 평가했다.[120] 실제로 미군정은 1946년 9월 7일 공산당 간부 체포령으로 좌익과 박헌영에 대한 탄압을 개시하여 좌우합작이 소강 상태에 빠진 후 박헌영을 북으로 몰아내자마자[121] 합작운동의 재개를 종용했다. 1946년 9월 26일 김일성은 시티코프의 허락을 받아 여운형과 만났다. 여운형은 조언을 듣기 위해 김일성을 만났다고 한다. 이 회담에서 여운형은 원래 박헌영과 자신이 좌우합작을 주창했으나 박헌영이 북의 지시를 받은 후 좌우합작에서 떨어져나갔다고 다음과 같이 암시했다.

박헌영의 제안에 따라 우리는 우파들이 모스크바3상회의의 정당한 결정을 인정하는 기초 위에서 좌우합작 사업을 수행하고, 반동분자 없이 정부를 수립할 것에 대한 미·소공동위원회 사업이 신속히 재개되도록 요구하여, 이승만과 김구 등 반동분자들이 정부에 참여하는 것을 허용하지 않기로 결정했었다.

그런데 박헌영이 북조선에서 돌아온 이후 그의 제안에 따라 좌우합작 사업이 정체 상태에 빠지게 되었다. 이 때문에 사회 여론의 견지에서 보면 우리의 권위가 훼손된 것이다. 왜냐하면 우리는 합작의 주창자였으면서 합작을

---

[120] 남조선로동당중앙위원회, 『현정세와 우리의 임무』(남조선로동당중앙위원회, 1947.12.20.), 24쪽.
[121] '1946년 10월 7일,' 국사편찬위원회 편집부(2004), 앞의 책, 24쪽에 의하면 박헌영은 1946년 9월 29일부터 산악을 헤매며 방황했는데 관에 들어간 상태로 10월 6일 북한에 도착했다는 것이다. 이 자료를 발굴한 전현수의 해제는 다음에 있다. Hyun-su Jeon with Gyoo Kahng, "The Shtykov Diaries: New Evidence on Soviet Policy in Korea," Cold War International History Project Bulletin Issues 6-7 (Winter 1995/1996), p. 69, pp. 92-93.

결렬시킨 것도 우리였기 때문이다. 나는 좌우합작 결렬의 주요 책임자로 지목되어 매우 곤란한 상황에 처하게 되었다.[122]

이날 김일성은 입법의원에 참여하려는 여운형에게 아래와 같이 말했다.

미국이 남조선에 입법의원을 설립하려는 시도는 다음을 의미한다: 조선 민주주의 임시정부 수립으로부터 인민의 관심을 돌린다. 조선을 장기간에 걸쳐 두 부분으로 분단시킨다. 하지가 의원의 50%를 임명하기 때문에 이 비민주주의적인 기관을 통해서 미국의 의지를 강요하고 조선인 자신들의 손으로 민주적 정당들을 압살시킨다. 따라서 좌익은 조선임시정부 수립을 위한 공동위원회 활동의 조속한 재개를 요구해야 한다.[123]

결과적으로 여운형은 김일성에 설득당했는지 입법의원에 참여하지 않았다. 김일성은 박헌영이 주도한 3당합동 과정에 간접적으로도 관여하게 되었다. 로마넨코(Andrei Alekseevich Romanenko)가 문서를 작성할 때 과장했을 수도 있지만 당시 여운형은 김일성 면전에서 박헌영을 비판했는데, 김일성을 의식한 행동일 수도 있다. 김일성은 의외로 박헌영에 대한 비판에 동조하지 않았으며 담담한 태도로 자신이 결성한 북

---

[122] 로마넨꼬(북조선 주둔 소련군 민정담당 부사령관), 「연해주 군관구 군사평의회 위원 쉬띄꼬프 상장에게」, 1946년 9월 28일, 러시아연방국방성중앙문서보관소 문서군 379, 목록 532092, 문서철2, 63-79쪽, 국사편찬위원회 편집부(2004), 앞의 책, 177쪽; 여연구 저, 신준영 편, 『나의 아버지 여운형』(김영사, 2001), 298-299쪽. 두 번역본을 종합하여 인용했다. 시티코프의 김일성·여운형 면담 허락은 『나의 아버지 여운형』, 294쪽에 나와 있다.

[123] 로마넨꼬(북조선 주둔 소련군 민정담당 부사령관), 「연해주 군관구 군사평의회 위원 쉬띄꼬프 상장에게」, 1946년 9월 28일, 러시아연방국방성중앙문서보관소 문서군 379, 목록 532092, 문서철2, 63-79쪽, 국사편찬위원회 편집부(2004), 앞의 책, 177쪽; 여연구 저(2001), 298-299쪽.

조선노동당과 같이 남한에서도 노동당을 만들 것을 권고했는데 결과적으로는 박헌영을 도와주려고 했던 것처럼 보였다. 여운형은 '근로인민당'이라는 당명으로 합동에 나설 것을 제안했으나 김일성은 노동당을 고집했다. 결과적으로는 박헌영계 중심의 남조선로동당에 합류하기를 거부한 여운형계 중심의 중간좌파들이 조선인민당을 계승하여 별도로 결성한 정당 명칭이 근로인민당이 되고 말았다.

또한 위 첫 번째 인용문에 의하면 공산주의자들에 대한 검거선풍은 합작 성공을 위한 미국의 방안이며 박헌영을 여운형으로부터 분리하려는 방안이었다는 해석이 가능하다. 공산화를 막기 위해서라면 '어느 누구와도 제휴할 수 있다'는 반공주의적 공작을 연상케 하는 대목이다. 미군정의 무원칙적인 정책 선회나 비일관성은 오로지 공작(전술) 면에서의 비일관성이었다. 미시적인 전술 면에서는 일관성이 결여된 것처럼 보이나 보다 큰 차원인 전략 면에서는 '반공정부 수립'이라는 일관성에 충실했던 것이다. 이는 워싱턴 국무부 내 자유주의적 국제주의자(internationalist)들이 추진한 전략으로서 국가주의적 입장에 더 기울었던 현지 미군정은 소극적으로 추수할 수밖에 없었던 정책이다. 실제로 미군정에 파견된 국무부 요원 번스(Arthur C. Bunce)의 개혁정책은 국무부 내 자유주의자들의 지지를 받았으나 아널드[124]의 후임으로 1945년 12월 군정장관이 된 러치(Archer L. Lerch) 등 보수주의자들과의 의견 대립으로 제대로 구현되지 못했다. 미·소공위 소련 측 대표단의 일원이었던 레베데프(Nikolai G. Lebedev)는 러치를 가리켜 '전형적인 미국

---

[124] 1946년 9월 26일 김일성을 만났던 여운형은 "하지 장군은 정치가가 아니고 군인이며 그의 정책은 맥아더 장군과 미국 정부의 지지를 받고 있다. 그들은 아널드가 대한반도 정책에서 너무 약한 사람이라고 생각해서 그를 한국에서 소환했다"라고 말했다. 로마넨꼬, 「연해주 군관구 군사평의회 위원 쉬띄꼬프 상장에게」, 1946년 9월 28일.

파시즘의 대표자'라고 평했다.¹²⁵ 하지는 군정 내 자유주의자들의 주장에 완전히 동의하지는 않았지만 개혁의 필요성에 대해서는 부분적으로 인정했으므로 좌우합작을 추진했으며, 국무부의 공식정책을 정면으로 반박할 수 있는 처지도 아니었다. 따라서 하지는 군정 내 자유주의자와 보수주의자들 사이의 노선 갈등을 중립적으로 관리하기 위해 애매한 입장을 보였으나 좌우합작이 좌절되고 입법의원이 소기의 성과를 거두지 못하면서 1947년 후반 한반도에서 냉전이 가시화되자 본인이 선호했던 반소·반공 노선으로 자연스럽게 회귀했던 것이다.¹²⁶ 하지의 속내는 여운형 암살로 좌우합작이 완전히 무산된 직후인 1947년 7월 22일 한 문서에 휘갈겨 쓴 다음과 같은 논평에서 극명하게 드러난다.

우리가 우익들과 같이 논 것은 사실 이들을 리버럴(liberal)에 달라붙게 하고 좌익을 공산주의자들로부터 떼어내기 위한 것이다.¹²⁷

하지에게 좌우합작은 여운형 등의 좌익을 공산주의자로부터 분리하여 공산화를 방지하려는 공작이었으며 우익을 중간파와 결합시키는 것이었다.

입법의원 설치 등 미국의 공작은 좌우합작운동을 원래 목표로부터 이

---

125 『레베데프 비망록』, 1947년 9월 12일; 『매일신문』, 1995년 1월 1일~2월 28일자.
126 정용욱(2003a), 앞의 책, 136-138쪽.
127 "The Passing of Lyuh Woon Hyung," and "A Few Thumbell Sketches," Prepared by Historical Section, 22 July 1947, RG 332, Records of US Theaters of War, W W II, US Army Forces in Korea, XXIV Corps, G-2, Historical Section, Records Regarding the Okinawa Campaign, US Military Government in Korea, US-USSR Relations in Korea, and Korean Political Affairs, 1945~48, Box 69, US National Archives. 이 논평에 대해 정용욱은 미국 입장에서 좌우합작은 사실상 우익을 김규식 중심의 자유주의자들(중도우파)과 제휴하기 위한 것이었다고 평가했다. 정용욱(2003a), 앞의 책, 398쪽.

탈시키고 왜곡시켰다. 그리고 중간파에 대한 좌우 양극단의 공격을 심화시켜 오히려 중간파를 약화시켰다.[128] 결국 좌우합작과 함께 '조선 인민이 요구하는 법령을 조선 인민의 손으로'라는 구호 아래 1946년 6월 29일부터 구성되기 시작한 남조선과도입법의원에 대하여 좌익은 물론 여운형 계열도 남조선 단독정부 수립 기도라며 비판하면서 참여를 거부했다. "입법의원이 단독정부를 구성하려는 것이며 미·소공위의 재개를 무기한으로 연기시키는 처사"라는 여운형의 비판에 대해 미국은 이를 의식하면서도 성급한 비판이라고 치부했다.[129] 입법의원이 발족된 후 미국은 선거법 통과를 계속 시도했다. 이는 행정의 '한국인화(Koreanization)'로 볼 여지도 있으나 사실상의 단독정부를 수립하려는 조치로 해석할 수 있다. 중간좌파를 박헌영 세력으로부터 분리한다는 미국의 전술은 실패로 돌아갔으나 좌익세력의 분열상을 노출시켜 부분적 성공은 거두었다. 좌우합작은 입법의원의 다수가 반탁을 주장하고 좌익이 입법의원 자체를 부정했기 때문에 성공하지 못했던 측면도 있다.

4. 좌우합작 실패의 국제적 제약 요인 2: 미국의 의도를 간파한 소련의 견제

1946년 9월 좌익에 대한 미국의 탄압이 본격화되자, 중간좌파 세력을 제외한 남한의 좌익들은 좌우합작을 비판했다. 이러한 비판의 배후에는 소련이 있었다는 것이 이 절에서 규명될 내용이다.

---

[128] 정용욱, 「모호한 출발, 저당 잡힌 미래, 발목 잡힌 역사」, 참여사회연구소 기획, 이병천 외 편, 『다시 대한민국을 묻는다: 역사와 좌표』(한울, 2006), 77쪽.
[129] FRUS, 1946, vol. Ⅷ, p. 711.

공위 휴회 후인 어느 날 여운형은 통일정부 수립을 위해 좌우합작 구상을 하면서 평소에 친분이 있던 김규식과 이에 관해 협의했는데, 이는 미국으로부터 제의를 받기 전이었다고 여운홍(여운형 동생)은 회고했다.[130] 이는 전적으로 믿기는 어려운 사후적 과대평가일 가능성이 있다. 즉 여운형이 평소에 통일정부를 마음에 두었을 가능성은 있지만 당시 미국보다 먼저 좌우합작위원회를 구상했다는 것은 문서로는 확인되지 않는다. 그런데 좌우합작위원회가 미국으로부터 자금 지원을 받기는 했지만[131] 그 모든 활동이 미국을 위한 것은 아니었다. 남의 정치세력이 미국의 좌우합작 구성 의도를 전적으로 수용하여 미국의 이익(단독행동)만을 대변했던 것은 아니었으며, 위원회가 친미파들로만 구성되지도 않았다. 특히 여운형은 좌우합작에 대해 소련과 북의 정치가와 접촉하면서[132] 동시에 미국과 상의하는 이중 플레이(혹은 기회주의적 노선; 부정적인 평가) 혹은 자주적인 균형 전략(긍정적인 평가)을 구사했다. 여운형은 미국의 공산화 방지 전략(박헌영 고립 전략)에 대해 어느 정도 인식하면서도 오히려 이를 좌파 내에서 자신의 입지를 구축하는 데 이용하려 했기에 소련, 김일성과 접촉하면서 박헌영을 견제하려 했다.[133]

1946년 8월 26일 남의 좌익들(민전 의장단인 허헌, 김원봉과 박헌영)은 여운형에게 우익과의 합작운동을 중지하고 좌익정당의 합동을 지지해

---

130 여운홍, 『몽양여운형』(청하각, 1967), 215쪽.
131 1946년 300만 원, 1947년 300만 원, 계 600만 원이 미군정의 국고금에서 하춘식 명의로 보조되었다고 한다. 하는 '하지'에서 춘은 원세훈의 아호 춘곡에서 그리고 식은 김규식을 의미한다는 것이다. 송남헌(1975), 앞의 책, 316쪽 각주 10.
132 정병준, 「여운형의 좌우합작·남북연합과 김일성」, 『역사비평』 38(1997), 17-33쪽.
133 한편 김규식은 미국의 공산화 방지 전략을 적극적으로 이용해 중간파를 육성하려 했으며 미국의 입법의원 구상에도 적극 협조했다. 결국 입법의원 설립의 중추가 되어 극우파를 견제하려 했다. 그러나 미국이 1947년 말 이래 단정노선으로 선회하자 비판적이 되었으며 1948년 4월 김구와 남북협상에 참여해 미국과 결별했다. 그러면서도 김규식은 소련과는 전혀 접촉하지 않았고 소련도 그를 무시했다.

신당의 당수가 될 것을 권유했다. 여운형은 좌익정당의 합동은 지지하지만 통합신당 당수는 될 수 없다며 거절했다. 소련 정보보고서에 따르면 여운형이 좌우합작을 포기하지 않았고 이전과 마찬가지로 미 군정청과의 협력을 지지하므로 좌익정당의 합동을 사보타주하고 있다고 비난했다. 김원봉은 여운형이 합동을 사보타주하고 우익과의 합작을 추진하여 성공한다면 공산당 내 합동 반대파, 여운형과 인민당 우익분자들 및 백남운과 신민당 지지자들이 하나의 그룹으로 연합하여 미군정과 결탁할 것을 우려했다. 이렇듯 당시 좌익 중 중간파 결집에 참여하지 않았던 세력들과 소련은 좌우합작을 통해 좌익이 분열될 것을 우려했으며 3당합동을 통해 이를 견제했으나 합동의 성공을 보장하는 데 필수적이었던 여운형의 참여가 이루어지지 않자 그의 참여를 위해 노력했다. 여운형은 합동에 주도적인 세력들이 좌우합작을 반대하고 있으므로 합동작업 참여를 사보타주했던 것이다. 이에 좌익들이 합동과 합작을 동시에 추진하는 것이 어떠냐고 여운형에게 농담 삼아 말하자, 여운형은 그렇다면 합동을 지지할 준비가 되어 있다고 말할 정도로 합작에 집착했다. 또한 김원봉은 미군정청이 수립하고 있는 기관(입법의원)에 좌익진영에서는 2차적인 인물들만 내보내고 여운형은 참여시키지 말아야 한다고 주장했다. 반면 여운형은 미군정청이 수립하는 기관이 입법의원이라 명명하지 않는다면 이 기관에 참여할 수 있다고 말했다.[134] 당시 합동을 추진했던 좌익(및 소련)과 합작을 추진했던 여운형과는 노선상 상당한 차이가 존재했다.

그런데 김원봉은 미군정에 의해 '비공산주의 계열의 좌익 지도자'라

---

[134] 「합당문제에 대하여, 1946년 8월 27일」, 러시아국방성 중앙문서보관소 문서군 172, 목록 614631, 문서철 8, 28-31쪽, 『러시아연방국방성중앙문서보관소 소련군정문서, 남조선 정세 보고, 1946~1947』(국사편찬위원회, 2003), 149-150쪽.

고 평가받았다.[135] 미군정 관리로 근무한 한 미국인은 김원봉이 선택의 여지가 있었더라면 공산주의자와 얽히지 않았을 인물이었다는 아쉬움을 남기기도 했다.[136] 또 김원봉의 체포(비합법적인 시위를 주동한 혐의로 1947년 3월 체포되었으나 4월 9일 증거불충분으로 무죄 석방됨) 소식을 듣고 "미국의 강력한 동조자가 될 수도 있었던 한 사람을 잃은 것이었다"라고 회상한 것[137] 등을 통해 보면, 미군정도 그를 박헌영 등 조선공산당과는 구분되는 인물로 여겨 그로부터 분리시키고 싶어 하는 시선도 있었다. 박헌영을 싫어했던 점에서 공감대를 가지고 있던 김두봉과 김원봉은 민족적 사회주의자로 분류되기도 했다.[138] 그러나 적과 동지의 구분이 갈수록 명확해지는 양극화, 배타적 진영논리의 구조화 상황에서 연민이나 안타까움이 김원봉을 보호해줄 수는 없었다. 그는 좌익세력의 결집체인 민전의 의장일 뿐이었다. 1947년 7월 북로당과 비선을 가동해왔던 여운형[139]이 암살되자 새로운 파트너가 필요했을 북로당 지도부는 남로당에 비판적인 김원봉의 존재감에 주목했을 개연성이 높다. 또한 김원봉은 같은 해 가을 북행해 북로당 지도부와 함께 임시헌법 제정 문제 등을 논의했으므로[140] 점점 더 북로당과의 관계가 심화되었다. 1947년 가을 한국 문제의 유엔 이관 이후 남한에서 합법적 활동 여지가 점점 더 희박해지던 김원봉은 평양이라는 새로운 정치무대에 대한

---

[135] 리차드 D. 로빈슨 저, 정미옥 역, 『미국의 배반: 미군정과 남조선』(과학과사상, 1988), 142쪽.
[136] 한상도, 「해방정국기 김원봉의 정치활동: 독립운동가에서 정치가의 길로」, 『한국독립운동사연구』 64(2018), 151쪽.
[137] 리차드 D. 로빈슨 저, 정미옥 역(1988), 앞의 책, 194쪽.
[138] 리차드 D. 로빈슨 저, 정미옥 역(1988), 앞의 책, 231쪽.
[139] 중앙일보 특별취재반 편(1993), 앞의 책, 90-184쪽.
[140] 박병엽 구술, 유영구·정창현 편, 『조선 민주주의 인민 공화국의 탄생: 전 노동당 고위간부가 겪은 건국 비화』 박병엽 증언록 1(선인, 2010a), 235쪽.

기대로 1948년 4월 월북해 연석회의에 참석하는 것으로 귀결되었다.[141]

일찍이 1946년 6월 14일 서울, 중위 버치(Leonard M. Bertsch)의 방에서 김규식, 여운형, 원세훈, 허헌 4인은 회의를 개최하고 아래와 같은 결정서를 채택했다.

1. 본일 회의에서 위 4인은 모스크바3국협약 제3조 조선 독립에 관한 결정서를 무조건 지지함을 주지로 하여 공위를 속개케 하되, 미·소·영·중 관계 각국 정부가 즉시 승인할 수 있는 민주주의 임시정부의 급속 수립을 촉구하기로 결정함.
2. 그 촉구 방법으로 민주의원 측의 김규식, 안재홍, 원세훈, 민전 측의 여운형, 박헌영, 허헌 6인은 속히 평양에 보내어 북조선인민위원회 측 김일성, 김두봉, 무정 3인을 더하여 평양에서 9인회의를 개최하기로 결정함. …
3. 이 9인회의에서 남북좌우합작 방법이 결정되면 이를 조선 인민의 총의로 하여 미·소 양국 정부 및 조선 주둔 양국 최고지휘관에게 각각 미·소공동위원회 속개요망서를 제출하기로 결정함.
4. 이 미·소공동위원회 속개요망서를 송부한 후, 동 위원회가 속개될 때까지는 양파의 존엄을 존중하여 남북 좌우 무조건 합작 결의라고만 발표하기로 결정함.
5. 이상 회의 등을 극비밀리에 진행하기로 결정함.[142]

위와 같이 남한만의 좌우합작을 넘어 남북합작에 대한 논의가 있었지

---

141 한상도(2018), 앞의 글, 158-159쪽.
142 「경성 빼취방에서 김규식 여운형 원세훈 허헌 4인회의를 개최하고 좌기 사항을 결정함」, 한림대학교 아시아문화연구소 편, 『朝鮮共産黨文件資料集(1945~46)』(翰林大學校出版部, 1993), 202쪽, 271-272쪽.

만 이후 박헌영과 김일성이 소련의 영향을 받아서인지 그다지 적극적이지 않아서 후일 평양에서의 9인(좌우합작)회의가 성사되었다는 기록은 없다(그 대신 1948년 4월 남북협상 당시 요인 회담이 열리기는 했다).

이후 1946년 9월 26일 여운형은 평양에서 김일성에게 '만일 좌익이 입법의원에 들어가지 않으면 우익이 고지를 점령할 것이고 좌익은 곤란한 입장에 처할 것'이라면서 '입법의원은 반동적 법령들을 발포(發布)할 것이고 우리 좌익은 아무것도 못할 것'이라는 식으로 말해 입법의원에 참여할 뜻을 내비쳤다. 물론 여운형은 입법의원이 미군정의 반동적 정책을 정당화하며 좌익 가운데 미국의 반동적인 정책에 대한 협력자들이 출현할 가능성을 언급하는 등 부작용을 경계하기는 했다. 그렇지만 결론적으로 자신은 입법의원에 들어가야 한다는 의견을 표명했다.

이에 김일성은 "미국인들이 남조선에서 입법기관을 창설하려는 것은 ① 민주주의 조선임시정부의 수립(미·소공위 재개를 지칭함-인용자)에서 조선 인민의 관심을 돌린다, ② 조선을 영구적으로 두 개로 분할한다, ③ 이러한 비민주적 기구를 통해 미국인들의 의사를 강요한다는 목적"이므로 "좌익은 조선임시정부 수립을 위한 미·소공동위원회 사업의 신속한 재개를 요구해야 한다"라고 단호히 대답했다. 결국 여운형은 물러설 수밖에 없었다. 박헌영이 북으로 피신한 이후 당시 좌익운동에서 북(과 소련)의 헤게모니가 거의 확립되어가고 있는 도정이었다고 평가할 수 있는 부분이다.

여운형은 김일성 앞에서 "당신이 입법의원에 좌익이 참여하는 것을 반대한다면 나는 입법의원에 들어가지 않겠다"라면서 노동당 창립을 위해 애쓰겠다고 다짐했다. 그런데 만약 미국인들이 노동당의 합법적인 창당을 허용하지 않는다면 낡은 간판 아래서 노동당을 만들면서 그 이름을 근로인민당으로 부를 것을 제안했다. 또한 여운형은 "당의 향후 전술이 한편으로는 미국인들에게 미소 지으면서 다른 한편으로는 그들을 치는 것이어야 한다"라는 다소 기회주의적으로 보이는 배합전술을 김일성에게 제시하기도 했다.[143]

한편 여운형은 김일성에게 "소련이 국제생활에서 고립되고 국제연합에서 탈퇴하는 경우가 생기면 소련 없이 국제정치 문제들이 결정되어 장래 조선 정부에 관한 협상에서 소련이 소수파로 남게 되고 미국·영국·중국이 소련의 참가 없이 정부를 수립하는 사태가 우리에게 일어날 수도 있다. 그렇게 될 경우 김구 또는 이승만 정부가 수립될 것이다"라면서 소련의 향후 위상에 대해 회의하는 발언을 했다. 이 점에 대해 김일성은 "제2차 세계대전 이후 세계는 달라졌고 소련 역시 달라졌다"라면서 "소련은 제2차 세계대전에서 파시즘과 일본제국주의를 타도하는 데 가장 큰 역할을 했으며, 서유럽의 모든 나라와 아시아 국가들을 파시스트의 노예 상태로부터 해방시킨 국가로서 배타적인 권위를 획득했다. 이제 소련 없이는 어떠한 국제 문제도 해결할 수 없다. 마찬가지로 소련 없이는 조선 문제 역시 해결될 수 없다. 당신의 의혹은 무익한 것이다. 좌익의 입장을 확고하게 고수해야 한다"라고 충고했다. 친소파 김일성의 훈시에 여운형은 "나도 당신의 결론에 동의한다. 조선은 소련의 원조하에서만 독립을 얻을 수 있다"라고 대답했다.[144] 여운형은 비록 김일성의 의견에 동의할 수밖에 없었지만 그의 속내는 미국과 소련 모

---

[143] 로마넨꼬(북조선 주둔 소련군 민정담당 부사령관), 「연해주 군관구 군사평의회 위원 쉬띄꼬프 상장에게」, 1946년 9월 28일, 러시아연방국방성중앙문서보관소 문서군 379, 목록 532092, 문서철2, 63-79쪽, 국사편찬위원회 편집부(2004), 앞의 책, 177-178쪽; 여연구, 『나의 아버지 여운형』(김영사, 2001), 301쪽.

[144] 「여운형-로마넨꼬 회담록(1946년 9월 27일)」, 러시아연방국방성중앙문서보관소 문서군 379, 목록 532092, 문서철2, 63-79쪽, 국사편찬위원회 편집부(2004), 앞의 책, 178쪽; 여연구(2001), 앞의 책, 301-302쪽.

두에 비판적이었다고 할 수 있다.

1946년 9월 26일 시티코프는 여운형과의 면담을 앞둔 로마넨코에게 남조선의 좌우합작 운동을 저지하라고 지시했는데,[145] 실제로 김일성과 로마넨코가 여운형이 주도하는 좌우합작을 면전에서 저지했는지는 확인되지 않으며 단지 입법의원에 대해서는 참여하지 말라며 단호하게 반대했던 것을 확인할 수 있다. 기록만 놓고 보면 로마넨코는 좌우합작 반대에 대해서는 여운형에게 언급하지 않았다. 좌우합작에 대해서는 미군사령부가 "좌우합작으로는 아무것도 얻을 수 없다는 것을 알고, 이 시기에 좌익진영의 파괴에 주의를 기울였던 것입니다"라는 말을 한 것이 전부였다. 따라서 여운형은 소련 점령군이 좌우합작운동에 대해서는 관심이 없거나 찬동한다고 잘못 판단하고 있었다. 미군정에서는 여운형이 평양을 방문한 이유 중 하나가 미국과 협조하고 좌우합작을 진행하는 데 대한 동의를 얻으려는 것이었는데 실제로 승인을 얻었다고 생각한 후 돌아와서 활발하게 움직이기 시작했다고 평가했다.[146]

서울로 돌아온 여운형은 하지의 호출을 받았다. 그 자리에서 하지는 좌우합작의 필요성을 역설하면서 여운형도 그 필요성에 동의하라고 요구했다. 이에 여운형은 북에 조언을 구하기 위해 방북을 다시 허가해달라고 요청했다(당시 방북은 미군정의 허가사항이었다). 이렇게 여운형은 좌우합작 문제에 대해 북과 긴밀히 협의했다. 이에 대한 소련과 김일성

---

[145] '1946년 9월 26일', 국사편찬위원회 편집부(2004), 앞의 책, 17쪽. 또한 "미군정이 남조선에 수립하려는 정부(입법의원-편집자)에 (여운형이-인용자) 참여하지 못하게 (해야-인용자) 한다. 왜냐하면 이것은 중앙정부 수립을 앞당길 것이기 때문이다"라는 시티코프의 지시도 있다. 중앙정부는 남한만의 단독정부를 의미한다고 이정식은 해석했다. 이정식, 『대한민국의 기원』(일조각, 2006), 362쪽.

[146] "Langdon to SecState," November 1, 1946, FRUS, 1946, vol. Ⅷ, p. 756; 이정식(2008), 앞의 책, 619쪽.

등의 반응은 좌우합작에 전념하지 말고 공위 재개를 요구하라는 것이었다. 그렇지만 여운형은 박헌영·김일성 및 소련의 노선에 동조하지 않았다. 우선 여운형은 10월 4일 남에서 가진 기자회견에서 "입법기구에 대해서는 북조선에서 반대하고 있다"라고 밝히면서도 같은 날 김규식과 합작 7원칙에 합의하면서 입법기구 문제까지 포함시켜 소련의 좌우합작 견제 방침에 역행했다. 또 여운형은 3당합동(남조선로동당 결성)에 반대해 1946년 10월 15일 사회노동당(약칭 사로당)을 발기했다. 로마넨코가 김삼룡을 통해 남에서 입수한 정보자료에 의하면, 사회노동당은 좌우합작을 위한 대중적 기초를 조성하려는 목적을 가지고 있었다.[147] 그런데 사로당이 결국 남로당의 헤게모니에 눌려 별다른 성과를 거두지 못하자, 여운형은 1946년 12월 10일경 '좌우합작을 위해 많은 노력을 기울였으나 결과적으로 아무런 성과를 얻지 못했다'는 성명을 발표하면서 사회노동당의 지도적 지위에서 물러났다. 여운형 자신도 좌우합작이 실패였음을 자인했다.[148]

그 후 여운형은 은퇴를 선언했다가 1947년 다시 복귀하여 근로인민당 당수가 되었는데, 이는 조선인민당과 사회노동당의 후신이라고 할 수 있으며 조선공산당, 남조선로동당의 노선과는 다른 중간좌파적 정당이었다. 한편 김일성이 회고하기를 "여운형 선생이 한번은 나를 찾아와서 인민당이 공산당, 신민당과 합당했는데도 박헌영이 당 안에 프락찌야(프락치)를 박아넣고 계속 이간 책동을 하기 때문에 아무래도 인민당은 따로 갈라져 나와야 하겠다고 했습니다. 그는 인민당이 따로 나와서

---

[147] 「로마넨꼬가 베레즈꼬브 동지와 쉬띄꼬브 동지에게 보낸 남조선 정세에 대한 정보자료」, 1946년 11월 22일」, 러시아국방성 중앙문서보관소 문서군 172, 목록 614631, 문서철 10, 32-36쪽. 국사편찬위원회(2003), 앞의 책, 173쪽.
[148] '1946년 12월 10일', 국사편찬위원회 편집부(2004), 47-48쪽.

활동하면 남조선 청년들을 더 많이 묶어 세울 수 있다고 했습니다"라고 했다.[149] 또한 소련이 남한에서 입수한 정보자료(남로당 자료로 추정)에 의하면 "좌익진영에 우익의 영향력을 침투시키고 우익의 중재자 역할을 하고 있는 사회노동당 지도부와 같은 협조주의자들 및 투항주의자들과 투쟁을 전개하는 것도 우리의 임무이다. 여운형, 백남운, 강진이 그러한 자들이다"라고 비판했다.[150] 한편 다른 문서에 의하면 "사회노동당 내부에서는 분열이 발생했다. … 사회노동당 안의 공산당원들은 당 해산 운동을 전개하고 있다. 사회노동당과 남로당의 합당을 호소하는 강진이 가장 큰 해악을 야기하고 있다. 그는 북조선 지도자들과 가까운 박(헌영) 때문에 남로당이 북조선의 지령을 받아 움직이고 있다고 주장하고 있다"라고 했다.[151] 당시 남로당이 북로당의 헤게모니에 밀려 주도권을 상실하고 있었음을 증명하는 자료이다.

이 와중인 1946년 10월 좌우합작 동조자 백남운(해소된 남조선신민당 대표)이 사회노동당을 정당화하기 위해 북에 가서 김두봉(북조선신민당 당수를 역임했으며 당시에는 북조선공산당에 합동하여 북조선로동당을 김일성과 함께 이끎)과 만났는데 이 자리에서 김두봉은 왜 북조선의 지시를 이행하지 않으며 좌우합작에 동조하는지 백남운을 질책했을 정도로 북의 좌익들은 좌우합작에 비판적이었다.[152] 이 대목에서 1946년 10월의 시점에 북의 좌익(혹은 소련)이 남의 좌익에게 지시를 내릴 정도로 확고한

---

[149] 김일성, 『려운형의 자녀들과 한 담화(1991년 11월 16일)』(평양: 조선로동당출판사, 2000), 9-10쪽. 사후적 회고이므로 사료 비평이 필요한 부분이다.
[150] 「남조선 입법의원의 선거, 1946년 12월」, 러시아국방성 중앙문서보관소 문서군 172, 목록 614346, 문서철 11, 1-7쪽, 국사편찬위원회(2003), 앞의 책, 184쪽.
[151] 「이그나찌예브 대좌가 쉬뜨꼬브 동지에게 보낸 남조선로동당 통보, 1946년 12월」, 러시아국방성 중앙문서보관소 문서군 172, 목록 614631, 문서철 11, 19-23쪽, 국사편찬위원회(2003), 앞의 책, 196쪽.
[152] '1946년 10월 22일,' 국사편찬위원회 편집부(2004), 앞의 책, 28쪽.

우위를 견지했음을 다시 한번 확인할 수 있다.

북한은 미국의 좌우합작 추진 정책에 대해 "진보세력을 분열시키고 약화시켜 인민대중을 반동우익의 영도하에 몰아넣으려는 의도 아래 진행된 제국주의적 정책"이라고 비난하면서 1946년 12월 입법의원 출범 직후 "입법의원 선거 결과 친일파·민족반역자·모리배 등 반동파의 소굴이 되었다"라고 분석해 일제시대 '중추원의 재판(再版)'이 되었다고 평가했다.[153] 또한 1946년 9월 좌익에 대한 대탄압 이후 좌익의 일부 기회주의자 투항분자가 이탈하여 10월 7일 합작위원회가 출현(실제로는 합작 7원칙 발표-인용자)했다는 평가도 부기했다.[154] 1947년 4월 남로당 전술에 대한 박헌영의 기술에 의하면 좌우합작파인 중간파들을 기회주의분자로 규정하면서 "좌우합작 및 좌익뿐만 아니라 우익도 배척하는 기회주의와의 합작은 조선의 식민지화를 촉진시킬 뿐"이라고 주장했으며, 기회주의자들이 대중의 압박을 받아 반동(우익-인용자)들과 타협하지 못하도록 하고 일부 순수한 기회주의자들을 민주진영(좌익-인용자)으로 견인해야 한다고 역설했다.[155]

여운형은 북을 방문하기 전 1946년 11월 15일 존슨(소련 영사의 가명으로 추정됨)과 면담하는 자리에서 "북조선 동지들이 남조선의 구체적인 상황을 알지 못하여 박헌영을 믿고 있지만, 이것은 우리 힘을 분산시키는 결과를 초래하고 있다"라고 말했다.[156] 박헌영과 경쟁하고 있던 여운

---

[153] 1946년 8월 29일 기자회견에서 이강국 남조선 민주주의민족전선 사무국장은 입법기관은 민주의원의 재판이 될 것이 분명하다고 주장했다. 『조선인민보』, 1946년 8월 30일자.
[154] 한병옥, 「남조선과도입법의원의 반동성」, 『인민』 2-1(1947), 74쪽, 77쪽.
[155] 「남조선로동당의 전술에 대한 '노인'의 견해, 1947년 4월 17일」, 러시아국방성 중앙문서보관소 문서군 172, 목록 614632, 문서철 34, 102-106쪽, 국사편찬위원회(2003), 앞의 책, 280-281쪽.
[156] 「1946년 11월 17일자 존슨의 정보 보고, 1946년 11월 15일 현재 남조선의 정치정세에 대하여」, 러시아국방성 중앙문서보관소 문서군 172, 목록 614631, 문서철 10, 29-

형은 김일성을 이렇듯 박헌영으로부터 분리하여 자신의 편으로 끌어들이려 했지만 김일성은 아직 박헌영과 협조하고 있던 상황이었다.

소련은 만약 공위가 다시 열리지 않는 상태에서 좌우합작과 입법의원이 미국의 의도대로 탄력을 받는다면 남에서 미국의 지위가 강화될지 모른다고 판단하여 미·소공위를 재개하여 좌익진영을 강화하려 했다. 소련은 미국이 지지기반 강화라는 목적에서 좌우합작위원회를 만들었음을 정확하게 알고 있었으며 이를 견제하려 했다. 물론 소련의 정책도 친소정부 수립의 수단이라는 점에서 다르지 않았다. 소련 점령군 당국은 미국이 좌익세력을 탄압하면서 입법의원을 창설하려 하자 남조선 민전에 '미군정도 (북에서와 같이-인용자) 인민위원회로 정권을 이양하라'는 요구를 내걸 것을 지시 내렸다고 한다.[157]

시티코프는 1946년 9월부터 미·소공위 재개를 고려하며 모스크바로 보고서를 보냈고 이러한 공위 재개 노력은 10월 초 번스의 평양 비공식 방문으로 결실을 보는 듯했다. 김일성과 만난 자리에서 번스는 박헌영과 여운형의 합작은 미군정에 대한 반대를 의미하기 때문에 절대로 용납할 수 없다고 단언했다. 이는 여운형을 박헌영으로부터 분리하려는 미국의 속내를 드러내 보인 것이었다. 번스는 미·소공위 재개 조건으로 반탁세력을 용인하되, 이승만·김구·박헌영으로 대표되는 좌우 양극단이 아니라 김규식과 여운형으로 대표되는 중간우파·중간좌파의 연합에 기초해 임시정부를 수립할 것 등을 제시했다.[158]

31쪽, 국사편찬위원회(2003), 앞의 책, 171쪽.
[157] 「다시 쓰는 한국현대사 21)스티코프 비망록 4」, 『중앙일보』, 1995년 5월 18일자. 이 구호는 1946년 9월 22일 '미군정의 반동적 정책에 반대하는 군중집회'에서 내건 구호와 동일한데 아마 중앙일보 편집자가 혼동한 것으로 추정된다. 국사편찬위원회 편집부(2004), 앞의 책, 10쪽 각주 17.
[158] 「번스와 김일성의 대담」, 러시아연방대외정책문서보관소 문서군 0102, 목록 6, 문서함

번스의 평양 방문으로 미·소공위 재개에 대한 물밑 교섭이 시작되었지만, 실제로 재개는 8개월 후인 1947년 5월 21일에 이루어졌다. 어렵게 재개된 공위였지만 1946년 5월의 공위 무기 휴회 상황에서 한 발짝도 더 나아가지 못하자, 시티코프는 1947년 7월 말 이미 '양군 철수 후 정부 수립은 한국인들에게 맡기자'는 최후의 성명을 고려했다. 그러나 소련은 이럴 경우 좌익보다 경험이 풍부한 노련한 정치가들(이승만과 김구 등을 지칭함; 소련은 당시 김구를 이승만과 비슷한 성향을 가진 동격의 정치가로 평가했다)이 포진한 우익이 주도할 가능성을 우려했다.[159] 만약 2차 공위가 결렬된다면 남한에서 좌익세력은 타격을 받을 것이 명확하다고 봤다. 또한 소련은 미국이 공위 결렬을 이용해 정권기관을 선거하고 부분적인 개혁조치들을 실시하며 경제원조를 현실화해 자신의 지위를 강화할 것이라고 예측했다.[160] 한편 미국도 소련에 의해 좌익 일색으로 구축된 북의 정권기관이 개혁을 계속 추진하고 남까지 영향을 미칠 상황에 대해 우려했다. 이렇게 소련과 미국 모두 불확실한 상황에 대해 우려하면서 미·소 간의 미묘한 신경전은 한 치의 양보도 없이 전개되었다.

2, 문서철 3, 3-10쪽, 국사편찬위원회 편집부(2004), 앞의 책, 24쪽.
[159] 국사편찬위원회 편집부(2004), 앞의 책, 121쪽. 한편「여운형-로마넨꼬 회담록(1946년 9월 27일)」, 러시아연방국방성중앙문서보관소 문서군 379, 목록 532092, 문서철2, 63-79쪽, 국사편찬위원회 편집부(2004), 앞의 책, 187쪽에서 로마넨코는 여운형에게 공위 재개를 요구해야 한다고 했다. 또한 여운형의 입법기관 참여를 만류하면서 "당신이 이승만이나 김구와 함께 앉아 있는 것은 어울리지 않습니다. 왜냐하면 그들은 인민들 사이에서 인기가 없기 때문입니다. 그들은 당신에게 낮은 의자를 권유하면서 자신들은 높은 안락의자에 앉아 있기를 원합니다. 그들로서는 당신을 자기편으로 끌어들이는 것이 중요한데, 그것은 당신이 인민들 사이에 인기가 있기 때문"이라고 말해 우익 지도자들은 인기가 없으며 여운형이 인기가 있음을 인정했다. 소련은 '인기 있는' 여운형이 미국의 의도대로 움직이는 것을 막고 소련이 이용할 수 있기를 기대했기에 계속 선을 대고 있었다. 그러나 여운형은 미국의 의도를 완전히 추수하지도, 소련에 이용당하지도 않았다. 이 점에서 여운형은 비교적 자주적인 행보를 보였다고 할 수 있다.
[160] 국사편찬위원회 편집부(2004), 앞의 책, 128쪽.

소련의 1947년 1월 23일자 정보보고서에 의하면, "여운형은 김규식이 자신의 영향을 받아 좌우합작 운동을 시작했다고 말했다. 여운형은 좌우합작이 이미 시작된 이상 자신에게는 이 운동을 적극적으로 추진해 나가는 것 외에 다른 대안이 없다고 언급했다. 계속해서 여운형은 남조선의 모든 좌익진영이 남조선로동당에 집결되어 있지만 남조선로동당 대표들이 자신과 협력하려 하지 않기 때문에 좌우합작 운동을 전개하는 것이 어렵다고 토로했다. 여운형은 남조선로동당이 입법기관을 지지했으면 하는 희망을 피력했다"라는 것이다. 이어서 여운형은 김규식이 하지를 통하여 좌익세력이 활동할 수 있는 조건을 만드는 데 성공하기를 희망하기도 했다. 또한 여운형에 따르면 김규식은 입법기관을 구성할 때 기만당했던 하지에게 불만을 품고 있으며, 이 모든 것이 그에게는 괴로운 상황을 조성하고 있다는 것이다.[161] 당시 김규식은 좌익과 대화를 계속하고 있었으며 미군정과도 입법의원 구성 문제 등에 관해 약간의 갈등이 있었음을 알 수 있다.

그러나 김규식은 1947년 1월 여운형과의 만남에서 "재개될 미·소공동위원회가 이승만과 김구는 물론 미국에 반대한 남조선로동당과도 협의하지 않을 것이며 반드시 좌우합작위원회와 좌익세력의 대표로서 여운형과 협의할 것"[162]이라고 여운형의 희망과는 엇갈리게 말했다. 합작운동은 결국 미·소공위 재개 대처운동이었음을 김규식 스스로 증명했음이 확인된다.

---

[161] 「로마넨꼬가 쉬띠꼬브 동지에게 보낸 남조선 정세에 대한 정보자료, 1947년 1월 23일」, 러시아국방성 중앙문서보관소 문서군 172, 목록 614632, 문서철 33, 34-37쪽, 국사편찬위원회(2003), 앞의 책, 218쪽.
[162] 「레베제브가 쉬띠꼬브 동지에게 보낸 남조선 정세에 대한 정보자료, 1947년 1월 24일」, 러시아국방성 중앙문서보관소 문서군 172, 목록 614632, 문서철 33, 38-41쪽, 국사편찬위원회(2003), 앞의 책, 221쪽.

한편 여운형은 박헌영 세력과 거리를 유지하고 있었음에도 불구하고 여전히 민전 의장단의 일원이었던 1947년 4월 16일 민전 의장단 회의에 참석하여 다음과 같이 미·소관계의 장래에 대해 비판적인 발언을 쏟아내었다.

미·소공위는 곧 재개되지 못할 것이다. 이것은 1년 뒤에나 있을 수 있는 일이며, 혹은 10년 뒤에나 가능한 일이다. 그렇기 때문에 나와 김규식, 김한규, 김호 및 다른 중도주의자들은 반드시 민족통일을 달성하기 위해 노력하지 않으면 안 된다. 조선에 미군 군대가 주둔하고 있는 동안 우리는 그들과 협의할 필요가 있다.[163]

샤닌과 레베제프는 1947년 4월 17일자 정보보고서에서 여운형과 김규식 등이 이끄는 중간세력을 기회주의자들이라고 아래와 같이 매도했다.

미국의 핵 정책과 달러 정책 그리고 남조선 단독정부 수립에 불안해하면서도 동시에 민주진영의 승리를 믿지 못하는 중간파들 및 좌익진영 내부의 기회주의자들은 여운형과 김규식이 영도하는 좌우합작 노선에 자신의 희망을 걸고 있다. 미국의 영향력을 믿고 있는 여운형은 좌우합작 노선을 버릴 수 없는 상황이며 김규식과의 접촉을 중지하지 않고 있다.[164] 그러나 그는 조선

---

163 「레베제프가 쉬띄꼬브 동지에게 보낸 남조선 정세에 대한 정보자료, 1947년 5월 15일」, 국사편찬위원회(2003), 앞의 책, 244쪽; 이정식(2008), 앞의 책, 623쪽.
164 여운형은 오히려 김규식과의 연대를 심화시켜나갔다. 1946년 11월 4일 실행된 입법의원 선거가 부정이 너무 심해 여운형은 재선거를 요구했으며 8일에는 정권(민정)을 조선 사람에게 넘기라는 편지를 하지에게 보냈다. 민정을 조선인에게 이양하라면서 김규식을 이 정권의 수장으로 임명하라고 했다. 그럴 경우 그는 적극적으로 협력한다고 했다. "Langdon to SecState," November 24, 1946, *FRUS*, *1946*, vol. Ⅷ, pp. 770-775; 이정식(2008), 앞의 책, 629쪽. 미군정은 여운형이 좌우합작에 반기를 들고 나선

의 통일과 민주역량의 성장에 대한 기대로 고통을 당하고 있다. 그는 반동진영의 요원들에게 둘러싸여 있는데 그들은 그에게서 합작노선의 실행을 끌어내려고 한다.[165]

결국 1947년 7월 18일 여운형이 암살되고, 1947년 9월 미국이 미·소공위를 통한 신탁통치 실시안을 파기하면서 좌우합작은 막을 내릴 수밖에 없었다. 1947년 12월 6일 좌우합작위원회는 공식 해체를 선언했다. 그런데 하지를 비롯한 미군정의 지원 때문에 한국 문제가 유엔으로 이관되어 단독정부 수립이 확정된 시점까지도 합작위원회가 존속할 수 있었다는 주장도 있다.[166] 그러나 여운형 암살 이후 좌우합작에 대한 지원은 그 이전과는 확연히 달랐으며 상황이 급변하지 않는다면 크게 고려하지 않았을 방안, 플랜 B도 아닌 플랜 C정도였을 뿐이다.

여운형은 좌우대립을 중재할 수 있는 유일한 사람이자, 통일정부가 수립될 때 좌우가 모두 받아들일 수 있는 유일한 인물이었기에 그의 암살은 미군정에 새로운 정치적 대안의 가능성을 차단한 것이었다는 평가도 있다.[167] 여운형이 암살된 이후인 1947년 가을 한국 문제가 유엔

박헌영을 체포해달라고 부탁했을 때 여운형을 다시 보지 않을 수 없었다고 한다. 이정식(2008), 앞의 책, 628쪽. 따라서 여운형과 남로당 간 갈등은 미군정에게 잘 보이려는 여운형의 술책이며, 미군정의 입장에서는 좌익진영 내부를 이간시켜 힘을 약화시키려는 분열 공작이었다. 또한 양인의 속셈에 공통분모가 있어서 힘을 발휘했다고도 할 수 있다.

[165] 「샤닌과 레베제브가 소련 원수 메레츠꼬브 동지 및 쉬띄꼬브 동지에게 보낸 미군정청의 활동에 대한 정보자료, 1947년 4월 17일」, 국사편찬위원회(2003), 앞의 책, 249쪽; 이정식(2008), 앞의 책, 623쪽.

[166] 박태균, 「(박태균의 버치보고서①)맥아더 때문이었다 … 순진했던 미군정」, 『경향신문』, 2018년 4월 1일자.

[167] 박태균, 『우방과 제국, 한미관계의 두 신화 8·15에서 5·18까지』(창비, 2006), 63-64쪽.

으로 이관되었으므로 그의 암살은 미국이 통일정부 수립에 대한 기대를 저버린 계기가 되었다고 할 수 있다.

소련 문서에 의하면, 1947년 4월 26일 남조선로동당 부위원장 이기석과 만난 여운형은 미국인들이 신속히 조선에서 손을 떼지는 않을 것이라고 주장했다고 한다. 여운형은 미·소공동위원회가 다시 실패작으로 끝난다면 조선 문제는 앞으로 10년이 지나도 해결되지 못할 것이며 심지어는 20년이 지나도 해결되지 못할 가능성조차 있다고 말했다. 그는 소련과 미합중국 사이에, 혹은 남조선과 북조선 사이에 전쟁이 발발할 수 있으며, 전쟁이 발발한다면 제3차 세계대전으로 발전할 것이라고 주장했다.[168]

이정식은 여운형이 1947년 7월 19일 미군정의 2인자 존슨(E. A. J. Johnson)을 비밀리에 만나 민정장관직(1947년 2월 10일부터 1948년 6월까지 안재홍이 담당[169])을 수락하러 가려다가(그렇다면 안재홍을 5개월 만에 교체하려 했다는 것인데 여운형 암살 이후에도 11개월을 더 역임한 사실에서 여운형 민정장관 옹립설의 신빙성이 떨어진다고 할 수도 있다) 박헌영 계열에 의해 암살당했다고 주장하면서, 존슨의 글("American Imperialism in the Image of Peer Gynt," 1971)과 1981년 여연구의 회고담을 증거로 제시했다. 극우파 암살설이라는 기존 정설과 배치되는 주장인데, 이정

---

[168] "레베제브가 쉬띄꼬브 동지에게 보낸 남조선 정세에 대한 정보자료, 1947년 5월 15일," 러시아국방성 중앙문서보관소 문서군 172, 목록 614632, 문서철 34, 15-23쪽, 국사편찬위원회(2003), 앞의 책, 244-245.
[169] 1947년 2월 하지가 『한성일보』 주필 안재홍에게 민정장관 취임을 제의한 영문 편지가 고려대학교 박물관에 보관되어 있다. 그런데 안재홍은 군정장관이 거부권을 가지는 등 민정장관의 역할이 제한적이라고 1947년 7월 28일 입법의원에 참석해 증언했다. 안재홍, 「입법의원 117차 회의 석상 발언」(1947.7.28.), 입법의원비서처, 『남조선과도정부 입법의원속기록』, 제7권 제121호, 7-14쪽.

식은 실제 암살자가 (당시 백의사 조직원[170]이었던-인용자) 우익 한지근(본명 이필형 당시 21세-인용자)이었지만 그 배후에 여운형 측이 사대주의라고 비난했던 남로당이 있다고 주장했다.[171] 미군정은 남조선과도정부가 극우세력에 의해 좌지우지되는 상황에 직면해 자유주의적인 세력과 중간좌파를 끌어들여 이를 견제하는 책략을 구상했으며 중간좌파의 지도자인 여운형을 선택하는 데 '믿을 수 있는 한국 사람들'이 동의했다는 것이다.[172] 1947년 5월 17일 군정청이 남조선과도정부로 개칭되어 군

---

[170] 한지근은 송진우 암살자 한현우와 같은 그룹에 속해 있었다고 실토했다고 한다. HQ, USAFIK, G-2, "Weekly Summary," no. 98 (31 July 1947), pp. 21-23; RG 332 Records of US Theaters of War, WWII, US Army Forces in Korea, XXIV Corps, G-2, Historical Section, Records Regarding the Okinawa Campaign, US Military Government in Korea, US-USSR Relations in Korea, and Korean Political Affairs, 1945~48, Box 71, US National Archives.
또한 미군 비밀문건에서는, 여운형·장덕수·김구의 암살범들이 백의사의 암살특공대라고 주장한다. George E. Cilley(미 제1군사령부 정보참모부), "Kim Koo: Background Information Concerning Assassination," drafted on June 29, 1949, sent on July 1, 1949, RG 319, Entry 85A, ID file no. 573339, US National Archives; 정병준, 「미국 자료를 통해 본 백범 김구 암살의 배경과 미국의 평가」, 『역사와 현실』 61(2006), 337쪽.

[171] 이정식 저, 허동현 편(2012), 앞의 책, 128쪽에 의하면 평양비행장에서 여연구는 여운형이 종파분자들(박헌영 계열)에 의해 살해당했다고 이정식에게 말했다고 한다. 한편 박정희의 형인 박상희(식민지시대에는 여운형 계열의 『조선중앙일보』 대구지국 기자를 역임했으며 해방 후 선산군 인민위원회 보안부장)가 남로당 출범 10일 전에 죽었는데 역시 남로당원에 의해 살해당한 것이 아닌가 이정식은 암시했다. 그런데 박상희는 대구 10·1사건이 일어난 직후인 1946년 10월 6일 이 사건의 중재에 나섰다가 이를 진압하기 위해 출동한 우익청년단체와 경찰이 발포한 총을 맞고 살해되었다는 것이 정설이며 남로당은 1946년 11월 23일부터 24일까지 서울 견지동 시천교당에서 결당식을 가졌으므로 남로당 출범 10일 전에 죽었다는 위 주장은 사실과 다르다. 한편 조선공산당·조선인민당·남조선신민당 3당의 합동에 의한 남로당 출범에 대해 여운형은 반대했으며 신민당 당수 백남운은 합당운동을 '정치적 강간'이라고까지 평가했다. 합동에 반대해 사회노동당 창당을 추진했던 여운형은 남로당이 미군정을 반대하는 당이지만 사로당은 미군정과 협력할 것이라고 말하기도 했다. 이 때문에 여운형은 반대세력으로부터 여러 차례 구타를 당하고 폭탄테러도 당했으며 결국 암살당했다는 것이다.

[172] 이정식, 「여운형의 이상과 선택: 냉전의 희생양」, 몽양 추모 심포지엄 발표논문, 2007년 7월 19일(2007); 이정식, 「여운형은 박헌영파에 암살' 주장: '미군정 행정장관

정의 한국인화(Koreanization) 정책이 일단의 결실을 맺었으며 여운형을 과도정부의 중요한 한국인 대표로 선임해 한국인화를 더욱 진전시키려 했던 것이라고 할 수 있다.

존슨의 회고담은 다른 이전 자료들에도 수록되어 있다. 당시 민간 행정관이었던 존슨은 반탁운동의 선봉에 선 김구·이승만 등의 민족주의자를 배제하고 보다 젊고 보다 자유주의적인 지도자들을 찾아 이들을 중심으로 한 중간파(중도파) 정부를 수립하라는 훈령을 1946년 1월 (29일-인용자)에 받았는데, 이는 (1946년) 7월에 보다 구체화되었으며[173] 1947년 7월 이러한 지시를 다시 받았다고 회고했다. 행정부의 우익노선을 여운형의 좌익노선으로 상쇄하려는 시도였다.[174] 1946년 1월 29일 훈령은 비밀자료를 접할 수 있었던 헨더슨[1948년 7월 부영사(삼등 서기관)로 주한 미 대사관에 부임해 1950년 10월까지 근무]의 책에도 언급되어 있는데 김구·이승만을 멀리하고 온건파를 후원하여 온건파 합작을 시도하라는 것(to try to back moderates and form a moderate coalition)이었다고 한다.[175] 이정식의 주장은 다른 자료와의 교차 비교가 필요하지만 만약 여운형이 민정장관을 맡았더라면 당시 남한 정치는 보다 다양해졌을 것이다.

좌익과 우익이 각각 자신들의 노선에 집착하면서 미·소의 냉전에 편승하여 양극화한 것이 좌우합작 실패의 한 요인이다. 또한 합작운동의 정치적 기반이 확고하지 못했던 것도 실패 이유의 하나이다.[176] 한편 당

수락하러 가는 길에 좌익이 사주한 테러 당해」, 『신동아』 9월(2007), 462-477쪽; 이정식, 『몽양 여운형』(서울대학교 출판부, 2008), 625-627쪽.
173 Joungwon Alexander Kim(1976), 앞의 책, p. 65; 김정원(1985), 앞의 책, 87쪽.
174 Joungwon Alexander Kim(1976), 앞의 책, p. 78; 김정원(1985), 앞의 책, 101쪽.
175 Gregory Henderson(1968), 앞의 책, p. 132.
176 이성구, 「한반도 분단의 대내적 원인에 관한 연구」, 『東西文化硏究』 9(2001), 213쪽;

시 한국정치의 실질적인 지배자였던 미국과 소련이 서로 다른 생각을 가지고 대립을 보이기 시작한 것도 중요한 실패 요인이었다. 미국은 한국 공산화를 방지하기 위해 좌우합작을 추진했으며 미국의 이러한 의도를 파악했던 소련은 여운형식 균형외교의 힘을 빼고 미국의 공산주의자 포위전략을 견제했다.

5. 좌우합작운동의 평가: 좌절로 드러난 한계

해방 직후의 좌우합작은 국제정치적인 냉전의 출현으로 좌절을 맛보았다. 미국의 공산화 방지 전략과 소련의 합작 저지 속에서 배타적 중간파 결집에 그쳤던 것이다. 당시 한국정치의 국제적 규정성을 확인해 줄 수 있는 한 사례였으므로 보다 세계적(global) 차원의 냉전이 국지적(local) 상황에 영향을 주었다고 할 수 있다. 냉전 출현이라는 근본 문제는 다른 연구를 통해 파악할 수 있을 것이다.[177]

민족주의적 논자들은 좌우합작에 대해 비교적 긍정적인 평가를 내렸

姜萬吉(1985), 앞의 글, 68-71쪽.
[177] John Lewis Gaddis, *The United States and the Origins of the Cold War, 1941~1947* (New York: Columbia University Press, 1972); Geir Lundestad, *The American 'Empire': And Other Studies of US Foreign Policy in a Comparative Perspective* (Oxford: Oxford University Press, 1991); John Lewis Gaddis, *We Now Know: Rethinking Cold War History* (Oxford: Clarendon Press, 1997); Kathryn Weathersby, "Soviet Aims in Korea and the Origins of the Korean War, 1945~1950: New Evidence from Russian Archives," Cold War International History Project Working Paper, Woodrow Wilson International Center for Scholars (1993); 이완범, 「트루먼과 동북아 냉전: 미국의 원폭실험 성공에 따른 소련의 대일전 참전배제 구상, 1945년 4월~1945년 8월」, 『미국사연구』 21(2005), 69-103쪽 등을 참조할 수 있다.

다. 즉 남한의 정치세력들은 나름대로 주체적 결단에 따라 좌우합작운동을 통일운동으로 간주해 시작했으며 좌익과 우익의 주류파가 더 이상 참여하지 않은 상태에서도 계속 추진하여 좌우합작 7원칙 등을 산출하기도 했다는 것이다. 그런 맥락에서 강만길은 좌우합작이 비록 미군정과의 관계, 토지 문제 등에서 일정한 제약성을 가지기는 했지만 일제 식민지시대 독립운동 전선에서 나타났던 민족연합전선운동의 맥을 잇고 있으면서 또한 민주주의적 방법으로 민족분단을 극복하고 통일민족국가를 수립하려는 분단시대의 민족주의이며 자주적 통일운동의 일환이라고 평가했다.[178] 좌우합작운동이 미국의 좌익 분열 공작[179]으로 인해 도로(徒勞)로 귀결되었으므로 해서 이것을 해서는 안 되었다는 주장에 대해 서중석은 본말이 전도된 견강부회라고 평가했다.[180] 변혁론이 강세를 보이던 1980년대 후반기 국사학계에서는 좌우합작이나 중도파 민족주의에 대해 박한 평가를 내리는 경향이 있었다. 그런데 서중석은 좌우합작과 민족주의에 주목하여 당시 혁명론자들로부터 기회주의자로 매도되었는데, 그는 2003년 저술하고 2004년 간행한 책의 머리말에서 "합작하려는 태도나 정신을 대단히 소중하게 생각한다"라고 평가했다.[181] 그는 해방 이후 중요한 역할을 떠맡을 수밖에 없었던 좌익이 민족통일을 위해 의심 많은 중도파에게 대폭 양보도 해주면서 한층 유연성을 발휘하고 특히 대소관계에서 자주적이라는 것을 보여주었어야 했

---

[178] 강만길, 『고쳐 쓴 한국현대사』(창작과비평사, 1994), 266쪽; 姜萬吉(1985), 앞의 글, 71-72쪽.
[179] 미군정의 주된 의도였다. 워싱턴은 중도합작파를 친미세력으로 키워 대소협상에 유리하게 하려는 데 주안점을 두었다.
[180] 서중석, 「좌우합작운동과 미군정」, 방선주 외, 『한국현대사와 미군정』(한림대학교 출판부, 1991), 133-134쪽.
[181] 서중석, 『배반당한 한국민족주의』(성균관대학교 출판부, 2004), 5쪽, 8쪽.

는데, 가장 강력한 좌익세력인 조선공산당, 남조선로동당은 그러지 못했다고 비판했다.[182] 합작 무산의 책임을 좌익에 돌린 것이다.

그렇지만 광복 직후 좌익들과 1980년대 급진적 연구자들은 자유주의적이며 소부르주아적이고 기회주의적인 일단의 지식인 그룹이 무원칙하게 추진한 합작이라고 비판했다. 또한 우익들은 이승만의 건국노선이 최선은 아니었지만 차선은 되는 것이라면서 좌우합작을 기회주의 분자들의 모임으로 평가절하했다. 여운형과 김규식이 좌와 우를 대표할 만한 세력을 지니지 못했으며 남조선과도입법의원 수립 과정에서 중간좌파가 좌우합작운동에서 떨어져나가 좌우합작운동이 중간우파 중심으로 축소되면서 가뜩이나 세가 부족했던 운동이 실패했다고 평가한다.[183] 여운형과 김규식이 처음부터 대표성이 부족했다는 김일영(2004)의 평가는 현실정치의 극단화 과정 속에서 균형을 잡으려는 두 사람의 노력을 지나치게 평가절하했다. 물론 좌익에게 끌려다닌 여운형과 학자풍의 김규식에게 근본적 한계가 없지는 않았지만 통일을 도모하기 위한 이들의 움직임이 없었다면 극단화가 더욱 가속화될 수밖에 없었을 것이라는 면에서 긍정적으로 평가할 수 있다.

또한 여운형과 김규식의 통일에 대한 이상이 미국의 현실적 구상에 제어되어 꺾였다고 해석할 수도 있다. 이러한 실패는 이후 통일운동 추진에 귀감이 되었으며 한국인들은 외부의 힘으로부터 압도적으로 규정된 분단 구조를 변경하려는 시도를 전혀 하지 않았다는 비판에 대항할 수 있는 근거를 제공하고 있다는 평가도 가능하다. 이러한 노력마저 없었다면 한국정치는 더욱 극단화했을 것이다. 그렇지만 이들의 통일정부

---

182 서중석(2004), 위의 책, 169쪽.
183 김일영, 『건국과 부국: 현대한국정치사 강의』(생각의나무, 2004), 51-52쪽.

수립이라는 희망은 현실성이 결여된 이상에 불과하다는 지적도 가능하다. 그런데 당시와 지금의 좌와 우 어느 쪽도 좌우합작의 이상과 남북통일이라는 민족적 과제를 완전히 무시할 수는 없을 것이다. 또한 이상주의자들도 그들의 노선이 현실적으로 실패했다는 평가를 부인할 수는 없을 것이다.

한편 우익들은 좌우합작을 동부유럽을 공산화하기 위해 구사했던 좌익과 소련의 통일전선적 술책의 일환으로 파악해 비판하기도 한다.

국제정치적인 면을 주목했던 필자는 좌우합작을 통일 지향적이며 이상적인 운동으로만 평가할 수 있을지 의문을 제기하고자 한다. 앞에서 살펴본 바와 같이 미국은 통일과는 전혀 다른 시각인 공산화 방지 전략으로 이 운동을 추진했으며 1946년 9월 이후 좌익을 적극적으로 탄압하여 좌익이 참여하기 어려운 분위기를 조성했다. 미국의 의도를 간파한 소련도 통일의 관점이 아닌 좌익 강화의 전략에서 합작운동을 무력화하려고 했다. 1946년 9월 하순 여운형을 불러 좌우합작 참여를 막으려 했던 것이다.

기존 연구에서는 좌우합작에 대한 국제정치적 영향력을 주목하지 않았다. 이 책에서는 국내 정치에 치중한 평면적 평가를 지양하기 위해 미·소 문서와 당시 신문 등을 자료로 삼아 연구를 진행했다. 그 결과 다음과 같은 결론에 도달했다.

미국은 좌우합작을 적극적으로 후원했는데, 이는 남한 정치세력들 사이의 통일을 후원하려는 의도라기보다는 좌익진영을 분열시켜 공산당세력을 약화시키고 미국의 지지기반이라고 할 수 있는 우익세력을 강화시키려는 일종의 반공 공작이었다. 한편 소련은 미국의 이러한 의도를 간파했기 때문에 공작의 성공을 적극적으로 저지하려는 역공작을 진행했으며 비교적 성공했다. 미국의 좌우합작 후원은 소련의 후원을 받고 있는 좌익에 대항하고 공산당세력을 약화시켜 반공산당 연합전선을 형성하려는 일종의 단독구상이었으며 미·소공위 재개 대비책이었다고 할 수 있다.

그렇다고 남쪽의 추진 주체들이 미국의 의도에 일방적으로 휘둘렸다고 평가할 수만은 없다. 합작을 주도했던 국내 정치세력은 비교적 주체적으로 대처했으나 냉전의 벽을 넘지는 못했다. 따라서 국내 정치세력의 의도와 국제적 상황을 구별해서 인식할 필요가 있다. 좌우합작 추진 과정에서 남한 내 중간파세력의 통일 의지와 미국의 분열 구상이 공존했으므로 남한 내 중간파와 미국은 동상이몽을 꾸었다고 할 수도 있다. 통일을 추구했던 중간파와 공산주의들을 고립시키려 했던 미국 사이의 융합은 어려운 과제였다.[184] 결국 미국과 소련의 권력정치, 즉 냉전이 압도하는 상황 속에서 국내 정치세력들이 단결하지 못함으로써 좌우합작은 실패했다. 그 과정에서 미국은 입법의원 내에 개혁을 통한 지지기반 강화에 실패했지만[185] 공산당 세력 약화에는 어느 정도 성과를 거두

---

[184] 미군정의 좌우합작운동 지원은 처음부터 입법기구 설립이라는 뚜렷하고 구체적인 지향점을 가졌지만 좌우합작의 주된 당사자인 김규식과 여운형은 미국의 구상과는 다른 목표와 지향점을 가지고 있었다. 남한의 좌우합작에 이어 남북합작으로 진정한 민족통일을 이루고, 이를 바탕으로 임시정부 수립 문제를 해결하겠다는 것이다. 김규식은 좌우합작운동 개시 이전부터 통일정부의 창출을 돕기 위해서는 여러 정파를 대표하는 연락위원회 내지 협의위원회의 수립이 필요하고, 미군정의 주도로 설치된 민주의원으로는 이 목표를 달성할 수 없다는 견해를 피력했다. 여운형 또한 이승만의 정읍 단독정부 발언 이후 단정수립설이 우익을 중심으로 확산되자, 미·소공위 재개를 촉진하기 위해 민주의원, 민전과 관계없는 좌우의 통일조직을 주장하고 나섰다. 양자는 모두 좌우 양측의 대표기관이 가진 제한성과 좌우합작을 위한 새로운 조직의 필요성을 절감했다. 정용욱, 「정용욱의 편지 현대사 17-좌우합작운동과 미군정)하지와 이승만, 좌우합작 등 놓고 "격렬히 언쟁"하다」, 『한겨레』, 2019년 8월 17일자.; 정용욱, 「좌우 합작 운동과 미군정」, 『편지로 읽는 해방과 점령』(민음사, 2021).
[185] 안김정애, 「좌우합작운동과 남조선과도입법의원」, 정병준 외, 『한국현대사 1: 해방과 분단, 그리고 전쟁』(푸른역사, 2018), 127쪽에 따르면 1946년 12월 12일에 개원하고 1948년 5월 19일 과도정부 법률 제12호로 해산되기까지 입법의원이 공표한 법률은

었다고 할 수 있다. 한편 소련은 남북의 좌익과 연합하여 미국의 좌우합작 추진을 견제했으며 특히 여운형의 입법의원 참가를 무산시켜 미국의 좌익 포위 전략을 어느 정도 무력화할 수 있었다. 따라서 미국과 소련은 부분적으로 성과를 거두었다. 한편 좌우합작위원회 활동 과정에 형성된 남한 중간파는 좌우합작을 기하기보다는 배타적 정치세력화했지만 미·소 양국의 양극화된 국제질서인 냉전이 출현하고 국내 정치도 양극화됨으로써 이내 힘을 잃었다. 합작 7원칙(미국은 7원칙이 우익보다는 좌익에 치우친 편향된 것이라고 평가했으므로[186] 우익으로 편향되기를 기대했던 미국에 좌우된 것은 아니다)을 산출하는 등 어느 정도 성과를 거두었다고 볼 여지가 전혀 없는 것은 아니었으나 좌우의 통일을 지향하려는 목적에 비추어보면 좌절했다고 할 수밖에 없다.

사실 미국의 후원을 받았던 좌우합작은 명분 면에서는 통일 지향적이었으며 분열된 한국을 통합하려는 것이었지만, 중간파 외에 어느 그룹의 지지도 획득하지 못했다. 따라서 좌우합작은 내부적으로는 그 배타성과 조직적 힘의 미약이라는 한계 때문에 실패했다고 할 수 있다. 그렇지만 국제정치적 제약 요인이 더 중요한 변수였다. 당시 국제정치의 양 강대국이었던 미국과 소련이 한국 내에서 진정한 좌우합작과 통일을 원치 않았고 국내 정치세력도 이에 영합하여 양극화되었다. 외세의 힘이 국내 정치의 힘을 제약했던 것은 국내 정치의 분열과 함께 좌우합작 실패 요인의 중요한 부분을 이루고 있다. 따라서 합작의 좌절은 해방 직후 한국정치가 외세(국제정치)의 영향력 아래 있었음을 보여주는 하나

11건, 심의한 법률은 50여 건이었던 데 비해 입법의원을 거치지 않고 군정 법령으로 공포된 것은 80건에 달했으며 의원의 반을 미군정장관이 임명하고 각종 권한도 군정청에 종속되어 있었다는 점에서 입법의원은 명실상부한 입법기구가 되지 못했다고 평가된다.
[186] 미 국무성 저, 김국태 역(1984), 앞의 책, 372쪽.

의 사례라고 할 수 있다. 좌우합작위원회의 실패는 국제정치의 희생양이 되었던 한국 민족의 불운을 보여주는 사례였다는 다소 감정적인 평가도 가능하다.

좌익 5원칙, 우익 8원칙 모두에는 남북을 통한 합작 추진이 공통적으로 언급되고 있었으며 합작 7원칙 1항에 '남북을 통한 좌우합작'이라고 선언했고 5항에도 '남북을 통하여'가 운위되었다. 이는 이 합작이 남한만의 합작으로 출발했기 때문이기도 하지만, 당시 정치세력들이 모두 남북통일을 시급한 과제라고 인식했기 때문이다. 그렇지만 이러한 지향을 실천하기 위한 조치로 여운형의 북조선 잠행 말고 가시적인 시도는 없었다. 이러한 민족 내부의 시도 자체도 소련이 제어했으므로 여운형의 운신의 폭은 제한적이었다. 여기에 더해 미국의 후원하에 미군 점령지역에서 이루어진 반통일적인(단정지향적) 요소가 내포된 좌우합작운동의 자체적 한계가 더해져서 통일 시도는 실패했다. 결국 외세가 조장한 민족분열로 결실을 맺지 못했다.

미·소는 민족을 통합시키기보다는 각자의 국가이익에 따라 친미정부와 친소정부를 수립하려고 기도해 한국정치의 통합을 좌절시키는 데 영향력을 행사했다고 평가할 수 있다. 이렇게 형성된 한국의 분단은 우리 민족에게는 불행이었지만 미·소가 각자의 국가이익을 추구한 결과였으며 국제정치의 냉혹한 현실이었으므로, 이를 비난만 할 수는 없을 것이다. 대신 통일시대를 열어가기 위해 국제정치의 현실을 움직일 수 있는 외교력이 필요하다는 교훈을 얻고자 한다.

국내적 차원에서 좌우합작위원회는 탁치에 대한 관망적 태도로 인해 반탁을 천명하지 않고 제3의 통합적 입장에 섰다. 이렇게 미온적인 태도를 보여 대중들의 반탁감정과 부합하지 못했으므로 대중들의 전폭적인 지지도 받지 못했다. 국내외적인 악조건 속에서 진행된 이 운동은 좌우합작운동이 아닌 합작위원회가 주도하는 일개 정치운동으로 축소되었다.

공위논쟁에서 단정논쟁으로

11 장

1. 이승만의 단독정부수립운동, 1946년 4~6월

이승만은 1946년 6월 3일 정읍발언을 통해 남한만의 단독정부를 조직해야 한다며 문제를 제기했으나, 좌우합작이 본격적으로 진행된 6월 중순 이후에는 그 추진 동력이 약화되어 단정운동이 수그러들었다. 그러나 합작이 소강 국면에 봉착한 10월 이후 유엔에 제기하려고 하는 등 다시 단독정부수립운동을 추진했다. 그 후 1948년 5·10선거가 실시될 때까지 단정노선은 정도의 차이는 있지만 계속 일관되게 추구되었는데, 최초 대두 과정부터 살펴보고자 한다.

미군정 당국은 1945년 9월 진주 이후 단독행동을 대안으로 가지고 있었다. 미군정은 전한국인민집행위원회(1945.10.15.) 구상을 입안해 독촉중협(1945.10.23. 발기)으로 현실화시켰으며 통합고문회의(1945.11.5.)·정무위원회(1945.11.20.) 구상을 입안해 민주의원(1946.2.)으로 현실화시켰다. 유일한 통한안(統韓案)인 탁치안에 대한 대안이었던 정무위원회 구상류가 이렇게 현실화되었으므로 미군정은 갈

수록 분단 지향적인 방향으로 가고 있었다고 할 수 있다.[1]

미·소공위가 정돈(停頓) 상태에 빠진 즈음인 1946년 4월 6일발 샌프란시스코 AP합동통신 기사에 의하면 주석은 이승만으로 하고 미국인은 자문격(고문)으로 참여하는 남한 단독정부가 수립된다는 설이 나돌았다. 그 중요 원인은 소련 측이 정치적 이유로 공위를 지연시키려 하며 미군 장교의 귀국으로 인원이 부족한 상황이 거론되었다.[2]

이는 즉각 미군정[3]과 미 국무부[4]에 의해 사실 무근이라며 부인되었다. 그렇지만 미군정 당국이 이러한 단정안을 건의했던 것으로 추정된다. AP통신이 발송한 기사에서 미 국무부 당국자는 이 정보가 의외라고 밝히면서도 미군정 당국이 제의한 것이라고 추측했다는 내용이 나오기 때문이다.[5] 그런데 미군정뿐만 아니라 국무부 등 조야에서도 공위의 정돈 상태에 직면해서 단독행동을 검토하고 있었다. 실제로 1946년 5월 22일 미 국무부, 육군부, 해군부 장관의 회합 비망록에 따르면 국무부 극동국은 장차 공동위원회가 아무것도 해낼 수 없을 것이라고 믿고 있으며, 남한에서 즉각 선거를 실시하는 방향으로 나아가는 안을 제

---

1 미군정은 탁치실시에 회의적이었으므로 탁치 구상 자체의 변경을 요청했으며 탁치라는 용어 대신 다른 용어를 사용할 것을 본국 정부에 여러 차례 표명하는 등 '반탁'의 입장에 어느 정도 동정적이었다.
2 「남부조선에 단독정부수립설: 미군정당국의 제의로 조선인에게 계획을 일임: 미국 측 정보에 의하면 이러케 관측하고 잇다: 주석엔 이승만 박사 미국인은 자문 격으로 참여」, 『동아일보』, 1946년 4월 7일자; 『서울신문』, 1946년 4월 7일자; 『조선인민보』, 1946년 4월 7일자; 『자유신문』, 1946년 4월 7일자.
3 「러치장관성명: 전연사실업[없]는 허보: 러치장관 AP통신을 부정」, 『동아일보』, 1946년 4월 8일자; 『서울신문』, 1946년 4월 8일자; 『조선인민보』, 1946년 4월 8일자; 『자유신문』, 1946년 4월 8일자.
4 「미국무성의 성명: 남조선 단독정부설에 대하야: 전조선의 통일정부: 막부결정에 의한 수립에 찬의」, 『동아일보』, 1946년 4월 8일자.
5 『서울신문』, 1946년 4월 7일자; 『조선인민보』, 1946년 4월 7일자; 『자유신문』, 1946년 4월 7일자.

시했다. 그런데 하지가 한국인들의 후진성과 자치능력 결여 등 정치적 미숙에 대해 이미 강조했다고, 육군장관 패터슨(Robert P. Patterson)이 인용했다. 회의에 참석한 점령지역 담당 국무차관보 힐드링(John H. Hilldring)은 북한에서 소련이 한국인들을 공직에 등용한 것과 비교할 때 남한에서는 모든 것을 미군정이 결정해야 한다면서 이것이 자신들의 약점이라고 지적했다. 미국도 이러한 점을 개선해야 한다고 말했다. 즉 한국인을 등용해야 한다고 역설했다. 소련이 북한 내정 대부분을 결정하면서도 형식적으로는 한국인들이 결정하는 것처럼 보이게 위장한 점을 의식했던 것이다. 또한 미국이 김구를 지지한 것은 실책이었다는 점도 지적되었다. 김구는 대중적 지지가 없다고 평가되기도 했다.[6] 반탁정국 당시 김구가 미군정에 보인 적대적인 태도가 미국이 한때 그를 지지해 한국정치의 통합을 기대했음에도 이후 나쁜 평가를 하게 만든 요인이었다.

이러한 단정안에 대해 중도파에 포용적이던 동아일보 주간 설의식은 단독정부라는 것은 천만부당하지만 '십분가당(十分可當)'해졌다면서, 대체로 AP통신사 기자가 육감적으로 추단(推斷)한 것이며 미국의 속셈이지 않을까 하는 판단도 내렸다.[7]

1946년 4월 7일 보도된 단정수립설에 대해 이승만을 제외한 좌우의 거의 모든 정치세력이 반대했다.[8] 아직 통일정부 수립을 위한 미·소공위가 살아 있었기 때문이다. 이승만은 다음과 같이 태도 표명을 보류했다.

---

6   "Memorandum on Meeting of Secretaries of State, War, and Navy," May 22, 1946, *FRUS, 1946*, vol. Ⅷ, pp. 681-682.
7   설의식, 「5호성명과 우리의 각오(6) 돌현한 단독정부설: 천만부당하되 십분가당한 일면」, 『동아일보』, 1946년 5월 9일자.
8   『서울신문』, 1946년 4월 7일자.

나는 모스코(모스크바-인용자)결의를 반대도 아니고 찬성도 아니며 다만 그 결과로 경성에서 개최된 공동위원회의 토의할 기간에 침묵을 지키는 것뿐이며 동시에 38선을 철폐하여 남·북조선이 다시 통일을 회복하기를 이 회의에서 결정되기를 바란다. … 남조선에 따로 정부를 세워서 독립정권을 행케 한다는 보도는 신문지상에서 보아 알았으나 (남북통일정부의) 소망을 가질 동안에는 이것이 사실이 아니기를 바라는 고로 이에 대하여 아직 나의 의견을 발표코저 아니한다.[9]

그렇지만 이 보도는 만약 공위가 휴회된다면 그 후에 추진될 정치운동의 추이(이승만의 정읍발언으로 점화된 단독정부수립운동)를 암시적으로 보여준 전조였다.

그런데 미·소공위가 1946년 5월 6일 무기 휴회되자 통일정부 수립 전망이 비관적으로 바뀌었다. 38선 철폐가 무산되어 남북통일의 기미가 전혀 보이지 않자 단독정부 수립이 하나의 대안으로 제기될 수도 있다는 점을 국내 정치세력은 인식하고 있었던 것이다. 따라서 한민당은 정부 수립에 나서자고 5월 9일 선언했다. 또한 5월 12일 김규식 민주의원 의장대행이 서울운동장에서 한 연설에서 단독정부를 설치하겠다고 말했다는 소문이 주로 공산계열의 선전으로 유포되었다. 단독정부설치설은 즉각 반대에 부딪혔고 김규식은 5월 16일 "단독정부라는 말은 알지도 못하고 말한 일도 없다. 나는 통일정부를 말한 것이다"라는 부인성명[10]을 낼 수밖에 없었다. 이 과정에서 이승만도 "단독정부를 수립

---

9 「(이승만 박사담)염원은 통일된 정부: 미소회담중엔 침묵을 지키겠다」, 『동아일보』, 1946년 4월 9일자.
10 『독립신보』, 1946년 5월 17일자; 『동아일보』, 1946년 5월 17일자.

한다 할 수 없다"¹¹라고 말하며 부정적인 견해를 표명하고, 한민당의 이론가 함상훈도 "운위할 것이 없다"¹²라고 말했다.

그러나 1946년 6월 3일 이승만은 소위 '정읍 발언'을 통해 단정 수립 추진 의사를 표명하기 시작했다.

> 이제 우리는 무기 휴회된 공위가 재개될 기색도 보이지 않으며 통일정부를 고대하나 여의케 되지 않으니 우리는 남방(南方)만이라도 임시정부 혹은 위원회 같은 것을 조직하여 38이북에서 소련이 철퇴하도록¹³ 세계공론에 호소하여야 될 것이니 여러분도 결심하여야 될 것이다. 그리고 민족통일 기관 설치에 대하여 지금까지 노력하여왔으나 이번에는 우리 민족의 대표적 통일기관을 귀경(歸京)한 후 즉시 설치하게 되었으니 각 지방에 있어서도 중앙의 지시에 순응하여 조직적으로 활동하여주기 바란다.¹⁴

이승만은 6월 4일에도 전주에서 회견을 갖고 자신이 남한 단독정부 수립을 주장했다고 시인한 후¹⁵ 다음 날인 5일에도 이리에서 단정 필요성을 계속 주장했다.¹⁶ 이승만은 위 인용문에서와 같이 먼저 남쪽에 위원회(1946년 2월 수립된 북조선임시인민위원회에 대응한 조직이라면 소련이 단독정권을 먼저 추구했던 것이 아니냐고 이승만이 의심했다고 할 수 있다) 같은 것을 수립한 후 북으로 확대하자고 주장했다. 따라서 그의 구상은

---

11 『중외신보』, 1946년 5월 14일자.
12 『중외신보』, 1946년 5월 14일자.
13 이승만이 외국군 철수를 요청할 때는 소련점령군 철퇴가 주된 관심 대상이며 미군 철퇴에 대해서는 비교적 소극적이었다.
14 『서울신문』, 1946년 6월 4일자; 『중외신보』, 1946년 6월 5일자.
15 『서울신문』, 1946년 6월 6일자.
16 『서울신문』, 1946년 6월 8일자.

영원한 단정이 아니라 '통일 준비를 위한 단정 우선'이었다고 간주되기도 한다.¹⁷

이후부터 반탁진영 중 이승만과 한민당 등은 자율정부 수립이라는 명분으로 단독정부 수립을 추진했다.

이러한 단정추진론은 심각한 반향에 부딪혔는데 좌익은 모두 반대했고 우익진영은 지지파와 반대파로 분열되었다. 그런데 우익의 단정지지파는 한민당 등 아직 소수에 불과했고 전면적인 지지 표명보다는 이해한다는 식의 태도를 보이는 데 그쳤다.

보다 구체적으로 살펴보면, 민전에서는 이승만의 본색이 드러났다면서 "인민의 힘으로 모략을 분쇄해나가자"라고 아래와 같이 주장했다.

> 그들은 오늘까지 무슨 까닭으로 삼상회의의 결정을 반대하고 반소반공운동을 일으켰는가가 이승만 자신의 말로써 언명되었음은 삼상결정을 반대함으로써 소미공위를 결렬시키고 반소반미운동을 일으킴으로써 반동적 남조선 단독정부를 세우려고 음모했던 것이다.¹⁸

조선공산당도 이승만이 반탁한 이유는 단정을 수립하기 위함이었다고 분석하여 반탁과 단정을 연결하여 비판했다. 인민당과 신민당도 단정에 반대했고 전평과 전농 등의 좌익 노농단체에서도 반대성명을 내기에 이르렀다.¹⁹

우익진영에서도 대체로 반대 목소리가 다수였지만 이승만 측근과 한

---

17 전상인, 「광복과 대한민국 건국과정」, 〈교과서포럼〉 창립기념 심포지엄 발제논문: 고등학교 〈한국 근·현대사〉 교과서, 이대로 좋은가?, 2005년 1월 25일, 13쪽.
18 『조선인민보』, 1946년 6월 5일자.
19 『조선인민보』, 1946년 6월 6일자; 『중외신보』, 1946년 6월 6일자.

민당에서는 지지하는 태도를 표출했다. 한독당 선전부장 엄항섭은 6월 4일 단정수립설에 찬성할 수 없음을 명백히 했다.[20] 비상국민회의 최동오[21]와 한독당 조완구도 반대했다.[22] 이러한 분위기에서 태도를 관망하던 한국민주당과 여자국민당에서는 단정을 지지하는 듯한 담화를 발표했는데, 한민당은 선전부장 함상훈의 명의로 좌익계열의 이승만 비난에 대하여 6월 7일 이승만을 비호하는 반박담화를 발표했다.[23] 여자국민당은 이승만의 측근인 임영신의 발언을 인용하여 "자율정부가 절대필요하다"라고 주장하며 이승만을 지지했다.[24]

한편 미군정 군정장관 러치도 6월 11일 기자회견을 갖고 이승만의 발언은 군정과 무관하며 자신도 단정 수립에 반대한다고 말했다.[25]

이에 『조선인민보』에서는 해설 기사를 통해 이승만 진영인 비상국민회의 내에서도 반대하는 단정을 극소수만이 찬성한다고 평가했다.[26]

이승만은 자신의 단정안을 좌·우익 거의 모두와 미국이 반대하며 일부 측근들만 찬성하자 당황했던 것 같다. 처음 정읍발언이 보도되고 거센 반발에 부딪혔을 때 단정 발언이 허보(虛報)라고까지 말하면서[27] 위장했다.

결국 이승만의 단정안은 6월 이후 중요 쟁점에서 후퇴하고 1946년 6월 14일 3차 예비모임을 열고 본격적으로 시동을 건 좌우합작위원회에 의한 합작운동 전개 국면이 시작되자 이승만은 한동안 침묵하면서

---

20 『중외신보』, 1946년 6월 5일자; 『조선인민보』, 1946년 6월 5일자.
21 『중외신보』, 1946년 6월 6일자.
22 『중외신보』, 1946년 6월 8일자.
23 『중외신보』, 1946년 6월 8일자; 『조선일보』, 1946년 6월 8일자.
24 『조선인민보』, 1946년 6월 8일자.
25 『독립신보』, 1946년 6월 12일자; 『중외신보』, 1946년 6월 12일자.
26 『조선인민보』, 1946년 6월 8일자.
27 『중외신보』, 1946년 6월 14일자.

정세를 관망했다. 그러나 1946년 10월 7일 발표된 좌우합작 7원칙이 좌익과 우익의 비판을 받아 힘을 얻지 못하고 중간파만의 결집으로 그치자, 이승만이 단정 수립 문제를 다시 제기하기 시작한 것은 다음과 같다.

2. 다시 제기된 단정수립안, 1946년 10월~1947년 1월

좌우합작 열기 때문에 가라앉을 수밖에 없었던 이승만의 단정 추진 노선이 좌우합작의 실패 조짐이 보이던 1946년 10월 이후 다시 대두되기 시작했다.[28] 이 시점의 단정안은 1946년 6월에 발진한 단정안보다 더 구체적으로 진전된 것이었다. 실행 방침 면에서 유엔에 의존한 방법을 채택해 이승만이 직접 도미하여 유엔 상정을 기도하기까지 했으며, 한민당이 보다 적극적으로 동조했다. 이 과정을 연대기적으로 살펴보고자 한다.

좌우합작위원회가 1946년 10월 18일 공위 재개를 요청하는 성명서를 발표하는 등 거의 모든 정치단체가 공위의 속개를 바라고 있을 때, 한민당과 이승만은 얄타협정과 모스크바결정의 파기를 요구했다.[29] 이들의 논리에 의하면 모스크바결정이 곧 신탁통치요, 이는 조선의 독립에 배치되는 모욕적인 것이었다.

이승만은 1946년 3월 이미 민주의원 의장에서 사임했음에도 불구하

---

28 김택곤, 『미국 비밀문서로 읽는 한국 현대사 1945~1950: 우리가 몰랐던 해방·미군정·정부 수립·한국전쟁의 기록』(맥스미디어, 2021), 223-226쪽에 따르면 이승만이 미군정의 좌우합작 추진을 가로막았다고 평가된다.
29 『조선일보』, 1946년 10월 19일자; 『자유신문』, 1946년 10월 19일자.

고 민주의원[30]을 통해 1946년 10월 19일 유엔에 아래와 같이 제안했다.

1. 조선의 독립과 자유를 확정한 카이로선언과 포츠담선언을 즉시 실행시킬 것.[31]
2. 미국, 소련 양국의 군대 전부가 조선으로부터 철퇴할 것.
3. 조선의 임시정부 조직을 국제연합에서 즉시 후원해줄 것.[32]

---

[30] 랭던은 1946년 12월 12일부로 개원할 과도입법의원이 민주의원을 대체할 예정이므로 미국에 있는 이승만 측근들이 이승만으로부터 신임장을 받았다고 주장하는 민주의원 자체는 그 신용을 잃을 것이라고 1946년 12월 초 즈음에 예견했다. "The Political Adviser in Korea (Langdon) to the Secretary of State," Seoul, undated, [Received December 10-12:40 p.m.], FRUS, 1946, vol. Ⅷ, p. 779.

[31] 일련의 전시회담을 언급한 이 항목에 얄타회담이 빠져 있다. 이승만은 얄타에서 루스벨트가 스탈린과 한반도 38선 분할에 합의해 한반도의 반을 소련에게 넘겼다는 얄타밀약설을 신봉하고 있었으므로 얄타협정 관련 내용은 의도적으로 뺀 것이다. 이승만은 1946년 11월 24일 미국에 있던 임병직에게 편지를 보내 (국무부에) 얄타회담 기록을 공개하라는 공식 요청을 전달하고 미 의회에도 동일한 요구를 할 것을 지시했다. 또한 1946년 11월 21일에 주미(한국)외교위원부[Korean Commision; 이승만이 1919년 8월부터 1925년 3월 임시대통령직에서 탄핵·면직 처분을 받으면서 단절된 임정 산하 구미위원부(공식명칭은 구미주차한국위원회(歐美駐箚韓國委員會; Korean Commission to America and Europe)의 후신; 대한민국임시정부는 1941년 6월 4일 미국 수도 워싱턴에 주미외교위원부를 설치하는 '규정'을 공포하는 동시에 이승만을 주미외교위원장으로 임명하여 그에게 대미교섭의 전권(全權)을 위임하는 '신임장'을 교부했다. 주미외교부의 대외명칭은 'Korean Commission'이라는 이전 용어를 그대로 사용함으로써 대미외교의 연속성을 살렸다; 1946~1948년 당시 이승만은 민주의원의 대표라고 주장함; 그 법적 대리인으로 스테거스(John W. Staggers; 워싱턴의 유명 변호사로서 이승만의 지인)를 지명하기도 했다]에 보낸 서한에서 얄타와 모스크바협정은 공산주의와 노예화를 위한 것이며 카이로와 포츠담은 민주주의와 독립을 위한 것이라고 양분해 대비시켰다. "The Political Adviser in Korea (Langdon) to the Secretary of State," Seoul, undated, [Received December 10-12:40 p.m.], FRUS, 1946, vol. Ⅷ, p. 777. 공산주의에 타협적이었던 루스벨트가 얄타에서 소련에게 한반도의 반을 팔아먹었다고 생각했으므로 얄타를 악의 표상으로 여긴 것이다.

[32] 『조선일보』, 1946년 10월 29일자.

모스크바결정 파기를 한민당과 함께 요청했던[33] 이승만은 10월 29일 모스크바결정 파기에 대한 대안으로서 '양군 철퇴 후의 유엔 원조(후원·후견)에 의한 독립안'을 다시 제시했다.[34] 유엔에 제안한 내용의 핵심이 바로 이것이었다.

이승만은 앞서 1919년 2월 25일 작성한 국제연맹에 의한 한국의 위임통치를 같은해 3월 3일 미국 대통령 윌슨에게 건의했던 인물로서, 이번 제안도 비슷한 맥락에서 이해된다. 왜냐하면 그는 4개국 신탁의 대안으로 유엔하의 후원제(후견제)를 채택했기 때문이다(후견 내지 후원제도 배격하겠다던 반탁운동의 주장과 즉시독립이 아닌 유엔하의 후견제를 실시하자는 주장은 모순되는 것처럼 보인다. 따라서 이승만은 탁치 그 자체를 반대한 것이 아니라 공산화 우려가 있는 소련 참여하의 탁치를 반대했는데 자신이 집권할 수 있고 공산화가 방지될 수 있다면 박헌영이 소련의 일국탁치를 찬성했던 것처럼 미국의 일국탁치도 찬성했을 것이다). 이승만은 4개국 신탁이 자신의 정파에 불리하고 좌파에는 유리하다고 판단했다. 신탁통치안을 두고 "조선의 공산화와 국제적 노예를 의미한다"[35]라고까지 주장했음이 이를 증명한다. 따라서 이승만은 공위가 속개되기를 바라지 않고 그 대안으로서 자신의 정파에 유리한 한국 문제의 유엔 상정을 원했던 것이다. 이러한 이면적인 속셈에 의하여 유엔 상정안을 주장했음에도 불구하고 표면적으로는 '조선의 영구적인 점령을 막고[36] 외국의 간섭을 배

---

33 『조선일보』 1946년 10월 29일자.
34 『동아일보』, 1946년 11월 5일자.
35 『조선일보』, 1946년 12월 5일자. 이승만 세력은 소련을 의식한 탁치안 집착이나 좌우합작은 동구에서의 연립과 같이 소련에 말아 먹히는 전략이라 비판하고 있었다. 그들은 탁치안 실현이 곧 공산화를 의미한다고 예단했다. 로버트 T. 올리버 저, 박일영 역, 『이승만비록』(한국문화출판사, 1982), 88쪽, 101-102쪽.
36 『조선일보』, 1946년 12월 12일자.

제하기 위하여[37] 한국 문제의 유엔 상정을 바란다'는 자주적인 명분으로 포장하는 노련한 수사를 구사했다.

이승만은 1946년 9월 12일 하지의 명령과 러치의 성명으로 미군정을 대체하여 수립된 한국민정(Korean civilian gov't)을 유엔에 승인해달라고 요구할 것을 11월 5일 당시 미국에 있던 임병직에게 지시했다. 우편과 전신(電信) 검열을 통해 이승만의 메시지를 볼 수 있었던 (intercepted)[38] 랭던은 이승만이 모스크바결정과 소련 점령에 맞서서 싸우고 있다고 평가했다. 이승만은 유엔에 제출할 서한에서 미국은 중립적이므로 북으로부터 테러를 막는 데 속수무책이며 남한을 지킬 수 없으므로, 유엔이 한국민정을 승인해야 한다고 주장하려 했다.[39] 미국이 중립적이라는 평가는 소련과의 다가올 협상을 의식해 보다 확고한 반공정책을 추진하지 못하는 하지에 대한 비판이 스며 있는 대목이다.

이승만이 지칭한 '한국민정'이란 미군 진주 1주년이 지난 1946년 9월 11일부터 한국인 관리들이 각 부서에서 행정의 책임을 맡는 한편 미군들은 자문역(고문)으로 물러앉도록 한 조치였다. 군정장관 러치는 '유능한 조선인 직원에게 행정권을 이양하도록 하려는 바이니 특히 이에 유의하여 힘써달라'는 의미심장한 성명을 9월 11일에 발해 군정의 제2단계로 들어갈 만전의 조치를 예고했다.[40] 실제로 그날 오전 10시 반 군정청 한국인각부처장·미국인각부처장회의를 주재한 러치는 1946년 3월

---

[37] 『조선일보』, 1946년 12월 26일자.
[38] "The Political Adviser in Korea (Langdon) to the Secretary of State," Seoul, undated, [Received December 10-12:40 p.m.], FRUS, 1946, vol. Ⅷ, p. 775.
[39] "The Political Adviser in Korea (Langdon) to the Secretary of State," Seoul, undated, [Received December 10-12:40 p.m.], FRUS, 1946, vol. Ⅷ, pp. 775-776.
[40] 「행정을 우리에게 위양: 미군은 고문격으로 일선서 은퇴」, 『동아일보』, 1946년 9월 12일자.

에 서면으로 "될 수 있는 대로 한국인 직원에게 부서직능을 이양하라"라고 지시했음을 상기하면서 특히 미국인 직원을 매월 최소 1할씩 감원하겠다고 언명했다. 또한 미국인 직원을 한국인 직원으로 대체하도록 지령했다. 그동안 한국인들이 사무처리에 현저한 진보를 했다는 사실을 내세우기도 했다. 러치는 한국 사람들이 자치능력이 있다는 것을 공공연히 언명했는데, 이제야 비로소 한국인 각 부·처장이 각 부·처의 전 책임을 맡고, 미국인은 단지 고문의 자격으로만 행동하지 않으면 안 될 시기가 왔음을 명시했다. 러치가 한국인의 자치능력이 강화되었음을 명분으로 내세웠지만 이는 전쟁이 끝났음에도 계속 주둔하고 있는 미군의 피로를 완화하고 인원을 감축하기 위한 현실적 조치이기도 했다.

러치는 모스크바협정이 이행될 때까지는 조선 주둔 미군사령관이 미국 대통령을 대표하여 최고사령관으로 있을 것이지만(즉 군정청이 존속될 것이지만) 군정청이 남아 있을 때까지 조선인이 운영할 것임을 명백히 했다.[41] 이에 『동아일보』는 「사설: 행정직무 이양에 대하여」를 통해 러치가 군정 1주년을 계기로 "조선인에게 제1선 행정사무를 이양하고 미국인은 고문 자격으로 행동하지 않으면 안 될 시기에 달했다"라고 언명한 것은 새로운 느낌을 주고 있다면서 이 성명의 요지는 "행정 책임은 조선인에게"라는 인상을 주고 있다고 해석했다. 미군정의 역사적 단계성을 인식해야 한다면서 이번 조치는 한국인의 발전을 약속하는 하나의 거보라고 평가했다. 즉 한국인 관리에게 행정권을 이양한 것은 자치(독립; 정부 이양)로 가는 단계적 조치의 일환으로 평가한 것이다. 또한 한국인 관리들은 종래의 통역정치와 추종사무라는 태도에서 행정집행

---

[41] 「러치장관담: 각부서의 직능이양 책임지고 직무를 수행하라」, 『동아일보』, 1946년 9월 13일자.

과 정치참획(政治參劃)이라는 신사명을 인식하여 금후의 행정 책임은 오로지 한국인에게 있다는 것을 재삼 명심하는 동시에 러치의 성명을 명실상부하게 실천화하도록 협력하기를 요망한다고도 했다.[42]

이는 한국인에게 단순한 행정사무를 이양한 것이다. 따라서 이승만이 이러한 편의적인 단순 조치를 구태여 한국민정이라고 규정한 것은 미국 관리들의 희망을 반영한 확대해석으로 대중의 감정과는 거리가 있다. 북한 임시인민위원회를 통한 소련의 간접통치에 대응하려는 미국의 대소(對蘇) 경쟁적 행정조치였을 뿐이었다. 그럼에도 이승만은 형식적인 행정조치를 민정이라고 과대평가해 미국의 환심을 사면서 자신의 단독정부 추진 논리를 강화하려 한 것으로 볼 수 있다.

이승만은 1946년 11월 10일과 16일 사이에 전 대통령 루스벨트의 부인인 엘리노어 루스벨트(Eleanor Roosevelt; 유엔총회 미국 대표단원), 스파크(Paul-Henri Spaak; 벨기에 대표단장 겸 유엔총회 의장), 구(Wellington Koo; 중국 유엔 대표단장), 리(Trygve Halvdan Lie; 유엔 사무총장, 노르웨이인), 로물로(Carlos Romulo; 장군, 필리핀 유엔 대표단장), 장제스(중국 총통), 스펠먼(Spellman; 미국 뉴욕 교구 소속 추기경) 등에게 북의 테러위협에 맞서 유엔이 한국 단독정부(separate gov't of Korea)를 승인해줄 것을 요청하는 서한을 발송했다. 만약 승인받으면 유엔과 직접 협상할 수 있는 위치에 올라갈 것이라면서 북에서 온 공산주의 테러리스트들이 심각함에도 불구하고 중립적인 미국으로는 상황을 구할 수 없다고도 했다.[43] 미군정이 대소협상에만 집착한다고 비판했던 것이다. 한국의 상황을 구할 길은 유엔이 모스크바결정의 폐기(abrogation)를

---

[42] 「사설: 행정직무 이양에 대하여」, 『동아일보』, 1946년 9월 14일자.
[43] "The Political Adviser in Korea (Langdon) to the Secretary of State," Seoul, undated, [Received December 10-12:40 p.m.], FRUS, 1946, vol. Ⅷ, p. 776.

선언하고 한국 정부를 즉시 승인하는 것이라고 주장했다.[44] 11월 11일 스테거스 혹은 윌리엄스[Staggers or Jerome; 최근 설립된 미국세계무역수출입회사(American World Trade Export-Import Company)의 사장과 부사장[45]]에게 보낸 것으로 추정되는 편지에서 이승만은 미국인들이 아직도 남한의 공산화를 결과할 것으로 예견되는 좌익들(Leftists)과의 협상[46]을 주장한다고 비판했다. 우리는 남북통일을 위한 첫 번째 단계로 단독정부를 요구해야 한다면서 모스크바결정의 폐기가 최고 해결책이라고 주장했다.[47]

랭던은 이승만이 모스크바결정과 싸우는 이유는 만약 좌우합작이 성공하고 모스크바결정이 현실화되면 초대 대통령이 되려는 그의 꿈이 무산되기 때문이라고 분석했다.[48] 명분을 앞세운 정치가의 행동을 현실주의적으로 분석하여 이승만의 숨은 동기를 파헤친 것으로 여겨진다.

이승만은 신탁통치안을 철폐하기 위한 10월 19일자 제안 등 앞서와 같이 직접 교신하거나 미국에 체류 중인 임병직과 임영신을 통해 유엔 상정을 시도했다.[49] 임병직이 11월 14일에 이승만에게 보낸 전문(電文)에 따르면 임영신의 공으로 필리핀 대통령 로하스(Manuel A. Roxas)

---

44 "The Political Adviser in Korea (Langdon) to the Secretary of State," Seoul, undated, [Received December 10-12:40 p.m.], *FRUS, 1946*, vol. Ⅷ, p. 776.
45 "The Political Adviser in Korea (Langdon) to the Secretary of State," Seoul, July 17, 1946, [Received July 24, 1946-12:30 p.m.], *FRUS, 1946*, vol. Ⅷ, pp. 716-717.
46 미·소공위(대소협상)로 추정된다. 그것이 아니면 좌우합작인데 이 당시 좌우합작이 이미 힘을 잃었으므로 가능성은 높지 않다. 모스크바결정의 실현을 위한 미·소공위와 이의 재개를 요구하는 좌우합작을 같이 지칭한다고도 할 수 있다.
47 "The Political Adviser in Korea (Langdon) to the Secretary of State," Seoul, undated, [Received December 10-12:40 p.m.], *FRUS, 1946*, vol. Ⅷ, p. 777.
48 "The Political Adviser in Korea (Langdon) to the Secretary of State," Seoul, undated, [Received December 10-12:40 p.m.], *FRUS, 1946*, vol. Ⅷ, p. 778.
49 『서울신문』, 1946년 11월 8일자.

가 한국 문제의 유엔 상정에 찬동하는 편지를 보냈다는 것이다.[50] 11월 16일 임영신은 이승만에게 직접 전보를 보내 필리핀 대통령이 한국을 지지했다면서 11월 말 전에 유엔 이관을 희망한다고 했다는 사실을 전했다. 임영신은 뉴욕에 있는 모든 신문사가 이승만 그룹을 도울 준비가 되어 있지만 유엔으로부터 긍정적이거나 부정적인 답변을 얻기 전까지는 보도를 자제해달라고 부탁했다는 소식도 전했다.[51] 그러나 당시 언론은 전망하기를, 이승만의 때 이른 유엔총회 상정 공작이 미국과 소련의 반대로[52] 실패할 것이라고 했다.

철저한 반소주의자 이승만은 1946년 9월 "미국이 소련과 싸울 것이며 그때는 좌익과 결판을 내야 한다"라면서 일찍이 냉전의 출현을 부추겼다.[53] 이승만은 하지의 대소협상 집착 때문에 1946년 이래 그와 사이가 계속 좋지 않았다. 이에 수세에 몰린 이승만은 하지를 배제하고 국무부 당국자와 미국의 여론, 그리고 유엔에 직접 호소하고자 도미를 결심했고 지방유지로부터 거액의 경비를 지원받아 1946년 12월 4일 한국을 출발해[54] 12월 9일 미국에 도착했다.

그런데 그가 미국에 도착한 시점은 1947년 1월 13일 폐회 예정인 유엔총회가 거의 막바지에 이르렀을 때였다. 공위 재개를 막고 모스크바

---

[50] "The Political Adviser in Korea (Langdon) to the Secretary of State," Seoul, undated, [Received December 10-12:40 p.m.], *FRUS, 1946*, vol. Ⅷ, p. 777.
[51] "The Political Adviser in Korea (Langdon) to the Secretary of State," Seoul, undated, [Received December 10-12:40 p.m.], *FRUS, 1946*, vol. Ⅷ, p. 778.
[52] 『서울신문』, 1946년 12월 4일자.
[53] 「여운형-로마넨꼬 회담록(1946년 9월 27일)」, 러시아연방국방성중앙문서보관소 문서군 379, 목록 532092, 문서철2, 63-79쪽, 국사편찬위원회 편집부(2004), 앞의 책, 181-182쪽; 여연구(2001), 앞의 책, 291-319쪽에 의하면 여운형이 하지와 군정장관 러치에게 미국이 소련과 싸울 생각을 가지고 있냐고 직접 물었는데 그들은 그런 생각은 하지 않고 있다고 대답했다고 한다.
[54] 『동아일보』, 1947년 4월 22일자.

결정을 무효화할 수 있는 한국 문제의 유엔 상정을 위하여 미국에 간다는 명분이었지만 자신이 미국의 지원을 받고 있다는 인상을 한국인들에게 심어주기 위한 도미였다는 해석도 가능하다. 왜냐하면 이 시점에 유엔 의제는 이미 확정되었으므로 한국 문제의 상정은 불가능했다는 관측도 있었기 때문이다.[55] 국제정세에 밝은 이승만이 이를 모를 리 없었다. 또한 제아무리 유능한 인물이 유엔에 가서 문제를 제기한다고 해도 미·소 어느 한편도 당시로서는 유엔에서 한국 문제가 거론되기를 원하지 않았으므로 이것이 가능하지 않으리라는 것은 자명했다. 독립운동 과정에서 열강들의 수많은 배신행위를 겪은 이승만이 이 또한 모를 리 없었을 것이다. 따라서 그의 행동은 가시적 성과를 얻기 위한 것이라기보다는 하나의 제스처나 국내 여론을 우호적으로 조성하기 위한 도미에 불과한 측면이 있었다. 이승만은 임영신을 시켜 유엔 사무총장 리(Trygve Halvdan Lie)를 만나게 했으나 리는 모스크바결정이 살아 있다는 이유로 심의를 거부했다. 이에 1946년 대구 10월사건에서 중국 8로군이 개입했다는 낭설을 유포시켜 국제분쟁을 해결하는 유엔 안보리에 상정하려고 했으나 이것도 실패했다.[56]

이렇게 도미한 이승만은 이미 실패가 예견된 유엔총회 상정의 기도가 무산되자 요인회담을 하기도 했다. 그러나 그가 만난 요인은 주로 미국에 있을 때 알고 지냈던 지인들이거나 이권을 노리는 실업가였다. 이승만은 미 국무부의 대소협상 우위론자(유화주의자; appeaser; appeasement policy[57]를 추구함)들이 모든 방법을 동원해 자신을 방해

---

55 『서울신문』, 946년 11월 8일자, 1946년 12월 4일자.
56 서백, 「이박사미주여행기」, 『주보민주주의』 19(1947), 18쪽.
57 "The Political Adviser in Korea (Langdon) to the Secretary of State," Seoul, undated, [Received December 10-12:40 p.m,1946], FRUS, 1946, vol. Ⅷ, p. 776.

한다면서[58] 그들을 용공분자로 매도하는 등[59] 좌충우돌했다. 또 힐드링(John H. Hilldring)[60] 미 국무부 점령지역 담당 차관보를 제외한 당시 미 최고 정책 결정자의 주의를 끌지 못했다. 이승만은 남한 단정 수립을 위하여 계속 노력할 의사를 표명했다.[61]

그런데 이승만이 미국에 있을 때인 1947년 2월 14일 하지가 도미하여 이승만이 미국의 후원을 받고 있다는 인상을 배가하는 계기를 만들고자 했다. 이에 이승만은 하지와 워싱턴에서 만났다.[62] 이승만은 하지가 자신을 만나러 미국까지 왔다며 상징적 의미를 부여하려 했지만 자신의 부재로 국내 정국을 혼자 주도할 수 있었던 김구의 세력이 더 확장될 수 있다고 우려해 귀국을 서둘렀다. 1947년 4월 5일 하지의 귀국에 뒤이어 중국행 비행기를 타고 장제스를 만난 후 상하이에서 장제스가 알선해준 중국 군용기에 편승해[63] 1947년 4월 21일 귀국했던 것이다. 당시 미군정은 이승만을 여전히 탐탁지 않게 생각하여 그의 귀국을 방해하고 지연시키려 했다.[64] 방미 중 하지는 이승만이 미군정의 정책에

---

58 "Hodge to the Secretary of State," December 31, 1946, *FRUS, 1946*, vol.Ⅷ, p. 785; 미 국무부 저, 김국태 역(1984), 앞의 책, 409쪽.
59 『동아일보』 1947년 1월 26일자.
60 힐드링은 이승만과 김구를 잠시 동안만이라도 배제하여 중도파의 극좌파 결합을 방지하며 공산화를 막자고 주장했던 다소 자유주의적 인물이었으나 1947년 가을 한국 문제 유엔 이관 시 유엔총회에 파견되어 당시 미국에 있던 임병직을 경유해 이승만과 접촉했다. "Letter from B. C. Limb to John H. Hilldring," October 1, 1947, Record Group 59: General Records of the Department of State, 1763 - 2002, Decimal Files, 1946 - 1949 [Entry A1 505-E], Records of the Office of the Assistant Secretary of State for Occupied Areas, 1946-49, Lot 55D370, Entry 505, Boxes 1-5, War Department System Decimal File(archive.history.go.kr/catalog/view.do?system_id=000000149107, 검색일: 2021년 2월 22일).
61 『조선일보』, 1947년 1월 29일자.
62 『조선일보』, 1947년 2월 22일자.
63 『동아일보』, 1947년 4월 22일자.
64 Robert T. Oliver(1978), 앞의 책; 로버트 T. 올리버 저, 박일영 역(1982), 앞의 책,

협조적인 태도를 보이면서 미군정이 반대하는 단정 수립을 공론화하지 않기를 기대했다. 그러나 정반대로 행동한 이승만에 하지는 실망했으므로 당시 두 사람은 아직 견원지간의 관계인 것처럼 여겨졌다.[65] 그래도 두 사람은 훗날 어쩔 수 없이 가까워질 수밖에 없었다. 하지가 이승만의 단정 수립 발언을 비판한 것은 미군정이 추진하려는 입법기구 내지 과도정부 수립이 단정 수립 기도로 공격받지 않도록 하려는 의도 때문이었지[66] 단정 자체를 반대했던 것은 아니다. 그렇다면 미국이 1947년 사실상의 단정안인 유엔 이관안을 추진하기 전인 1946년 제기된 이승만의 단정안을 하지가 반대한 것은 단정안 자체에 대한 반대가 아니라 아직 소련과의 관계에 집착했기 때문에 갈등한 것으로 보아야 한다. 그렇지만 미·소대립이 심화되는 1947년 가을 이후에는 단정안을 둘러싼 양인의 대립이 자연스럽게 해소되었다.

1946년 말의 시점에서 이승만이 제기한 유엔 상정안은 미군정에 약간의 공감을 얻기는 했다. 당시 하지의 정치고문 랭던은 1946년 11월 27일 아래와 같이 평가했다.

> 우리(미군정)가 유엔총회에서의 한국 문제 논의가 바람직스럽다는 점을 인정하지만 우리는 결코 이승만과 똑같은 관점에서 유엔의 한국 문제 논의 문제를 보지는 않는다고 생각한다.[67]

104쪽.

65 차상철, 『해방전후 미국의 한반도 정책』(지식산업사, 1991), 130쪽; 차상철, 「이승만과 하지: 견원의 동반자」, 유영익 편, 『이승만연구』(연세대학교 출판부, 2000), 359-403쪽; 김용호, 「대한민국 정부수립과정에서 이승만의 역할에 대한 재평가」, 『한국정치연구』 20-2(2011), 119쪽.

66 정용욱, 「(정용욱의 편지 현대사 17-좌우합작운동과 미군정)하지와 이승만, 좌우합작 등 놓고 "격렬히 언쟁"하다」, 『한겨레』, 2019년 8월 17일자; 정용욱(2021), 앞의 글.

67 "The Political Adviser in Korea (Langdon) to the Secretary of State," Seoul,

유엔 상정안이 바람직스럽지만 지금은 모스크바협정 이행을 시도해야 하기 때문에 이를 고려할 수 없다는 위 인용문은 훗날 어쩔 수 없이 가까워질 수밖에 없었던 미군정과 이승만의 모호한 관계가 극명하게 드러난 대목이다.[68] 미 국무부도 유엔 상정을 고려했으나 당시로서는 고

November 27, 1946, *FRUS*, *1946*, vol. Ⅷ, p. 772; 미 국무부 저, 김국태 역(1984), 앞의 책, 392쪽. 그런데 랭던은 위 전문에서 소련이 아직도 이승만을 미국의 괴뢰로 간주하고 있을지 모른다고 지적했다.

[68] 올리버의 주장에 의하면 이승만과 하지의 관계가 귀국 초기에는 원만했지만 1946년 초반 탁 때문에 틀어진 후 1946년 가을 "하지는 이 박사에게 권력을 잡도록 할 의사가 없음을 명백히 했다"는 것이다. 그 후 1947년 4월 귀국 후에는 이승만이 '사실상의 연금' 상태에서 전화까지 철거되었다고 주장한다. 그러나 1947년 트루먼 독트린(소련에 다른 국가를 전복하지 말라고 경고한 것)과 마셜 플랜(공산주의에 대항하여 미국의 영향력을 견지하는 요새를 전 세계적인 차원에서 구축하는 것)이 발표된 이후 소련과의 타협이 불가능해지자, 한국인 절대 다수의 지지를 받는 이승만이 선택될 수밖에 없었다는 것이다. Robert T. Oliver(1978), 앞의 책; 로버트 T. 올리버 저, 박일영 역(1982), 앞의 책, 57쪽, 89-91쪽, 107쪽. 한편 미 CIA는 이승만의 북진통일을 막기 위해 CIA 요원을 이승만의 정치고문으로 침투시켰는데 그 요원이 올리버(로버트 올리버)였다는 주장이 오리건대 교수 프랭크(데이비드 프랭크)에 의해 2014년 4월 11일 미 우드로 윌슨 센터 세미나에서 제기되었다. 프랭크는 한국외국어대 교수 박우수와 함께 이승만이 북진통일론을 강력하게 주장한 1954년 7월 28일 미 의회 합동연설을 집중 조명했다. 이 과정에서 2013년 비밀 해제된 CIA 문서를 찾아냈다. 1951년 9월 2일에 작성된 CIA 당국자 메모는 "비밀 공작원이 이 대통령의 특별보좌역에 임명됐다"라고 적고 있다. 올리버는 1942년 미 정부의 전시식량국 식량보관소장으로 근무할 당시 워싱턴 DC의 한 외교가 식당에서 이승만 박사를 처음 만났고 그가 실각하게 된 1960년까지 사설 고문으로 홍보선전업무를 맡아 영어 연설문 등을 대필했다. 박우수는 올리버가 20여 년 동안 한국현대사의 전개 과정에서 결정적인 역할을 한 인물이라고 평가했다. 올리버는 대한민국의 독립 필요성과 미국의 동방외교 전략의 수정을 줄기차게 설파했으며, The Korea Pacific Press란 출판사를 설립하여 한국의 입장을 미국의 외교가와 미국 국민들에게 알리는 일에 앞장섰다. 그는 해방 후 미군정과 워싱턴의 입장을 이승만에게 전달하고 조율하는 매개자의 역할을 맡아 이승만이 대한민국 초대 대통령에 취임하는 데 중요한 역할을 했으며, 밴플리트 장군, 클라크 장군의 영문 연설문까지도 대필했다. 판문점 정전협정과 대일관계 정상화 협상, 파리 유엔총회, 제네바회의 등에 한국 대표단의 고문으로 활약했으며, 미국 정부와 이승만 정부의 갈등을 최소화하고 조율하는 데 조력했다는 것이다. WooSoo Park, "Ghostwriting South Korea: Robert Oliver and His Rhetorical Midwifery in the Birth of a Nation," 『수사학』 11(2009), 101쪽. 프랭크는 CIA가 올리버를 포섭한 것은 이승만의 북진통일 주장을 거두도록 설득하기 위한 것이라고 주장했다. 그렇다면 올리버는 1951년 CIA의 공작원이 되었다고 할 수 있다. 실

위당국자 회담이 실패할 경우에 한하여 고려할 방법이었다.[69] 유엔 이관이 매력적인 안이기는 하지만 아직은 아니라는 것이다. 따라서 이승만이 먼저 통한안(統韓案)인 모스크바결정을 폐기하고 단정과 유엔 이관안을 제기한 것에 대해 미국으로서는 단정 추진(소련과의 협의 파기) 책임을 전가할 수 있는 근거를 마련했다는 점에서 고맙게 생각해야 했다. 그러나 미국은 공식적으로 감사나 존경의 태도를 표명한 적이 없었다. 다만 훗날 냉전이 고착화되고 반공정책이 강하게 추진되자, 미국 내 반공주의자들이 이승만의 선견지명을 긍정적으로 평가하기는 했다.

이승만의 단정안에 대해서는 좌익들이 가장 극렬하게 반대했다. 좌익신문인 『독립신보』는 특집기사에서 우익의 반탁이 단정으로 변신했음을 지적하면서 이를 비난했다.[70] 그러나 이승만의 반탁이 단정으로 이어졌으나, 반탁운동의 핵심 지도자 김구의 경우는 남북협상에 참여하여 단정 반대론자가 되었다.

제로 1953년 7월 6·25전쟁 정전협정이 체결된 뒤에도 이승만은 계속 무력을 통한 북진통일론을 주장했다. 이는 드와이트 아이젠하워 행정부와 미국의 국가이익에 맞지 않는 것이었다. 프랭크에 따르면 올리버는 이승만의 미 의회 합동연설(1954.7.28.) 영어 원고에서 북진통일론을 완화하려 했다. 그러나 이를 눈치 챈 이승만은 올리버가 연설문 작성에 간여하지 못하게 했다는 것이다. 이승만은 연설에서 북진통일론을 강력하게 주장하면서 아이젠하워 대통령을 독일 히틀러에 대해 유화정책을 편 영국 네빌 체임벌린 총리에 비유했다. 신석호, 「CIA, 이승만 북진통일론 말리려 올리버 심어」, 『동아일보』, 2014년 4월 14일자.
69 『서울신문』, 1946년 12월 4일자; 『조선일보』, 1947년 1월 29일자.
70 『독립신보』, 1946년 12월 28일자.

3. 또다시 양극화된 신탁통치 대응 논리, 1947년 1월

1946년 말 모스크바결정 1주년을 맞이해 좌·우익은 또다시 각각 반탁과 지지를 결의하며 대립했다.[71] 이러한 좌우대결 분위기를 더 심화시킨 사건이 발생하는데 바로 1947년 1월 11일 하지의 미·소공위 재개에 관한 양군 사령관의 서한 내용 공개였다.

1946년 11월 26일자 소련 측 서한은 종전 입장을 되풀이한 것으로, 모스크바결정을 전적으로 지지하는 단체와 협의해야 한다고 주장했다.[72] 이러한 소련의 경직된 입장에 대해 미국 측은 소련과의 대화에 집착해서인지 종전의 입장에서 상당히 양보하여 소련의 입장에 다가가려는 포용적이고 타협적인 자세를 취했다. 그런데 1946년 12월 24일 회신한 미군사령관 하지의 서신이 문제를 야기했다. 미 국무부도 미국의 서한이 타협적이라는 점을 인정했고[73] 한민당도 '전면적 양보'라고 평가했다.[74] 이 서한의 쟁점은 5호성명 서명에 대한 해석이다. 미군정의 기존 해석은 5호성명 서명이 꼭 신탁을 지지하는 의사 표시는 아니라는 것이어서 우익(반탁)진영이 대거 서명했는데, 이에 비하여 12월 24일자 서한에는 5호성명에 서명하는 것은 모스크바결정을 전적으로 지지한다는 성의(誠意)를 성명한 것이라고 언급되었다.[75]

이러한 서한 내용이 1947년 1월 공개되자 좌익은 대부분 찬의를 표명하여 기세가 등등해졌고, 우익은 임정에 참가한 뒤 반탁할 수 있다는 5호성명 서명 논리가 무산되었으므로 다시 격렬한 반탁운동을 전개

---

71 『조선일보』, 1946년 12월 28일자.
72 온낙중 편, 『조선해방의 국제적 경위와 미소공위사업』(현우사, 1947), 37쪽.
73 『조선일보』, 1947년 1월 12일자.
74 『동아일보』, 1947년 1월 15일자.
75 『조선일보』, 1947년 1월 12일자.

했다.[76]

    1947년 1월 14일 하지와 김구·조소앙·유림의 회담에서 하지는 1946년 12월 24일자 서신에 나타난 5호성명 서명에 대한 자신의 해석이 이전의 해석과 상위(相違)한 것이 아니라고 주장했다. 1947년 1월 16일 성명에서 하지는 '남조선에 단독정부가 수립되면 조선의 통일이 가능케 되고 동시에 모든 국제 문제도 외국의 원조 없이 능히 해결할 수 있다'는 반탁시위 선동을 멈추라면서 연합국은 조선 독립을 약속했고 정부 수립에 의사 발표 자유가 있다고 말했다. 그랬을 뿐 12월 24일 서한과 공위 참가 후 반탁할 수 있다는 기존 해석과의 공통점에 대해 명쾌하게 언급하지는 않아 사태를 봉합하지는 못했다.[77] 급기야 1947년 1월 16일에는 민주의원[78] 등 35개 정당 및 단체가 참가하여 5호성명 서명을 취소하고 좌우합작을 단호히 분쇄하자는 성명을 발표했다.[79]

    한편 미 국무부 동북아시아국(The Division of Northeast Asian Affairs)의 한국 문제 담당자 윌리엄스(John Z. Williams)가 1947년 1월 미국에서 행한 강연에서 아래와 같이 말했다고 보도되었다.

    거익다수(去益多數)의 조선인이 그들의 종전의 태도와는 반대로 최고 5개년간의 조선에 대한 미·소 신탁통치안은 그들을 괴롭게 하는 것보다도 좋은 기회를 만들어줄 수 있는 것으로 생각하고 있다. 여차한 견해의 변화는 소련과 미

---

[76] 『조선일보』, 1947년 1월 14일자, 1947년 1월 15일자.
[77] 『동아일보』, 1947년 1월 17일자.
[78] 미군정은 1946년 12월 12일 발족한 입법의원으로 민주의원을 대체하려 했으나 민주의원을 해산시키지는 못했다. 두 기관이 모두 자문기관이었고 입법의원이 민의(民意)를 총집결시키는 데는 미흡했으므로 해산의 근거와 명분이 부족하기도 했다. 입법의원이 중간우파를 포괄했으나 우익의 집결체인 민주의원을 압도하지는 못한 것이 가장 큰 이유였다.
[79] 『동아일보』, 1947년 1월 18일자; 『서울신문』, 1947년 1월 18일자.

국 간의 의견 대립의 원인의 하나를 제거하는 것이며 임시정부하의 조선을 통일시키는 것에 관한 미·소 공동 합의 성립을 용이케 할 수 있을 것이다.[80]

이러한 견해는 좌우합작위원회의 중심인 김규식·여운형 세력이 형성한 여론 조성에 대한 평가이다. 그러나 실제로 이러한 보도가 전해질 즈음 우익진영은 반탁의 기세를 올렸다. 이 보도에 대해 한민당은 여론이 변화했다는 미국의 평가는 사실과 다르다고 주장하면서 진정한 여론은 반탁에 의한 신탁 조항 삭제라고 말했다. 그들은 남북을 통하여 전국민에게 찬·반탁 인민투표를 실시하자고 주장했다.[81] 김구도 윌리엄스의 의견이 사실과 다르다고 주장했다.[82]

미국의 기대와는 달리 좌우합작위원회가 제3의 노선을 고양시키는 여론 조성에 실패하고 상황은 양극단의 논리가 우세해지는 방향으로 흘러가고 있었다. 결국 좌우합작은 우익의 격렬한 반대와 극좌파의 반대에 부딪혀[83] 중간파만의 일개 정치단체로 완전히 전락하고 말았다.

좌우합작이 부인되는 상황이므로 좌우합작에 의해 성숙되었던 '임정 수립 후 자주적 해결' 논리가 무색해졌다. 탁치논리가 또다시 '지지' 아니면 '반탁'으로 양극화되어 치열한 대립이 재연되는 상황에서 좌우합작의 결과로 탄생한 입법의원마저도 양극화에 가세했다. 입법의원 내 민선의원을 장악하고 있던 한민당과 독촉 출신 우익의원들은 하지의 1946년 12월 24일자 서한에 반대하여 1947년 1월 13일 반탁 결의를 제출했다.[84] 김규식과 일부 중간파 관선의원들이 이를 만류하며 표결에

---

80 『독립신보』, 1947년 1월 14일자.
81 『동아일보』, 1947년 1월 18일자.
82 김구, 「三千萬同胞에게 告함(中)」, 『동아일보』, 1947년 2월 13일자.
83 『서울신문』, 1947년 1월 25일자; 『동아일보』, 1947년 2월 12일자.
84 「남조선과도입법의원속기록」, 제16호, 1947년 1월 20일, 1-2쪽.

는 출석조차 하지 않았음에도 불구하고 1월 20일 결국 44대 1로(기권 12명, 재석 57명) 가결되었다.[85] 이에 미군정은 당황했다.[86] 미군정의 자문기관이 하지의 성명을 반박한 것이었기 때문이다. 하지는 1월 24일 곡해와 오견(誤見)으로 인해 미국의 태도를 부정확하게 표시한 것은 불행한 일이라는 성명을 발표해 불만을 표시할 수밖에 없었다.[87] 이렇게 되어 '공위 참여 후 해결'이라는 김규식의 논리는 완전히 설 땅을 잃고 양극화의 조류를 막지 못했다.

이러한 가운데 김구 중심의 반탁운동은 그 투쟁을 가속화했는데, 1월 21일 반탁독립투쟁위원회를 발기했으며 24일에는 42개 단체가 출석한 가운데 위원장으로 김구를 추대했고 반탁운동을 재개할 것을 결의했다.[88]

이에 미·소공위 미국 측 수석대표 브라운(Albert E. Brown) 소장은 격렬한 반탁운동의 재개를 막기 위해 1947년 2월 10일부터 3월 4일까지 5회에 걸쳐 모스크바결정에 대한 미국의 견해를 해설했다. 반탁운동 때문에 공위가 휴회되었다고 평가했던 브라운은 신탁 반대는 단지 오해에서 기인한 것이고 신탁은 아직 확정된 것도 아니며 이는 위임통치와는 다른 원조와 협력의 뜻이라고 했다. 또한 모스크바협정은 조선의 완전독립을 보장하는 유일한 국제조약이며 미국은 의사 표시의 자유는 보장하나 공위에 반대하는 것은 용허(容許)치 않는다는 요지의 해설을 했다.[89] 그러나 브라운의 이러한 해설은 이전에도 여러 번 시도된 것과 같이 뚜렷한 성과를 얻지 못했다.[90]

---

85 「남조선과도입법의원속기록」, 제16호, 1947년 1월 20일, 40쪽.
86 『동아일보』, 1947년 1월 25일자.
87 안김정애(2018), 앞의 글, 126쪽.
88 『동아일보』, 1947년 1월 26일자.
89 온낙중 편(1947), 앞의 책, 39-47쪽.
90 그런데 1947년 2월 25일 브라운은 이승만이 미국에서 추진한 유엔하의 신탁통치(후

4. 단정 수립으로 전환될 조짐을 보이는
   미국의 대한정책, 1947년 전반기

　1946년 미 국무부는 미·소협조와 좌우통합에 바탕을 둔 다국적 탁치정책이 실패를 거듭하자 점차 현지 군정의 단독행동 선호 정책에 동화되었다. 이 과정에서 남북한을 시찰한 트루먼의 정치특사 폴리(Edwin W. Pauley)는 장기간의 주둔이 예상되는 소련의 목표가 타국의 공격 시 충분한 방어가 가능한 괴뢰국의 수립에 있다고 1946년 6월 보고했다. 그렇지만 그도 아직 모스크바결정의 틀을 벗어나 문제를 바라보지는 않았다.[91]

　현지 미군정은 일찍이 1945년 11월부터 단독행동을 취할 것을 건의했지만 이것도 1946년까지는 모스크바의정서에 의한 통일정부 수립 시 선제권을 잡으려는 기도로 해석될 여지가 있었다. 즉 1946년까지 국무부와 군정이 공식적으로는 모두 모스크바결정 고수를 표방했으며, 군정이 국무부보다 단독행동을 선호했지만 군정과 국무부 모두 공위 재개에 대비해야 했다. 한편 하지는 공위가 진행 중인 1946년 4월 27일에도 '임시정부가 수립된 후 가능한 한 빨리 철군해야 한다'고 주

　　원·후견)가 주권 상실이라는 식으로 매도하여 '신탁=주권 상실'이라는 우익의 경직된 해석에 오히려 힘을 실어주는 일관성 없는 태도를 보여 위 해설을 무색하게 만들었다.
[91]　"Edwin W. Pauley's Report," June 22, 1946, *FRUS*, *1946*, vol. Ⅷ, p. 708; 미 국무부 저, 김국태 역(1984), 앞의 책, 307쪽. "Langdon to the Secretary of State," June 7, 1946, *FRUS*, *1946*, vol. Ⅷ, pp. 700-701; 미 국무부 저, 김국태 역(1984), 앞의 책, 300쪽에는 미·소공동위원회에 대한 인천시 인민위원회의 노선 관련 1946년 4월 3일자 문서가 압수되었는데 이 문건을 통해 랭던은 "1946년 4월 3일에 발표된 조선공산당의 당노선은 1946년 5월 8일까지 미·소공동위원회에서 소련 대표단이 취해온 노선과 동일하다"라고 단정했다. 이 문건은 조선공산당은 소련에 의존적이라는 미국 인식의 일단을 보여준다.

장했다.⁹²

　미 국무부의 중간파 지지라는 소극적 통일-적극적 봉쇄의 양면을 지닌 자유주의적 전술이 실패로 돌아가고, 1947년 1월 국무장관 번스가 물러나며 육군참모총장을 역임한 마셜이 이어받으면서 대소관계가 보다 경화되자, 국무부도 남한에서의 적극적인 행동을 검토하기 시작했다. 대소협상을 의식하여 소련 측이 받아들일 수 있는 마지노선인 김규식·여운형을 지원하여 통일(좌우통합)을 의식한 소극적 단독행동을 추진하기보다는 소련 측이 용인하지 않는 우익을 지원하는 대소협상 무시론도 검토하여 통일을 무시한 적극적인 단독행동을 추진하려 했던 것이다. 이 와중에 전쟁부 등 군부는 미국이 전 세계에서 소련과 싸울 수는 없으므로 독일이나 일본보다 그 전략적 가치가 떨어지는 한반도에서는 위신이 실추되는 것을 감수해서라도(설령 소련에 넘어가더라도) 철군해야 한다고 계속 주장했다. 이에 국무부는 1947년 초부터 공산화를 방지하면서도 명예로운 퇴진을 보장하는 수단을 자국의 무장력에 맞게 강구해야 했는데, 그것이 바로 단독정부 수립이었던 것이다. 유엔 이관은 철군을 위한 수단이기도 했다.

　1947년 2월 초 하지가 미국 워싱턴으로 소환되면서 미국의 정책은 외형적으로도 전환을 모색했다. 현지 주둔군 차원의 미·소 간 대화 창구를 정부 차원으로 격상시키는 것을 검토했고 남한에 대한 막대한 군사·경제적 원조 제공도 시사했던 것이다.⁹³ 한 달 후 공포된 트루먼 독트린의 원조 제공 원칙이 한국에도 적용되는 듯했다. 그러나 미 의회와

92　"Hodge's Telegram to War Department," April 27, 1946, RG 218, Geographic File, 1946~47, Box 129.
93　"Draft Report of Special Interdepartmental Committee on Korea," February 25, 1947, *FRUS, 1947*, vol. VI, pp. 614-618.

군부는 한국이 그리스나 튀르키예만큼 전략적으로 중요하다고 인식하지 않았으므로 이 계획이 1947년 여름까지는 적용되지 않았다.

한편 1947년 1월 맥아더가 전체 한국 문제의 유엔 이관을 국무부에 건의했는데[94] 이는 이승만과 맥아더의 의견 일치를 엿볼 수 있는 대목이다. 이것은 양자 간 협의의 산물이었을 가능성도 있다.

1947년 1월 21일 취임한 미 국무장관 마셜(George C. Marshall)은 1월 29일 국무차관 애치슨(Dean Acheson)에게 메모랜덤을 보내 '남한에 단독정부를 세우고 남한 경제를 일본 경제와 연결시키는 정책 초안을 만들어달라'고 부탁했다.[95]

1947년 2월 24일 하지는 워싱턴에서 이루어진 대통령 트루먼에 대한 브리핑에서 미·소 양국의 고위급회담에서 한국 문제를 해결해야 한다고 주장했다. 이에 트루먼은 미·소공위가 한 번 더 열릴 것을 시사했다.[96] 또한 1947년 3월 3일 하지는 육군부 관료와의 회합에서 "만약 미국이 아시아에서 민주주의의 발전을 예의 주시할 결의가 있으면" 남한만의 단독정부 수립을 추진할 것을 건의했다.[97]

한국 우익세력들이 반탁을 고수하고 미·소공위의 재개가 예상보다 순조롭지 않자, 1947년 3월 10일 미 국무차관보 힐드링은 "(미국이 한반도에서) 독자적 행동을 취할 수밖에 없다"라고 말했다.[98] AP통신은 이를 단정수립설로 해석했고 국내 언론에도 이러한 해석이 함께 보도되었

---

94 "Memorandum by the Director of the Office of Far Eastern Affairs (Vincent) to the Secretary of State," January 27, 1947, *FRUS, 1947*, vol. VI, pp. 601-603.
95 "Memorandum by the Secretary of State (Marshall) to the Under-Secretary of State (Acheson)," January 29, 1947, 740.0019/Control(Korea), Box 3827.
96 차상철(1991), 앞의 책, 131쪽.
97 차상철(1991), 앞의 책, 134쪽.
98 『동아일보』, 1947년 3월 14일자.

다.[99] 3월 10일부터 개최된 모스크바 4국 정상회담을 계기로 미국의 대한정책에 약간의 변화 기미가 포착되었던 것이다. 이렇게 미국이 단정 수립을 추진하고 있지 않는가 하는 추측을 가능케 하는 증거들이 속속 나타났다.[100]

그 계기는 역시 유럽에서 냉전을 선언한 1947년 3월 12일의 트루먼 독트린이었다. 이후 미국 정부는 남한 단정 수립을 본격적으로 검토하기 시작했는데, 이는 소련의 점령지 단독행동(늦게 잡아도 1946년 2월 북조선임시인민위원회 수립과 '민주개혁')보다는 느린 것이었다.

1947년 3월 22일 AP통신 워싱턴 특파원 해리스(Morris Harris)는 남조선임시독립정부가 수개월(이승만의 추정으로는 30~60일)[101] 내에 수립될 것이라는 추측성 보도를 아래와 같이 전했다.

> AP 워싱턴 특파원 모리스 해리스 씨는 현지 워싱턴 당국 측의 남조선에 대한 정책 동향에 관하여 다음과 같이 전했다.
> 현 미 당국의 대조선정책 계획에 의하면 미는 남조선의 미군정을 철폐하고 남조선임시독립정부를 대치시키려는 계획을 진행시키고 있는 것으로 관측되며 이에 의하여 미군정장관직은 미 문관(文官) 즉 고등판무관이 이를 계승할 모양인데 남조선 미군정에 있어서의 이러한 획기적 변경이 여하한 시기에 실현되느냐에 대해서는 지금 말할 수는 없으나 대략 추측컨대 수개월 내에는 실현될 것 같다.
> 마샬 국무장관은 모스크바 출발 전에 조선 사태를 좀 더 조사하여 소련 측과

---

99 『동아일보』, 1947년 3월 18일자.
100 이완범, 「한반도 신탁통치안과 국내정치, 1943~1948」, 연세대학교 석사학위논문 (1985), 114쪽 각주 303 참조.
101 (워싱톤 22일 AP합동), 「단정수립에 이 박사 언명」, 『경향신문』, 1947년 3월 23일자.

의 현 정돈 상태(를-인용자) 타개하기 위하여 미 신정책을 강구할 것을 국무성에 지령했다고 말한 바 있었는데(1월 29일자 메모랜덤-인용자) 이로 보아 현재 계획되고 있는 전술(前述)의 남조선단독정부수립안이 실시된다면 이것은 국무성 측이 마(샬) 장관의 지령을 신속히 이행한 것이며 또 이미 미의 신정책 결정에 도달한 것이라고 볼 수 있다. 그리고 남조선 주둔 미군 철퇴 여부에 관하여서는 아무런 정식언명은 없으나 대개 남조선 주둔 미군은 안전보장의 이유로 주둔을 계속할 것이다. 또 현재 귀미 중인 하지 중장이 재차 남조선 주둔 미군을 지휘하기 위하여 조선에 귀임(歸任)할는지 그 여부는 의문시된다. 여하간 전술(前述)의 계획이 실시된다면 현 러치 군정장관의 직무도 폐지될 것이며 미구에 실시될 모양인 미 신정책안에 있어서의 남조선임시독립정부는 사실상의 주권을 장악하되 고등판무관 당국에 대해서는 복종하게 될 것으로 보인다. 그리고 국무성 측은 그리스-튀르키예 원조 문제 가결 후에는 대조선 문제 가결을 요청할 모양인데 국무성 측이 요청하는 의안의 내용은 조선의 군사경제 사정에 대처할 약 2억 불의 예산일 것으로 추측된다. 여하간 장차의 조선문제 국면을 추측하기는 곤란하나 남조선임정(이-인용자) 수립된다면 미국은 이 정부의 유엔 멤버 될 것을 승인할 가능성이 있으며 또 만약 이 신미국정책이 실현된다면 이것은 과거 수개월간 워싱턴에 와서 위와 같은 미 당국 조치를 요청하여온 이승만 박사의 일대 승리를 의미하는 것일 것이다.[102]

이에 대하여 국제정세에 밝은 이승만은 미국 플로리다에 휴양차 조금

---

[102] (워싱톤 22일발 AP합동), 「남조선에 임정수립? 수월 내에 실현을 예상: AP기자 해(리스)씨 관측」, 『조선일보』, 1947년 3월 23일자; (워싱톤 22일 AP합동), 「수월 내엔 실현? 미군정은 고등판무관이 계승: 대조선 정책동향 미기자의 새보도」, 『경향신문』, 1947년 3월 23일자.

전에 내려가 있었다면서 AP통신 특파원의 전화에 아래와 같이 말했다고 한다.

민주주의적 조선 정부 수립은 가능한 것이며 또 이것이 전 아세아의 모범이 되는 동시에 중국에 대하야도 일대 격려를 줄 것이다. 현재까지 조선에 있어서의 민주주의의 발전은 조장되었다기보다는 오히려 방해되어왔던 것이다. 나는 미 국회가 조선 문제를 급속히 가결하여줄 것으로 믿는다. 요컨대 미 국회가 이러한 조선에 대한 배려를 하는 것은 다수의 미국인이 기대했던 바보다는 훨씬 늦은 감이 있다.[103]

미 국무부 대변인은 이승만 개인의 추측에 불과한 것이라고 논평해 사태를 봉합했다.[104] 해리스는 위와 같이 이승만의 '일대 승리'라고 격찬했다. 기사의 문맥을 따라가면 이승만의 의도대로 미국의 정책이 흘러가는 것처럼 여겨진다. 이에 더하여 이승만의 최근 동향과 함께 그의 인터뷰도 추가로 게재되었다. 따라서 해리스가 이승만과 내통한 것이라고 볼 여지가 있다. 그러나 이승만의 사주에 의한 것이라고 보기에는 마셜의 신정책 요구와 대한 원조안 등 사실과 부합되는 내용들이 적지 않으므로 미 국무부에 대한 기자의 취재와 이승만의 희망사항 전달이 적당히 배합된 것이라고 봐야 한다. 이승만이 먼저 구체화한 '유엔 승인을 통한 단정 추진 정책'을 모스크바결정이 아직 살아 있던 당시 미국은 관망할 수밖에 없었지만 훗날 미국이 이 방안을 접수하여 공동으로 추

---

[103] (워싱톤 22일발 AP합동), 「남조선에 임정수립? 수월내에 실현을 예상: AP기자 해(리스)씨 관측」, 『조선일보』, 1947년 3월 23일자.
[104] (워싱톤 22일 AP합동), 「단정수립에 이 박사 언명」, 『경향신문』, 1947년 3월 23일자; (워싱톤 22일 UP발조선), 「미국무성은 부인」, 『경향신문』, 1947년 3월 23일자.

진하게 된 것은 역사적 사실에 근접한다 할 수 있다. 아니면 1947년 초부터 3월 사이에 구상되어온 미국 대한정책의 전환 기미를 이승만이 모종의 경로로 감지하여 먼저 이슈화한 것이라고 볼 수도 있다. 트루먼 독트린의 발표 징후를 사전에 감지한 이승만의 비서 임영신은 1947년 3·1절 기념식에서 정부가 선포되고 이승만이 대통령으로 추대될 것이라는 소문을 퍼뜨리기도 했다. 그러나 실제로 정부 수립 선포는 이루어지지 않아 임영신의 기도는 무산되었다[105][이승만이 일찍이 1946년 6월 3일부터 (소련의 단독행동에 맞섰는지; 이승만이 당시 아직 소련의 단독행동을 본격적으로 인지하지는 못했을 가능성도 높다) 단독정부 수립을 역설했고 1946년 10월부터 유엔 이관 문제를 제기했으므로 미국의 정책 전환 물밑 구상보다 먼저 선제적으로 제기한 것은 맞다].

하지의 미국 체류가 한 달을 넘기는 등 한국으로 즉시 귀임하지 않았던 역사적 사실로 비추어 미국이 미군정의 단독정부 대치(代置)(에 따른 하지의 영구 귀국) 등 다른 대안적 구상을 하고 있었던 것은 아닌지 의심스럽다. 1947년 5월 17일 군정청 법령 141호에 따라 미군정청이 남조선과도정부로 개칭되어 군정의 한국인화(Koreanization) 정책이 결실을 맺었다. 미군정은 북조선인민위원회에 대항해 마련된 남조선과도정부에 대해서 군정의 한국인화가 완료된 것으로 간주했다.[106]

2차 미·소공위가 열리기 직전 미군정은 이에 대비하여 슬그머니 남조선과도정부를 수립했다. 미군정은 2차 미·소공위 회담에서 남조선과도정부의 실체를 인정받고 싶어 했지만 소련은 과도정부에 대해 전혀 반응을 보이지 않았다. 중도파도 이 기구에 적극 참여하지 않아 미국에

---

105 서백, 「이박사미주여행기」, 『주보민주주의』 19(1947), 19쪽.
106 정용욱, 「1945~1950년대 국내 정치에 대한 미국의 개입: 1947년 김규식 대통령 옹립계획과 한국전쟁기 이승만 제거계획을 중심으로」, 『현대사연구』 14(2005), 62쪽.

도움을 주지 않았다.[107] 남조선과도정부는 명칭상 미군정이 중도파의 리더 김규식을 옹립해 만들려고 했던 과도정부와 같았지만 미군정이 당초 의도했던 중도파를 포함한 연립정부는 아니었다. 남조선과도정부는 미군정청의 이름만 바꾼 것에 불과했다.[108]

보다 본질적으로 과도정부 수립 계획은 미군 감축 계획의 일환이었다. 미 주둔군의 인원 감축(실제로 1948년 3월 미군 2개 사단이 철수함) 등 인적·물적 예산 절약이라는 이유(미국의 개입 축소) 면에서 과도정부 수립은 임시독립정부 수립과 그 정신이 일치한다. 임시독립정부에 대해 당시로서는 소련과의 협상을 의식해야 하는 등 국제사회의 동의를 얻기 어려웠으므로 보다 손쉬운 실용적 방식으로 변형한 구상이 과도정부 수립이라고 볼 수도 있다. 현실적으로는 변화된 것이 별로 없었으므로 형식적이었는지는 몰라도 군정이 과도정부로 대치된 것이 역사적 사실이기는 했다[그러나 이 과도정부가 미군의 통제에서 벗어난 자주적인 기관은 아니었다. 민정장관 안재홍(1947년 2월 이미 취임)[109]을 비롯하여 각 부처의 장을 한국인으로 교체하고 미국인은 고문으로 물러났으나 미국인 군정장관의 거부권 행사, 각 부처 내의 미국인 고문의 부결권 행사와 간섭 등으로 사실상 자율적인 행정 통제 권한을 확보하지 못했다.[110] 또한 기구 개편이 그 형

---

107 정용욱(2005), 위의 글, 62쪽.
108 정용욱(2003c), 앞의 책, 356쪽.
109 한편 시인 주요한은 1945년 10월 23일 하지에게 편지를 보내 "군정장관 아널드를 대신하여 조선인 지도자들 중 어느 누구라도 임시민정장관으로 임명하십시오. 이승만 박사도 좋고, 임정의 김구, 인민위원회의 여운형, 한민당의 송진우, 국민당의 안재홍, 미국에 있는 서재필, 김규식 박사 어느 누구라도 좋습니다. 당신이 누구를 선택하든 상관없고, 그들 중 누구라도 적임자입니다"라고 건의했다. 정용욱, 「(정용욱의 편지 현대사 ⑨ 시인 주요한의 간청)"이승만, 김구, 여운형 누구라도 좋으니 조선인을 민정장관으로"」, 『한겨레』, 2019년 4월 28일자; 정용욱, 『편지로 읽는 해방과 점령』(민음사, 2021).
110 임영태, 「(임영태의 다시 보는 해방 전후사 이야기25-제2부 해방과 외세6)미군의 남한 점령과 군정 통치 2」, 『통일뉴스』, 2020년 10월 19일자.

식은 비교적 건전했지만 한국인의 대표성을 골고루 반영하는 내용을 뒷받침하지 못했다. 일본인은 점차 배제되었지만 친일파는 계속 유임되던 상황이었다. 미군정은 친일파에게 친미파가 되는 길을 열어주었던 것이다[111]. 이에 더하여 1947년 7월 과도정부의 수장인 민정장관직에 안재홍의 뒤를 이어 여운형이 거론되었음은 역시 전술한 바와 같다. 임시독립정부의 한국인 수반으로 이승만이 아닌 여운형을 활용해 보다 폭넓은 지지를 이끌어내어 공산화 방지를 도모했을지도 모른다는 엇갈린 추측도 가능한 대목이다.

그런데 1946년 11월 10일 김일성, 김두봉에게 보낸 편지에서 여운형은 미군정의 입법의원 설치 기도가 실정(失政)의 책임을 한국인에게 떠넘기려는 의도를 부분적으로 가지고 있다는 점을 지적하고, 김규식을 내세워 실질적으로는 군정 업무를 장악하고 개혁정책을 실시하려는 구상을 미군정에 제안했다고 밝혔다.[112] 여운형은 실제로 11월 15일 하지에게 편지를 보내 제안했다.

미군정은 김규식이 능력 있는 사람이고 입법의원 등에서 미군정에 자문하면서 남한을 실제로 통치하고 있으며, 이 제안이 소련군 당국이 김일성을 내세워 정권을 장악한 것과 같은 효과를 가져올 것이라면서도 수락하지는 않았다.[113] 그러면서도 김규식을 행정수반(대통령)으로 추대하려는 방안을 검토했다. 1947년 3월 6일 러치는 브라운에게 보낸 편지에서 김규식을 대통령으로 하는 방안을 제안했고, 이어 러치와 브라

---

111 김기협, 『해방일기 6: 냉전에 파묻힌 조선 해방』(너머북스, 2013).
112 「여운형이 김일성·김두봉에게 보낸 편지」, 1946년 11월 10일; Lyuh Woon Hyung, "My Comrades Kim Il Sung and Kim Doo Bong," 10 November, Inclosure no. 3, pp. 1-3, in HQ USAFIK, "G-2 Weekly Summary," no. 97, 31 July 1947; HQ USAFIK, G-2 Periodic Report," no. 383, 18 November 1946, pp. 1-2; 정용욱(2005), 앞의 글, 57쪽; 정용욱(2003c), 앞의 책, 331쪽.
113 HQ, USAFIK, "G-2 Weekly Summary", no. 62, 21 November 1946, pp. 7-8.

운은 당시 워싱턴에 있던 하지에게 이 계획의 조속한 승인을 요청했다. 하지는 원칙적으로는 반대하지 않았으나 그 실행을 자신이 귀임할 때까지 연기하기를 요청했다. 러치는 3월 하순에 하지가 돌아오면 이 계획을 실행에 옮긴다는 전제하에 김규식에게 행정수반으로 취임해줄 것을 요청하는 서한의 초안까지 작성해놓았다. 이 서한에 따르면, 군정장관이 그 권한으로 김규식을 보통선거에 의해 대통령이 선출될 때까지 대통령대리로 임명한다. 이렇게 지명된 대통령대리(행정수반)는 군정장관이 행사하는 권한을 대부분 행사하지만 거부권을 가진 군정장관과 주한 미군 사령관에 의해 제어되는 형식이었다. 러치는 김규식이 대통령직[명칭은 대통령(president)이었지만 군정기구 한도 내에서 군정 내 한국인을 대표한다는 의미로 행정수반 내지는 국무총리(chief of state) 역할 의도]을 받아들인다면 이미 민정장관에 임명된 안재홍을 부통령으로, 정일형을 민정장관으로 할 계획이었다. 그리고 그때가 되면 군정을 남조선과도정부로 바꿀 수 있을 것이라는 희망을 표시했다. 미군정은 김규식의 대통령 취임을 과도정부 수립 계획의 완결로 이해했다. 미군정의 김규식 대통령 지명에 의한 남조선과도정부 계획은 1947년 2월 북조선임시인민위원회가 북조선인민위원회로 전환된 것에 대한 대응이라고 볼 수 있다.

그러나 김규식은 1947년 4월 8일 러치와의 면담을 통해 거부 의사를 보였고 미군정으로서도 임명이라는 방식이 정치적 효과를 반감시킬 것이고 우익의 반발도 우려되어, 김규식 대통령 옹립 계획은 더 이상 진전시키지 못했다.[114]

한편 1947년 3월 22일 워싱턴 INS 합동통신발 기사에 따르면 미 국무부 대변인은 2억~5억 달러의 조선경제원조안이 수일 내에 발표될

---

[114] 정용욱(2005), 앞의 글, 57-58쪽; 정용욱(2003c), 앞의 책, 331-333쪽.

가능성이 있다고 말했다.[115] 따라서 트루먼 독트린에 의거한 그리스·튀르키예 원조안과 함께 남한 원조도 추진될 것이 검토되기는 했다. 그렇다면 한국이 그리스·튀르키예와 함께 냉전의 최전선의 일부로 고려된 것이다.

그런데 러치는 1947년 3월 27일 가진 회견에서 남조선의 정부 수립 후 통일안을 제시했다.[116] 이 회견이 단정수립안으로 해석되자, 그는 3월 29일 성명서를 발표하여 자신의 회견 내용은 모스크바협정의 포기를 의미하는 것이 아니며 또 남조선 단독정부 수립을 의미하는 것도 아님을 명백히 했다.[117]

미국에서 1947년 4월 5일 귀임한 하지도 비슷한 담화를 발표했다. "만약 미국 측이 소련의 협조를 획득치 못한다면, 미국 측은 단독적 책임을 수행해야 할 것"[118]이라고 설명하며 중대 변화를 시사했다. 단정수립안이 검토되고 있음을 암시한 것이면서도 이는 단정수립 기도가 아니라고 부언하기도 했다.

공위 재개 문제가 난관에 봉착한 미국은 남한에서 단독조치를 취할 수도 있다는 새로운 정책을 위와 같이 구상하면서도 한편으로는 공위 재개에 나섰다. 이처럼 정책 전환의 기미가 눈에 띄게 드러났지만 미국은 '그래도 최선을 다했다'는 명분을 얻고자 공위 재개를 위해 노력하여 또 한 번의 '불가능한 타협'을 시도했던 것이다.

---

115 (워싱톤 22일발 INS합동), 「대조선원조안: 수주 내에 발표가능」, 『조선일보』, 1947년 3월 23일자; (워싱톤 22일발 INS합동), 「대조선원조안: 수주일 내로 발표」, 『경향신문』, 1947년 3월 23일자.
116 『동아일보』, 1947년 3월 28일자.
117 『조선일보』, 1947년 3월 30일자.
118 『서울신문』, 1947년 4월 8일자; 『경향신문』, 1947년 4월 8일자.

5. 공위 재개를 위한 마지막 시도

미국은 내부적으로는 정책 전환을 검토하면서도 마지막 협상을 위하여 공위 재개에 노력했다(그러나 이미 대안이 어느 정도 마련된 시기에 개시된 공위 재개 노력으로 다시 열린 공위는 대안의 실천을 위한 요식행위에 불과한 것이기도 했다[119]). 양 주둔군 사령관 차원의 재개 교섭이 별 진전이 없자, 미국 고위당국자 마셜이 소련 외상 몰로토프를 접촉해 재개 협상을 시작했다.

1947년 4월 8일 마셜은 몰로토프에게 서한을 보내 1947년 여름에 공위를 재개할 것을 촉구하면서 "미국은 모스크바협정의 책임을 느껴 미군 점령지대에서만이라도" 그 협정의 목적을 달성시키는 데 필요한 조치를 "단독적으로" 취할 수밖에 없다고 말했다.[120] 마셜이 언급한 모스크바협정의 목적은 기존에 우익과 미국 언론이 해석상 강조했던 신탁통치가 아니라, 미국의 리버럴한 해석과 소련이 누차 강조했던 '독립을 위한 임시정부 수립'이었다. 따라서 소련이 협상에 나서지 않는다면 미국 단독으로라도 임시정부를 수립하고 원조와 협력을 통해 독립을 부여하겠다는 해석이 가능했다. 보기에 따라서는 모스크바협정을 아직 준수하겠다는 의미였다. 그러나 이는 이승만식의 (소련과의 협상을 강조한) 모

---

[119] "Chapter 6: The Search for an Impossible Compromise," Soon Sung Cho, *Korea in World Politics, 1945~1950: An Evaluation of American Responsibility* (Berkeley, California: University of California Press, 1967); 조순승, 『한국분단사』 (형성사, 1982), 121-138쪽.

[120] 온낙중 편(1947), 앞의 책, 49쪽에는 '단독적으로'라는 말이 빠져 있으나 『경향신문』, 1947년 4월 13일자에는 이 어구가 있다. 원문은 "such steps in its[US] zone"으로 되어 있다. U.S. Department of State, *Korea's Independence* (Washington, DC: USGPO, 1947), p. 31. 'separate'라는 말은 없으므로 단독적으로라는 표현은 해석상 넣어도 되고 안 넣어도 되는데 좌익진영의 책자에서는 의도적으로 삭제한 것이며 『경향신문』은 미국의 숨은 의도를 간파하여 주장의 핵심을 강조한 것으로 보인다.

스크바협정 폐기와 (임시)단독정부로의 권력 이양이라는 해법에도 수렴하는 것이었다. 이승만의 1946년 10월~1947년 3월 당시의 해법은 모스크바협정 파기를 전제로 하면서도 위와 같은 미국 측 모스크바협정 해석과는 양립 가능한 융통성 있고 실용적이며 친미적인 노련한 방안이었다고 평가할 수 있다.

이러한 마셜의 서한은 단독조치라는 대안을 전제하고 소련 측의 성의 있는 대응을 촉구한 강경한 어조였다.[121] 미·소협상이 실패하면 단독정부가 수립될 수밖에 없는 다음 단계(2단계)를 암시적으로 소련에 제시한 것이었다.[122]

마셜의 강경한 태도에 당황한 소련은 이후부터 유화적인 태도를 취하면서 미국의 공위 재개 제안에 긍정적으로 반응했다. 몰로토프는 1947년 4월 19일자 답신을 통해 오는 5월 20일에 공위를 재개할 것과 7~8월경에 임정 수립 추진 작성 사업 결과를 양국 정부에 제출할 것을 제안하는 등 구체적이며 능동적으로 대처했다.[123] 소련은 미국과 달리 공위와 모스크바결정에 집착했던 것이다.

그러나 미국 측은 몰로토프 서한에 대해 별로 탐탁지 않게 생각했는데, 미국 측이 주장한 의사 표시의 자유 원칙을 소련 측이 승인하지 않았다는 데 기인한다.[124] 이 대목에서도 미·소의 의견 차이가 여전함이 재차 확인된다. 이러한 정세 아래서 남한단정안은 꾸준히 검토되고 있었으며 마셜과 몰로토프가 서신을 여러 번 교환한 끝에 1947년 5월 14일 공위 재개가 최종 합의되었다.

---

[121] 우익진영은 이 서한에 감사의 뜻을 표시하기까지 했다. 『경향신문』, 1947년 4월 13일자.
[122] 미국 측은 마셜의 단독조치란 단정이 아니라 경제적 조치라고 해명했지만 훗날 이는 위장에 불과한 것으로 판명되었다. 송남헌(1975), 앞의 책, 278쪽.
[123] 온낙중 편(1947), 앞의 책, 51쪽.
[124] 『조선일보』, 1947년 4월 25일자.

서신 교환 과정을 적시하면, 협의 대상 문제에 대한 이견 때문에 미·소는 5월 2일(마셜), 5월 7일(몰로토프), 5월 12일자(마셜)로 서한을 교환했다.[125] 그런데 5월 7일자 서한에서 몰로토프는 1946년 12월 24일자 하지의 서한 승인을 적시했다고 전해졌다.[126] 그러나 하지 서한에 드러난 원칙(과거 반탁은 불문하되 장래에는 반탁하지 않겠다는 5호성명 서명)[127]은 한국의 우익 지도자들이 받아들일 수 없는 것이어서 반탁시위가 다시 조장되었다는 사실은 전술한 바와 같다.

좌익은 공위 재개가 최종 확정되었다는 소식에 즉각 반응했다. "민주진영의 승리"라고 말하여 이에 기대하고 의지하는 태도를 보였다.[128] 공위에 의한 임정 수립을 갈망하는 중간파도 찬성의 뜻을 표명했다. 이에 비하여 우익은 구체적인 태도 표명을 피했다.[129]

그런데 남한단정안이 미국에 의해 내부적으로 검토되는 한 공위 재개에 의한 통일임시정부 수립은 2차공위 시초부터 비관적인 것이었다.

---

[125] U.S. Department of State(1947), 앞의 책, pp. 32-41에 영문으로 된(러시아어로 된 몰로토프 편지의 경우는 번역) 편지가 수록되어 있다.
[126] 온낙중 편(1947), 앞의 책, 51-53쪽.
[127] 「공위재개와 원조는 별개: 조선계획안 국회승인요구: 모(로토프)외상 回翰과 華府당국의 동향」, 『동아일보』, 1947년 5월 13일자.
[128] 『독립신보』, 1947년 5월 16일자, 1947년 5월 17일자.
[129] 『동아일보』, 1947년 5월 20일자, 1947년 5월 21일자.

미국의 신탁통치안 폐기와
한국 문제의 유엔 이관

12 장

1. 제2차 미·소공동위원회: 결렬을 목적으로 한 협상

1947년 3월 12일 그리스, 튀르키예에 대한 위협을 강조한 트루먼 독트린(Truman Doctrine) 발표 직후, 그리고 1947년 6월 마셜 플랜(Marshall Plan)을 발표하기 전 미국 합동참모본부(약칭 합참)는 미국의 국익과 해당 국가의 필요성이라는 기준에 따라서 자국의 원조에 대한 대륙별, 국가별 우선순위를 정했다. 대폭 삭감된 군사비를 어떻게 효율적으로 사용해야 소련과의 냉전에서 이길 수 있는가 하는 문제를 고심했던 것이다. 그 결과 미국의 국가안보에 전략적 가치가 있는 나라들의 순위를 정하고 미국의 군사력을 국가별 우선순위에 따라 조절·배치하는 차선책을 생각해냈다.[1] 1947년 4월 29일 성안(成案)된 것으로 추정

---

[1] 한호석, 「(개벽예감 397)1948년 미국의 대소련방어선에서 제외된 남조선」, 『자주시보』, 2020년 6월 1일자. 그런데 친북 매체에 실린 이 기사에서는 미국의 우선순위가 아래와 같다고 잘못 인용했다. "①영국 ②이딸리아 ③에스빠냐 ④프랑스 ⑤캐나다 ⑥일본 ⑦도이췰란드 ⑧뛰르끼예 ⑨중국 ⑩벨지끄 ⑪그리스 ⑫남조선 ⑬네덜란드 ⑭라틴아메리카 ⑮필리핀 ⑯오스트리아." 국가명을 북한식으로 호칭하고 있는 것으로 보아 북

되는 합동전략조사위원회(Joint Strategic Survey Committee)의 보고서 「국가안보의 관점에서 미국이 지원할 나라들(United States Assistance to Other Countries from the Standpoint of National Security)」 JCS 1769/1이 그것이다. 미국의 국가안보 측면에서 본 대륙별 우선순위에서 역시 서유럽이 일차적으로 전략적 중요성이 있는 지역으로 분류되었다. 그다음으로는 만약 이데올로기적 전쟁이 발생한다면 중동, 서북아프리카, 라틴아메리카, 극동 순이었다.[2] 이데올로기 전쟁이 발생할 수 있는 지역 중 극동은 가장 마지막 지역이었던 것이다. 역시 미국의 중심인 대서양(과 유럽)에서 가장 먼 것이 원인이었다고 할 수 있다. 국가별 우선순위는 영국 1위, 프랑스 2위, 독일 3위, 벨기에 4위, 네덜란드 5위, 오스트리아 6위, 이탈리아 7위, 캐나다 8위, 튀르키예 9위, 그리스 10위, 라틴아메리카 11위, 스페인 12위, 일본 13위, 중국 14위, 한국 15위, 필리핀 16위였다. 해당 국가의 필요성(need)에서 보면 그리스 1위, 이탈리아 2위, 이란 3위, 한국 4위, 프랑스 5위, 오스트리아 6위, 중국 7위, 튀르키예 8위, 영국 9위, 벨기에와 룩셈부르크 10위, 네덜란드-네덜란드령 동인도 11위, 필리핀 12위, 포르투갈 13위, 라틴아메리카공화국들(The Latin America Republics) 14위, 캐나다 15위였다.[3]

한 자료에 근거해 원사료를 잘못 인용한 것으로 추정된다.
2 "United States Assistance to Other Countries from the Standpoint of National Security: Report by the Joint Strategy Survey Committee," [Washington, April 29, 1947], JCS 1769/1, *FRUS, 1947*, vol. I, p. 737.
3 원안인 JCS 1769-SWNCC 360에는 그리스 1위, 튀르키예 2위, 이탈리아 3위, 이란 4위, 한국 5위, 프랑스 6위, 오스트리아 7위, 헝가리 8위, 영국 9위, 벨기에 10위, 룩셈부르크 11위, 네덜란드-네덜란드령 동인도 12위, 필리핀 13위, 포르투갈 14위, 체코슬로바키아 15위, 폴란드 16위, 라틴아메리카공화국들(The Latin America Republics) 17위, 캐나다 18위로, 동구 국가들이 아직 소련의 위성국으로 확실하게 자리 잡기 전의 상황을 반영했다. "United States Assistance to Other Countries from the Standpoint of National Security: Report by the Joint Strategy Survey

이 두 기준을 종합해볼 때 우선순위는 영국 1위, 프랑스 2위, 독일 3위, 이탈리아 4위, 그리스 5위, 튀르키예 6위, 오스트리아 7위, 일본 8위, 벨기에 9위, 네덜란드 10위, 라틴아메리카 11위, 스페인 12위, 한국 13위, 중국 14위, 필리핀 15위, 캐나다 16위였다.

이 문건은 미국의 봉쇄정책이 철저하게 국익이라는 기준에 따라 움직이고 있다는 것을 보여준다.[4] 이 보고서는 미국의 안보에 타 국가들이 가지고 있는 가치에 따라 원조를 주어야 함을 말하고 있다. 미국은 이 보고서에서 한국이 미국의 안보에서 가지는 전략적 중요성을 유럽과 일본에 비해 비교적 낮게 평가하고 있다. 미국은 설사 현재의 이념적 전투가 실제 전투로 변한다고 하더라도 한국은 여전히 미국의 국가안보 유지에 핵심 지역인 서유럽 국가들(과 유럽에 뒤처지는 아시아의 경우는 일본)보다 우선순위가 뒤처진다고 평가했다. 그렇다고 한반도에 미국의 '전략적 이익(Strategic Interests)'[5]이 없다는 것은 아니다. 단지 전략적 핵심지에 비해 떨어지는 주변부에 걸맞은 전략적 이익이 있다는 것이다. 원조를 필요로 하는 면에서 한국은 4위로 앞서 있지만 미국에 중요한 국가들 이후에 원조가 주어져야 한다고(13위) 평가했던 것이다. 따라서 미국은 마셜 플랜을 통해 가장 중요한 지역인 유럽에 우선적으로 원조를 했다. 이러한 마셜 플랜은 제2차 미·소공위에도 부정적 영향을 미

Committee," [Washington, April 29, 1947], JCS 1769/1, *FRUS, 1947*, vol. I, p. 749. 아니면 해당국이 원하는 것이므로 동구 국가들을 포함한 것일 수도 있다. 그러나 JCS 1769/1로 수정되면서 소련의 위성국 동구를 포기할 수밖에 없는 전략으로 귀착되고 말았다.

4 "United States Assistance to Other Countries from the Standpoint of National Security: Report by the Joint Strategy Survey Committee," [Washington, April 29, 1947], JCS 1769/1, *FRUS, 1947*, vol. I, pp. 738-750. 한반도 관련 내용은 pp. 744-745에 있다.

5 권영근, 『한반도와 강대국의 국제정치: 미국의 한반도정책을 중심으로(1943~1954)』 (행복에너지, 2021).

쳤다.

  1947년 5월 21일에 재개된 제2차 미·소공동위원회는 8월까지 지루한 정돈 상태를 보이면서도 계속 진행되었는데, 1차공위 때와 같이 반탁진영 참가 문제가 대립의 쟁점이었다. 국내 정치세력들의 공위 참가·공위 보이콧 논쟁은 미·소 간 반탁진영의 참가 가능 여부 논쟁으로 번져 공위는 임시정부 수립을 위한 정당·사회단체 대표자와의 합동협의회(6.25. 서울, 6.30. 평양)만 개최했을 뿐 큰 성과 없이 정체되었다. 가히 1차공위의 재판이라고 할 수 있다.

  하지와 미국 측 수석대표 브라운은 5월 21일 공위 석상에서 통일임시정부 수립이 가장 절박한 문제라고 한목소리로 강조했다.[6] 미국의 입장에서는 공허한 찬·반탁논쟁에 시간을 허비하지 않기 위해서 탁치 문제는 회피하고 임정 수립을 우선 강조한 것이었는데, 탁치 문제는 임정 수립 후 논의하자는 중간파의 주장과 일맥상통했다.

  공위가 재개되자 좌익진영과 좌우합작위원회 중심의 중간파는 공위에 대대적으로 성원을 보냈다. 좌익은 공위에 기대를 걸면서 소련 대표단을 열렬히 환영했다.[7] 조선과학동맹서울시지부의 주장에 의하면 반동진영의 단독정권 수립 기도를 소련이 분쇄했다는 것이다.[8] 이에 반하여 우익진영은 곤경에 빠진 채 대응논리를 찾고자 했다.

  1947년 5월 22~23일 이승만과 김구는 탁치에 대한 해석과 민주주

---

6 『독립신문』, 1947년 5월 22일자; 『서울신문』, 1947년 5월 22일자.
7 조선과학자동맹서울시지부가 발행하는 『주보민주주의』 20(1947)는 소련 특집호를 내기까지 했다.
8 「편집끝내고」, 『주보민주주의』 20(1947), 20쪽, 그러나 공위가 난항을 거듭하고 정돈 상태에 빠지자 좌익은 공위 사수를 결의했다. 『주보민주주의』 27(1947), 1쪽. 좌익은 순진하게도 끝까지 미·소 타협을 기대했다. 친소적 조선공산당은 공위에서 임시정부가 수립되면 자신들을 탄압하고 있는 미군정의 점령이 끝날 것이라는 낙관적 전망을 했던 것이다.

의의 정의에 관하여 공동 질의서를 공위에 제출했다. '탁치가 독립과 모순되는 것이냐 아니냐'와 '모스크바결정에 규정된 민주주의가 소련식 민주주의냐 미국식 민주주의냐'는 두 가지 물음이 주였다. 전자는 이미 미군정 당국자들에 의하여 '탁치는 독립과 배치되지 않는다'고 누차 천명되었음에도 불구하고 제기된 질문이었다. 소련의 입장을 듣기 위해서라고 할 수는 있지만 소련이 '후견(원조)은 독립을 위한 것'이라고 누차 주장했으므로 답은 뻔했다. 아니면 차제에 독립을 추구하자고 모두 서약해 탁치 대신 즉시독립을 얻어내려는 장기적 포석일 수는 있다. 후자는 공위에서 해명하고 합의할 수 없는 고도의 정치적인 문제이므로 분란과 대립을 조장할 수 있었다. 결과적으로 보면, 반소적 입장이 대세인 우익진영이 대립 완화와 협상 기조 유지와는 거리가 먼 질문을 던졌다고 할 것이다. 반탁진영의 50여 개 단체는 위의 질의에 대한 원만한 해답이 없을 경우에는 공위 참가를 거부하겠다고 표명했다.[9] 이것은 최후통첩으로는 너무 정치적인 것이었으며, 공위의 한 축인 소련에 협력하지 않겠다는 태도 표명이었다.

특히 두 번째 질문 때문에 공위가 답변을 작성하기는 어려웠을 것이므로 즉각적으로 회신되지 않았다. 미국 측은 답변 작성(과 탁치 찬반 논쟁)을 회피하면서 일단 회담의 주된 의제(임시정부 수립)에 주력하고자 했다.

이러한 과정에서 미·소 협상이 진행되었는데, 미국 측은 신탁에 대한 논쟁을 삼가기 위해 공위 협의의 1단계는 모스크바결정 제2항에 의하여 조선임시정부 수립 준비안에 국한하자고 주장했다.[10] 제3항 탁치

---

[9] 『동아일보』, 1947년 5월 23일자, 1947년 5월 24일자.

문제는 차후 제2단계에서 논의하자는 것이었다. 소련 측이 이에 합의해서 5월 26일 제9호성명으로 발표되었다.[11] 그러나 5월 29일 이후에는 협의 대상 문제로 미·소 간에 다시 의견 대립이 노정되었다.[12] 그러던 중 6월 7일 협의 대상 문제에 대해 합의를 보게 되어 6월 11일 공동성명 제11호[13]와 공동공보 제4호 '남북조선 제(諸)민주정당 및 사회단체와의 협의에 관한 규정'이 발표되었다.

협의 대상 문제가 구체적으로 언급된 위 '협의에 관한 규정'[14]에 따르면 5호성명 서명은 곧 모스크바결정을 완전히 지지하는 서약선언이라고 해석되었다. 이는 1946년 12월 24일 하지 서한에서 표명된 원칙으로서 우익진영 모두를 참여시키기에는 어려운 점이 있었다. 그 외에 이 규정에는 공위의 업무 진전 계획이 기술되어 있었다. 1947년 6월 25일과 30일 서울과 평양에서 선언서에 서명한 단체들의 합동회의가 열리며 이들 중에서 미·소 간의 심의에 의하여 구두협의 대상 단체를 선발하여 7월 5일부터 서울과 평양에서 구두협의를 개최한다는 계획이었다. 그러나 결정 권한이 없는 예비 회의로 일종의 협의회에 불과한 합동회의까지는 개최되었으나 본회의로 간주될 수 있는 구두협의회는 시작도 못했다.

이에 국내 정치세력들 사이에서 참가 여부를 놓고 논쟁이 또 한 차례 진행되었다. 좌익과 중간파는 공위 참가 결정을 고수하나 우익진영은

---

10 『서울신문』, 1947년 5월 25일자.
11 『서울신문』, 1947년 5월 27일자; 『독립신문』, 1947년 5월 27일.
12 『서울신문』, 1947년 5월 31일자, 1947년 6월 1일자; 『조선일보』, 1947년 5월 31일자.
13 『조선일보』, 1947년 6월 12일자; 『동아일보』, 1947년 6월 12일자.
14 「南北朝鮮諸民主政黨及社會團體와의協議에關한規定」, 『경향신문』, 1947년 6월 12일자; 「정당·단체와의 협의규정」, 『동아일보』, 1947년 6월 12일자; 「미소양외상의 서한이 지침: 정당급단체와 협의에 대한 규정: 南北朝鮮諸民主政黨及社會團體와의 協議에 關한規定」, 『조선일보』, 1947년 6월 12일자.

여러 갈래로 분열될 조짐이 보였다. 한민당에서는 일찍이 1947년 6월 10일에 '신탁을 거절하기 위하여 미·소공위에 참가한다'고 성명했다[15](이렇게 되어 김구·이승만으로부터 우익 내 분열을 초래했다고 비판받았다[16]). 또한 한민당, 대한노총 등 미·소공위 참가파는 1947년 6월 19일 임시정부수립대책협의회를 결성했다.[17] 이에 반하여 민족통일총본부와 독촉국민회 등은 계속 불참을 고수했다.[18]

그런데 김구는 공위 거부를 강력하게 주장한 데 반하여, 이승만은 아래와 같이 공위에는 참여하더라도 반탁하겠다는 약간 애매한 태도를 취했다.

> 나는 아직 무어라고 의사를 발표할 수가 없다. … 그러나 내가 특히 … 강조하고 싶은 것은 … 우리는 우리대로 남조선만이라도 단독정부를 수립하야겠다. … 나는 나의 육신은 참가한다 할지라도 나의 정신만은 사라지지 않을 것이다.[19]

이렇듯 이승만은 반탁(혹은 단정 추진) 정신은 고수하되 정치 현실은 무시할 수 없어 참가한다고 말했다. 이러한 그의 태도는 이전부터 추진하던 단정 수립 노선을 고수하면서 공위 참여는 어쩔 수 없이 건성으로만 참가한다고 표명한 것이었다. 따라서 이후 군정청 요인인 조병옥,

---

15 「반탁정신은 불변 임정수립엔 참가: 한민당공위참가성명」, 『동아일보』, 1947년 6월 11일자; 「비참가파와 연락하 우익대부분 공위참가」, 『동아일보』, 1947년 6월 12일자. 후자의 해설기사에서는 일부 소수를 제외하고는 우익 대부분이 공위에 참가할 것으로 전망되었다. 이는 한민당 기관지로 간주되는 『동아일보』의 낙관적 예측을 실은 것이다.
16 심지연, 『한국민주당연구』I(풀빛, 1982), 234쪽.
17 임시정부수립대책협의회 편, 『임정수립대강』(임시정부수립대책협의회, 1947), i쪽.
18 『경향신문』, 1947년 6월 18일자.
19 『중외신보』, 1947년 6월 3일자.

김병로, 이철원 등과 브라운 소장 등으로부터 적극적으로 참가해달라고 권유받게 되었다.[20] 그러나 이승만은 한편으로 자신이 문의한 탁치와 민주주의에 대한 질의(5.22~23.)에 답변이 없는 한 공위 참가는 보류하겠다며, 총선거를 통한 단정안을 계속 주장했다.[21]

한독당에서는 공위 참가 문제로 내분이 표출되었다. 원래 1946년 4월 한독-국민-신한민족 3당이 합동하여 만들어진 한독당에서 임정 계열은 불참, 국민-신한민족 계열은 참가를 각각 결의하여 당이 분열되었던 것이다.[22] 분열의 와중에서 한독당은 1947년 6월 6일 반탁투쟁위원회를 탈퇴했다. 그 이유는 한독당의 반탁은 통일을 위한 소위 쌍탁(雙託)인 데 반하여 반탁투쟁위원회의 반탁은 단정 수립을 위한 소위 단탁(單託)이라는 것이다.[23] 여기서 김구 계열의 반탁-통일론과 이승만·한민당 계열의 반탁-단정론의 분화·대립이 최초로 표출되었다고 할 수 있다.

이상에서 살펴본 우익진영의 공위 참가·불참론의 복잡한 대립을 정리하면, 대체로 김구 중심의 임정계는 공위 거부를 주장했고 한민당 계열과 안재홍 계열은 대체로 공위 참가를 주장했다. 이승만은 공위 참가도 아니고 거부도 아닌 '공위 참가 보류' 노선을 걸었다. 이러한 노선 대립은 공위가 진행되는 동안 계속되었으며 단정 수립을 둘러싼 노선 대립과도 연결되었다.

1947년 6월 23일 반탁·반소 시위가 격화된 와중에서도[24] 공위는 진

---

20 『동아일보』, 1947년 6월 14일자; 『조선일보』, 1947년 6월 17일자.
21 『동아일보』, 1947년 6월 17일자.
22 『서울신문』, 1947년 6월 5일자.
23 『중외신보』, 1947년 6월 8일자.
24 『경향신문』, 1947년 6월 26일자.

행되었는데 6월 25일 서울[25]에서 6월 30일 평양[26]에서 조선임시정부 수립을 위한 정당·사회단체 대표와 공위 미·소 양측 대표 간의 합동회의가 열렸다. 그러나 이 책 2권에서 제시한 총 11단계의 한국 독립 스케줄인 '모스크바의정서 한국 조항의 단계화' 중 4단계(정당·사회단체와 협의)가 시작되었을 뿐 '협의에 관한 규정'에 따른 구두협의(7월 5일부터 예정)는 열리지 못했다.

그런데 1947년 6월 25일 마감한 공위 참가 청원 단체 수는 남북 통틀어서 463개였다. 남은 425개이고 북은 38개였다. 남의 3분의 2 이상이 우익과 중간파이며 좌익은 25% 미만이었다(나머지는 무당파이거나 특정 이념으로 분류되기를 거부하거나 분류될 수 없는 단체). 반면 북의 경우는 전부 좌익이었다. 청원 단체의 총인원수는 남북 총인구의 두 배가 넘는 7000만 명인바 이중 등록을 감안하더라도 이 인원은 매우 부풀려진 것이다.[27] 한편 자문서에 대한 (서면)답신서 제출은 남에서만 7월 5일 마감일 당시 399개에 달했다.[28] 『경향신문』은 답신안 중 민주주의민족전선(민전), 미소공위대책제정당단체협의회(공협; 건민회 중심), 좌우합작위원회(합위), 임시정부수립대책협의회(임협), 근로인민당의 5개 답신안을 분석했다. 또한 비교적 중도적인 설의식 『새한민보』 사장은 임협(우), 민전(좌), 시국대책협의회(중간), 입법의원(과도정부)의 4개 답신안을 수록한 책자 새한민보사 (편), 『임시정부수립대강』(새한민보사, 1947)을 발간했다.

이후부터는 협의 대상 문제, 즉 반탁진영 참가 문제에 미·소가 대립

---

25 『조선일보』, 1947년 6월 26일자.
26 『조선일보』, 1947년 7월 1일자.
27 『조선일보』, 1947년 7월 13일자.
28 『경향신문』, 1947년 7월 6일자.

하여 공위는 또다시 정돈 상태에 빠졌다.

탁치 문제를 둘러싼 미·소 간 논란은 반탁투쟁위원회 참가 단체를 배제할 것이냐 참여시킬 것이냐로 집약되었다. 1947년 7월 10일 소련 측은 반탁투쟁위원회에 가입한 단체 등 27개 단체[29]를 제외하자고 제의했다. 미국 측은 소련의 제의가 좌파세력을 유리하게 만들려는 술책이라 파악하고, 의사 표시의 자유 원칙에 어긋난다는 표면적인 이유를 들어 소련의 제의를 거부했다. 이에 소련 대표는 7월 24일 "반탁투위에 가입하고 있으면서 공위 협의 참가 청원서를 제출한 제 정당단체가 반탁투위에서 탈퇴한다는 것을 성명하고 공위와 모스크바결정 반대투쟁을 중지한다면 협의에 참가할 수 있다는 것을 공위 이름으로 공포할 것"을 제안했다. 미 대표단은 7월 25일 소련의 제안을 거부하고 "미국 측 대표가 협의에 참가시키려고 요망하는 청원서를 제출한 어떠한 정당단체들과 협의할 것"을 제의했다.[30]

---

[29] 미국은 27개 중 24개 단체가 반탁투쟁위원회 가입 단체라고 파악하고 있으나 소련은 20개라고 주장했다. 「반탁투위서 탈퇴만 하면 협의대상으로 인정: 막부3상결정 지지와 마샬 모로토프협정을 기준으로: 우익 좌익은 문제이외: 소측수석대표 슈치콥흐중장성명의 내용」, 『경향신문』, 1947년 8월 3일자; 『서울신문』, 1947년 8월 3일자. 위 『경향신문』 기사에 '마샬 모로토프협정'은 "모스크바결정을 전적으로 지지하는 제민주정당급 사회단체만이 공위와 협의하여야 된다"라는 것이라고 규정되었다.

[30] 「반탁투위서 탈퇴만 하면 협의대상으로 인정: 막부3상결정 지지와 마샬 모로토프협정을 기준으로: 우익 좌익은 문제이외: 소측수석대표 슈치콥흐중장성명의 내용」, 『경향신문』, 1947년 8월 3일자. 같은 날짜의 신문에 (쌈프랜씨스코2일발 INS=합동), 「알 길 없는 삼팔선 철폐 실천: 전시조치가 평화 시의 대문제화: 귀임도중상항(桑港)에서 러-취 장관담」, 『경향신문』, 1947년 8월 3일자에 나오는 군정장관 버치의 회견에 따르면 그는 일본군 투항을 목적으로 한 '전시 조치'인 38선 분할이 평화시대의 큰 문제가 되었다면서 38선이 철폐되어야 함을 역설했다. 미국의 대조선정책은 아메리카로 만드는 것이 아니라 4,000년 역사를 가진 조선 민족에게 민주주의라는 확고한 기본원칙을 교시(敎示)하는 데 있다고 주장하기도 했다. '대체 조선 민족은 개인주의적 민족이며 아직 단결되어 있지 않다'라는 일제 식민지 어용사가들의 식민사관(조선 민족 당파성론)에 입각해 문제를 보고 있음을 드러내기도 했다. 이에 더하여 "일본은 40년간 조선 통치에 실패했다"라는 평가를 부기했다. 이는 단합을 할 줄 아는 일본이 조선을 단합시키려고 했으

이러한 미·소대립의 표면적 이유 뒤에는 미·소 각각의 숨겨진 의도가 있었다. 이 당시 작성한 '쌍방이 남북 통틀어서 용인할 수 있는 단체'의 비율을 보면(중간파 제외) 미국은 좌익 대 우익의 비율이 141 대 251이고 소련은 81 대 59였다.[31] 이는 양국이 자국에 우호적인 정부를 수립하고자 하는 전략을 노출한 사례의 하나다. 미국의 우익 끌어넣기와 소련의 우익 밀어내기가 서로 대립하여 공위는 공전했다. 미국은 이미 1947년 3월에 트루먼 독트린을 발표했으며 소련도 냉전이 고착화되고 있음을 의식하던 상황이었다.[32] 공위 협의 대상(그리고 임시정부의 구성원)으로 반탁진영을 참가시킬 것이냐 말 것이냐는 미·소 논쟁을 현실주의적으로 보면 양국의 우호적 정부 수립 기도의 한 표현이었다. 이러한 본질적 논쟁은 시초부터 타협이나 양보가 거의 불가능한 성질의 것이었다.

나 조선 민족의 개인주의가 강해 실패했다는 식으로 평가한 것으로 읽힌다. 광복 이후 민족주의사관에 의해 식민사관은 극복되었다. 그러나 해방 직후에는 식민지시대에 교육받은 세대들에게 일제에 의해 주입되고 이광수와 같은 친일파들이 주장한 조선의 민족성은 개조되어야 한다는 입장이 아직 극복되지 않았던 상황이므로 버치가 이러한 인식을 하고 있는 것으로 추정된다. 이에 "남조선 미군정은 태반 조선인에 의하여 운영되고 있으며 미인(美人)은 고문자격으로 역할하고 있다"라며 남조선과도정부 수립의 성과를 자화자찬했다. 또한 "여하간 조선은 어느 지구보다도 반미 선전의 목적지로 되어 있다"라는 우려로 회견을 마쳤다. 좌익의 선전이 먹혀들어 반미주의가 주류가 될 것을 우려한 대목이다. 이렇게 반미주의를 우려한 미국은 좌우합작위원회를 지원해 중도파가 주체가 되는 개혁을 추구해 중도좌파가 좌익과 연대하는 것을 무력화하는 식으로 공산주의 차단에 나섰지만 큰 성공을 거두지는 못했다. 결국 반소·반공주의자 이승만과 연대해 남한만의 반공정권 수립을 지원할 수밖에 없었다. 결국 반미주의자들 대부분은 월북해 북한 정권에 참여했고 남한을 침략했지만 적화에는 실패했다. 대한민국에서는 1980년대 중반까지 반미주의가 거의 존재하지 못했으며 그 이후에도 주류가 되지는 못했다. 따라서 반미주의가 득세할 것을 우려한 미국의 대응은 전반적으로 효과를 거두었다고 할 수 있다.

31 『서울신문』, 1947년 8월 2일자.
32 *Освобождение КОРЕИ: ВОСПОМИНАНИЯ И СТАТЬИ* (Москва: НАУКА, 1976); 소련과학아카데미 편, 『레닌그라드에서 평양까지』(함성, 1989), 239-240쪽.

그렇지만 소련은 1947년 6월까지만 해도 하지를 위한 평양 만찬(6.30.)을 열고, '협의에 관한 규정'을 담은 '공동성명 제11호'(6.11.)를 채택하는 등 협력하는 모습을 보였다. 그런데 1947년 7월 16일 미국 대표 브라운이 협의 대상 문제로 공위가 난관에 처해 있음을 처음 밝힌 성명을 발표하며 미국의 입장을 천명했다.[33] 이에 대해 7월 21일 소련도 자국의 입장을 옹호하는 성명을 발표해 결국 대립의 예각이 노출되었다.[34] 소련은 8월 9일에도 자신들의 입장을 변호하는 성명을 내놓고 대립했다. 이렇듯 7월부터 8월까지 미·소공위는 계속 정돈 상태에 빠져 별다른 진전을 하지 못했다.

미·소 간 현저한 의견 대립이 표출되고 공위사업이 지연되고 있을 때 공교롭게도 미국이 좌익 검거에 나섰다. 7월 27일 민전 주최 공위경축인민대회 후 김광수(인민대회 조직자), 이기석(남로당 부위원장) 등 공산주의자들이 체포되었고, 8월 초순과 중순(14일 덕수궁 내 공위 업무 진행에 관한 소련 측 대표단의 기자회견 직후 신문기자단 내 일부 좌익 인사가 검속되었다고 주장됨[35])에도 좌익 인사 다수가 검속되었다.[36] 8월 19일자 『동아일보』에 의하면 장택상 수도관구경찰청장(총감)은 기자단 회견에서 120여 명에 달하는 좌익 검거가 예비검속이 아닌 명확한 범죄사실에 의한 검거라고 말했다. "그중의 하나는 방송국을 통하여 남조선의 적화를 꾀했으며 또 한 가지는 경향각지에 폭동을 일으켜 군정 파괴를 음모했던 사건이다"라고 주장했다. 사건 단서로는 지령을 가지고 연락하려던 사람을 개성에서 체포했다면서 "물적 증거는 전부 경찰에 압수

---

33 『서울신문』, 1947년 7월 17일자.
34 『조선일보』, 1947년 7월 23일자.
35 「검거된 좌익의 석방으로 정상적환경을 급속회복(시킬 것을 요구함-인용자): 공위소 측 수석대표[슈치콥흐중장]성명내용」, 『경향신문』, 1947년 8월 23일자.
36 『서울신문』, 1947년 8월 23일자;『민중일보』, 1947년 8월 13일자.

되었으나 관계인들이 체포되지 않아 진상 발표를 못하고 있다"라고도 했다.[37] 이에 시티코프는 좌익계열 인물 검거를 항의하는 성명서를 8월 20일 공위에 제출했는데 이는 공위 업무를 결렬시킬 목적으로 행한 미국의 공작이라는 주장이었다.[38] 이후부터 공위의 쌍방이 상대방의 입장을 반박하는 성명서를 남발하면서 사실상 협상은 불가능해졌다.

2. 미국의 일방적인 신탁통치안 폐기

1947년 7월 23일경 미 국무부 동북아과장보 앨리슨(John Moore Allison)은 공위 결렬을 본격적으로 준비했다. 결렬 시 이승만과 그 집단, 남한의 선거, 남한의 임시정부 혹은 과도정부라는 세 가지 사항에 대해 숙고해야 한다고 적시했던 것이다.[39]

미국(루스벨트)에 의해 처음 제기되었던 탁치안이 역시 미국에 의해 다음과 같이 파기되었다. 미·소 협상의 최종적 산물인 탁치안이 파기되었다는 것은 한국에서 냉전이 명시화되었다는 중요한 의미를 가진다. 이 대목에서 탁치안 제기의 무원칙성과 일관성 결여를 지적할 수 있다. 또한 탁치안이 친미정부 수립이라는 목적에 복무하는 공작의 차원에서 수립되고 추진·폐기되었다는 사실과 함께 공개된 정책이 아닌 '공작에

---

[37] 「군정파괴의 음모: 좌익요인의 검거에 대하야: 장총감기자단에 언명」, 『동아일보』, 1947년 8월 19일자; 『민중일보』, 1947년 8월 14일자.

[38] 「검거된 좌익의 석방으로 정상적환경을 급속회복(시킬 것을 요구함-인용자): 공위소측 수석대표[슈치콥흐중장]성명내용」, 『경향신문』, 1947년 8월 23일자; 『서울신문』, 1947년 8월 23일자.

[39] "Memorandum by the Assistant Chief of the Division of Northeast Asian Affairs (Allison)," [July 23, 1947], FRUS, 1947, vol. VI, pp. 713-714.

는 일관성이 있기 힘들다'는 평범한 진리를 부기할 수 있다.

1947년 8월에 들어와 공위에서 임정 수립 작업이 진전되지 못하고 있는 상황에서 정돈 상태를 해결하기 위해 고위당국자 간(11일 마셜[40]과 23일 몰로토프[41])에 서한이 교환되었다. 미국 측은 몰로토프가 소련 정부의 기존 입장을 되풀이하는 데 불만을 표시하면서 한국 문제를 유엔에 제출하려는 것을 검토했다.[42]

한편 8월 12일 공위에서는 나름 새로운 제안인 미국 측의 '구두협의 생략안'이 제출되었다.[43] 미국 측은 이 안을 통해 임정 수립을 빨리 달성할 것을 제안했다. 소련 측은 한동안 반응이 없다가 8월 26일 미국 측의 8월 12일 안에 찬성한다면서도 '남북 동률의 전조선임시인민회의 창설안'을 추가로 제시했다.[44] 그러나 인민회의 창설안은 미국 측의 긍정적 답변을 받지 못해 논의될 수 없었다. 이후 인구가 많은 남측은 인구비례(총선)를 주장하고 땅 크기는 크나 인구가 적은 북측은 남북 동률(혹은 대표 구성에 면적 감안)선거를 각각 일관되게 주장하고 있어서 의견 접근이 쉽지 않았던 것이 엄연한 현실이었다.

미국의 내부 검토 아래 국무장관대리 로베트(Robert A. Lovett)는 이미 준비된 수순에 따라 주소 미국대사 스미스를 경유하여[45] 소련 측에 1947년 8월 26일자 서한을 보냈다. 여기서 미·소공위의 정돈 상태를

---

40 "The Secretary of State to the Embassy in the Soviet Union," Washington, August 11, 1947, FRUS, 1947, vol. Ⅵ, pp. 748-749.
41 "V. Molotov to Marshall(the Secretary of State)," August 23, 1947, in "The Acting Secretary of State to the Political Advisor in Korea," Washington, August 23, 1947, FRUS, 1947, vol. Ⅵ, pp. 764-765.
42 『동아일보』, 1947년 8월 27일자.
43 『동아일보』, 1947년 9월 5일자.
44 「통일임정공작에 타협점 발견」, 『동아일보』, 1947년 8월 29일자.
45 「공위난관에 신조치: 사대국심의제의-26일 주소미대사에 발송」, 『동아일보』, 1947년 8월 29일자.

완화하기 위해 9월 8일 워싱턴에서 '미·소·영·중 4국 외상회의'를 열어 이 회의에서 한국 문제를 논의해 해결하자는 신제안을 제시했다. 7개항의 대체적 내용은 아래와 같다.

첫째, 양 지역의 선거법에 따라 총선거를 실시하여 통일된 임시입법기구를 만든다.[46]

둘째, 인구비례에 의하여 선거가 실시되어야 하며 이들 선거에 의한 임시입법기구가 서울에서 통일된 임시정부를 구성한다.

셋째, 이렇게 성립된 통일임시정부는 모스크바협정에 집착하는 4개국 정부와 원조협력의 조건을 토의한다.

넷째, 모든 단계에서 유엔을 옵서버로 참여시킨다.

다섯째, 임시정부와 관계국 정부가 양군 철수 시일에 관하여 협의한다.

여섯째, 임시입법기구가 임시헌장을 심의한다.

일곱째, 통일되고 독립된 국가가 건설될 때까지 조선은 유엔과 접촉한다.[47]

모스크바결정에 대한 언급은 4개국 정부와 협의한다는 세 번째 항에서 잠시 변형되어 언급될 뿐 이 구상은 모스크바결정을 대신하는 완전히 새로운 제안이었다. 그런데 8월 31일경 워싱턴 고위당국자는 만일 한국 문제에 관한 '4대국회의'를 9월 8일 워싱턴에서 개최하자는 미국 측 제안을 소련이 거부한다면 한국 독립에 관한 미·소 간 분의(紛義)를

---

[46] 이를 몰로토프는 미·소 양군 점령지대의 선거를 실시하고 지대별(地帶別)의 임시입법기관을 설치하는 제안으로 받아들였으며 9월 4일 거부했다. (런던8일발UP=조선), 「모 외상 對美 覺書: 莫府放送」, 『동아일보』, 1947년 9월 9일자.

[47] "United States Proposals Regarding Korea," in "The Acting Secretary of State to the Embassy in the Soviet Union," Washington, August 26, 1947, *FRUS, 1947*, vol. Ⅵ, pp. 773-774.

유엔에 회부할 것이라고 공언했다.⁴⁸ 이렇게 소련 거부라는 조건을 걸고 유엔 이관을 공공연히 언급하는 것을 보면 미국은 4대국회의안을 소련이 수락하리라고 별로 기대하지 않으면서 유엔 회부 결의(決意)를 표명했던 것이라고 볼 수 있다. 미국은 처음부터 신탁통치안에 대신한 '유엔하의 정부수립안'을 7개항과 연관된 별도의 구체적인 부대조건에 집어넣었는데, 4대국회의안은 유엔 이관을 전제로 한 안이었다는 의구심이 들게 한다. 여기에서 미국이 유엔 이관에 대해 이미 상당히 준비했음을 알 수 있다.

로베트의 제안에 대하여 국내 정치세력들은 이 제안을 소련이 수락할지 또한 미국의 단독조치와 연결될지에 대해 미래를 확실히 예측하지 못했다. 한민당, 이승만, 김구 등은 모두 찬의를 표명했다.⁴⁹ 그런데 근로인민당, 민주한독당, 민주동맹, 사회민주, 청우당 등 5개 중간정당은 로베트의 제안이 조선 문제의 유엔 제기를 암시하는 것이라고 해석한 후, 공위 미국 측 수석대표 브라운의 1947년 2월 25일자 다음 해설을 상기했다. 이 해설은 1946년 12월 9일 도미한 이승만이 미국에 호소하여 탁치안을 폐기하고 한국 문제를 유엔에 이관시키려고 노력했던 상황에서 이에 대한 비판으로 제기된 것이다.

> 한심한 사실로서 막부협정 파기를 위하여 일부 조선인이 연합국에 호소하고 있으나 만일 그것이 성공한다 하면 그 결과에 있어서는 조선은 그 주권을 상실하고 무기한으로 국제연합의 신탁하에 들어갈 수도 있는 것이다.⁵⁰

---

48 (워싱톤31일발UP=조선),「소, 미제안을 거부면 조선문제를 UN에: 미 (當局)高官側見解」,『동아일보』, 1947년 9월 2일자.
49 『동아일보』, 1947년 8월 31일자, 1947년 9월 2일자.
50 『경향신문』, 1947년 2월 27일자.

이 해설에 기반해 위 5개 중간정당은 조선 문제의 유엔 제의가 "국제헌장에 규정된 자주권을 상실하는 국제신탁제"[51]를 가능케 할 것이라고 주장했다. 좌우합작에 의해 세력을 확대해 결집한 중간파는 '국제헌장(국제연맹 규약이 아닌 1945년 10월 발효된 유엔헌장)에 규정되고 모스크바 결정에 나와 있는 탁치가 국제연맹 규약에 나와 있는 치욕적인 위임통치가 아니라 독립을 위한 방안'이라는 중도적 해석, 즉 미국 측의 리버럴한 해석을 신봉했다. 그런데 5개 중간정당은 물론(모스크바협정 파기를 기도하는 우익의 정치 행태를 국제연합의 신탁이라고 극단화하여 비판하는 의도된) 브라운의 해석에 의존하기는 했지만 '탁치=주권 상실의 치욕적 위임통치'라는 우익의 해석으로 회귀했던 것이다. 브라운의 해석도 국제연합의 신탁을 극단화시켜 무리하게 매도했기는 했지만 중간파의 비판 근거도 무리하게 인용된 것이다. 따라서 중간정당이 왔다 갔다 하는 일관성 없는 태도를 보인 것이라고 평가할 수 있다.

물론 브라운의 해석에는 원천적으로 문제가 있다. 이에 따르면 유엔 하의 신탁통치가 주권 상실인지, 그렇다면 실제로 몇 달 후 미국이 모스크바결정을 파기하고 유엔으로 이관한 것이 한국의 주권을 상실한 것인지, 그리고 유엔 이관이 신탁통치인지,[52] 연합국의 주요국으로 구성된 태평양 4대국회의에 회부하자는 로베트의 1947년 8월 26일자 제안은 또 어떻게 평가할지 등의 문제가 있다. 만약 브라운이 좀 더 숙고했다면 이렇게 가벼운 견강부회식 매도를 할 수 없었을 것이다. 한마디로

---

51 『조선일보』, 1947년 9월 6일자.
52 그렇다면 유엔이 개입한 것은 일종의 신탁통치라고 볼 수도 있을 것이다. 특히 6·25전쟁 중 유엔군의 점령군 통치는 일종의 신탁통치이므로 이러한 논리를 확대 적용한다면 적어도 1947년 10월 한국 문제가 유엔으로 이관되어 다음 해 8월 15일 대한민국정부가 정권을 인수할 때까지는 적어도 남쪽지역에서는 (실제로는 미 점령군의 통치였지만) 유엔의 신탁통치가 실시되었다고 볼 수 있지 않을까 한다.

한치 앞의 미래도 예측하지 못한 단견이며 정책의 일관성을 상실한 임기응변적 대응이었다. 그리고 정략적 의도가 숨어 있는 이러한 해석에 부화뇌동한 중간파에도 책임이 있었다. 당시 한 번도 실시된 적이 없는 신탁통치에 대해 그것이 무엇인지 미국 당국자들도 몰라서 헤맸으므로 이렇게 무리하게 즉흥적으로 해설하는 것도 이해될 수 있지만 말이다. 또한 공위의 신탁(주권 보장)과 이승만의 유엔하 신탁(주권 상실)이 다르다는 것을 강조하여 공위 참가를 유도하기 위해 이렇게 해설한 것으로 이해될 수는 있다. 그렇지만 비록 유엔하의 신탁일지라도 신탁이 주권 상실이라고 규정했으므로 유엔 신탁통치 이사회가 향후 주관하게 되는 탁치지역에 대한 유엔의 공식입장(독립으로 가는 도정에서 자치를 보장하는 신탁통치)과도 배치되는 독단적 해석이었다. 공위가 무기한 휴회된 상황에서 미 국무부가 대안을 모색하고 있는 중에 미군정 요원들은 공위 재개에 힘써 하루라도 빨리 귀국하고 싶었으므로 임정 수립과 신탁통치 실시에 노력하려 했다. 따라서 이렇게 무리하게 해석하여 장차 시행될 '신탁통치 없는 유엔 이관'으로 전환하는 정책을 보기에 따라서는 희화화했다고 할 수 있다. 신탁통치가 한 번도 시행된 적이 없어서 무엇인지도 모르므로 그때그때 상황에 맞게 대응해야 할 현지 미군정과 미·소 냉전의 출현에 직면해 큰 틀에서 소련의 세계전략에 대응해야 할 국무부 사이에 로컬 대 글로벌의 시각 차이가 있는 것도 어찌 보면 당연하기는 했다.

예상했던 대로 소련 외상 몰로토프는 9월 4일 마셜에게 서한을 보내 외상회의가 한국 문제 해결의 당사자가 아니란 이유로 로베트의 안을 거부했다. 미·소공위가 문제를 해결 못할 상황이 아니라고도 했다.[53] 여기서 소련은 미국에 비해 3상결정에 더 많이 집착했음을 알 수 있다. 그렇지만 미 국무부는 9월 5일 "영국과 중국은 조선 독립을 촉진시키기 위하야 미국 측이 제안한 9월 8일에 개최되는 워싱턴 4대국회의에 참가할 의사를 표시했는데 동 문제에 관련하여 8월 28일 소련 측에 전달된(8.26. 로베트-인용자) 서한에 대하야 소련 측은 아직까지 아무런 회답도 하지 않고 있다"라고 정식 발표해 소련의 거부 의사를 숨겼으며(국제관례상 소련 측의 공개를 기다린 것으로 해석됨), 이를 국내 언론이 7일자로 보도했다.[54] 그런데 모스크바방송이 9월 8일경 몰로토프의 답신 내용(4대국회의를 거절하고 양국 점령지대의 선거를 실시해 지대별 임시입법기관을 설치하자는 제안도 거부)을 공개하면서[55] 9월 9일자로 국내 신문에도 보도되었다. 국내 언론에 보도된 외신 내용에 따르면, 4대국 외상회의는 열리지 못했으며(4대국회의가 연기되었다고 표현하면서) ① 유엔총회에 한국 문제를 제출하거나 ② 미국 당국이 (로베트 구상에 따라-인용자) 그대로 추진하여 남조선에 임시정부를 수립하고 추후 소련으로 하여금 남조선과 소련 점령군의 북조선을 포함한 임시정권 수립이 좋은 계책임을 알도록 희망하는 것 중 택일되리라고 예측되었다. 또한 "외교 옵서버 측(관측통)에서는 미국은 동 문제를 비록 미국 당국이 미국 점령지대에 대하여 2억 달러의 경제원조 계획을 강구 중에 있으므로 약간 지연될지는 모르나 금월 말경 유엔에 제기할 것으로 기대하고 있다"라고도 관측되었다.[56] 이렇듯 유엔으로 이관될 것이 주된 예측이었던 상황이다.

1947년 9월 초순 미 국무부도 마침내 자국 군대가 한국에서 궁극적

---

[53] "Molotov to the Secretary of State," September 4, 1947, *FRUS, 1947*, vol. Ⅵ, pp. 780-781.
[54] (워싱톤6일발AP=합동), 「미국무성 정식발표: 蘇聯側尙未回答」, 『동아일보』, 1947년 9월 7일자.
[55] (런던8일발UP=조선), 「모 외상 對美 覺書: 莫府放送」, 『동아일보』, 1947년 9월 9일자.
[56] (워싱톤8일발UP=조선), 「미의 4대국회의제안 소·4일부로 거부: 결국UN上程 乎: 국무성 蘇覺書受理確認」, 『동아일보』, 1947년 9월 9일자.

으로 철수해야 한다는 미 군부의 의견에 부분적으로는 동의할 수밖에 없었다.[57] 미국은 냉전 출현이 가시화되던 그 무렵 전략적으로 더 중요한 유럽지역(그리스나 튀르키예 등)의 공산화 방지에 온 힘을 기울이고 있어서 이보다 덜 중요한 동북아시아지역의 한반도 문제에 큰 힘을 쏟기 어려웠다. 결국 유엔 이관에 이은 독립국가의 수립이 철군의 명분을 제공했으며, 당장 철군할 필요는 없다는 것이 국무부가 동의할 수 있는 조건이었으나 시간이 많아 남아 있지는 않았다. 유엔 이관안은 군부가 선호했던 미군 철수를 구현하기 위한 수단(국무부의 타협안)이었다.

4대국회의안이 거부된 상황에서 1947년 9월 17일 마셜은 유엔총회에 출석해 '조선 독립이 지연된 책임은 소련에 있다'고 책임을 전가하면서(이러한 책임 전가는 지금까지 이어진다) 소련과 합의가 불가능하므로 유엔총회가 '신탁통치 없는 조선 독립안'을 심의할 것을 주장했다.[58] 미국 외교정책을 책임진 국무장관이 한국 탁치를 일방적으로 폐기하고 '탁치 없는 조선 독립안'을 유엔에 새롭게 제기했던 것이다. 탁치 폐기 과정에서 미군정은 국무부의 급변하는 의중을 제대로 파악하지 못해 소소한 갈등이 있었지만 미 국무부가 정책을 명확하게 표명하자 갈등이 봉합되었다.[59] 한편 소련의 유엔총회 수석대표 비신스키는 마셜의 제의를 즉각 통렬히 반박했다.[60]

마셜의 제의에 대해 국내 우익은 대개 찬의를 표명했고[61] 특히 (김구

57　차상철, 『해방전후 미국의 한반도 정책』(지식산업사, 1991), 99쪽.
58　『조선일보』, 1947년 9월 19일자.
59　이경래는 「미국의 對 한국 국제신탁통치안 연구: 그 구상과 폐기에서 '미국의 요구와 갈등'을 중심으로」, 중앙대학교 석사학위논문(1993), 46-47쪽에서 미 국무부와 미군정의 신탁통치에 대한 내부적 갈등이 폐기의 한 원인이 되었다고 주장했다. 그러나 필자는 그것이 소소한 영향을 미쳤을 뿐 중요한 원인은 아니었다고 판단한다.
60　『조선일보』, 1947년 9월 20일자.
61　『조선일보』, 1947년 9월 20일자.

는 한국문제의 유엔 상정이 신탁 없는 남북통일정부 수립 방안이라고 나이브하게 인식해 지지를 표명했다.[62] 좌익은 반대를 표명한 데[63] 비해 중간파(좌우합작위원회 선전부)는 단독조치로 이어지지 않는다는 조건하에 찬성한다는 제3의 태도를 밝혔다.[64]

케넌은 1947년 9월 24일 위 앨리슨의 7월 23일경 보고서 기조와 같이 한국이 미국에 군사적으로 필수적이지 않으므로 최대한 빠르고 명예롭게 나와야 한다는 것을 강조했다.[65]

3. 미국의 유엔 이관안과 소련의 양군 철퇴안

탁치와 공위에 집착하던 소련은 문제를 공위에서 해결할 것을 주장했다. 새로운 대안도 공위에서 논의하자는 것이었다. 소련은 정돈 상태에 빠진 공위를 1947년 9월 17일부터 재개하게 만들었다. 그날 공위 대표 시티코프(Terenty F. Shtikov)는 '1948년 초까지 미·소 양 점령군을 철퇴시키고 조선의 장래 문제를 조선인 자신에게 맡길 것'을 미국 측에 제의했다. 미국의 유엔 이관안에 대한 강력한 대안으로서 양군 동시철퇴안을 제안했던 것이다.[66] 연합국의 원조 참가(신탁) 없이 조선인 자신에

---

62 『서울신문』, 1947년 9월 20일자.
63 『주보민주주의』 28(1947), 2쪽.
64 『서울신문』, 1947년 9월 20일자; 『조선일보』, 1947년 9월 25일자.
65 "Memorandum by the Director of the Policy Planning Staff (Kennan) to the Director of the Office of Far Eastern Affairs (Butterworth)," September 24, 1947, *FRUS, 1947*, vol. VI, p. 814.
66 1946년 5월 공위 휴회 후 소련 점령지역을 방문했던 하지의 경제 담당 고문 번스는 소련이 희망한 양군 동시철군안을 의식해 이미 1946년 중반부터 이를 신중하게 검토했다. 당시 육군부는 철군에 대해 약간의 보완적 조치가 취해진다면 환영한다는 입장을 표명했지만 국무부는 반대했다. 이에 국무부와 군부의 갈등을 완화하기 위해 1947년

게 정부 수립을 맡기자는 제안으로, 그 이면에는 만약 실현된다면 소련에 우호적인 친공정부가 수립될 수 있다는 소련의 현실인식이 깔려 있었다. 그런데 시티코프는 동시철병안이 '모스크바결정 실행의 가장 구체적이고 가장 옳은 방법'이라고 주장했다. 이렇듯 소련은 동시철병안이 모스크바결정의 파기가 아니라고 주장했으나[67] 설득력이 약한 논리이다.

미국이 공위에서 소련의 양군 철퇴안을 논의하려고 하지 않자, 1947년 10월 9일에 소련 몰로토프가 마셜에게 다시 공식 제의[68]해야만 했다. 미·소 모두 탁치의 대안을 고위급 차원에서 공식 제시했던 것이다.

이렇게 미·소 양국 모두는 모스크바결정, 즉 탁치안의 파기를 제의했는데, 미국의 대안은 '신탁 없는 유엔하의 조선 독립안'이고 소련의 대안은 '원조 없는 양군 철퇴 후 조선인 자신의 정부 수립안'이었다. 신탁과 원조로 다소 다르게 해석된 신탁이었지만 양국 모두 이것을 폐기하는 대안을 마련했으므로 신탁안은 확실하게 파기된 것이라고 보아야 한다.

소련이 제의한 양군 동시철퇴안에 대해 미국은 직접적인 반대 표시를 미루면서 한국 문제를 유엔에서 토의하자고 계속 제의했다. 한편 좌익

2월 마셜과 패터슨은 한국 문제를 전담할 특별기구의 설치에 합의했다. 1947년 3월 트루먼 독트린 발표 직후 미 군부는 남한이 장기적으로 주둔할 전략적 가치가 없다는 이유로 어차피 소련의 영향력 아래 놓일 지역인 한반도에서 철군을 요구했다. 철군에 반대했던 국무부는 군부에 영향을 받아서 1947년 4월 초 시기 문제를 제외하고는 이에 대해 동의할 수밖에 없었다. 그전까지는 미·소협조에 기대를 걸고 있었던 국무부는 단독정부 수립 후 경제원조를 단행해 남한을 강화한 후 철군하자고 주장해 관철시켰다. 단정은 철수를 위한 정책이었다. 그러나 경제원조에 따른 봉쇄정책(단정)은 전쟁 발발로 실패하고 결국 직접적인 군사개입(rollback)으로 전환되었다.

67 주동명, 『조국의 민주독립과 철병문제』(이상사, 1948), 78쪽.
68 United States, The Department of State, *Korea: 1945 to 1948* (Washington, DC: USGPO, 1948), pp. 48-49.

은 양군 철퇴안에 대해 전폭적인 지지를 표명했다.[69] 우익은 태도 표명을 보류했다. 김구와 이승만은 이전부터 양군의 동시철퇴를 주장했지만 이 제안이 소련으로부터 나왔기 때문에 이 시점에서는 찬의를 표명할 수도 없고, 그렇다고 이전 주장들과 모순되게 반대를 표명할 수도 없는 곤란한 처지였다. 이에 비하여 입법의원 의장 김규식과 민정장관 안재홍 등 미군정의 지원을 받는 중도파는 소련의 동시철퇴안이 취지는 좋으나 미·소 간 타협이나 통일임정 수립과 같은 선결조건이 없는 상태에서는 무책임한 제안일 수 있다고 비판했다.[70]

미·소 양국이 신탁통치의 파기를 제안하고 있는 한에서 탁치실시를 위해 구성된 미·소공위의 존재 근거가 박약해졌다. 한국 문제는 1947년 10월 17일 미국에 의해 유엔으로 정식 이관되었다. 이렇게 되어 브라운은 10월 18일 유엔 토의가 끝날 때까지 업무를 중단하자고 제의했다. 소련 측은 10월 20일 대표단의 서울 철수를 발표했고 10월 21일 평양으로 출발했다. 결국 2차공위는 '불가능한 타협을 모색(the search for an impossible compromise)'[71]한 끝에 별다른 성과 없이 결렬되었다. 미·소공위는 1947년 10월 18일 제62차 회의가 결렬된 채로 남았고 한국 문제는 유엔으로 완전히 이관되었으며, 한반도 탁치안은 이제 역사 속으로 사라졌다. 미·소공위는 표면적으로는 협의 대상 문제로 결렬되었지만, 본질적으로는 미·소가 각각 자국에 우호적인 정부를 수립

---

69 이러한 좌익의 지지 태도 표명을 합리화하고자 만든 것이 위 주동명의 팸플릿 『조국의 민주독립과 철병문제』이다. 양군 철퇴는 민주독립을 위한 방안이라는 논리이다.
70 『조선일보』, 1947년 9월 29일자, 1947년 10월 2일자.
71 "Chapter 6: The Search for an Impossible Compromise," Soon Sung Cho, *Korea in World Politics, 1945~1950 : An Evaluation of American Responsibility* (Berkeley, California: University of California Press, 1967); 조순승(1982), 앞의 책, 121-138쪽.

하려 했으므로 타협하지 못한 것이다.

 양국 모두 미·소협조의 상징인 탁치안을 포기함으로써 한반도 냉전이 확실히 시작되었다고 할 수 있다. 1947년 3월 12일 '트루먼 독트린'이 발표되자 1946년 12월 2일 출국해 미국에 체류 중이던 이승만은 트루먼에게 감사 편지를 보내며 '공산주의와 연립하는 신탁통치를 폐지하고 한국에 이 독트린을 적용해달라'고 당부했다. 『조선일보』, 1947년 3월 15일자 「트루먼 대통령 연설과 미국 내 반향: 이승만 博士談」에 따르면 이승만은 "강경화하여가는 미 정책을 환영하는 바이며 남조선단독정부를 즉시 수립한다는 것은 조선에 있어서의 공산주의 투쟁의 최선 방책인 동시에 남북통일을 하는 데 있어서도 최선의 조치라고 생각한다"라는 메시지를 발표해 미국이 단정 추진에 나서야 한다고 주장했다. 결과적으로는 냉전의 신호탄이 된 트루먼 독트린을 보도한 국내 신문들은 '냉정하게 전쟁을 각오한 연설'이자 '그 결과는 불가피한 전쟁'일 것이라는 미국 상·하 양원 의원들의 논평을 그대로 보도했다. 당시 한국 신문들은 냉전 출현에 대해 '냉정(冷靜)한 전쟁'이라고 한 미국 의원들의 논평을 통해 냉전이 시작되고 있음을 감지했다. '열전'의 반대어인 '냉전'이라는 말에 포함된 'cold'라는 단어의 정확한 역사적 맥락을 아직 파악하지 못했던 것이다.

 냉전(the Cold War)이라는 말의 중심어는 전쟁(war)이 아니라 'hot'의 반대어인 'cold'이다. 열전이 아닌 '이념 대결'을 지칭하는 것이다. 그렇지만 당시 조성된 미·소 간 냉랭한 분위기가 마치 조만간 전쟁이라도 일어날 것처럼 우려스러웠던 것이다. 한민당의 대표자 김성수와 장덕수는 1947년 5월 6일 미·소공위 미국 대표단을 방문해 주한 미군사령부 정보부장 웨컬링(John Weckerling)을 만났다. 이 자리에서 두 사람은 과거 미국의 정책이 허약해서 모스크바3상회의결정에 반대하는 한국 정당들을 모두 배제하자는 소련에 동의한 것이 아닌가 우려했지만, 공산주의 확산을 막기 위해 튀르키예와 그리스에 원조하기로 했다는 얼마 전 트루먼의 발표를 보고 미국 정책에 크게 만족했다면서, "이제는 잠을 잘 수 있을 것"이라고 말했다.[72] 정용욱(2021)은 냉전의 반대말이 열전이지만[73] 냉전 도래기(1947) 한국 사회에서 냉전의 동의어는 맥락상

---

[72] "Minutes of Meetings between Members of the Joint Commission and Individual Koreans, 1946~1947," RG 43, Records of the American Delegation, U.S.-U.S.S.R. Joint Commission on Korea, Microfilm Roll 4, US National Archives; 정용욱, 「한반도의 냉전, 냉전체제, 냉전문화」, 한국학중앙연구원 20세기 한국현대사팀 공동연구 결과발표회 발표논문집, 2021년 4월 24일(2021a), 20쪽.

[73] '냉전(cold war)'의 반대어가 당연히 '열전(hot war)'이라는 것은 일종의 상식이다. 특히 유럽에서는 이 상식이 들어맞는다. 그러나 냉전 시기 비록 국지적인 차원이었지만 열전이 발생했던 한국, 베트남 등 제3세계에서는 냉전의 반대어가 열전이 될 수 없다. 영어 'the Cold War'의 번역어인 '냉전'은 그야말로 '차가운[冷] 전쟁[戰]'을 뜻한다. 개념은 이를 활용하는 이들의 인식 틀을 규정한다. 냉전이라는 말을 사용하는 순간, 우리는 자연스럽게 긴장 상태이지만 전쟁은 일어나지 않는 상황을 떠올린다. 냉전기 유럽은 이와 같은 개념이 잘 부합하는 사례이다. 독일이 동독과 서독으로 나뉘고 서유럽과 동유럽이 분열했지만, 미국이 이끄는 북대서양조약기구(NATO; North Atlantic Treaty Organization)와 소련이 이끄는 바르샤바조약기구(WTO; Warsaw Treaty Organization)의 직접적 군사 충돌은 일어나지 않았다. 각지에 스파이가 암약하고 핵전쟁의 공포가 만연했으나 유럽의 냉전은 사실상 '차가운 평화' 상태였다. 냉전 개념을 문자 그대로 받아들이면 은연중에 유럽의 경험을 특권화하고, 유럽식 개념을 중심으로 냉전을 바라보게 된다. 그러나 냉전이라는 시간대의 공간적 범위는 전 지구에 걸쳐 있었다. 유럽식 냉전 개념만으로는 파악되지 않는 현상이 비일비재하다. 유럽 바깥 지역의 냉전 경험은 '차가운 평화'는커녕 '뜨거운 전쟁'으로 점철된 경우가 있었기 때문이다. 베스타는 기존의 협소한 냉전 개념이 유럽 중심적이라는 점을 간파하고, '뜨거운 전쟁'까지 포괄하는 '글로벌 냉전(Global Cold War)'이라는 새로운 개념을 제시했다. 냉전을 단순히 미국과 소련의 대립이 아니라 우리가 지금 살고 있는 지구의 모습을 형성한 시대로 이해한 것이다. 또한 냉전사의 비극은 제3세계와 초강대국이 서로 관계를 맺었을 때 발생했다. 제2차 세계대전 이후 유럽 제국주의 국가들이 다시금 식민 질서를 복원하려 하자 탈식민 독립운동은 이에 맞서 저항했고, 미국과 소련은 적어도 유럽 제국주의 편에 서지는 않았다. 또한 미국과 소련은 제3세계 지역을 직접 지배하지도 않았다. 다만 제3세계의 정치·사회적 발전을 위해 적극적으로 '개입'했다. 그런데 본질적으로 반식민주의라는 출발점을 공유했던 미국과 소련이라는 두 역사적 기획이 지배의 형태 면에서 옛 식민주의와 놀라울 정도로 유사해졌다는 점에 비극이 있다. 여기에는 충돌의 강도, 이해관계의 대립, 상대가 이겼을 경우 예상되는 결과를 둘러싼 묵시록에 가까운

단정 수립과 대공산주의 투쟁이며 반대어는 '단정 수립 반대'와 민족자결, '동족상잔 반대'였다고 해석했다.[74]

1947년 4월 하순 중국 상하이를 경유해 귀국한 이승만은 미국 특파원들에게 '신탁통치를 안 하는 것이 더 이익이 많다'고 호언했다. 그렇다면 탁치 폐기안은 이승만이 먼저 제기했다고 볼 수도 있다. 하지만 미국이 아직 이승만의 손을 들어준 것은 아니었다. 이승만의 제안은 개인적인 아이디어 차원이었고 미국의 탁치 폐기안은 권위 있는 정책의 일환이었다는 점이 다르다.

어느 나라의 누가 먼저 탁치안을 폐기하려 했는지는 그렇게 중요하지 않다. 실제로 미국이 먼저 탁치안에 대한 대안을 제시하기는 했지

공포가 영향을 주었다. 비록 냉전기 내내 미국과 소련이 식민주의라는 형식에 겉으로는 반대해왔지만, 이 두 국가가 자국의 근대성을 제3세계에 부과하는 방식은 이전의 유럽 제국, 특히 19세기 말부터 20세기 초반의 영국과 프랑스 제국과 본질 면에서는 크게 다르지 않았다. 미국과 소련의 방법은 제3세계 사회의 문화·인구·생태의 변화를 유도하는 방향으로 이루어졌고, 저항하는 사람에게는 가혹한 군사적 조치가 뒤따랐다. 베스타는 "우리의 미래는 장차 발생할지도 모르는 폭력적 충돌을 방지하기 위해 우리의 행동을 어떻게 성찰하는지에 따라 결정될 것이다"라고 역설했다. 냉전의 큰 교훈 중 하나는 일방적 군사 개입은 이점으로 작용하지 않으며 국경의 개방, 문화적 상호 작용과 공정한 경제 교환이 모두에게 이점을 준다는 사실이다. 한편 베스타는 공격받았을 때의 자위권을 강력하게 옹호하지만, 중요한 것은 세계가 이데올로기적으로 더욱더 다양해지고 있으며 소통이 우리를 더 가까이 만들고 있다는 점이라고 주장했다. 충돌을 방지하는 유일한 방법은 다양성을 인정하는 행동을 국제적으로 조직하고, 필요하다면 재앙을 미연에 방지하기 위한 다자적 차원의 행동을 취하는 것이라고 말했다. 냉전은 지구적 개입을 주도했던 체제가 정확히 이 반대 방향으로 행동한 비극적 사례였다고 평가되었던 것이다. Odd Arne Westad, *The Global Cold War: Third World Interventions and the Making of Our Times* (Cambridge, UK: Cambridge University Press, 2007); 오드 아르네 베스타 저, 옥창준 역, 『냉전의 지구사: 미국과 소련 그리고 제3세계』(에코리브르, 2020). 노르웨이 출신 역사학자 베스타의 '개방과 소통'이라는 반식민주의적 처방은 북한 문제의 해결이 당면 과제인 한국에 일정한 시사점을 제공한다.

74 정용욱(2021a), 앞의 글, 20쪽.

만, 토지개혁[75]이나 정권기관[주권기관[76]; 북조선(임시)인민위원회][77] 수립과 같은 관할지역만을 포괄하는 일방적 조치는 소련이 먼저 했다. 물론 미국도 반응을 보여 자신들의 점령지에서 모종의 조치를 취했으나 국민

---

[75] 북부 주둔 소련 점령군의 토지개혁과 중요 산업 국유화 조치(1946.3. 시작) 등과 남부 주둔 미군정의 적산·귀속재산 불하와 같은 경제적 조치는 각각 사회주의 질서와 자본주의 질서로의 편입을 위한 조치였다. 따라서 이를 통해 이미 북과 남은 경제적 분단을 시작했다고 할 수 있다. 그런데 미군정의 귀속농지 불하안은 북의 토지개혁법령 발표 이틀 후이며 공위 개시 직전에 발표되었으나 공위 휴회 후인 6월 보류되었다. 이후 입법의원에서 논의되었으며 이와는 별도로 미군정이 1948년 3월 비교적 빠른 속도로 불하했다. 또한 귀속 사업체 불하는 1947년 3월 시작했으며 비교적 장기간에 걸쳐 진행되었으나 상당 부분을 한국 정부로 이관했다. 정근식, 「남한지역의 사회·경제와 미군정」, 한국정신문화연구원 현대사연구소 편, 『한국현대사의 재인식 1: 해방정국과 미소군정』(오름, 1998), 133-134쪽, 145-146쪽.

[76] 북부지역은 1947년 2월 인민위원회대회의 비밀투표에 의해 인민정권의 최고기관인 북조선인민회의를 창설했다고 하는데 이는 '최고인민주권기관'이라고 칭해졌다. 『조선중앙연감』, 1949년판 ([평양]: 조선중앙통신사, 1949), 85쪽. 소련은 북조선인민위원회 수립 과정에서 세부적인 문제까지 김일성 등에 계속 지시하는 등 전 과정을 진두지휘했다. 예를 들어 '1946년 12월 19일', 국사편찬위원회 편집부, 『쉬띄꼬프 일기, 1946~1948』(국사편찬위원회, 2004), 57-58쪽에는 북조선인민회의에서 대의원 5명당 1명의 인민위원을 어떻게 선출하여 총 231명으로 구성하며 의사 일정 등을 조목조목 점검했다. 같은 책, 60쪽에서 로마넨코가 시티코프에게 전화해 "김일성이 대회 소집에 동의했으며, 대회를 북조선임시인민위원회 창립 1주년 기념일인 2월 8일에 소집할 수 있도록 허락해줄 것을 요청했다고 전"했다. 또한 지방자치기관 선거에 대해 리 인민위원회 선거를 공개투표로 진행하자고 로마넨코가 제안하자 시티코프는 이에 동의하지 않고 각각의 입후보자들에 대해 다른 색깔의 투표 용지를 사용하는 방법에 대해 숙고해볼 것을 제안했다. 같은 책 69-70쪽, 76쪽에 의하면 치스차코프, 로마넨코, 김일성, 시티코프가 1월 4일 만나 북조선 도·시·군 인민위원회 대회 소집 문제에 대해 협의했는데 김일성이 북조선 지도부는 대회 소집과 일정에 동의한다고 말했다. 또한 김일성이 조선의 정치정세에 대해 보고하기로 결정했다. 또한 1월 28일에는 시티코프가 1947년 2월 8일에 기념식을 거행하도록 지시했으며 김일성이 조선의 정치정세와 당면 임무에 대해 보고하도록 지시했다고 한다. 다가올 인민회의에서 확정된 보고자는 김일성뿐으로 그의 최고 위치가 확고함을 확인할 수 있다.

[77] "Hodge to the Secretary of State," (Received February 24, 1946), *FRUS, 1946*, vol. Ⅷ, p. 640; 미 국무성 저, 김국태 역, 『해방 3년과 미국』1(돌베개, 1984), 229쪽에 의하면 소련은 1946년 2월 12일 북한 중앙정부(All Korean Central Government of North Korea) 수립을 발표했다고 한다. 북조선(임시)인민위원회는 해방 직후부터 수립된 지역 인민위원회를 계승한 조직이었다.

적 지지를 얻지 못해 소기의 계획된 성과를 맺지 못했고 도상작전으로 그친 경우도 많았다. 예를 들어 미국은 1946년 10월 21일부터 31일에 걸쳐 민선의원 45명을 간접선거로 선출하고 관선의원 45명을 지명하여 1946년 12월 12일 과도입법의원을 구성했다. 소련은 1946년 11월 3일 북조선인민위원회 대의원 선거를 실시하여 1947년 2월 22일 북조선임시인민위원회의 '임시' 자(字)를 떼었다. 이제 임시적이며 과도적 조치라는 포장도 필요 없었다. 선거는 남한에서 먼저 했으나 이미 8개월여 전에 수립된 북의 정권기관에 자극받은 조치였으며 그마저도 공위에 대비하여 수립된 입법의원이 효율적이지 못했다.

탁치안 폐기의 원인을 보는 시각도 각 정파에 따라 다양하다. 우익진영에서는 반탁운동의 결실로서 탁치안이 폐기되었다고 주장했다.[78] 이에 반하여 좌익 성향의 연구자는 미군정과 우익세력이 공모하여 반탁운동을 전개하여 탁치안이 폐기되었다고 주장했다.[79] 또한 비록 탁치안이 폐기되기 전이지만 공산주의자 이강국도 미군정과 우익이 음모를 하고 있다고 비판했다. 그러나 이와 같은 공모론은 음모론이 항상 그렇듯이 그 근거가 빈약하며 미군정과 우익의 결탁이 초기에는 이루어지지 않았다는 사실을 간과하고 있으므로 문제가 있다. 미·소 양국은 신탁 폐기의 책임을 서로 상대방에게 전가하며 책임을 회피하려고 했다. 이 글에서는 미·소 어느 일방에 책임을 전가하기보다는 소련과 미국, 북과 남의 떼려야 뗄 수 없는 유기적이며 복합적으로 결합되어 있는 책임을 통찰해보는 것이 어떨까 한다.

미·소 양측 모두 분할점령이라는 현 상태의 지속을 원했으므로 분단

---

[78] 함상훈, 『조선독립과 국제관계: 일명 공산당과의 투쟁에 대하야』(생활사, 1948), 1쪽.
[79] David W. Conde 著, 岡倉古志郎 監譯, 『解放朝鮮の歷史』(東京: 太平出版社, 1967), 91쪽.

지향적인 조치들을 검토하고 있었다. 소련은 김일성과 함께 치밀하게 분단으로 향하고 있었지만, 미국은 구심점 없이 헤맸다는 점이 다를 뿐이다. 서로의 분단 의도를 정치적으로 파악하면서 각각의 일방적 조치를 상호 상승시켰다.[80] 남북 두 지역에서 정식 정부가 수립되기 전에 군대가 창설되었고, 경찰과 행정기구들이 대폭 강화되었다. 미·소 양 주둔군은 자국에 우호적인 정부 수립을 위해 가능한 한 모든 수단을 동원하고자 했다. 정병준은 누가 먼저 시작했고 더 적극적이었는가를 묻는 것은 무의미하다고 주장했다. 마치 거울을 마주 보듯, 미·소 양군은 상대방을 의식하며 끊임없이 자신들의 성채를 쌓기 시작했다는 것이다.[81]

이렇듯 미국은 1947년 10월 17일 정식으로 한국의 독립 문제를 공위에서 유엔으로 이관하는 조치를 단행해, 미·소 합의안인 탁치안을 일방적으로 파기했다. 모스크바결정 이전부터 '유엔을 이용한 탁치안'을 대안으로 가지고 있던 미국은 모스크바결정의 실현(미·소공위에 의한 통일임정 수립)으로는 자국에 우호적인 정부 수립의 가능성이 불투명하다고 인식하여 분단 지향적인 정책을 합리화해줄 수단으로서 '미국의 거수기(擧手機)'인 유엔을 이용하려 했던 것이다. 당시 유엔은 미국 외교

---

80   소련이 남과의 연계를 일찍부터 고려하지 않은 것과 마찬가지로 미국도 1945년 11월 20일 랭던(William Langdon)의 정무위원회안에 의거해 일찍부터 이승만의 독촉을 후원했으며 이는 북과의 연합을 고려하지 않은 단독행동이었다. 또한 미국은 남에서 1946년 2월 이후 민주의원을 수립했으며 이것이 별다른 영향력을 행사하지 못하자 좌우합작을 후원했고 그 결과 남조선과도입법의원을 수립했다. 흔히 좌우합작을 통일 시도로 보기도 하지만 미국 입장에서 이는 공위 휴회 대책이며 일종의 단독행동이고 공산당을 고립시키기 위한 반공적 전술이었다. 미국의 단독행동이 단지 소련보다는 늦게 표출되었으며 일사분란하지 못해 효율적이지 못했던 점에서 비교가 되지만 미국이 전혀 행동하지 않았다거나 시종일관 수세적이었다고 평가하는 것은 무리가 있다.

81   정병준, 「한국의 분단, 분단의 한국」, 『평론가 레터』, 태광그룹 선화예술문화재단(2013)(www.seonhwafoundation.org/ArtLetter/youngArtistView.jsp?pNo=72&page=1, 검색일: 2016년 2월 1일).

의 뒷마당이었다. 미국의 영향력 아래 있던 유엔을 통해 한반도를 관리할 수 있었기 때문에 한국 문제의 유엔 이관을 결정했던 것이다(그렇지만 이정식은 한국 문제의 유엔 상정은 미국이 한국 문제에서 손을 떼겠다는 신호였다고 평가한다. 유엔 이관이 아니면 미국이 단독으로 남한만의 정권을 수립해야 할 형편이었기 때문에 유엔에 그 짐을 넘겼다는 것이다[82]). 미국은 세계 여론이라는 이름으로 '국제비연합(Ununited Nations)'[83]에서 한반도 정책을 표결로 밀어붙일 심산이었다. 헨더슨의 표현대로 한반도 문제를 "인상적이지도 않고 부적절하며 돌발적인 방법으로(in an unimpressive, inadequate, and sporadic fashion)" 유엔에 떠넘겼던 것이다.[84] 10월 17일 유엔 사무총장에게 정식으로 제출된 미국안은 '유엔 감시하의 총선거안'이었다. 여기에 총선거는 물론 양군 철퇴에 대한 내용도 담고 있지만 역시 방점은 총선거에 찍혀 있었다. 미국의 한국 문제 결의안의 내용은 "조선이 독립국으로 재건되고 양군이 철수하기 위하여 유엔 감시하의 남북 총선거를 시행하자"[85]라는 안이었다.

이에 대한 소련안은 역시 '양군 동시철퇴안'이었다. 10월 28일 유엔 소련 대표 그로미코(Andrei Gromyko)는 미국이 한국 문제를 유엔에 회부한 것은 천만부당한 일이지만, 기왕 유엔에 회부된 바에는 1948년

---

[82] 이정식, 「(광복 60주년 특별기획-해방전후사의 재인식)단독 정부론의 등장과 전개: 이승만은 역적인가, 선각자인가 "나는 역사에 책임질 것"」, 『월간넥스트』 1월(2005), 77쪽.
[83] A. Green, *The Epic of Korea* (Washington, D.C.: Public Affairs Press, 1950), pp. 78-93.
[84] Gregory Henderson, *Korea: The Politics of Vortex* (Cambridge, MA: Harvard University Press, 1968); 그레고리 헨더슨 저, 박행웅·이종삼 역, 『소용돌이의 한국정치』(한울, 2000); 그레고리 헨더슨 저, 이종삼·박행웅 역, 『소용돌이의 한국정치』 완역판(한울, 2013).
[85] 『경향신문』, 1947년 10월 19일자.

초에 양군이 철퇴하기를 제의한다고 말했다.[86]

미국안은 '선 정부 수립 후 철군안'인 데 비하여 소련안은 '선 철군 후 정부 수립안'이었다. 1947년 11월 5일 유엔총회 정치위원회는 소련안과 미국안을 각각 별도로 표결했다. 먼저 조선 주둔 미·소 양군을 1948년 1월 1일까지 철퇴시키자는 소련안은 20 대 6으로 부결되었다. 이에 반하여 1948년 3월 31일까지 시행할 총선거 독립조선정부 수립 및 독립 후 90일 이내로 조선에서 모든 미·소 군대를 철퇴시키는 것을 감독하기 위하여 유엔위원회를 조선에 파견하자는 미국 측 결의안은 46 대 0(기권 4표; 소련 블록 6개국은 투표에 불참)으로 통과되었다.[87] 이어 11월 6일 유엔총회 정치위원회는 미국안(유엔소총회설치안)을 43 대 6으로 가결시켰다.[88]

1947년 11월 14일 유엔총회 전체회의에서 미국 측 수정안이 43 대 0(기권 6표)으로 가결·채택되었으며 소련 측 철병 재(再)제안은 34 대 7로 부결되었다.[89] 미국안이 가결되자, 소련 블록은 즉시 유엔조선위원회 설치안을 보이콧하리라는 것을 재강조했다.[90] 결국 1947년 12월 19일 소련은 미국이 제안한 유엔한국임시위원단(UNTCOK; United Nations Temporary Commission on Korea; 약칭 유엔임시위원단, 유엔한

---

[86] 『조선일보』, 1947년 10월 30일자.
[87] (레이크석세스6일발UP조선), 「총선거 정부수립 철병 등 UN 조선 監委 설치안 총회정위 46 대 0으로 최후가결: 각국제출수정안도 통과 내주 중 총회전체회의에 회부」, 『경향신문』, 1947년 11월 7일자; (레이크석세스6일발AP합동), 「선거 감시위원설치안 46 대 0으로 정위가결: 중, 비, 인, 불의 수정안을 첨가: 조선독립안최후단계에 돌입: 내주 유엔총회전체회의에 제출」, 『동아일보』, 1947년 11월 7일자.
[88] 「국련 소총회 설치안 43 대 6표로 정위서 가결」, 『조선일보』, 1947년 11월 8일자.
[89] (뉴-욕 후럿씽 메도우스15일발AP합동), 「UN조선위원회설치안 총회전체회의 43 대 0으로 가결: 소철군안은 34 대 7로 부결」, 『경향신문』, 1947년 11월 16일자.
[90] (뉴-욕 후럿씽 메도우스15일발합동), 「국련조선위원파견안가결: 소 撤兵 再 提案은 부결」, 『조선일보』, 1947년 11월 16일자.

위) 설치안을 예상대로 거부했으며 이후 위원단의 북한 입국을 거부했다. 결국 유엔에서 미국의 행동은 소련의 반대에도 불구하고 그 정당성을 보장받았지만, 소련이 반대하는 한 한반도에 반쪽만의 정부를 수립하는 결과를 가져오리라고 예측되었다.[91] 유엔에 상정된 한국 문제는 냉전 대두에 따른 첫 번째 시련, 미·소 '대결'에 봉착했던 것이다. 미국 안은 일사천리로 힘을 얻지는 못했으며 여러 대목에서 어려움이 있었다. 무엇보다도 소련의 거부가 큰 걸림돌이었다. 만약 유엔을 통한 정당화가 실패한다면 미국은 유엔을 통하지 않은 단독행동이라는 대안을 가지고 있었다.

4. 유엔의 한국 총선 관리

인구비례에 의한 남북 총선거를 통한 통일정부 수립을 목적으로 한 유엔임시위원단은 중화민국·필리핀·엘살바도르·프랑스·시리아·인도·캐나다·호주·우크라이나공화국 등 9개국으로 구성될 예정이었으나 우크라이나가 구성원들의 친미적 성격을 이유로 불참했다. 후일 소련 외상이 된 유엔 소련 대표 그로미코는 유엔임시위원단이 한국을 '미국의 식민지'로 만들고자 하는 미국의 일방적인 행동을 은폐하려는 눈가림에 불과하다는 비난을 반복했다.

주로 미국에 우호적인 국가들로 구성된 유엔임시위원단이 파견되었지만 총선실시 결정이 신속하게 이루어지지는 않았다. 미국의 뜻에 따라 아무런 무리 없이 진행된 것이 아니라 오히려 국가 간 갈등과 의견

---

[91] 김형찬, 「미소대립과 조선문제」, 『개벽』 76(1948), 32쪽.

대립 속에서 우여곡절을 겪었다. 소련과 합의 없이는 통일정부 수립이 불가능할 정도로 한국 문제가 국제화된 상황이어서 유엔임시위원단의 운신 폭은 처음부터 제한적이었다. 사실상의 단독선거안인 총선안을 가지고 내한한 유엔임시위원단은 막상 한국인의 단선 반대 분위기를 접하고 한때 주춤했다. 이 과정에서 미국은 물량공세에 더해 직간접적인 압력과 설득을 가했으며 수단과 방법을 가리지 않는 모종의 공작을 진행했다.[92] 만약 그러한 압력과 공작이 없었다면 무리한 단독선거의 실시가 내외의 반대에 부딪혀 어려웠을지도 모른다. 유엔으로 이관된 한국 문제는 과연 '뜨거운 감자'였던 것이다.[93] 이 과정을 보다 구체적으로 살펴봄으로써 숨겨진 진실을 재발견할 수 있을 것이다.

1948년 1월 8일 서울에 온 유엔임시위원단은 양 점령군 지역사령관에게 방문의 뜻을 비쳤으나, 소련군은 접근조차 거부했다. 유엔은 한국 문제에 관한 권한이 없으며, 유엔임시위원단의 구성비에서 드러나는 바와 같이 그 자체만으로도 미국의 정책을 일방적으로 지지하는 데 이용될 수 있다는 것이 반대 이유였다. 북한에서 선거를 실시할 수 없으리라는 사실[94]이 명백해지자, 위원들 사이에서는 타개책을 둘러싸고 현저한 의견 대립이 생겼다. 중화민국(김구의 체면을 중요시했지만 남한 단독

---

92 이에 대해서는 이완범, 「해방직후 국내정치세력과 미국의 관계, 1945~1948」, 김일영 외, 『해방전후사의 재인식』 2(책세상, 2006) 참고.

93 Leland M. Goodrich, *Korea: A Study of U.S. Policy in the United Nations* (Westport, CT: Greenwood Press, 1956), p. 41.

94 공위가 진행 중이면서 협의 대상 문제로 진통을 겪던 1947년 6월의 시점에서 미국은 전 한국인들의 정당 가입에 대한 잠정적인 평가를 토대로 좌와 우의 비율이 44 대 55로 우익이 유리하지만, 소련이 동의해 전국적인 선거가 실시된다면 북은 통합되어 있으나 남의 우익은 분열되어 있기 때문에 공산주의의 파도를 막는 데(stemming the Communist tide) 역부족일 가능성이 높다고 우려했다. "Hodge to Marshall," June 26, 1947, *FRUS, 1947*, vol. Ⅵ, pp. 679-680. 따라서 미국은 추후 단독선거가 단행된 것을 오히려 다행으로 생각했을 가능성이 있다.

선거를 지지)·필리핀(유엔소총회를 경유하지 않는 조기 선거 주장)·엘살바도르(대체로 미국안을 지지했지만 유엔 결의의 모호성을 비판하기도 함) 대표는 대체로 접근 가능한 지역에서라도 국가를 건설하는 것이 상책이라고 생각했으며, 호주·캐나다·인도(이상 반미적인 영연방블록)·시리아(유엔의 팔레스타인 문제 처리로 인해 미국의 대외정책에 비판적) 대표는 그러한 조치가 현존하는 적대관계를 심화시키며 결국 영구분단을 초래할 것이라고 믿었다.[95] 영연방국가[96]가 중심이 되어 미국의 독주를 견제하려는 분위기가 형성되어 있었던 것이다(한편 '저무는 해' 영국이 '뜨는 해' 미국을 견제하려 했겠지만, 이보다는 장차 서방권이 소련과 전쟁할 것을 우려하여 신중한 태도를 취했다는 식으로 내부적 인식을 중시하는 해석도 있다). 1948년 2월 12일 파리 주재 미국대사가 확인한 바에 따르면 비교적 중립적이었던 프랑스 외무부는 유엔임시위원단이 소련 점령지역으로 들어갈 수 없다면 접근 가능지역에서라도 선거를 마무리할 것을 대체로 지지하면서도 영국과 미국의 이해 충돌을 고려했다.[97] 유엔임시위원단 내에서는 남한에 수립된 분리정부가 하나의 국민정부(A National Government)라고 불릴 수 없다는 생각이 지배적이었다.[98]

---

95 양준석, 「1948년 유엔한국임시위원단의 활동과 5·10총선에 대한 미국정부와 한국인들의 인식」, 『한국정치외교사논총』 40-1(2018), 93쪽.
96 호주·캐나다·인도 3국은 영국블록 혹은 반미블록이라고 칭해졌다. 하지의 고문 제이콥스는 이들이 미국의 정책을 관철하는 데 방해 요소라고 판단했다. 호주의 잭슨이 반미주의자이며 이남에서 공정한 선거를 치를 수 없는 "자유로운 분위기를" 확인한다는 핑계로 미군정의 오점을 찾기 위해 노력한다고 평가했다. 그러나 잭슨 그룹은 소수이므로 그 영향력에 한계가 있을 것이라고 진단했다. "Jacobs to Marshall," February 12, 1948-6 p.m., *FRUS, 1948*, vol. Ⅵ, pp.1107-1109.
97 "The Ambassador in France (Caffery) to the Secretary of State," Paris, February 12, 1948-2 p.m., *FRUS, 1948*, vol. Ⅵ, p. 1104; 양준석(2018), 앞의 글, 93쪽.
98 유엔임시위원단 의장 메논의 자서전에 근거한 서술이다. K. P. S. Menon, *Many Worlds: An Autobiography* (Bombay, India: Oxford University Press, 1965); 최종고, 『대한민국 건국과 한국 여성: 이승만과 메논 그리고 모윤숙』(기파랑, 2012).

팽팽한 의견 대립, 국내 정치세력의 반대 분위기, 1948년 1월 좌익의 총파업위원회 조직 등으로 쉽게 결정을 못 내린 유엔임시위원단은 1948년 2월 총회의 소총회에 자문을 구하기로 결정했다.

1948년 2월 26일 소총회는 유엔임시위원단이 임무를 수행할 수 있는 가능지역에서 총선을 실시하자는 미국안을 31 대 2(기권 11; 소련을 지지하는 공산진영 5개국을 포함해 11개국은 불참)로 가결했다.[99] 반대표는 미국에 비판적인 영연방국가인 호주와 캐나다가 던졌다. 두 나라는 남부지대에만 국한되는 선거가 유엔총회의 조선 전국선거 실시 건의에 위반되는 것이라며 반대했다.[100] 기권이 11표나 나왔다는 사실에서 소총회 회원국의 주저하는 분위기를 읽을 수 있다. 소련을 중심으로 한 기권국들과 반대표를 던졌던 여러 회원국은 그런 방식을 채택하는 것이 한국 분단을 영구화할 뿐만 아니라 결국 세계평화를 위협할지도 모르는 일이라고 생각했다. 그런데 이 정도라도 승리할 수 있었던 것은 워싱턴의 주도면밀한 외교책략과 체코슬로바키아에서 1948년 2월 21~25일 일어난 공산당의 무혈 쿠데타에 의한 정권 장악 시도[101]가 주요한 원인

---

[99] 유엔총회도 아닌 '소총회'에서 한국인들에게 남북 총선거 추진의 기회도 주지 않고 2월 26일 서둘러 가능지역 총선거를 결의하자 김구는 북쪽 한국인들과의 협상도 없이, 통일에 대한 한국인끼리의 약속도 없이 유엔소총회가 남한 단독선거로 단독정부 수립을 의결했다고 평가해 반대했다고 신용하는 주장한다. 신용하, 「백범 김구 선생과 대한민국의 건국」, 백범김구선생기념사업협회·백범기념관·백범학술원 학술회의: 백범 김구 선생의 환국 후 정책과 활동, 백범기념관 대회의실, 2008년 10월 9일(2008), 161쪽; 신용하, 「백범 김구 선생과 대한민국 건국 활동」, 『백범과 민족운동연구』 7(2009), 277-292쪽.
[100] 「중앙정부수립안 31대 2로 가결 26일 소총회에서: 정부수립에 자유협의 국의권한의 각서 미 대표 소총회서 발표」, 『동아일보』, 1948년 2월 28일자.
[101] 1947년 체코슬로바키아가 마셜 플랜을 거부하면서 공산당 지지율이 추락했고, 연립정부의 제1당 공산당(1946년 5월에 실시된 체코슬로바키아 총선거에서 공산당이 38%의 지지를 얻음)이 정권에서 차지하는 몫이 다가올 1948년 5월 선거에서 축소될 것으로 예견되었다. 마셜 플랜 이후 프랑스와 이탈리아에서도 선거에 따른 공산당의 지지율이 추락했던 것이다. 결국 초조해진 소련의 스탈린은 체코슬로바키아 공산당에 쿠데타를

이었다.[102]

소총회 결정의 실행을 둘러싸고 유엔임시위원단 내부에서 마지막 논쟁이 벌어졌다. 1948년 3월 12일 표결에 부친 결과, 영연방국가 호주와 캐나다가 역시 반대하고 프랑스와 시리아가 기권한 가운데 중화민국·필리핀·엘살바도르·인도의 찬성으로 5월 9일 선거실시가 결의되었다. 8개국 중 4개국만이 찬성했다. 한국인들의 반대에 직면한 유엔임시위원단 의장(위원장) 메논(K. P. S. Menon)은 "남한만의 단독총선거가 유엔의 기본 목표인 한반도의 독립과 점령군들의 철수에 도움이 되지 않을 것"이라며, 한때 단독선거안의 철회를 주장하기도 했다.[103] 이렇듯 인도 대표 메논 의장이 이미 단독선거에 부정적인 의견을 표명했으므로 인도는 반대가 예견되었다. 그러나 영연방국가 인도가 찬성으로 돌아서서 의결 정족수인 과반을 넘겨 단독선거만이 통과되게 만들었으므로(일종의 캐스팅 보트를 행사한 결과가 됨) 상당한 주목을 받았다.[104] 이승만 그룹과 한민당[105] 등을 제외한 한국 내 유수의 정당·단체가 선거를 보이콧

지시했다. 1948년 2월 21일 체코슬로바키아 공산당은 행동을 개시했고, 소련대사 조린(Valerian Zorin)이 적극적으로 협력했다. 그 결과 2월 25일 비공산계 출신 대통령 베네시(Edvard Beneš)가 공산당이 장악한 정부를 인정했다. 1948년 5월에는 헌법이 채택되고 인민민주주의체제가 성립됨으로써 1945년 4월 수립된 체코슬로바키아 제3공화국은 붕괴되었다. 베네시는 1948년 6월 7일 사임했고 6월 14일 당시 총리이던 공산당 출신 고트발트(Klement Gottwald)가 대통령에 취임했다. 공산당은 '1948년 2월혁명'이라고 부르지만 서구에서는 쿠데타로 부른다.

102 Leon Gordenker, *The United Nations and the Peaceful Unification of Korea* (The Hague: Martinus Nijhoff, 1959), pp. 71-75; *The New York Times*, February 27, 1948, p. 20.
103 이재봉, 「반미, 분단 직후부터 일어난 자주운동」, 『프레시안』, 2014년 8월 29일자.
104 유엔임시위원단 의장 메논은 자서전에서 "이것(미국안에 반대하고 있던 영연방국가의 대열에서 이탈한 것)은 어쩌면 나의 공직 가운데 나의 심장이 나의 두뇌를 지배하게 한 유일한 경우였다"라고 적어 모윤숙과의 우정이 노선 전환에 영향을 미쳤음을 암시했다. 최종고(2012), 앞의 책.
105 『서울신문』, 1948년 2월 28일자 보도에 따르면 이승만과 한민당은 단독선거에 적극적

할 것으로 예측되었으므로 캐나다와 호주는 선거안을 반대했다.[106] 실제로 좌익은 물론 우익진영의 영수인 김구까지도 1948년 3월 12일의 결의안 통과 직후 김규식·김창숙·조소앙·조성환·홍명희·조완구와 함께 가능지역 선거를 반대하는 공동성명(7거두성명)을 발표했다.[107] 캐나다 대표 패터슨(George Sutton Patterson)은 만약 이 안이 가결된다면 유엔임시위원단에서 탈퇴할지 모른다고 시사한 바 있어 귀추가 주목되기도 했다.[108] 일시소환설이 있던 그는 3월 24일부터 회의에 정식으로 재출석했으므로[109] 탈퇴하지는 않았다.

유엔결의안의 '가능지역 선거'가 곧 남한 단독정부 수립안으로 기울자, 국내 정치세력들은 단정에 찬성하는 세력과 반대하는 세력으로 양

으로 참여할 것을 주장했다.

[106] 정용욱, 「김구의 섬뜩한 예측 "남한 단독선거는 동족상잔 만들 것"」, 『한겨레』, 2019년 12월 21일자에는 인도와 프랑스가 기권했다고 하는데 인도는 시리아의 오기이다.

[107] 「통일독립달성을 確執: 김구 씨 등 선거불참을 공동성명」, 『경향신문』, 1948년 3월 13일자. 김구는 소련의 거부로 남한에서만 선거가 가능할 것이라는 예측이 유포되던 1947년 11월 24일 "국련 결정의 소련 측 거부로 인한 남한만의 선거는 국토를 양분하는 비극이다"라며 유엔 감시하의 선거를 처음으로 반대하기 시작했다. 『조선일보』, 1947년 11월 25일자. 이승만과 김구가 단정 찬반으로 갈렸다는 추측이 항간에 유포되자, 이러한 여론에 대한 반발에서인지 김구는 이승만과 의견이 일치한다는 담화를 발표했다. 『조선일보』, 1947년 12월 2일자. 김구는 유엔결의안을 대체로 지지한다는 태도를 표명하면서 유엔의 권위 때문에 통일정부가 수립될 수 있다는 소박한 견해를 표명하기에 이르렀다. 『동아일보』, 1947년 12월 2일자. 그러나 김구는 12월 22일 단독정부 수립 반대 노선을 표명해 노선을 전환했다. 『조선일보』, 1947년 12월 23일자.

[108] 「페더손 씨 진퇴문제 본국에 조회 중」, 『경향신문』, 1948년 3월 13일자. 하지는 1948년 2월 26일 미 국무장관에게 보낸 전문에서 패터슨을 소련과 공산주의에 대한 옹호자(극단적이며 이상적인 사회주의자; all-out idealistic Socialist; "Lt. General Hodge to the Secretary of State," Seoul, February 26, 1948-8:45 a.m., FRUS, vol. Ⅵ, p. 1133)로 평가했다. "George Sutton Patterson", 위키피디아(en.wikipedia.org/wiki/George_Sutton_Patterson, 검색일: 2014년 10월 12일). 당시 패터슨의 활동에 대해서는 다음의 연구가 있다. Park Tae-Gyun, "The Ugly Duckling: The Activities of the Canadian Delegate in UNTCOK and Koreans' Evaluation," *Comparative Korean Studies*, 13-1 (2005). pp. 75-96.

[109] 「각분위업무완료 선거감시문제를 토의」, 『경향신문』, 1948년 3월 26일자.

분되었다. 좌익은 모두 반대했으며, 우익은 분열되었다. 김구와 김규식은 이미 소총회 결정이 있기 전부터 단선(단독선거) 반대 국민운동 전개를 협의 중이었는데, 유엔소총회 결정이 국내에 전해지자, 김구는 그 결의가 '한국 문제에 대한 유엔 결정에 위배되는 남한 단선을 실시키로 한 것은 민주주의의 파산을 세계에 선고한 것'이라며 반대 의사를 명확하게 밝혔다. 또 1948년 3월 18일 개막한 독촉국민회 전국대표대회에 보내는 메시지에서도 '결의안이 일국 신탁을 강요하는 것이고, 38선을 국제적으로 합리화하는 것이며, 우리로 하여금 동족상잔을 하게 만드는 것'이라며 반대 의사를 명확하게 밝혔다.[110] 유엔의 단선 결의가 '민주주의 위반'이고 '일국 신탁 강요'라는 김구의 시각이 주목할 만하다.

한편 하지는 한국 내 정세 때문에 1948년 5월 9일로 예정된 선거를 5월 24일로 연기할 것을 요청했지만, 하루빨리 건국이 이루어질 것을 소망하던 이승만은 거세게 반발했다.[111] 결국 이승만의 입김이 작용해

---

[110] 정용욱, 「김구의 섬뜩한 예측 "남한 단독선거는 동족상잔 만들 것"」, 『한겨레』, 2019년 12월 21일자.

[111] 『동아일보』, 1948년 3월 31일자. 이승만은 당시 방한 중이던 미 국무차관 드레이퍼 (Draper)에게 미국이 원할 경우 미 해군기지의 설치를 위해 제주도 일부를 제공하겠다는 제안을 하기에 이르렀다. "Jacobs to the Secretary of State," March 30, 1948, *FRUS, 1948*, vol. Ⅵ, p. 1163; CIA, "Personality of Rhee Syngman," One of Appendixes of "Prospects for Survival of the Republic of Korea," October 28, 1948, ORE 44-48, US National Archives; 이흥환, 『대통령의 욕조: 국가는 무엇을 어떻게 기록해야 하는가』(삼인, 2015), 210쪽 참조. 또한 이승만은 한국 문제가 유엔에 이관된 후에도 총선이 지연되거나 혹은 김구·김규식이 최고지도자가 되지 않을까 우려했다. 이승만은 자신이 주도하는 한국 총선에 미군정이나 유엔이 단지 '지원'해주길 바랐던 것이다. 따라서 미국과 유엔의 개입이 자신의 집권을 불가능하게 할지 모른다고 불안해했다. 하지와 개인적으로 대립관계에 있던 이승만은 하지가 중간파를 지원할 때부터 김규식을 중심으로 하는 좌우합작파가 자신을 제압하지 않을까 두려워했다. Robert T. Oliver, *Syngman Rhee and American Involvement in Korea, 1942~1960* (Panmun, 1978); 로버트 T. 올리버 저, 박일영 역, 『이승만비록』(한국문화출판사, 1982), 173-199쪽, 202-203쪽, 224쪽, 232-233쪽.

유엔 감시하에 5월 10일 선거가 시행되었다. 당시 5·10총선거 홍보포스터에는 "총선거로 독립문은 열린다"라는 구호 아래 "중앙정부 수립"이라는 표현이 나온다. 단독정부를 위한 선거가 아니라 중앙정부를 수립하는 선거라는 주장이다.

미군이 주둔한 남한지역에서도 실제 선거가 원만히 진행되지 못한 경우가 있었다.[112] 3월 29일부터 4월 9일까지 실시된 투표자 등록에서 94% 이상의 유권자가 등록했다고 보고되었지만, 자유로운 분위기에서 등록하지 않은 경우도 있었다.[113] 유엔임시위원단 35명의 인원으로 남한 전체의 1만 3,272개 투표구를 감시한다는 것은 사실상 불가능한 일이었으므로 미국의 무장력에 의존할 수밖에 없었다. 5·10선거는 미군이 우익을 비호하고 단선 반대운동을 탄압·감시하는 상태에서 이루어졌다. 선거 당일만 하더라도 경찰 51명을 포함해 62명의 관리가 살해되었고 수백 개의 관공서가 피습되었다.[114]

남한의 국내 정치세력 중 좌익은 물론 단독선거라 반대했으며 우익도 모두 참여한 것은 아니었다. 김구·김규식 계열은 남북협상을 주도하여 1948년 4월 북행했다. 김일성 주도로 평양에서 열린 전조선제정당사회단체대표자연석회의에 형식적으로 참여(김구 참석, 김규식은 불참)한 후 단선 반대를 명백히 했다. 북행의 결행 과정에서 유엔임시위원단의

---

112 한국의 중도파와 좌익들이 선거를 보이콧하여 반소적인 우익이 압승을 거두도록 미국이 고의로 공작했을 가능성이 있다. 단선에 비판적이었던 캐나다 대표 패터슨은 선거결정에 보이콧을 조장하려는 정치적 의도가 내포되어 있다고 판단해 미국의 공작을 밝혀보려다 좌절했다. "Langdon to Marshall," February 20, 1948, May 10, 1948, May 11, 1948, *FRUS, 1948*, vol. Ⅵ, pp. 1121-1122, pp. 1146-1149; James Matray, "Civil War of a Sort: The International Origins of the Korean Conflict," A Paper presented on the 2nd International Conference on the Korean War, Seoul, June 14~15, 1990, p. 40.
113 전상인, 「한국의 국가, 그 생성과 역사적 추이」, 『사회비평』 5(1991), 404-405쪽.
114 『서울신문』, 1948년 5월 13일자.

캐나다·호주 대표는 양 김씨의 남북회의 참석을 1948년 3월경 권했고 그것이 성공적이라면 '가능지역 선거'가 연기될 수 있음을 시사했다.[115] 중도파와 좌파는 선거를 보이콧했으며 좌익의 경우 폭력을 동원한 격렬한 반대투쟁[116]을 전개했지만 제주도 3개 선거구 중 2개를 제외한 전국에서 선거가 성공적으로 실시되었다. 이승만·한민당을 중심으로 한 소수파가 이후 정국의 주도권을 잡기 시작했다. 결국 미국의 친미정권 수립 목표가 달성된 셈이었다. 투표율은 역대 총선과 대통령 선거 역사상 유례가 없는 95.5%(무효화된 1960년 3·15정부통령선거의 97%는 제외)로 집계되었다. 무소속이 38.1%의 득표율로 85석[전체 200석(후일 치러진 제주도 포함)의 42.5%], 독립촉성국민회가 24.6%로 55석(27.5%), 한국민주당이 12.7%로 29석(14.5%), 대동청년당이 9.1%로 12석(6.0%), 조선민족청년단이 2.1%의 지지로 6석(3.0%), 기타 군소단체가 13.4%의 지지로 12석(6.5%)을 얻었다.[117] 한국민주당에 대한 감정이 좋지 않았으므로 무소속으로 출마한 당원까지 합친다면 한민당의 실제 의석은 76개라는 평가도 있다.[118]

1948년 7월 17일 여러 우여곡절 끝에 제헌의회는 의원내각제 원안

---

[115] 김구의 경우 이승만에 대항하여 최고지도자가 되기는 어렵다고 생각해 기존의 노선에서 이탈했다는 해석도 있다. 김구의 선택을 이상주의가 아니라 현실주의적 정치가의 선택으로 보아야 한다는 것이다.

[116] 『조선중앙일보』, 1948년 5월 9일자. 공산주의자들을 포함한 좌익세력들은 유엔임시위원단이 미국 제국주의의 첩자라고 비난하면서 폭력으로 선거를 거부했다. 이재봉, 「반미, 분단 직후부터 일어난 자주운동」, 『프레시안』, 2014년 8월 29일자.

[117] 정영국, 「정치사회의 유동성과 제헌국회 선거」, 한국정신문화연구원 현대사연구소 편, 『한국현대사의 재인식 2: 정부수립과 제헌국회』(오름, 1998), 233쪽.

[118] 역시 소속을 밝히기 꺼렸던 독촉계도 61석이라고 추산된다. 이기명, 「5·10 선거의 전개과정과 국내정치세력의 대응」, 연세대학교 석사학위논문(1990), 71쪽; 황수익, 「제헌국회의원 선거」, 서울대학교 한국정치연구소 편, 『한국의 현대정치: 1945~1948년』(서울대학교 출판부, 1993), 328쪽.

에 대통령중심제가 가미된 헌법을 공포했으며, 3일 후 국회는 헌법에 따라 간접선거 방식으로 대통령을 선출했다. 예상했던 대로 이승만이 압도적인 다수[전체 재적 198명(제주도 미실시 2석 제외) 중 196명이 투표에 참여했으며, 180명이 이승만 지지, 김구 13표]로 대통령에 당선되었다. 결국 대한민국 정부는 1948년 8월 15일에 수립되었다.

유엔임시위원단은 선거 직후인 1948년 5월 13일 그 결과에 대하여 효력을 유보하는 제59호성명을 내기도 했다. 그러나 곧 미국의 압력에 굴복하여 "자유의사가 유효하게 표현되었다"라고 6월 25일 공식 발표했지만, 실제로는 선거인 등록 초기에 나타났던 것처럼 자유와 공정이라는 점에서 미흡한 부분이 있었던 초대 총선거였다.[119] 하지는 90%가 넘는 수가 투표했다고 주장했지만 패터슨은 오래된 인구조사 통계에 기반해 투표율을 산출했으므로 과대평가되었으며 등록되지 않았거나 등록을 거부한 인구를 감안한다면 70% 정도가 투표한 것이라며 매우 박하게 보정 수치를 제시했다. 좌익과 중간파가 참여를 거부해 국내 정치세력이 선거를 통해 자유롭고 공정하게 대표되는 데 한계가 있었다. 그렇지만 모든 것이 불확실한 과도기적 상황에서 처음 치러진 민주주의 자유선거였으므로 이 정도로도 합격점을 줄 만했다.

실제로 유엔임시위원단은 선거가 비교적 잘 치러진 데 놀랐다. 인도 대표(메논으로 추정)는 선거의 성공 요인을 "한국인들은 이 선거를 독립을 위한 것으로 보았으며 일제시대에 주입된 일본식 조직 모델이 각 개인들을 투표장으로 가게 만드는 압박으로 작용했을 것"이라고 분석했다.[120]

---

119 매트레이는 자유로운 선택의 분위기가 존재했다고 주장하는 것은 "웃기는 일"이라고 평가했다. James Irving Matray, *The Reluctant Crusade: American Policy in Korea, 1941~1950* (Honolulu, Hawaii: The University of Hawaii Press, 1985), p. 148.
120 "Patrick Shaw(the Australian Head of Mission in Tokyo) to Department of External Affairs," Departmental despatch 107/1948 (extract), TOKYO, 19 May 1948,

5. 남북협상과 대한민국

이승만이 주도한 1948년 대한민국 정부 수립을 '건국'이라고 하며 긍정적으로 평가하는 인사들은 김구가 남북협상에 나서고 5·10선거를 단선이라고 보이콧해 '대한민국 건국'을 방해했다고 주장했다. 따라서 이들은 김구가 대한민국(건국)의 공로자가 아니라고 주장한다. 김구가 이끄는 임시정부 '패권세력'이 대한민국 건국에 격렬히 반대했다고 평가하기까지 한다. 김구가 북한 공산정권, 남한의 좌익·중도세력 등과 연대해 대한민국 건국을 위해 실시된 5·10선거를 저지하는 투쟁을 적극적으로 전개했다는 것이다.[121]

신용하(2008, 2009, 2010)는 위와 같은 평가에 대해 김구가 이미 독립운동 시기에 해방·광복 후 대한민국 건국을 위해 누구보다도 앞장서서 맹렬히 활동했다고 주장했다. 즉 1941년 대한민국건국강령을 통해 대한민국 건국을 천명했으며 단독선거에 이은 단독정부 수립에 반대했을 뿐, 하나의 통일정부로 대한민국을 수립하는 것을 독립운동 시기부

[AA : A1838, 3123/4/5, Ⅱ], Australian Government, Department of Foreign Affairs and Trade, *Documents on Australian Foreign Policy, Volume 16: 1948-49, Australia and the Postwar World – Beyond the Region* (www.dfat.gov.au/publications/historical/volume-16/historical-document-16-149.html, www.info.dfat.gov.au/info/historical/HistDocs.nsf/(LookupVolNoNumber)/16~149, 검색일: 2014년 10월 12일); (www.dfat.gov.au/about-us/publications/historical-documents/Pages/volume-16/149-shaw-to-department-of-external-affairs, 검색일: 2021년 2월 25일).

121 양동안, 「대한민국은 언제 건국되었나?」, 이주영 편, 『대한민국은 왜 건국을 기념하지 않는가』(뉴데일리, 2011), 37-40쪽. 양동안은 임시정부와 대한민국 사이에는 이념 면에서는 계승관계가 있지만 조직 차원에서는 적대적 단절이 있다고 평가했다. 임시정부 구성원의 다수가 대한민국의 건국 및 건국 후의 대한민국 국정에 참여했지만, 정치결사로서의 임시정부는 건국과 적대적으로 단절했다는 것이다.

터 일관되게 주장했다고 평가했다.[122] 장기적으로 보면 김구의 노선이 야말로 대한민국 건국 노선이고, 만약 김구가 대한민국 대통령이 되었다면 전쟁이 일어나지 않았을 것이라고 부언했다.[123] 김구는 중국에서

---

[122] 신용하, 「대한민국 건국과 백범 김구 선생」, 『백범회보』 19(2008), 12-15쪽; 신용하, 「백범 김구 선생의 독립운동과 대한민국」, 아시아 민족독립운동과 건국지도자: 백범 김구 선생 서거 60주기 추모 국제학술회의, 백범김구기념관 대회의실, 2009년 10월 9일; 신용하, 「백범 김구 선생의 독립운동과 대한민국」, 『백범과 민족운동연구』 8(2010).
한편 중경 임시정부 청사 등을 답사하는 것을 목적으로 대산재단이 선발한 '2008년 대학생동북아대장정' 참가단 800명에게 설문한 결과, 대한민국 건국에 가장 크게 기여한 인물로는 김구(36.4%, 291명)를 꼽았다고 한다. 19.1%인 153명이 특정인이 아닌 '우리 국민', 세 번째로 8.9%인 71명이 이승만(초대 대통령)을 선정했다. 4위는 여운형(건국준비위원회 위원장) 19명, 5위는 안중근·안창호 각 10명, 7위는 김규식 9명, 8위는 세종대왕·박정희 각 7명, 10위 유관순 6명, 11위 윤봉길 4명, 12위 미국·곽낙원(김구 선생 모친)·이순신 각 3명, 15위 광개토대왕·단군·신익희·이시영 각 2명 순이었다. 응답자들은 김구를 꼽은 이유로 "김구가 임시정부를 이끌며 수많은 애국지사와 힘을 모아 일제에 직접 대항함으로써 건국의 기반을 마련했고, 해방 후 이념을 초월해 민족통일 문제에 접근했기 때문"이라고 답했다. 이어 '우리 국민'이라고 답한 학생들은 "아무리 독립 인사들의 노력이 컸다 하더라도 독립과 건국을 향한 국민의 확고한 의지가 뒷받침되지 못했다면 해방 후 건국이 불가능했을 것이며, 민중은 세상을 움직이는 힘"이라고 했다. 또 이승만을 꼽은 학생들은 "대한민국 단독정부를 수립함으로써 한반도 전체가 공산화하는 것을 막아냈고, 보다 현실적으로 주변 정세와 기회를 잘 이용했기 때문"이라고 평가했다. 「대학생이 뽑은 건국 일등공신 김구〉우리 국민〉이승만: 대산재단 800명 설문」, 『세계일보』, 2008년 7월 29일자; 「대한민국 건국에 가장 크게 기여한 인물: 백범 김구 선생 1위-우리 국민 2위」, 『국방일보』, 2008년 7월 29일자.
김구를 존경하는 대학생들이 대개 임시정부 답사를 지원했을 것이므로 이런 결과가 나온 것으로 추정된다.
한편 박명림(2009)은 대한민국이라는 국호뿐 아니라 "제헌헌법의 정신과 주요 원칙, 내용, 조항, 국가제도와 사회경제 체제는 전부 임정 헌법을 수용한 것이었다"라면서 "개인 김구 자신은 대한민국 건국을 반대하고 불참했으되 그의 국가 건설 사상은 신생국가의 건국정신과 헌법으로 수용되는 역설이 발생한 것"이라고 평가했다. 박명림, 「대한민국 건국과 한국 민족주의」, 『한국정치외교사논총』 31-1(2009), 191쪽.
[123] 신용하, 「백범 김구의 환후 후 정책과 활동 학술회의에서의 논평」, 2008년 10월 9일(2008). 신용하는 「'통일 대한민국' 꿈꾼 건국의 지도자였다」, 『조선일보』, 2009년 6월 16일자에서 "백범은 대한민국은 처음부터 '통일 대한민국'으로 건국돼야 내전(內戰)을 방지할 수 있지, 남·북한에 각각 2개 정부를 세워서는 안 된다고 생각했다. 북에서는 '남진(南進) 통일', 남에서는 '북진(北進) 통일'을 내세우면서 단독정부를 세우면 동족상잔의 참혹한 내전이 일어나 우리 민족이 큰 타격을 입는다는 것이었다. 백범은 남북협

귀국한 직후부터 대한민국 건국 노선인 반공을 표방했고 1945년 12월 말부터 반탁에 앞장섰다. 대한민국 건국 노선인 반공·반탁노선에 김구가 이승만과 함께했다는 것이다. 다만 두 사람은 남한만 선거하는 게 옳으냐, 북한과 대화 노력을 해본 후 선거하는 게 옳으냐는 절차적 문제를 놓고 다툰 것이다. 따라서 남재희(2015)는 김구가 '대한민국의 뿌리'라고 주장했다.[124]

김구와 대한민국의 관계에는 '남북협상'이 하나의 결정적인 사건으로 자리하고 있다. 대한민국이라는 나라를 세운 것과 김구를 연관 지을 때 남북협상이라는 문제는 매우 중요하다.

이 절에서는 김구·김규식이 주도한 남북협상을 어떻게 평가할 수 있는지 성찰하고자 한다.

1) 남북협상에 대한 엇갈린 평가: 이상인가, 현실인가

'남북협상'은 1948년 1월부터 4월 사이에 미국과 유엔의 주도에 의한 '가능지역 총선거'인 5·10단독선거가 현실화되었던 시점에 남북 지도자들이 협상을 추진하면서 단독선거를 반대했던 사건을 지칭한다.

그런데 이 사건에 대한 평가는 당시 정파에 따라 사뭇 달랐으며 지금도 입장 차가 여전하다. 5·10선거에 참여해 정부를 수립한 이승만과 한민당의 입장을 옹호하는 인사들은 남북협상이 초대받은 잔치에 참

상 때 평양 모란봉 극장에서 만일 북한 측이 단독정부를 수립한다면 이것도 단호히 반대한다고 역설하면서, 처음부터 하나의 통일정부로 시작하자고 강조했다"라고 주장했다. 장차 2개의 정부가 서면 내전이 일어날 것을 1948년 4월 남북협상의 시점에 예견했다는 것이다.

[124] 남재희 외, 「박근혜 '통일대박론'은 1층 안 짓고 2층 짓겠다는 것」, 『신동아』 664(2015), 137쪽.

석해 들러리만 선 것이며 김구와 김규식이 김일성과 소련에 놀아난 것으로 평가절하했다. 이미 분단의 기본 구조가 확정된 상태에서 두 영수가 헛수고를 했다는 것이다. 김구와 김규식은 공산화 통일을 하려는 소련·북한의 노력에 본의 아니게 협조해서 어리석은 결과를 초래했으며, 이는 최대의 희망치가 실현되기를 바란 비현실적 사고의 발로였다는 것이다.[125]

남한의 이승만·한국민주당 등이 불참한 연석회의의 실제 과정은 소련 점령군의 민정장관 레베데프가 세운 각본대로 진행되었다. 연석회의와 그 직후 있었던 '4김회담(김구, 김규식, 김일성, 김두봉)' 모두 북한 사회주의 정권의 정통성을 제고하기 위해 소련 당국이 김구의 이름과 진정성을 악용한 것이었다. 또한 실패가 예정되어 있었던 남북협상에 참여한 김구는 현실 정치에서 패배했고 현실로부터 괴리되었다고 평가된다.[126] 김구는 통일의 이상을 내세웠지만 현실세계에서 추구한 것은 이상도 아니었고 다만 비현실적인 것이었다.

반면 이 협상을 주도했던 사람들은 남북협상운동이 비록 실패로 끝나기는 했지만 이후 통일운동의 지침을 제공했으며 한민족의 통일 의지를 발현시킨 것으로 이해하고 있다. 당시 김구의 수행비서였던 김우전은 김구가 독립운동을 하는 심정으로 갔을 뿐 대한민국을 팔아먹거나 김일성에게 놀아난 것은 아니라고 주장했다.[127] 또한 김우전은 김구가 임시

---

[125] 양동안, 「1948년 남북협상의 허와 실」, 『대한민국 건국사의 새로운 이해』(일조각, 2006).
[126] 윤평중, 「민족은 主義를 초월하는가」, 『동아일보』, 2007년 10월 3일자.
[127] 김우전,「백범 김구의 환국 후 정책과 활동 학술회의에서의 논평」, 2008년 10월 9일(2008). 또한 김우전, 「1948년 南北협상에 대한 역사인식」, 『동아일보』, 2007년 10월 12일자에서는 민족이 주의를 초월한다(민족이 주의에 우선한다)는 신념으로 38선을 넘은 백범은 남북협상의 전 과정을 주도했으며 소련에 이용당한 것도 없고 속은 것도 없고 실패한 것도 없다고 주장되었다.

정부 주석으로서 선도적인 역할을 한 것이지 기존의 평가처럼 주동적인 역할을 한 것은 아니라고 주장했다.[128]

한편 김구를 이상주의적인 사상가가 아니라 현실적인 정치가로 보는 평가도 있다. 당시 미국인과 언론인 등은 김구가 장차 수립될 정부의 최고지도자로 자신이 선출될 가능성이 없다고 판단하고 정치적 활로를 개척하기 위해 북행했다고 냉소적으로 논평했다.[129] 북행 직전 김구 주위의 인사들은 김구가 북에 갈 의사가 없다고 말했다는 것이다. 또한 김규식도 장건상의 물음에 북에 갈 생각이 없다고 답했다는 것이다. 그러나 김구와 김규식이 평양에 나타나자, 이미 북에 와 있던 장건상은 놀랐다고 회고했다.[130] 김구는 임시정부의 권위를 이용해 남쪽의 대통령이 될 수 있다고 판단해서 총선에 참여하려 했으므로 당초 남북협상에 부정적이었다. 그러나 장덕수암살사건으로 법정에 서게 되어 그 지지도가 떨어지자, 대안을 모색하여 일종의 승부수를 던진 것이 아닌가 한다.

또한 임정 국무위원을 지냈으며 해방 후에도 김구와 함께 있었던 조경한에 의하면, "김구는 처음에는 단선을 받아들일 생각이었다. 그러나 1920년부터 파리에 거주하고 1936년 임정의 주불(駐佛) 외교특파위원을 역임한[131] 서영해가 1948년 나타나 "남북한을 통틀어 총선거를 하면 선생님이 대통령이 되실 텐데 무엇 하러 이(승만) 박사가 주도하는 남한만의 선거에 참가하려고 하십니까? 김일성도 김구 선생을 대통령으로

---

[128] 「독립유공자 김우전 애국지사 방문기: 1948년 남북 협상은 잘못 알려져 있습니다」, 『백범회보』 59(2018), 123쪽.
[129] 심지연, 「이완범의 백범 김구의 신탁통치 반대 운동에 대한 논평」, 백범김구선생기념사업협회·백범기념관·백범학술원 학술회의: 백범 김구 선생의 환국 후 정책과 활동, 백범기념관 대회의실, 2008년 10월 9일(2008).
[130] 방인후·김창순 면담, 「장건상」, 김학준 편, 『혁명가들의 항일회상』(민음사, 1988), 241-242쪽.
[131] 정상천, 『파리의 독립운동가 서영해』(산지니, 2019).

모시려고 만반의 준비를 갖추고 있습니다"라고 집요하게 설득하는 바람에 변심했다는 것이다.[132] 현실주의적으로 해석하면, 김구가 자신의 대통령 꿈이 남북협상으로 실현될 수 있다고 전망했거나, 이승만에 대항해 남에서 대통령이 될 가능성이 없다고 판단해 정국 반전을 노리는 승부수를 던졌을 가능성이 있다. 물론 이와 같은 현실주의적 해석에 대해 당시 김구 측근에 있었던 인사들은 김구가 이러한 현실적 의도를 가지고 북행한 것이 아니며 통일에 대한 원대한 이상을 가지고 갔다고 주장했다. 그러나 정치적으로 해석하면 당시 김구는 최고지도자가 되려는 목적을 가지고 있던 정치가였으며 그 실현을 위해 노력했다고 후대의 정치사가들이 판단할 수도 있다. 정치가가 자신의 집권을 위해 노력하는 것은 비난받을 일이 아니며 그의 이상을 폄훼할 근거가 되는 것도 결코 아니다.

반면, 신복룡은 김구가 임정 수반을 지냈고, 조국 전선에서 열혈한 삶을 산 것은 사실이지만 그에게는 권력 의지가 없었다고 판단했다. 김구가 정치적 감각이나 술수를 타고난 사람도 아니고 그런 것에 마음을 쓰지도 않는 담백한 인물이었다는 것이다.[133] 그러나 김구는 이승만이 도미했을 때인 1947년 초 임정세력을 규합해 미군정에 대항해 쿠데타를 시도할 정도로 권력 의지가 있었다. 1945년 말 반탁운동을 주도하면서 역시 미군정에 대항해 정권 접수를 시도한 적도 있었으므로 그의 권력 접수 시도는 한 번에 그친 것은 아니었다.

---

132 김효선, 「김구·김일성의 만남, 몰랐던 이야기들」, 『뉴데일리』, 2010년 8월 17일자.
133 김구는 "형님이 먼저"라는 겸손함과 금도를 지켰고, 이승만과의 관계에서 늘 한발 비켜서 있었다고 한다. 신복룡, 「(이승만과 김구의 애증1)테러리즘 김구와 외교우선주의 이승만 근본부터 달랐다」, 『주간조선』 2361(2015).

2) 남북협상인가, 연석회의인가

　김구와 김규식이 참여했던 이 정치적 사건을 무엇으로 불러야 할지에도 이견이 있다. 남한에서는 김구·김규식의 주도를 인정해 '남북협상'이라고 부르는 것이 통설이다. 이에 비해 북한과 남한 내 진보적 연구자들은 김일성의 주도를 인정해 '전조선제정당사회단체대표자연석회의(약칭 연석회의, 혹은 전정; 회의가 진행될 당시 언론에서는 북에서 내건 공식 명칭에 나오는 '전조선'보다 '남북'을, 그리고 '제' 자를 빼고 사용하기도 했으나 회의 이후에는 공식 명칭이 주로 사용되었다)'라고 부른다.[134] 연석회의는 북로당과 남로당이 일방적으로 주도했는데, 김규식은 본회의(연석회의)에 참석하지 않았고 김구는 주석단에 앉기는 했으나 일방적으로 진행되는 행사를 주로 지켜보기만 했다.

　즉 남한에서는 김구·김규식이 주도하여 김일성·김두봉을 만나 담판했던 요인회담과 4김회담에 그 중심을 두는 데 비하여, 북한에서는 자신들이 개최한 정당·사회단체회의에 남의 일부 정당·사회단체가 참여한 것에 비중을 둔다. 남의 시각은 지도자, 개인 중심임에 비해 북은 단체 중심이다. 이러한 시각차가 지금까지의 남북의 통일 논의에도 연결된다. 현재 남한은 정상회담, 고위급회담에 비중을 두는 데 비해 북한은 여러 단체의 회합에 의한 밑으로부터의 통일전선 구축을 우선시하여 지도자 배제 정책을 채택하고 있다. 북한은 1948년 자신의 단독정부를 남북을 통틀어 세운 전국정부라고 합리화하기 위해 연석회의라는 틀을 강조해왔는데, 이후 대남 평화통일 공세에서도 정당·사회단체연석회의 개최를 지속적으로 강조했던 것이다. 제2차 미·소공위에서 미·소

---

[134] 정창현, 「김구·김규식과 남북연석회의」, 『사상문예운동』 겨울호(1990).

간에 합의된 '남북조선제(諸)민주정당및사회단체와의 협의에 관한 규정'에 따라 1947년 6월 25일과 30일에 서울과 평양에서 '협의회(의제를 상정하고 모종의 결정을 단행할 수 있는 정식 회의가 아닌 협의회)'가 열린 것은 전술한 바와 같다. 1948년 4월 북한은 새로운 회의를 개최하면서 '전조선제정당사회단체연석회의'라고 내걸어 공위에서 미·소 간 합의하에 공적으로 주최한 회의의 연장인 것처럼 위장하려고 노력했다[AP통신 기자 화이트(James D. White)에 따르면 소련은 당시까지도 신탁통치에 집착하는 것으로 관측되었다. 소련이 반탁을 주장한 인사를 협의 대상으로 삼는 것을 거부했으므로 신탁통치가 실현되지 않았다. 그럼에도 불구하고 신탁통치·공산주의에 반대하는 김구까지 초청해 중앙정부 수립 문제 협의를 위한 회의를 갖자는 북조선(김일성)의 제의를 소련이 승인했을 것이라고 비판되었다.[135] 따라서 연석회의는 신탁통치의 틀에서 개최된 회의라는 평가가 가능하다]. 게다가 남의 일부 좌익·중간파 정당과 사회단체도 참석해 '남북조선'과 '전조선'이라는 수식어를 도용하는 데 일조했다. 이렇게 북한은 정권 수립의 정통성 기반을 남북 합의는 물론 미·소합의에서도 찾으려고 시도했다. 따라서 북한은 자신들의 다차원 전략이 성공했다고 자평했을 것이다. 이에 자신감을 얻은 북한은 이후로도 이런 유의 회의 개최를 계속 제안했다. 그러나 연석회의는 일종의 협의회이며, 의사를 결정할 수 있는 회의와는 다르다. 따라서 연석회의 방식의 강조는 통일전선 전술의 전형적 발현이며 말로는 지도자를 배제하고 단체를 중시한다면서도 그들의 정치적 제의는 유일한 지도자인 김일성·김정일·김정은의 뜻을 일방적으로 반영한 것이므로 모순이 있었다.

---

[135] (桑港31일발AP합동), 「소는 아직도 막부결정의 신탁통치주장: 남북회담설에 AP화이트 씨평」, 『경향신문』, 1948년 4월 1일자.

3) 김구가 유엔 감시하의 남한 총선을 반대한 시점과 그 이유

(1) 남북협상론의 기원: 중간파의 좌우합작위원회 강화책

이정식은 남·북협상의 필요성이 논의되기 시작한 것은 1947년 3월부터라고 주장했다. 1947년 3월 14일자 『조선일보』에 실린 「남·북 지도자 연석회의 필요. 사민당(社民黨; 사회민주당의 약칭) 선전부장('선전국장'의 오기-인용자) 담(談)」에 의하면 장권 선전국장은 기자회견에서 "우리의 독립 전취를 위하여 우리로서는 통일 노력이 절대적인 민족의 지상목표이므로 남·북 지도자 연석회담, 인사교류 등의 급속한 자율적 실현이 있어야 할 것을 강조한다"라고 했던 것이다. 후일 북에서 주도했던 연석회담(연석회의)이라는 방식이 북이 아닌 남에서 먼저 제기되었던 것이다.¹³⁶

이후 제2차 미·소공동위원회가 열린 1947년 5월 21일 좌우합작위원회 좌측 대표인 박건웅(선전부장)이 북한 인사와의 협상 준비가 되어가고 있다는 것을 시사했다. 그는 "본 합작위원회는 본래의 사명이 공동위원회의 재개에 있었으니 공동위원회가 재개되는 이때에 있어서 전 민족의 일치합작으로 합작단결운동을 확대 강화할 것, 특히 북조선 지도자들과 합석하여 일체의 문제를 협상하기로 하고 그 실현 문제를 관계 방면과 협의 중이다"라고 언급했다.¹³⁷

---

136 그런데 북이 실제로 개최한 '전조선제정당사회단체대표자연석회의'라는 회의명에서 전조선이 제일 앞에 나온다. 따라서 연석이라는 말은 남과 북을 수식했다기보다는 바로 앞에 나오는 정당·사회단체를 수식해 '정당사회단체연석회의'라는 식으로 사용된 것으로 추측된다. 이런 추론에 따르면 북의 정당·사회단체연석회의는 장권 사민당 선전국장이 제안한 남북 지도자 연석회담과는 결이 다소 다르게 보인다. 아니면 북의 회의는 남북연석과 정당·사회단체연석을 모두 포괄한 연석일 수도 있다.
137 『동아일보』, 1947년 5월 22일자.

또한 1947년 9월경 중도파 인사들 중 특히 중도좌파들은 북과의 연계를 모색하기 시작했다. 이들은 여운형의 암살로 인해 거의 해산 직전에 있던 좌우합작위원회를 확대 개편해 새로운 민족통일 연합체를 성사시키기 위한 활동을 본격적으로 전개했다. 근로인민당의 최백근, 한독당의 안우생, 민족자주연맹의 권태양, 민주독립당 강병찬, 조선인민당 염정권, 삼균청년동맹 김홍곤 등은 이승만에 의해 제시되던 단독정부 수립을 반대하고 남북 간 정치적 연합을 실현해나가려고 했다.[138]

1947년 10월 하순 사회민주당에서는 "외국의 간섭 없이 조선의 통일독립정부 수립을 위한 방법으로 ① 남·북요인회담, ② 총선거로 통일정부를 수립하자 함은 우국적이며 민족자주적 주장이다"라고 발표했다.[139] 1947년 10월 27일 기자회견 석상에서 남조선로동당(약칭 남로당) 대표는 "민족자주연맹을 중심으로 한 중간 순수 우익정당에서는 남·북요인의 회담을 제의하고, 이로 자주적인 통일독립운동을 도모하고 있는데, 이 같은 행동 통일은 현하 정국 타개를 위한 적절한 조치이다. 이러한 원칙적 투쟁에 적극 가담한다"라고 했다.[140] 김규식 자신도 남북협상의 선두 역할을 자임하고 있음을 시사했다. 그는 1948년 4월 3일 서울 필동 호국역경원에서 열린 통일독립운동자협의회 결성식에서 "남북회담은 내가 먼저 말을 꺼낸 것이다. 그리고 근간 몇몇 연락원을 보낼 예정이다"라고 말했다.[141] 그렇다면 남북협상에는 김규식의 민족자주연맹이 중심에 서 있다고 할 수 있다.[142] 1947년 10월 김규식 중심의 중간파

---

[138] 김효선, 「김구·김일성의 만남, 몰랐던 이야기들」, 『뉴데일리』, 2010년 8월 17일자.
[139] 『조선일보』, 1947년 10월 24일자.
[140] 『조선일보』, 1947년 10월 29일자.
[141] 『새한민보』, 1948년 4월 하순. 그런데 이는 김일성에게 자신이 먼저 제안했던 사실을 말한 것이다.
[142] 이정식, 「1948년의 남북협상」, 양호민 외 편, 『민족통일론의 전개』(형성사, 1982),

들이 결성한 민족자주연맹이 남북협상의 주도세력이었던 것이다.[143]

(2) 김구의 단정 반대 시점, 1947년 말

1947년 11월 14일 유엔 전체 총회는 미·소 점령군 관할구역에서 유엔임시위원단의 감시하에 각각 선거를 치르자고 제안한 미국의 결의안을 다수결로 채택했다. 이에 11월 17일 김구가 당수인 한독당이 주축이 된 '각정당협의회'는 미·소 양군의 철퇴를 요구하며, 남북정당대표회의를 구성하여 통일정부를 세우라고 주장했다(11월 18일 미·소 양군 철퇴와 남북회담을 통한 자주통일정부 수립을 주장하는 담화를 발표했다.[144] 이는 유엔 결의에 대한 반대 표명이었다). '남북정당대표회의'라는 방식은 1948년 4월 북한에서 개최된 '전조선제정당사회단체대표자연석회의'의 원류라고 할 수 있다.

사실 이보다 앞선 1947년 10월 16일 한독당 중앙위원회는 중도파 조소앙의 지휘 아래 '남북대표회의를 조직하여 38선의 타개(미·소군 조기 철수), 남북통일선거의 절차 및 집행, 중앙정부 조직 등의 문제를 처리하자'는 결의를 채택했다. 당시 김구는 결의 채택에 앞장선 간부당원들을 한독당에서 제명했으므로, 이 시점에서는 남북협상론에 대해 찬동하지 않았다.

한독당의 뒤를 이어 중도파 군소정당들이 '미·소 양군 조기 철수와 남북협상'을 주장하는 성명을 발표했으며, 그 결과 11월 4일 남북대표회의 준비를 위한 각정당협의회(약칭 협의회)를 결성하기로 합의했다. 협의회 구성 초기에는 여운형 계열의 근로인민당(여운형 암살 후 당세가

255-256쪽.
[143] 송남헌, 『해방30년사』 I(성문각, 1975), 355-357쪽.
[144] 『조선일보』, 1947년 11월 19일자.

약화되었지만 여전히 중도좌파를 대변함), 한독당, 민주한독당이 참가했다. 1946년 좌우합작으로 새롭게 결집된 중간파는 1947년 10월 남북협상 제의 국면에서는 좌우합작기 중간파의 정신을 계승한 중도파와 합작했다. 그 중심에는 조소앙이 있었다. 한독당원 조소앙은 좌우합작기에는 좌우합작위원회에 적극 참여하지 않은 우익(민족주의자)이었지만 남북협상 국면에서는 이념적 지향이 다소 좌로 기울어 좌우협상파-중도파로 다가갔다(10월 16일에는 남북협상을 비판했던 김구도 11월 하순에는 조소앙 노선과 비슷해졌다). 실제로 조소앙과 중도파들은 남북협상에 적극 참여했다. 남북협상운동은 좌우합작운동과 맥이 이어진다고 할 수 있다.

그런데 10월 16일 이후 한독당 당수 김구가 자당 참가 인사들을 제명하고 당원들의 참가 보류를 지령하자 제명당한 한독당 일부가 협의회에서 이탈하기도 했으며 11월 17일 성명 이후 조소앙이 불참하기도 했다. 따라서 11월 21일 이후 협의회 활동은 교착 상태에 빠졌다.[145]

이 과정에서 각정당협의회의 11월 17일자 방안에 대해 11월 21일, 70여 개의 민족진영(우익) 단체들이 이러한 주장을 하는 측은 '공산당의 대변자로 밖에 볼 수 없다'고 규탄한 것도 협의회 활동의 위축을 가져왔다. 특히 한민당이 비판적이었다.[146]

소련의 거부로 남한에서만 선거가 가능할 것이라는 예측이 유포되던 1947년 11월 24일 김구는 "국련(국제연합의 줄임말-인용자) 결정의 소련 측 거부로 인한 남한만의 선거는 국토를 양분하는 비극이다"라며 유엔 감시하의 남한만의 선거를 처음으로 반대하기 시작했다. 김구는 이 자리에서 "각정당협의회에 대해 앞으로 각 정당단체 간의 합의가 있을

---

145 『경향신문』, 1947년 11월 23일자.
146 『동아일보』, 1947년 11월 23일자.

때까지는 구체적인 기구를 조직할 필요는 없다고 본다"라고 말했다.[147] 협의회가 김구(우익)를 영도자로 받들기보다는 중도파 중심이거나 조소앙이 주도하는 기구가 되는 것에 김구가 제동을 걸었던 것이다. 김구는 패권을 놓고 경쟁하는 민족주의진영 영수의 위상에서 벗어나지 못했던 것이다. 그러나 각정당협의회는 남북협상이 본격화되는 1948년 3월에 김구의 추인으로 '12개정당협의회'로 확대되고 남북협상의 추진기관으로 자리매김했다. 이후 북한에서 열리는 '정당사회단체연석회의'가 일종의 협의회였으므로 협의회(예비회의)가 확대되면 바로 의결권을 가진 본회의를 추진하는 기구가 될 수 있었으므로 협의회 조직은 중요했다고 할 수 있다.

그러나 김구는 1주일 후 1947년 11월 30일에는 남한만의 선거 반대 입장에서 벗어나 다른 태도를 취했다. 이승만과 김구가 단정 찬반으로 갈라졌다는 관측이 항간에 유포되자, 이러한 여론에 대한 반발에서인지 김구는 이승만을 방문해 1시간 정도 요담했다. 그 직후인 12월 1일 김구는 이승만과 의견이 일치한다는 입장을 표명했다.[148] 즉 김구는 1947년 12월 1일 전 민족 단결 문제에 관하여 담화를 발표하고 "그들(유엔-인용자)이 한국의 정식 대표를 참가시키지 아니하는 것을 유감으로 생각하지 아니하는 바는 아니나 대체로 유엔 결의안을 지지한다"라는 태도를 표명하면서 유엔의 권위 때문에 통일정부가 수립될 수 있다는 다소 소박한 견해를 표명하기에 이르렀다. "혹자는 소련의 보이콧으로 인하야 유엔안이 실시 못 된다고 우려하나 유엔은 그 자신의 권위와 세계평화의 건설과 또 장래에 강력의 횡포를 방지하기 위하야 기정방침

---

[147] 「남조선선거는 국토양분의 비극초래」, 『조선일보』, 1947년 11월 25일자.
[148] 「이박사와 김구씨 합의: 남조선총선거로 共同步調乎」, 『조선일보』, 1947년 12월 2일자.

을 변하기가 만무하다. 그러면 우리의 통일정부가 수립될 것은 문제도 없는 일"이라고 주장했던 것이다. 과연 김구가 당시 유엔이 '미국의 거수기'로 간주되는 국제정치의 현실을 몰랐을까 하는 의문이 남는다.

김구는 그러면서 "만일 일보(一步)를 퇴(退)하야 불행히 소련의 방해로 인하야 북한의 선거만은 실시하지 못할지라도 과후(過後) 하시(何時)에든지(이후 언제라도-인용자) 그 방해가 제거되는 대로 북한이 참가할 수 있게 하는 것을 조건으로 하고 의연히 총선의 방식으로서 정부를 수립하여야 한다. 그것은 남한이('의'의 오기-인용자) 단독정부와 같이 보일 것이나 좀 더 명백히 규정하자면 그것도 법리상으로나 국제관계상으로 보아 통일정부일 것이요, 단독정부는 아닐 것이다"라고 말해 남한만의 선거에 의한 정부가 단독정부가 아닌 통일정부라고 주장하기까지 했다. 세간에서 단독정부라 규정하는 정부를 김구는 '통일정부'라고 해석하면서 이 (단독)정부에 참여하려는 의사를 내비쳤다고 할 수 있다. 이어서 "우리 독립을 전취하는 효과에 있어서는 그 정부로 인정받은 것이 훨씬 좋을 것이다. 이승만 박사가 주장하는 정부는 상술한 제일의 경우에 치중할 뿐이지 결국에 내가 주장하는 정부와 같은 것인데 세인이 그것을 오해하고 단독정부라고 하는 것은 유감이다. 하여튼 한국 문제에 대하여 소련이 보이콧했다고 하여 한국 자신이 유엔이 보이콧하지 않은 이상 유엔이 한국에 대하여 보이콧할 이유는 존재치 아니할 것이다"라며 이승만과 의견 차가 없다고 주장했다.[149] 이렇듯 김구는 이승만의 주장이 단독정부가 아니라 오히려 자신이 주장하는 것과 같은 통일정부라고 동일시했다. 김구 자신은 통일정부를 주장하는데, 이승만이 주장하는 단독정부를 통일정부라고 해석해, 결국 자신과 같은 주장이라는 것이다. 김구 자신은 단독정부를 옹호하려고 하지는 않았던 것으로 여겨진다. 스스로 단독정부의 옹호자가 되는 것이 못마땅했다고도 할 수 있다.

한편 김규식은 12월 13일 가진 기자회견에서 설혹 '남조선 단독정부'가 수립된다 하더라도 그 명칭만은 '한국중앙정부'라든지 '한국정부'라 불러야 한다고 주장했다.[150] 따라서 이 시점에서 민족진영의 3영수인 이승만, 김구, 김규식이 단정을 보는 입장(혹은 단정이라기보다는 통일정부 내지는 중앙정부)은 적어도 표면적으로는 일치하고 있었다고 할 수도 있다.

신용하(2008, 2009)는 김구의 위 1947년 12월 1일자 담화에 대해 소련의 방해로 북에서 동시선거가 실시되지 못하면 북쪽 지도자들과 협상하여 그 의석을 남겨두고 기다리면 된다는 김구 남북협상론의 근거라고 해석했다. 그런데 유엔총회도 아닌 '소총회'에서 한국인들에게 남북 총선거 추진의 기회도 주지 않고 1948년 2월 26일 서둘러 가능지역 총선거를 결의하자, 김구는 유엔소총회가 북쪽 한국인들과의 협상, 통일에 대한 한국인끼리 약속도 없이 남한 단독선거로 단독정부 수립을 의결했다고 평가해 반대했다고 신용하는 주장한다. 이렇듯 김구는 남북협상을 논리적으로 일관되게 추진했다는 것이다.[151]

그런데 김구는 1947년 12월 19일 단독정부 수립 반대를 표명한 김규식[152]에 뒤이어 12월 22일 반대 노선을 표명하며 노선을 전환했다.[153] 두 사람은 단독정부 수립에 찬성하지 않았다고 해명하는 성명서를 발표했던 것이다. 따라서 김구가 유엔 감시하의 (남·북한) 총선에 참여한다

---

149 「김구 씨 담 남북통일공작은 당분간 보류: 남한총선거 적극추진」, 『동아일보』, 1947년 12월 3일자; 「국련결정 지지: 김구 씨 중대 견해 발표」, 『조선일보』, 1947년 12월 2일자.
150 『서울신문』, 1947년 12월 14일자.
151 신용하, 「백범 김구 선생과 대한민국의 건국」, 백범김구선생기념사업협회·백범기념관·백범학술원 학술회의: 백범 김구 선생의 환국 후 정책과 활동, 백범기념관 대회의실, 2008년 10월 9일(2008), 161쪽; 신용하, 「백범 김구 선생과 대한민국 건국 활동」, 『백범과 민족운동연구』 7(2009), 277-292쪽.
152 『경향신문』, 1947년 12월 21일자.
153 『조선일보』, 1947년 12월 23일자.

는 데에 1948년 초까지는 이승만과 이견이 없었다는 기존 견해는 수정되어야 한다. 비록 김구가 노선을 자주 바꾸기는 했지만 위와 같이 이미 1947년 11월 24일과 12월 22일에 남한만의 단독선거를 반대한다는 입장을 표명했다(잦은 노선 전환 때문에 김구·김규식의 단정 반대는 순수한 민족통일의 발로라기보다는 단정에 참여해도 정권을 잡을 수 없다는 현실적인 정세 판단 때문일 것이라는 추정이 가능하다). 또한 김구는 단선을 반대한 이후에도 유엔이 감시하는 남북 총선거라면 찬성하는 입장이어서, 남한만의 총선거라도 실시하자고 주장하는 이승만과는 처음부터 미묘한 입장 차를 보였다.

  1948년 1월 이전 김구는 유엔 감시하에 중앙정부를 구성하는 선거(남한만의 선거 후 북한에서도 추후에 같은 선거 실시)라면 찬성할 수 있다는 입장이었다.[154] 그러나 김구는 1948년 1월에 들어서면서 유엔 감시하의 남한만의 선거는 결단코 반대한다는 입장으로 완전히 돌아섰다. 1월 8일 유엔임시위원단이 서울에 도착하고 소련의 정식 입경(入境) 거부(1.22.) 직후 열린 1월 26일의 청문회에서 김구는 외국군대의 즉시 철수와 남한만의 선거에 결단코 반대한다고 표명했다. 유엔임시위원단에 보낸 자신의 의견서에서 "미·소 양군이 철퇴하는 대로 즉시 평화로운 국면 위에서 남북지도자회의를 소집해서 조국의 완전 독립과 영원 해방의 목적을 관철할 수 있는 공동 노력할 수 있는 방안을 작성하자는 것"('한국인들 스스로 문제를 해결할 수 있도록 외국군들이 즉각적으로 한반도

---

154 한독당 구성원 다수도 같은 생각이었다. 유엔위원단의 입북(入北)을 거부한 소련의 입장을 재확인했다는 보도가 있자 한독당은 1948년 1월 25일 "소련 측이 북조선 입경을 거부한다면 우리는 부득이 유엔 감시하에 수립되는 정부가 중앙정부라면 38선 이남에 한하여 실시되는 선거라도 참가할 용의가 있다"라고 천명했다. 이 시점에 김구는 이미 유엔 감시하의 남한 단독선거에 대해 반대했는데, 한독당은 아직도 중앙정부 운운하면서 미련을 버리지 못했다.

에서 철수할 것'이라는 방안을 제시한 것으로 해석됨[155])이라고 적었다.[156] 이렇듯 '남북협상론'을 먼저 공식화한 것은 김규식이 아닌 김구였다. 이는 한독당이 주도했던 각정당협의회에 영향받았던 결과가 아닐까 한다.

청문회에서 김구는 외군 철수 후의 무정부 상태와 내란을 생각지 않느냐는 유엔임시위원단의 질문에 "그것은 유엔한국위원단이 해결할 책임"이라고 답변했다. 이러한 답변에 프랑스 위원 마네(Manet)는 "김구 씨는 유엔이 마음대로 쓸 수 있는 군대가 없다는 것을 모르느냐"라고 핀잔했다. 유엔위원단을 만나고 나온 김구는 "미·소 양군이 철퇴하지 않고 있는 남북의 현재 상태로서는 자유스러운 분위기를 가질 수 없으므로 양군이 철퇴한 후 남북요인회담을 하여 총선거로 통일정부를 수립해야 할 것"이라고 다시 한 번 주장했다.

이렇듯 소련의 입북 거부로 유엔에 의한 방법으로는 통일정부 수립이 불가능하리라는 점을 모두 알게 된 상황에서 김규식과 김구는 1월 26일 의견 통일을 위해 회담했다. 여기서 남북협상과 남북통일총선을 실시할 것으로 주장하기로 의견을 모으게[157] 되어 이후부터 두 사람은 일관되게 남북협상을 통한 통일정부 수립안을 주장했다. 그런데 김구의 경우는 단정에 정면으로 반대한다는 보다 강경한 입장[158]인 데 비해, 김규식은 "만약 통합의 방도가 있다면" 단정 수립도 재고할 수 있다는[159] 온건한 단정반대론이었다. 이렇게 둘의 태도와 분위기는 다소 차이가

---

155 이재봉, 「반미, 분단 직후부터 일어난 자주운동」, 『프레시안』, 2014년 8월 29일자.
156 『서울신문』, 1948년 1월 28일자.
157 『경향신문』, 1948년 1월 28일자.
158 김구, 「삼천만동포에게 읍고함」, 『서울신문』, 1948년 2월 11~13일자.
159 『동아일보』, 1948년 1월 28일자. 김규식은 외국군대가 철수하고 남북 지도자들이 협상을 이루기 전에 선거를 실시하는 것에 반대한다는 입장이었다. 이재봉, 「반미, 분단 직후부터 일어난 자주운동」, 『프레시안』, 2014년 8월 29일자. 김규식의 입장은 '선 협상 후 선거실시'였던 것이다.

있었으나 당시에는 단정반대론이라는 공통점이 더 부각되었다.[160]

1948년 1월 27일 유엔임시위원단과 협의를 마친 후 발표한 담화에서 김규식도 남한에서 남북요인회담을 개최할 것을 주장했다.[161] 이 당시 김규식의 남북요인회담안은 남한 개최안이었다. 이러한 남북요인회담 제의에 대해 유엔임시위원단 측도 관심을 가질 수밖에 없었다. 인도의 메논을 비롯해 대만 대표 류유완(劉馭萬), 캐나다 대표 패터슨 등이 김규식과 접촉하면서 구체적인 방안을 청취했다.[162] 김구와 김규식은 2월 29일 메논에게 남북요인회담 알선을 탄원하기도 했다.[163] 그러나 '가능지역 총선'을 추진하려는 미국의 입김이 작용해 남북협상안에 대한 유엔임시위원단의 관심은 줄어들었다.

(3) 김구가 단독정부를 반대한 이유

비록 '단독정부가 아니라 중앙정부라면' 혹은 '북한 지역 선거는 추후 실시'라는 조건을 달기는 했지만, 총선 참여를 천명했던 김구와 한독당이 입장을 바꿔 단독정부 반대로 선회한 이유는 무엇일까?

가. 장덕수암살사건 후 한민당·이승만과 김구의 갈등

먼저 한민당 정치부장 장덕수가 암살된 사건의 영향을 들 수 있다. 1947년 12월 1일 김구는 이승만의 단정안에 참여할 것을 시사했으나,

---

160 한민당 등 우익진영은 김규식·김구의 단선반대 남북협상 제의에 대해 군정을 연장시키고 독립을 지연시키는 결과를 초래할 뿐이라고 비난했다. 강인덕, 「1970년대 이전의 남북한 관계」, 강인덕 외, 『평화와 통일, 박정희에게 길을 묻다』(박정희대통령기념재단, 2019), 30쪽.
161 「김박사 담화: UN한위의 사명은 남북통일정부수립에 있다」, 『새한민보』 2-4(1948), 9쪽.
162 송남헌(1975), 앞의 책, 444쪽.
163 「양김씨남북회담요청 북조선서 거절통고」, 『동아일보』, 1948년 3월 7일자.

12월 2일 김구 주변 인물들이 주도한 장덕수암살사건이 발생한 후, 김구의 정치 노선은 다시 변했다. 이후 김구는 이승만과의 동일 보조에서 이탈할지 말지 숙고한 결과, 12월 22일 이승만 노선에서 벗어나 단정 반대로 노선을 전환했던 것이다. 장덕수암살사건과 관련해 김구가 여론의 주목을 받은 것은 1948년 3월 12일 그가 미군정 법정에 선 일이었다. 법정에 선 김구는 그의 인기가 추락하자 북행을 결심했으므로 그의 법정 출석과 북행 사이에 연관관계가 있다고 해석된다.

장덕수 암살 현장에 있던 범인은 모두 한국독립당원으로서 현직 종로경찰서 경사이던 박광옥과 초등학교 교사였던 배희범이었다. 1947년 12월 4일 미군정 경찰은 이 둘을 체포했다. 용의자들은 장덕수를 암살할 목적으로[164] 1947년 8월 대한혁명단을 조직했는데, 이들은 임정을 절대 지지하는 대한학생총연맹의 간부 또는 맹원들이기도 했다. 대한학생총연맹은 1947년 6월 운현궁에서 발족했는데, 김구를 총재, 조소앙과 엄항섭을 명예위원장으로 추대했다. 결국 1948년 1월 16일 장덕수 암살사건의 배후로 임정과 한독당에 모두 간여했던 김석황이 체포되면서[165] 미군정은 장덕수 암살 배후인물로 김구를 지목했다.

그러자 김구 측에서는 이승만에게 도움을 요청했다. 당시 이승만과 하지의 관계는 좋지 않았다. 이승만의 비서들은 아무런 도움이 되지 않을 뿐더러 오히려 상황이 더욱 악화될 수 있다고 판단해 이를 이승만에게 전달하지 않았는데, 이승만이 고의로 도움 요청을 회피한 것으로 생각한 김구는 몹시 서운해했고 이때부터 두 사람의 관계가 멀어지기 시작했다.

평소 김구는 공석에서도 이승만에게 '형님'이라 했을 만큼[166] 그와 친

---

[164] 「장덕수 살해 사건 11회 군율재판 개정」, 『동아일보』, 1948년 3월 18일자.
[165] 「장택상, 장덕수 살해 관련 혐의로 한독당중앙위원 김석황 체포」, 『조선일보』, 1948년 1월 17일자.

밀했다. 그러나 장덕수사건을 계기로 양자의 관계는 악화되고 파국에 이르렀다. 김구가 남북협상론을 본격적으로 개진한 것은 바로 그런 인간관계의 파탄 직후였다.[167] 이승만과 김구의 결별 과정에 인간적인 감정도 작용했다는 주장이 있다.

이 과정에서 1948년 3월 8일 이승만은 언론에 '장덕수암살사건에 김구가 연루되었다는 것은 믿을 수 없다, 부하 몇 사람 행동이 김구에게 누를 끼쳤다'라는 내용의 아래와 같은 담화문을 발표했다.

> 고 장덕수씨 사건에 김구가 관련되었다는 말은 얼마 전에 들었으나 근일 항간에 허무한 풍설이 많이 유포되고 있는 때이므로 나는 별로 신뢰치 않았던 것인데 지금에 와서는 신문에까지 보도되고 있는 때이므로 나로는 사실을 모르고 좌우간 단언할 수 없으나 김 주석이 고의로 이런 일에 관련되었으리라고는 믿을 수 없다. 김 주석 부하 몇 사람의 무지망동한 죄범으로 김 주석에게 누가 미치게 한 것은 참으로 통탄할 일이다. 앞으로 법정의 공정한 판결이 있을 줄 믿는다.[168]

딴전을 피우는 듯한[169] 외교적 수사로 포장된 담화였으나 김구 부하의 관련설을 기정사실화하며 김구 관련설을 강하게 암시해 사실상 힘을 실어준 모양새였다. 이승만은 장덕수의 암살범을 김구라고 거의 확신했으므로, 재판정에 서지 않게 해달라는 김구 측의 지원·구명 요청

---

166 강준만, 『한국현대사산책』 1940년대 편 2권(인물과사상사, 2004), 67~68쪽.
167 강준만(2007), 앞의 글, 86쪽.
168 남중구, 「비화 제1공화국(51) 제4화 암살-장덕수[5]」, 『동아일보』, 1973년 7월 31일자; 백범사상실천운동연합, 『아! 비운의 역사현장 경교장』(백범사상실천운동연합, 1993), 331쪽.
169 강준만(2007), 앞의 글, 86쪽.

을 회피하고 수수방관하면서 모두 거절했다고 주장되기도 한다. 분노한 김구는 이승만과 완전히 결별했다.[170] 김구는 이승만이 장택상을 시켜 자신을 법정에 세웠다고 판단해 더 이상 이승만과 같은 배를 타지 않겠다고 결심했다고 전해진다. 이러한 결심이 김구의 북행으로 나타났다는 것이다.[171]

1948년 3월 4일 미군 검찰은 김구가 암살을 교사했다는 또 다른 피고인 신일준의 진술서를 권총·사진 등과 함께 증거로 제출했다. 미국 군율재판 위원회는 미 대통령 트루먼 명의로 김구에게 1948년 3월 12일 법정에 출두하라는 소환장을 3월 6일 발부해 3월 8일 전달했다.[172] 미 대통령이 직접 김구를 겨냥한 것은 지극히 이례적인 것으로 일종의 정치공작이라고 할 수 있다.

장덕수암살사건에 대한 재판은 3월 한 달 동안 21회에 걸쳐 계속되었으며, 김구는 3월 12일 제8회 공판에 출석해 장덕수 암살을 교사하지 않았다고 주장했다.[173] 김구는 3월 15일 제9회 공판에서도 '김구의 지시'라는 피고인들의 진술은 모략이라고 주장했다. 피고인 박광옥은 기존의 진술이 '완전한 모략'이라고 번복하면서 '죄 없는 사람을 왜 그러는가'라고 항의했다.[174] 신일준은 진술서가 고문과 강압에 의한 것이라

---

170 강준만, 「연역적 인간과 귀납적 인간: 이승만 vs 김구」, 『사람과 책』 8월호(2007), 86쪽.
171 신복룡, 「서평: 도진순(탈초·교감), 정본(定本)『백범일지』(돌베개, 2016, 463쪽)」, 『한국정치외교사논총』 40-2(2019), 130쪽.
172 남중구, 「비화 제1공화국(51) 제4화 암살-장덕수[5]」, 『동아일보』, 1973년 7월 31일자. 그런데 1948년 3월 9일자 『동아일보』 1면에 보도된 「13일 김구 씨 증인으로 소환」 기사에 의하면 소환일자가 13일로 나왔는데 당시에는 기밀사항이었으므로 오류가 있었던 것으로 여겨진다. 또한 위 기사 바로 우측에는 「키-나 중좌 김구 씨와 요담」 기사가 나온다. 이에 의하면 1948년 3월 8일 오전 11시 김구가 미 24군단 키나 스미스 중좌와 약 30분간 경교장에서 요담했다고 한다.
173 남중구, 「비화 제1공화국(51) 제4화 암살-장덕수[5]」, 『동아일보』, 1973년 7월 31일자.
174 「장씨사건증인신문 제2일」, 『경향신문』, 1948년 3월 16일자.

주장했으나 미군 검찰의 고문 행위는 확인되지 않았다. 김구는 아들과 같은 연배인 라만 대위로부터 증인이 아니라 죄인과 같은 치욕적인 심문을 당했으며 주요 신문은 이를 대대적으로 보도했다.[175] 결국 미군 검찰은 김구에 대한 기소를 유보했으며 김구는 북행을 결정했다.

실제로 김구가 장덕수를 암살하라고 직접 지시했을 가능성은 거의 없다. 그럼에도 불구하고 미국은 김구 세력을 약화시키기 위해 그를 증언대에 세우려고 공작했던 것으로 추정된다.[176] 김구가 1909년 황해도 재령 보강학교 교장으로 재직할 당시 장덕수는 교사 겸 학생이던 형 장덕준과 함께 그 학교에서 숙식하던 인연을 갖고 있었으므로[177] 제자뻘로 간주되기도 했다. 우익정당 통합에서 한민당 김성수는 한국독립당과의 통합을 찬성했으나 장덕수가 한독당과의 통합은 당을 임정 요인들에게 헌납하는 것이라며 강력히 반대해 한민당은 결국 통합운동에서 빠

---

175 도진순, 『한국민족주의와 남북관계: 이승만·김구 시대의 정치사』(서울대학교 출판부, 1997), 215쪽.

176 1986년 상영된 북한 영화 〈위대한 품 제1부 갈림길〉(tubekr.com/kctv-1-14034676?tag=위대한%20품, 검색일: 2015년 5월 4일)에 의하면 1947년 12월 2일 일어난 한국민주당 정치부장 장덕수암살사건은 이승만과 미국이 공모한 '김구 거세작전'의 일환이었다고 주장된다. 한때 김구의 제자였던 장덕수는 해방 후에는 한민당의 간부로 이승만 편에 서면서 김구와는 다른 길을 걸었다. 김구와 장덕수의 알력관계를 이용해 장덕수암살사건이 김구 배후세력에 의해 일어난 것처럼 미국이 조작했다는 것이다. 북한은 미국이 김구를 제거하기 위해 이승만 노선을 지지했던 장덕수를 제물로 바쳤다고 주장했다. 이 모략에 의해 김구는 미군 재판정에 피고로 끌려 나가 갖은 모욕을 다 받았으며 그 정치적 인기가 여지없이 떨어졌다는 것이다. 18년 후 장덕수암살사건의 진상이 세상에 알려졌다고도 했다. 그러나 미국이 이승만과 공모했을 가능성은 없다. 미군정이 김구를 탐탁지 않게 생각했던 것은 사실이다. 장덕수암살사건의 배후에 김구가 개입한 흔적이 있음을 발견한 미국이 이 사건을 통해 김구를 견제하려 했을 가능성은 있다. 미국이 한국 정치의 모든 것을 좌우지했다는 북한의 해석은 반미주의에 기반한 것이다. 그런데 실제 한국정치에서 미국의 힘이 그 정도로 강하지는 못했으며 내정개입을 비판하는 한국의 여론 때문에 특정인을 제거하는 작전을 펴는 데는 한계가 있었다. 그렇지만 미국은 한국정치의 중요한 행위자로서 제거작전을 구상하기는 했으며 그중에서 우회적으로 달성된 경우도 있었다.

177 김구, 『백범일지』(국사원, 1947).

졌다.[178] 이 점이 김구를 배후로 지목하는 시각에 무게를 더해주는 요인이었다. 미·소공위 참여에 대해서도 참가를 반대하던 김구와 찬성하던 장덕수 사이에 고성이 오가기도 했다고 한다.[179]

장덕수 피살 용의자들은 재판에서 장덕수 암살 동기로 다음을 주장했다. 첫째, 장덕수가 정권을 잡기 위해서 신탁통치를 시인하는 미·소공위에 참가한 것, 둘째, 해방 전 공산당이 민족주의자들로 조직되었는데, 그가 그때 공산당의 이론가였다는 것, 셋째, 일본헌병대의 촉탁인 국민총연맹의 고문으로 학생들을 격려하여 학병을 장려하는 등 친일적 행동을 한 것 등이다.[180]

1948년 4월 1일 제21회 (최종) 공판에서 김석황, 조상항, 신일준, 손정수, 김중목, 최중하, 박광옥, 배희범 등 8명에게 교수형이 선고됐고, 조엽, 박정덕 등 2명에게 징역 10년이 선고되었다.[181] 1948년 4월 22일 하지는 군사위원회의 판결을 검토한 후 중앙청 공보부를 통하여 다음과 같은 최후적 조치를 발표했다.

    1. 박광옥 및 배희범의 사형은 승인하나 그 집행은 추후 재심할 시까지 보류함.
    2. 김석황·신일준·김중목·최중하의 사형은 종신형으로 감형함.
    3. 조상항 및 손정수의 사형은 10년형으로 감형함.
    4. 조엽 및 박정덕의 10년형은 5년형으로 감형함.[182]

---

[178] 강준만(2004), 앞의 책, 66-67쪽; 박태균, 『현대사를 베고 쓰러진 거인들: 해방정국과 4인의 요인 암살, 배경과 진상』(지성사, 1994), 123-124쪽.
[179] 강준만(2004), 앞의 책, 66쪽.
[180] 강준만(2004), 앞의 책, 67쪽; 박태균(1994), 앞의 책, 126쪽.
[181] 「장덕수살해사건 피의자 8명에게 사형 언도」, 『조선일보』, 1948년 4월 2일자.
[182] 「장덕수살해사건 군율재판에 대한 하지의 특별조치 발표」, 『동아일보』, 1948년 4월 23일자; 『경향신문』, 1948년 4월 23일자.

박광옥과 배희범의 사형은 1950년 6·25전쟁 발발 직후 집행되었다. 이때 무기수 김석황도 함께 사형되어 일각에서는 이승만이 장덕수 암살의 배후가 아니냐는 의구심이 일었다. 그러나 이승만 역시 장덕수 암살의 배후라고 단정 지을 근거는 의심 외에는 없다.

나. 숭고한 이상의 발로인가, 권력 장악을 위한 정략인가

1948년 3월 21일 『신민일보』 사장과의 인터뷰[183] 기사에 따르면 1947년 1월 이승만이 도미하여 단정운동을 전개할 때도 김구는 시종일관 침묵했고, 조소앙이 남북협상을 일시중지한다고 선언한 직후에 김구는 이승만과 공동보조를 취하여 단정에 참가할 의사가 있는 것 같은 태도를 보였다면서, 이에 대해 일부에서는 김구가 단정을 반대하는 것은 정의에서가 아니고 아직 토대가 약해서 정권을 잡을 수 없으니까 그렇게 하는 것이라고 말하는 이가 있다고 나와 있다. 이러한 정략적인 이유로 단정을 반대한다는 세간의 비판[184]에 대해 김구 자신은 수백 정당이 난립하여 국정이 극도로 혼란한 가운데 이승만과의 충돌을 방지하기 위해 태도 표명을 하지 않은 것이며 만약 정의가 아니고 당세의 확장을 노린다면 하필 단선 공작이 활발한 지금 단선 반대를 표명하는 우책(愚策)을 택하겠냐고 반문했다. 정략의 생명은 기회인데 그 기회를 도모하지 않은 것에서 자신의 단선 반대가 민족을 구하고 국가의 안태(安泰)를 확보하려 했음을 알 수 있다고 해명했다. 통일을 위하여 이승만과 같이 보조를 취한 것처럼 보였을 뿐, 자신은 일관되게 단정을 반대했다고 주장

---

183 김구, 「혁명운동 재출발의 신결심: 신민일보 사장과 회담기」, 1948년 3월 21일, 엄항섭 편, 『김구주석최근언론집』(삼일출판사, 1948), 90-92쪽.
184 김구의 단정 반대는 민족을 분열시키는 단정 자체에 대한 반대(통일을 위한 반대)가 아니라 반이승만 노선이고, 만약 자신이 정권을 잡을 수 있는 보장만 있다면 단정을 찬성했을 것이라는 추측을 말한다.

했다. 단정이 "유엔의 이름을 빌어서 일국신탁[185]을 실시하려는 궤계(詭計)"라고 평가하기도 했다.

정병준(2008)은 김구가 남한 정계에 참여하지 않는 것에는 통일을 염원하는 통일운동적 이유도 있지만 이승만 정권이 단명할 것이며 김구와 한독당이 주도하는 새로운 정부가 대안이 될 것이라고 예측했던 정치적 이유가 있었다고 평가했다.[186]

이승만을 긍정적으로 평가하는 사람들은 김구가 1948년 7월 11일 중화민국 총영사(정식 외교관계 수립 전이므로 공식적으로는 유엔한국임시위원단 대만 대표) 류유완을 오전 11시부터 1시간 넘게 급작스럽게 만난(Surprise visit) 비밀회동 기록을 발굴했다. 이 기록은 류유완이 이승만 국회의장에게 전달한 것으로 이화장 문서에 보존되어 있다. 장제스는 김구의 완강한 단정 반대 태도를 접한 후 류유완에게 김구를 만나 대한민국 정부 수립을 지지할 것을 권고하는 자신의 뜻을 전달하라고 지시해 비밀회동이 성사되었다. 이에 의하면 김구가 요인회담에 갔던 동기의 하나는 북에서 일어나고 있는 사실을 보려고 한 것이었다. 그런데 그(남북협상) 당시 관찰한 바에 따르면 김구는 남한군이 북의 군대만큼 힘을 가지지 못할 것이라면서 러시아인들이 별다른 비난 없이 쉽게 남쪽을 급습하면 단기간에 남쪽에 인민공화국이 수립될 것이라고 예견했다.[187] 김구가 남한에 정부가 수립되어도 소련에 의해 곧 인민공화국이

---

[185] 신탁통치안이 아직 공식적으로 폐기되지 않았으므로 일국신탁이라는 표현을 쓴 것이다.
[186] 정병준, 「해방 후 백범 김구의 건국노선과 평화통일 활동」, 백범김구선생기념사업협회·백범기념관·백범학술원 학술회의: 백범 김구 선생이 환국 후 정책과 활동, 백범기념관 대회의실, 2008년 10월 9일(2008), 148쪽.
[187] "Gist of Talks between Mr. Kim Koo and Minister Liu Yu-man [Record of Conversation between Kim Gu and Liu Yuwan]," July 11th, 1948, Wilson Center Digital Archive, Syngman Rhee Institute, Yonsei University(digitalarchive. wilsoncenter.org/document/95007/download; digitalarchive.wilsoncenter.org/

될 터이니 대한민국을 수립할 필요가 없다(이승만이 주도한 대한민국에 참여할 필요가 없다)는 것을 우회적으로 피력했다는 해석도 가능하다.[188] 김효선(2010)은 김구가 군사력이 우월한 북한의 인민공화국에 남한이 편입되는 길밖에 없다는 사실을 알고 있으면서 그 사실을 철저하게 숨기고 국민을 기만하면서 통일정부 수립론을 설파했다고 확대해석했다.[189] 김구가 정략적으로 단독선거에 반대했다는 것이다. 남북연석회의 참석자들은 미·소 양군의 철수를 주장했으며 요인회담의 결과물인 4·30 성명서에서도 "외군이 철수해도 내란은 없다"라고 나와 있다.[190] 김구는 남침이 이루어질 것을 예견했으면서도 주한미군 철수를 요구했으므로 결과적으로는 6·25 남침을 도왔다는 것이다. 그런데 당시 김구의 언급은 북의 남침이 일어날 것을 우려한 수준이었으며 이러한 우려는 김구 등이 오래전부터 제기했던 것을 다시 말한 것에 불과했다.[191]

---

document/119630, 검색일: 2024년 1월 6일).

[188] 영화 〈다큐멘터리 건국전쟁〉(2004)에는 김구가 "대한민국이 건국되더라도 결국 북한에 의해 통일이 될 겁니다. 나는 그때를 기다리기에 이승만 박사 주도의 건국에 참여할 수 없습니다"라고 말했다는 장면이 있다. 이는 위 비밀회동 기록 내용을 각색한 것으로 보인다.

[189] 김효선, 「김구·김일성의 만남, 몰랐던 이야기들」, 『뉴데일리』, 2010년 8월 17일자.

[190] 서울UP특파원 제임스 로퍼, 「남조선은 부패: 김(규식)박사 미군정을 힐난」, 『경향신문』, 1948년 5월 8일자.

[191] 김구는 남북협상 당시에도 그렇게 예견했다. 1948년 4월 20일 김구는 「평양도착 성명서: 남북동포에게 보내는 격문」을 통해 "38선 때문에 우리에게는 통일과 독립이 없고 자주와 민주도 없다. 어찌 그뿐이랴. 대중의 기아가 있고, 가정의 이산이 있고 동족의 상잔까지 있게 되는 것이다"라고 했다. 소련은 김구를 비롯한 한독당 인사 등의 참석을 기대하고 4월 19일 개막한 연석회의를 20일에는 휴회시켰다. 다음 날인 4월 21일 김구는 여전히 남북연석회의에 참석하지 않은 채 평양기자단을 상대로 위 성명을 발표했다. 이 성명은 서울의 신문에도 크게 보도되었다. 4월 22일 오전 10시 20분에 개회한 연석회의에 김구는 정오에야 도착했으며 12시 45분경에 토론장에 도착했다. 사회를 보던 백남운은 토론을 중단시키고 김구 일행이 회의장에 도착했다고 알렸고, 이에 회의 참석자들이 모두 일어나서 박수를 보냈다. 김구가 남북협상(4김 요인회담)이 아닌 연석회의 참석에는 적극적이지 않았고 소련 등은 그의 참여에 집착했음을 알 수 있는 대목이다. 그렇지만 4월 30일 김구 등이 참여한 '남북정당사회단체지도자협의회의 공동성명서'에

조소앙은 12개 정당협의회의 결과에 따라 1948년 3월 12일 「단정반대공동성명서」를 기초해 발표했는데, 이 성명에서 "미·소 양국이 군사상 필요로 일시 설정한 소위 38선을 국경선으로 고정시키고 양 정부 또는 양 국가를 형성케 되면 남북의 우리 형제자매가 미·소전쟁의 전초전을 개시하여 총검으로 서로 대할 것이 명약관화한 일이니 우리 민족의 참화가 이에서 더할 것이 없다"라고 경고했던 것이다[192][한편 김구는 1947년 3월 21일 「혁명운동 재출발의 신결심: '신민일보' 사장과 회담기」, 엄항섭 편, 『김구주석최근언론집』(삼일출판사, 1948)에서는 "양군이 철퇴하면 진공상태에 빠지고 북조선인민군이 쳐들어오고 내란이 일어난다는 것은 모두가 구실이고 모두가 비과학적 관찰인 것입니다. … 외국이 철퇴한다고 해서 내란이 일어난다는 것은 사대소심증에서 나오는 망상인 것입니다"라며 양군 철퇴를 주장했다. 양군 철퇴라는 목적을 위해 내란설을 비판하는 정치인 특유의 일관성 없는 행태라고 할 것이다]. 이외에도 방미 중인 한국 대통령특사 조병옥은 1948년 9월 23일 미 국무장관대리 로베트(Robert A. Lovett)와의 대담 중 외국 점령군대가 남·북한에서 철수한 뒤 인민군이 공격해올 가능성에 대해 묻는 질문에 대해 "망설임 없이" 그렇다고 답하기도 했

서는 "남북정당사회단체 지도자들은 우리 강토에서 외국 군대가 철퇴한 후 내전이 발생할 수 없다는 것을 확인한다(철퇴 후 내란이 발생할 수 없다는 것에 대한 확인)"라고 나와 있다. 이는 내전을 방지하려는 김구 등의 마지막 시도로 긍정평가할 수 있지만, 전쟁이 일어날 줄 알면서도 이렇게 성명한 것은 거짓 '공약'으로 볼 여지도 있다. 유석재, 「(유석재의 돌발史전)1948년 7월 김구의 예측 "북한군 남침, 南은 망할 것"」, 『조선일보』, 2024년 1월 25일자.

[192] 강만길 편, 『조소앙』(한길사, 1982), 266-267쪽. 그런데 같은 날인 1947년 3월 12일 김구·김규식·김창숙·홍명희·조소앙·조성환·조완구 '7인 지도자 공동성명(7거두성명)'에서 백범 등은 "민족 참화의 촉진은 양심의 허락하는 바 아니므로 가능한 지역 선거에는 불참하고 통일독립 달성에 여생을 바칠 것을 동포 앞에 맹서한다"라며 선거 불참을 선언했다. 「통일독립 달성을 확집(確執), 김구 씨 등 선거 불참을 공동성명」, 『경향신문』, 1948년 3월 13일자; 「통일독립달성을 위한 7거두성명」, 엄항섭 편, 『김구주석최근언론집』(삼일출판사, 1948), 83-86쪽.

다.¹⁹³ 한국 주재 미국 특사 무초(John J. Muccio) 1948년 11월 12일 미 국무장관에게 다음과 같이 보고한 바 있다.

> 북한 군대에 대한 (현지 미국 당국자의-인용자) 군사정보 평가는 만약 내전이 일어나면 북한이 승리할 것이라는 결론이다. 만약 중국 공산군 가운데 한국인 부대가 북한군에 가세한다면 결과는 한층 명확해진다. 현재 중국 공산군이 만주에서 승리하고 있으므로 한국인 부대의 기세가 한층 유력해 보인다. 북한군 부대들이 북위 38도선과 39도선 사이에 집결하는 것이라는 보고로 볼 때 북한군의 남침 위협은 증가하고 있다고 할 것이다. 미국이 간섭하지 않을 것이란 가설하에 주한미군의 점령 여하와 상관없이 북한이 침략할 것이라고 암시하는 소문조차 나돌고 있다. 다른 이들은 미군이 철수[미군 철수는 이제 더 이상 비밀이 아님(now hardly secret)]하면 북한의 침략이 완결될 것으로 보고 있다.¹⁹⁴

이렇듯 북한 남침설은 김구의 독자적인 판단이라기보다는 당시 우세한 전망이었으며 널리 유포된 소문이기도 했다. 소련의 남침을 의도적으로 초대했다든가 남한이 북한에 흡수되는 것을 바라면서 국민을 기만했던 것은 아니다. 남침을 도왔다고 하더라도 의도적인 것은 아니었으며 의도하지 않은 실수가 있었을 뿐이다. 또한 김구와 김규식 등은 미군의 철수뿐이 아니라 소련군의 철수도 요구했으므로 소련군이 철수하면 남침이 일어나지 않을 것이라고 오판했을 가능성도 있다.

---

193 "Memorandum of Conversation, by the Acting Secretary of State," [Washington,] September 23, 1948, *FRUS*, *1948*, vol. Ⅵ, p. 1310.
194 "Special Representative in Korea (Muccio) to the Secretary of State," Seoul, November 12, 1948, *FRUS*, *1948*, vol. Ⅵ, pp. 1325-1326.

김구의 남북협상 참가 배경에 대해, 통일정부가 수립되면 대통령이 될 수 있을 것이라는 희망도 가졌다고 한다. 김구는 남북협상을 다녀온 후 한독당 중앙 간부에게 북한 방문 보고서를 제출했다. 그 일부가 남로당에 유출되었는데, 이를 목격한 남로당원 출신 박갑동에 의하면 여기에 김구의 생각이 나와 있었다고 한다. 통일정부가 수립되면 이북 사람들이 전부 김구를 지지한다, 그래서 김구 자신이 대통령이 된다, 만일 단독정부를 하면 남한에서는 이승만, 북한에서는 김일성이 되는데, 통일정부를 수립하면 김구 자신이 대통령이 된다고 확신했다는 것이다.[195]

당시 한독당원이었던 김선의 회고에 따르면, 남북협상에 다녀와서 김구가 "나 없는 동안에 총선거니 뭐니 해서 거기(5·10선거-인용자) 입후보한 사람은 (한독당에서-인용자) 다 탈당해라" 했다는 것이다. 그러자 김선 등 총선거에 출마한 당원들은 "할 수 없이 탈당했"다. 김선 등은 "그래도 다 같이 애국운동 하던 사람인데(이승만) 이젠 나라 세운다니까 여기서 일하자," "말이 당수지 나가랄 때 나가자 우리가 아쉬울 것이 있냐" 하며 한독당을 탈당했다.[196]

김구와 이승만의 감정의 골은 깊어졌다. 김선의 회고에 의하면, 남북협상에 다녀온 뒤 김구가 아래와 같이 이승만에 대해 험담하더라는 것이었다.

우리가 중국서 뻣뻣한 빵 한 조각으로 며칠씩 끼니 할 때 이승만이 반역자 자금 걷으러 미국 간다 하고선 돈커녕 미국 여자 하나 얻어서 침대서 잠자고 이제 와서 지가 애국자라고 나와? 말도 꺼내기 싫다.

---

[195] 이철승·박갑동, 『건국 50년! 대한민국 이렇게 세웠다』(계명사, 1998), 369쪽.
[196] 김선(2001), 「1, 2대 국회의원 입후보」, 한국정신문화연구원 한민족문화연구소, 『내가 겪은 해방과 분단』(선인, 2001), 147-148쪽.

이승만은 이승만 대로 김선에게 "거 뭣하러 가서 (김구를-인용자) 만나느냐"라고 비판했다고 한다. 이승만은 "김구 선생은 혁명가는 될 수 있어도 정치가는 못 되고, 그저 곡괭이 들고 나가서 부수라면 하겠지만 정치 다독거리는 건 못해"라며 비아냥거렸다는 것이다.[197] 김구의 남북협상 참여를 계기로 두 사람 사이에는 같이할 수 없는 간격이 생겼다고 할 수 있다.

최고지도자가 되려는 현실적 동기에서 김구가 남북협상에 참여했다는 비판적 해석에 대해 김우전·신용하(2008)는 미국식 정치학에 입각하면 정치가의 최고 목표는 권력 획득이지만 당시 김구는 이렇게 정치적 활로를 모색하지 않았고 단지 민족의 대의명분과 이상을 추구했을 뿐이라고 주장했다.[198] 정병준(2008)도 박태균(2008)의 '북에 이용당한 남북협상'이라는 평가에 대해 설사 이용당했다 해도 중요 지도자 회의로서의 의의는 있다고 반박했다.[199]

4) 처음 남북협상을 주도적으로 제의한 인사는 누구인가

누가 남북협상을 처음 제의했는지와 관련해서도 여러 논쟁이 있다. 초기(1948.1.26.~3.24.) 협상 제의는 김규식이 주도했다(김구는 처음에는 수동적이었으나 월경할 때는 더 주도적이 되었다). 당초 김구는 분단정부 참가

---

[197] 김선(2001), 위의 글, 147-148쪽.
[198] 김우전·신용하, 「백범 김구의 환국 후 정책과 활동 학술회의에서의 논평」, 2008년 10월 9일(2008). 신용하는 미국식 행태주의 방법론에서 이상주의가 무시되는 것에 대해 개탄했다.
[199] 박태균, 「정병준의 해방 후 백범 김구의 건국노선과 평화통일 활동에 대한 논평」, 백범김구선생기념사업협회·백범기념관·백범학술원 학술회의: 백범 김구 선생의 환국 후 정책과 활동, 백범기념관 대회의실, 2008년 10월 9일(2008); 정병준, 「박태균의 논평에 대한 반박」, 2008년 10월 9일(2008); 정병준, 「여운형의 좌·우합작·남북연합과 김일성」, 『역사비평』 38(1997), 17-33쪽.

여부에 모호한 태도를 보이다가 1948년 1월 단선(單選)-단정(單政) 반대로 입장을 확고히 한 후 김규식과 공동보조를 취하기 시작했다. 김규식의 이론에 김구의 민족주의적 추진력이 결합되었다는 것이 정설이다.

한편 민주독립당 당수 홍명희의 측근이었던 민주독립당 총무부장 겸 정치부장 유석현의 회고는 이와 좀 다르다. 그에 따르면 이미 월북해 있던 백남운이 1948년 2월 비밀리에 월남하여 홍명희를 만나 남북협상을 제의했고 홍명희도 동의했다고 한다. 이에 홍명희가 김규식에게 연락을 취했고 김규식은 김구의 동의를 얻었다고 한다.[200]

(1) 북의 전조선제정당사회단체대표자연석회의 초대 공작

김구·김규식은 각각 장덕수 암살 배후설과 700만 원 사건(1948.2.) 등의 모략사건으로 인해 이승만에 비해 그 대중적 인기가 하락하고 있었다. 이런 상황에서 1948년 2월 9일 김구와 김규식은 유엔임시위원단에 남북협상에 대한 편지를 보낸 이후 2월 16일에는 김일성·김두봉에게 남북 지도자들의 정치협상을 제안하는 편지를 각각 2통 작성해 유엔임시위원단으로 와 있던 캐나다 대표(영국, 소련을 거쳐 평양에 전달하게 함)와 서울에 있던 주북한소련군대표단을 통해 보냈다.[201] 그러나 한참 동안 답신이 없었다. 당시의 남북요인회담은 김일성·김두봉이 남쪽으로 내려와서 하는 방식이었는데, 이를 거부하는 북한 측의 서신이 김구·김규식

---

[200] 「유석현씨 면담」, 1969년 11월 10일, 이정식, 「1948년의 남북협상」, 『신동아』 3월(1980), 175쪽; 양호민 외 편, 『민족통일론의 전개』(형성사, 1982), 271쪽.
[201] 『조선중앙일보』, 1948년 4월 1일자. 김구가 김두봉에게 보낸 편지 원본은 『韓』 1-6(1962), 13-15쪽에 있다. 한편 이정훈, 「남북협상 수행 비서진의 반박: 김일성의 김구 왜곡-날조」, 『월간조선』 7월(1991), 524쪽에 이 과업을 수행했던 송남헌의 회고담이 나온다. 2월 16일 소련군 대표부의 대답은 그날 이미 북한행 기차가 떠났으니 2월 25일 발송하겠다는 것이었다. 따라서 이들 편지가 그렇게 빨리 도착하지는 못했을 것으로 추정된다.

에게 전달되었다는 소문이 1948년 3월 초에 돌기도 했다.202

한편 남과 북의 노동당 지도부는 1947년 12월 중순과 1948년 2월 초순에 열린 '정치국연석회의'에서 북로당 제2차 전당대회가 끝나는 4월 중순에 남북정당대표회의를 평양에서 개최하기로 결정했다고 한다. 그리고 성시백의 서울공작위원회를 통해 김구에게는 김구의 비서로 있던 안중근의 조카 안우생을, 김규식에게는 4월 남북연석회의 남측 대변인으로 대회를 성사시킨 실무자인 권태양을, 조소앙에게는 비서였던 김홍근을, 그리고 홍명희에게는 그의 아들 홍기문과 비서였던 김기환을 통해 집중 공작하여 남북협상을 성숙시켜나갔다.203

그렇다면 남북협상 중 특히 연석회의는 김구를 비롯한 일부 지도자의 '구국의 결단'이나 명망가들의 서한 왕래로 개최된 것이 아니라 (소련과) 북측의 철저한 사전 공작에 의한 것이었다는 해석도 가능하다.204 그러나 중요한 일 중 많은 부분이 복잡한 원인에 의해 촉발되며 단순하게 하나의 원인(단일 원인)으로 결정된 경우는 그리 많지 않을 것이다. 따라서 복합적인 시각을 견지하고 종합한다면, 먼저 김규식의 결단이 있었고 김구가 합류해 남북협상 개최 서한을 보낸 상태에서 김일성이 일방적으로 연석회의 개최를 공개하자 주도권을 빼앗긴 김구·김규식이 참여를 주저했다. 이에 김일성은 밀사를 보내 김구와 김규식의 남북협상 참가를 견인했다고 할 수 있다.

유엔의 결의를 지켜보면서 김구·김규식의 남북협상 제의에 대한 회답을 늦춰온 김일성은 1948년 3월 25일 북의 '제26차 북조선민주주의민족통일전선 중앙위원회'의 일방적 결정을 담은 방송 연설을 했다. "유

---

202 「양김씨남북회담요청 북조선서 거절통고」, 『동아일보』, 1948년 3월 7일자.
203 김효선, 「김구·김일성의 만남, 몰랐던 이야기들」, 『뉴데일리』, 2010년 8월 17일자.
204 김효선, 「김구·김일성의 만남, 몰랐던 이야기들」, 『뉴데일리』, 2010년 8월 17일자.

엔 결정과 남조선 단선단정을 반대하고 조선의 통일적 자주독립을 위하는 전조선제정당사회단체대표자연석회의를 4월 14일부터 평양시에서 개최할 것에 대한 의제를 채택했다"라고 언급했다.[205] 이것은 남북요인회담을 내용으로 하는 김구·김규식의 연서에 대한 답신은 아니었다. 이는 남북회담 규모를 확대하여 지도자회담의 차원을 넘어선 단체회합을 역제의했던 것이며 김구·김규식의 제안은 무시한 측면이 있었다.[206] 방송 연설에서 김구·김규식에 의해 제의된 남북요인회담은 전혀 언급되지 않았던 것이다. 김일성이 제의한 회의의 목적은 남조선 단독정부를 반대하기 위한 것으로[207] 북한 정권 수립의 정당화에 이용하고자 하는 의도가 깔려 있었다. 이 이후에는 북의 김일성이 남북 간 협상을 주도했다.

한편 김구·김규식의 연서에 대한 답신의 형태를 갖춘 3월 25일자 김일성·김두봉의 서한이 3월 27일에 성시백에 의해[208] 전달되면서 김구·김규식은 회의에 참석할지 말지 고민했다. 3월 25일의 방송은 다소 과격했음에 비해 27일 전달된 서한은 다소 온건했으며, 김구와 김규식의 2월 16일자 서한을 받았음도 명기했다.[209]

이 대목에서 성시백의 회유 공작이 김구를 움직였다는 견해가 북한에 의해 사후에 제기되었음에 주목할 수 있다.[210] 1997년 5월 26일자 북한

---

205 이정훈, 「남북협상 수행 비서진의 반박: 김일성의 김구 왜곡·날조」, 『월간조선』 7월 (1991), 525-526쪽.
206 송남헌(1975), 앞의 책, 453-454쪽.
207 박광 편, 『진통의 기록: 전조선제정당사회단체대표자연석회의문헌집』(평화도서주식회사, 1948), 1쪽; 『조선중앙일보』, 1948년 4월 1일자.
208 이정훈, 「남북협상 수행 비서진의 반박: 김일성의 김구 왜곡·날조」, 『월간조선』 7월 (1991), 526쪽.
209 김구·김규식은 주고받은 편지들의 내용 요지를 1948년 3월 31일 공개했다. 『조선일보』, 1948년 4월 1일자; 『서울신문』, 1948년 4월 1일자; 『경향신문』, 1948년 4월 1일자.
210 김효선, 「김구·김일성의 만남, 몰랐던 이야기들」, 『뉴데일리』, 2010년 8월 17일자.

『로동신문』 2면 특집보도에는 성시백이 김구를 회유하는 과정을 다음과 같이 기술하고 있다.

시백 동지는 4월 남북연석회의를 성과적으로 보장하기 위하여 위대한 수령님의 높으신 권위를 가지고 극단한 반동분자로 있던 김구 선생을 돌려세우는 사업체에도 큰 힘을 넣었다.

성시백 동지와 김구 선생은 남다른 인연이 있었다. 그 사연인즉 '상해임시정부'의 간판을 달고 프랑스 조계지 안에 있던 김구 선생을 비롯한 '임정' 사람들이 프랑스 총영사의 지시에 따라 조계지 밖으로 나가게 되었을 때 성시백 동지가 그들을 구원해준 것이었다. … 김구 선생은 이때 성시백의 소행을 고맙게 여기었으며 그를 출중한 인물로까지 보게 되었다. 이런 관계로 하여 성시백 동지는 김구 선생을 만나 허심탄회하게 이야기를 나누었다.

"…제 생각에는 선생님은 우리 민족을 위하여 한생을 바쳐오신 분인데 김일성 장군님을 직접 찾아뵈옵는 것이 어떤가 하는 것입니다. 최근에 이북에서 외세의 간섭을 배격하고 민족자주 역량으로 조국을 통일하기 위한 대표자들의 연석회의를 개최할 데 대한 제의를 내놓았는데, 이 거사가 성사되기만 한다면 이것이야말로 우리 민족사에 특기할 사변이 아니겠는가 하는 의견입니다."

김구 선생은 그의 이 말을 듣고 한숨을 푹 내쉬더니 "자네 말에는 반박할 여지가 하나도 없네. 그렇지만 공산주의자들이라면 무조건 적으로 규정한 이 김구를 반가워할 리가 없지 않은가?"라고 말하는 것이었다.

이때라고 생각한 성시백 동지는 "바로 그것이 선생님의 고충이시겠는데 나라가 영영 둘로 갈라지느냐, 아니면 통일이 되느냐 하는 시국에서 지나간 일을 두고 시비할 것이 있습니까? 백문이 불여일견이라고 선생님이 결단을 내리시어 북행하는 것이 어떻습니까? 미국 사람들의 시녀노릇을 하는 이승만과 손을 잡겠습니까? 아니면 북에 들어가서 김일성 장군과 마주 앉겠습니까?"

그림 4　1946~1947년경 북한에서 발행한 이승만·김구 비방 포스터[211]
※ 출처: 코베이.

"음, 그러니 군은 김일성 장군을 신봉하고 있군그래. 알겠네. 내 알아서 용단을 내리겠네."

211　북한에서는 김구와 이승만을 하나로 묶어 반동으로 몰아세우는 분위기가 1946년부터 1947년까지 우세했다. 그러나 김구가 1948년 4월 남북협상에 참여하면서 노선을 전환

성시백 동지는 이러한 실태를 인편으로 위대한 수령님께 보고드리었다. 그의 보고를 받으신 김일성 수령님께서는 남북연석회의에 참가할 각계 민주인사들에게 초청장을 보내면서 김구, 김규식에게 보내는 초청장만은 성시백 동지가 직접 전달하도록 하시었다. …

간단한 인사말이 오고 간 다음 성시백 동지는 김구 선생에게 "선생님은 전번에 북의 공산주의자들이 과거를 불문에 붙인다는 것을 무엇으로 담보하겠는가고 물으셨지요?" 하고 단도직입적으로 들이댔다. 그러고는 "북의 공산주의자들은 선생님의 애국충정을 무엇보다 귀중히 여기고 지나간 일들을 모두 백지화할 것이라고 담보하고 있습니다. 이것은 저의 말이 아닙니다. 저는 다만 절세의 애국자이신 김일성 장군님의 의사를 전달할 뿐입니다."

그러자 김구 선생은 "아니, 뭐, 뭐라고? 김일성 장군님께서?" 그렇게 말하며, "그런데 자네는 도대체 어떤 인물인가?" 하고 물었다. "내가 바로 김일성 장군님의 특사입니다."

김구 선생은 자리에서 벌떡 일어섰다. 의문과 새삼스러운 눈길로 그를 바라보던 김구 선생은 "아니 자네가? 그렇다면 임자가 오늘 오신다고 하던 김일성 장군님의 특사란 말씀이시오?" 하고 물었다. 이렇게 김구 선생의 말투도 대뜸 달라졌다.

성시백 동지가 일어나서 김구 선생에게 엄숙히 초청장을 전달했다. "우리 민족의 태양이신 김일성 장군님께서 백범 선생에게 보내시는 남북연석회의 초청장입니다." 이 순간 과묵하고 고집스럽던 김구 선생의 얼굴이 감격과 흥분으로 붉어졌다.

하자 그를 이승만과 분리해서 대우했다. 이 포스터는 1946~1947년 사이에 북한에서 제작되었던 것으로 추정되는데, 해골의 두 눈에서 김구와 이승만의 모습을 한 벌레가 반역이라는 글자가 적힌 깃발과 칼을 입에 물고 있다. 이승만이 문 깃발에는 나치의 마크가 있으며 하단에 나치 마크가 새겨진 뱀 두 마리가 있어 김구·이승만을 파시스트라고 암시했다.

"김일성 장군님께서 그처럼 믿어주실 줄을 내 미처 몰랐습니다. 장군님께서 불러주셨으니 기어이 평양으로 가겠습니다. 내 이후로는 다시 일구이언하는 그런 추물이 되지 않겠습니다."

이보다 전인 1986년 4월 19일자 『로동신문』에는 2면과 3면에 걸쳐 기사 「민족대단합의 위대한 경륜: 남북연석회의와 백범 김구 선생을 회상하여」가 실렸는데 김일성과 김구의 비서였던 김종항과 안우생(안중근의 조카)의 회고담을 담고 있다. 역시 김구가 김일성의 편에 섰다는 맥락의 글이다.

또한 1986년 11월 북한은 전조선제정당사회단체대표자연석회의에 참석한 김구의 행적을 소재로 한 〈위대한 품〉을 상영했다.[212] 이 영화는 김구가 김일성에게 투항하여 임시정부 관인까지 바치면서 "황해도 신천에 과수원이나 하나 마련해주면 여생을 장군님에게 의탁하여 살겠다" 하고 읍소하는 장면이 묘사되는 등 김구를 비하하는 내용으로 구성되어 있다.

당시 남북협상을 수행했던 김구의 비서진은 북한의 위와 같은 회고와 영화 등은 김구의 남북협상 참여를 왜곡·날조한 것이라고 주장했다.[213] 김구가 김일성에게 의탁했다는 등의 북한의 사후 주장은 거의 다 왜곡으로 점철된 것으로 여겨진다. 성시백의 편지 전달 사실 외에는 참고할 만한 가치가 거의 없다.

한편 1948년 3월 25일자의 「남조선단독정부를 반대하는 남조선정당

---

[212] 「김일성 우상화 위해 김구 선생 생애 모독」, 『동아일보』, 1986년 11월 4일자.
[213] 이정훈, 「남북협상 수행 비서진의 반박: 김일성의 김구 왜곡·날조」, 『월간조선』 7월 (1991), 518-533쪽. 왜곡된 주장을 담고 있는 단행본으로 정리근, 『력사적인 4월남북련석회의』(평양: 과학백과사전종합출판사, 1988)가 있다.

단체에게 고함」이라는 서한이 북조선노동당 외 8개 정당 및 단체(민주당, 청우당, 직업동맹, 농민동맹, 민주여성동맹, 민청, 민주기독교연맹, 불교연맹) 명의로 남한의 단정 반대 정당 및 단체(남조선로동당, 한국독립당, 민주독립당, 인민공화당, 근로인민당, 신진당, 민주한독당, 전국노조평의회, 전국농민연맹, 민주여성동맹, 청우당, 기독교민주동맹, 유교총연맹, 문학예술단체총연맹)에 3월 27일 전달되었다.[214]

3월 28일 전달받은 장문으로 된 북조선 측 정식서한의 요지에 따르면 "4월 14일 개최 예정인 남북정당단체대표의 회담에 앞서 우선 ① 조선의 내외정세에 대한 정확한 규정, ② 국토와 민족을 분열하는 단선을 반대하는 전국적 통일방략, ③ 정치와 민생의 혼란을 방지하고 자주통일독립을 하기 위하야 양군 철퇴를 촉진시키는 방략에 관한 예비회담을 4월 초순경에 개최하자는 것"이라고 한다. "북조선에서 김일성, 김두봉, 최용건, 김달현, 박정애 씨 등 외 5명의 10씨와 남조선 측에서 15씨가 지적되어 있다 한다"라고 보도되었다.[215] 북으로부터 초청받은 개인은 김구, 김규식, 조소앙, 김붕준, 홍명희, 백남운, 이극로, 박헌영, 허헌, 유영준, 허성택, 김원봉, 송을수, 김창준, 김일청 등 15명이었다.[216] 이극로는 민주독립당을 대표해 북의 초청장을 받았다고 한다.[217] 이에 김구와 김규식의 사저에 초청받은 인사들이 내방하여 1948년 3월

---

[214] 박광 편(1948), 앞의 책, 3쪽; 『조선중앙일보』, 1948년 4월 1일자.
[215] 「南北會商 예비회담을 요청: 북조선측의 정식 서한도착」, 『조선일보』, 1948년 3월 31일자.
[216] 초청받은 정당과 단체는 "한국독립당, 민주독립당, 민주한독당, 민중동맹, 청우당, 사회민주당, 독립노농당, 신진당, 근로인민당, 남로당, 인민공화당, 全評, 全農, 민주여성동맹, 유교연맹, 기독민동협조"였다. 『조선일보』, 1948년 3월 31일자; 『동아일보』, 1948년 3월 31일자.
[217] 「금일 서한과 성명 발표, 개인 초청장 도착으로 대책 숙의: 남북회담 공작 진전,」, 『자유신문』, 1948년 3월 31일자.

28일과 29일 이틀에 걸쳐 구수회의를 열었다.[218] 또한 주한미군 사령관 하지의 부관이 1948년 3월 30일 오후에 조선건민회로 이극로를 찾아가 남북정치요인회담에 대한 여러 가지 의견을 듣고서 돌아갔다고 한다.[219]

북한의 제의에 대해 김구와 김규식은 1948년 3월 31일 공동성명을 통해 다음과 같이 참여 의사를 밝혔다.

제1차 회합을 평양에서 하자는 것이나 라디오 방송 시에 남한에서 여하한 제의가 있었다는 것을 발표하지 아니한 것을 보면 제1차 회담도 미리 다 준비한 잔치에 참례만 하라는 것이 아닌가 기우가 없지 않다. 그러나 우리 두 사람은 남북회담 요구를 한 이상 좌우간 가는 것이 옳다고 본다.[220]

1948년 4월 1일 밤 김규식, 홍명희, 이극로, 김붕준이 김구의 사저 경교장(京橋莊)을 찾아가 심야까지 남북협상 연락원 파견에 대해 협의했다. 연락원이 협의할 사항은 예비회담에서 백지로 임할 것과 북조선 측이 지명한 15명 외 적당한 인물을 추천, 참석케 함에 대한 의견 여하 등이라고 소식통은 전했다.[221] 김규식은 이 협의 석상에서 남북협상에 대해 다음과 같이 소신을 피력했다.

우리의 독립은 국제공약으로 약속되어 있거니와 오늘날에 이르러 미·소공위는 양차에 걸쳐 실패했고 유엔은 우리의 국토를 양단하는 데 성공했다. 이제는 우리가 우리의 손으로 우리의 독립을 전취하여야 할 것이니 남북협

---

218 『경향신문』, 1948년 3월 31일자.
219 「하中將의 부관 이극로씨방문」, 『자유신문』, 1948년 4월 1일자.
220 『조선일보』, 1948년 4월 1일자.
221 「연락원 불일(不日)파견: 인물선택 양김씨에 일임」, 『조선일보』, 1948년 4월 4일자.

상만이 유일한 독립노선이다. 남북회담이 제1차에 실패하여도 우리는 10차나 100여 차가 계속되더라도 성공할 때까지 분투 노력하겠다.[222]

보도에 따르면, 1948년 4월 2일 밤에도 김규식, 홍명희, 이극로, 김붕준 등 4명은 경교장을 방문해 심야까지 남북협상 문제를 논의했다. 이 자리에서는 3일 독로당회의실(獨勞黨會議室)에서 개최되는 '통일독립운동자협의회'에서 남북협상 문제를 검토하기로 했다고 한다.[223] 당시 신문의 보도 관행은 긴급 보도가 아닌 경우에는 이틀 정도 후에 보도되던 것이 일반적인데, 다음 날짜 신문에 보도된 것과 전일 회의 참석자가 똑같은 것으로 보아 4월 2일이 아니라 1일의 오기인 것으로 추정된다. 다음은 4월 3일 열린 통일독립운동자협의회 관련 보도 내용이다.

김구, 김규식 양씨는 3일 역경원(譯經院)에서 개최한 통일독립운동자협의회 결성대회에 각기 임석하여 축사를 한 바 있었는데 요지는 다음과 같다.
그런데 김 박사는 해방 후 전례 없는 열변으로 조국의 위기를 통탄하여 이에는 독립전취의 유일한 방법은 민족자결원칙에 의거할 뿐 타 도리가 없으며 이에 실천 초보공작으로 남북회담이 개최하게 되었으나 최후를 각오하고 성공에 매진할 뿐이라는 비장한 소신을 장시간에 걸쳐 피력하였다.

〈김구 축사〉
우리 민족이 주야로 통일과 독립을 갈망하고 있으나 요사이 통일은 안 되어

---

[222] "김구씨 중심, 김박사등 요담," 『자유신문』, 1948년 4월 3일자; 「실패해도 계속: 김박사 소신피력」, 『조선일보』, 1948년 4월 4일자; 『서울신문』 1948년 4월 4일자. 그러나 김규식과 김구는 1차 남북협상에 실패한 후 2차에는 참가하지 않았다.
[223] 『경향신문』, 1948년 4월 3일자.

도 독립만 되었으면 하는 경향이 있다. 그러나 우리의 통일과 독립은 불가분한 일인데도 불구하고 남조선 총선거로 독립을 한다고 하는 것은 이해할 수 없는 일이다. 현재 우리 강토는 38선으로 분단되고 있으나 이는 타국이 만들은 것이지 우리 민족의 마음속에는 38선이란 없을 것이다. 하물며 북조선에서 인민공화국을 수립할 것을 기도하는 것이나 남조선에서 단정을 수립할 것을 기도하는 것은 국제적으로 만들어놓은 38선 분열을 우리 민족 자체가 자의로 38선 분열을 만드는 것이니 이에 우리는 오늘날 통일을 부르짖지 않을 수 없으며 외세에만 독립시켜줄 때를 기다리고 맡기고 있을 것이 아니라 우리의 일을 우리가 하여야 할 것이니 우리의 힘으로 우리의 독립을 전취하지 아니하면 안 될 것이다. 이런 의도하에 해(該) 협의회가 결성되는 것으로 믿고 분투하기를 바라는 바이다.

〈김규식 축사〉

우리가 통일과 독립을 원하는 것은 누구나 다 바라며 잘 아는 것이다. 그러나 실행하기는 어려운 것이다. 우리가 독립을 전취할 때까지 이 협의회를 살려 목적을 달성하여야 할 것이니 이 마지막 길을 생명을 내놓고 나가는 것으로 여러분은 아시요. 해(該) 선언문 처음에 통일독립의 길에 전쟁의 길과 평화의 길이 두 가지가 있다고 하였는데 이는 망발이라 아니할 수 없다.

우리가 과거 평화시대에나 또는 양차의 세계대전이 있었으나 우리의 독립이 있었던가? 제1차 세계대전이나 중·일전쟁이나 또는 미·일전쟁을 우리가 얼마나 고대하고 혹시 우리의 독립이 오려니 하고 바랐으나 제2차 대전이 끝난 오늘날 우리의 독립이 왔던가? 오직 온 것이라고는 우리 3000만 민족이 굶어죽고 병들어 죽고 분열밖에 더 온 것은 없었던 것이다. 그러면 세계열강이니 운운하는 자들이 자기네들의 세력관계로 제3차 전쟁이 되면 우리의 독립이 될 것이며 2년 후가 될지 10년 후가 될지 언제 이 전쟁이 있을 줄 알고 그래도 또 이것을 믿고 있단 말인가? 또 이것을 믿다가는 또 앉고 자빠지는 것뿐인 줄 왜 모른단 말인가! 외몽골이 독립한 것은 소련권 내에 들어간 것뿐이며 필리핀이 독립이 되었다고 하여 유엔의 1국이 되어 와서 있지만 그 대표가 자기 성질을 본색을 나타내고 가장 떠들고 있으나 무엇을 주장하고 있는가? 우리는 이러한 독립은 원치 않는다는 것이다. 그네들 세계의 전쟁이나 평화에는 우리의 독립은 없다. 우리의 독립은 한국의 독립은 오직 한국 사람의 손에 있는 것이 아니고 그 독립을 쟁취하고 안 하는 것은 우리 한인의 마음과 힘에 있을 뿐이다. 지금 워싱턴에서는 5월 선거 후든지 또는 그 전에라도 남조선에 판무관을 보내려고 계획을 하고 있는 모양인데 총선거로 대통령을 뽑느니 하지만 워싱턴에서는 판무관을 인선 중이라 하니 남의 일도 알고 우리 일도 하는 것이다. 나는 이런 말을 듣고 외인 모씨 보고 "이는 또 실패할 것이다. 조선에 와서는 판무관이 하루라도 못 있을 것이다"라고도 하고 또 "만일 보내고 싶으면 대사명으로라도 하고 보내어 일을 판무관 일을 하든지 마음대로 할 테면 하는 것이 나을 것이다. 그러나 판무관이라면 아마 우리 한인들이 용납 안 할 것으로 아시오"라고도 말하였다. 그럼에도 불구하고 아직도 총선거만 하면 국권도 찾고 정부도 수립되고 민생 문제도 해결 운운하고 있는 자들이 있으나 이는 유엔헌장도 들여다보지 못한 자들이라고 아니할 수 없다. 남조선에서는 국가가 유엔헌장을 고치든지 또는 유엔안보이사회의 거부권을 없애도록 고쳐지든지 해야 할 것이다. 현재 소련이 유엔조위를 보이콧하고 있음에도 불구하고 유엔에 가맹이 된단 말인가? 그래서 내가 주장하는 남북회담도 민족자결원칙에서 나온 것이나 그렇게 용이하게 성공되리라고는 볼 수 없으며 우리끼리 해보자는 것이다. 그래서 우선 연락원을 2, 3명이고 보내서 일체 교통 기타 절차 성질 목표 등 여러 가지를 따져가지고 우리의 제의를 연락원이 돌아온 뒤에 여러분과 같이 대책을 강구할 것이다.

남북회담 한다고 바로 독립이 되는 것은 아니다. 남북이 서로 양보해서 성공된다면 환희로 돌아오겠지만 이것이 또 피 흘리지 않고 소련연방에 집어넣는 것이 되나 않을까 하는 의심되는 바가 없지도 않다. 또한 남조선 단선단정 때문에 남북이 영영 분열되고 분열되기 때문에 북조선에 20만의 인민군이 있으니 남조선에 정부가 서도 그 정부는 며칠 못 갈 것인데 그때 가서는 남조선까지 공산화시키고 피를 흘리고 소련의 연방이 안 된다고 누가 전도를 단정할 것인가? 그러기 때문에 우리는 남조선 단선단정도 반대하는 것이다. 우리의 목적을 달할 때까지는 우리의 일을 우리끼리 한다고 하고서 만일 남북회담이 깨진다고 하여 그때 가서 미국에나 소련에다 또 우리 독립을 시켜주시오 할 수는 없으니 우리가 끝장을 보고야 말 것을 알고 있어야 한다. 우리는 오늘날까지 남에서는 미국에, 북에서는 소련에 의뢰하고 독립을 기대해왔으나 미·소공위나 유엔에서 독립이 되었던가? 남북회담의 첫 결과가 좋거나 나쁘거나 우리 일은 우리의 손으로 한다고 하였으니 흥해도 우리 힘으로 흥하고 망해도 우리 손으로 망할 것이다. 인제는 막다른 골목이니 한 번 해서 안 되면 열 번이고 백번이고 계속하여 생명 있을 때까지 성공할 때까지 하고야 말 것이며 할 수밖에 없다. 여러분은 우리가 가는 길이 마지막 길인 줄 알아야 하며 막다른 길인 줄 알아주시기 바란다.[224]

김규식의 상당히 자주적이며 이례적인 장문의 공격적 축사가 인상적인데, 북의 20만 대군이 전쟁을 일으킬 것이라고 예언한 대목이 특기할 만하다. 남조선 정부가 며칠 못 간다고 하는 부분에 대해 우익들은 북의 남침을 초대하고 남의 정부를 부인하는 친북적 언사라고 비난하겠지만, 김규식은 공산화를 막기 위해 단선단정을 반대한다고 주를 달았으므로 일반적인 예측을 확대해석할 것은 없다.

---

[224] 『조선일보』, 1948년 4월 6일자; 『경향신문』 1948년 4월 6일자.

김구와 김규식은 4월 5일 연락원(특사) 파견을 결정하여 김일성의 성의를 타진하려는 신중함을 보였다.[225] 4월 6일 안경근·권태양이 출발했으나 개성에서 미군정 경찰이 저지해 가지 못하자 김규식이 4월 7일 소장 아널드를 만나 항의하기도 했다.[226] 이에 안경근·권태양은 공개리에 4월 7일 오전 10시 35분 서울을 출발하여 4월 8일 오후 2시 40분 평양에 무사히 도착한 후 시급히 당사자들과 회견하여 연락사항을 전달하고 여관으로 돌아와 하루를 묵었다. 이들은 4월 9일 오후 3시 특별열차로 평양을 출발하여 10일 오후 9시 15분 서울에 도착한 즉시 김구·김규식에게 연락보고를 했다. 이 여행에 남북 현지 치안당국은 협조적이었다.[227] 김규식은 밀사의 보고를 받은 후 4월 13일 오후 1시부터 7시까지 무려 6시간 동안 자신의 사저 삼청장에서 민족자주연맹 정치·상무위원회연석회의를 개최해 참가 문제를 토의했으나 결론을 얻지 못했다. 같은 날 오후 7시를 지나 경교장에서 김구·김규식 및 홍명희·유림·조완구·엄항섭·이극로·김붕준 등이 회동해 심야에 이르기까지 토의했는데, 4월 15일 보도되기를 김규식은 신병(身病) 등 기타 이유로 행동을 보류할 의향이 농후했으며 김구는 북행 의사를 명확히 했다.[228] 당시 북과 연락한 경교장 측근자는 조만식의 회의 출석이 확정되었다고 말했

---

225 「남북협상의 연락원출발」, 『자유신문』, 1948년 4월 8일자. 이 기사에 인용되는 전문에 의하면 좌익 측의 대표는 14일 개최 예정인 남북회담에 맞추어 8일 당시 이미 출발했으며 우익-중도에서는 양 김씨를 비롯해 홍명희, 김붕준, 여운홍, 이극로 등이 회의에 참가하려 한다는 것이었다.
226 이정훈, 「남북협상 수행 비서진의 반박: 김일성의 김구 왜곡·날조」, 『월간조선』 7월 (1991), 526쪽.
227 『조선일보』, 1948년 4월 13일자; 『동아일보』, 1948년 4월 13일자; 『경향신문』, 1948년 4월 13일자; 『서울신문』, 1948년 4월 13일자.
228 「양 金씨 참석 신중 고려, 京橋·三淸 양처서 鳩首 凝議」, 『자유신문』, 1948년 4월 15일자; 『민중일보』, 1948년 4월 15일자.

다.[229] 언론에서는 당시 김규식의 보류 이유를 다음과 같이 추측했다.

1. 이번 남북협상을 통하여 북조선에서는 유엔 반대의 구체안을 짤 것을 제의하고 이를 주장할 것이나 김규식의 본의는 민족적 입장에서 남북이 통일할 수 있는 방도를 강구하자는 데 있다. 즉 전자는 좌익 본위 투쟁 위주의 자아확집이요, 후자는 민족적 입장에서 출발한 모든 외교절충까지 포함한 것이다.
2. 10일 현재까지 동 회담에 참석차 북행한 남조선 좌익 대표는 남조선민전 산하단체 대표만 65명이나 민련 산하단체에서는 불과 10명을 초과하지 못하고 한독당 대표 5명을 합하여 비율적으로 볼 때 회의 전도에 커다란 암영이 없지 않다는 것.
3. 회의가 진행되면 반드시 남북 주둔 미·소 양군의 철퇴까지 상정될 것은 명약관화한 사실인데 양군 철퇴를 결의한다고 가정하면 진공 상태의 치안 책임은 누가 질 것이며 남북 현재의 군사단체 반(半)군사단체의 해체 문제는 어떻게 귀결 짓겠는가?[230]

김규식은 북의 좌익 본위의 단독행동에 반대하면서도 자신은 좌익까지 포괄하는 민족적 입장을 견지할 것임을 주장했다. 즉 자신은 우익이라는 것이다. 김규식은 남북회담 참가단체가 좌익 위주로 구성되어 있는 것을 검토했으며 양군 철퇴 후 전쟁이 발발할지도 모른다는 의구심도 가지고 있었음이 확인된다. 비교적 단순히 생각했던 김구와는 달리 김규식은 난맥상 속에서 심사숙고하며 우려했다. 또한 김규식은 4월

---

229 『조선일보』, 1948년 4월 15일자.
230 『동아일보』, 1948년 4월 15일자; 『조선일보』, 1948년 4월 15일자; 『서울신문』, 1948년 4월 15일자.

14일 안경근을 재차 파견하는 등, 김일성의 의사를 신중하게 판단했다.

이 와중에 우익청년단체와 기독교단체, 월남동포 등은 이 협상을 격렬하게 반대했지만 문화인 108인은 4월 14일 성명을 통해 협상을 지지해 당시 통일 열망을 증폭시켜 대변했으며[231] 대중들은 '무엇인가 하기는 해야 한다'는 연로한 지도자들의 주장에 대체로 동조하는 편이었다. 이에 자극을 받은[232] 김규식은 4월 19일 김일성에게 특사를 보내 다음과 같은 5개항의 조건을 김일성이 수락하면 북행하겠다고 전했다.

1. 여하한 형태의 독재정치라도 이를 배격하고 진정한 민주주의 국가를 건립할 것.
2. 독점자본주의 경제제도를 배격하고 사유재산제도를 승인하는 국가를 건립할 것.
3. 전국적 총선거를 통하여 통일중앙정부를 수립할 것.
4. 여하한 외국에도 군사기지를 제공치 말 것.
5. 미·소 양군 조속 철퇴에 관하여서는 먼저 양군 당국이 철퇴 조건 및 기일(期日) 등을 협정하여 공포할 것을 주장할 것.[233]

김규식은 원래 평양회담을 예비회담으로 하고 본 회의는 서울에서 개최할 것과 유엔임시위원단의 북조선 입경을 허용하여 남북 총선거로 통

---

[231] 108유지, 『남북협상을 성원함』, 1948년 4월 14일, 『새한민보』 2-9(1948), 14-15쪽; 「남북협상만이 구국에의 길: 문화인108명연서 남북회담지지성명」, 박광 편(1948), 앞의 책, 3-7쪽.
[232] 송남헌(1975), 앞의 책, 460쪽.
[233] 송남헌(1975), 앞의 책, 460쪽. 그런데 「김 박사도 작일북행: 출발 전 5개 제안 발표」(『동아일보』, 1948년 4월 22일자)에 의하면 이 5개항은 김규식이 북에 제시할 원칙이라는 것이다.

일정부를 수립하자는 것 등 다음 6개 조건을 4월 13일 오후 1시부터 열린 삼청장 회합에서 제시하여 북의 의사를 타진하자고 협의했다.

1. 북한이 소련의 위성국가라는 인상을 주는 스탈린 초상화를 제거할 것.
2. 평양회담은 예비회담으로 하고 첫 공식회담은 서울에서 열 것.
3. 북한 지역에서 100명의 대표를 선출하여 남한 대표 200명과 회합할 것.
4. 북한은 유엔위원단의 최소 1명을 선거 감시를 위하여 초청할 것.
5. 평양회담에서는 독립 실현의 방법만 토의하고 헌법 채택, 국가 수립, 국기 선정 등을 토의하지 않을 것.
6. 미·소 양군의 공동철수에 관한 선전을 중지하고 군대 철수에 관한 미·소 회합을 갖도록 소련에 요구할 것.[234]

김규식은 이 6개항 제의에 북한이 동의한다면 자신은 남북회담에 참석하고 유엔에 남한 단독선거 연기를 요청하겠다고 말했다.

그러나 이어 4월 13일 오후 7시 경교장 회합에서 김구는 김규식의 유엔 개입안에 반대하고 유엔임시위원단과의 관계는 일절 포기하자고 맞섰다.[235] 유엔임시위원단에 기대했던 김규식에 비해 김구는 유엔의 개입에 비판적이었다. 이에 김규식은 평양행을 보류하겠다고 밝혔다.[236]

김규식의 이러한 태도는 하지의 끈질긴 종용에 따른 것이었다. 하지는 이 시점에서 날마다 그의 정치고문인 버치(Leonard M. Berstch)와 노블(Harold Noble)을 보내어 김규식의 북행 번의(飜意)를 종용했다.[237]

---

[234] "G-2 Weekly Summary," no. 135, April 16, 1948.
[235] 「민련권고로 김박사 북행?」, 『동아일보』, 1948년 4월 16일자.
[236] 도진순(1997), 앞의 책. 243-244쪽.
[237] 宋南憲, 「金九·金奎植은 왜 38線을 넘었나」, 『신동아』 9월호(1983), 213쪽.

소련군 민정장관 레베데프(Nikolai G. Lebedev)의 4월 13일자 『일기』에는 이때의 상황이 흥미롭게 기술되어 있다.

> 하지가 김규식을 불러 사무실이 떠나갈 정도로 책상을 두드리며 그를 위협했다고 한다. 김규식의 요구사항은 다음과 같다.
> ① 스탈린의 초상화를 모두 제거한다, ② 유엔과 협력하여 조선 문제를 해결한다, ③ 북조선에 선거구를 조직한다.
> 김규식은 대통령 후보 가운데 한 명이다. 미군정부에서는 김규식을 추천하고, 국무부에서는 이승만을 추천하고 있다.[238]

그런데 실제로 당시 미군정은 남북협상에 대하여 김구와 김규식이 합리적으로 생각하도록 설득할 방법은 없다는 결론을 내리고 있었다. 4월 9일 하지의 정치고문 제이콥스(Joseph E. Jacobs)가 국무장관 마셜(George C. Marshall)에게 보낸 다음 보고 전문은 미군정이 김구·김규식을 어떻게 평가하고 있었는가를 여실히 말해준다.

> 양 김(김구와 김규식-인용자)이 표면상으로 부르짖는 것은 '한국의 통일'이지만 실제로 그들이 남북협상을 제의하고 또 평양의 초청을 수락한 기본적인 이유는 적어도 선거에서 당선이 보장될 만하거나 고위직에 임명될 수 있을 만한 사람 가운데에서 그들을 따르는 진실한 추종자가 없기 때문이다. 그리고 그들은 '들러리를 서기 싫기' 때문이다. 그들은 그보다 다른 데서 더 나은 가능성을 찾으려고 한다. 공산주의는 그러한 반대파 속에서 번성한다. 그러

---

[238] 전현수 편역, 『북한 주재 소련민정장관 레베제프 일기, 1945~1948』(나모커뮤니케이션, 2007), 165쪽; 손세일, 「孫世一의 비교 評傳(99) 한국 민족주의의 두 類型-李承晚과 金九: "38線을 베고 自殺이라도 하겠다!"」, 『월간조선』 7월(2012).

나 양 김은 평양에서 일이 잘 돌아가지 않을 경우에 대비하여 남한에서 발판을 마련하는 노력도 하고 있다. 지난 며칠 동안 우리는 김규식이 비밀리에—왜냐하면 그는 공개적으로는 선거를 보이콧하고 있기 때문에—그의 친구들에게 적어도 국회에 몇 사람의 지지자라도 확보할 수 있도록 후보자들을 내고 선거운동을 하라고 지시했다는 보고를 받아왔다.[239]

이러한 판단은 김구와 김규식의, 특히 김구의 애국심이나 민족의식에 대한 현실주의적인 가치 절하와 아울러 높은 유권자 등록률을 근거로 한 총선거에 대한 미국의 자신감에 따른 것이었다.

남한에서 김구와 김규식과 좌익에 대한 지지도가 얼마나 저조한가는 유권자 등록 결과가 시사해준다. 오늘까지 유권자 85%가량이 등록했다. 좌익과 중도파가 선거를 보이콧하여 등록을 하지 않았다고 상정하면—그들의 공식성명으로 우리는 그렇게 상정할 수 있다—좌익과 중도파 세력은 유자격 투표자의 10% 내지 15%에 지나지 않는다. 지난여름에 우리는 그 숫자를 30~35%로 추정했다. 이처럼 좌익과 중도파 세력은 상당히 감소했거나 그렇지 않으면 그들은 공식적인 보이콧에도 불구하고 등록을 하고 있다.[240]

이렇듯 미국은 김구와 김규식이 당선될 가능성이 없어서 북행을 결심했다고 평가했다. 협상파의 남북협상 참가에 대한 현실주의적 해석인데, 김구는 어느 정도 부합되지만 현실정치에 참여를 꺼리는 김규식의 경우는 이에 해당되지 않는다고 할 수 있다. 따라서 제이콥스의 4월

---

[239] "Jacobs to Marshall," Apr. 9, 1948, *FRUS, 1948*, vol. Ⅵ, pp. 1177-1178.
[240] "Jacobs to Marshall," Apr. 9, 1948, *FRUS, 1948*, vol. Ⅵ, pp. 1177-1178.

9일자 보고문에 나오는 김규식의 민족자주연맹 구성원들의 선거 참여 지시는 과장된 정보이거나 살 길을 마련하기 위한 지지자들의 고육지책일 것이다. 적어도 김규식 자신은 선거에 참여하는 것을 마땅치 않게 생각했으나 그렇다고 민족자주연맹원 중 야심가들에게 단선이라며 거부를 강요할 수 없었다. 따라서 남북협상에서 돌아온 후 지지자들의 단선 거부 방침을 지속시킨 김구와는 달리 김규식은 개인적 참여를 말리지 않는 소극적인 단선 거부 내지는 방관 전략을 취했던 것이다.

4월 14일 오후 삼청장에서 열린 민족자주연맹의 정치·상무위원 연석회의는 장시간의 토론 끝에 김규식이 제의한 6개항의 요구조건을 4개항으로 수정했다.

1. 어떠한 형태의 독재정치도 배격하고 민주주의 국가를 건립할 것.
2. 독점자본주의 경제제도를 배격하고 사유재산제도를 승인할 것.
3. 전국적 총선거에 의하여 통일된 중앙정부를 수립할 것.
4. 외국에 어떠한 군사기지를 제공하지 말 것.

이 4개항에 김규식은 다시 "5. 미·소 양군의 조속한 철퇴에 관하여 미·소 양국이 협상하여 공포할 것"을 추가했다.[241] 이렇게 하여 앞서 인용한 민족자주연맹의 '남북협상 5원칙'이 성립했으며 김구의 동의를 얻은 후 북에 보냈다.

결국 김구의 과단성 있는 결단과 김규식의 신중함이 결합되어 4월 19일에는 김구, 21일에는 김규식이 각각 북쪽으로 출발했으며 20일과 22일에 각각 평양에 도착했다.[242] 김규식은 무조건 북행할 수는 없다고

---

[241] 도진순(1997), 앞의 책, 246쪽.

생각한 데 비해 김구는 '여하간 가보아야 한다'고 생각했다. 회의의 정확한 일자나 의제 등에 대해서는 북과 상의할 수 없었으므로 북에서 일방적으로 정했다고 보아야 한다.

반대 의견에 직면했던 김구는 4월 19일 출발을 만류하는 군중에게 "나는 독립운동으로 내 나이 70이 되었다. 더 살면 얼마나 살겠는가. 여러분은 나에게 마지막 독립운동을 허락해달라. 이대로 가면 한국은 분단될 것이고 서로 피를 흘리게 될 것이다"라고 열변을 토했다. 김규식과 같이 김구도 전쟁이 올 것을 예언했던 것이다. 김구는 "나는 통일된 조국을 건설하려다가 38선을 베고 쓰러질지언정 일신의 구차한 안일을 취하여 단독정부를 세우는 데는 협력하지 아니하겠다"[243] 하는 신념으로 38선을 넘었으니 분명 당시 한국 민족주의의 대변자였다고 할 수 있다. 김구는 북한에 이용당할 것을 어느 정도 예견했지만, 전쟁을 막기 위해 남북협상을 해야 한다고 설파했다. 남한의 정국은 또다시 격랑에 휘말렸으며 정계는 선거참여파와 남북협상파로 양분되었다.

(2) 김구 · 김규식의 남북협상 참여에 대한 이승만 · 한민당의 태도

이승만은 김구의 남북협상 참여를 만류했다. 그 이유는 무엇이었을까? 북한 정권의 정통성 강화에 도움을 줄 가능성이 있다고 생각해 김구의 북행에 반대했다고 할 수 있다. 그런데 그 반대가 그렇게 적극적이지 않았는데 유력한 경쟁자가 선거에 참여하지 않는다면 자신이 유일한 대통령 후보가 될 수 있다고 생각했기 때문이다.

---

242 이정식, 「1948년의 남북협상」, 『신동아』 3월(1980), 178쪽; 양호민 편(1982), 앞의 책, 275쪽.
243 김구, 「삼천만동포에 읍고(泣告)함」, 1948년 2월 10일, 『백범김구선생 사업협회』 (www.kimkoo.or.kr/03data/sub.asp?pagecode=m03s06t04d&pagecode1=8, 검색일: 2015년 3월 8일).

한민당은 김구와 김규식의 주장이 남로당 주장을 대변하고 있는 것 같다느니, 그들이 '크레믈린 궁의 사자'라느니 하며 비난했다.[244] 김구·김규식의 1948년 5월 5일 귀경 직후, 한민당은 김구·김규식의 주장이 소련의 제안과 같으며 이들은 공산주의자들과 같이 5·10선거를 파괴하려는 분자들이라고 비난했다.[245] 한민당은 선전문 「총선거에 임하여 만천하 동포에게 고함」에서 김규식이 한때 공산당원이었으니 그 태도가 공산당과 동일할 것은 필연의 귀결로 볼 수 있고, 김구도 토지국유정책 등을 볼 때 공산당과 통할 가능성이 있다고 공격했다.[246]

한편 1948년 7월 11일 김구는 이승만과의 합작을 권하는 장제스의 특사 류유완을 만나 이승만이 '한민당의 포로'가 되어 그들이 하자는 대로 해야 하는 신세라고 평가했다.[247] 이렇듯 김구는 한민당을, 한민당은 김구를 비난하는 등 양자의 관계는 심한 갈등을 겪었다.

5) 남북협상의 실제 진행 과정

1948년 4월 19일부터 26일까지 평양 모란봉극장에서 미리 준비된 전조선제정당사회단체대표자연석회의에 김구는 4월 22일 소극적이나마 참여했지만, 4월 21일 출발했던 김규식은 건강을 이유로 참석하지 않았으며[248] 25일 도청 앞 광장에서 열린 시민대회와 연회에 참석했다.[249]

---

[244] 역사비평편집위원회, 『역사용어 바로쓰기』(역사비평사, 2006), 172쪽.
[245] 『동아일보』, 1948년 5월 8일자.
[246] 역사비평편집위원회(2006), 앞의 책, 172쪽.
[247] 정원엽, 「1948년 '김구-리우위완 대화록' 공개: 김구 "소련, 북한군을 남진에 써먹을 것" … 전쟁 가능성 예견」, 『중앙일보』, 2015년 7월 18일자.
[248] 서중석, 「남북협상: 김규식의 길, 김구의 길」(한울, 2000), 224쪽.
[249] 이정훈, 「남북협상 수행 비서진의 반박: 김일성의 김구 왜곡·날조」, 『월간조선』 7월

3월 29일 남로당을 중심으로 한 좌익의 연합체 민주주의민족전선은 일찍이 남북회의를 지지하는 성명을 발표했으며[250] 그 구성원들은 4월 9일까지 이미 평양에 도착한 상황이었다.[251] 남한 우파들의 불참을 미리 대비하여 모임을 일찍 시작했다고 할 수 있다. 김구·조소앙·조완구·홍명희 4인은 회의 3일째인 4월 22일 12시 45분경에 회의 장소에 입장하여 이미 28명으로 구성된 주석단에 보선되어 축사를 했을 뿐[252] 홍명희를 제외한 3인은 회의에 다시 참석하지는 않았다.[253] 연석회의는 남에서 넘어온 인사들과의 사전 협의 없이 김일성 집단에 의해 독자적으로 주도되었고[254] 남한과 미국에 대한 일방적 비방이 주류를 이루었다.[255]

　　김규식은 연석회의를 공산주의자들의 선전을 위한 공식회의로 간주하면서 이를 묵인했으며 요인협상회의를 공산 측 수뇌부에게 급하게 요

　　(1991), 520쪽. 이선근 국방부 정훈국장 지휘하에 평양에서 1950년 10월 노획한 사진첩에 의하면 주석단 사진촬영에 김구·김규식이 같이 나오므로 김규식이 회의에 전혀 참석하지 않은 것은 아니었다. 이 사진을 4월 27일과 30일에 남북 지도자 15인이 찍힌 사진으로 간주할 수도 있겠으나 인원이 15명보다 훨씬 많으므로(주석단 28+4명을 포괄한 것으로 사료됨) 그럴 가능성은 거의 없으며 사진 제목에도 '주석단'으로 표기되어 있다. 혹은 4월 25일 시민대회와 연회 때 사진일 수도 있다.

250 『조선중앙일보』, 1948년 4월 1일자.
251 『조선중앙일보』, 1948년 4월 14일자.
252 『조선일보』, 1948년 4월 25일자; 『경향신문』, 1948년 4월 25일자. 축사 내용은 김구, 「남북연석회의 축사」, 1948년 4월 23일, 엄항섭 편(1948), 앞의 책; 김구, 『백범 김구선생 언론집』 하(나남출판, 2004), 122-123쪽에 일자가 틀리게 전재되어 있다.
253 이정식, 「1948년의 남북협상」, 『신동아』 3월(1980), 180-182쪽; 양호민 외 편(1982), 앞의 책, 278-281쪽.
254 장건상의 증언에 의하면 당시 연설 직후 '김일성 만세'를 부르면 누군가 술을 따라주고 밴드가 울렸는데 김구는 '김일성 만세'를 하지 않았다는 것이다. 방인후·김창순 면담, 「장건상」, 김학준 편(1988), 앞의 책, 243쪽.
255 『전조선정당사회단체대표자연석회의문헌집』([평양]: 북조선인민위원회선전국, 1948), 109-113쪽.

구했다.²⁵⁶ 김일성과 김두봉은 김구와 김규식이 주장했던 요인회담을 개최하여 포섭하려 했다(그러나 중요한 결정은 이미 연석회의에서 했고 요인회담은 요식행위에 불과했으며 실제로 요인회담·4김회담에서 했던 약속을 지키지 않았으므로 이는 제스처에 불과했다). 1948년 4월 27일과 30일 두 차례의 남북제정당사회단체지도자협의회(연석회의는 정당한 대표자들의 회의지만 이 15인 회담은 임의기관인 협의회라 격도 떨어진다), 즉 남북요인회담이 열렸던 것이다. 남북 지도자 15인은 아래와 같다.

남: 김구, 김규식, 조소앙, 조완구, 홍명희, 김붕준, 이극로, 엄항섭(이상 우익)
　　허헌, 박헌영, 백남운(이상 좌익)
북: 김일성, 김두봉, 최용건, 주영하(모두 좌익)

이상 15인이 회담하여 다음 4개항이 담긴 공동성명서를 4월 30일 발표했다.²⁵⁷

1. 양군 즉시 철퇴 요구
2. 철퇴 후 내란이 발생할 수 없다는 것에 대한 확인²⁵⁸
3. 전조선정치회의 소집 후 선거를 통한 정부 수립
4. 단독선거 반대

---

256 "설국환 당시 연합신문 기자와의 면담", 1967년 1월 7일, 이정식, 「1948년의 남북협상」, 『신동아』 3월(1980), 182쪽; 양호민 외 편(1982), 앞의 책, 282쪽.
257 『조선일보』, 1948년 5월 3일자;『조선중앙일보』, 1948년 5월 4일자. 그런데 보수주의자들은 이 성명이 미군 철수와 북한에 모인 좌파 56개 단체에 의한 임시정부 수립, 남조선 선거 반대와 수립된 정부 불인정을 골자로 한다고 해석했다.
258 이렇게 확인했음에도 불구하고 김구는 1948년 7월 11일 중화민국 총영사 류유완을 만나 러시아인이 급습할 것이라고 공언했다. 물론 이것은 내란이 아닌 더 높은 차원의 전쟁이 일어날 것을 암시한 것이다.

마지막 항에 단독선거 반대가 강조되므로 단독선거 반대운동이 절정에 올랐다고 할 수 있다. 그런데 이들은 남한 단독정부 수립에 반대한다는 데는 합의했으나 이후 통일정부 수립을 위해 어떻게 하겠다는 해결책은 마련하지 못했다.[259] 이 점이 남북협상운동이 가지고 있던 주된 한계였다. 따라서 이들의 운동은 통일운동이라기보다는 '반단정운동'이라고 규정될 수 있다.

김구는 1948년 4·30 성명에 한독당 대표 자격으로 서명했다.[260] 이선근 국방부 정훈국장이 평양에서 1950년 10월 노획한 사진첩에 민족자주연맹 대표 김규식이 서명하고 있는 사진이 나오는데 이 문건 제목은 '남북제정당사회단체대표자연석회공동성명서'이다. 그런데 송남헌이 민족자주연맹 서명자로서 다른 문건에 날인한 것이 촬영되었으므로 김규식이 연석회의 성명서에 모두 다 적극적으로 서명한 것은 아니었음이 확인된다. 이정식(1974)은 위 4개항이 김구·김규식이 북행 전부터 주

---

[259] 이정식, 『김규식의 생애』(신구문화사, 1974), 321쪽.
[260] 보수주의자들은 김구가 자신이 그렇게 지켜온 대한민국임시정부의 정통성을 스스로 무시해버리고, 북측과 합작으로 새로운 임시정부를 수립하기로 했다고 평가했다. 그런데 이정훈, 「남북협상 수행 비서진의 반박: 김일성의 김구 왜곡·날조」, 『월간조선』 7월(1991), 526쪽에 나오는 당시 김구의 비서 선우진의 회고담에 의하면 남에서는 엄항섭과 홍명희, 북에서는 주영하 외 1인 등 4인이 기초한 성명서에 김구는 서명 날인하지 않았으며 김구는 임정 직인은 물론 사인(私印)도 가지고 다니지 않았다는 것이다. 『로동신문』, 1986년 4월 19일자에 의하면 5월 3일 김구가 김일성과 배석자 1인[김일성의 비서인 김종항(연석회의 시에 김구의 수행원 노릇을 하게 했다 함)]과 함께 독대하면서 임정의 법통을 상징하는 인장을 바치려 했다는 것인데 이정훈, 「남북협상 수행 비서진의 반박: 김일성의 김구 왜곡·날조」, 『월간조선』 7월(1991), 531-532쪽에 의하면 5월 3일 김규식·김두봉과 함께 만났으며 당시 인장은 조경한이 관리했다고 한다. 조경한은 김구의 평양행 당시에 "대통령이 되려고 평양에 가시오. 그러면 이승만과 다를 게 없지 않소" 하며 극구 만류했다고 회고했다. 김구의 북행을 권력욕의 발로로 보는 시각이 당시에도 비록 소수였지만 있었음을 증거한다. 또한 김구가 하는 일이 잘 안 되면 안창호 향리의 과수원이나 하나 달라고 김일성에게 부탁했다는 말이 일본의 『世界』(1985년 8월)의 김일성 인터뷰와 앞의 『로동신문』에도 나온다. 이에 대해 김학준은 김구가 재물을 탐하는 인물이 아니라고 일축하면서 『로동신문』 기사는 날조라고 평가했다.

장하던 것이므로 그들은 이 결정에 만족했을 것이라고 평가했다.²⁶¹

1948년 4월 26일과 4월 30일 두 차례 4김회담이 비공개리에 있었다.²⁶² 그런데 여기에서 별다른 정치적 결정을 내리지는 못했다.²⁶³ 단지 4월 30일 김구·김규식은 ① 남한에 대한 송전 계속, ② 연백수리조합 개방, ③ 조만식 월남 허용 등을 김일성에게 피력했다. 김일성은 ①, ② 항은 수락했으나 ③항에 대해서는 자신에게는 권한이 없다며 주둔군(소련) 당국의 양해가 있어야 한다고 거절했다.²⁶⁴ 만주 뤼순에 있던 안중근 의사의 유해 이장 문제도 김구·김규식이 제의했으나, 김일성은 미루었다고 한다.²⁶⁵ 그런데 북한은 김구·김규식이 남한으로 귀환하자마자 전기도 농업용수도 모조리 끊어버렸다. 결과적으로 남북협상은 단선을 반

---

261 이정식(1974), 앞의 책, 197쪽.
262 이정훈, 「남북협상 수행 비서진의 반박: 김일성의 김구 왜곡·날조」, 『월간조선』 7월 (1991), 520쪽. 한편 4월 28일 김규식·김일성의 개별회담[도진순, 『한국민족주의와 남북관계: 이승만·김구 시대의 정치사』(서울대학교 출판부, 1997), 272쪽], 5월 3일 김일성 집무실인 북조선인민위원회에서 김일성·김규식의 작별인사차 상봉 등이 있었다. 송남헌, 「김구·김규식은 왜 38선을 넘었나」, 『신동아』 9월(1983), 223쪽.
263 「天壤之差한 남북현실: 남조선은 망하는 집안, 우리 장단에 우리끼리 춤추자!: 김규식 박사역사적연설」, 박광 편(1948), 앞의 책, 68-69쪽에 의하면 4월 25일 김일성 장군의 남북요인초대연 석상에서 김규식이 연설했다고 한다. 연설문에는 '우리끼리'라는 표현은 없으며 편집자가 붙인 제목에 불과하다.
264 이정식, 『대한민국의 기원』(일조각, 2006), 112쪽; 이정훈, 「남북협상 수행 비서진의 반박: 김일성의 김구 왜곡-날조」, 『월간조선』 7월(1991), 530쪽에 나오는 『로동신문』, 1986년 4월 19일자 기사에 의하면 조만식은 해방 전에 일제에 투항해 내선일체(內鮮一體)를 주장하고 학도병 지원과 징병제를 지지한 친일파였고 해방 후에는 친일파와 민족반역자들을 규합해 민주주의 자주독립국가 건설과 자주통일을 방해하며 첩보, 암해 활동을 해온 것이 민주당 열성자 대회에서 폭로돼 쫓겨난 자라는 것을 김일성이 김구에게 알려 김구가 조만식의 서울 동행을 취소했다는 것이다. 물론 조만식의 친일파 혐의는 당시로서는 문제되지 않았던 것으로 사후 날조였다. 당시 조만식은 신탁통치에 대해서 입장을 바꾼다면 연금 상태에서 풀려날 수 있는 상황이었다.
265 송남헌, 「김구·김규식은 왜 38선을 넘었나」, 『신동아』 9월(1983), 220쪽. 또한 김구·김규식·김일성·김두봉 등 15인 협의회 참석자들이 함께 모인 5월 2일의 쑥섬 회동에서도 김구와 김규식이 제기한 송전과 송수, 조만식의 월남, 안중근 유해봉환 등의 문제가 다루어졌다고 한다. 김광운, 『통일독립의 현대사』(지성사, 1995), 236-237쪽.

대하는 회합으로 귀착되었다.

건민회 대표 이극로는 연석회의에서 "우리 민족은 하나이며 우리 조국도 하나입니다. 우리 민족은 통일독립을 요구합니다"라는 연설을 했다. 1948년 4월 22일 오후 2시 모란봉극장에서 열린 3일차 회의에서 행한 인사말이었다.[266] 또한 4월 23일 결정서 기초위원을 대표하여 민주독립당 홍명희가 '조선정치정세에 관한 결정서'를 낭독했는데 만장일치로 가결되었다. 다음에 연석회의의 이름으로 '3천만 동포에게 호소하는 격문'을 채택했다. 격문은 민족자주연맹대표 이극로가 낭독했으며, 회의에 참석한 16개 정당과 40개 단체 대표가 서명했다.[267] 격문에는 단정을 수립하려는 이승만·김성수 등 매국 도당의 반역 음모를 비판하면서 이를 저지하기 위하여 전 민족의 과감한 구국투쟁을 개시할 것을 호소했다.[268] 홍명희와 이극로가 중요한 결정서와 격문을 읽었다는 것은 그들이 이미 북에서 중요한 역할을 하고 있(거나 중요한 역할을 하도록 이용당하고 있)었음을 확인할 수 있는 대목이다. 이극로에 대해서는 이미 잔류 권유가 있었고, 그가 이때부터 잔류 심경을 굳히지 않았을까 한다.

결정문과 격문을 포함한 회의 전반에 대해『경향신문』은 다음과 같이

---

[266] 「金九씨 등 4씨 주석단에」,『자유신문』, 1948년 4월 25일자;『조선일보』, 1948년 4월 25일자;『경향신문』, 1948년 4월 25일자. 4월 23일자 평양방송의 보도를 전재한 위 신문들에 의하면 12시 45분에 입장한 한독당 김구, 조소앙, 조완구, 민주독립당 홍명희 4인을 주석단에 보선했다고 한다. 이보다 늦은 오후 2시에 참석했던 이극로는 이때 주석단의 일원으로 선출되지는 않았다.

[267] 「연석회의의 제4일경과」,『자유신문』, 1948년 4월 27일자;『조선일보』, 1948년 4월 25일자. 역시 25일 아침 평양방송을 전재한 보도이다.

[268] 남북조선56정당사회단체 서명, 「전조선동포에게 격함」, 1948년 4월 23일자, 박광 편 (1948), 앞의 책, 74-78쪽; 북조선노동당 외, 「전조선동포들에게 격함」, 1948년 4월 23일,『전조선정당사회단체대표자연석회의보고문급결정서』(평양, 1948), 41-46쪽; 김남식,『남로당연구』(돌베개, 1984), 322쪽.

문제를 제기했다.

내(來; 다가올-인용자) 5월 10일 실시될 총선거가 거족적 열의로써 착착 진행되고 따라서 머지않아 국회를 가지게 됨에 따라 이를 단선이라 비방하고 동 선거를 반대하기 위하여 남북협상이라는 민족적 성업의 간판을 도용하여 공산당 고유의 전형적 회의를 지난 19일부터 평양 모란봉극장에서 열었는데, 회의 제3일인 지난 23일에는 조선 정치정세에 관한 결정서를 만장일치로 가결하며 '전 조선동포에게 격함'이라는 격문을 채택하고 남북 각 단체 대표자가 이에 서명했다 한다.

그러나 동 결정서와 격문은 극좌계열이 모국(某國)을 대변하여 요설하여오던 선전문에서 일보도 양보함이 없는 문자의 나열로서 과연 그러한 결정에 김구·김규식 양씨를 비롯한 민족진영 인사들이 자진서명했는지는 적이 의문의 초점이 될 것이라 한다.

그런데 남북을 통일하는 방책을 토의하기 위하여 5원칙을 가지고 마경(魔境) 38선을 넘은 양 김씨를 비롯하여 홍명희·이극로 제씨는 출발에 앞서 백지로 돌아갈 것과 피와 피를 통해서 호소할 것과 동시에 친소반미도 아니요, 친미반소도 아닌 민족적 입장에서 회의 성공을 기대하겠다고 성명했는데 평양회담은 개막 수일에 벌써부터 쎅트적(파당적-인용자)이며 또는 '미제국주의'니 '매국노의 발호'니 등의 모욕적이고 선동적 언사를 사용하고 있으므로 회의의 정체는 이미 판명된 동시 그 전도는 십중팔구 실패될 것으로 관측된다고 한다.

〈정치정세 결정서 내용〉
(조선통신 제공) 25일 밤 평양방송은 금반 평양에서 개최된 남북정당사회단체대표자연석회의에서 통과된 조선 정치정세에 관한 결정서를 발표했는데

그 내용은 다음과 같다.

〈조선정치정세결정서의 전문(全文)〉

우리 조국이 일제통치에서 해방된 후 처음으로 한자리에 모인 우리 남북조선정당사회단체대표들은 우리 조국의 정치정세에 관한 보고를 청취 토의하고 우리 민족이 소·미 양군 진주 시에 임시적 조치의 38선으로 말미암아 아직까지도 남북이 분리되어 있다는 것을 지적한다. … 미국 정부는 조선 인민의 대표도 참가함이 없이 또한 조선 인민의 의사에도 배치되는 조선 문제를 비법적으로 유엔총회에 상정시켰던 것입니다.(반면 북에서는 소련 정부가 조선인의 대표를 참석시켜 지금 이렇게 모스크바결정의 틀 안에서 인민의 의사를 반영하고 있다는 것을 대비하려는 의도이다-인용자) 조선 인민의 절대다수가 다 같이 유엔위원단 그 자체를 단호 거부하며 그 행동을 배격함에도 불구하고 미국 정부는 유엔소총회를 이용하여 남조선 단독선거를 실시하고 남조선 단독정부를 수립할 것을 결정했다. … 이러한 조국의 가장 위기가 임박한 이 시기에 남조선에서는 우리 조국을 분할하고 외국에 예속시키려고 … 조국을 팔아먹는 매국노들이 발호하고 있다. 또 우리는 그들과 같이 야합하는 분자들도 단호히 용서함이 없을 것이다. (… 우리는 북조선에 주둔한 소련군이 북조선 인민들에게 광범한 창발적 자유를 준 결과에 북조선에서는 인민들이 … 인민위원회를 확고히 하며 민주개혁을 실시하며 … 조국이 민주주의적 자주독립국가로 발전될 모든 토대를 공고히 함에 거대한 성과를 거두고 있음을 인정한다.[269]) 우리 조국을 분할하여 남조선 인민을 예속화시키는 것을 용인하지 않기 위하여 남북조선정당사회단체대표들은 자기의 사명을 다하기 위하여 여기에 총집(叢集)한 것입니다. 남조선 단독선거 배격운동을 적극적으로 전개함으로써 남조선 단독선거를 파탄시키어 조선에서 외국군대를 즉시 철퇴시키며 조선의 통일적 민주주의 자주독립국가를 수립할 권리를 반드시 실현시키기 위하여 강력히 투쟁하여야 할 것이라고 인정한다.

1948년 4월 23일

남북조선정당사회단체대표연석회의[270]

과연 연석회의에서 언급된 내용은 반미적이고 친좌익적인 논조 일색이었다. 따라서 백지에서 출발하겠다는 말이 무색한 지경이었다. 반미친소였으므로 민족적 입장에서는 많이 부족했으며 자주적 입장은 더더욱 아니었다. 따라서 김구·김규식은 이후 2차 남북회담에 참석하지 않았지만 이미 북쪽 일에 많이 관여한 이극로와 홍명희는 계속 참여하게 되었다. 남에서 올라간 인사 중 장건상도 잔류했으나 얼마 후 귀경했으며 근로인민당 대표 손두환(남한 지역 조선최고인민회의 제1기 대의원으로 선출[271]), 민주독립당 대표 신석우는 계속 잔류한 것이 아닌가 한다. 이외에 이영(근로인민당), 이용(신진당), 김일청(민주한독당), 장권(사회민주

---

[269] 「전조선정당사회단체대표자연석회의 보고문 및 결정서」, 김남식 외 편, 『한국현대사자료총서』 13(돌베개, 1986), 38-39쪽에 『경향신문』 보도에 생략된 부분이 나온다. 이 괄호 안 해당 부분을 인용한 양동안은 연석회의에서 소련이 북에서 한 행위는 칭찬하고 미국의 행위는 비난했다고 평가했다.

[270] 「그래, 평양회담 성공할까: 남조선을 악담일관: 정치정세결정서에 나타난 협상정체」, 『경향신문』, 1948년 4월 27일자. 이렇듯 『경향신문』은 비판적인 논조를 앞세우면서도 결정 내용을 보도하기는 했다. 이에 비해 『동아일보』 같은 날짜 신문은 1면 머리기사로 「사설: 남북협상의 謀略性」을 비교적 길게 내세웠고 "남북협상과 각계반향: 미·소공위의 재판 선거방해가 목적"이라는 이승만, 조민당, 독촉국민회, 청총, 민통 등의 설문조사 결과 등을 비중 있게 보도하는 등 비판적 논조 일색이었으며 조선 정치정세에 관한 결정서 내용은 짧게 요약해 보도(미국 정부는 조선 인민의 대표 참가 없이 또 조선 인민의 의사에 배반하여 조선 문제를 비법적으로 국련총회에 상정시켰으며 소총회를 이용하여 남조선단독정부를 수립하려는데 이에 대하여 반대운동을 전개하기로 결정했다 한다)하는 데 그쳤을 뿐이다. 한편 위 기사에 의하면 김규식 산하 중간층은 이와 같은 반대투쟁이 5·10선거를 지연시키려는 공작이라고 추측한다는 내용이 나온다. 김규식 등 중도파가 이 결정서를 비판적으로 인식하고 있다고 추측해 이들을 좌익으로부터 분리시키려 했던 것이다.

[271] 김남식(1984), 앞의 책, 530-531쪽.

당), 김창준(기독교 민주동맹), 유영준(여성동맹), 허성택(전평), 고찬보(민주애국청년동맹) 등도 잔류했다.

5월 4일 평양을 출발하여 5월 5일 서울에 도착한 김구는 한독당계 다수 인사들의 환영리에 경교장에서 만나 다음과 같은 제일성(第一聲)을 피력했다.[272]

떠날 때에 여러분이 만류했음에도 불구하고 기어이 탈출하여 다녀오긴 했는데 이번 일에 크게 소득을 말할 것은 없지만 이 뒤로 남북의 우리 동포는 통일적으로 영구히 살아나가야 된다는 기초를 튼튼히 닦아놓았다. 모든 것이 첫 숟가락에 배 부르는 것은 아니다. 그러나 내가 다시 한두 번이라도 내왕하면 우리의 목적은 달성하리라는 자신을 가지고 있다.[273]

김규식도 다음과 같이 말했다.

공동성명에도 있는 바와 같이 생각했던 이상의 성과를 거두었다. 그마만큼 문을 열어놓았으니 대중이 통일에 대해서 추진시키도록 힘써야 할 것이다. 한 사람이나 두 사람의 힘으로는 되지 않을 것이다.[274]

실제로 성과를 거두었다고 자평했으나 문을 열어놓은 것에 불과하다느니 기초를 닦은 것이라고 평가해 향후 더 왕래가 있어야 함을 주장했

---

[272] 「양김씨 공동성명: 남북통일의 기초확정, 우리민족끼리면 협조가능」, 『새한민보』 1-11(1948), 8쪽에는 "우리 민족끼리는 무슨 문제든지 협조할 수 있다는 것을 체험으로 증명했다"라고 나온다. '우리 민족끼리' 구호의 원조격으로 보인다.
[273] 『서울신문』, 1948년 5월 6일자; 『조선일보』, 1948년 5월 6일자. 김구는 4·30성명이 남북요인회담의 성과라고 밝혔다.
[274] 『서울신문』, 1948년 5월 7일자; 『조선일보』, 1948년 5월 7일자.

다. 그러나 두 사람의 왕래는 더 이상 이루어지지 않았다.

이렇게 막을 내린 남북협상은 남북한의 좌익과 남한의 중도파 일부, 남한의 일부 우익(김구 중심)이 참가한 결과를 초래했다. 우익 반탁세력이 양극화되었던 것이다. 그 이후 실시된 단선과 탁치노선을 연결해보면 '반탁'세력인 우익은 일부(이승만과 한민당 세력)가 남한 단선에 참여했고, 일부(김구 세력)가 남북 단선을 모두 배격했다. '지지 후 자주적 해결'을 주장한 중간파는 일부(김규식 세력)가 남북 단선을 모두 배격했고 일부 좌경화된 세력은 북한 단선에 참여했다. '지지'세력인 좌익은 모두 북한 단선에 참여했다. 그 결과 남북한에 각기 다른 정부가 수립됨으로써 탁치논쟁은 완전히 종식되었다.

결국 남북협상의 결과, 남한 정계는 단정파와 협상파로 갈라졌다. 협상파 중 우익은 김구와 김규식 등 임시정부 출신이 주류였는데, 이들은 해방 전 중국에서 좌우익 통일전선(좌우합작)에 참가한 경험[275]이 있었으므로 남북협상이 그렇게 낯설지는 않았기에 참여했다고 할 수도 있다.

6) 남북협상 이후 정국 동향

(1) 김구·김규식의 2차 남북협상 반대

북한은 남북협상 2개월 후에 김구·김규식에게 제2차 남북제정당사회단체지도자협의회(2차 남북협상; 1948.6.29.~7.5.; 명분이 적다고 느꼈거나 참가가 저조할 것이라고 예측했는지 '회의'가 아니라 '협의회'라고 규정함) 개최를 제의했다.[276] 사후에 미국은 김구·김규식이 "마침내 속았음

---

[275] 강만길, 『20세기 우리 역사』(창작과비평사, 1999), 197쪽.
[276] 김국후, 「제11장 60년 만에 벗겨진 제2차 남북 연석회의의 비밀」, 『평양의 소련군정』(한울아카데미, 2008).

을 깨닫고(finally realized that they had been duped)"[277] 참여하지 않았다고 분석했다. 그러나 보다 자세히 보면 실제 김구가 '속았다'고만 단정한 것은 아니었다. 김구는 제2차 남북협상을 처음부터 완전히 무시하지는 않았다. 김구는 북측의 초청장(6월 26일까지 참가 여부를 회송 요청함)에 대해 '회담 장소, 시일, 토의 내용 등 구체적 방법을 협의하기 위해 홍명희를 연락위원으로 서울에 보내달라'는 회답을 보냈다.[278] 김구는 홍명희를 통해 진의를 확인하고자 했다. 그러나 북은 홍명희를 내려 보내지 않았다. 결국 김구·김규식은 1948년 7월 19일 남북협상을 포기하는 성명서를 발표했다.[279] 제2차 남북협상에 참여하지 않았으므로 제1차 남북협상의 실패를 인지했다는 평가도 나온다.[280]

그런데 중도파는 제2차 남북협상 참여파와 반대파로 분열되었으며, 우익은 이를 중도파에 대한 공격의 계기로 삼았고 반공정권 수립을 용이하게 하는 계기로 삼았다.[281] 남한에서는 좌익과 일부 중도파만이 협상에 참여했다.[282] 홍명희·이극로·김원봉 등도 남한 대표로 참석했던

---

[277] Muccio to Secretary of State, "Resume Information on Subject Elections to Supreme Peoples Council," Incoming Telegram, Department of State, September 2, 1948, 501.BB-Korea/9-248, US National Archives, p. 3.
[278] 「2차 남북회담 평양서 재개된 경위: 김구씨와 문답」, 『자유신문』, 1946년 7월 11일자; 「2차 남북회담 개최 김구 씨 기자단 언명」, 『경향신문』, 1946년 7월 11일자.
[279] 「본연의 자태(姿態)로 돌아간 양 김씨 공동성명 남북협상수방기」, 『경향신문』, 1948년 7월 20일자. 제2차 남북협상을 거부하는 성명서는 엄항섭 편(1948), 앞의 책, 47-48쪽에 있는데 위와 같은 홍명희의 귀경 요구 등에 나타난 참여에 대한 숙고와 번민 분위기는 반영되어 있지 않다. 대신 확실한 거부 입장만이 기술되어 있으며 북에 대한 고답적이며 확고한 비판이 주류를 이루고 있다.
[280] 윤대식, 『건국을 위한 변명: 안재홍, 전통과 근대 그리고 민족과 이념의 경계인』(신서원, 2018), 407쪽.
[281] 윤민재, 『중도파의 민족주의 운동과 분단국가』(서울대학교 출판부, 2004), 398쪽. 그러나 중도우파의 일부도 포용하지 못한 정권의 편협한 이념적 한계는 내외의 비판거리가 되었다고 할 수 있다.
[282] 송남헌(1975), 앞의 책, 473쪽; 김국후(2008), 앞의 글. 이 회담의 결정서 원문은 많은

것이다. 남한의 중도파들 중 대개 중도좌파까지 참여했으나 홍명희와 이극로처럼 중도우파의 경우도 있었다. 남의 건민회 등 20여 단체가 참가했다고 한다.

이것은 북한 정권 수립(단선 실시)을 위한 술수였다. 따라서 '통일 없이 독립 없다'던 김구·김규식은 북한 정권 수립을 위해 '차려진 잔칫상'에 다시 한번 들러리로 서기를 거부했다. 남북 어느 한쪽도 분단된 정부라면 참가하지 않겠다는 두 사람의 결의는 변하지 않았다. 김구는 김일성이 제2차 회의를 제의해왔을 때 특사 파견을 요청했고 회신이 없자 결국 거절했던 것이다.[283] 김구는 남북협상에서 김일성에게 이용당했던 점이 없지 않았다고 판단한 후 활기를 잃었다.

1차 연석회의에 남한의 우익인사들이 참여했다는 사실 때문에 북한은 자신들의 정부가 남쪽 우익인사까지 참가한 남북협상의 결과로 만들어진 것이라고 선전할 수 있었다. 결국 통일을 열망하는 민족의 꿈은 현실정치에서는 실현되지 못했으며 김구·김규식 양 거두는 공산주의자들의 선전에 이용당했다고 할 수 있다.[284] 또한 그때의 연석회의 개최 주장을 지금까지도 반복적으로 주장할 수 있게 해주었다.

북한 정권이 출범할 때 그들은 남북 간 합작의 연장선에서 출범했다고 주장했다. 따라서 남북협상은 북한 정권의 정통성을 제공해주는 등 북의 공작에 이용당할 수 있는 측면을 내포하고 있었다. 다만 당시 외세에 의해 남북 간의 분단구조가 구축되려고 했을 때 우리 지도자들이 이에 저항하여 아무것도 하지 않은 것은 아니라는 상징적인 의미를 심

부분이 삭제된 채 『조선중앙일보』, 1948년 7월 13일자에 실렸다. 좌익 신문 중 상대적으로 온건했던 이 신문은 다른 좌익 신문이 폐간된 상태에서 좌익 신문 최후의 보루가 되어 마지막까지 좌익의 목소리를 대변했다.
[283] 이철승·박갑동(1998), 앞의 책, 367쪽.
[284] 한편 서중석은 이용만 당한 것은 아니라고 평가했다. 서중석(2000), 앞의 책, 224쪽.

어주기는 했다. 또한 남북협상은 남북 간 공식적 통일 논의를 둘러싼 대립의 원형이 보이는 역사적 회합이었다고 할 수 있으며, 이후의 통일 논의에 대한 하나의 전형적인 단초였다. 남북협상은 남북 통일 논의 대립의 역사적 기원을 보이는 회합이었다고 할 수 있는 것이다.

김구·김규식은 귀경 다음 날인 1948년 5월 6일 공동성명을 발표해 "이번 우리의 북행은 우리 민족의 단결을 의심하는 세계인사에게는 물론이요, 조국의 통일을 갈망하는 다수 동포들에게까지 이번 행동으로 많은 기대를 이루어준 것"이라고 자평했다. 또한 "연석회의[285]는 우리 민족도 어느 우수한 민족과 같이 주의와 당파를 초월하여서 단결할 수 있다는 것을 또 한 번 행동으로 증명"했다고 말했다. "이 회의는 자주적 민주적 통일조국을 재건하기 위하여서 양 조선의 단선단정을 반대하며 미·소 양군의 철퇴를 요구하는 데 의견이 일치했다. 북조선 당국자들도 단정은 절대로 수립하지 아니하겠다고 약속했다"라는 것이었다. 단전(斷電) 불실시와 저수지 개방도 약속받았다고 부기했다.[286] 그러나 5·10선거가 어느 정도 성공을 거두었으며 북한도 준비된 단정을 계속 추진하여 이러한 약속은 지켜지지 않았다. 게다가 북한은 5월 11일 송전 문제에 대하여 "조선인끼리 협정을 체결하기 위하여 남조선인 대표를 5월 14일까지 파견할 것을 제안했다. 만일 이에 불응할 시에는 전력 공급을 중단한다고 일방적으로 언명했다.[287] 북의 정략적인 남북회담 제의에 남한과 미군정은 대표를 파견하지 않았다. 북한은 결국 5월 14일 정오를 기해 단전을 단행했다.[288] 또한 남한도 북으로 들어가는 송

---

[285] 김구와 김규식도 연석회의라는 표현을 사용했으므로 남북협상과 연석회의를 동일시한 측면이 있었다.
[286] 『조선중앙일보』, 1948년 5월 7일자.
[287] 『동아일보』, 1948년 5월 12일자.
[288] 『조선중앙일보』, 1948년 5월 15일자; 『동아일보』, 1948년 5월 16일자.

전을 중단했다.²⁸⁹ 이런 현실적 실패를 통해 김구·김규식의 정치 행태에 현실 초월적이고 이상적인 면이 있음이 확인된다.

김구·김규식이 5·10선거에 참여하지 않아, 한국정치는 이승만과 한민당이 정국 주도권을 잡았다. '단정 수립'이라는 현실론에 맞선 '이상적 통일론'이 설 땅을 잃은 것이었다. 김구는 1949년 6월 안두희에 의해 암살당해 이상적 민족주의의 상징적 존재로서의 모습을 보여주고 삶을 마감했다.²⁹⁰

주지하다시피 김구는 원래 민족주의 진영의 지도자였다. 이승만과 함께 쌍두마차였다. 그러나 그는 1947년 말부터 중도우파인 김규식과 같은 보조를 취했다. 말하자면 중도파로 사상 전환을 한 것이었다.²⁹¹

(2) 유엔총회 승인 문제

1948년 6월 7일 김구·김규식은 이미 끝나버린 5·10선거 무효화 운동을 효과적으로 펼치기 위해 한독당·민족자주연맹 등의 동조세력

---

[289] 『조선일보』, 1948년 5월 16일자.
[290] 『중앙일보』, 2005년 10월 13일자에 수록된 '국민정체성' 조사 중 "해방정국 지도자와 정부에 대한 평가" 문항 결과 김구(85.0%)가 '매우/대체로 긍정 영향'이라고 응답한 비율 면에서 이승만(49.5%), 여운형(29.7%), 김일성(10.0%)을 크게 앞질렀다. 이는 김구가 남북협상에 참여하는 등 통일을 위해 노력했기 때문이 아닐까 한다. 한편 미국 정부(31.1%)는 소련 정부(6.2%)를 앞질렀다.
[291] 강준만(2007), 앞의 글, 86-87쪽에 의하면 김구가 단정론을 철회하고 남북협상론을 들고 나오는 1947년 12월 이후의 방향 전환은 너무 늦은 것이었다고 평가된다. 강준만은 당시 김구가 "좌우를 초월하는 민족주의자로 다시 태어났다"라고 평가했다. 강준만은 김구보다 먼저 민족의 화합을 부르짖었던 정통 중간파 지도자들이 있었다고 주장했다. 김규식과 여운형을 지칭하는 것으로 추정된다. 그런데 김구가 노선을 전환하기는 했지만 중도파 혹은 초월적 민족주의에 공감했다기보다는 이승만의 헤게모니에 밀려 승부수를 던진 것이라고 할 수 있다. 만약 단선에 참여했다면 그는 2인자에 머물러야 했을 것이며 북행을 통해 통일적 지도자로 부각된다면 자기중심적인 정치 무대가 열릴 것으로 기대했던 것이 아닐까 한다. 정치가 삶의 역정은 이상주의적이 아닌 현실주의적으로 보아야 더 이해하기 쉬울 때가 많다.

을 통합하여 통일독립촉성회(약칭 통촉)를 결성한다는 공동성명을 발표했다. 이들은 전국정치회의를 소집하고 유엔에 대표를 파견할 것을 목표로 했다.[292] 1948년 7월 21일 김구와 김규식을 각각 주석과 부주석으로하는 통촉을 결성했다. 우익인 김구와 김규식은 통촉에 좌익·친북인사들이 들어오는 것을 경계하고 북의 정부수립을 배신행위로 단죄하면서 북한·좌익과 선을 긋고자 끊임없이 노력했다.[293]

대한민국 정부 수립 선포식을 앞둔 1948년 8월 11일, 이승만은 장면, 장기영, 김활란 등을 파리 유엔총회에서 대한민국의 승인 운동을 펼칠 한국 대표단으로 파견했다.

이보다 앞선 1948년 8월 1일, 통일독립촉성회는 부주석 김규식을 수석대표로 하는 파리 유엔총회 대표단을 선정했다. 분단정권을 승인하지 말고 대한민국임시정부를 승인해주도록 호소하기 위해서였다.[294] 서영해가 통촉의 선발대로 파리에 가 있다는 소문도 있었다.[295] 그러나 김규식이 수석대표직 수락을 거부하는 등 통촉의 계획은 실현되지 못했다.

---

[292] 「통독의 의견불합치로 양 김 씨와 유(림) 씨 태도 주목」, 『경향신문』, 1948년 6월 26일자.
[293] 서중석, 『한국현대민족운동연구: 해방후 민족국가 건설운동과 통일전선』(역사비평사, 1991), 23쪽.
[294] 양동안, 「대한민국은 언제 건국되었나?」, 이주영 편, 『대한민국은 왜 건국을 기념하지 않는가』(뉴데일리, 2011), 40쪽.
[295] 그런데 서영해는 실제로 프랑스로 가지 못했다. 그는 부인과 함께 프랑스로 가서 새로운 역할을 모색하고자 결심하고 1948년 10월 서울을 떠나 상하이로 향했다. 상하이에서 프랑스의 비자를 발급받아 파리로 떠날 생각이었지만, 당시 국공내전 중인 중국의 정세 때문에 프랑스의 비자 발급이 늦어졌다. 이러던 차에 1949년 10월 1일, 중화인민공화국이 선포되면서 서영해와 황순조 부부를 비롯한 상하이의 한국 교포들은 공산정부에 억류되었다. 정부 차원의 막후협상이 진행되어 1949년 11월, 인천으로 향하는 수송선이 상하이에 도착했다. 그러나 여기서 서영해에게 어처구니 없는 일이 닥쳤다. 한국 국적임이 확인된 황순조는 수송선에 탈 수 있었으나, 서영해는 중국 국적의 여권을 가지고 있던 탓에 중국인으로 간주되어 수송선에 타지 못했던 것이다. 결국 부부는 그렇게 헤어졌고 이후 서영해의 소식은 끊어지고 말았다. 서영해는 이때 실종되었다. 그가 북한으로 갔다는 정상천의 추측이 있으나 확인된 행적은 없다. 정상천(2019), 앞의 책.

김구는 아직도 임시정부의 법통을 유지하면서 이를 승인받으려는 방안을 포기하지 않았고 가능지역 총선에 의해 수립된 대한민국 정부의 승인을 방해하려 했음에 비해 김규식은 이러한 분열주의적 책동에 찬동하지 않았으므로 통촉의 공작은 무산되었다.

김구는 1948년 6월 7일 기자회견에서 이승만이 국회 개회식에서 대한민국임시정부 법통 계승을 언명했는데 어떻게 생각하느냐는 질문을 받았다. 이에 대해 김구는 "현재 의회의 형태로서는 대한민국임시정부의 법통을 계승하는 아무 조건도 없다고 본다"라고 답변했다.[296] 또한 김구는 7월 1일 "대한민국의 국호나 법통도 반조각 정부로서는 계승할 근거가 없다"라며 남북통일정부 구성을 호소했다.[297] 국호 '대한민국'은 1948년 7월 1일 국회에서 확정되었으며[298] 제헌헌법 전체는 7월 12일 통과되었다. 이승만은 헌법 통과를 마무리하면서 "기초위원들이 자율적으로 생각을 해서 한인들의 의사로 한인들의 법률을 이만치 만들었다고 외국 사람들이, 더욱이 미국 사람들이 충분하게 다 되었다고 이야기하는 것을 들었습니다"라면서 미국이 만족했음을 부기했다.[299]

정부 수립 선포식이 있던 1948년 8월 15일 하루 전 이에 대해 논평 받은 김구는 "비분과 실망이 있을 뿐이다. 새로운 결심과 용기를 가지

---

[296] 「김구 씨와 일문일답」, 『경향신문』, 1948년 6월 8일자.
[297] 김효선, 「김구·김일성의 만남, 몰랐던 이야기들」, 『뉴데일리』, 2010년 8월 17일자. 반면에 김구·김규식 등과 함께 북한을 다녀온 조소앙은 1948년 7월 10일 "국호를 대한민국으로 해서 독립운동의 정맥을 계승하게 한 것은 당연하게 생각한다"라며 법통 승계 문제에 긍정적이었다. 임정 요인 중 일부가 각자의 시국 판단에 따라 5·10선거를 국권 회복을 위한 바른 길이라 보고, 국내의 민족진영과 함께 정부 수립에 협력하고 있었으나 김구는 끝내 반대했다.
[298] 대한민국 국회사무처 편, 『국회속기록』 제1회 제22호, 1948년 7월 1일, 10쪽; 대한민국 국회 편, 『제헌국회속기록』 1(대한민국 국회, 1987), 349쪽.
[299] 대한민국 국회사무처 편, 『국회속기록』 제1회 제28호, 1948년 7월 12일, 16쪽.

고 강력한 통일운동을 추진해야 되겠다"라고 말했다.[300] 그러나 김구는 1948년 12월 12일 유엔총회가 대한민국 정부를 승인하자, 남북이 통일된 완전자주독립국가로서 승인을 받았더라면 더 좋았겠지만 "절대 다수 국가의 찬성으로써 한국을 승인했다는 것은 우리의 독립운동 과정 중에 있어서 영원히 기억할 만한 거대한 역사적 사실이다"라고 12월 16일 성명했다.[301] 그러면서도 "이번 유엔에서 대한민국 정부가 48대 6이라는 절대 다수로 승인되었는데 이후에 있어서도 법통을 주장할 것인가"라는 질문에 대해 김구는 "세계 각국이 모두 현 정부를 승인했다고 하더라도 현재 분열되고 있는 만큼 (대한민국임시정부의-인용자) 법통을 무시할 수는 없을 것이다"라고 말하여 법통이 김구 자신만의 전유물임을 암시했다.[302] 남북 양쪽 정부가 모두 대한민국임시정부의 법통을 계승하지는 못했다고 김구는 평가했던 것이다.

김규식도 12월 14일 인터뷰를 통해 "승인에 대하여는 물론 한인으로서는 기뻐하고 경하치 아니할 사람이 없는 줄로 믿는다"라면서 "나는 본래부터 대한민국 정부를 부인하는 것은 아니었다. 김규식 개인이 부인한다고 할 것이 안 되고, 내가 시인한다고 안 될 것이 된다는 법은 없다. 나는 다만 이제까지 불합작했다는 것뿐이다"라고 애초부터 견지했

---

[300] 『조선일보』, 1948년 8월 15일자.
[301] 『서울신문』, 1948년 12월 17일자; 『독립신문』, 1948년 12월 17일자.
신용하는 이에 대해 "임시정부 요인들은 통일된 대한민국 건국을 추구했다가, 두 개 단독정부 수립 후의 현실 앞에서 대한민국을 선택했던 것이라고 이해된다"라고 주장했다. 신용하, 「백범 김구 선생의 독립운동과 대한민국」, 아시아 민족독립운동과 건국지도자: 백범 김구 선생 서거 60주기 추모 국제학술회의, 백범김구기념관 대회의실, 2009년 10월 9일(2009); 신용하(2010), 앞의 글. 중도적 단정 반대 노선에서 우익적 단정 인정 노선으로 전환했다는 말이다. 그렇게 해석될 여지도 있지만 김구는 그 후로도 이승만 대통령 체제하의 대한민국 정부를 명시적으로 인정하지는 않고 1949년 암살당해 삶을 마감했다.
[302] 『서울신문』, 1948년 12월 17일자; 『독립신문』, 1948년 12월 17일자.

던 '자신은 총선에 불참하지만 다른 사람들이 참여하려는 것까지 반대하는 것은 아니다'라는 입장을 부연했다. 당초 김규식은 민족자주연맹원 중에서 5·10선거에 출마하려는 이는 개인의 자유의사에 맡겨 반대하지 않기로 결의했던 것이다. 또한 북측과 다시 만날 의사가 없냐는 질문에 대해 김규식은 "본래 남북협상이라는 것이 되지 않을 것을 알면서도 해본 것과 같이 만일 필요하다고 생각되면 또 그들과 만날지 모른다. 정치라는 것은 꼭 되는 일만 하는 것이 아니고 안 될 일이라도 필요하다고만 생각되면 해보는 것이다"라고 유연하게 대답했다.[303] "남북협상이라는 것이 되지 않을 것을 알면서도" 했다는 김규식의 평가는 결과론적인 면도 가미된 회고담이 아닐까 한다.

그런데 김규식은 1948년 12월 14일 위의 인터뷰에서 신(新)유엔한국위원단 내한에 대해 "이번에 작정된 한국위원단은 먼젓번 위원단과 같은 점도 있지만 다른 점도 많다. 철병감시 책임도 같았고 한국 통일에 협조, 노력할 사명도 같았다. 그렇지만 한국 통일이라는 것은 유엔위원단의 노력만으로는 이루어지기 어렵다고 본다. 한국의 통일은 한인의 노력이 없이는 안 되리라고 본다. 그러므로 이 앞으로도 무수한 난관과 어려운 계단을 밟아 넘지 않으면 안 된다고 본다"[304]라며 통일은 내부적인 문제임을 강조하고 북의 정치가와 만날지 모른다고 말했다. 제2차 남북협상에는 참가를 거부했지만 그렇다고 북과의 대화를 하지 않겠다는 것은 아니었다.

이에 비해 1948년 12월 16일 인터뷰에서 김구는 물론 통일은 내부적 문제라는 것에 대해 언급했지만[305] 다음과 같은 희망 섞인 논평을 달았다.

---

303 『민국일보』, 1948년 12월 15일자.
304 『민국일보』, 1948년 12월 15일자.
305 "하느님은 제가 스스로 도울 줄 아는 사람을 돕는다 했으니 우리로서는 남만 믿고 있을

한국에서의 양군 철퇴를 감시하며 남북이 통일된 완전 자주독립의 국가 건설을 협조하기 위하여 새로운 국련 위원단이 1년간 주재할 예정으로 머지않아 내한한다 하니 그 호의를 대단히 감사한다. 나는 새로운 한국위원단이 과거에 임시위원단으로서 해결하지 못한 모든 문제를 원만히 해결할 수 있기를 기망(企望)하는 바이다. 그들의 이러한 임무를 진행하는 도중에 3천만 한인의 절대 다수가 동족 유혈이 없는 평화로운 전국 통일로써 자주독립의 조국을 건설하며 또 이 새로운 국가에도 언론 자유, 신앙 자유, 굶지 않는 자유, 공포를 받지 않는 자유를 누릴 수 있는 민주주의가 실현되기를 갈망하고 있다는 사실을 잠시라도 잊어주지 말기를 요청하는 바이다.[306]

유엔 문제와 관련된 김구와 김규식의 노선은 '유엔 감시하의 남북 총선거'를 추구하는 쪽에 기울었다.

(3) 이승만·김구의 합작을 위한 중화민국의 노력

1948년 7월 당시 중화민국은 장제스 주석의 지시로 이승만과 김구의 합작을 위해 노력했다. 유엔한국위원회 중국 대표 류유완은 김규식이

것이 아니라 이 시간에 있어서 국내적으로 더 한층 복잡하여진 정치 문제를 해결함으로써 통일을 실현하고 나아가 국제적으로 평등한 지위를 쟁취함으로써 자주독립을 완성할 절박한 과업이 있다는 것을 더욱 간절히 반성하여야 할 것이다. 우리가 이 간고한 과업을 성취하고자 할진대 반드시 전 민족적 통일 단결을 실현하지 않으면 안 될 것은 물론이거니와 이 전 민족적 단결을 실현하는 데는 소수의 권리를 위한 독선주의는 절대 금물이며 반드시 대중의 이익을 위하여 대중과 같이 움직이지 않으면 안 될 것이다. 그러므로 우리는 대중의 이익을 위할 수 있는 민주주의 원칙에 의하지 않고서는 단결의 실현이 곤란하다는 것도 투철히 인식하여야 할 것이다." 「金九, 유엔의 한국정부 승인에 대한 성명서를 발표」, 『서울신문』, 1948년 12월 17일자; 『독립신문』, 1948년 12월 17일자.

306 「金九, 유엔의 한국정부 승인에 대한 성명서를 발표」, 『서울신문』, 1948년 12월 17일자; 『독립신문』, 1948년 12월 17일자.

북행을 마치고 귀경한 이후인 1948년 5월 6일 김규식을 예방하는 등[307] 한국정치의 실력자들과 다각도로 접촉했다.

김구는 1948년 6월 24일 기자단과 회견하면서, 자신이 인천에서 이승만과 합작할 날이 있으리라고 말했던 사실을 확인했다. 그러면서 그것이 언제이며 어떠한 경우이냐는 질문에 "머지않아 국내외 정세가 더욱 긴절히 통일의 길로 전부를 몰아넣게 될 것인데 그때는 반쪽정부는 무용하게 될 것이다. 이때야말로 이 박사는 물론이요, 전 민족이 합작하지 아니하면 안 될 것이다"라고 대답했다.[308] 당시 이승만과의 합작설에 대한 김구의 입장은 분단정부에서가 아닌 자신이 도모하는 통일정부에서 합작해야 한다는 식의 다분히 원론적이고 이상적이었던 것이다.

김구와 1948년 7월 11일 만난 류유완이 이승만에게 전달한 요약문에 의하면, 류유완은 이승만에게 김구와의 협조 가능성을 타진했다. 류유완은 김구에게 전하기를, 이승만이 "만약 김구가 나와 함께 일할 생각이라면 나는 기꺼이 김구에게 다가가 환영하겠다"라고 변함없이 말했다고 했다. 또 류유완은 이승만이 김구에게 부통령직을 제의할 생각을 갖고 있다는 인상을 간파했다고도 했다. 만약 김구가 이승만과 협력하고 싶다면 새롭게 구성되는 정부에서 그런 자리를 차지하는 것이 우익진영의 단결을 보여주는 상징적인 가치가 있다는 판단도 부기했다.

이에 김구는 이승만이 한민당의 포로가 되어 한민당이 하자는 대로 해야 하는 신세라고 규정했다. 만약 자신이 정부로 들어가면 피할 수 없는 갈등이 일어나 문제를 일으킬 것이라면서 바깥에 머무는 것이 낫다고 말했다. 김구는 더러운 정치싸움에 연관되는 게 싫다고도 했다.

---

[307] 「김박사와 유씨회담」, 『경향신문』, 1948년 5월 8일자.
[308] 「통일정부에 언급 김구씨 기자와 문답」, 『경향신문』, 1948년 6월 25일자.

그러자 류유완은 김구의 대한민국 정부 참여를 다음과 같이 설득했다.

선생님의 말씀은 오히려 바깥에서 계시는 것보다는 정부에 들어가셔야 한다는 논리를 갖게 합니다. 이 박사께서는 한때 선생님의 동지였던 신익희, 이범석, 이청천 씨 같은 분들을 휘하에 두고 있습니다. 선생께서 참여하셔서 그들에게 힘이 되어주시지 않으신다면 모든 것이 한민당 뜻대로 되고 말 것입니다. 이 박사께서 국익을 위해 그렇게 하고 싶으셔도 혼자서 그 정당을 제어하는 것이 어려울 것입니다. 선생께서 정부에 들어가셔서 그들을 견제하면 이 박사를 강화시켜줄 것이고 만약 버리신다면 이 박사를 한민당 수중에 떨어지게 할 것인데, 선생께서도 한민당이 국가의 운명을 견제 없이 함부로 농단하여선 안 된다고 생각하시지 않습니까.[309]

김구와 한민당 사이에 큰 간격이 존재함을 확인할 수 있는 대목인데 이승만·김구 사이에는 반한민당 연합전선으로 뭉칠 수 있는 여지가 있었음을 확인할 수 있다. 또한 류유완의 1948년 7월 13일자 전문에 의하면 "여러 차례의 의견 교환을 통해 이승만은 비로소 한민당이 극단적으로 반대하는 가운데서도 부통령의 자리를 김구에게 양보하는 데 동의했습니다. 다만 그 조건은 김씨가 공개적으로 정부에 반대하지 않고 북한과 타협하지 않을 것임을 인정해야 한다는 것입니다. 이승만은 곧 국회에 김구를 부통령으로 제안할 것입니다"라고 중국에 보고했다.

그러나 이러한 일은 일어나지 않았다. 오히려 1948년 7월 20일 대통령에 선출된 이승만은 부통령선거 직전에 가진 기자간담회에서 '부통

---

[309] "Gist of Talks between Mr. Kim Koo and Minister Liu Yu-man," July 11th, 1948; '김구·유어만 대화 비망록', 조갑제, 「김구가 걸어 간 눈길」, 『뉴데일리』, 2009년 8월 21일자.

령에 김구가 나오면 합작할 의사가 있느냐는 기자의 질문에 '없다'고 답해, 자신의 단정안에 반대해 평양을 다녀온 김구에게 냉담한 반응을 보였다. 그 대신 임정을 대표한다는 차원에서 이시영을 언급했고, 이런 이승만의 의향이 의원들에게 영향을 주어 결국 이시영이 부통령에 당선되었다.

그런데 『조선일보』, 1948년 7월 20일자에 의하면 19일 오전 11시에 독촉과 한민당계 의원이 부통령 후보에 대해 인기투표를 해본 결과 이시영이 34표, 김구 3표, 오세창 2표, 기권 4표로 이시영의 부통령 당선이 거의 확실시되었는데 모측 정보에 의하면 이시영이 부통령 후보로 출마하게 되면 대외적인 체면상 국무총리에 김구가 의당 임명되어야 하며 또 이승만 측에서도 이를 적극 추진하고 있다는 것이었다. 그렇지만 이것도 현실화되지 않았다.

이처럼 김구·김규식이 남한 선거에 반대한 후 류유완 총영사는 이승만과 김구의 합작을 성사시키기 위해 막후에서 노력했다. 장제스는 한국 각 당파의 통일을 위해 각 당파 영수에게 단결을 호소하는 전문을 보내는 것을 고려했으나 류유완의 반대로 무산되었다. 류유완은 김구에게 장제스의 뜻을 전했으나 김구는 고집이 세 충고를 듣지 않았다고 한다.[310] 당시 한국 언론도 장제스가 김구에게 사적으로 사절(使節)을 보내어 신정부에 참가하기를 극력(極力) 종용했다고 보도했다.[311]

또한 류유완에 의하면, 김구는 남북협상 출발 전 사저에서 기자들에게 남북회의가 성공을 거두지 못하면 순국(殉國)할 것이라 성명했다. 또

---

310 「13. 劉馭萬 총영사의 報告」, [발신] 劉馭萬 [수신] 外交部, 1948년 4월 20일, 제119호, 韓國問題, 국사편찬위원회 수집 자료; 柳智元, 「臺灣 所在 韓國問題·韓國戰爭 關聯資料 解題 Ⅰ」, 국사편찬위원회 편집부, 『해외사료총서 14: 중국·대만소재 한국사 자료 조사보고 Ⅱ』(국사편찬위원회, 2007), 209쪽.
311 『동아일보』, 1946년 7월 17일자.

류유안이 보고하기를, 회의 성공에 회의적인데 김규식은 남으로 돌아온 뒤에는 정계에서 은퇴한다고 하고 김구는 행동이 예측불허인데, 전체적인 상황으로 보아 소련이 남한의 선거를 방해하려는 음모를 계획하고 있는 것 같다고 했다. 7월 13일자 전문에서 류유완은 다음과 같이 평가했다.

어제 아침 김구와 3시간가량 밀담을 나누었습니다. 김씨는 정치활동을 재개할 의향이 있는 듯 앞으로 며칠 내에 중대한 발표를 할 것이라 했습니다. 아울러 김씨는 자신은 어떠한 경우에도 馮玉祥과 같은 행위를 하지 않을 것이라고 했는데, 이는 김씨의 의사보다는 부하들의 의견이 더욱 중요하게 작용할 것입니다. 왜냐하면 이승만은 김구를 받아들이기는 할 것이지만 결코 김씨 주변의 인물들까지 받아들이지는 않을 것이기 때문입니다. 김씨 주변 인물들을 받아들인다면 한민당 내부에 커다란 분규가 발생할 것이기 때문입니다. 저는 1~2일 내에 재차 김규식과 의견을 교환할 예정입니다. 회담 결과는 다시 보고드리도록 하겠습니다. 제2차 남북영수회담은 지난달 26일부터 이달 7일까지 평양에서 거행되었습니다. 2김은 북한 2김이 남하해야만 계속 회의에 참가할 것이라 하지만 실현되기는 어려울 것 같습니다.[312]

이승만도 장제스에게 다음과 같이 전보를 보냈다.

장 총통 각하께. 지난번 여러 가지 가르침 주심에 감사드립니다. 그간 공사 다망하여 이제야 연락드리게 된 점 죄송하게 생각합니다. 각하의 가르침대

---

[312] 「16. 劉馭萬 총영사의 報告」, [발신] 劉馭萬 [수신] 外交部, 1948년 7월 13일, 제145호, 韓國問題, 국사편찬위원회 수집 자료; 柳智元, 「臺灣 所在 韓國問題·韓國戰爭 關聯資料 解題 Ⅰ」, 국사편찬위원회 편집부(2007), 앞의 책, 212쪽.

로 한국 각 당파의 합작을 위해 노력하고 있습니다. 그러나 김구 선생은 여전히 저 이승만을 공개적으로 옹호하는 입장을 표시하지 않고 있습니다. 그렇지만 계속 노력하여 각하의 바람에 부응하고자 합니다. 아울러 최단기간 내에 이를 실현시키고자 합니다. 최근 좋은 벼루 하나를 얻어 지금 마지막 작업을 하고 있습니다. 준비되는 대로 각하에게 증정하여 각하에 대한 우리 한민족의 앙모의 뜻을 대신 전하려 합니다.[313]

이는 국회가 7월 20일 김구를 부통령으로 선택하지 않고 이시영을 택하게 만든 것에 대한 이승만의 변명이었다고 할 수 있다.

한편 윤석구는 1948년 8월 대통령 이승만의 요청에 따라 김구가 추천한 초대 체신부장관으로 선임되어 김구와 이승만 사이의 교량 역할을 수행했다. 이렇듯 1948년 8월 정부 수립 당시에 김구와 이승만 사이에는 교류가 있었고 합작이 논의되었다.

7) 외세가 규정한 남북협상

남북협상에 대한 외세의 반응도 주목할 만하다. 북행의 결행 과정에서 유엔임시위원단의 캐나다·호주 대표는 1948년 3월경 김구·김규식의 남북회의 참석을 권했고 그것이 성공적이라면 '가능지역 선거'가 연기될 수 있음을 시사했다.

미국은 협상을 말렸으나 월경 자체를 막지는 못했다. 1948년 4월 1일 미국의 군정장관 딘 소장은 기자회견을 통해 다음과 같이 말했다.

---

[313] 「23. 李承晩이 蔣介石에게 보낸 전보」, [발신] 李承晩 [수신] 蔣介石, 1948년 8월 6일, 韓國問題, 국사편찬위원회 수집 자료; 柳智元, 「臺灣 所在 韓國問題·韓國戰爭 關聯 資料 解題 Ⅰ」, 국사편찬위원회 편집부(2007), 앞의 책, 218쪽.

김구 씨, 김규식 씨가 평양행을 한다는 것은 그들의 자유이므로 나는 도로나 철도를 이용하는 데 있어 참고가 되도록 내 책상에 있는 지도를 제공하려 한다.[314] 이 말이 퍽 냉소적인 말인 것은 사실이나 나로서는 남북협상이 5·10선거를 방해하려는 연막이라고 생각하는 까닭에 이같이 냉소적인 말을 하는 것이다. … 본관이 언명하는 바와 같이 미군정당국으로서는 장차 개최될 동 회담을 하등 방해하지 않을 것이다.[315]

즉, 미국은 방해도 후원도 하지 않겠다는 것이다. 미국은 남북협상을 공산주의자들의 5·10선거 반대 책동의 일환으로 파악했던 것이다. 또한 하지는 4월 6일 특별성명을 통해 다음과 같이 언급해 북한이 주도하는 남북협상 분위기를 비판했다.

최근에 와서 조선 통일을 하기 위해 소위 남북협상 운운의 말이 많은데, 착각을 가진 사람은 그런 협상이 성공하여 조선 문제 해결이 되리라고 믿고 … 현재 물의를 일으키고 있는 남북협상을 보아 흥미 있는 것은 북조선 공산정권 수뇌자가 남조선을 대표할 사람을 지명한 것이다. … 잘 알려진 사람도 이 협상에 초청을 받았으나 그 대다수는 공산주의자들의 주구로서 해방 후 남조선에서 반동행위를 해왔고 …[316]

하지는 이렇게 냉소적 무관심을 표명했다. 1948년 4월 5일 아침 사

---

[314] 김구는 북행을 만류하는 지지자들을 피해 비밀리에 38선을 넘었지만 김규식은 수도경찰청장 장택상의 배려로 경찰의 에스코트를 받으며 38선으로 향했다. 도진순(1997), 앞의 책, 258쪽.
[315] 『동아일보』, 1948년 4월 2일; *FRUS, 1948*, vol. Ⅵ, p. 1170.
[316] 조규하 외, 『남북의 대화(수정증보판)』(고려원, 1987), 361-362쪽; 송남헌, 『해방3년사』 2(까치, 1985), 548쪽.

회민주당 당수 여운홍이 하지를 방문해 북한에 파견할 연락원[317]에 대한 증명서(credentials) 발급과 북행 시 지원을 요청하자 하지는 지원하지도 방해하지도 않을 것이라고 응대했다. 이러한 냉소적 불간섭 정책은 미군정이 공식적으로 반대할 경우 미군당국이 평양행을 공공연히 막았다는 식의 선동 대상이 되는 빌미가 될 수 있기 때문에[318] 취한 불가피한 고육지책이었다. 그러나 공식적 냉소는 표면적인 위장이었으며 실제로 미 국무부와 점령당국은 남북협상을 저지하기 위해 비밀리에 최선을 다했다.[319] 하지는 위 4월 6일자 성명을 통해 선거를 통한 대표 선출(유엔 감시하의 총선을 북한이 받아들이는 것)이 남북협상의 선결조건이라고 말했다.

하지는 남북협상이 이미 끝난 5월 3일, 이에 대해 '공산당의 모략에 빠졌다'고 혹평했다.[320] 그런데 미군정은 1946년 5월 23일 발효시킨 38선 무허가월경금지령에 의거하여 북행을 저지할 수 있었는데도 그렇게 하지 않았다. 미군정은 남북협상을 막고 싶었지만 사실상 방관할 수밖에 없었던 것이다.[321]

미군정은 김구의 방북을 막는 것을 거의 포기했다. 이에 비해 김규식

---

[317] 남조선과도입법의원의 최동오 전 부의장, 김규식의 비서 권태양과 김구의 비서 안경근. 김일성과 친분이 있던 최동오는 연락관으로 가지 않았다. 안경근은 김두봉·최용건을 알고 있었고, 권태양은 성시백과 일정한 관련을 맺고 있었다. 도진순(1997), 앞의 책, 241쪽; 都珍淳, 「1945~48年 右翼의 動向과 民族統一政府 樹立 運動」, 서울대학교 박사학위논문(1993), 209쪽.
[318] "The Political Advisor in Korea (Jacobs) to the Secretary of State," Seoul, April 5, 1948, *FRUS, 1948*, vol. 6, pp. 1169-1170.
[319] 도진순(1997), 앞의 책, 240쪽; 都珍淳(1993), 앞의 책, 208-209쪽.
[320] 『동아일보』, 1948년 5월 4일자.
[321] 송남헌, 「비사-내가 겪은 남북협상: 김구·김규식은 왜 38선을 넘었나」, 『신동아』 9월(1983), 211-212쪽.

의 방북을 막으려는 노력은 끝까지 포기하지 않았다.[322] 송남헌(1985)에 따르면, 미군정은 남한에 정부가 서는 경우 김규식을 초대 대통령으로 옹립하려는 생각을 버리지 않았으므로 미군정 고문들인 버치(Leonard M. Bertsch) 중위[323]와 노블(Harold Joyce Noble) 박사로 하여금 매일 한두 번씩 김규식에게 찾아가 북행을 만류하게 했다.[324] 미군정청 정치고문 제이콥스와 랭던은 물론 육군차관 드레이퍼, 중장 하지도 김규식을 방문해 북행을 만류했다.[325]

미군정은 그들이 적극적으로 후원했던 김규식이 대중적 지지를 획득하는 데 실패하고 있다고 판단했다. 미군정은 김규식의 요청으로 1947년 7월 1일 서재필을 귀국시켜 하지의 미군정청 최고고문(수석고문)과 남조선과도정부 특별의정관(최고의정관)[326]을 맡겼다. 미군정은 서

---

[322] 정용욱은 "미국은 특히 김구, 김규식의 북행을 저지하는 데 노력을 집중했다. 양 김씨의 북행이 일정에 오른 남한 단선과 단정 수립에 부정적 영향을 줄 것이고, 결과적으로 미국과 유엔의 권위에 심각한 손상을 끼칠 것이 자명했기 때문이다. 무엇보다 미국이 점령 기간 내내 지지를 표명했던 우익의 두 거두가 미국 측 한국 문제 해결 방안에 대한 반대를 명확하게 하고, 한국인에 의한 독자적 해결 방안을, 그것도 남북합작을 통해서 추진하는 것은 미국의 대한정책과 점령정책 모두에 치명적 타격이었다"라고 주장했다. 정용욱, 「김구의 섬뜩한 예측 "남한 단독선거는 동족상잔 만들 것"」, 『한겨레』, 2019년 12월 21일자. 그런데 필자는 미국이 김구보다 김규식의 북행 저지에 노력을 집중했다고 평가한다. 김구에 대한 미국의 지지는 1946년 1월 초 반탁쿠데타를 단행함으로써 비교적 옅어진 측면이 있다. 또한 미국은 김구의 배후에 장제스가 있다고 생각해 그를 지지했을 때 친미가 아닌 친중정권이 수립될 수 있다고 우려했다.

[323] 이런 버치였으나 이승만은 그를 공산주의자로 몰았다. 버치는 1973년 미군정 연구자로부터 받은 편지에 대한 10장 남짓의 답장에서 "이승만은 그에 대한 우리의 혐오를 알고 있었다. 이승만은 캘리포니아에 있는 친구에게 편지를 써서 '한국에서 가장 위험한 두 명의 공산주의자가 있는데 하지 장군과 버치 중위'라고 했다"하고 첨언했다. 박태균, 「(박태균의 버치보고서 1)맥아더 때문이었다 … 순진했던 미군정」, 『경향신문』, 2018년 4월 1일자. 하지의 정치고문으로 수많은 한국 정치인을 만난 버치는 상부에 올린 보고서의 모든 사본과 개인 메모까지 빠짐없이 보관했다가 모교인 하버드대학교 옌칭도서관으로 넘겼다.

[324] 송남헌(1985), 앞의 책, 549쪽.
[325] 도진순(1997), 앞의 책, 237쪽.

재필이 김규식을 도와 이승만을 견제하면서 모스크바결정을 실현시키기를 바랐다. 이렇듯 이때까지도 미군정은 모스크바 도식을 버리지 못했다. 그런데 당시 이승만 측이 '김규식 대통령설'과 함께 '서재필 대통령설'을 유포했다. 서재필은 1948년 4월 9일 조선호텔에서 남북협상에 대한 논평을 요구받자 "그 통일의 정신은 지극히 지지한다"라면서 "현 정세하에서 남북 쌍방이 다 우리의 힘으로 되지 못하니 걱정이다"라고 말함으로써 남북회담의 장래가 밝지 않을 것이라는 안타까움을 내비쳤다.[327] 김구·김규식이 5·10선거에 출마하지 않게 되자, 1948년 6월 한국에서는 한국정치를 이승만이 지배하는 것을 막기 위해 서재필대통령추대운동이 벌어졌다. 그러나 서재필이 84세의 노쇠한 미국 시민이라는 점[328]과 당시 만연했던 파쟁에 대한 서재필 자신의 회의, 건강 문제 등으로 인해 서재필은 큰 성과 없이 1948년 9월 미국으로 훌쩍 떠났다. 이 과정에서 하지도 서재필의 출마를 강권하지는 못했다.[329] 서재필과 김규식, 좌우합작에 대한 집착은 미국 내 리버럴들의 소망이었으며 반면 미국 내 보수주의자들은 이승만에 대한 미련을 거두지 않았다.

---

[326] 「침묵을 깨친 노 혁명가 이시영 옹 담 이 박사·김구 씨 타협 곤란」, 『경향신문』, 1948년 7월 4일자.

[327] 송남헌, 『해방3년사』 2(까치, 1985), 549쪽.

[328] 1948년 7월 20일 국회에서의 대통령 선거 당일에도 서재필의 대통령 하마평이 돌았으나 미국 시민을 대통령으로 내세우려는 것은 이유 여하를 불문하고 민족정기에 비추어 부당한 일이라는 것이 국회 내외의 압도적인 여론이라고 분석되었다. 또한 김구를 대통령으로 추대하려는 소수 의원들이 있었으나 김구 자신은 "이번 정부에는 절대 참여하지 아니한다"라고 언명해 소수의 지지[13표, 이승만 180표, 안재홍 2표, 서재필 1표(무효표로 결의)]를 얻는 데 그쳤다. 「금일 선거는 어떠케 낙착」, 『동아일보』, 1948년 7월 20일자; 「작일(昨日) 초대정부통령선거」, 『경향신문』, 1948년 7월 21일자.

[329] 백학순, 「서재필과 해방정국: 활동 및 평가」, 서재필기념회 편, 『서재필과 그의 시대』(서재필기념회, 2003), 514쪽; 백학순, 「서재필과 대한민국 건국」, 대한민국 정부수립과 그 지도자들: 한국동양정치사상사학회 주최 건국60주년 기념 학술대회, 2008년 11월 26일(2008). 서재필은 1951년 1월 5일 미국에서 운명했다.

한편 소련이 연석회의를 적극적으로 기획했다는 주장이 있다. 1948년 2월과 4월의 「레베제프 비망록」에 의하면 '전조선인민위원회대회' 소집을 구상하고 있었던 소련은 이 대회를 통해 남한만의 선거 반대와 분쇄, 한반도로부터 유엔임시위원단의 추방, 미·소 양군 철수 등을 관철시키고자 노력했다는 것이다.[330] 전조선인민위원회대회는 바로 연석회의였다. 1948년 4월 1일자와 2일자, 8일자 「레베제프 비망록」에는 김구와 김규식의 숙소 및 경호, 김구를 대우하는 방법, 연석회의에서의 토의 진행 방법과 토의 도중 발생할 수 있는 돌발 사태에 대한 대응 방법 강구, 남한의 중간파 정당들에게 초청장을 보내는 형식, 김구를 회의에 반드시 참여시킬 것 등 연석회의 준비와 관련해 김일성과 북한 당국자에게 지시한 사항들이 자세히 기록되어 있다.[331] 이렇듯 연석회의의 준비부터 진행까지 이르는 모든 상황을 소련이 치밀하게 지휘했다고 평가했다. 또한 소련공산당 중앙위원회 정치국은 1948년 4월 12일 남의 단독선거에 반대하는 '남북조선의 민주적인 정당사회단체대표자소회의'를 열도록 김일성에게 권고하면서 회의 의제까지 지정해주었다. 란코프(Andrei Lankov)가 러시아 국립사회정치사문서보관소에서 발굴한 '소련공산당중앙위원회정치국 결정'인 「남북코리아의 정당·사회단체 대표자 연석회의의 개최와 관련한 스탈린의 김일성 동지를 위한 조언」, 1948년 4월 12일자 문서에 의하면 '남북조선의 민주적인 정당·사회단체 대표자 연석회의(김구·김규식의 표현은 남북회담)'는 "① 코리아인들이 참여하지 않은 상태에서 채택된 국제연합총회와 국제연합코리아임시위원단의 비법적 결의들에 항의해야 하고, 국제연합코리아임시위원단의

---

[330] 김효선, 「김구·김일성의 만남, 몰랐던 이야기들」, 『뉴데일리』, 2010년 8월 17일자.
[331] 「레베제프비망록」, 『부산일보』, 1995년 3월 7일자, 14쪽; 김학준, 『북한의 역사』 2(서울대학교 출판부, 2008), 935-936쪽.

즉각적 철거를 요구해야 하며, ② 코리아인들에게 호소하여 현재 임시적인 분단 상태를 공고히 하고 통일과 독립을 지연시킬 목적에서 실시되는 남의 단독선거를 보이콧하게 해야 하며, ③ 코리아로부터 외국군대의 철수를 요구한 소련의 제의를 환영해야 하며, 남에서뿐만 아니라 북에서도 외국군대의 즉각적인 철수를 요구해야 하며, ④ 모든 외국군대들이 철수한 뒤 남과 북을 통튼 전 코리아의 동시선거를 실시할 것을 요구해야 한다"라고 지시되어 있다. 또한 연석회의의 이름으로 코리아인에게 보내는 호소문과 소련과 미국 정부에 보내는 호소문(코리아에서 외국군대의 즉시 철수를 강력히 요구한다)을 채택해야 한다고도 했다.[332] 이러한 조언은 4월 23일자 결정서에 거의 다 반영되었다. 따라서 이는 스탈린의 조언이 아니라 지령이었던 것이다.

양동안(2010)은 더 나아가 남북협상의 아이디어를 맨 처음 제시하

---

[332] 전 연방 공산당(볼셰비키) 중앙위원회 정치국 결정, 「남북코리아의 정당·사회단체 대표자 연석회의의 개최와 관련한 스탈린의 김일성 동지를 위한 조언」, 의사록 제63호 제63항에서 발췌, 1948년 4월 12일, 이정식 저, 허동현 편, 『21세기에 다시 보는 해방후사』(경희대학교 출판문화원, 2012), 258-259쪽; Andrei Lankov, "The Soviet Politburo Decisions and Emergence of the North Korean State, 1946~1948," A Paper presented at The 7th International Conference on Korean Politics: From Division Toward Peaceful Unification, organized by The Korean Political Science Association, Seoul, Thursday, July 14, 2005a, pp. 76-77; Andrei Lankov, "Soviet Politburo Decisions and the Emergence of the North Korean State, 1946~1948," *Korea Observer*, vol. 36, no. 3 (2005b), p. 400; Andrei Lankov, "Soviet Politburo Decisions and the Emergence of the North Korean State, 1946~1948," Byung-Kie Yang, ed., *Korean Peninsula: From Division toward Peaceful Unification* (The Korean Political Science Association, 2005c), pp. 66-67; 안드레이 란코프 편, 전현수 역, 『소련공산당과 북한 문제: 소련 공산당 정치국 결정서(1945~1952)』(경북대학교 출판부, 2014); Andrei Lankov, *From Stalin to Kim Il Sung: The Formation of North Korea, 1943~1960* (New Brunswick, NJ: Rutgers University Press, 2002), p. 45; 이정식 저, 허동현 편(2012), 위의 책, 147쪽; Hyun-Soo Jeon, "The Soviet Blueprint for the Postwar Korean Provisional Government: A Case Study of the Politburo's Decisions," *Asian Perspective*, vol. 39, no. 4 (2015), pp. 725-748.

고 남북연석회의를 기획한 것도 소련이라고 확대해석했다.³³³ 그러나 필자는 한독당(1947.10.)과 그 (중도)정당이 중심이 된 각정당협의회(1947.11.) 등의 남북대표회의 제안들을 가까이에서 지켜본 김구·김규식이 1948년 1월 하순 남북협상을 선도적으로 발의했으므로 남북협상 아이디어가 김구·김규식에게서 발안되었다고 평가한다. 다만 그 방안을 보다 구체화해 현실적 힘을 가하면서 추동하고 행사를 기획·지휘한 것은 소련이었다. 발의는 조소앙 등 중도파(좌우합작기의 중간파를 계승한 좌우협상파)의 발의에 영향받은 김구·김규식이 했고, 현실적 추동력은 소련이 제공했다는 것이다. 조소앙·김구·김규식은 발의만 했을 뿐 실제 회의에 참석해서는 피동적으로 끌려다녔으며 심지어 김규식은 연석회의에 적극적으로 참석하지 않아 태업을 하는 것처럼 여겨졌다.

---

333 양동안, 「1948년의 남·북협상에 관한 연구」, 『정신문화연구』 33-2(2010), 26-28쪽. 또한 양동안은 「이완범 교수 논평」, 광복과 대한민국: 해위학술연구원, 한국정치외교사학회 공동주최 학술회의, 배재학당 역사박물관 3층 세미나실, 2015년 4월 23일(2015)에서 미국이 한국 문제를 이관한 직후인 1947년 9월 소련은 한반도 통일정부 수립 문제를 유엔총회에서 결정하지 말고 1948년 초두까지 미·소군이 조기 철수한 다음, 한국인들이 스스로 해결하도록 하자고 제안했다는 사실에 주목했다. 그는 이 제안이 일차적으로 남·북한 정치인들의 협의 혹은 협상을 뜻하는 것일 수밖에 없다고 해석했다. 그러나 소련은 양군 철퇴를 강조했을 뿐 남·북한 사람들의 정치협상은 전혀 언급하지 않았다. 이러한 정치협상론은 오히려 남한의 한독당 등에서 1947년 10~11월 먼저 제기했다. 소련은 양군이 철수하면 자국이 정권기관을 수립한 북한은 물론 남한에서도 좌익정부가 수립될 수 있다고 판단해 친소정부 수립·공산화가 가능한 양군 철퇴 제안을 했던 것이다. 스탈린은 정치협상이 불필요하다고 생각했는데, 김구·김규식의 남북협상 제안을 받아들여야 한다는 김일성의 건의에 따라 연석회의를 기획하게 되었다. 따라서 1947년 9월 소련의 제안은 정치협상과는 관계가 없다. 양동안은 1947년 10월 3일 북조선민주주의민족전선 중앙위원회 의장단 회의에서 김일성 북조선인민위원회 위원장이 "남북조선 정당·사회단체 대표들이 한자리에 모여 앉아 나라에 조성된 정치정세를 토의하고 구국대책을 세우자"라고 말했다며 이것은 소련의 제안을 뒷받침하기 위한 것이라고 평가했다. 그런데 이 발언은 양동안이 지적했듯이 북한 정권이 한참 뒤에 간행한 선전용 책자인 정리근의 『력사적인 4월남북련석회의』(평양: 과학백과사전종합출판사, 1988)에만 나와 있을 뿐 당시 기록에는 없다. 따라서 이는 김일성이 남북협상을 주도했다고 조작하려는 사후날조일 가능성이 높다.

그런데 이미 헌법 초안 등이 마련되어 소련의 주도면밀한 준비[334]에 따라 단독정권 수립이 추진되던 1948년 2~3월경에 스탈린은 '정치협상을 한다는 것은 말이 안 된다'며 남북협상에 비판적이었다. 그러나 김일성은 1948년 3월경 장군 시티코프를 통해 '김구·김규식 등이 북으로 오겠다고 하는데 허용하지 않는 것은 문제가 있다'고 스탈린을 설득했다고 한다(그렇다면 김일성이 연석회의에 대해 스탈린보다 더 적극적이었다는 말이 된다). 이에 따라 1948년 4월 12일자 '스탈린의 조언' 문서가 나왔다는 것이다.[335] 남북협상은 김일성이 소련의 허락을 받은 후에야 추진할 수 있는 중요한 과제였으므로 1947년까지 남북협상에 대한 소련의 허락이 떨어지지 않아 김일성은 이를 추진할 수 없었다.[336] 이 대목에서 보면 김규식과 김구의 발의에 대해 소련의 후원으로 이미 단독정부 수립을 완결 지을 수 있었던 김일성의 요청을 스탈린이 마지못해 수락했던 것이라고 할 수 있다. 소련 자료에서도 김규식과 김구가 북쪽에 남북협상을 제의하여 회담 개최를 주도적으로 이끌었던 사실이 확인된다. 스탈린은 남북정치협상회의에 대해 고려하지 않고 단정을 추진했으

---

[334] 시모토마이 노부오(下斗米伸夫)가 쓴 『アジア冷戦史』(東京: 中央公論社, 2004)에 따르면 1948년 4월 24일 모스크바 교외에 있는 스탈린 별장에서 스탈린은 몰로토프와 주다노프 등 소련공산당 간부들과 만나 북한 헌법 제정 등의 절차를 다음과 같이 결정했다는 것이다. "헌법은 1947년부터 소련헌법을 기초로 하여 준비되었으나, 일부는 스탈린 자신이 집필했고, 또 당초 있었던 임시헌법에서 임시라는 표현을 삭제한 것도 스탈린이었다. 이 회의에는 북한 지도자는 아무도 참가하지 않았다. 소련이 일방적으로 결정했다. 이 4월 회의의 결정에 따라 8월에 조선최고인민회의 선거가 이뤄지고 9월 2일에 제1회 회의를 소집했으며, 8일엔 헌법을 채택, 9일엔 인민공화국 창설이 선언되었다. 국명(國名)이 된 조선민주주의인민공화국도 러시아어에서 직역한 것이다." 趙甲濟, 「(秘錄)李承晩과 미국의 세 차례 大戰」, 『뉴데일리』, 2016년 4월 25일자.
[335] 이인호, 「논평」, 광복과 대한민국: 해위학술연구원, 한국정치외교사학회 공동주최 학술회의, 배재학당 역사박물관 3층 세미나실, 2015년 4월 23일.
[336] 안드레이 란코프, 「토론: 도진순 교수의 김구의 민족통일론과 두 가지 삶」, 대한민국 건국60년 기념 국제학술회의: 민주공화국의 탄생, 건국60년기념사업추진위원회 주최, 국립박물관, 2008년 7월 23일(2008).

나 김규식과 김구가 남북협상을 선제적으로 제의해 김일성을 움직이고 김일성이 다시 스탈린을 움직여 연석회의를 기획한 것이다. 따라서 남의 지도자가 북을 협상의 장으로 이끌어 움직이게 만든 역사적 사례라고 할 것이다.[337] 북이 남북협상보다는 연석회의를 추진하면서 김규식과 김구의 주도권이 희석되고 두 사람의 통일 시도가 좌절되었다는 한계가 있었고, 북이 남의 통일 열망을 악용할 수 있게 한 측면이 있지만, 장기적 맥락에서 보면 남이 북을 변화시켜 대화에 나서게 한 남북대화의 역사적 첫 사례로 기억될 것이다. 물론 당국 간 대화가 아닌 남의 지도자와 북의 (당국자를 포함한) 지도자 간 대화였다. 또한 이승만과 한민당 세력이 빠져 모든 정치가가 참여한 대화는 아니었지만 말이다.

한편 김규식은 1948년 2월 12일경 이승만을 만나 남북 지도자 협상에 대해 논의했는데, 이승만도 참여를 고려했다고 버치대위에게 전했다. 이승만은 만약 이 회담이 실패한다면 한 지역(남한)에서의 선거 정책을 지지해야 할 것이라고 했다고 한다. 그러나 김규식은 이것이 마지막 기회가 아니라 첫 번째 기회라고 주장했다. 왜냐하면 지금까지의 노력들은 철저하게 외세와 연결되어 있었기 때문이라는 것이다.[338] 김규식은 좌우합작위원회 등이 외세와 연결되어 있었음을 의식하고 있었으나 연석회의도 그렇게 될지 아직 예견하지는 못했을 것이다. 그렇다고 김규식이 반외세투쟁을 할 상황은 아니었을 것이며 자주적인 방향으로

---

[337] 이신철, 「북한에서 보는 남북협상과 남북관계 개선전망」, 남북협상 70주년 기념 학술회의: 1948년 남북협상과 한반도의 미래, 대한민국임시정부기념사업회·우사김규식연구회 주최, 2018년 4월 17일(2018), 27-28쪽.

[338] "Kimm Kuisic-UN," February 12, 1948, Leonard M. Bertsch Archive, Harvard-Yenching Library, 박태균, 「마지막이 아니라 첫 번째 시도이다: 버치문서를 통해 본 김규식」, 남북협상 70주년 기념 학술회의: 1948년 남북협상과 한반도의 미래, 대한민국임시정부기념사업회·우사김규식연구회 주최, 2018년 4월 17일(2018), 152쪽.

노선을 전환해야 한다고 느꼈던 정도였을 것으로 보인다.

당시에도 소련은 연석회의를 지지하고 후원하는 것으로 전해졌으므로[339] 한국인들도 그러한 소련의 입장을 그때에도 모르지 않았다. 그렇다면 회의의 기획자는 누구였을까? 1948년 4월 12일자 '소련공산당중앙위원회정치국 결정'에 의하면, 소련은 이 회의를 주관하여 지시하는 주체였다. 비록 소련의 지령문이 조언으로 포장되어 있지만 보다 중요한 사실은 이 문서가 장군 레베데프를 거쳐(당시 시티코프는 평양에 없었음) 김일성에게 전달되었다는 점이다. 란코프(2005)는 연석회의가 통일 노력의 일환으로 간주되는 것에 회의적인 시각을 부기했다. 소련 자료에 의하면 소련이 연석회의에 대해 조언해주었다지만 실제로는 소련 특히 모스크바의 지휘와 지시하에 연석회의가 진행되었다고 했다.[340] 이정식(2006)은 "남북협상회의가 소련군의 치밀한 계획과 세부 지시에 의해 이루어진 것"이라고 평가했다.[341] 그는 회의 마지막 날 채택된 결정서가 모스크바 소련공산당 중앙위원회 정치국에서 내려보낸 것이었다는 사실이 이를 증명한다고 주장했다.[342]

한편 이승만은 남북협상이 처음 제기되었을 당시에는 방관적인 태도를 보였다가 4월 1일 그것은 소련 목적에 동조하는 것이라고 평가하면서 강력하게 비판했다.[343] 김국후(2008)는 남북 연석회의를 소련군정이 기획·연출했다고 주장해 4김씨의 자율권을 부정했다.[344]

---

[339] 『경향신문』, 1948년 4월 13일자.
[340] Andrei Lankov(2005a), 앞의 글, pp. 76-77; Andrei Lankov(2005b), 앞의 글, p. 400; Andrei Lankov(2005c), 앞의 글, pp. 66-67.
[341] 이정식, 「남·북한 정부 수립 과정 비교 주제발표」, 『조선일보』, 2006년 4월 21일자.
[342] 이정식, 「해방 3년사 연구의 새로운 방향」, 이철순 편, 『남북한 정부수립 과정 비교, 1945~1948』(인간사랑, 2010), 32쪽.
[343] 『동아일보』, 1948년 4월 2일자.
[344] 김국후, 『평양의 소련군정』(한울아카데미, 2008).

종합해보면 남북정치지도자협상의 발안자는 남한의 중도파(좌우협상파)였으며 남북협상을 북에 제안한 인사는 김구·김규식이었고 연석회의 기획자는 소련이었다. 김일성은 소련의 기획에 따라 주연배우의 역할을 충실하게 완수했다고 할 수 있다.

8) 남북협상에 대한 평가

남북협상은 1946~1947년 김규식·여운형이 주도한 통일운동으로 좌우합작의 맥을 잇는 것이었다. 김규식은 두 운동에 모두 참여했으며, 김구는 좌우합작은 방관하다가 1948년 김규식이 초기에 주도했던 남북협상에 주도적으로 참여했다. 그런데 좌우합작위원회는 미국이 그 설립을 주도하고 후원한 기구였다는 점에서 외세에 의해 이용당한 측면이 있었고, 남북협상 특히 연석회의는 소련이 기획했다는 점에서 역시 외세에 의해 규정된 측면이 있었다. 외세에 의해 규정된 1945~1948년 해방정국의 정치사가 가지는 어쩔 수 없는 한계였다.

김구는 남한의 총선거를 반대하기 시작한 1947년 12월부터 1948년 4월 남북협상에 참여하기까지 이승만과 한민당이 주도한 단독선거에 의한 정부 수립을 반대했으며 북 정권의 공고화에 간접적이나마 기여했다. 그렇지만 북한에 잔류하지 않았으며 1948년 6월부터 7월까지 열린 제2차 연석회의에 참여하지 않아 북 정권의 공고화에 반대했다. 한편 1948년 8월 유엔에 대한민국 정부가 아닌 대한민국임시정부의 승인을 요청하려고 시도하는 등 마지막까지 임시정부에 집착했다. 김규식의 거부로 유엔에 대표를 파견하려는 공작이 좌절된 김구는 결국 1948년 12월 16일 "통일정부 수립이었으면 더 좋았겠지만"이라는 수식어를 붙이면서 대한민국 정부에 대한 유엔 승인을 역사적인 사실이라고 평가하

는 등 대한민국 정부 수립을 인정했다. 대한민국 정부 수립이 차선임을 인정했던 것이다.³⁴⁵

김구는 1945년 환국한 이래로 남한에서 나라 세우기를 준비했으며 1947년 말부터 1948년 4월까지 잠시 북한 정권 공고화에 기여했지만 그 기간은 짧았다. 또한 대부분의 임시정부 세력들도 결국 대한민국 정치에 참여했다. 따라서 김구는 단기적으로 이승만이 주도하는 대한민국 정부 수립에 반대했지만, 남한 정치에 있어 항상 중요한 변수였다. 그는 대한민국 정부가 수립되고 유엔 승인을 얻은 이후 이를 인정하면서 참여하려 했으나 1949년 6월 26일 암살당하면서 임시정부 주석에서 대한민국 최고지도자 대통령으로 그 자신을 전환시키려는 꿈을 실현하지 못했다. 장기적으로 보면 김구는 1948년 전후 시기에 자신의 방식대로, 즉 임시정부를 복원하는 방식으로 정부 수립에 매진했다고 할 수 있으며, 1949년 6월 사거(死去)하기 전까지 그해의 전반기에는 나라 세우기에 일정한 역할을 하려 했으나, 이승만과 한민당이 주도한 1948년 대한민국 정부 수립 그 자체에는 반대했다고 할 수 있다.

김구의 협상론과 이승만의 단정론 대립은 오늘날식으로 하면 여·야 간의 노선 차이(포용정책과 상호주의의 대립)에 불과한데, 외세가 끼어들어 국내 정치세력을 분열시켜서 분단구조를 설정한 것이 문제가 되었던 것으로 보인다. 현재의 다원주의적 관점에서는 김구·김규식이 한때 본의 아니게 북한을 이롭게 했으나 결국은 대한민국을 인정했던 남북협상 노선을 포용하지 못할 것이 없다. 이런 노선 대립이 있었다는 것은 당시 남한 정치가 획일적인 목소리만 가능했던 북한에 비해 다양한 목소리를

---

345 단정론을 보다 비판적으로 보면 최악을 피하기 위한 차악(次惡)이었다고 할 수 있다. 차선(次善)이 아니라는 것이다.

표출할 수 있을 정도로 자유롭고 상대적으로 건강했다는 증거이다.

김구·김규식 등이 주도한 남북협상은 결과적으로는 실패했지만 평화적인 독립과 통일의 정신을 역사에 남기는 데는 성공했다는 평가가 있다. 도진순(1997)은 남북협상이 비록 여러 한계가 있었지만, 민족분열의 긴박한 정세에 대처해 외세에 의한 분단을 반대하고 민족자주성을 구현했다는 점, 사상·이념의 차이에도 불구하고 민족적 단결을 시도했다는 점, 분단 문제의 평화적 해결을 모색했다는 점 등에서 역사적 의의를 지닌다고 평가했다.[346]

그러나 남북협상을 통해 북에 이용당했다는 결과론적 평가를 결코 무시할 수는 없다. 실패할 것이 뻔한 운동을 왜 추진했느냐는 비판도 있다. 북에서는 이미 사실상의 정부(1946년 2월 수립된 북조선임시인민위원회가 선거에 의해 1947년 2월 북조선인민위원회로 개편됨)가 있었고 남에서도 선거가 실시될 예정이었으므로, 김구·김규식의 남북협상에 의한 통일정부 수립 전략은 실패할 수밖에 없는 운동이었다. 북은 실질적인 정권이 이미 수립되었으면서도 김구·김규식의 남북 지도자회의 제의를 정치적으로 이용하기 위해 받아들였다. 결과적으로 연석회의는 북한 정권이 한반도 전체를 대표한다는 위장된 명분을 제공하기 위한 회합으로 전락하고 말았다. 김구·김규식도 이러한 북의 정치적 노림수를 전혀 모르지는 않았으므로 출발에 앞서 번민했으나 그렇게까지 성과가 없으리라고 예측하지는 못했을 것이다. 조소앙 등은 북행에 앞서 「남북동포에게 고함」이라는 성명을 통해 "백지 위에 새로운 원칙을 세워" 남북 문제를 타결해보겠다며 평양을 향했다.[347] 그러나 그들이 도착하기도 전

---

[346] 도진순(1997), 앞의 책, 289쪽.
[347] 「삼천만의 瞳孔은 남북협상에」, 『새한민보』 2-10(1948), 8쪽.

에 연석회의는 짜인 일정에 따라 이미 시작되어 있었고 남측 인사들은 자기 의견을 제대로 발표하지도 못한 채 들러리 역할만 하고 돌아오고 말았다.[348]

남북협상론과 통일지상주의는 한국민의 심금을 울리는 고귀한 감정 표현이며 최선의 방책이기는 했다. 그러나 이미 전 세계적으로 냉전체제가 구축된 상황에서는 실현 가능성이 떨어지는 이상적이며 낭만적인 관념이고 감정에 치우친 '소망'일 뿐이었다. 양동안(2015)은 남북협상은 통일운동이 아니라 '남한 선거 저지운동'에 불과하며 굳이 통일운동이라고 볼 경우에는 '공산화통일운동'이었다고 비판했다.[349]

중도파 안재홍은 공직자이기도 한 데다가 북에 이미 단독정권이 수립되어 사회주의화가 실천되고 있으며 공산군의 강화가 진행되고 있는 상황이므로 남북협상은 비현실적이라고 생각하여 참여하지 않았다(그는 5·10선거에도 참여하지 않았으나 대한민국 정부 수립 후에는 그 정당성을 인정했다).[350] 이에 비해 이승만·한민당의 '선 정부 수립, 후 통일론'은 국제정치적 현실을 고려한 선택이었다. 이승만의 대한민국 정부 수립(이승만주의자들의 표현대로라면 '건국')은 최선의 방안인 통일에는 훨씬 못 미쳤으므로 완전한 것은 아니었지만 당시 상황에서는 불가피한 차선이었다는 평가도 있다.[351] 만약 이승만이 남한만의 정부 수립을 추진하지 않았다면, 이미 수립되었던 북조선인민위원회가 남쪽을 흡수했을 가능

---

348 이정식, 「1948년의 남북협상」, 『신동아』 3월(1980), 184쪽; 양호민 외 편(1982), 앞의 책, 285쪽.
349 양동안, 「이완범 교수 논평」, 광복과 대한민국: 해위학술연구원·한국정치외교사학회 공동주최 학술회의, 배재학당 역사박물관 3층 세미나실, 2015년 4월 23일.
350 양동안, 『대한민국 건국사: 해방3년의 정치사(개정신판)』(현음사, 2001).
351 강규형, 「대한민국의 출생연도는 1948년」, 이주영 편, 『대한민국은 왜 건국을 기념하지 않는가』(뉴데일리, 2011), 147쪽.

성도 있었으므로 김구·김규식의 단정 반대는 무책임한 행위였다는 평가도 있다.

북은 1948년 2월 8일 이미 '인민군'이라는 군을 창설했으며, 같은 달 10일에는 헌법 초안까지 발표했다. 연석회의 중인 4월 24일 스탈린은 북의 헌법안을 승인했으며[352] 남북협상 남측 대표단이 아직 평양에 있었던 1948년 4월 28일 인민회의 특별회의를 개회하여 29일 헌법 초안을 통과시키는 등 북의 정권이 공고화되는 상황도 남의 정부 추진 세력들은 무시할 수 없었으며 자신들의 단정 추진을 가속화하여 북풍에 대비해야 했다. 진의야 어떻든지, 그리고 비록 동기가 선했더라도, 결과적으로 김구·김규식의 행동은 소련과 북측의 의도대로 따라준 결과를 야기했다고 평가된다. 이들은 북의 공산정권이 공고화되고 있음을 목도하고 왔음에도 불구하고 남의 단정에 반대했다고 비판받았다.[353]

그럼에도 불구하고 김구·김규식의 남북협상은 당시 최고지선의 이상론인 '남북 총선거를 통한 통일정부 수립'과 현실론인 '대한민국 (단독) 정부 수립' 사이에 있는 최선의 방략이 아니었을까 한다. 최악은 김구·김규식을 이용해 북한의 단독정부를 합리화했던 소련의 방식이었다.

김구와 김규식이 주도했던 남북협상과 김일성이 초청했던 연석회의는 그 방식이나 내용 면에서 결코 같지는 않았다. 김규식은 '초대된 잔치에서 들러리가 될까 봐' 김일성의 연석회의 초청을 수락할지 끝까지 고민했다. 그에 비해 김구는 비교적 단순하게 생각해 김규식의 참여를 견인했고 연석회의에서 인사말도 하는 등 김규식보다는 적극적으로 참여했다.

---

352 Andrei Lankov(2002), 앞의 책, pp. 42-43; Andrei Lankov(2005b), 앞의 글, pp. 400-401; Andrei Lankov(2005c), 앞의 글, pp. 66-67.
353 김효선, 「김구·김일성의 만남, 몰랐던 이야기들」, 『뉴데일리』, 2010년 8월 17일자.

북은 자신들의 정권이 남북의 정당·사회단체들과 지도자들이 참가한 연석회의를 거쳐 수립되었으므로 전국적 정통성을 가졌다고 주장했다. 그러나 실상은 1948년 4월 남북협상에 참여했던 김구·김규식 등의 통일 열망과 이상을 소련과 북한이 정권 수립 과정에서 이용했던 것에 불과했다. 보다 결정적인 것은 김구·김규식 등이 1948년 6월 29일부터 7월 5일에 개최된 제2차 연석회의에 참석하지 않았으므로 남북협상파가 북한 정권 수립에 참여했다는 북의 주장은 지나친 확대해석이다.[354]

그런데 정치가 김구가 이상만으로 1차 남북협상에 참여했다고 보기에는 부족한 점이 있다. 현실주의적으로 보면, 김구와 김일성은 모두 정치가로서 남북협상에 임했으며 서로가 서로를 이용하려 했다. 김구는 정국의 주도권을 잡으려고 남북협상을 추진했으며 나아가 김일성을 이용해 통일정부의 지도자가 되고자 했다. 그러나 소련을 등에 업은 김일성은 김구보다 현실적인 힘 면에서 한 수 위였으므로 김구를 이용할 수 있었다. 동상이몽이었던 두 사람 중 김일성이 김구를 압도했으며, 결과적으로 김구의 승부수는 실패했다. 김구의 북행은 지금까지 통일을 열망하는 고귀한 이상으로 설명되었다. 그런데 그의 선택은 이상주의적 정치가가 아닌 현실주의적 정치가의 행동이었다. 자신이 미국을 등에 업은 이승만에 대항하여 최고지도자가 되기 어렵다고 생각한 김구가 기존 노선에서 이탈해 승부수를 던졌다는 해석도 있다. 김구를 이상주의자로 보는 입장에서는 이와 같은 해석을 받아들이기 어렵지만 현실주의자들이 김구의 선택을 이렇게 해석하는 것도 지나친 것은 아니다.

---

[354] 다만 북한 내 유일한 정치집단인 좌익에다가 남한의 좌익과 일부 중도파가 8월 25일 북한 단독선거에 참여하기는 했다. 이렇게 되어 모스크바결정 지지세력인 좌익은 모두 북한 단선에 참여했고 남한 중도파 중 주류(김규식 세력)는 남한 단선을 보이콧했으며 남한 중도파 중 그 세력이 쇠락한 여운형 잔존 세력 등 일부가 북한 단선에 참여했다.

결국 남에서 미국과 한민당·이승만 세력의 주도로 1948년 8월 15일 대한민국 정부가 수립되었으며, 북에서는 소련과 김일성의 주도로 9월 9일 북한 정부가 공고화됨으로써 1945년의 국토분단은 1948년 체제분단으로 귀결되었다.[355] 북은 1946년 2월 북조선임시인민위원회를 수립하는 등 정권기관을 먼저 단독으로 설치했지만 그 공식적인 선거는 대한민국 정부 수립 이후인 1948년 8월 25일에 했고 정부 선포도 대한민국보다 약 한 달 늦은 1948년 9월 9일 함으로써 자신들은 분단의 책임이 없다고 강변했다(북은 남한 정부 수립에 반대했던 세력들을 자신의 정부 수립에 끌어들여 북의 정부가 단독정부가 아닌 통일정부라고 선전하기 위해 늦게 선포했던 측면이 있었다). 서독보다 한 달 늦게 정부를 수립한 동독과 비슷한 경우였다.[356] 이것은 그 배후에 소련이라는 공통된 배후가 있었기 때문에 일어난, 우연이 아닌 필연적 일치였다.

남과 북의 다양한 정치세력 중 각각의 단정에 참여한 세력은 전체가 아니었다. 다수가 5·10선거와 북한 단독정부에 참여하기를 거부했지만 대한민국의 경우는 1950년 5·30선거 이후 정치세력의 이데올로기적 범위가 점차 넓어졌다. 그런 면에서 대한민국 정부에 참여한 정치세력을 김구의 관점대로 '단정 주도 세력'이라고 단죄하고 매도만 할 수는 없다.[357] 그들은 현실적 고려와 미국의 후원 아래 우선 나라를 세우

---

[355] 송광성은 1946년 북의 친일파 청산과 토지개혁 등의 '민주개혁' 추진과 남의 봉건적 토지제도 유지와 친일파 보호육성으로 사회적 분단이 결과했다고 평가한다. 송광성, 「8·15는 해방의 날이 아니다」, 『역사비평』 6(1989), 213쪽.
[356] 서독의 독일연방공화국은 1949년 9월 수립되었다. 동독지역에서는 1948년 6월 베를린 봉쇄가 일어나기 전인 1947년 인민의회에서 헌법 제정을 이미 완료했으나 서독의 기본법(헌법)이 채택된 직후 그들의 헌법을 확정했고 서독 정부 수립을 기다렸다가 한 달 늦게 정부 수립을 선언했다. 소련은 한반도와 독일에서 사실상 분단을 주도했지만 그 책임에서 벗어나고자 이 같은 공통된 꼼수를 부렸다.
[357] 1948년 5·10제헌의회 선거에서 이승만·한민당이 다수당이 되지 못했던 상황을 고려한다면 김약수·조봉암 등이 포함된 제헌의원 모두를 단정세력이라고 단정하거나 심지

고 점차 자주적인 정부를 지향하며 남쪽에서 그 지지기반을 넓힌 후 북까지 확장한다는 계획을 갖고 있었다. 이러한 계획은 1950년 5·30선거에 이미 사거(1949.6.26.)한 김구[358]의 한독당계열과 조소앙(1948년 10월 한독당을 탈당하고 그해 12월 사회당 창당) 등 중도우파 지도자들이 대거 참여했으므로 어느 정도 실현되었다. 대한민국을 세운 세력들은 김구처럼 통일을 기한다는 이상주의적 명분을 가지고 나라 세우기를 늦추며 마냥 기다린다면 이미 정부조직을 갖추고 있는 북에 흡수될 수도 있다고 생각했다. 중도파의 국가 건설 참여는 대한민국 정부의 정치적 정당성 증대를 가져왔다.

이에 더하여 허약한 신생국가를 살리기 위한 국민들의 헌신과 균형재정 달성으로 점차 근대국가로서 갖추어야 할 최소한의 요건이 충족되어 가던 와중에 1950년 6월 25일 전쟁이 발발해 대부분의 노력이 수포로 돌아갔다. 이후 모든 것이 원점으로 돌아간 상태에서 부족한 자원들을 돌려막기식으로 때워왔고 취약국가(vulnerable state)의 현실에서 벗어나지 못했다. 21세기 대한민국은 취약국가라고 보기는 어렵지만 국가안보를 중시하는 과정에서 외세 의존적 분단체제에서 벗어나지 못했으므로 통일민족국가 수립이라는 20세기 중반의 지상과제는 아직도 미완으로 남아 있다.[359]

어 이승만·한민당의 하수인으로 모는 것은 당시 정치의 구체적 실상을 간과한 단정적 평가이며 흑백논리라고 할 것이다.

[358] 김구가 1949년 6월 26일 암살된 직후 대한민국 정부에서는 김구의 암살 배경에 대해 철저히 함구했다. 그러나 익명의 대한민국 정부 고위층이 외국 기자들에게 김구의 쿠데타 미수 계획을 발설했다. 이에 『뉴욕타임스』는 한국 '정부 고위 소식통'을 인용하여 김구의 죽음은 이승만 정부를 전복하려 했던 군사쿠데타 음모가 발각된 결과라고 바로 보도했다. 리차드 D. 로빈슨 저, 정미옥 역, 『미국의 배반: 미군정과 남조선』(과학과사상, 1988), 275쪽.

[359] 이택선, 『취약국가 대한민국의 탄생: 국가건설의 시대 1945~1950』(미지북스, 2020), 13-15쪽, 38쪽, 250-261쪽.

이승만의 단정론은 최선은 아니었지만 우익의 관점에서 보면 차선은 되는 것이었다. 김구의 이상주의와 이승만의 현실주의의 이념, 방법, 노선상 차이가 단독선거, 남북협상 참여 문제를 계기로 두 우익(민족진영) 거두의 분열(이승만·한민당의 '선 건국, 후 통일론'과 김구·김규식의 '선 통일, 후 건국론'의 대립)을 가져왔다.360 결국 남한 지도자 간의 내적 분열이 심각했지만 이러한 분열을 조장한 북한의 공작이 주효했던 측면도 컸다고 할 수 있다.

대한민국은 유엔으로부터 정통성의 기반을 얻어 미국을 위시한 50여 개국에 달하는 세계 각국의 승인을 얻었으나, 북한은 연석회의를 통해 정통성을 확보하려다가 공산권 국가를 제외하고는 국제적 승인을 얻지 못해 정통성 경쟁에서는 출발부터 대한민국보다 훨씬 뒤처졌다. 미·소는 각각 남북에서 우익과 좌익을 견인해서 자국에 우호적인 정부를 수립함으로써 소기의 점령 목적을 달성했다. 국내 정치세력들 중 일부는 외세에 의해 주어진 분할점령 구도하에서 미·소 각각의 우호적 정부 수립 기도를 극복하려고 노력하기도 했다. 한편 이에 영합한 세력들은 나라 세우기를 주도했다. 이들은 미·소의 분단구조 창출에 기여했으므로 외인은 내인을 견인했으며 국제적 성격이 우세한 복합형 분단이 한반도에서 구축되었다.

남북협상론 이후 북한은 '남북 제정당·사회단체 연석회의'를 지금까지 반복적으로 제안해오고 있다. 대한민국 정부는 북한의 이러한 제안을 일종의 통일전선 책략으로 간주해 비판적으로 받아들이면서 당국자 간의 대화가 선행되어야 함을 강조해왔다. 북한에는 조선로동당 외에

---

360 김일성의 경우도 '선 건국, 후 통일론'을 채택했다고 할 수 있다. 결국 통일이 보류된 상태에서[J. M. 로버츠·O. A. 베스타 저, 노경덕 외 역, 『세계사』 II (까치글방, 2015), 1352쪽] 두 개의 분리정부가 수립되었던 것이다.

관제 야당(우당)이 있을 뿐이며, 민간인들이 주축이 된 사회단체, NGO가 없다는 이유에서이다. 북한은 연례적으로 남한의 야당과 사회단체에 연석회의 형식의 대화를 제의했으며 이에 대한 대응의 일환으로 김영삼은 1986년 김일성과 대화할 용의가 있음을 공식적으로 표명했고 실제로 1989년 6월 6일 통일민주당 총재로서 모스크바에서 북한 조국평화통일위원장 허담을 만나기도 했다. 현재 국면에서 당국자들 간의 교류가 선행된 이후 민간인들의 교류를 막지 않는다는 것이 정부의 공식입장이다. 동시에 민간인들의 물밑 접촉이나 반관반민의 1.5트랙과 같은 접촉이 당국자들 간 대화를 이끌어내 평화 정착에 기여한다면 이와 같은 대화를 긍정적으로 고려할 수 있다는 식의 병행대화론이 암묵적으로 인정되고 있다.

6. 유엔의 대한민국 승인, 1948년 12월

1948년 5·10선거가 비교적 성공적으로 마무리되어 대한민국 정부가 수립되는 수순을 밟고 있었으나 영국, 호주, 인도, 캐나다 정부는 유엔총회의 결정이 있기 이전에는 대한민국 정부에 대해서는 사실상의 승인조차도 부여할 수 없다는 입장을 표명했다.[361] 또한 영연방인 이들 국가들은 한국 정부가 남북한을 통틀어 한반도 전체를 대표하는 정부라고 간주될 수도 있는 'National Government of Korea' 또는 'All Korea'

---

361 "Douglas to the Secretary of State," July 13, 1948, *FRUS, 1948*, vol. Ⅵ, pp. 1239-1240; "Nielsen to the Secretary of State," July 14, 1948, *FRUS, 1948*, vol. Ⅵ, pp. 1241-1242; "Donovan to the Secretary of State," July 19, 1948, *FRUS, 1948*, vol. Ⅵ, pp. 1246-1247; "Pearson to Harrington," August 13, 1948, *FRUS, 1948*, vol. Ⅵ, pp. 1274-1275.

라는 표현도 사용할 수 없다고 보았다. 미국은 자신들의 국익에 더해 새로운 한국 정부의 위상과 남한의 정치적 현실을 고려하여 하루빨리 유엔 승인을 부여하고 싶었지만, 영연방국가들의 심각한 반대에 직면했다.

　미국은 대한민국 정부에 정통성을 부여해주려고 노력을 계속 전개했다. 1948년 9월 21일 오후 3시 30분 프랑스 파리 샤요궁(Palais de Chaillot)에서 제3차 유엔총회가 개막했다. 미국은 제3차 유엔총회가 열리기 전부터 회원국들로 하여금 대한민국을 한반도의 유일한 합법정부로 승인하도록 강력한 영향력을 행사하려 했다. 미국 대표단의 노력과 함께 신생 대한민국도 대표단을 파견해 유엔총회의 승인을 위해 진력했다. 장면을 수석대표로 하는 대한민국 대표단(차석 장기영, 고문 조병옥, 단원 전규홍·김우평·김활란·정일형[362]·모윤숙·김진구)이 9월 10일 뉴욕에 도착해 배편으로 대서양을 건너 파리에 입성한 것은 총회 개막 불과 하루 전인 9월 20일이었다.[363] 장면 등은 1948년 9월 21일 파리 샤요궁에서 열린 유엔총회 개막식에 참석했으며 9월 22일에는 프랑스 외무성을 예방했다.[364]

　한국 문제 안건은 제3차 유엔총회 회기가 거의 끝나갈 무렵인 12월에 들어서도 상정될 기미가 없었다. 장면 등 대한민국 대표단은 각국 대표를 일일이 찾아다니며 지원을 호소했다.[365] 12월 6일 회기 종료

---

[362] 장면이 수기로 작성한 '가족급국내사정/국제관계'의 해당 항목에는 정일형까지만 나와 있다. 태수경·허동현 편, 『장면 시대를 기록하다』(샘터, 2014), 378쪽.
[363] 허동현, 「대한민국 승인을 위한 수석대표 장면의 활동」, 『한국민족운동사연구』 61 (2009), 337-375쪽; 허동현, 「[새로 쓰는 대한민국 70년(1945~2015) 8]建國 외교 막전막후: 유엔(1948년 파리 총회) '대한민국 승인' 기적 뒤엔 … 이승만·張勉 '바티칸 공략 作戰'」, 『조선일보』, 2015년 2월 26일자.
[364] 장면, 「가족급국내사정/국제관계」, 태수경·허동현 편(2014), 앞의 책, 378쪽.
[365] 장면, 「가족급국내사정/국제관계」, 태수경·허동현 편(2014), 앞의 책, 378쪽에는 10월 4일 호주 대표 오브라이언 주교(Bishop O'Brien)와 플림솔(Jim Plimsoll)과 회담한 사실이 적시되어 있다.

6일을 앞두고 총회 상정을 위해 넘어야 하는 관문인 제1위원회(정치위원회)는 임시위원단의 보고서와 함께 한국 문제를 토의하기 시작했고 한국 대표 초청 동의안도 채택되었다.

다음 날 대표단원들은 비회원국이 앉았던 옵서버석(席)에서 내려와 1층에서 대한민국 승인의 필요성을 역설하는 수석대표 장면의 연설을 같이 경청할 수 있었다. 미국은 오스트레일리아, 중화민국과 공동으로 한국 정부의 합법성을 인정하는 결의안 초안을 총회에 제출했다. 소련 등 공산진영 국가들은 유엔위원단 설립이 모스크바3상회의 의정서라는 국제협정의 직접적 위반이고, 대한민국은 합법적 근거가 없으며 한국인 전체의 의사를 반영하지도 못한다고 계속 주장했다. 소련은 한국 문제 논의를 의제에서 삭제하려고 노력하는 한편, 유엔임시위원단 폐지 등을 담은 별도의 결의안 초안을 제출했다. 12월 8일까지 열띤 토론을 벌인 끝에 제1위원회는 미국이 제안한 '한국의 독립 승인'을 유엔총회에 상정할 것을 결의했다.[366]

그 결과 1948년 12월 12일 일요일 파리 샤요궁에서 속개된 제3차 유엔총회는 미국의 주도 아래 한국에 관한 결의안 '유엔총회 결의 195호'를 48 대 6[기권 1; 당시 회원국 58개국(공산권 포함) 중 3개국이 결석][367]의

---

366 박홍순, 「유엔을 통해서 본 해방정국」, 『현대사광장』 4(2014), 41-42쪽.
367 이한수·허동현, 「(대한민국을 낳은 국제회의4)1948년 파리 유엔총회: 南北 격전장 된 파리 … 48개국 '찬성표'가 대한민국 탄생시켜」, 『조선일보』, 2015년 8월 21일자. 〈그림 5〉에 의하면 ① 찬성(48개국): 아프가니스탄, 아르헨티나, 오스트레일리아, 벨기에, 볼리비아, 브라질, 버마(미얀마), 캐나다, 칠레, 중국(중화민국), 콜롬비아, 코스타리카, 쿠바, 덴마크, 도미니카, 에콰도르, 이집트, 엘살바도르, 에티오피아, 프랑스, 그리스, 아이티, 온두라스, 아이슬란드, 인도, 이란, 이라크, 레바논, 라이베리아, 룩셈부르크, 멕시코, 네덜란드, 뉴질랜드, 니카라과, 노르웨이, 파키스탄, 파라과이, 페루, 필리핀, 태국, 시리아, 튀르키예, 남아프리카공화국, 영국, 미국, 우루과이, 베네수엘라, 예멘, ② 반대(6개국): 벨라루스, 체코슬로바키아, 폴란드, 우크라이나, 소련, 유고슬라비아, ③ 기권(1개국): 스웨덴, ④ 결석(3개국): 과테말라, 파나마, 사우디아라비아인 사실

압도적인 다수로 오후 5시 15분 채택했다.

장면은 바티칸의 지원을 받아 가톨릭 국가들을 동원해 큰 역할을 했다. 1948년 8월 대통령 이승만에 의해 유엔총회 대표단 수석대표에 지명된 후 9월 6일 장면 대표의 손에 쥐어진 대한민국 외교관 여권 1호에는 '바티칸 파견 대통령 특사'라고 명기돼 있었다.[368] 유엔에 대한 대한민국 승인외교에서 바티칸의 역할을 중요하게 보았다는 의미이다. 실제로 교황 비오 12세는 일본에 체류 중인 전 평양교구장 번(Byrne, J. Patrick) 주교를 이미 1947년에 교황사절로 한국에 파견했다. 교황청의 사절파견은 국제공법과 외교관례상 한국이라는 국가의 존재를 외교적으로 승인한다는 의미가 있었다. 정부 수립 이전부터 선제적으로 한국을 승인했던 바티칸이 정부 수립 이후에는 장면의 승인외교를 지원했던 것이다.

반면 미국·오스트레일리아·중화민국의 공동결의안에 대항해 소련이 상정한 5·10총선 결과 폐기와 유엔한국위원단의 해체 결의안은 반대 46 대 찬성 6(기권 3)으로 부결됐다.

대한민국 승인과 신(新)유엔한국위원단을 파송해 통일을 도모할 것을 주 내용으로 하는 미국 등 3개국 결의안에 의하면 "유엔임시위원단이 관찰하고 협의할 수 있었고 전체 코리아 사람의 대다수(the great majority)[369]가 거주하고 있는 코리아의 그 (한-인용자) 부분에(over that part of Korea) 실효적인 지배권과 관할권(effective control and jurisdiction)을 가진 합법적 정부(a lawful government)가 수립되었다"라

이 확인된다.
[368] 허동현(2009), 앞의 글, 337-375; 허동현, 「대한민국의 건국외교와 유엔(UN)」, 『숭실사학』 30(2013), 253-280쪽.
[369] 남한이 북한보다 인구가 많은 것이 그 근거로 추정된다.

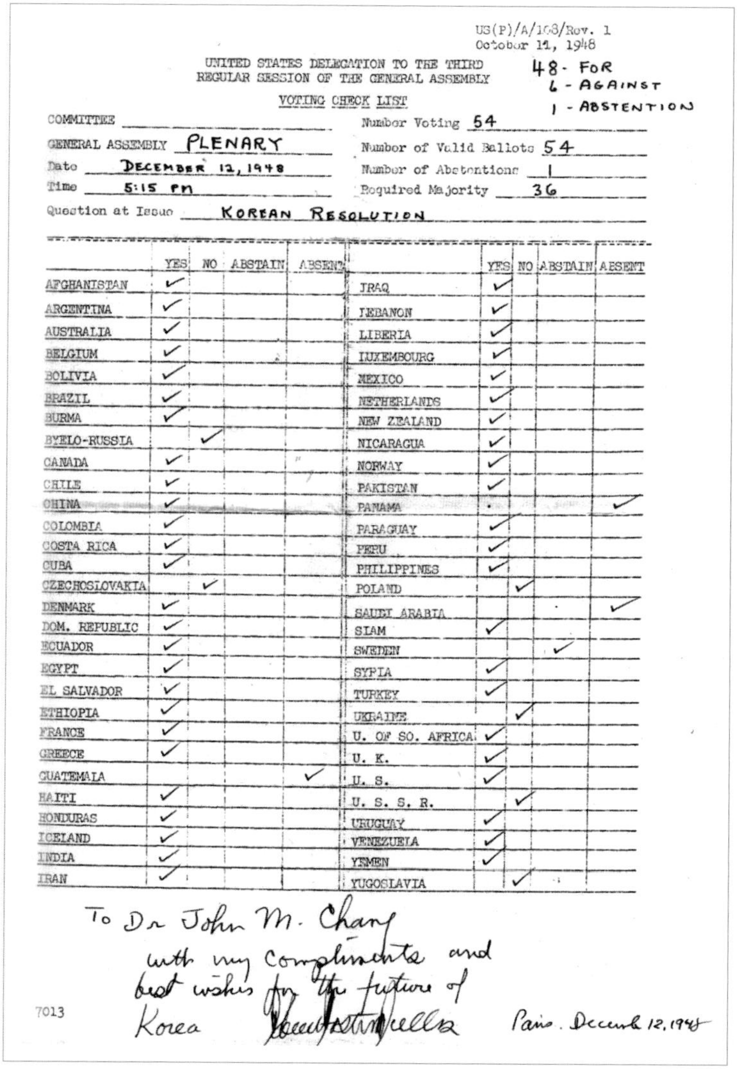

그림 5 미국 유엔대표 존 포스터 덜레스가 한국 유엔대표 장면에게 보낸 한국 문제 표결 집계표(1948.12.12.)

※ 출처: 운석장면기념사업회 소장 자료.

는 것이다. 또한 이 정부는 "코리아의 그 부분(that part of Korea; 남한을 지칭-인용자)에 있는 유권자의 자유로운 의사의 유효한(valid) 표현이

그림 6 장면의 '대한민국 외교관 1호 여권(1948.9.6.)
※ 출처: 운석장면기념사업회 소장 자료.

었던 선거에 기초하고 있다"라고 덧붙였다. 마지막에는 "이것(대한민국-인용자)은 코리아에 있는 유일한 그러한 정부(the only such government in Korea; 남한을 지칭-인용자)임을 선언한다"[370]라고 되어 있어 대한민국을 한반도 전역에 걸친 유일 합법정부로 결의하려고 시도했던 미국의 의도가 부분적으로 관철되어 있음을 알 수 있다. 사실 남·북한을 아

---

[370] "THE PROBLEM OF THE INDEPENDENCE OF KOREA," RESOLUTIONS ADOPTED BY THE GENERAL ASSEMBLY DURING ITS THIRD SESSION, 195 (Ⅲ), 12 December 1948, UN Document, A/806; "Declares that there has been established a lawful government(the Government of the Republic of Korea) having effective control and jurisdiction over that part of Korea where the Temporary Commission was able to observe and consult and in which the great majority of the people of all Korea reside; that this Government is based on elections which were a valid expression of the free will of the electorate of that part of Korea and which were observed by the Temporary Commission; and that this is the only such Government in Korea."

우르는 통일정부로 보려는 미국의 입장에 오스트레일리아와 몇몇 국가는 반기를 들기도 했다.[371]

여기서 "그러한 정부(such government)"는 앞에서 언급된 '합법정부'일 것이다. 'such'라는 형용사가 어떤 말을 지칭했는지는 명확하지 않다. 'such government'는 위와 같이 이전 문장 중 'a lawful government'를 지칭했을 가능성이 가장 높다. 왜냐하면 가장 가까운 'government'가 'a lawful government'이며 다른 가까운 곳에서는 'government'라는 말이 나오지 않기 때문이다. 'lawful'을 지칭한다면 '유일한 합법정부'라고 해석할 수 있다. 그렇지만 명확히 'the only lawful government'라 쓰지 않고 'such'를 써서 그렇다고 암시했다. 왜였을까?

동어반복을 피하고자 했을 수도 있지만 외교적이면서도 양가적인 애매한 용어를 통해 어느 편에도 속하지 않으려는 비책일 가능성이 아주 적게나마 남아 있다. 또는 바로 앞의 문장인 '자유선거를 거친' 그러한 정부라는 뜻일 가능성과 '자유선거를 거친'과 '합법적인'을 모두 포괄할 가능성도 있다. 후자라면 '자유로운 선거를 거치고 코리아에서 합법적인 유일한 정부'라고 해석될 수 있다. 이를 '코리아의 민주적이고 합법적인 유일 정부'로 확대해석하는 견해도 있다. 그런데 만약 자유선거를 거쳤다는 것이 'such'의 내용의 일부이거나 전부라면 자유선거가 한반도의 일부에서 이루어졌다는 말도 함께 포괄해야 한다. 따라서 합법적인 것까지 포괄한다면 '코리아의 그 부분에서 자유로운 선거를 거치고 코리아에서 합법적인 유일한 정부'라는 표현이 함축되고 있다고 봐야 하는데 '코리아의 그 부분(that part of Korea)'과 '코리아에서(in Korea)'

---

[371] 황병주, 「호주 아카이브 소장 한국관련 자료에 대하여」, 『역사의 창』 49(2019), 13쪽.

가 충돌하므로 'such'가 자유로운 선거까지 포괄하지는 않는 것이 자연스럽다. 또한 바로 앞 문장을 다시 반복해서 'such'로 표현했을 가능성은 없어 보인다. 결론적으로 'such'는 'lawful'을 지칭한 것으로 여겨진다.

그런데 6·25전쟁 때 유엔이 38선 이북지역에서 대한민국 정부의 행정권을 부인했으므로 유엔총회 결의는 '코리아의 유일 합법정부'가 아니라 '코리아의 그 부분의 유일 합법정부'라고 보아야 한다는 해석도 있다.[372] 그러나 유엔총회 결의는 법적인 구속력이 없는 선언에 불과한 것이므로 유엔의 행정권 불인정이라는 국제법적인 조치가 유엔총회 결의를 확인해준 것이라고 보는 견해는 확대해석이다.

한편 1958년 12월 9일 제30회 제26호 『국회 본회의 회의록』에 나오는 "대한민국헌법제정언설과 국토통일에 대한 민주당대표최고위원(조병옥-인용자)의 국회결의위반에 대한 질문"에 대해 민주당 의원 조재천은 같은 당 최고위원 조병옥이 '제정'이라는 용어와 남북 총선거를 주장했다고 해서 역적이고 혁명, 용공정당이라고 비판받는 상황을 변호했다. 먼저 '제정'을 사용했다고 대한민국을 부인한 것이 아니므로 문제될 것이 없다고 주장했다. 또한 이승만 이승만 내지 자유당의 통일정책이 오락가락했다면서 "이 대통령께서 북진통일을 주장을 하다가 그다음 북한만의 선거를 주장하다가 그다음에 남북한을 통한 선거를 주장하다가 또다시 돌아가서 단독북진을 주장하다가 북한만의 선거를 주장하다가"라고 언급했다(회의록 4쪽). 이와 연관된 1948년 12월 12일 유엔 결의 문제까지 제기했다. "한국에 있어서 … 한국의 여사(如斯)한 [that(그)을 지칭함-인용자] 부분에 있어서라는 용어가 있는데 이것은 북한까지를

---

[372] 이제훈·김미나, 「윤 대통령 유엔 연설에서 '담대한 구상' 대북 메시지 빠진 이유」, 『한겨레』, 2022년 9월 21일자.

포함하는 것이냐 안 하는 것이냐 하는 이것은 별개 문제로 되어 있는 것이에요"라고 전제한 후(11쪽)[373] '이와 같은(such)'이란 말은 "한국 유엔 임시위원단이 감시할 수 있었던 그 부분에서 유권자의 자유 의사의 표현인 그 그와 같은 것이라는 것을 의미"한다고 해석했다. 이러한 해석은 "우리 헌법 제4조의 영토에 관한 규정(한반도와 그 부속도서-인용자)으로 본다든지 이러한 유엔의 결의가 대단히 불쾌한 것"이라고도 첨언했다. 조재천은 유엔 결의안을 "한국 지역 또는 한국 부분에 지배와 권한의 효력을 가진 합법정부"(15쪽)라고 해석해 such에 '부분'이 내포되어 있다고 주장했다. 그런데 이러한 해석은 앞의 'that part of Korea'를 'such'와 연관시키는 문맥을 고려한 해석이지 자구 그대로의 직역은 아니다. 그렇지만 유엔은 결의안에 'in Korea', 'such'라는 애매한 표현을 사용했으므로 후일 국회에서도 위와 같은 논란이 있었다. 그렇게 애매한 만큼 문맥을 중시하는 의역보다는 한 글자, 한 단어 그대로 직역할 필요가 있다. 당시 야당인 민주당은 이승만 정부의 "한반도 전체의 유일 합법정부"라는 식의 확대해석을 반대했으므로 위와 같이 '한반도의 한 부분의 합법정부'라는 식의 반대 해석을 내놓았던 것이다. 이 해석에 근거해 "객관적인 해석을 할 때에는 유감스럽지만 남북한선거가 다 유엔의 감시를 받는 것으로 되어 있다"라고 주장해 "북한만의 (유엔 감시하) 선거"를 주장하는 자유당을 비판하고 민주당의 통일 방안인 남북 총

---

[373] "삼팔이북수복지구 우리가 행정권의 이양을 받을 때에 이 영토의 주권에 관한 것까지를 다짐을 받고져 노력을 했지만 그러나 국제적으로 그것이 용인이 되지 아니하고 삼팔이북수복지구에 대한 행정권은 유엔군 사령부로부터 대한민국에 이양되었지만 그러나 그것은 그 지역의 최종적 법적 지위에 관한 문제는 유보된 채 와 있다는 것이 유감스럽지만 객관적 사실이고 국제적으로는 그 문제에 대해서는 우리가 반드시 동의를 받지 못하고 있는 것이에요"라고도 했다. 즉 38선 이북지역 중 1953년 7월 정전협정으로 인해 휴전선 이남으로 편제된 지역은 유엔관할지역에서 대한민국 영토로 이양되었지만 법적 지위는 1958년까지도 유보된 상태였던 것이다.

선거가 합당하다고 역설했다.

  'such'가 'lawful'을 지칭한다면 결의안은 "대한민국은 코리아에 있는 유일 합법정부"라고 해석된다. '한반도에서(in Korea) 유일한 합법정부'라고 적었다고 해석된다는 것이다. 한반도 전역의 유일 합법정부라고 선언하는 것은 피했지만 한반도 전체에 걸친 합법정부가 아니라고 못을 박지는 않았다. 외교적인 모호성이 내포된 표현이었다. 따라서 이 구절이 한반도 전체의 유일 합법정부냐 아니면 남한 지역의 유일 합법정부를 의미하느냐의 논쟁이 정계와 학계를 중심으로 전개되었다. 앞의 'over that part of Korea'라는 앞 문장의 구절을 뒤로 끌어다가 '한반도 일부분의 유일한 합법정부'[374]라거나 '남한 지역의 유일한 합법정부'[375]라고 해석하는 것은 그 의미를 축소시키려 한 오역이거나 전후 문맥을 합쳐 종합적인 유추에 기반한 일종의 확대해석이다. 대한민국의 관할권은 남쪽에만 한정된다고 했지만 아울러 '한반도에서 유일한 합법정부'라는 사실을 선명하게 적시했던 것이다.

  그런데 '코리아에서(in Korea)'를 '코리아 내에서'로 확대해석할 여지가 없지는 않다. 그렇게 확대해석한다면 '한반도(의 한) 부분에서'로 확대해석할 여지도 역시 없지는 않다. 그러나 '한반도 전체에서'도 역시 in Korea로 쓸 수 있다. 유엔 결의안에서는 'in (that) part of Korea'가 아니라 'in Korea'라고 적었으므로 '부분에서'라기보다는 '전체에서'가 더 가깝다. 그렇지만 in Korea를 부분도 전체도 아닌 '한반도에서'로 해석하는 것이 가장 공정하기는 하다. '부분에서'라는 확대해석이 말 그대로

---

[374] 이는 2013년 『고등학교 한국사』 교과서 검정 논쟁에서 제기되었다.
[375] 김인식은 "엄격하게 말하면, 유엔의 결의문은 대한민국이 남한 내의 유일한 합법정부라고 선언했다고 보아야 옳다"라고 주장했다. 김인식, 『대한민국 정부수립』(대한민국 역사박물관, 2014), 171쪽.

확대해석이며, 우리의 현실을 직시한다는 미명 아래 '부분'이라는 말을 고의적으로 첨가한 일종의 왜곡이다.

이승만 정부에서는 선거가 실시된 지역을 특정하지 않은 채 '한반도 전체에서 유일한 합법정부'라고 해석했다. 이도 역시 다소간의 확대해석이 들어간 대목이다. '전체'라는 말을 첨가한 왜곡이라고 볼 수도 있지만 그보다는 의역에 가깝다. '부분에서'를 첨가한 것은 의역보다는 확대해석이나 왜곡에 더 가깝다.

정확한 사실은 '한반도 전체의 유일한 합법정부'도 아니고 '남쪽의 유일한 합법정부'도 아닌 '한반도의(in Korea) 유일한 합법정부'라는 것이다. 그러면서 대한민국의 관할권(jurisdiction)은 부분적이며, 자유로운 선거 실시도 부분적으로 이루어졌음을 명시했다. 그러나 합법성은 부분적이라고 적지는 않고 대신 '한반도에서의 합법성[한반도의(in Korea) 유일 합법정부]'이라고 암시적으로 기술했다.

이미 한반도에 등장한 두 개의 정부(남한의 대한민국과 북한의 조선민주주의인민공화국) 가운데서 대한민국만이 '한반도에 존재하는 유일한 합법정부'라고 인정받았으며 북한은 그러한 인정을 받지 못했다[그렇지만 당시 유엔의 다수였던 자유진영에 가로막힌 북한은 물론 안전보장이사회 상임이사국인 소련의 거부권에 가로막힌 대한민국도 유엔에 가입하지 못했으므로 (1949년 1월과 11월, 1955년 12월, 1956년에 네 차례에 걸쳐 가입원 제출)[376] 1948년 12월의 승인은 완전한 승인이 아니었다. 남북 모두 냉전의 희생양이었던 셈이다]. 소련은 북한의 합법정부 인정을 위해 별도의 결의안을 상정했지만 부결되었다. 따라서 1948년 당시 유엔이 인정한 유일한 합법정

---

[376] 유지혜 외, 「(유엔 가입 30주년)소련이 막은 유엔의 문 … 한국은 수십년 '셋방살이' 버텼다」, 『중앙일보』, 2021년 8월 22일자.

부는 대한민국 정부가 유일했다.377 [1991년 9월 18일 남·북한 유엔 동시 가입으로 두 정부가 각각 별개의 지역을 관할하는 정부로 유엔의 완전한 승인을 받았으므로 '두 개의 한국(two Koreas)'이 별개의 승인을 받은 국가로 병존하는 탈냉전기 현재 국면에서 이러한 냉전적 논쟁은 큰 의미가 없지만 역사적 사실에 대한 논쟁은 가능하다] 따라서 비록 명시적으로 거론하지는 않았지만, 북에 등장한 '정권'은 '비합법정권'에 불과하다는 사실을 암시하고 차별화한 것이다.

그렇지만 결의안 서두에 "1947년 11월 14일자 총회 결의에 규정된 목표가 완전히 달성되지 않았고 특히 한국 통일이 아직 성취되지 않았다는 사실에 유의하여"라는 전제가 달려 있으며 캐나다를 제외한 7개국으로 유엔한국위원회(UNCOK; United Nations Commission on Korea)를 다시 조직했다.378 유엔총회 결의안 112(Ⅱ)의 목표는 한반도 (전역

---

377 따라서 대한민국은 단독정부가 아니라는 주장도 있다. 그렇다고 하더라도 분단정부는 되지 않을까 한다.
378 임시위원단 8개국 중 영연방국가가 3개국이나 차지하는 것은 문제였다. 유엔한국임시위원단이 '임시'를 뗀 유엔한국위원회로 전환되면서 이런 지적을 의식했는지 미국을 비판했던 영연방국가 캐나다를 견제하려 했던 미국의 의도가 작용했는지 캐나다는 빠졌다. 실제로 캐나다는 1948년 3월 소총회 결의가 통과되던 국면에 사퇴를 검토하기도 했다. 6·25전쟁 와중에 개최된 제5차 유엔총회는 1950년 10월 ① 유엔한국위원회의 임무를 인수하고, ② 한국의 통일·독립·민주정부를 수립하며, ③ 한국의 구조 및 재건을 임무로 하는 유엔한국통일부흥위원회(United Nations Commission for the Unification and Rehabilitation of Korea; 약칭 UNCURK)의 설치를 결의했다. 그 후 한국 통일 문제의 국제적 해결은 일시 유엔의 테두리를 벗어나 1954년의 제네바 정치회의에서 다루어졌으나 합의에 실패했다. 결국 같은 해 제9차 유엔총회 이후 또다시 유엔으로 이관되었다. 1968년 제23차 유엔총회 이후 소련·동유럽 여러 나라가 제기했던 UNCURK의 해체 및 주한 유엔군의 철수를 촉구하는 결의안이 미국 등 자유진영의 반대에 부딪혀 매년 부결되었다. 1971년의 제26차 유엔총회에서는 유엔에서 중화민국 대신 중국의 대표권을 획득한 중화인민공화국도 UNCURK의 해체 및 주한 유엔군의 철수를 요구했다. UNCURK는 한국 통일과 부흥을 위한 조사보고서를 매년 제출하는 등 많은 기여를 했으나, 남북대화와 긴장완화를 계기로 한국에서의 임무 완수를 확인하고 1973년 12월 28일 제28차 유엔총회의 만장일치 결의에 따라 해체되었다.

의-인용자) 총선이었음을 195(Ⅲ)에서 규정하려 했던 것이다. 유엔임시위원단이 완전히 해산되지 않고 유엔한국위원회에 계승된 것은 전국적 선거가 불가능하여 한반도 통일이 완결되지 않았기 때문이다. 유엔총회는 미완의 과제인 한반도 전역의 정부 수립을 위해 위원회를 해체하지 못했던 것이다. 이렇듯 유엔 결의안은 자유선거가 한반도의 다른 지역인 북에서는 실시되지 않았음을 우회적으로나마 내포했으며, 그 후 대한민국 정부는 유엔 감시하의 선거가 북한 지역을 포함하여 실시되어야 한다고 계속 주장했다.

7. 미·소의 단독정부 수립 구상과 이승만·김일성의 승리: 외인과 내인의 결합

1947년 미국의 세계전략이 대소 대결 구도를 명확히 하는 방향으로 나아가자, 1947년 가을에는 국무부 국제주의자의 좌우합작 지원을 통한 중도파 지원전략은 그 힘을 상실하고 미군정에서 1945년 11월 이래 누차 단속적으로 건의했고 대안으로 간직해오던 단독행동(단정) 전략으로 선회했다.

단정 참여를 거부한 중도파는 1947년 10월 이후 배제당하고 단정참여파인 한민당·이승만 세력이 결국 미국의 종국적인 지지를 받았다. 이승만의 승리가 미국의 주도면밀한 계획의 산물이었는지, 아니면 일관성이 결여되어 시행착오를 거친 정책의 산물이었는지에 대해서는 논란의 여지가 있다. '계획설'의 주장은 미국이 처음부터 이승만의 정치적 승리를 원했으며 그것을 적극적으로 옹호했다는 것이다. 미군정 중기(1946)에 있었던 미국과 이승만의 갈등은 소련을 의식한 미국이 공개적으로 이승만을 지지할 수 없었기에 발생한 부차적인 것이라는 해석도 있다. 일차적으로 중요한 것은 미군정과 이승만의 결탁이 일관적이었다는 평가이다.[379] 갈등을 표출시킨 것은 그를 옹립하기 위한 일종의 계획, 좀 더 극단적으로 말하면 의도적 음모였다는 것이다. 반면 '시행착오설(fumbling theory의 해석)'을 지지하는 논자들은 이승만에 대한 미국의 일관성 있는 확고한 지지가 없었다면서 애초부터 시행착오 없이 지지하지 못한 미국의 '실수'를 아쉬워한다.

그러나 미국이 이승만을 처음부터 지지했건 아니건 간에, 미국이 모든 것을 좌우할 수 있었다고 보는 양자의 시각에는 중대한 결함이 있다. 미국이 해방 후 한국의 상황을 상당 부분 좌우한 것은 사실이지만 독립될 한국의 지도자를 일방적으로 내세울 만한 영향력은 없었다. 또한 그 정책의 시행 면에서 전적으로 성공한 것은 아니었으므로 미국의 영향력이 모두 침투했던 것도 아니다. 만약 이승만이 대중적인 명망이 없어서 국민들이 받아들이지 않았다면 그가 대통령직을 유지하는 것은 불가능했을 것이다. 이승만의 뛰어난 카리스마에 입각한 대중을 압도하는 힘이 그가 미국과 국민에 의해 선택된 요인 중의 하나였을 것이다. 미 국무부는 이승만을 '고집 센 노인'으로 평가하여 그를 내세울 강력한 의도는 없었다. 따라서 이승만과 미국이 연합한 것은 음모도 아니었고 시행착오의 결과도 아닌, 어쩔 수 없는 '정략결혼'이었다.[380] 미국의 정책

---

[379] 박태균, 「미국과 소련의 대한정책과 미군정」, 한국역사연구회 현대사연구반 편, 『한국현대사』 I(풀빛, 1991), 56쪽. 그런데 박태균의 평가는 메릴 등의 의견(미군정과 국무부의 차이점 강조)은 무시하면서 임병직·올리버 등 이승만 측근인사의 기록과 비판적 미군정 직원(로빈슨)의 기록 등을 신뢰했던 소치이다. 박태균, 「우익세력의 재편과 민족주의 세력의 약화」, 한국역사연구회 현대사연구반 편, 『한국현대사』 I(풀빛, 1991), 66-67쪽.
[380] 제임스 I. 매트레이, 「미국은 왜 한국에서 극우세력을 지지했는가」, 『계간 사상』 봄호(1990), 103쪽. 시행착오설(confusion-fumbling theory)·계획(음모)론(calculation-bulwark theory) 간의 논쟁은 다음에 있다. John Lewis Gaddis, "Korea in

결정자들은 이승만이 중도파와 연합하여 반좌익연합이 달성되는 것을 가장 이상적인 구도로 간주했으며[381] 이승만만을 지지하는 것은 차선책으로 간주했다.

이승만의 부인 프란체스카는 "많은 한국인들이 이승만을 미래의 대통령으로 간주하고 있으며 1947년 10월 현재 이승만이 실질적인 대통령"이라고 주장했다. 이에 대해 국무부에서 파견된 하지의 정치고문 제이콥스(Joseph E. Jacobs)는 이승만이 대통령 행세를 한다고 평가하면서 제정신이 아니라고 비판했다.[382]

국무부의 '용공분자(이승만의 표현)'는 1947년 7월 서재필과 김용중(이승만의 미국 망명 시절 라이벌)을 귀국시키거나 김규식을 5·10선거에 참여시키기 위해 끝까지 회유하기도 했다(김규식이 참여를 거부하여 '김규식 대통령 만들기'는 실패했다.) 이 와중에 재미 로비스트 올리버(Robert T. Oliver)와 임병직의 헌신적 노력으로 이승만에게 동정적이 되었던 국무차관보 힐드링이 마셜을 움직여 하지와 이승만 사이의 관계를 파국 직전에서 복구한 것이 큰 힘이 되었다.[383]

결과적으로 이승만의 국가 건설 노력이 미국을 움직이게 만들어 종국적인 승리를 획득했다고 평가할 수 있다. 미국의 한국 전문가 헨더슨(Gregory Henderson)의 표현대로 이승만은 역시 '결정적 국면의 해결

American Politics, Strategy, and Diplomacy, 1945~1950," Yonosuke Nagai and Akira Iriye, eds., *The Origins of the Cold War in Asia* (New York: Columbia University Press, 1977), p. 279; 제임스 I. 매트레이(1990), 위의 글, 55-56쪽.

[381] Robert T. Oliver(1978), 앞의 책; 로버트 T. 올리버 저, 박일영 역, 『이승만비록』(한국문화출판사, 1982), 129쪽.

[382] "Jacobs to the Secretary of State," October 29, 1947, *FRUS, 1947*, vol. Ⅵ, pp. 848-849.

[383] Robert T. Oliver(1978), 앞의 책; 로버트 T. 올리버 저, 박일영 역(1982), 앞의 책, 114쪽.

사' 자질이 있었던 것이다.[384]

이렇게 개별적·미시적 차원에서는 국내 정치지도자의 자율성이 인정될 수 있지만 좀 더 장기적이며 거시적·총체적 시각에서 보면 해방 직후 당시만 해도 미국이 한국의 정계를 거의 좌지우지했다고 해도 과언은 아니다. 즉 내적 자율성은 개별적 국면에서는 힘을 발휘했어도 결과적으로는 외적 규정력[385]에 의해 압도당했다고 할 수 있다(그렇지만 미군정이 당시 상황을 전면적으로 규정했던 절대적인 존재는 아니었다). 이 점에서 내적 자율성의 한계를 지적할 수 있다.

이상에서 논했던 국내 정치세력과 미국의 관계를 요약하면 다음과 같다. 미국은 진주 초기에 건준과 인공을 부인하면서 임시정부의 활용 가능성을 모색했다. 그런데 임시정부의 두 축인 이승만과 김구가 국내 정치세력을 적절하게 통합하지 못하자, 이에 실망한 미군정은 한민당 세력을 후원하는 방향으로 그 가닥을 잡아나가기 시작했다. 1946년 5월 이후에는 여운형·김규식의 좌우합작적 국가건설운동을 지원했던 적도 있었다. 그러다가 1947년 10월 이후에는 이승만·한민당 세력이 추진하는 단독정부 수립운동을 후원하여 1948년 8월 15일 대한민국 정부를 수립시켰다. 법적으로는 1948년 정부 수립과 동시에 미군정이 종식되었으나[386] 9월 11일 대한민국 정부는 미군정으로부터 권한 이양을 받았다. 그런데 미국의 대한민국 승인은 1949년 1월 1일에 이루어져 이때

---

[384] Gregory Henderson(1968), 앞의 책, p. 151; 그레고리 헨더슨 저, 박행웅·이종삼 역(2000), 앞의 책; 그레고리 헨더슨 저, 이종삼·박행웅 역(2013), 앞의 책.
[385] 대한민국 정부 수립 이후에는 외적 규정에 대한 내적 자율성이 갈수록 신장되어 오늘날에 와서는 외인으로부터 사실상 독립되었기 때문에 '외적 규정력'이라는 표현을 더는 쓰지 않는다.
[386] 하지는 8월 15일 자정을 기해 미군정의 종식을 공식적으로 선언했다. 차상철(1991), 앞의 책, 187쪽.

야 비로소 점령 상태가 종결되었으며 미군이 1949년 6월에야 철군하므로 '미군 점령 4년사'를 언급하는 학자들도 있다.[387]

종국적으로 미국은 다양한 정치세력을 포괄하는 데 실패했으며 한국 정치지도자들의 자발적인 요구와 참여를 통합하여 하나로 수렴하는 데도 실패했다. 소련의 지령을 받는 공산주의자뿐만 아니라 우익의 일부[388]까지도 정치의 장에서 이탈하여 체제 반대운동을 전개했던 것이다. 외세가 내부 세력의 발현에 큰 영향력을 행사했다고 할 수 있다.

트루먼과 이승만 등은 물러나는 하지의 '성공적 과업'을 칭송했지만, 하지 자신은 미국의 공식목표인 "민주적이고 독립된 통일한국의 건설"이 달성되지 못했고 미국의 대한정책이 그리 성공적이지 않았음을 누구보다도 잘 알고 있었다. 1948년 2월 하순 마셜은 "루스벨트, 처칠, 그리고 장제스가 전시에 (카이로에서 - 인용자) 공약한 '자유롭고 독립적인 한국의 건설'은 지켜질 수 없었다"라고 인정했다.[389] 또한 하지는 미군 철수 후 북한이 남한 정부를 무력으로 무너뜨릴 힘이 있다고 판단했으며 주한 초대 미국대사 무초(John J. Muccio)도 서울로 부임하기 전에 '내란의 가능성'을 익히 알고 있었다.[390]

---

[387] 송광성, 『미군점령4년사』(한울, 1993).
[388] 제헌의회 의원 선거에 반대했던 세력 중 좌익을 제외한 우익의 거의 전부(조소앙 등 중도우익 포함)는 1950년 5·30 제2대 총선에 참여해 체제 내로 편입되었다.
[389] "Marshall's Letter to Reginald P. Mitchell," February 25, 1948, RG 59, Central File, Box 7125, US National Archives. 1945년 11월 27일 카이로에서 3거두는 "in due course Korea shall become free and independent"라고 선언했으며 12월 1일 발표되었다.
[390] 육군차관 드레이퍼는 무초 부임 직전인 8월 초에 '이승만 정부는 앞으로 5년 내지 10년 동안 내란의 가능성 때문에 어려움을 많이 당할 것으로 예상된다'고 말했다. 차상철(1991), 앞의 책, 193쪽. 미국은 대한민국의 독립 선포식이 있기 이틀 전인 1948년 8월 13일, 무초를 주한 특사로 임명했다. 그는 1948년 8월 17일 내한하여 7개월 동안 반도호텔에 마련된 특사관을 중심으로 한국 정부 수뇌와 미군 철수 등에 관한 교섭을 가졌다. 미국은 미 사절단을 통해 한국에서 여전히 가장 큰 영향력을 행사했다. 미 사절

소련은 진주 초기 조만식이 영도하는 건국준비위원회가 평남을 중심으로 한 지역의 치안을 훌륭하게 유지하고 있음을 확인하자, 그의 이용 가능성을 잠시 검토했다.[391] 하지만 1946년 1월 초 반탁 문제가 제기되자 조만식을 제거했다. 그 이후 소련은 김일성의 갑산파를 거의 시종일관 후원해 1948년 9월 9일 북한 단독정부를 만들었다.

결국 외세(외인)와 이를 등에 업은 국내 정치지도자(내인)가 능동적으로 결합한 결과로 민족 분단의 대내외적 구조가 마련되었다고 할 수 있다. 이 구조의 생성 당시에는 외인이 주도해 내인을 거의 좌우하고 포섭했다.

단은 신생 대한민국의 안정화와 한국에서 반공보루 구축이라는 목표를 실현하기 위해 활동했다. 이승만은 제3차 유엔총회(파리, 1948년 12월)에서 대한민국 정부 승인이라는 사명을 성공적으로 완수하고 미국을 방문했다가 귀국을 준비 중이던 장면을 대한민국 정부의 특별대표(Special Representative; 특사)로 임명(12.27.)했다. 이에 미국은 1949년 1월 1일 대한민국 정부를 정식 승인했다. 한편, 1949년 1월 2일 이승만은 장면을 주미대사로 인정해달라는 붓글씨를 친필로 작성해서 미국 대통령 트루먼에게 보냈다. 1949년 3월 20일 미국은 이미 한국에 파견되어 있던 무초 특사를 초대 주한 미국대사로 임명했다. 한국도 1949년 3월 25일 장면을 초대 주미대사로 파견했다.

[391] 고당기념사업회 편, 『고당 조만식 회상록』(조광출판인쇄주식회사, 1995), 219쪽; 중앙일보 특별취재반, 『秘錄 조선민주주의인민공화국』(중앙일보사, 1992), 56쪽.

결론

미국은 신탁통치 협정의 최종 결정권이 미·소 양국에 있었지만 일단 4대국의 탁치가 실시된다면 자국에 유리하리라 판단했을 것이다. 이에 더하여 미국은 모스크바3상회의 의정서에 따라 공위와 탁치가 실현되는 한 자신들의 대소(對蘇) 우위가 보장되리라고 낙관적으로 해석하고 전망했다.[1]

---

[1] 미국은 자국에 우호적인 세력권이 보장되는 한에서 한반도 통일 관리에 집착했다. 즉 미국은 탁치안을 자기중심적으로 해석해 이 안을 통해 한반도 전체를 자국의 영향력 아래 둘 수 있을지도 모른다고 '착각'했을 것이다. 반면 미국보다 다소 방어적 입장에서 팽창을 기도했던 소련은 분할점령을 유지하고 한반도 남부(남한)로부터의 침략을 방지함과 동시에 한반도 남부를 공격하지 않는 한 한반도 북부의 존재를 보장받기를 원했다는 설이 있다. 오코노기 마사오 저, 현대사연구실 역, 『한국전쟁: 미국의 개입과정』(청계연구소, 1986), 326쪽.
친소적인 북한을 자국의 세력권으로 유지하는 것이 소련의 방어 전략이었다는 것이다. 즉 38도선 이북을 소련의 대서방 완충국으로 유지하는 데 만족했다는 '38이북만족설'이다(그러나 1945년 미국의 38선 획정에 따른 세력균형에 동의했을 당시에는 이러한 수세적 38이북만족설이 설명 가능했지만 1950년 38도선을 넘을 때는 반대가설인 '38이북불만설'이 설득력이 있다. 따라서 상황은 유동적이었다고 할 것이다). 이러한 수정주의적 해석에 의거하면 소련은 우유부단한 미국보다 먼저 단독행동의 구체화에 나설 수 있었고 미국은 이를 받아들일 수 없었기에 결국 타협이 불가능했고 공위를 공전시킬 수밖에 없는 '우익세력 배제론'을 고집했다.

따라서 미국은 우익세력의 반탁운동이 제기된 이후에도 미·소공위에 반탁세력을 끌어들여서 임시정부를 수립한다면 4대국의 우세를 이용하여 전 한반도에 친미정부를 수립할 수 있다고 예측했다. 그러나 소련이 반탁세력을 배제하려고 하자, 미국 당국자는 신탁통치에 대한 재검토를 시작했다. 그럼에도 불구하고 공위에 대한 기대를 버리지 않고 1차공위 휴회 후 공위 재개에 대비한 좌우합작을 지원했다. 그러나 소련의 완강한 태도 때문에 결국 2차공위도 무산되었다.

그런데 소련의 완강한 태도는 어디서 나왔는가? 그것은 기본적으로 소련의 한반도 북부에 대한 친소정부 수립 기도에서 나왔는데 그 기도를 가능하게 한 것은 국내 정치세력의 좌우대립이었다. 미국이 탁치안을 일방적으로 폐기한 이유도 탁치안이 실현된다면 우익세력의 반탁으로 인해 임시정부에 우익을 끌어들이지 못하리라고 판단했기 때문이다.

이렇듯 1946년 초 먼저 표출된 국내 정치의 좌우대립이 미·소대립을 조장했다. 물론 1945년 8월 미국의 소련 견제에 따른 분할점령으로 미·소대립이 먼저 표출되었지만 이 당시에는 38도선이 영구화되지 않고 잠정적 분할선이 될 가능성이 아주 적게나마 존재했다. 따라서 분할선을 고정화·영구화하는 데 좌우대립이 영향을 미친 측면이 있었다. 만약 좌우대립이 완화되어 탁치가 실현되었다면 다른 이슈로 미·소가 대립해 분단을 강요했을지는 몰라도 그 명분을 얻기가 그렇게 쉬운 일은 아니었을 것이다. 좌우대립을 완화해 분할점령을 종식시킨 오스트리아의 경우를 귀감으로 삼을 수 있는 이유가 여기에 있다. 그렇다면 탁치 문제를 둘러싼 좌우대립은 한반도 분단에 대한 미·소의 책임에 면책논리를 제공했다고 할 수 있다. 따라서 탁치를 둘러싼 좌우대립은 38선 획정으로 일찍 찾아온 한반도의 원초적 냉전 구조에 분단이라는 심각한 대립 요소를 추가하여 한반도지역에서 미·소대립을 심화한 중요한 계기를 제공했다.

　탁치논쟁을 보다 구체적으로 살펴보면, 미국은 탁치안을 창안했으나 1945년 12월 이후 소련에 탁치안에 관한 주도권을 내주었고, 결국 1947년 10월 일방적으로 탁치안을 폐기하고 한국 문제를 유엔으로 이관하고 말았다. 이러한 폐기 과정에 국내 상황(좁게 본다면 우익의 반탁운동, 넓게 본다면 좌우의 갈등[2])이 결정적인 영향을 미쳤다고 볼 수 있다. 결국 미·소 양국은 한반도에서 자국에 우호적인 정부의 수립을 기도함과 동시에 상대국에 일방적으로 우호적인 국가의 수립을 용인할 수 없었다.

　애초에는 탁치보다 즉시독립을 선호했으며 탁치에 덜 집착했던 소련은 자국의 지지기반인 좌익이 이에 찬성하자, 오히려 미국보다 더욱 적극적으로 집착했다. 이렇듯 소극적 방관에서 적극적 집착으로 전환한 것은 탁치안이 자신들의 목적인 '우호적 정부 수립'을 가능케 하는 수단이 될 수 있다는 현실인식 때문이었다. 즉 소련은 탁치가 실시되면 자국에 우호적인 좌익을 대거 참여시켜 한반도를 공산화하려 했고, 이러한 의도하에 모스크바결정 사항을 엄격히 해석(즉 반탁진영의 배제 주장)하여 미국과 갈등을 야기했다.

　반면 미국도 역시 탁치를 통해 우호적 정부의 수립을 목표로 했으며, 소련이 탁치를 통하여 한반도를 공산화하려 한다고 인식했다.[3] 따라서 만약 탁치안이 실현된다면 보수세력을 중심으로 정부를 수립케 하려는 미국의 의도와는 결국 멀어지는 상황으로 나아갈 것이라고 예측했다.

---

[2] 좌우갈등의 책임이 어느 쪽에 있느냐는 평가는 정파와 관점에 따라 크게 엇갈린다. 우익은 공산주의자들의 노선 전환에, 좌익은 미군정과 우익의 반소·반공 음모에 책임을 전가했다.

[3] "HUSAFIK," part Ⅱ, chapter Ⅲ, p. 30.

따라서 미국은 자국에 우호적인 정부 수립을 위한 수단이었던 탁치안으로는 그 목적 달성을 꾀할 수 없어지자 이를 가차 없이 폐기하고 보다 확실한 대안을 선택했던 것이다.[4]

또한 소련은 미국이 탁치안을 실시하려는 의사가 별로 없음을 확인한 후 북한 지역 내에서만 별도의 '민주개혁'을 단행해 남·북한 사회구성을 이질화했으며 결국 단정을 수립하는 방향으로 나아갔다.

이렇듯 소련이 탁치에 집착하고 미국이 일방적으로 탁치를 폐기하게 한 근본 요인은 한반도 국내 정치 상황에 있었다.[5] 즉 우익세력은 막연하게 탁치가 실시되면 공산정부가 수립될 여지가 크다고 추측했기에,[6] 어떤 형태의 압력을 가해서라도 미국으로 하여금 탁치안을 포기하게 만들어야 했다. 이런 태도에 비추어본다면 국내의 탁치논쟁이 미·소 간 협상을 방해했고, 우익의 반탁으로 인해 모스크바결정이 폐기되었다는 식의 설명이 가능하다. 따라서 결과적으로 우익의 탁치 폐기 투쟁은 어느 정도 성공했다고 할 수 있으며, 최소한 이승만이 '탁치안을 폐기해 한반도의 반이라도 건져 공산화를 방지했다'라고 주장할 수 있었다.

따라서 탁치논쟁은 미·소 간 타협을 불가능하게 했으며 통일정부 수

---

4 소련은 '미군정과 우익의 사기' 때문에 모스크바결정이 하루아침에 파기되었다고 주장했다. 심지어 미국의 탁치안 폐기가 예정된 시나리오에 의한 '음모'라는 견해도 있다. 즉 처음부터 탁치를 왜곡 보도시켜 반탁감정을 조성한 후 사실과 반대되는 '소련탁치주장설'이라는 보도로 반소감정을 불러일으켰고 탁치안 보도 후 우익에게 반탁운동을 교사하여 결국 탁치안을 '한국 민중이 원하기에' 폐기한다고 조작했다는 것이다. 그러나 미국이 시초부터 음모를 할 정도로 주도면밀하지는 않았다. 그보다는 초반에는 탁치안에 집착했으나 자신들의 지지기반인 우익세력이 반탁을 했기에 탁치안을 포기한 것으로 보인다. 이 과정에서 의도적이지 않았지만 미국에는 유리한 '소련탁치주장설'과 같은 오보가 나와 이를 방관하고 이용했을 가능성이 있다.

5 이완범, 「한반도 신탁통치안과 국내정치(1943~1948)」, 연세대학교 석사학위논문(1985), 161-163쪽.

6 좌우합작 당시 합작이 실현되어 통일정부가 수립되면, 대통령에는 여운형, 수상에는 김일성이 될 것이라는 루머가 퍼졌다고 한다.

립을 파탄시키는 데 영향을 미친 것으로 인식될 수 있다. 국내 좌우대립이 국제 냉전에도 영향을 미쳤던 것이다.

  탁치안이 폐기됨에 따라 그 논쟁은 자연히 해소되고 단정 수립 논쟁으로 이어지면서 각 정치세력들은 다시 단정에 참여하거나 단정 반대운동을 전개해나갔다.[7] 이렇게 되어 좌우대립의 단초를 제공했던 탁치논쟁은 결국 단정논쟁으로 전화되고 분단체제 구축으로 이어졌다.

  그렇다면 탁치 이슈가 좌·우익의 극한적 대립, 즉 분단의 한 조건이 될 만큼 중요한 문제였을까? 첫째, 민족적 차원에서 볼 때 탁치 문제는 민족의 자주적 해방과 직결된 중요한 문제였다. 그러나 과연 어느 노선이 민족 문제 해결의 정도(正道)였는가 하는 질문에 대해서 '이것이 바로 정도다'라 대답하면서 만족할 만한 근거까지 제시하기란 쉽지 않다.[8] 양 노선은 민족 문제 해결이라는 면에서 단지 부분적인 타당성밖에 가지고 있지 못했다.[9] 좌익은 좌익대로 그들의 민족 문제 해결 노선과 상당 부분 배치되는 논리를 제시한 측면이 있으며, 우익의 논리도 민족의 자주적 통일독립과는 모순되는 문제점이 발견된다. 당시 좌·우익은 탁치 문제에 대한 해결책을 제시할 때 이를 민족 문제 해결이라는 측면에서 냉철하게 성찰하고 고심하지는 않았으며 즉자적으로 대응했던 것으로 추정된다. 민족 문제 차원에서 볼 때 탁치 문제는 대립의 이슈라기보다

---

7 이완범(1985), 앞의 글, 124-132쪽, 135-137쪽, 163-165쪽.
8 지지노선이 민족 문제 해결 노선이고 반탁이 식민지화를 초래한 길이었다고 주장되기도 한다. 그러나 이승만의 친미적 반탁과는 달리 김구의 '반탁·민족'노선은 자주적인 측면이 부각될 수도 있으며, 지지논리에 친소적이며 비자주적인 측면도 있으므로, 이러한 단선론적인 연결논리는 문제가 있다.
9 미·소의 의도가 '우호적인 정부 수립'이라는 데 있었다는 측면을 부각시킨다면 대중적 반탁운동의 정당성은 인정될 수 있다. 김종규, 『한국근현대사의 이데올로기』(논장, 1987), 124-125쪽. 그러나 한편으로는 통일민족국가 수립을 위해 모스크바결정을 지지할 수밖에 없었다는 좌익의 논리도 일면 타당성이 있다.

는 통일의 이슈였으나, 통일의 방향보다는 대립의 방향으로 나아간 데는 다른 차원의 문제가 개재되어 있었던 것이다.

둘째, 계급의 차원에서 볼 때 토지 문제나 친일파 문제 등은 좌우의 계급적 대립이 명백히 표출될 만한 원칙적이고 중요한 문제였지만, 탁치 문제는 계급 대립으로 직접 환원할 수 없는 문제였다. 이렇듯 비본질적인 문제가 커다란 국내 이슈로 등장한 데 대하여 "보수세력의 의사를 대변하는 언론의 고의적인 편파보도와 그것을 통한 왜곡된 여론 형성에 어느 정도 기인하고 있다"라는 식의 견해가 있다.[10]

또한 탁치 문제를 중심으로 한 의견 대립은 감정적 대립이었으므로 명확한 현실 인식에 토대를 둔 것은 아니었으며 그 논리적 대립 또한 일관성이 결여된 측면이 있다. 즉 우익진영은 왜곡보도에 편승하여 대중의 감정에 영합했기 때문에 탁치가 무엇인지 확실히 인식하지도 못하고[11] 탁치가 실시되면 어떻게 될지도 모르는 채 즉각적인 반탁을 표명했고, 좌익진영은 대중의 반탁감정을 무시하면서까지 노선 전환을 시도했던 것이다.

그런데 좌익은 초기에는 우익의 감정적 반탁에 어느 정도 공감했고, 우익은 우익대로 좌익의 임정 수립 주장을 무시할 수 없어 공위가 열리던 시점에 반탁운동을 자제하고 1차공위에 참가하는 노선으로 수렴했다.[12] 이렇듯 탁치안이 보도된 초기에는 좌익이 우익에 동조했고 공위가 열린 뒤의 후기에는 우익이 좌익에 동조했기에 좌우가 공동의 장에서

---

[10] 한국역사연구회 편, 『한국사강의』(한울, 1989), 348쪽.
[11] 당시 격렬한 반탁운동을 주도했던 '반탁학련'이라는 우익학생단체의 위원장 이철승은 탁치가 무엇인지도 모르고 맹목적으로 반대했다고 술회했다. 이철승, 『전국학련』(중앙일보사, 1976), 126쪽. 당시 『중앙신문』 1946년 1월 6일자 만평에서도 탁치가 무엇인지 모르는 조선인의 인식을 풍자했다.
[12] 이완범(1985), 앞의 글, 92쪽.

협상을 벌일 가능성도 있었다. 따라서 미·소가 3상회의에서 타협한 탁치 문제는 첨예하게 대립할 수밖에 없었던 문제가 아니라[13] 오히려 미·소의 타협을 이용하여 민족통일을 가능케 했던 문제로 볼 수도 있다. 이런 맥락에서 본다면 좌·우익 모두가 통일전선의 관점에서 보다 유연하게 대처했어야 한다.[14] 또한 기존의 양극단의 대립 구도 속에서 균형감각을 가지고 대립을 지양하고자 했던 제3의 논리가 엄연히 존재했지만 다만 현실정치가 더 양극화하면서 중도적인 논리는 힘을 잃었고 그 이후의 역사 서술에서도 잊혔다.

---

[13] 김종규는 "될 일도 아닌 일에 휩쓸려서 결국 민족분단을 고착화시키는 계기가 되었"다고 주장했다. 김종규(1987), 앞의 책, 123쪽.

[14] 김익한, 「분단 전후의 민족 계급 문제」, 서울대 총학생회 학술부 편, 『변혁과 전망』(여명, 1988), 32쪽에 의하면 탁치안에 제국주의적 세력 확보(식민체제의 온존)와 임정 수립(자주독립과 통일의 보장)의 양 측면이 동시에 혼재했으나, 좌익은 제국주의적 성격을 인식하지 못하고 임정에만 집착해 반제민족통일전선의 공고화 방향으로 이용하지 못한 민족·계급 문제 인식상의 한계가 지적되고 있다. 반면 우익은 전자(前者)만을 부각시켰다. 그런데 실제 탁치가 실시되면 어떤 쪽으로 나아갈지는 모를 것이었다. 강운택, 「미제의 식민지 지배와 민중운동」, 『한양』 18(1988), 64쪽에서는 조공의 입장 변화를 '사대주의적 교조주의적'이라고 비판하면서 다음 두 가지 점에서 잘못되었다고 주장된다. 첫째, 통전의 공동 범위 안에서 함께 국가권력 수립투쟁을 벌일 수 있었던 우파의 일부를 떨어져 나가게 했고, 둘째, 우익세력의 연합을 촉진하면서 친일적 성격이 있는 한민당 등의 정치적 진출을 쉽게 만들었다는 것이다(이것은 오로지 조공이 전적으로 책임져야 할 일은 아니다. 청산 대상자가 주로 책임질 일이며 좌익은 막지 못한 책임이 있을 뿐이다-인용자). 즉 조공의 노선 전환은 민족주의 세력의 통일전선과 반민족세력 간의 투쟁이 되어 민족협동전선 구축에 힘써 통일되어야 할 해방정국에 친일분자 및 우익세력이 '민족적'이라는 면죄부를 얻어 좌(계급적 세력)·우(민족적 세력) 대립으로 왜곡되는 계기가 되었다는 것이다. 한편 모스크바결정은 민족의 자주권에 대한 근본적 손상이었지만, 분단 상황을 해소하고 통일독립국가를 수립할 수 있는 현실적 방안이므로, 이를 지지하는 것이 정당하다는 전제하에 3상결정을 중심으로 절대다수의 민주세력과 소수의 반민주세력이 분립하고 있었다는 당시 좌익의 주장을 인용하기도 한다. 김천영 편, 『연표 한국현대사』(한울림, 1984), 122-124쪽; 박세길, 『다시 쓰는 한국현대사』(돌베개, 1988), 56쪽. 그러나 박세길은 김구가 오판해 민주진영의 분열을 가져온 측면을 지적한다. 박세길(1988), 위의 책, 58쪽. '민족협동전선의 실패와 탁치 문제' 혹은 '민족협동전선의 실패와 분단' 등의 연구 과제를 제시할 수 있다.

수렴이 불가능하지 않았는데도 왜 첨예하게 대립해야만 했을까? 그것의 근본 원인은 탁치논쟁의 이면에 무엇보다도 중요한 '자파의 영향력 확보'라는 근본적 목표가 내재되어 있었기 때문이다. 즉 반탁논리·지지논리 양자는 그 자체가 목적이 아니라 모두 하나의 수단이나 상징에 불과하며, 근본적으로는 '자파세력의 이익 확보'라는 목적이 존재했다. 따라서 결론적으로 탁치 문제는 좌·우익 각 세력이 주도권 장악을 위하여 대립을 표출한 이슈로 볼 수 있다. 즉 탁치 문제가 권력투쟁의 도구였던 것이다.[15]

이러한 권력투쟁의 관점에서 본다면, 좌익은 탁치가 즉시독립은 아니었지만 독립을 보장하기 때문에 민족의 열망과도 부합하며, 무엇보다도 그 과정에서 친사회주의적 국가의 수립이 가능하다고 인식했기에 위험한 방향 전환을 하면서까지 지지노선으로 기운 것이다. 반면 우익은 반탁이라는 호재를 이용하여 주도권을 장악한 시점에서 만약 공위에 의한 정부가 수립된다면 자신들이 정권을 장악할 확률이 낮아지므로 거센 반탁운동을 수단으로 모스크바결정을 파기하려고 했으며, 이를 미국에 종용했던 것이다.

이러한 국내 정치세력의 권력투쟁이 국제정치적 미·소관계에 직접적인 영향을 미쳐서, 미·소 간 합의 없이는 실행할 수 없었던 모스크바결정이 파기될 수밖에 없었다고 결론 내릴 수 있다.

이 글에서는 탁치안의 통한론적 성격을 부각시킬 수 있다는 견해를 어느 정도 수긍하는 한편, 다음과 같은 가정을 제기하여 우호적 정부 수립을 기도하는 탁치안을 반대할 수밖에 없었던 반탁론이 가지고 있는 '즉시독립에 의한 자주적 통일론'의 성격을 토론의 주제로 남기고자 한

---

15 김성진, 「미국의 한국신탁통치 구상과정」, 고려대학교 석사학위논문(1987), 66쪽.

다. 만약 좌익이 임시정부와 조선인민공화국의 합작에 성공하여 노선 전환을 시도하지 않았다면 어떻게 되었을까? 전 민족이 자주적 반탁에 의하여 통일이 될 수 있었다면 미·소는 탁치안을 공동폐기하고 다른 길을 통하여 한반도에 독립을 부여하지는 않았을까?[16] 당시 민중의 감정적 반탁운동은 갓 해방된 조선 민중의 눈높이에서 볼 때 필연적이고 자연스러운 반응이었고, 지역에서는 중앙과 같은 찬·반탁의 치열한 대립이 그렇게 명확하게 나타나지 않은 경우도 있었다.

따라서 탁치안을 둘러싼 통일의 가능성을 다음 두 가지 방향으로 가정할 수 있다. 첫째, '모스크바결정=통한론(좌익과 중도파의 통한론)'의 입장으로서, '국내 정치세력의 모스크바결정 지지노선으로 의견 통일 → 미·소의 합의사항 실천에 의한 임시정부 수립 → 신탁통치 → 독립'의 길이 그것이다. 둘째, '반탁=통일론(우익의 통한론)'의 입장으로서 '국내 정치세력의 반탁으로 의견 통일 → 미·소 합의하에 탁치안 폐기 → 독립'의 길이 그것이다. 이 두 가지 가정은 국내 정치세력의 의견 통일을 기반으로 하면서도 미·소합의를 전제하고 있다. 미·소합의라는 전제조건을 중시하는 분단 외인론(外因論)의 입장에서는 1945년 미·소 양군이 진주한 이후 한반도 통일 문제는 미국과 소련이 좌우하는 문제였다고 볼 수도 있다. 외인론의 입장에서 보면 '반탁=통일론'이나 '모스크바결정=통한론'은 모두 실현 불가능한 가정이다. 외인론자들 중 좌익의 '모스크바결정 지지를 통한 통일론'을 비판하는 인사들이 많은데 미·소 협력이 유지되지 않았으므로 모스크바결정은 시초부터 실현 불가능한

---

16 그러나 이 가정도 남한에만 국한된 것으로 근본적 한계가 있다. 남한의 좌우 양익이 반탁으로 뭉칠 가능성은 없지 않았으나, 북한 좌익의 경우에는 지지노선을 반탁으로 수정하지는 않았을 것이다. 이런 맥락에서 본다면 '즉시독립에 의한 자주적 통일론'은 남한에서만 달성되었을 '반쪽의 통일론'이다.

공식이라는 주장이다.[17] 따라서 외인론자들은 미·소가 대립하는 한 통일 노력은 시초부터 실패할 수밖에 없었다는 숙명론적이고 결정론적인 견해를 제시한다. 그렇다면 국내 정치세력은 미·소 어느 쪽과 결합할 수밖에 없었을까? 필자는 이 견해에 반드시 동의하지는 않는다.

분할점령으로 분단의 외적 구조가 이미 구축되었던 상황일지라도 국내 정치세력은 분단 극복을 위한 노력을 했어야만 했다. 또한 민족 내부적인 통일 논의가 성과를 거두지 못했고 만족할 정도로 시도되지 못했기 때문에 무시될 수만은 없다. 따라서 내인론(內因論)[18]의 입장에서 논의를 전개하는 것 또한 가능하다. 즉 국내 정치세력의 반탁이 미·소 대립을 가져왔으며 탁치 문제에 관한 한 국내의 반응과 미·소의 대립 관계는 상호 상승 작용을 했다고 볼 수 있으므로 '만약 국내 정치세력이 의견통일을 할 수 있었다면, 미·소의 합의를 유도하거나 미·소 양군을 철수시킬 수 있지 않았을까?'라는 가정을 제기할 수 있다.[19] 이는 전혀 불가능한 이야기는 아니다. 분할점령 후 통일이 달성된 오스트리아에서도 국내 정치세력 통합의 모범적 선례를 볼 수 있다.[20]

---

17 김학준은 모스크바결정 실현의 전제조건으로 미·소협력과 남북협력, 좌우협력을 들었다. 이 세 가지 전제조건이 충족될 수 없었으므로 모스크바결정은 처음부터 실현 불가능한 공식이었다고 주장했다. 김학준, 『이동화평전』(민음사, 1987), 154쪽. 필자는 남북과 좌우의 협력만이 전제조건이며 미·소협력은 통일을 촉진하는 촉매역할을 할 뿐이라고 주장하고자 한다. 이는 오스트리아의 예에서도 확인할 수 있다.

18 내·외인론에 대한 고찰은 다음에 있다. 이완범, 「분단시대 한국사회의 인식: 분단의 원인과 고정화 과정을 중심으로, 1940~1953」, 『개신』 28(1988), 75-76쪽.

19 비슷한 맥락에서 이호재는 모스크바결정서의 내용에 '한반도 중립화적 구상'이 포함되어 있었다고 전제한 후, 국내 정치세력들이 이를 부각시켜 미·소의 타협을 유도하려는 노력을 적극적으로 하지 않았다고 비판했다. 이호재, 「한국분단연구의 특징과 문제점: 분단원인의 제가설분석을 중심으로」, 미간행발표논문, 한국국제정치학회 재미학자초청 통일문제학술회의, 1987년 8월 20일(1987), 10-12쪽; 이호재, 『새로운 한민족 외교』(나남, 1987), 136-137쪽.

20 한국의 좌우대립이라는 내인의 강도는 제2차 세계대전 후 좌우대립이 극심했던 이탈리아의 경우와 비교될 수준이었다고 할 수 있다. 한국의 경우 '내인이 있었기에 강대국들

그런데 한국 민족은 그렇지 않아도 가능성이 높지 않았던 미·소협

이 분단시켰다'는 내인론자들의 주장은 미·소가 한국 문제에 대해 그 정도로 알고 있지 못했기 때문에 문제가 있는 것으로 판단된다. 미·소가 처음부터 내인을 악용해 허수아비 지도자를 옹립해 분단을 획책했다는 주장인데 그렇게 내부적으로 면밀히 조사하지는 않았고 단지 친소적, 친미적 정치집단의 존재를 막연하게 의식한 수준이었다. 미국은 시베리아 내의 친소적 조선인 여단의 존재와 중국 내의 친국민당적 임정의 존재 등에 대해 고려하기는 했지만 이것을 좌우대립의 관점에서 의식했던 것은 아니고 단지 외세를 등에 업은 친소적·친중적 세력으로 파악해 소련과 중국을 견제하려고 했을 뿐이었다. 내인이 없었다고 하더라도 강대국들은 자신들에게 핵심적으로 중요한 지역이라면 국가이익에 따라 분단시켰을 것이며 독일이 그 경우이다. 즉 강대국들의 분단 의지는 내인과는 상관없다. 다만 내인이 없었다면 강대국들이 분단시키려 해도 오스트리아(독일보다는 주변부)의 예처럼 그것을 극복했을 일말의 가능성이 있다. 그런데 한반도는 미·소 양분이라는 조건이 오스트리아와 달랐다. 한반도는 오스트리아의 4대국 분할점령보다 더 악조건이었는데도 단결하기보다는 미·소에 견인되어 양극화되었다. 국내 정치세력이 양극화되었다고 해도 분할점령이 없었다면 한 국가 내에서 소화되었을 것이다. 따라서 외세의 작용이 분단체제 구축에서 더 중요한 요인이었다. 미국과 소련이 한반도를 이미 분할점령한 상태에서 만약 국내 정치세력의 찬·반탁 대립이 없었다면 신탁통치 문제에 대해 1946년 이후의 미·소공위에서 타협을 하여 탁치를 없애든가(반탁으로 뭉친 경우) 통일 임시정부 수립(모스크바결정 지지노선으로 뭉친 경우) 결정을 만들 수 있었을까? 미·소는 1947년 트루먼 독트린 이후 냉전을 격화시키면서 전 세계에서 대립했다. 따라서 미·소가 이미 분할점령한 상태에서 한반도에서 통일정부를 후원한다는 것은 그렇게 쉬운 일이 아니었다. '가지 않은 길'에 대한 아쉬움은 남으며 연합국이 분단을 강요했던 유럽의 중심국 독일보다는 주변국 오스트리아에 한반도가 더 가깝다(미국과 세계의 관점에서 볼 때, 동아시아의 중심국은 일본이다. 일본과 비교해서 한반도는 동아시아의 중심이 아니라 주변지역이다)는 사실에 일말의 가능성을 천착해볼 수 있을 것이다. 이정식은 1946년 이승만의 단독정부론 제기 당시 "한반도에 대한 모든 결정권을 쥐고 있는 강대국들의 대립은 날로 악화되고 있었고, 남과 북의 지도자들이 합의해도 분단이 해소될 수 없을 것임이 자명했다"라고 지적한다. 이정식, 「이승만의 단독정부론 제기와 그 전개」, 『한국사 시민강좌 38: 대한민국 건국사의 새로운 이해』(일조각, 2006). 그런데 오스트리아는 미·소가 직접 대립하지는 않았지만(지리적으로 오스트리아는 미·소가 국가안보상 사활을 걸 정도로 중요한 지역이 아니었으며 한반도는 특히 소련의 경우 국경을 같이하므로 전략적으로 중요하다는 평가도 가능하다. 그러나 이는 한반도의 전략적 위치를 과대평가하고 유럽국가 오스트리아의 전략적 위치를 평가절하하는 주관적 관점이다) 세계적 냉전체제 아래 있었고 세계의 중심국 독일 문제(오스트리아 문제는 제2차 세계대전 직후 오스트리아 분리 당시 독일 문제의 일부로 여겨지기도 했으므로 양자는 비교적 밀접함)를 둘러싼 유럽에서의 대립은 주변부였던 한반도(동아시아의 중심 일본 문제와 그 주변인 한반도 문제도 연관되기는 하다. 그러나 한국과 일본은 같은 민족이 아니므로 같은 게르만 민족이었던 독일·오스트리아 문제와 달리 민족적 연관성은 없다. 대신 미국이 일본을 독점하기 위해 한반도를 희생양으로 만

상을 촉진시키기보다는 오히려 탁치논쟁을 통하여 미·소합의를 깨는 데 일조했다. 한반도 분단구조에 잠재해 있었던 내인과 외인 중에서 외인이 먼저 명백하게 고착되기 전인 1946년 1월의 시점에서 내인이 먼저 표출되었던 것이다(그러나 결과적으로는 외인이 1945년 8월 분할점령으로 먼저 명백하게 표출되었다고 볼 수도 있다). 즉 탁치논쟁은 분단구조에 잠재해 있던 내쟁(內爭)적 성격을 최초로 표출했다. 이렇게 해서 내·외인이 결합했으며 외인은 오히려 '내인이 먼저 표출되었다', 즉 한국민이 먼저 분열했다고 주장할 수 있는 근거를 제공해 미국과 소련이 그들의 분단정책을 합리화할 때 그 선전도구로 활용되었다.

신탁통치는 미국이 그 대상국에 우호적 정부 수립을 기하려고 고안했으며 모스크바3상회의에서 결정된 것은 미·소 간 강대국 패권정치의 산물이었다. 이러한 국제적 속뜻을 국내 정치세력들이 간파했다면 당연히 반대해야 했다. 또한 즉시독립을 일정 기간 연기하면서 불확실한 지위를 감내해야 하는 신탁통치는 민족적 입장에서도 당연히 거부되었어야 했다. 따라서 진보주의적 연대인 1980년대 상황에 편승하여 나온 한 연구물에 의하면 반탁은 민족적 길이고 모스크바 지지노선(찬탁)은 잘못된 길이었다고 주장된다.[21] 이는 당시 진보주의자들이 반드시 좌익의 모스크바 지지노선을 옹호하지는 않았음을 보여주고 있다. 공산주의자들의 찬탁노선이 대중적 지지의 수준을 저하시켰던 면과도 연관된다고 할 수 있다.

든 측면이 있다. 이는 일본 때문에 한국이 분단되었다는 '한반도 분단의 일본요인설'을 가능하게 한다)에서의 대립보다 더 극심했다. 이정식의 주장은 '가지 않은 길'에 대한 가정법(반사실적 가정)을 회피하려는 현실주의적 해석이지만 결과론적인 해석일 가능성도 있다. 또한 이승만의 단정노선을 합리화하려는 시도이다.

21 김종규, 『한국근현대사의 이데올로기』(논장, 1987), 122-125쪽.

따라서 탁치 문제를 돌이켜볼 때, 탁치안을 둘러싼 의견 통일[22]이 내부적 통일을 위한 최초의 실천단계였을 것이며,[23] 이의 의견 대립이 분단을 향한 최초의 단초가 되었다는 사실을 지적하지 않을 수 없다. 제3의 논리[24]가 극단적인 입장을 조정하는 균형자로 기능하려고 노력했

---

22   무원칙한 통일론을 비판하는 입장들도 있다. 그런데 탁치 문제는 토지 문제와 같이 계급적 이해가 걸려서 양보할 수 없는 원칙적인 문제가 아니었기에 탁치안을 둘러싼 의견 통일은 그것이 반탁이든 지지든 원칙을 벗어난 통일은 아니었다고 주장할 수 있다.

23   탁치안에 대한 의견 통일이 이루어졌더라도 다른 근본적인 문제 때문에 좌·우익 간에 원칙적인 대립이 발생했을 가능성이 있다. 그러나 탁치안이 해결되어 한국이 통일독립국가의 형식을 갖추었다면 그 후의 좌우갈등은 국가적인 차원에서 해결되었을 가능성이 높다. 따라서 제일 중요한 문제는 탁치안을 둘러싼 갈등 때문에 통일독립국가의 수립이 어려워졌다는 데에 있다.

24   탁치안을 둘러싼 좌우대립을 기술한 한국의 역사서들은 그 대립이 극심했다는 점만을 강조하면서, '제3의 길'에 대해서는 그다지 주목하지 않는다. 그러나 좌우양익의 찬·반탁의 양극화된 대결 구도 속에서 그 대립을 조정하고 지양하려고 했던 중도적인 흐름이 엄연히 있었다. 1946년 1월 7일 주요 4당이 합의하여 4당코뮤니케(모스크바결정은 전면 지지하며 신탁은 자주독립정신에 기하여 해결)를 산출했고 미·소공위가 현실화되는 상황 속에서 중간좌파 여운형과 중간우파 김규식 등이 중심이 되어 '신탁문제는 공위에 의한 임시정부 수립 후에 논의하자'는 실용적인 노선을 내세웠던 것이다. 찬·반탁의 극한적 노선 대립 속에서 한쪽에 치우치지 않고 균형을 잡아 극단적인 대결 상태를 지양하며 나아가 수렴하고자 한 제3의 길이었던 것이다. 그러나 미·소냉전이 현실화되어 공위가 교착상태에 빠진 후 1947년 여운형이 암살되고 탁치안이 폐지되면서 이들의 논리는 잊혔으며 역사는 탁치문제를 언급할 때 골육상쟁의 찬·반탁 노선 대립만을 기술하고 있다.
그렇다고 마냥 잊힐 수만은 없다. 해방 직후 사회주의적인 여운형·민족주의적인 안재홍 합작에 의한 건국준비위원회 출범, 1946년 1월 좌우 주요 정당 간의 4당코뮤니케 합의, 1946년 봄 이후 좌우합작운동의 시동, 1947년 말에서 1948년 초 남북협상운동으로 이어지는 통일(합작)운동의 계보에 주목하는 이유가 여기에 있다. 모스크바3상회의 결정은 한국인의 참여가 어느 정도 보장되고 독립을 위한 수단으로 탁치가 실시될 것이 공약된 것으로 볼 수 있지 않느냐는, 1980년대 이래 비판적 한국현대사학계의 문제 제기가 있었다. 모스크바3상결정의 중심은 흔히 우리가 고정관념으로 알고 있는 탁치가 아니라 '독립을 위한 임시정부 수립'이었다는 해석도 나왔던 것이다. 따라서 탁치결정을 면밀히 검토하면, 이것이 좌우익 서로가 대립할 문제가 아니었고 즉시독립을 원하는 민족감정에 불을 지핀 언론 보도 등 때문에 찬·반탁 대결이 초래되었다는 반성적 문제 제기가 있었다. 이에 제3의 길을 걸었던 정치세력들과 그들의 합작운동에 대한 연구가 필요했는데 아직 신탁문제와 중도파(중간파)에 대한 세밀한 연구가 이루어지고 있지는 못하다. 『해방 전후 미국의 대한정책: 과도정부 구상과 중간파 정책을 중심으로』

지만, 갈수록 극단화하는 국내외적 상황이 한국인들을 양극단의 어느 한쪽으로 서게 만들었으므로 '선 임시정부 수립, 후 탁치 문제 자주적 해결'이라는 균형 잡힌 중간적이며 실용적인 통합논리는 힘을 잃었다. 여기에서 당시 국내 정치지도자들의 분단에 대한 책임을 적시하고자 한다.[25]

(정용욱, 서울대학교 출판부, 2003)와 『중도파의 민족주의 운동과 분단국가』(윤민재, 서울대학교 출판부, 2005)가 주목할 만한데 20년이 지난 시점에도 본격적인 후속 연구가 이어지지는 못하고 있다. 이에 대한 체계적인 후속 연구를 기대한다. 예를 들면 "해방 직후 통일운동사, 1945~1948: 해방-합작(통일)운동(과 분단): 건준-탁치에 관한 4당 코뮤니케-좌우합작-남북협상(-선정부수립후통일론-유엔승인)"과 같은 과제를 설정할 수 있을 것이다.

[25] 이완범, 「신탁통치안과 탁치논쟁의 재론」, 『민족지성』 1월(1988), 129쪽.

에필로그
탁치논쟁 · 공위논쟁 · 단정논쟁의 연결

이 책에서 주로 언급한 신탁통치안에 대한 대립, 즉 탁치논쟁은 1946년 1월 가장 격렬하게 진행되었다가 3월 이후 미·소공동위원회가 열릴 때 공위 참가·불참논쟁으로 변형되었다. 공위 휴회 후인 5월 이후에는 단정노선을 둘러싼 의견 대립으로 차원을 달리하여 전개되었다가 결국 1948년 단정 수립으로 종결되었다. 이 장에서는 앞서 서술한 탁치논쟁이 공위논쟁, 단정논쟁과 어떻게 연결되는지 요약해서 검토해보고자 한다.

1. 공위논쟁

 1946년 3월 20일 미·소공동위원회가 개최될 시점부터 같은 해 5월 휴회될 시점까지와 1947년 5월 21일 2차공위가 재개되어 같은 해 8월 공위가 정돈된 시점까지 두 시기에 공위논쟁이 전개되었다.
 이 당시의 공위논쟁은 탁치논쟁과 밀접하게 연결되었다. 즉 대체로 반탁진영인 우익은 공위 참가를 대부분 반대했고 탁치 지지진영인 좌익이 공위 참가를 지지했다. 정치세력별로 살펴보면, 박헌영과 조선공산당은 공위에 적극 협조할 것을 결의했으며 여운형과 인민당도 공위에 참가할 것을 결의했다.

그런데 김규식의 경우는 새로운 논리를 제시해 이전의 반탁진영에서 이탈하는 일종의 전향을 한 셈이 되었다. 1946년 3월 20일 공위 개회 직후 이에 대한 협력을 표방했고 4월에는 공위 참가 서명인 5호성명에 서명할 것을 주장하면서 "탁치는 공위에 의해서 임시정부를 수립한 후 해결할 것"이라고 제안했다. 이러한 김규식의 '탁치는 임정 수립 후 해결' 노선은 이전의 4당코뮤니케 노선과 일치하는 것으로 중간파 결집의 전조를 보여주었다.

김구와 임시정부는 초기에는 공위에 참가하지 않고 반탁운동을 지속하다가 1946년 4월 27일 "공위 참가 후 반탁할 수 있다"라는 하지의 성명에 힘입어 공위 참가 서명인 5호성명에 서명했다. 그러나 1947년 1월 11일 공위 재개 움직임의 일환으로 하지의 서한이 공개되면서 '5호성명 서명이 모스크바결정 지지'라고 해석되자 1월 16일 5호성명 서명을 취소하고 반탁운동을 재개했으며 이후 재개된 2차공위도 계속 반대했다. 따라서 공위에 대한 김구의 노선은 기본적으로 공위에 반대하는 것이었다.

이승만은 김구와 거의 비슷한 길을 걸었지만 명백하게 의사표명을 하지 않았고 '공위에 참가할 수도 있다'는 애매한 태도를 시종일관 보였다. 한민당은 1947년 5월 21일 공위 재개 전까지 김구와 동일한 보조를 취하다가 공위가 재개된 후 우익진영이 모두 참가를 반대한 시점에서 '반탁을 위하여 참가한다'는 일관성에서 벗어난 태도를 보였다.

앞서 살펴본 바를 종합하면, 공위논쟁은 좌익과 중도파의 공위참가

노선과 우익의 공위불참노선으로 대립된다. 종전의 반탁진영에서는 김규식 세력이 '공위 참가 후 탁치는 자주적 해결'을 표방하면서 이탈하여 '지지 후 자주적 해결' 진영인 중도파로 연결되었을 뿐 반탁진영은 공위불참노선으로 계승되었으며, 지지진영과 '지지 후 자주적 해결' 진영은 공위참가노선으로 계승되어, 공위논쟁은 탁치논쟁의 거의 복사판이 되었다.

2. 단정논쟁

1946년 5월 공위가 휴회된 이후 각 정치세력들은 별개의 정치운동을 벌이는데, 중간파의 좌우합작운동과 이승만·한민당의 단독정부 수립 운동이 주목할 만하다.

여운형의 '모스크바결정 정신은 지지하되 탁치는 자주적으로 해결'하자는 4당코뮤니케 노선과 김규식의 '탁치는 임정 수립 후 해결'하자는 공위참가노선이 결합되어 추진되었던 좌우합작운동은 1946년 10월 '3상결정에 의하여 임정 수립 후 해결'하자는 합작 7원칙이 합의되면서 중간파의 결집을 초래했다. 그러나 큰 실효를 거두지는 못하고 공위가 다시 휴회되면서 세력 확장은 가망이 없는 상태가 되었다.

한편 이승만의 단정노선은 1946년 6월 정읍발언으로 처음 제기되었다가 거의 모든 세력의 반대에 부딪히자 수그러졌다. 1946년 10월 이후에는 '유엔하 후원제에 의한 단정안'이라는 보다 구체적인 형태로 다시 제기되면서 한민당의 적극적인 지지를 얻었다. 이승만은 이의 실현을 위해 상징적 의미 외에는 특별한 효과가 별로 없었던 도미외교를 단행하는 등 1948년까지 단정안을 계속 추진했다. 이승만에 의한 단정노선의 대두는 당초 큰 지지를 얻지는 못했다. 그렇지만 1947년 가을 미국이 탁치안을 파기하여 단정안이 현실화되자 정국에 큰 파문을 가져왔다. 단정 반대 세력과 단정 지지 세력으로 양분되어 극한적인 대립을 결과했던 것이다. 즉 좌익과 중도파는 모두 이승만의 단정을 반대했고, 우익은 1947년 6월 6일 한독당의 반탁투쟁위원회 탈퇴를 시초로 하여 김구·한독당 계열의 단정 반대파와 이승만·한민당 계열의 단정 추진파로 분열되었다.

1947년 10월 이후 탁치안이 폐기되고 미·소는 별도의 행동을 취하려 했다. 이 과정에서 남·북한의 좌익과 남한의 중도파, 남한의 김구를 중심으로 한 일부 우익의 단정 반대파가 1948년 4월 평양에서 남북협상(소위 전조선제정당사회단체대표자연석회의)을 개최하여 남한의 단정을 반대했고, 이승만과 한민당 세력은 1948년 5월 10일 선거에 참여하여 단독정권의 합법화 과정에 나섰다. 그런데 남북협상에 참여했던 세력들도 6월 29일부터 7월 5일까지 평양에서 열린 제2차 남북제정당사회단체대표자협의회와 이어진 8월 25일 북한 단독선거 참여 문제를 기화로 좌우로 분열되었다. 즉 북한의 좌익과 남한의 좌익·중도좌파가 제1차 남북협상 당시와는 모순되게 북한 단정에 참여했으며 김규식을 중심으로 한 중도우파와 김구를 중심으로 하는 우파는 제1차 남북협상 시 남한 단정에 반대했던 것과 일관되게 북한 단정도 반대해 단독정권에는 일절 참여하지 않았다.

남북단선 참여 문제를 중심으로 결과적으로 단정논쟁을 요약하면 박헌영과 조선공산당은 (북한) 단정에 찬성했고, 김구와 김규식은 단정 반대를 고수했으며, 이승만과 한민당은 (남한) 단정에 찬성했다.

3. 세 가지 정치논쟁에 얽힌 관계: 좌우대립과 중도파

이상에서 살펴본 해방 후 3년사의 세 가지 중요한 정치논쟁은 서로 교묘하고 복잡하게 얽혀 있다. 탁치논쟁은 공위참가논쟁으로 계승되었다가 단정노선으로 전환되어 해소되었다. 탁치논쟁은 해방 후 3년간 이어진 좌우대립의 저변에 자리한 중심 논쟁이었다.

좌우대립이 극심했다고는 하지만 좌우 양익만 있었던 것은 아니다. 각 논쟁이 제기될 때마다 중도파의 제3노선이 비교적 일관되게 표출되었다는 점이 부각될 수 있다. 탁치논쟁이 발생했을 때 인민당이 추진한 4당코뮤니케 노선이 대두되었고 공위논쟁이 일어났을 때 김규식 주도의 '참여 후 자주적 해결' 노선이 대두되었으며 단정이 제기되기 시작했을 때 여운형과 김규식의 결합에 의한 좌우합작운동이 일정한 세를 결집시켰다. 그러나 이들 제3의 길은 좌우 양극화 과정에서 큰 영향력을 행사하지는 못했다.

중도 노선이 큰 영향력을 행사하지 못한 이유는 국내 정치세력의 성향과 결부시켜 다음 두 요인으로 설명할 수 있다. 첫째, 조직과 지지기반 면에서 볼 때 중도파는 그 지지세력이 일부 지식인과 미조직 대중에 한정되어 있었으므로 별다른 조직적 지지기반이 없었다는 점이다. 둘째, 외국세력 특히 남한의 지배세력인 미국과의 관계에서 볼 때 좌우합작이 진행되고 미·소공위가 재개되었을 시점에는 중간파 노선이 미국의 비호하에 큰 영향력을 행사했으나 중간파가 미국이 추진한 단정을 반대했을 시점에는 미국의 지지 철회로 그들의 영향력이 소멸했다. 국내 지지기반과 외세의 지원을 겸비했던 남의 우파와 북의 좌파가 각 지역의 정치투쟁 과정에서 승리할 수 있었던 것이다.

4. 논쟁에서 드러난 각 정치세력의 논리

　탁치논쟁, 공위(참가)논쟁, 단정(찬반)논쟁이라는 3개 논쟁에서 드러난 태도를 3가지 요소로 하여 각 정치 지도자들의 태도를 집약해보면 다음과 같은 설명이 가능하다. 박헌영은 '모스크바결정 지지-공위 지지-북한 단정 지지' 노선이다. 북의 김일성과 김두봉도 동일하다. 여운형은 '모스크바결정 정신은 지지하되 탁치는 자주적 해결-공위 지지' 노선이다(여운형은 단정논쟁이 본격 제기되기 전에 사망했으므로 표에서는 그의 잔당들의 노선을 중심으로 도식화했다). 김규식은 '임시정부 수립 후 탁치는 자주적 해결-공위 지지-남·북한 단정 반대' 노선으로 여운형과 거의 동일하다. 김구는 '반탁-공위 반대-남·북한 단정 반대' 노선이다. 이승만과 한민당은 '반탁-공위 반대-남한 단정 지지' 노선이다.

　'모스크바결정 지지 노선'과 '지지하되 자주적 해결' 노선은 공위를 지지하고, '반탁'노선은 대체로 공위를 반대하므로 공위에 대한 태도는 탁치 문제와 상당한 연관성이 있음을 확인할 수 있다. 즉 탁치를 전면적으로 반대하지 않으면 공위는 지지한다는 것이다. 이에 공위 문제는 탁치에 부속되는 것으로 간주될 수 있다. 따라서 탁치와 단정의 두 가지 요소만 가지고 노선을 단순화할 수 있을 것이다. 극좌의 논리는 '모스크바결정 지지-단정' 논리로, 중도좌파와 중도우파의 논리는 하나로 통합되어 중도파의 '지지하되 자주적 해결-단정 반대' 논리로 단순화된다. 극우는 '반탁-단정'을 표방한 이승만·한민당의 논리와 '반탁-단정 반대'를 표방한 김구의 논리로 분열된다(표 13).

표 12 탁치논쟁, 공위논쟁, 단정논쟁의 전개와 연결

구분			좌익	중간파		우익		비고
			박헌영	여운형 (1947년 7월 암살 이후로는 근로인민당 구성원)	김규식	김구	이승만	
시기별 논쟁	탁치 논쟁	1945.12.28.		반탁(통일)				
		1946.1.2.	지지	지지 후 자주적 해결		반탁		
		1946.1.6.		지지 후 자주적 해결(통일)				
		1946.1.16.	지지	지지 후 자주적 해결		반탁		
	공위 논쟁 1	1946.3.	**공위 참가**			**공위 불참**		반탁 진영의 분열
	남한 단정 논쟁 1	1946.5.	공위 재개 운동	공위재개운동 (좌우합작운동)		반탁	단독정부 수립	
			단독정부 수립 반대					
	공위 논쟁 2	1947.5.	(제2차)공위 참가			(제2차)공위 불참		
	남한 단정 논쟁 2	1948.4.	**남북협상(5·10단독선거 반대)**			5·10 단독 선거 참여		우익 진영의 분열
	북한 단정 논쟁	1948.8.	8·25 북한 단독선거 참여	북한 단독정부 반대		남한 단독 정부 수립		협상파· 중간파의 분열
논리	탁치 논리		지지	지지 후 자주적 해결	참가 후 자주적 해결	반탁		
	공위 논리		공위 지지			공위 반대		
	단정 논리		(북한) 단정 지지		남·북 단정 반대	남한 단정 지지		

※ 볼드 부분은 각 세력들이 분열한 시기를 의미함.

표 13 각 정치세력의 탁치노선

개인	정치단체	정치적 성향	탁치안 발표 이전 탁치 인식 여부	제1기 통일(반탁)			제2기 대립 (반탁↔지지)	제3기 통일 (지지 후 해결)	제4기 I 대립 (반탁↔지지)	제4기 II 대립
				1945.10.23. Vincent(미) 탁치 실시 발언	12.27. 미: 즉시 독립, 소: 탁치 주장	12.28. 탁치안 부각 보도	1946. 1.2. 시점에서 태도	1.7. 4당공동 성명에 대한 태도	1.22. 소련의 모스크바 결정 과정 발표	3.20. 공위 개최 시 태도
소련 점령군										
김일성	조선공산당 북조선 분국 - 북로당	극좌					모스크바 결정 지지		소련 입장 지지	공위 지지, 모스크바 결정 지지
박헌영	조선공산당 - 남로당	극좌	없었음	반탁	논평 사양	공식 태도 표명 보류	모스크바 결정 지지	미온적 태도	소련 입장 지지	공위 지지, 모스크바 결정 지지
김두봉	신민당 - 북로당	중간좌					모스크바 결정 지지		소련 입장 지지	공위 지지, 모스크바 결정 지지
여운형	인민당 - 근민당	중간좌	없었음			즉각적인 태도 표명 보류	모스크바 결정 정신은 지지하되 반탁	지지		공위 지지, 모스크바 결정 지지
김규식	민족자주연맹	중간우	없었음				반탁 (적극적)	반탁		공위에 협력, 탁치는 임정 수립 후 해결
안재홍	국민당		없었음	(신중한) 반탁	반탁	반탁	반탁	반대	반탁운동의 효과로 미·소 책임 전가	반탁
조만식	조선민주당						반탁 (적극적)	반탁		
김구	임시정부 (한국독립당)	극우 (→중간우)	있었음	반탁	반탁	반탁	반탁 (소극적)	반탁	미·소의 신의 의심	반탁
송진우 (김성수)	한국민주당	극우	있었음	반탁	반탁	반탁	반탁 (소극적)	반탁	하여튼 반탁	반탁
이승만	독촉국민회	극우	있었음	반탁			반탁 (소극적)	반탁		반탁
미 점령군				탁치안 폐기 건의		반탁 표명으로 반탁운동 조장				

(공위 참가↔공위 불참)				제5기 I 대립 (공위 재개 추진↔단독정부 수립운동)					제5기 II 대립 (공위 참가↔불참)	
4.18. 5호성명 발표 후 즉각적 반응	4.27. 하지 성명 후 서명 여부	공위 휴회 전 미·소에 대한 지지 입장	공위 휴회 후 정치운동	6.3. 이승만 정읍 발언에 대한 태도	7.10. 좌우합작 구체화 시 태도	10.5. 합작 7원칙에 대한 태도	1947.1.11. 하지 서한 발표 후 태도	1.20. 반탁 결의 후 좌우합작에 대한 태도	5.21. 공위 재개 시점에서의 공위에 대한 태도	6.11. 11호 성명 이후 참가 여부
서명 참가, 모스크바 결정 총체적 지지	서명, 모스크바 결정 총체적 지지	소련 입장 지지 (반탁자 배제)	공위 재개 운동 (북조선 단정 준비)	반대		반대	지지	반대	공위 지지	참가
서명 참가, 모스크바 결정 총체적 지지	서명, 모스크바 결정 총체적 지지	소련 입장 지지 (반탁자 배제)	공위 재개 운동	반대 (단정 수립 음모 분쇄)	참가	반대	지지	반대	공위 지지	참가
서명 참가, 모스크바 결정 총체적 지지	서명, 모스크바 결정 총체적 지지	소련 입장 지지 (반탁자 배제)	공위 재개 운동	반대		반대	지지	반대	공위 지지	참가
서명 참가, 모스크바 결정 수락	서명, 모스크바 결정 수락		좌우합작운동 (공위 재개운동)	반대	참가 (주도)	찬성	지지	지지	공위 지지	참가
서명 참가, 탁치는 임정 수립 후 해결	서명, 탁치는 임정 수립 후 해결	미국 입장 지지 (반탁자 포함)	좌우 합작운동 (공위 재개운동)	(반대)	참가 (주도)	찬성	지지		공위 지지	참가
서명 참가, 참가 후 반탁	서명 참가 후 반탁	미국 입장 지지 (반탁자 포함)			참가	찬성	지지		공위 지지	참가
				(지지)	(지지)		(지지)		공위 지지	참가
5호성명 서명 불가	서명 참가 후 반탁	미국 입장 지지 (반탁자 포함)	임정 법통 내세운 반탁 자주독립운동	반대	지지	(소극적) 찬성	5호성명 취소 반탁 운동 재개	중립 (소극적 지지)	공위 참가 거부	참가 거부
5호성명 서명 불가	서명 참가 후 반탁	미국 입장 지지 (반탁자 포함)	(단독정부 수립운동)	찬성	참가	반대	5성명 취소	반대	공위 참가 거부	(반탁 위하여) 참가
공위 참가 후 반탁 고려	서명 참가 후 반탁	미국 입장 지지 (반탁자 포함)	단독정부 수립운동	찬성	지지	의견 표명 보류		반대	공위 참가 거부	공위 참가 여부 표명 보류

개인	제5기 Ⅲ 대립 (단정↔통일)						
	9.8. 4국외상회의 제안(미) 반응	9.17. 마셜(미) 유엔제의 반응	9.27. 시티코프(소) 양군 철퇴안 반응	1948. 2.16. 가능지역 선거결의(유엔) 반응	4월 남북협상 찬반 여부	5·10 선거 참가 여부	8·25 선거 참가 여부
소련 점령군	반대	반대	찬성	반대	찬성		
김일성	반대	반대	찬성	반대	찬성	불참 (반대)	참가
박헌영	반대	반대	찬성	반대	찬성	불참 (반대)	참가
김두봉	반대	반대	찬성	반대	찬성	불참 (반대)	참가
여운형	사망						참가 (근민당 잔당)
김규식		조건부 (단정 연결 안 된다면) 찬성	반대	반대	찬성	불참	불참
안재홍	찬성	찬성	반대		태도 표명 보류	자신은 민정장관으로서 선거를 관리해야 하므로 불참이나 자기 정파 참가 주장	불참
조만식							불참
김구	찬성	찬성	중립 (미·소 타협 요구)	반대	찬성	불참	불참
송진우 (김성수)	찬성	찬성	반대	찬성	반대	참가	불참
이승만	찬성	찬성	태도 표명 보류 (반대)	찬성	반대	참가	불참
미 점령군	찬성	찬성	반대 (공식 태도 보류)	찬성	방관 (묵시적 반대)		

탁치노선	결론적 평가			추출된 논리
	모스크바 3상결정에 대한 태도	공위에 대한 집착 정도	단정, 통일노선	
탁치에 집착	모스크바결정에 집착	강		
지지	총체적 지지	강	단정	지지-단정
반탁 지지	총체적 지지	강	단정	지지-단정
지지	총체적 지지	강	단정	지지-단정
수락	지지하되 자주적 해결	강		지지하되 자주적 해결
반탁 → 수용	수용	강	단정반대	지지하되 자주적 해결-단정 반대
반탁 → 수용(기술적 반탁)	수용	강	단정을 피동적으로 수용	반탁
반탁	반대			반탁
반탁	반대	약	단정 반대 (선 통일 후 건국)	반탁-단정 반대
반탁	반대	약	단정	반탁-단정
반탁	반대	약	단정 (선 건국 후 통일)	반탁-단정
탁치안에 그다지 집착하지 않음	집착했으나 우익의 반탁 때문에 소극적으로 변함	약		

참고문헌

1. 자료

1) 한국어

『강원도사 9: 광복과 분단』(강원도사편찬위원회, 2013).
경상북도사편찬위원회 편, 『경상북도사』 中(경상북도사편찬위원회, 1983).
계훈모 편, 『한국언론연표 Ⅱ : 1945~1950』(관훈클럽 신영연구기금, 1987).
고당기념사업회 편, 『고당 조만식 회상록』(조광출판인쇄주식회사, 1995).
고하선생전기편찬위원회 편, 『고하송진우선생전』(동아일보사, 1965).
고하선생전기편찬위원회 편, 『독립을 향한 집념: 고하 송진우 전기』(동아일보사, 1990).
고하송진우선생기념사업회 편, 『독립을 향한 집념: 고하 송진우 일대기』(고하송진우선생기념사업회, 2022).
국사편찬위원회, 『(러시아연방국방성중앙문서보관소)소련군정문서, 남조선 정세 보고서, 1946~1947』(국사편찬위원회, 2003).
국사편찬위원회 편, 『북조선관계사료집: 조선노동당자료』 I(국사편찬위원회, 1986).
국사편찬위원회 편집부, 『쉬띄꼬프 일기, 1946~1948』(국사편찬위원회, 2004).
국사편찬위원회 편집부, 『해외사료총서 14: 중국-대만소재 한국사 자료 조사보고 Ⅱ』(국사편찬위원회, 2007).
김구 저, 백범사상연구회 편, 『백범어록』(화다출판사, 1973).
김구, 『내가 걷는 이 길은: 김구 자서전 백범일지』(화다출판사, 1980).
김구, 『백범 김구선생 언론집』 하(나남출판, 2004).
김영호, 「전후식민지 급 약소민족문제」, 『과학전선』 1-2(1946).
김오성, 「조선인민당의 성격」, 『개벽』 8-1(1946).
김오성, 「삼상결정과 미·소공위」, 『신조선』 6월(1947).
金俊燁 外 編, 『北韓硏究資料集』 I(高麗大學校 出版部, 1969).
꿀리꼬바, F. 샤브시나, 「소련의 여류 역사학자가 만난 박헌영」, 『역사비평』 25(1994).
남조선로동당중앙위원회, 『현정세와 우리의 임무』(남조선로동당중앙위원회, 1947).
대검찰청수사국 편, 『좌익사건실록』 제1권(대검찰청수사국, 1965).
대한민국 국회 편, 『제헌국회속기록』 1(대한민국 국회, 1987).

대한민국 국회사무처 편, 『국회속기록』 제1회 제22호, 1948년 7월 1일.
夢陽呂運亨先生全集發刊委員會 編, 『夢陽呂運亨全集』 1·2(한울, 1991·1993).
文峰, 「단정론과 통일론」, 『신태평양』 9(1947).
미 국무성 저, 김국태 역, 『해방 3년과 미국』 1(돌베개, 1984).
『미국무성 한국관계문서』 8(아름출판사, 1995).
民潮社出版部 編, 『新語辭典: 附 全國政治, 經濟, 文化, 其他 二百餘團體內容槪 說』(民潮社, 1946).
민주주의민족전선 편, 『조선해방연보: 조선해방1년사』(문우인서방, 1946).
민주주의민족전선선전부 편, 『민주주의민족전선결성대회의사록』(조선정판사, 1946).
박광 편, 『진통의 기록: 전조선제정당사회단체대표자연석회의문헌집』(평화도서주식회사, 1948).
박병엽 구술, 유영구·정창현 편, 『조선 민주주의 인민 공화국의 탄생: 전 노동당 고위간부가 겪은 건국 비화』 박병엽 증언록 1(선인, 2010a).
박병엽 구술, 유영구·정창현 편, 『김일성과 박헌영 그리고 여운형: 전 노동당 고위간부가 본 비밀회동』 박병엽 증언록 2(선인, 2010b).
朴馹遠, 『南勞黨批判』 上(極東精版社, 1948).
박헌영, 『세계와 조선』(조선인민보사, 1946).
배성룡, 「삼상결정과 탁치문제논구」(1947.2.17.), 『자주독립의 지향』(광문사, 1949).
백범김구선생전집편찬위원회 편, 『백범김구전집 제5권: 대한민국 임시정부 II』(대한매일신보사, 1999).
『북한연구자료집』 제1집(고려대학교 아세아문제연구소, 1969).
서백, 「이박사미주여행기」, 『주보민주주의』 19(1947).
소련과학아카데미 편, 『레닌그라드에서 평양까지』(함성, 1989).
신복룡, 『한국분단사자료집』 3-3(원주문화사, 1991).
심지연, 『송남헌 회고록: 김규식과 함께 한 길, 민족의 자주와 통일을 위하여』(한울, 2000).
야쿠보프스키, F. 저, 윤도현 역, 『이데올로기와 상부구조』(한마당, 1987).
안재홍, 「기로에 선 조선 민족」, 『신천지』 7월(1948).
엄항섭 편, 『김구주석최근언론집』(삼일출판사, 1948).
輿論社出版部 編, 『朝鮮의 將來를 決定하는 各政黨團體解說』(輿論社, 1945).
온낙중 편, 『조선해방의 국제적 경위와 미소공위사업』(현우사, 1947).
『옳은 노선』(산로특집, 1945).
우남실록편찬회·이위태 편, 『우남실록』(열화당, 1976).

雩南李承晩文書編纂委員會 編,『梨花莊 所藏 雩南 李承晩 文書: 東文篇』, 第13卷, 建國期 文書 1(中央日報社·延世大學校 現代韓國學硏究所, 1998).
이강국 저, 정진태 편,『민주주의 조선의 건설』(조선인민보사 후생부, 1946).
이강국,「파씨슴과 탁치문제」,『인민과학』1-1(1946).
이강국,「삼상회의결정을 엇지하야 지지하는가!」,『신천지』1-7(1946).
이관구 외,「신탁통치를 중심으로 한 정담회」,『우리공론』3월(1946).
이만규,『몽양여운형투쟁사』(민주문화사, 1946).
李承晩 저, 朴마리아 역,『日本內幕記』(自由黨 宣傳部, 1954).
이여성,「삼상회의 意圖는 감사」(1946.1.7.), 조선인민당 편,『인민당의 노선』(신문화연구소 출판부, 1946).
이정박헌영전집편집위원회 편,『이정 박헌영 전집』2, 5, 8(역사비평사, 2004).
이철승,『전국학련』(중앙일보사, 1976).
인민평론사 편역,『세계의 눈에 비친 해방조선의 진상』(인민평론사, 1946).
임병직,『임정에서 인도까지: 임병직 외교회고록』(여원사, 1966).
임시정부수립대책협의회 편,『임정수립대강』(임시정부수립대책협의회, 1947).
전현수 편역,『북한 주재 소련민정장관 레베제프 일기, 1945~1948』(나모커뮤니케이션, 2007).
정시우 편,『독립과 좌우합작』(삼의사, 1946).
政治工作隊中央本部,「行政硏究委員會簡則」, 중앙일보 현대사연구소 편,『미군 CIC정보보고서: RG 319 Office of the Chief of Military History』1(중앙일보 현대사연구소, 1996).
정태식,「민주주의 발전에 있어서의 莫斯科 삼상회담의 의의」,『개벽』8-2(1946).
정희영,「박헌영 동지에게 서한」(1946.1.25.), 한림대학교 아시아문화연구소 편,『朝鮮共産黨文件資料集(1945~46)』(翰林大學校 出版部, 1993).
조선통신사 편,『조선년감』1947년판(조선통신사, 1946).
조병옥,『나의 회고록』(민교사, 1959).
조선공산당 중앙위원회,「현정세와 우리의 임무」, 김남식,『남로당연구』(돌베개, 1984).
조선인민당 편,『인민당의 노선』(신문화연구소 출판부, 1946).
조선일보 사사편찬실 편,『조선일보 역사: 단숨에 읽기 1920~』(조선일보사, 2004).
조선청년총동맹,「신탁통치철폐는 진정한 민족통일전선으로」, 심지연 편,『해방정국논쟁사』I(한울, 1986).
주동명,『조국의 민주독립과 철병문제』(이상사, 1948).
『주한미군사』1(국사편찬위원회, 2014).

한국민주당 편, 『한국민주당소사』(한국민주당 선전부, 1948).
한림대학교 아시아문화연구소 편, 『朝鮮共産黨文件資料集(1945~46)』(翰林大學校 出版部, 1993).
함상훈, 「좌익측 합작5원칙에 대한 비판」, 『신천지』 1-8(1946).
함상훈, 「중간파에 대한 시비」, 『신천지』 2-9(1947).
함상훈, 『조선독립과 국제관계: 일명 공산당과의 투쟁에 대하야』(생활사, 1948).
『합동통신 30년』(합동통신사, 1975).
호그, C. L. 저, 신복룡·김원덕 역, 『한국분단보고서』(풀빛, 1992).

김일성, 『創立一週年을 맞이하는 北朝鮮勞動黨』(평양: 勞動黨出版社, 1947).
김일성, 『려운형의 자녀들과 한 담화(1991년 11월 16일)』(평양: 조선로동당출판사, 2000).
『김일성선집』 1·2(평양: 조선로동당출판사, 1954).
북조선민주주의민족통일전선중앙위원회서기국 편, 『소미공동위원회에 관한 제반자료집』(평양: 북조선중앙민전서기국, 1947).
『쏘련외무성 발행 쏘베트연맹과 조선문제(문헌집)』(평양: 국제문제연구회, 1949).
吳淇[琪]燮, 『모스크바 삼상회의 조선에 관한 결정과 반동파들의 반대투쟁』(평양: 출판사 불명, 1946).
『전조선정당사회단체대표자연석회의문헌집』(북조선인민위원회선전국, 1948).
태성수 편, 『당의 정치노선 급 당사업총결과 결정: 당문헌집』(一)(평양: 정로출판사, 1946).
『朝鮮中央年鑑』 1949년판(평양: 朝鮮中央通信社, 1949).
韓雪野 編, 『反日鬪士演說集』(평양: 八一五解放一週年記念 中央準備委員會, 1946).
『해방후 4년간의 국내외 중요일지』 증보판(평양: 민주조선사, 1949).
『해방후 조선』(평양: 내무성보안간부학교, 1949).

2) 일본어
外務省 調査部 編, 『孫文主義』上(東京: 外務省 調査部, 1935).
鐸木昌之 外 編, 『資料 北朝鮮研究』 1, 政治·思想(東京: 慶應義塾大學出版會, 1998).
『現行國際聯盟規約』(東京: 外務省, 1921).

3) 영어
G-2, "Weekly Summary," no. 51, September 5, 1946.

"History of the United States Armed Forces in Korea," manuscript of OCMH, 1947·1948, U.S. National Archives.

Hoag, C. Leonard, "American Military Government in Korea: War Policy and the First Year of Occupation, 1941~1946," manuscript, Department of the Army, 1970.

Kennan, George F., "Excerpts from Telegraphic Message from Moscow of February 22, 1946," George Frost Kennan, *Memoirs (1925~1950)* (Boston: Little, Brown, 1967).

"Muccio to Secretary of State, Resume Information on Subject Elections to Supreme Peoples Council," Incoming Telegram, Department of State, September 2, 1948, 501.BB-Korea/9-248, US National Archives.

Rhee, Syngman, *Japan Inside Out: The Challenge of Today* (New York: Fleming H. Revell Company, 1941).

Stalin, Joseph, "Strategy for the Immediate Future," in U.S. House of Representative, Committee on Foreign Affairs, *The Strategy and Tactics of World Communism*, House Document No. 619 (Washington, DC: U.S. House of Representative, 1948).

U.S. Department of State, *Korea's Independence* (Washington, DC: USGPO, 1947).

U.S. Department of State, *Korea: 1945 to 1948* (Washington, DC: USGPO, 1948).

U.S. Department of State, *Foreign Relations of the United States* (Washington, DC: USGPO).

2. 연구

1) 한국어

강규형, 「대한민국의 출생연도는 1948년」, 이주영 편, 『대한민국은 왜 건국을 기념하지 않는가』(뉴데일리, 2011).

姜萬吉, 「좌우합작운동의 경위와 성격」, 『韓國民族運動史論』(한길사, 1985).

강만길, 『고쳐 쓴 한국현대사』(창작과비평사, 1994).

강만길, 『20세기 우리 역사』(창작과비평사, 1999).

강만길 외, 「민족운동사 연구현황과 문제점: 토론」, 『역사문제연구소회보』 창간호(1986).
강만길·심지연, 『항일 독립투쟁과 좌우합작: 우사 김규식, 생애와 사상』 1(한울, 2000).
강운택, 「미제의 식민지 지배와 민중운동」, 『한양』 18(1988).
강원용, 『역사의 언덕에서: 젊은이에게 들려주는 나의 현대사 체험』 1 엑소더스(한길사, 2003).
강인덕, 「북한의 대남전략기구 변천에 관한 고찰」, 『안보연구』 17(1987).
강정인, 「한국정치의 진보와 보수: 남북통합과 역사적 화해를 위한 시론」, 한국정치사상학회 2009년 5월 세미나: 진보와 한국사회: 정치철학적 접근, 2009년 5월 16일.
강준만, 『한국현대사산책』 1940년대 편 2권(인물과사상사, 2004).
강준만, 「연역적 인간과 귀납적 인간: 이승만 vs 김구」, 『사람과 책』 8월호(2007).
고당전·평양지간행회 편, 『고당전』(평남민보사, 1966).
고영민, 『해방정국의 증언: 어느 혁명가의 수기』(사계절, 1987).
고정훈, 「비록 미소공동위원회」, 『월간조선』 9월(1983).
고정휴, 『태평양의 발견 대한민국의 탄생』(국학자료원, 2021).
고준석 저, 유경진 편, 『아리랑고개의 여인: 어느 조선 여성운동가를 회상하며』(한울, 1987).
권영근, 『한반도와 강대국의 국제정치: 미국의 한반도정책을 중심으로(1943~54)』(행복에너지, 2021).
기광서, 「해방 후 북한 반소반공운동의 실상」, 『동북아연구』 34-2(2019).
김광수, 「1946년 7월 스탈린·김일성·박헌영의 모스크바 비밀회동과 소련의 북한 정책 변화」, 『학인』 6(2004).
김광식, 「제3세계 민족주의자로서의 여운형」, 『제3세계연구』 2(1985).
김광운, 『통일독립의 현대사』(지성사, 1995).
김광운, 「김원봉의 1945년 광복 이후 정치 행적과 성격」, 『한국독립운동사연구』 68(2019).
김국후, 『평양의 소련군정』(한울아카데미, 2008).
김기협, 『해방일기 6: 냉전에 파묻힌 조선 해방』(너머북스, 2013).
김남식, 『남로당연구』(돌베개, 1984).
김남식, 「박헌영·남로당의 통일전선」, 『역사비평』 2(1988).
김남식 외 편, 『한국현대사자료총서』 13(돌베개, 1986).
김동민, 「동아일보의 신탁통치 왜곡보도 연구」, 『한국언론정보학보』 52(2010).
김동선, 「美軍政期 『서울신문』의 政治性向 硏究」, 숭실대학교 박사학위논문(2013).

김동선, 『미군정기 서울신문의 정치성향 연구』(선인, 2014).
김명구, 『한국 기독교사』 1(예영커뮤니케이션, 2018).
김명구, 『한국 기독교사』 2(연세대학교 출판부, 2020).
김병기, 「새로 찾은 자료 소개: 삼천만 동포에게 敬告함」, 『백범회보』 34(2012).
김선, 「1, 2대 국회의원 입후보」, 한국정신문화연구원 한민족문화연구소, 『내가 겪은 해방과 분단』(선인, 2001).
김성진, 「미국의 한국신탁통치 구상과정」, 고려대학교 석사학위논문(1987).
김영일, 『격동기의 인천: 광복에서 휴전까지』(동아사, 1986).
김용호, 「대한민국 정부수립과정에서 이승만의 역할에 대한 재평가」, 『한국정치연구』 20-2(2011).
김우전·신용하, 「백범 김구의 환국 후 정책과 활동 학술회의에서의 논평」, 2008년 10월 9일.
김우창, 「정치논의의 공동체적 기반: 중용적 사유 속의 갈등」, 최상용 외, 『민족주의, 평화, 중용』(까치, 2007).
金元德, 「呂運亨의 民族統一 戰線運動 硏究」, 건국대학교 박사학위논문(1996).
김익한, 「분단 전후의 민족 계급 문제」, 서울대 총학생회 학술부 편, 『변혁과 전망』(여명, 1988).
김인식, 『대한민국 정부수립』(대한민국 역사박물관, 2014).
김일영, 『건국과 부국: 현대한국정치사 강의』(생각의나무, 2004).
김재용, 「대중들의 눈에 비친 북한 지역의 해방: 자서전과 이력서를 중심으로」, 『한국민족운동사연구』 98(2019).
김점곤, 『한국전쟁과 노동당전략』(박영사, 1973).
김정기, 『국회 프락치사건의 증언』(한울, 2021).
김정배, 「1919년과 1948년의 시대정신」, 『한국정치외교사논총』 41-2(2020).
Kim, Joungwon Alexander 저, 金桂洙 역, 『韓國政治發展論』(一潮閣, 1976).
김정원, 『분단한국사』(동녘, 1985).
김종규, 『한국근현대사의 이데올로기』(논장, 1987).
김준연, 「반탁투쟁총람」, 『재건』 1-2(1947).
김준연, 『독립노선』(시사시보사출판국, 1959).
김진경, 「『동아일보』 신탁통치 보도 전말: 왜곡은 없었다」, 『관훈저널』 158(2021).
金昌順, 『北韓十五年史』(知文閣, 1961).
김창진, 「8·15 직후 광주지방에서의 정치투쟁」, 『역사비평』 1(1987).
김천영 편, 『연표 한국현대사』(한울림, 1984).

김태서,「김일성선집 수정내용분석」(국토통일원 조사연구실, 1979).
김택곤,『미국 비밀문서로 읽는 한국 현대사 1945~1950: 우리가 몰랐던 해방·미군정·정부 수립·한국전쟁의 기록』(맥스미디어, 2021).
김학준,「서평:「해방후 조선」(1949)」,『사회과학과 정책연구』 7-4(1985).
김학준,『이동화평전』(민음사, 1987).
김학준,『고하 송진우 평전』(동아일보사, 1990).
김학준,『북한의 역사』 1·2(서울대학교 출판부, 2008).
김학준,『남북한문전』 8·9(단국대학교 출판부, 2021).
김학준 편,『혁명가들의 항일회상』(민음사, 1988).
김형찬,「미소대립과 조선문제」,『개벽』 76(1948).
김호일,「8·15해방의 역사적 의의」,『한국민족운동사연구』 23(1999).
남광규,「해방 초기 중간파 약화와 좌·우대결의 격화(1945.8~1946.2)」, 고려대학교 박사학위논문(2002).
남광규 외,「해방 전후 중간파 민족주의의 성격」,『한국정치외교사논총』 29-1(2007).
都珍淳,「1945~48年 右翼의 動向과 民族統一政府 樹立 運動」, 서울대학교 박사학위논문(1993).
도진순,『한국민족주의와 남북관계: 이승만·김구 시대의 정치사』(서울대학교 출판부, 1997).
東洋通信社史編纂委員會 編,『東洋通信社史』(東洋通信社, 1982).
란코프, 안드레이,「토론: 도진순 교수의 김구의 민족통일론과 두 가지 삶」, 대한민국 건국60년 기념 국제학술회의: 민주공화국의 탄생, 건국60년기념사업추진위원회 주최, 국립박물관, 2008년 7월 23일.
란코프, 안드레이 편, 전현수 역,『소련공산당과 북한 문제: 소련 공산당 정치국 결정서(1945~1952)』(경북대학교 출판부, 2014).
로버츠, J. M.·O. A. 베스타 저, 노경덕 외 역,『세계사』 Ⅱ(까치글방, 2015).
로빈슨, 리차드 D. 저, 정미옥 역,『미국의 배반: 미군정과 남조선』(과학과사상, 1988).
마르크스, 칼 저, 김호균 역,『정치경제학 비판을 위하여』(중원문화, 1988).
마르크스, 칼·프리드리히 엥겔스 저, 김대웅 역,『독일 이데올로기』(두레, 1989).
만하임, 카를 저, 임석진 역,『이데올로기와 유토피아』(지학사, 1975).
맑스, 칼·프리드리히 엥겔스 저, 최인호 외 역,『저작선집』 2(박종철출판사, 1992).
매트레이, 제임스 I.,「미국은 왜 한국에서 극우세력을 지지했는가」,『계간 사상』 봄호(1990).

맥렐런, 데이비드 저, 구승회 역, 『이데올로기』(이후, 2002).
미드, 그란트 저, 안종철 역, 『주한미군정연구』(공동체, 1993).
梶村秀樹, 「해방3년사」, 김동춘 편, 『한국현대사연구』 I(이성과현실사, 1988).
朴甲東, 『朴憲永』(인간사, 1983).
朴光武, 「解放政局의 中間派政治勢力에 관한 硏究」, 중앙대학교 박사학위논문(1995).
박명림, 「대한민국 건국과 한국 민족주의」, 『한국정치외교사논총』 31-1(2009).
박명수, 「해방 직후 우익 민족주의자들의 38선 철폐운동과 한반도 분단에 대한 좌익의 입장」, 『한국정치외교사논총』 41-1(2019).
박명수, 「한반도의 분단과 모스크바 외상회의」, 『한국정치외교사논총』 42-1(2020).
박상희, 「제헌국회기 '성인회'의 결성과 활동」, 『石堂論叢』 72(2018).
朴成壽, 「총설」, 金昌順·朴成壽 共編, 『韓國獨立戰爭史』(三光出版社, 1989).
박세길, 『다시 쓰는 한국현대사』(돌베개, 1988).
朴永錫, 「8·15解放의 歷史的 背景」, 國史編纂委員會 編, 『大韓民國史』(探求堂, 1988).
朴鍾晟, 『朴憲永論: 한 조선혁명가의 좌절과 꿈』(인간사랑, 1992).
박진목, 『내 조국 내 산하』(창진사, 1976).
박태균, 「미국과 소련의 대한정책과 미군정」, 한국역사연구회 현대사연구반 편, 『한국현대사』 I(풀빛, 1991).
박태균, 「우익세력의 재편과 민족주의 세력의 약화」, 한국역사연구회 현대사연구반 편, 『한국현대사』 I(풀빛, 1991).
박태균, 「현대사를 베고 쓰러진 거인들: 해방정국과 4인의 요인 암살, 배경과 진상」(지성사, 1994).
박태균, 『우방과 제국, 한미관계의 두 신화 8·15에서 5·18까지』(창비, 2006).
박태균, 「정병준의 해방 후 백범 김구의 건국노선과 평화통일 활동에 대한 논평」, 백범김구선생기념사업협회·백범기념관·백범학술원 학술회의: 백범 김구 선생의 환국 후 정책과 활동, 백범기념관 대회의실, 2008년 10월 9일.
박태균, 「마지막이 아니라 첫 번째 시도이다: 버취문서를 통해 본 김규식」, 남북협상 70주년 기념 학술회의: 1948년 남북협상과 한반도의 미래, 대한민국임시정부기념사업회·우사김규식연구회 주최, 2018년 4월 17일.
박효종, 「국정철학으로서의 중도실용」, 정정길 외, 『전문가들이 본 이명박 정부의 국정철학: 중도실용을 말하다』(랜덤하우스, 2010).
박흥순, 「유엔을 통해서 본 해방정국」, 『현대사광장』 4(2014).
방선주, 「미국 제24군 G-2 군사실 자료 해제」, 『아시아문화』 3(1987).

방선주 외, 『한국현대사와 미군정』(한림대학교 아시아문화연구소, 1991).
백운선, 「제헌국회내 소장파에 관한 연구」, 서울대학교 박사학위논문(1992).
백학순, 「서재필과 대한민국 건국」, 대한민국 정부수립과 그 지도자들: 한국동양정치사상사학회 주최 건국60주년 기념 학술대회, 2008년 11월 26일.
백학순, 「서재필과 해방정국: 활동 및 평가」, 서재필기념회 편, 『서재필과 그의 시대』(서재필기념회, 2003).
베스타, 오드 아르네 저, 옥창준 역, 『냉전의 지구사: 미국과 소련 그리고 제3세계』(에코리브르, 2020).
사회과학원 역사연구소, 『현대조선역사』(1983년판)(일송정, 1988).
서규환, 「마르크스 독해에 대한 비판적 독해: 알튀세르의 마르크스 독해에 대하여」, 『현대비평과이론』19(한신문화사, 2000).
서울대학교 인문대학 한국현대사연구회 편, 『해방정국과 민족통일전선』(世界, 1987).
徐仲錫, 「반탁투쟁과 자주적 통일민주국가 건설의 좌절」, 李泳禧先生華甲記念文集編輯委員會 編, 『李泳禧先生華甲記念文集』(두레, 1989).
徐仲錫, 「解放後 左右合作에 의한 民族國家建設運動 硏究」, 서울대학교 박사학위논문(1990).
서중석, 『한국현대민족운동연구: 해방후 민족국가 건설운동과 통일전선』(역사비평사, 1991).
서중석, 「좌우합작운동과 미군정」, 방선주 외, 『한국현대사와 미군정』(한림대학교 출판부, 1991).
서중석, 『남·북 협상: 김규식의 길, 김구의 길』(한울, 2000).
서중석, 『배반당한 한국민족주의』(성균관대학교 출판부, 2004).
서중석, 「중간파인가, 중도파인가, 합작파인가?」, 역사비평편집위원회, 『역사용어 바로쓰기』(역사비평사, 2006).
손석춘, 「찬탁·반탁의 소용돌이와 언론의 역할」, 『박헌영 트라우마 그의 아들 원경과 나눈 치유 이야기』(철수와영희, 2013).
송건호, 「탁치안의 제의와 찬반탁 논쟁」, 변형윤 외, 『분단시대와 한국사회』(까치, 1985).
송광성, 『미군점령4년사』(한울, 1993).
송남헌, 『해방30년사』1(성문각, 1975).
송남헌, 『한국현대정치사』I(성문각, 1978).
송남헌, 『해방3년사』1·2(까치, 1985).

송남헌 외, 『몸으로 쓴 통일독립운동사, 우사 김규식: 생애와 사상』 3(한울, 2000).
송상현, 『회고록: 고독한 도전, 정의의 길을 열다』(나남, 2020).
신복룡, 「한국 신탁통치의 연구」, 『한국정치학회보』 27-2(1993).
신복룡, 『한국분단사연구, 1943~1953』(한울, 2001).
신복룡, 「서평: 도진순(탈초·교감), 정본(定本) 『백범일지』(돌베개, 2016, 463쪽)」, 『한국정치외교사논총』 40-2(2019).
신용중, 「미·소의 대한반도정책, 1943~48」, 한양대학교 박사학위논문(1987).
신용하, 「대한민국 건국과 백범 김구 선생」, 『백범회보』 19(2008).
신용하, 「백범 김구 선생과 대한민국의 건국」, 백범김구선생기념사업협회·백범기념관·백범학술원 학술회의: 백범 김구 선생의 환국 후 정책과 활동, 백범기념관 대회의실, 2008년 10월 9일.
신용하, 「백범 김구의 환국 후 정책과 활동 학술회의에서의 논평」, 2008년 10월 9일.
신용하, 「백범 김구 선생과 대한민국 건국 활동」, 『백범과 민족운동연구』 7(2009).
신용하, 「백범 김구 선생의 독립운동과 대한민국」, 아시아 민족독립운동과 건국지도자: 백범 김구 선생 서거 60주기 추모 국제학술회의, 백범김구기념관 대회의실, 2009년 10월 9일.
신용하, 「백범 김구 선생의 독립운동과 대한민국」, 『백범과 민족운동연구』 8(2010).
심지연, 『한국민주당 연구』 I(풀빛, 1982).
심지연, 「신탁통치 문제와 해방정국: 반탁과 찬탁의 논리를 중심으로」, 『한국정치학회보』 19(1985).
심지연, 『해방정국 논쟁사』 I(한울, 1986).
심지연, 「반탁에서 찬탁으로: 남한 좌익진영의 탁치관 변화에 관한 연구」, 『한국정치학회보』 22-2(1988).
심지연, 『미·소공동위원회 연구』(청계연구소, 1989).
심지연, 「이완범의 백범 김구의 신탁통치 반대 운동에 대한 논평」, 백범김구선생기념사업협회·백범기념관·백범학술원 학술회의: 백범 김구 선생의 환국 후 정책과 활동, 백범기념관 대회의실, 2008년 10월 9일(2008).
안김정애, 「좌우합작운동과 남조선과도입법의원」, 정병준 외, 『한국현대사 1: 해방과 분단, 그리고 전쟁』(푸른역사, 2018).
안도경, 「1949 국회프락치사건의 재조명」, 『한국정치학회보』 55-5·6(2021).
안병영, 「세계사 속의 통일접근사례: 오스트리아의 예」, 『국제정치논총』 27-1(1987).
安貞愛, 「左右合作運動에 관한 연구: 1946~47년간의 전개과정과 실패원인 분석을 中心으로」, 이화여자대학교 석사학위논문(1985).

안정애, 「左右合作運動의 전개과정」, 최장집 편, 『한국현대사 I 1945~1950』(열음사, 1985).
안정애, 「이완범의 '좌·우합작의 실패: 통일운동인가 좌·우배척 위한 분열책동인가?'에 대한 토론문」, 한국정치학회 연례학술회의 발표회장, 2006년 12월 9일.
안준섭, 「임시정부하의 후기좌우합작에 관한 일고찰」, 서울대학교 석사학위논문(1984).
안진, 『미군정기 억압기구 연구』(새길, 1996).
알튀세르, 루이 저, 이진수 역, 『레닌과 철학』(백의, 1991).
양동안, 『대한민국 건국사: 해방3년의 정치사(개정신판)』(현음사, 2001).
양동안, 「1948년 남북협상의 허와 실」, 『대한민국 건국사의 새로운 이해』(일조각, 2006).
양동안, 「이승만과 대한민국 건국」, 『정신문화연구』 31-3(2008).
양동안, 「1948년의 남·북협상에 관한 연구」, 『정신문화연구』 33-2(2010).
양동안, 「대한민국은 언제 건국되었나?」, 이주영 편, 『대한민국은 왜 건국을 기념하지 않는가』(뉴데일리, 2011).
양준석, 「1948년 유엔한국임시위원단의 활동과 5·10총선에 대한 미국정부와 한국인들의 인식」, 『한국정치외교사논총』 40-1(2018).
양호민 외 편, 『민족통일론의 전개』(형성사, 1982).
여연구, 『나의 아버지 여운형』(김영사, 2001).
여운홍, 『몽양여운형』(청하각, 1967).
역사비평편집위원회, 『역사용어 바로쓰기』(역사비평사, 2006).
오누마 히사오(大沼久夫), 「한국의 해방·분단과 국내세력: 신탁통치 문제를 중심으로」, 김동춘 편역, 『한국현대사연구』 I(이성과현실사, 1988).
오대록, 「해방 후 대한민국임시정부 연구」 단국대학교 박사학위논문(2014).
오소백 편, 『해방십년: 희망별책』(희망사, 1955).
오영진, 『하나의 증언』(중앙문화사, 1952).
온낙중 편, 『조선해방의 국제적 경위와 미소공위사업』(현우사, 1947).
올리버, 로버트 T. 저, 박일영 역, 『이승만비록』(한국문화출판사, 1982).
와다 하루끼, 「소련의 대북한정책, 1945~1946」, 『분단전후의 현대사』(일월서각, 1983).
와다 하루끼 저, 남기정 역, 『와다 하루끼의 북한 현대사』(창비, 2014).
柳根一, 『理性의 韓國人 金奎植』(東亞文化社, 1981).
윤대식, 『건국을 위한 변명: 안재홍, 전통과 근대 그리고 민족과 이념의 경계인』(신서원, 2018).

윤덕영, 「초기 한국민주당 내 사회민주주의자들의 동향과 진보적 사회경제정책의 배경」, 『한국학연구』 61(2021).
윤민재, 「한국의 현대 국가형성과정에서 중도파의 위상에 관한 연구: 1945~1950」, 서울대학교 박사학위논문(1999).
윤민재, 『중도파의 민족주의운동과 분단국가』(서울대학교 출판부, 2004).
윤치영, 「반탁운동」, 조선일보사출판국 편, 『전환기의 내막』(조선일보사, 1982).
李剛秀, 「三相會議決定案에 대한 左派3黨의 대응」, 『한국근현대사연구』 3(1995).
이강수, 「화해와 협력 시대, 해공 신익희 사상의 의미」, 2020 학술세미나: 통일의 길, 해공과 성곡에게 듣는다, 국민대학교 한반도미래연구원 주최, 2020년 9월 22일.
이경래, 「미국의 對 한국 국제신탁통치안 연구: 그 구상과 폐기에서 '미국의 요구와 갈등'을 중심으로」, 중앙대학교 석사학위논문(1993).
이기명, 「5·10 선거의 전개과정과 국내정치세력의 대응」, 연세대학교 석사학위논문(1990).
이기하, 『한국정당발달사』(의회정치사, 1961).
이내영 편, 『한국경제의 관점』(백산서당, 1987).
이동현, 『한국신탁통치연구』(평민사, 1990).
이문창, 「1947년 대한민국임시정부 봉대운동 회상」, 『백범회보』 30(2011).
이성구, 「한반도 분단의 대내적 원인에 관한 연구」, 『東西文化硏究』 9(2001).
이승렬, 『근대 시민의 형성과 대한민국』(그물, 2021).
이승휘, 「손문의 혁명방략」, 『중국근현대사연구』 55(2012).
이신철, 「북한에서 보는 남북협상과 남북관계 개선전망」, 남북협상 70주년 기념 학술회의: 1948년 남북협상과 한반도의 미래, 대한민국임시정부기념사업회·우사김규식연구회 주최, 2018년 4월 17일.
이영훈, 『대한민국이야기』(기파랑, 2007).
이완범, 「한반도 신탁통치안과 국내정치(1943~1948)」, 연세대학교 석사학위논문(1985).
이완범, 「해방직후 민족통일운동에 관한 일연구: 임정·인공간 합작 노력과 4당행동통일회의를 중심으로, 1945.12.31.~1946.1.16.」, 『원우론집』 15-1(1987).
이완범, 「한반도 신탁통치 문제, 1943~1946」, 강만길 외, 『해방전후사의 인식』 3(한길사, 1987).
이완범, 「분단시대 한국사회의 인식: 분단의 원인과 고정화 과정을 중심으로, 1940~1953」, 『개신』 28(1988).
이완범, 「신탁통치안과 탁치논쟁의 재론」, 『민족지성』 1월(1988).

이완범, 「해방3년사의 쟁점」, 박명림 외, 『해방전후사의 인식』 6(한길사, 1989).
이완범, 「조선공산당의 탁치노선 전환 이유: '소련지령설'의 비판적 보완, 1945~1946」, 『정신문화연구』 28-2(2005).
이완범, 「트루먼과 동북아 냉전: 미국의 원폭실험 성공에 따른 소련의 대일전 참전 배제 구상, 1945년 4월~1945년 8월」, 『미국사연구』 21(2005).
이완범, 「해방직후 국내정치세력과 미국의 관계, 1945~1948」, 김일영 외, 『해방전후사의 재인식』 2(책세상, 2006).
이원설, 『미국과 한반도 분단』(한남대학교 출판부, 1989).
이인호, 「논평」, 광복과 대한민국: 해위학술연구원, 한국정치외교사학회 공동주최 학술회의, 배재학당 역사박물관 3층 세미나실, 2015년 4월 23일.
이재화, 『한국근현대민족해방투쟁사: 항일무장투쟁사』(백산서당, 1988).
이정식, 『김규식의 생애』(신구문화사, 1974).
이정식, 「1948년의 남북협상」, 양호민 외 편, 『민족통일론의 전개』(형성사, 1982).
이정식, 「여운형·김규식의 좌우합작」, 동아일보사 편, 『현대사를 어떻게 볼 것인가』 I(동아일보사, 1988).
이정식, 「이승만의 단독정부론 제기와 그 전개」, 『한국사 시민강좌 38: 대한민국 건국사의 새로운 이해』(일조각, 2006).
이정식, 『대한민국의 기원』(일조각, 2006).
이정식, 『여운형: 시대와 사상을 초월한 융화주의자』(서울대학교 출판부, 2008).
이정식, 「해방 3년사 연구의 새로운 방향」, 이철순 편, 『남북한 정부수립 과정 비교, 1945~1948』(인간사랑, 2010).
이정식 저, 허동현 편, 『21세기에 다시 보는 해방후사』(경희대학교 출판문화원, 2012).
이정훈, 「남북협상 수행 비서진의 반박: 김일성의 김구 왜곡―날조」, 『월간조선』 7월(1991).
이종률, 『민족혁명론』(도서출판들샘, 1989).
이준영, 「해방 후 우익 학생운동 연구」, 『역사연구』 17(2019).
이철승·박갑동, 『건국 50년! 대한민국 이렇게 세웠다』(계명사, 1998).
이택선, 『취약국가 대한민국의 탄생: 국가건설의 시대 1945~1950』(미지북스, 2020).
李昊宰, 『韓國外交政策의 理想과 現實』(法文社, 1969).
이호재, 『한국외교정책의 이상과 현실: 해방8년 민족갈등기의 반성』 제5판(법문사, 1986).
이호재, 「한국분단연구의 특징과 문제점: 분단원인의 제가설분석을 중심으로」, 미 간행발표논문, 한국국제정치학회 재미학자초청 통일문제학술회의, 1987년

8월 20일.

이호재, 『새로운 한민족 외교』(나남, 1987).

이호재, 「모스크바 3상회의와 신탁통치안」, 신동아편집실 편, 『현대한국을 뒤흔든 60대 사건』(동아일보사, 1988).

이흥환, 『대통령의 욕조: 국가는 무엇을 어떻게 기록해야 하는가』(삼인, 2015).

임대식, 「일제시기·해방후 나라이름에 반영된 좌·우갈등: 우 '대한'·좌 '조선'과 남 '대한'·북 '조선'의 대립과 통일」, 『역사비평』 21(1993).

임성욱, 『조선정판사 '위조지폐' 사건 연구』(신서원, 2019).

임헌영, 「해방직후 지식인의 민족현실인식」, 강만길 외, 『해방전후사의 인식』(한길사, 1985).

전병철, 「해방 직후 朝鮮人民共和國의 國 문제: 대중 활동과 國 의지를 중심으로」, 『역사와 담론』 68(2013).

전상인, 「한국의 국가, 그 생성과 역사적 추이」, 『사회비평』 5(1991).

전상인, 「광복과 대한민국 건국과정」, 〈교과서포럼〉 창립기념 심포지엄 발제논문: 고등학교 『한국 근·현대사』 교과서, 이대로 좋은가?, 2005년 1월 25일.

田鉉秀, 「蘇聯의 美蘇共委 대책과 韓國臨時政府 수립 구상」, 『韓國 近現代의 民族問題와 新國家建設』(지식산업사, 1997).

정근식, 「남한지역의 사회·경제와 미군정」, 한국정신문화연구원 현대사연구소 편, 『한국현대사의 재인식 1: 해방정국과 미소군정』(오름, 1998).

鄭秉峻, 「1946~1947년 左右合作運動의 전개과정과 성격변화」, 서울대학교 석사학위논문(1992).

鄭秉峻, 「1946~1947년 左右合作運動의 전개과정과 성격변화」, 『韓國史論』 29(1993).

정병준, 『몽양여운형평전: 머리가 희일수록 혁명 더욱 붉어졌다』(한울, 1995).

정병준, 「여운형의 좌우합작·남북연합과 김일성」, 『역사비평』 38(1997).

정병준, 『우남 이승만 연구』(역사비평사, 2005).

정병준, 「태평양전쟁기 이승만」, 『韓國史研究』 137(2007).

정병준, 「박태균의 논평에 대한 반박」, 2008년 10월 9일(2008).

정병준, 「해방 후 백범 김구의 건국노선과 평화통일 활동」, 백범김구선생기념사업협회·백범기념관·백범학술원 학술회의: 백범 김구 선생이 환국 후 정책과 활동, 백범기념관 대회의실, 2008년 10월 9일.

정병준, 『1945년 해방 직후사: 현대 한국의 원형』(돌베개, 2023).

정상천, 『파리의 독립운동가 서영해』(산지니, 2019).

정영국, 「정치사회의 유동성과 제헌국회 선거」, 한국정신문화연구원 현대사연구소 편, 『한국현대사의 재인식 2: 정부수립과 제헌국회』(오름, 1998).

정영진, 『폭풍의 10월』(한길사, 1990).

鄭榮薰, 「光復後의 中道 民族勢力의 政治思想」, 『한국현대사의 주요 쟁점 재조명』(한국정신문화연구원, 1994).

鄭榮薰, 「光復後의 中道派와 統一運動: 左右合作運動과 그 추진세력을 중심으로」, 『광복후의 정치세력: 중도파와 좌파』(한국정신문화연구원, 1995).

정용욱, 「리차드 로빈슨의 한국현대사 이해」, 한국정신문화연구원 편, 『해외학자 한국현대사연구분석 2』(백산서당, 1999).

정용욱, 「1945년 말 1946년 초 신탁통치 파동과 미군정」, 『역사비평』 62(2003).

정용욱, 『미군정 자료 연구』(선인, 2003a).

정용욱, 『존 하지와 미군 점령통치 3년』(중심, 2003b).

정용욱, 『해방 전후 미국의 대한정책』(서울대학교 출판부, 2003c).

정용욱, 「1945~1950년대 국내 정치에 대한 미국의 개입: 1947년 김규식 대통령 옹립계획과 한국전쟁기 이승만 제거계획을 중심으로」, 『현대사연구』 14(2005).

정용욱, 「모호한 출발, 저당 잡힌 미래, 발목 잡힌 역사」, 참여사회연구소 기획, 이병천 외 편, 『다시 대한민국을 묻는다: 역사와 좌표』(한울, 2006).

정용욱, 「한반도의 냉전, 냉전체제, 냉전문화」, 한국학중앙연구원 20세기 한국현대사팀 공동연구 결과발표회 발표논문집, 2021년 4월 24일.

정용욱, 「좌우 합작 운동과 미군정」, 『편지로 읽는 해방과 점령』(민음사, 2021).

鄭容郁 編, 『解放直後 政治 社會史 資料集』 I(다락방, 1994).

정용욱·이길상 편, 『해방전후 미국의 대한정책사자료집』 10(다락방, 1995).

정일준, 「해방직후 분단국가 형성과정에 대한 일고찰」, 『한국사회사연구회 논문집 제13집: 해방직후의 민족문제와 사회운동』(문학과지성사, 1988).

정정길, 「중도실용주의의 이해」, 정정길 외, 『전문가들이 본 이명박 정부의 국정철학: 중도실용을 말하다』(랜덤하우스, 2010).

정창현, 「김구·김규식과 남북연석회의」, 『사상문예운동』 겨울호(1990).

정해구, 「해방직후 대구지방정치의 전개과정」, 『역사비평』 1(1987).

조규하 외, 『남북의 대화』(한얼문고, 1972).

趙成勳, 「民族自主聯盟에 관한 硏究」, 한국학중앙연구원 한국학대학원 석사학위논문(1989).

조순승, 『한국분단사』(형성사, 1982).

중앙일보 특별취재반 편, 『秘錄 조선민주주의인민공화국』(중앙일보사, 1992).

중앙일보 특별취재반 편, 『秘錄 조선민주주의 인민공화국』 상(중앙일보사, 1993a).
중앙일보 특별취재반 편, 『秘錄 조선민주주의인민공화국』 하(중앙일보사, 1993b).
진덕규, 「미군정의 정치사적 인식」, 송건호 외, 『해방전후사의 인식』(한길사, 1979).
진덕규, 「이승만의 단정론과 한민당」, 『신동아』 5월(1987).
차민혁, 「해방기 좌우합작운동에 대한 연구」, 서울대학교 석사학위논문(2001).
차상철, 『해방전후 미국의 한반도 정책』(지식산업사, 1991).
차상철, 「이승만과 하지: 견원의 동반자」, 유영익 편, 『이승만연구』(연세대학교 출판부, 2000).
崔相龍, 『美軍政과 韓國民族主義』(나남, 1988).
최영호, 「한반도 신탁통치 문제의 로컬리티: 해방직후 재일조선인 사회를 중심으로」, 『한국민족운동사연구』 70(2012).
최인범, 「분단으로 이어진 분할점령」, 『민족통일과 민중권력』(신평론, 1989).
최종고, 『대한민국 건국과 한국 여성: 이승만과 메논 그리고 모윤숙』(기파랑, 2012).
추헌수, 「한국임정하 좌우합작에 관한 연구」(국토통일원, 1974).
커밍스, 브루스 저, 김동노 외 역, 『한국현대사』(창작과비평사, 2001).
크랜스턴, 모리스 저, 이재석 역, 『이데올로기의 이해』(민족문화사, 1985).
태수경·허동현 편, 『장면 시대를 기록하다』(샘터, 2014).
톰슨, 데이빗 저, 盧明植 역, 『現代 世界史: 1914~1968』(探求堂, 1976).
플라메나쯔, J. 저, 진덕규 역, 『이데올로기란 무엇인가』(까치, 1982).
하버마스, 위르겐 저, 심연수 역, 『커뮤니케이션과 사회진화』(청하, 1987).
하성수 편, 『남로당사』(세계, 1986).
한국반탁반공학생운동기념사업회 편, 『한국학생건국운동사』(동회, 1986).
한국역사연구회 편, 『한국사강의』(한울, 1989).
한국정신문화연구원 현대사연구소 편, 『격동기 지식인의 세 가지 삶의 모습』(한국정신문화연구원 현대사연구소, 1999).
한상도, 「해방정국기 김원봉의 정치활동: 독립운동가에서 정치가의 길로」, 『한국독립운동사연구』 64(2018).
한시준, 「해공 신익희와 대한민국임시정부」, 『한국근현대사연구』 41(2007).
韓載德, 『金日成을 告發한다』(內外文化社, 1965).
韓載德, 『韓國의 共産主義와 北韓의 歷史』(內外文化社, 1965).
해방3년사연구회, 『해방정국과 조선혁명론』(대야출판사, 1988).
허동현, 「대한민국 승인을 위한 수석대표 장면의 활동」, 『한국민족운동사연구』 61(2009).

허동현, 「대한민국의 건국외교와 유엔(UN)」, 『숭실사학』 30(2013).
허정, 『우남 이승만』(태극출판사, 1970).
헨더슨, 그레고리 저, 박행웅·이종삼 역, 『소용돌이의 한국정치』(한울, 2000).
황병주, 「호주 아카이브 소장 한국관련 자료에 대하여」, 『역사의 창』 49(2019).
황수익, 「제헌 국회의원 선거」, 서울대학교 한국정치연구소 편, 『한국의 현대정치: 1945~1948년』(서울대학교 출판부, 1993).
황수임, 「신탁통치 쟁점이 해방기 음악운동에 미친 영향」, 부산대학교 박사학위논문(2021).
황의서, 「해방 후 좌우합작운동에 관한 연구」, 동국대학교 박사학위논문(1996).
황의서, 「해방 후 좌우합작운동과 미국의 대한정책: 합작운동의 결과적인 실패와 관련하여」, 『한국정치학회보』 30-3(1996).
황의서, 「해방후 좌우합작운동과 미국」, 2002년도 한국국제정치학회 연례학술회의 발표논문, 2002년 12월 14일.
황의서, 「좌우합작의 실패와 성공: 한국과 오스트리아의 사례」, 『國民倫理硏究』 59(2005).

정리근, 『력사적인 4월남북련석회의』(평양: 과학백과사전종합출판사, 1988).

2) 일본어

高峻石, 『朝鮮 1945~1950 革命史への證言』(東京: 三一書房, 1972).
高峻石, 『アリラン峠の女: 朝鮮女性革命家への回想』(東京: 田畑書店, 1974).
高峻石, 『南朝鮮勞働黨史』(東京: 勁草書房, 1978).
金南植, 「南朝鮮勞働黨の統一政策と戰略·戰術」, 金南植·櫻井浩 著, 『南北朝鮮勞働黨の統一政府樹立鬪爭』(東京: アジア經濟硏究所, 1988).
大沼久夫, 「朝鮮の解放·分斷と國內勢力: 信託統治問題を中心としこ」, 『朝鮮史硏究會論文集』第21輯 (1984).
下斗米伸夫, 『アジア冷戰史』(東京: 中央公論社, 2004).
Conde, David W. 著, 岡倉古志郎 監譯, 『解放朝鮮の歷史』(東京: 太平出版社, 1967).

3) 영어

Althusser, Louis, *Lenin and Philosophy* (New York: Monthly Review Press, 1971).
Baradat, Leon P., *Political Ideologies: Their Origins and Impact*

(Englewood Cliffs, NJ: Prentice-Hall, 1979).

Byrnes, James F., *Speaking Frankly* (New York: Harper&Brothers, 1947).

Cho, Soon Sung, *Korea in World Politics, 1945~1950: An Evaluation of American Responsibility* (Berkeley, California: University of California Press, 1967).

Cranston, Maurice, ed., *Ideology and Politics* (Brussel and Florence: European University Institute, 1980).

Cumings, Bruce G., *The Origins of the Korean War: Liberation and the Emergence of Separate Regimes, 1945~1947*, vol. 1 (Princeton N.J.: Princeton University Press, 1981).

Gaddis, John Lewis, *The United States and the Origins of the Cold War, 1941~1947* (New York: Columbia University Press, 1972).

Gaddis, John Lewis, "Korea in American Politics, Strategy, and Diplomacy, 1945~1950," Yonosuke Nagai and Akira Iriye, eds., *The Origins of the Cold War in Asia* (New York: Columbia University Press, 1977).

Gaddis, John Lewis, *We Now Know: Rethinking Cold War History* (Oxford: Clarendon Press, 1997).

Goodrich, Leland M., *Korea: A Study of U.S. Policy in the United Nations* (Westport, CT: Greenwood Press, 1956).

Gordenker, Leon, *The United Nations and the Peaceful Unification of Korea* (The Hague: Martinus Nijhoff, 1959).

Gramsci, Antonio edited & translated by Quintin Hoare and Geoffrey Nowell Smith, *Selections from the Prison Notebooks* (New York: International Publishers, 1971).

Green, A., *The Epic of Korea* (Washington, D.C.: Public Affairs Press, 1950).

Henderson, Gregory, *Korea: The Politics of the Vortex* (Cambridge, MA: Harvard University Press, 1968).

Jeon, Hyun-Soo, "The Soviet Blueprint for the Postwar Korean Provisional Government: A Case Study of the Politburo's Decisions," *Asian Perspective*, vol. 39, no. 4 (2015).

Kennan, George F., *Memoirs, 1950~1963*, vol. Ⅱ (Boston: Little, Brown and Company, 1972).

Kim, Joungwon Alexander, *Divided Korea: The Politics of Development, 1945~1972* (Cambridge, Mass.: Harvard University Press, 1976).

LaFeber, Walter, *America, Russia, and the Cold War, 1945~1966* (New York: John Wiley&Sons, 1967).

Lankov, Andrei, *From Stalin to Kim Il Sung: The Formation of North Korea, 1943~1960* (New Brunswick, NJ: Rutgers University Press, 2002).

Lankov, Andrei, "The Soviet Politburo Decisions and Emergence of the North Korean State, 1946~1948," A Paper presented at The 7th International Conference on Korean Politics: From Division Toward Peaceful Unification, organized by The Korean Political Science Association, Seoul, Thursday, July 14, 2005a.

Lankov, Andrei, "Soviet Politburo Decisions and the Emergence of the North *Korean State*, 1946~1948," *Korea Observer*, vol. 36, no. 3 (2005b).

Lankov, Andrei, "Soviet Politburo Decisions and the Emergence of the North Korean State, 1946~1948," Byung-Kie Yang, ed., *Korean Peninsula: From Division toward Peaceful Unification* (The Korean Political Science Association, 2005c).

Lee, Won Sul, "The Impact of the United States Occupation Policy on the Socio-Political Structure of South Korea," Ph.D. dissertation, Western Reserve University (1961).

Lee, Won Sul, *"The United States and the Division of Korea, 1945* (Seoul: KyungHee University Press, 1982).

Lundestad, Geir, *The American 'Empire': And Other Studies of US Foreign Policy in a Comparative Perspective* (Oxford: Oxford University Press, 1991).

Mannheim, Karl, translated by Louis Wirth and Edward Shils, *Ideology and Utopia, An Introduction to the Sociology of Knowledge* (New York: Harcourt, Brace and Company, 1936).

Mannheim, Karl, translated by Louis Wirth and Edward Shils, edited by Bryan S. Turner, *Ideology and Utopia, An Introduction to the Sociology of Knowledge* (London: Routledge, 1991).

Matray, James Irving, *The Reluctant Crusade: American Policy in Korea,*

1941~1950 (Honolulu, Hawaii: The University of Hawaii Press, 1985).

Matray, James, "Civil War of a Sort: The International Origins of the Korean Conflict," A Paper presented on the 2nd International Conference on the Korean War, Seoul, June 14~15, 1990.

McLellan, David, *Ideology: Concepts in the Social Science* (London: Open University Press, 1995).

Meade, E. Grant, *American Military Government in Korea* (New York: King's Crown Press, 1951).

Menon, K. P. S., *Many Worlds: An Autobiography* (Bombay, India: Oxford University Press, 1965).

Oliver, Robert T., *Syngman Rhee and American Involvement in Korea, 1942~1960* (Panmun, 1978).

Scalapino, Robert A. and Chong-sik Lee, *Communism in Korea*, I (Berkeley: University of California Press, 1972).

Suh, Dae-Sook, *The Korean Communist Movement, 1918~1948* (Princeton: Princeton University Press, 1967).

Weathersby, Kathryn, "Soviet Aims in Korea and the Origins of the Korean War, 1945~1950: New Evidence from Russian Archives," Cold War International History Project Working Paper, Woodrow Wilson International Center for Scholars (1993).

Westad, Odd Arne, *The Global Cold War: Third World Interventions and the Making of Our Times* (Cambridge, UK: Cambridge University Press, 2007).

4) 독일어

Institut für Marxismus-Leninismus beim ZK der KPdSU, "Vorwort," Karl Marx und Friedrich Engels, *Werke*, 3 (Berlin: Dietz Verlag, 1978).

Mannheim, Karl, *Idelogie und Utopie* (Bonn: Cohen, 1929).

Marx, Karl und Friedrich Engels, *Werke*, 13 (Berlin: Dietz Verlag, 1961).

5) 프랑스어

Althusser, Louis, *Pour Marx* (Paris: La Découverte, 1965).

찾아보기

ㄱ

공동성명 233
공산당 392, 393
공산주의 41, 279, 496, 497
공산주의자 590
공산화 59, 402, 517
공산화 기도설 206
공위 646
공위논쟁 645, 650
공위 휴회 388
과도정부 122, 389, 421, 450, 463~465, 485
국무부 67, 80, 132, 135, 316, 384, 385, 434, 485, 490
국제공영 67, 117, 123
국토분단 606
권력투쟁(power struggle) 206
권력투쟁설 190
그람시 38
극우파 47
극좌파 47
긴 전문(long telegram) 262
김구 45, 47, 50, 80, 89, 123, 142, 151, 168, 171, 178, 246, 265, 310, 369, 375, 384, 385, 414, 421, 454, 456, 511, 527, 531, 532, 541, 561, 575, 582, 584, 586, 589, 600~602
김규식 47, 50, 151, 309, 354, 357, 369, 377, 393, 414, 416, 455, 458, 511, 523, 541, 561, 575, 582, 584, 592, 600~602, 623, 649
김일성 51, 166, 597, 600, 605, 626

ㄴ

남로당 214, 413, 565
남북대화 598
남북 통일정부 수립 76, 145, 148, 154, 254, 262, 291, 404, 435, 436, 457, 504, 530, 568, 600, 602, 604
남북협상 511, 514, 516, 520, 575, 583, 589, 595, 597, 600, 604
남조선과도입법의원 397, 403, 424
남조선로동당(약칭 남로당) 523
남침 541
내란 625
내인 264, 608, 621, 626, 640
내적인식설 192, 204
냉전(the Cold War) 14, 263, 496, 603
노선 전환 186, 190

ㄷ

단독선거 514
단독정부 17, 250, 403, 418, 436~438, 445, 458, 459, 467, 509, 514, 528, 531, 597, 621, 647
단독정부수립운동 433
단정논쟁 647, 650

찾아보기 | 677

대소견제 59
대한민국 514, 580, 581, 601, 609
대한민국임시정부(약칭 임정) 16, 581, 582
대한민국임시정부 봉대(奉戴) 115, 122, 276
독립촉성중앙협의회(약칭 독촉중협) 47, 71, 75, 95, 275, 433

ㄹ

로마넨코 410
루스벨트 342, 485
리버럴 42, 373, 388, 402, 593

ㅁ

마르크스 36
마셜 459
모스크바결정 17, 19, 84
모스크바3상회의 14, 19, 84, 95, 102, 123, 225, 245, 256, 261, 326, 342, 355, 611, 629
미·소공동위원회(약칭 미·소공위, 혹은 공위) 15, 255, 261, 325, 334, 385, 408, 473, 645
미국 23, 376, 388, 482, 581
미국음모설 218
미군 점령 4년사 625
미군정 118, 119, 135, 434, 490, 561
민전 417
민족 47
민주주의민족전선(약칭 민전) 264, 266, 357

ㅂ

바라다트(Leon P. Baradat) 42
바티칸 612
박헌영 47, 393, 398, 414
반 리(Erik Van Ree) 28
반소감정 93, 95, 127, 182, 221
반탁감정 83, 101, 103, 104, 122, 125, 162, 166, 171, 174, 175, 177, 179, 185, 212, 217, 221, 270, 294, 306, 336, 428, 634
반탁국민총동원위원회의 113, 117
반탁운동 251
북조선인민위원회 463, 466, 500, 602, 603
북조선임시인민위원회 229, 357, 388, 390, 397, 466, 602, 606
북한 29, 550
분단 13, 15, 434, 500, 501, 595, 602, 637, 638, 642
분단 내인론 638
분단 외인론 637
분단구조 51, 577, 601, 608, 640

ㅅ

4김회담 517
4당코뮤니케 233, 238, 242, 319, 360, 646, 649
사람을 속이는 지식(illusory knowledge) 36
사회노동당(약칭 사로당) 411
사회민주당(약칭 사민당) 522
38선 75, 258~261
서재필대통령추대운동 593

소련　23, 28, 29, 59, 93, 104, 127,
　　139, 162, 164, 166, 185, 188,
　　194, 208, 224, 228, 238,
　　245~247, 293, 332, 338, 342,
　　458, 468, 469, 482, 486, 488,
　　490, 494, 495, 597, 599, 606,
　　630
소련지령설　187, 190, 192
스탈린　123, 220, 229, 246, 262,
　　356, 395, 560, 597, 595, 597,
　　598, 604
시티코프　76, 225, 247, 325, 327,
　　332, 355, 395, 399, 410, 485,
　　493, 597, 599
신탁통치(약칭 탁치, 혹은 신탁)　14,
　　290, 355, 640
신탁통치반대국민총동원위원회(약칭
　　반탁국민총동원위원회)　90

ㅇ

암살　419, 579
양군 철퇴안　494
엥겔스　36
여운형　47, 357, 377, 393, 397,
　　398, 402, 414, 418, 455, 458,
　　647
역사적 접근법(historical approach)
　　30
연석회의　521, 522, 545, 568, 577,
　　594, 598, 600, 604
오보　185, 222, 277
5·10선거　50, 516, 579, 590, 593
왜곡보도　70, 98, 131, 139, 162,
　　222, 249, 634
외인　264, 608, 621, 626, 640
용공분자　105, 108, 623
우익　135, 310
우파　42, 43
위대한 품　550
위임통치　111, 173, 179, 290
유엔　418, 609
유엔 이관　256, 458
유엔총회　447, 491, 492, 503, 507,
　　528, 579, 582, 609, 620
유엔한국임시위원단(약칭 유엔임시
　　위원단, 유엔한위)　503
이데올로그(ideologue)　36
이데올로기　13, 35, 36, 38, 40, 42,
　　51, 61, 218
이승만　47, 50, 246, 260, 265, 275,
　　316, 369, 383~385, 414, 421,
　　447, 462, 512, 517, 532, 537,
　　564, 584, 622, 623
인민군　604
인민당　266

ㅈ

자주독립　251
장덕수암살사건　518, 531
장제스　445, 449, 538, 565, 584,
　　625
재남조선대한국민대표민주의원(약칭
　　민의)　266
적대적 관계　390
전조선제정당사회단체대표자연석회의
　　(약칭 연석회의, 혹은 전정)　520

정읍 발언　437
제1차 세계대전　68
제2차 세계대전　14, 23, 409
제3차 세계대전　419
조공　90, 168, 169, 171, 174, 187, 189, 204, 222, 266
조만식　224
조선건국준비위원회(약칭 건준)　49
조선공산당(약칭 조공)　16, 69, 141, 186, 190, 212
조선인민공화국(약칭 인공)　16, 91, 141
좌우합작　376, 418, 600
좌우합작운동　357, 410
좌우합작위원회　376, 398, 418
좌우합작위원회 합작 7원칙　362
좌익　41, 57
좌파　41~43, 95, 275
중도우파　47
중도좌파　47
중도파　42, 238, 523, 524, 526, 574, 596, 603, 621, 648
중화민국　584
즉시독립　65, 290

ㅊ
체제분단　61, 606
취약국가(vulnerable state)　607

ㅋ
카이로선언　290
카이로회담　123, 297, 304, 313
코리아　96

ㅌ
탁치논쟁　61, 631, 640, 650
통일　141, 349, 364, 390, 426, 428, 438, 517, 520, 577, 598, 599, 602, 638
통일독립촉성회(약칭 통촉)　580
트루먼 독트린　316, 458, 460, 463, 467, 473, 483, 496

ㅍ
평양　410
포츠담선언　69, 177, 290, 441

ㅎ
하루아침 표변설　160, 185, 186, 206
하지　58, 402, 410, 625
한국독립당　337
한국민주당(약칭 한민당)　47, 275, 349, 517
한국인화(Koreanization)　403, 421, 463
한민당　512
합동참모본부(약칭 합참)　473
해방　310
허위의식　36
헤게모니 쟁탈설　206
후견　173, 179, 290, 293
후견제　343
훈정　290